Fabrizio Gatti

BILAL

Als Illegaler auf dem Weg nach Europa

Aus dem Italienischen
von Friederike Hausmann
und Rita Seuß

Verlag Antje Kunstmann

Auf dem Weg in die Freiheit müssen wir die Freiheit haben,
die Route zu wählen, die uns am meisten Sicherheit verspricht.

Für Impi und seine fantastischen Großeltern

0
1.000 km
Madri
Lissabon
ATLANTISCHER
OZEAN
Rabat
MAROKKO
Kanarische
Inseln
MAURETANIEN
MALI
Nouakchott
Timbuktu
Dakar
SENEGAL
Kaolack
Kidira
Kayes
Ayor
Kita
Bamako
BURKINA FA
GUINEA

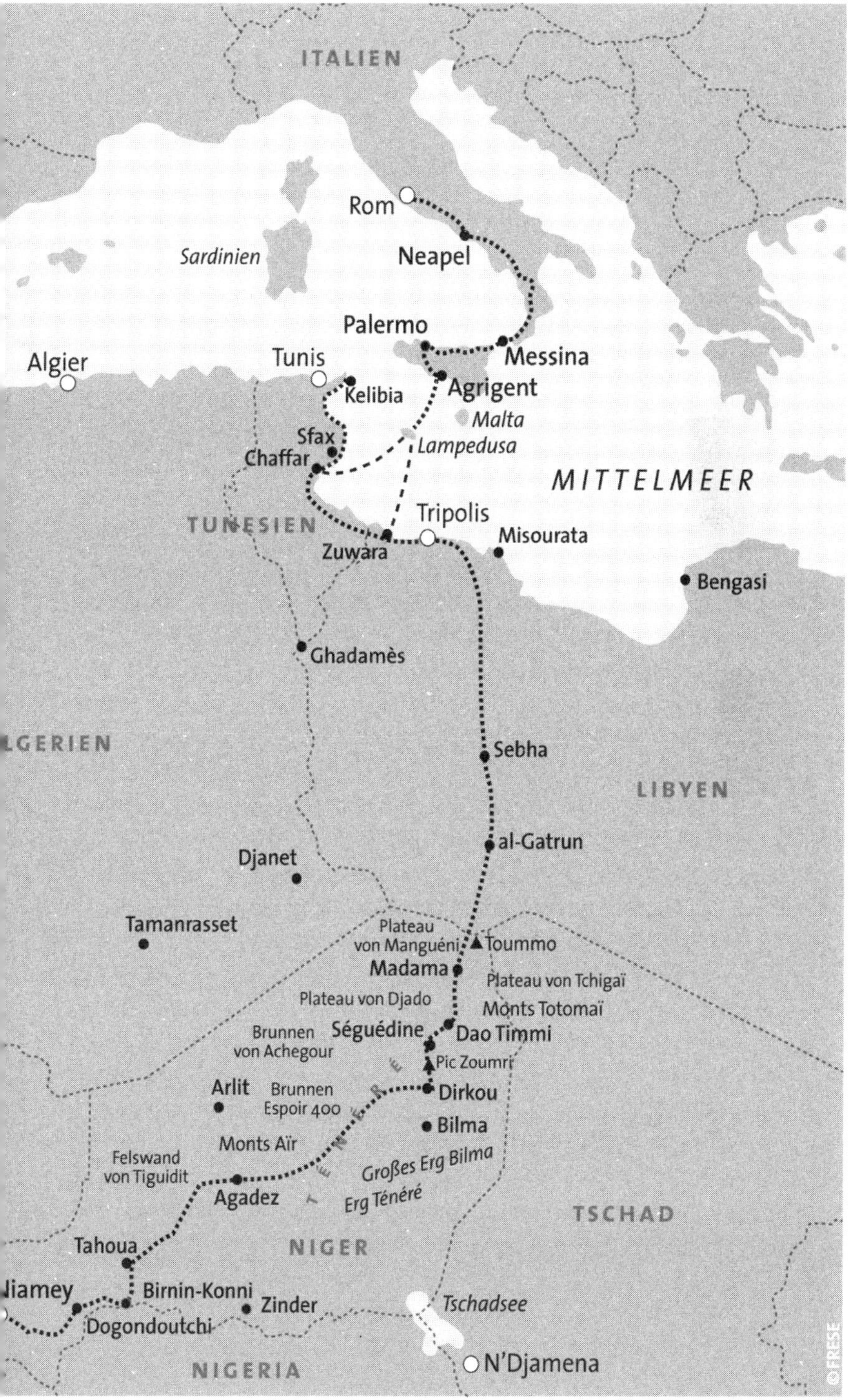
ITALIEN
Rom
Neapel
Sardinien
Palermo
Messina
Algier
Tunis
Kelibia
Agrigent
Malta
Sfax
Chaffar
Lampedusa
MITTELMEER
TUNESIEN
Tripolis
Zuwara
Misourata
Bengasi
Ghadamès
LGERIEN
Sebha
LIBYEN
al-Gatrun
Djanet
Tamanrasset
Plateau von Manguéni
Toummo
Madama
Plateau von Tchigaï
Plateau von Djado
Monts Totomaï
Brunnen von Achegour
Séguédine
Dao Timmi
Pic Zoumri
Arlit
Brunnen Espoir 400
Dirkou
Bilma
Monts Aïr
Felswand von Tiguidit
Großes Erg Bilma
Agadez
Erg Ténéré
TSCHAD
Tahoua
NIGER
Niamey
Birnin-Konni
Zinder
Tschadsee
Dogondoutchi
NIGERIA
N'Djamena
© FRESE

U-Bahnhof
Mailand, Italien

Der Kopf ist schon seit einigen Monaten unterwegs. Der Bauch und seine Ängste auch. Aber jeder Aufbruch hat seinen Ort in Raum und Zeit. Die Trennlinie zwischen dem Vorher und Nachher. Diese Reise beginnt vor einer trostlosen Endstation der U-Bahn. An einem Nachmittag, der nach Regen aussieht. Unter dem Gewicht des Rucksacks, mehr als zehn Kilo, ein paar T-Shirts, die Kameras, Filme, drei Karten der Sahara, denn über den Verlauf der Sandpisten dort gibt jede eine andere Auskunft. Nach einem stummen Abschied steigt sie wieder ins Auto, legt den Sicherheitsgurt an, startet den Motor und dreht sich ein letztes Mal um. Sacht legt sie die rechte Hand aufs Herz, auf die Lippen und die Stirn in einer fließenden Bewegung, bis sie schließlich die Handfläche ganz öffnet. Es ist der eleganteste Abschiedsgruß, den uns die Völker der Wüste überliefert haben. Du würdest gern noch etwas sagen. Stehen bleiben. Umkehren.

Doch es ist zu spät.

I

Vom Senegal nach Mali

Im Fenster taucht unter einer Kuppel aus weißem Licht der Flughafen von Dakar auf. Afrika liegt ein paar Dutzend Meter unter uns. Ringsum herrscht stockdunkle Nacht. Die große Reise hat gerade erst begonnen und uns schon die ersten drei Stunden Verspätung aufgezwungen. In Mailand war alles zum Start bereit, die Sicherheitsgurte angeschnallt, die Türen geschlossen. Da fing ein Passagier zu schreien an, wollte sich das blaue T-Shirt mit der Aufschrift »Italia« vom Leib reißen. Die Stewardess forderte ihn immer wieder auf, den Sicherheitsgurt anzulegen. Er aber begann sich sogar den Hosengürtel herauszuziehen. Ein Mann um die dreißig, groß und kräftig. Wer weiß, wann er Afrika verlassen hatte. Nun wollten sie ihn wieder zurückschicken; dem Flugkapitän war ein Identifizierungsformular übergeben worden, wie man es beim Transport von Wertsachen oder bei Tieren macht, die im Gepäckraum in einem Käfig mitfliegen. Im Monopoly seines Lebens hatte er überraschend die schlechteste Karte gezogen, für einen Einwanderer ist das der Abschiebungsbescheid. Als er den langen Gang der Md-11 betrat, erkannte er, dass dies der einzige Moment war, in dem er in Europa Macht hatte. Ein ganzes Flugzeug, die Besatzung, mehr als zweihundert Passagiere. Alle in seiner Hand. Das wurde ihm bewusst, und er wartete ab. Von seinem Sitz aus konnte er die Piloten nicht sehen, aber er besaß Geistesgegenwart. Als der Start freigegeben wurde, spielte er seine letzte Karte aus.

Das Drama dauert seine Zeit. Zuerst eilen die Stewardessen herbei: »Bitte, beruhigen Sie sich.« Dann kommen die Stewards, schon etwas nachdrücklicher: »Wenn Sie nicht aufhören, verständigen wir den Kapitän.« Und schon taucht der Kapitän auf, in tadelloser Uniformjacke, goldene Streifen an der Mütze: »Ich bitte Sie, sonst müssen wir die Polizei rufen.« Eine Stunde lang geht es hin und her, dann kommt schließlich die Polizei an Bord. Aber was soll man einem Mann sagen, dem gerade der Verlust all dessen droht, auf das er gesetzt hat? Dass er festgenommen wird, wenn er sich nicht ruhig verhält?

In der ersten Klasse sitzt in der dritten Reihe jemand, der dazu beitragen könnte, den Mann zu beruhigen. Karamoko el Hadji ist ein berühmter senegalesischer Marabut. Die Senegalesen erkannten ihn beim Einsteigen, verbeugten sich vor ihm, griffen nach seiner Hand und wünschten ihm und seinen zwei Frauen, die er im gambischen Banjul und in Dakar zurückgelassen hat, alles Gute. El Hadji trägt ein Gri-gri auf der Brust, ein zylinderförmiges Lederamulett, dessen Band um Hals und Taille befestigt ist. Das Gri-gri enthält ein zusammengerolltes Stück Papier mit einem Koranvers. Am Ringfinger seiner rechten Hand trägt el Hadji eine wuchtige silberne Kapsel, die ein grünes Pulver enthält. »Das wehrt Böses ab«, erklärt er und zeigt auf das Gri-gri. »Es schützt dich, wenn sie auf dich schießen oder mit dem Messer zustechen. Der Ring dagegen besagt, dass du Macht besitzt. Und die Menschen erkennen sie an.«

»Aber wer sollte auf jemanden wie Sie schießen?« »Das weiß man nie. Wenn man afterhours, zum Beispiel nachts, unterwegs ist, kann es passieren.« »Bedeutet der Titel el Hadji, dass Sie schon die Pilgerreise gemacht haben?« »Ein Hadschi? Ich? Nein, noch nicht«, erwidert er lächelnd und senkt den Blick: »Die Reise nach Mekka ist teuer. Aber warum geht es nicht los?«

Die Marabuts sind große Reisende. Sie brauchen nicht einmal den Ort zu wechseln. Tagtäglich, bei jedem der fünf Gebete, begeben sie sich, wo auch immer sie gerade sind, nach Mekka und wieder zurück. Das Gesetz Gottes verlangt weder Pass noch Visum. Das Gesetz der Menschen schon. Und deshalb versteht Karamoko el Hadji den Grund für die ganze Aufregung überhaupt nicht, die sich etwa zwanzig Reihen hinter seinem Sitz abspielt.

»Jetzt reicht's aber! Gib Ruhe oder du verlässt das Flugzeug!«, schreit einer der Polizisten dort hinten. Normalerweise lässt sich niemand freiwillig verhaften. Niemand, der die Gesetze achtet, ja nicht einmal der blutrünstigste Kriminelle. Aber für diesen Mann dreht sich die Erde heute Abend genau andersherum. Und endlich tut man ihm den Gefallen. Es hat drei Stunden und zwölf Minuten gedauert. Alle sind zufrieden. Die Autorität hat sich durchgesetzt, die italienischen Passagiere applaudieren den Polizisten, der Kapitän kann die Turbinen hochfahren. Es geht los. Der Schuldige an diesem ganzen Ärger wird noch einige Tage in Italien bleiben können. Bis man erneut versucht, ihn zurückzuschicken. Um ihn dann erneut festzunehmen. Dabei fehlt ihm nur ein Stück Papier, damit er in Europa bleiben könnte: 25 x 15 cm, ein Lichtbild, ein bisschen Tinte, ein Stempel. Im Italien der Mafia, der Bestechung und der Bestochenen, die als Minister und Abgeordnete Gesetze zum Schutz ihrer räuberischen Kumpane machen, ist es für einen Ausländer eine Katastrophe, dieses Stück Papier nicht zu besitzen. Wie viel hat diese Szene heute Abend gekostet? Drei Beamte im Nachtdienst, ein Wagen mit Blaulicht auf dem Rollfeld, die Turbinen des Flugzeugs drei Stunden lang im Leerlauf, Überstunden für Piloten und Besatzung, das bereits bezahlte Ticket, der Richter, der den Prozess führen wird, der Pflichtanwalt, den der Staat bezahlt, der Verwaltungsaufwand, die Tage in der Zelle, die Papiere für die erneute Abschiebung und vielleicht ein weiterer Flug, der aufgehalten wird. Eine Aufenthaltsgenehmigung würde sehr viel billiger kommen. Aber die Politiker brauchen dringend solche Szenen. Wie sollte man sonst ihre Wahl rechtfertigen?

Gedanken in Freiheit. Und das angstvolle Gesicht dieses Mannes, das sich mir tief einprägt, während er jetzt von einem Polizisten vor ihm und zweien hinter ihm abgeführt wird. Freundlich schieben sie ihn zwischen den Sitzreihen zum Ausgang. Es ist unmöglich zu erfahren, wer er ist, unmöglich, ihn nach seiner Geschichte zu fragen, danach, was er falsch gemacht hat und was er zu finden hoffte. Es ist ein Illegaler. Eine neue soziale Schicht im Europa des 21. Jahrhunderts. Ein Mensch, der unsichtbar ist, nicht zählt, überhaupt nicht vorhanden ist. Als er an Karamoko el Hadji vorübergeht, würdigt dieser ihn keines Blickes.

Jetzt bei der Landung ist die Erinnerung an diese von den Tränen und der Anspannung geröteten Augen immer noch gegenwärtig: reglos in der Dunkelheit, die Gesichter und Landschaft verschluckt, sobald man die Lichtkuppel des Flughafens von Dakar verlässt. Weit aufgerissene Augen, verloren in den von der Müdigkeit verlangsamten Gedanken. Das alte Taxi erleuchtet die Straße mit seinen schwachen Scheinwerfern. Nach nicht einmal einem Kilometer bleibt es am Straßenrand stehen. Eine Tür wird aufgemacht. Eine Frau steigt ein, dunkel wie die Nacht und groß wie ein Basketballspieler. Nur ihre Stimme, die Halbmonde ihres riesigen Busens und der eng anliegende Minirock verraten, dass es sich um eine Frau handelt. »Wir fahren in dein Hotel«, befiehlt sie ohne weitere Erklärungen.

»Wie bitte?« »Nenn dem Taxifahrer dein Hotel. Los jetzt«, entgegnet sie unwirsch. Der Fahrer dreht sich um und erwartet eine Antwort. Bestimmt stecken sie unter einer Decke. »Also?«, fragt der Taxifahrer. »Ich fahre in kein Hotel. Lassen Sie sie bitte aussteigen.« Sie sprechen Wolof miteinander. Die Frau versucht es noch einmal. Dann schaut sie schweigend vor sich hin. Sie ist fast unsichtbar, im Dunkeln kann man ihr Profil nur erahnen. Das Auto schaukelt bei jeder Bewegung hin und her. Ihr Atem geht langsam. Die Haut verströmt einen süßlichen Duft von Blüten und Schweiß. Plötzlich wird ihre feuchte Hand am Hals sichtbar. »Ich schlafe heute Nacht bei dir. Sag ihm bitte die Adresse«, fügt sie auf Französisch hinzu.

»Ich übernachte nirgends. Ich fahre zum Bahnhof.« »Zum Bahnhof. Du meine Güte, und wo willst du hin? Um diese Zeit fahren keine Züge.« »Wenn du willst, bring ich dich zum Bahnhof. Oder sag einfach, wohin du willst. Ich bezahle dir die Fahrt.« »Zu deinem Hotel.« »Ich habe kein Hotel.« Sie flucht auf Wolof. Jetzt geht sie auf den Taxifahrer los und wirft ihm vor, ihre Zeit zu vergeuden. Er zwingt sie auszusteigen.

»Diese Mädchen«, bemerkt der Taxifahrer, nachdem er ein paar Kilometer geschwiegen hat, »die machen keine anständige Arbeit.« Da er keinerlei Antwort erhält, merkt er, dass es besser ist, das Thema zu wechseln. Es ist schon fast hell, und das Hotel verspricht ein paar Stunden Schlaf.

Der Bahnhof von Dakar blendet durch seine Farben. Er liegt in einer Kurve abseits des Verkehrsgewühls und der Abgase an der Straße zum Frachthafen. Auf dem Parkplatz dominiert das Gelb von ein paar Dutzend Taxis. Die Fassade erstrahlt im typischen Weiß der Kolonialarchitektur. Es ist ein Uhr Mittag. In der engen Straße zur Linken drängen sich lärmende Menschen vor Verkaufsständen mit Stoffen. Heute ist Freitag, Feiertag. Aber die Bahnhofshalle ist menschenleer. Unter ihren Deckengewölben sind französische Soldaten durchgezogen, Sklavenhändler und der junge Ernesto Che Guevara, der von hier aufbrach, um die Völker Afrikas zum Aufstand zu mobilisieren. Heute stehen keine Züge auf den Gleisen, keine Passagiere, kein Gepäck. Auch die Fahrkartenschalter sind geschlossen. Nur die Cafeteria am Eingang ist offen. Ein langer staubiger Tresen vor fast leeren Regalen mit Gläsern und Tassen. Die Regeln der Höflichkeit verlangen eine ausführliche Begrüßung.

»Guten Tag, wie geht es Ihnen?« »Gut, so Gott will, und Ihnen?« »Gut, danke.« »Und was macht die Gesundheit?« »Gut, so Gott will.« »Und die Arbeit?« » Gut, so Gott will.« »Und die Familie?« »Gut, und Ihre Gesundheit?« »Gut, so Gott will.« »Und Ihre Arbeit?« »Gut, so Gott will.« »Und die Familie?« »Gut, so Gott will.«

»Wie kann ich Ihnen helfen?«, fragt der Kellner endlich. »Ich muss nach Bamako. Fährt morgen ein Zug?« »Oh, Bamako. Nein, morgen fahren keine Züge.« »Und wann fährt wieder einer?« »Der Zug kommt am Montag, so Gott will. Vielleicht.« »Er kommt am Montag. Vielleicht. Und wann fährt er wieder ab?« »Am Mittwoch. Oder am Samstag, so Gott will.« »Aber heute ist Freitag. Bis zum nächsten Samstag kein Zug nach Bamako, was ist passiert?«

»In Kidira ist ein Zug entgleist, und man muss ihn wieder auf die Gleise setzen. Kommen Sie Montag wieder.« »Aber wann ist er denn entgleist?« »Wann? Keine Ahnung. Auf jeden Fall hieß es, dass er morgen nicht ankommt. Fragen Sie am Montag noch einmal nach.« »Und wie kommt man ohne Zug nach Kidira?« Der Kellner berät sich auf Wolof mit zwei Helfern. »Es gibt einen Bus«, sagt er dann, »aber der ist gestern gefahren. Der nächste geht am Donnerstag. Vielleicht.«

»Und wenn es jemand eilig hat, nach Bamako zu kommen?«

»Mein Freund, in Afrika hat es niemand eilig, irgendwohin zu kommen. Wenn Sie aber wirklich nicht in Dakar warten wollen, können Sie ein *alhamdulillah* nehmen.« »Ein ›Gelobt sei Gott‹?«

Der Kellner lacht über die Skepsis, die dieses arabische Wort ausgelöst hat. »Ja, ein Danke«, erwidert er, »für jedes Mal, dass sie uns sicher und unversehrt ans Ziel gebracht haben. Die *alhamdulillahs* sind die Sammeltaxis, sie fahren vom Markt ab. Ich weiß nicht, ob sie bis Kidira fahren, so Gott will. Aber Sie können ja fragen.«

»Natürlich kann ich fragen, so Gott will.«

In der Rue Alpha Hachamiyou Tall, in einer vornehmen Wohngegend, stehen Männer und Frauen vor den mit Stacheldraht bewehrten Mauern einer großen Villa Schlange und warten auf irgendetwas. Von Weitem wirken die Farben der Haut und der Kleider vor dem Kalkweiß der Mauern wie ein riesiges Wandgemälde. Sie warten schwitzend in der Sonne, bis sie an der Reihe sind. Viele pressen die Zunge gegen die Zähne und spucken auf den Asphalt. Man muss die Menge eine Weile beobachten, um zu verstehen, was vor sich geht. Sicher haben sie seit dem Morgengrauen nichts getrunken, denn es ist Ramadan. Die Hitze, der Durst und der Hunger des Fastens erhöhen den Speichelfluss. Durch einen Schlitz im schusssicheren Glas des Pförtnerhäuschens nimmt ein senegalesischer Angestellter in kakifarbener Uniform Papiere und Fotos entgegen. Dann ruft er den Nächsten auf. Die Wartezeit beträgt eine halbe Stunde. Nach dem, was am Schalter angeschlagen ist, müsste in wenigen Minuten geschlossen werden.

»Guten Tag, wie geht's?«, fragt der Angestellte auf Französisch. »Gut, so Gott will.« »Aber Sie sind Italiener?« »Ja, ich möchte …« »Bitte, bitte, Sie können eintreten«, unterbricht er mich.

Mit einem metallischen Schnappgeräusch öffnet sich das Tor unter dem Objektiv einer großen Überwachungskamera. In diesem Vorposten der Festung Europa wird alles elektronisch überwacht. Drei Stufen führen ins Einwanderungsbüro der italienischen Botschaft. Man wird mit der für diplomatische Vertretungen typischen Höflichkeit behandelt. Eine Angestellte benachrichtigt umgehend den Ersten Sekretär.

»Wie viele Menschen da draußen warten.«

Der junge Beamte lächelt über diese banale Feststellung. Die italienische Flagge ziert neben der europäischen seinen Schreibtisch, über seinem Kopf prangt das Foto des Staatspräsidenten an der Wand. Alles sieht aus wie in einem beliebigen Büro der öffentlichen Verwaltung Europas: ordentlich, sauber und kühl. »Was führt Sie also her?«, fragt er mich, während er aufsteht, um mir die Hand zu geben.

»Die, die da draußen anstehen.«

Der Erste Sekretär dreht sich zum Fenster zu seiner Rechten. »Jede Woche, jeden Tag ist es so. Wir bekommen wöchentlich hundertfünfzig Visumanträge. Mal zweiundfünfzig, das können Sie selbst ausrechnen.« »Nur hundertfünfzig Anträge, das sind weniger als achttausend Visa im Jahr. Ich dachte, viel mehr Menschen wollten von hier nach Europa.« »In der Tat sind es viel mehr. Das sind nur die Anträge, die wir akzeptieren. Die allermeisten werden abgelehnt, weil sie unvollständig oder nicht vertrauenerweckend sind.«

»Sie stellen also ungefähr achttausend Visa im Jahr aus.« »Nein, nein, nein«, erwidert der Beamte mit Nachdruck. »Nicht alle Anträge, die wir annehmen, führen, obwohl sie vollständig und, sagen wir, vertrauenerweckend sind, zu einer Einreiseerlaubnis. Letzten Endes stellen wir nicht mehr als zweitausend Visa aus. Die Hälfte für Ehefrauen und Kinder, die ihre Angehörigen in Italien aufsuchen. Der Rest sind Kurzzeitvisa für Geschäfts- oder Urlaubsreisen. Die Familienzusammenführung erfordert ein ziemlich langfristiges Prozedere, aber dabei arbeiten die lokalen Behörden für den Nachweis der tatsächlichen Verwandtschaftsbeziehungen eng mit uns zusammen. Immer wieder wird versucht, sich mit gefälschten Bescheinigungen und Papieren ein Visum zu erschleichen. Die Geburtenrate hier ist sehr hoch, und viele geben ihre eigenen Kinder als die von Verwandten aus, die bereits in Italien leben. Nach dem Gesetz aber haben Neffen oder Cousins kein Anrecht auf Familienzusammenführung.«

»Und wie lange dauert es, um ein Visum für eine Geschäfts- oder Urlaubsreise zu bekommen?«

»Die Kurzzeitvisa erteilen wir innerhalb weniger Tage, aber natürlich nur, wenn die entsprechenden Bedingungen vorliegen: finanzielle Unabhängigkeit, glaubhafte Motive, das heißt, wir müssen die Sicherheit haben, dass die Antragsteller nach Ablauf des Visums wieder zurückkehren.«

»Es gibt also jedes Jahr mindestens sechstausend Senegalesen, die leer ausgehen. Hinzu kommen weitere, sicherlich Tausende, deren Anträge aus den von Ihnen genannten Gründen zurückgewiesen werden. Außerdem noch die Zigtausende, die es nicht einmal bis zur Botschaft schaffen. Und dasselbe gilt sicherlich für die Botschaft jedes europäischen Landes. Ein regelrechtes Glücksspiel.«

»Nennen Sie es, wie Sie wollen, aber es ist leider so. Es handelt sich nicht nur um Senegalesen. Unsere Botschaft ist nicht nur für den Senegal zuständig, sondern auch für Mauretanien, Mali und Guinea. Wir können natürlich nicht allen eine Einreiseerlaubnis erteilen. Wissen Sie, dass Italiener manchmal als Touristen hierherkommen und dann einen Afrikaner mit nach Hause nehmen wollen, der vielleicht hier ihr Fremdenführer war? Sie schließen Freundschaft und wollen dann helfen.«

»Und was tun Sie in einem solchen Fall?«

»Wir weisen derartige Visaanträge in der Regel selbstverständlich ab«, antwortet der junge Sekretär.

»Selbstverständlich. Beantragt denn niemand ein Visum, um in Italien zu arbeiten?«

»Für einen Studien- oder Arbeitsaufenthalt gibt es eine Quote. Sie wird auf der Grundlage der Zuwanderungsstatistik jedes Jahr neu festgesetzt. Das Problem besteht darin, dass der Senegal keine eigene Quote hat, sondern, sagen wir, der übrigen Welt zugerechnet wird. Die Botschaft nimmt die Anträge an, und wenn die Quote erreicht ist, teilt uns das Außenministerium mit, dass keine Plätze mehr frei sind.«

»Wie viele Plätze kann die Botschaft von Dakar auf diese Weise vergeben?« Der Botschaftssekretär lächelt: »Oh, das sind nur wenige. Höchstens ein paar Hundert. Nie mehr als vierhundert pro Jahr. Zuerst kommen Länder wie Albanien oder Tunesien, mit denen Italien bilaterale Verträge geschlossen hat. Wie Sie sich leicht vorstellen können, ist der Rest in wenigen Tagen vergeben. Besser gesagt, in wenigen Stunden.«

»Man kann also von hier aus nur einreisen, wenn schon der Vater, der Ehemann oder der Sohn in Italien ist, denn aus dem Senegal wandern hauptsächlich Männer nach Italien ein. Oder wenn man Geld hat und sich eine Urlaubsreise leisten kann. Oder wenn man hier gut verdient, etwa als Unternehmer, Kaufmann oder Vertreter eines multinationalen Unternehmens …« »So ist es.«

Das Lächeln des Beamten unterstreicht noch einmal, dass die Welt und die Gesetze so und nicht anders sind und sein können. »Jetzt muss ich mich von Ihnen verabschieden. In Mauretanien gab es einen Putschversuch, und ich muss mich um das Schicksal von vierzig unserer Landsleute kümmern. Heuer hat es wenigstens reichlich geregnet«, fügt er noch hinzu. »Ich wünsche Ihnen eine gute Reise.« »Entschuldigen Sie, was heißt das: ›Es hat reichlich geregnet‹?« »Das heißt, nach zwei Jahren Dürre hat es endlich geregnet. Der Regen spielt in diesen Fällen eine große Rolle. In Dürrezeiten, wenn die Ernte ausfällt, fliehen Tausende Familien vom Land in die Hauptstadt. In den Vorstädten von Dakar verschlechtern sich die Lebensbedingungen, und deshalb nimmt die Zahl derer zu, die, sagen wir, die Auswanderung von Afrika aus weiter nach Europa versuchen. Es sind vielleicht dieselben, die vor drei, vier oder fünf Jahren vom Land in die Stadt gekommen sind. Und dann geht die Wirtschaft den Bach runter. Vierzig Prozent des Bruttoinlandsprodukts der frankophonen Länder Afrikas basierten früher auf dem Reichtum der Elfenbeinküste. Dort aber ist die Lage inzwischen katastrophal. Wir können nur auf den Regen hoffen.«

»Hoffen wir auf den Regen.«

Ungelöst bleibt aber ein Problem: Wie kommt man nach Kidira?

Aus einer Baracke, die zwischen dem Atlantik und der Küstenstraße nach Kap Verde liegt, steigt Rauch und der Geruch von gebratenem Fisch auf. Ein paar windschiefe Plastiktische und rußgeschwärzte, fettige Pfannen auf einem verrosteten Herd. Als Tresen dient ein Brett auf vier Akazienstümpfen, der uralte Kühlschrank ist über und über mit bunten Aufklebern französischer Fußballvereine beklebt. Die Kellnerin hat die Haare straff zum Pferdeschwanz gebunden, der ihren überlangen Hals freilegt, sie trägt eine nicht mehr ganz saubere weiße Bluse, einen blauen Pulli und ein dunkles Tuch um die Hüften, das ihr bis zu den Füßen reicht. Diese Kleidung verrät geheime Absichten, ehrgeizige Pläne und längst getroffene Entscheidungen. Auch wenn der untere Teil ihres Körpers noch von der Tradition umhüllt ist, hat sich der obere, dem Kopf nähere, schon der europäischen Mode ergeben.

»Franzose? Engländer?«, fragt sie am Tisch. »Italiener.« »Oh, Italiener. Benvenuto.« »Es tut mir leid, ich weiß, dass Fastenmonat ist. Aber ich bin unterwegs und habe seit gestern Abend nichts gegessen.« »Ach, das ist kein Problem«, antwortet sie, »ich faste auch nicht.«

Die Kellnerin nimmt meine Bestellung entgegen und verschwindet in der Baracke. Ungefähr zehn Minuten später tritt gähnend ein Halbwüchsiger heraus. Er ist barfuß, trägt eine zerlumpte Hose und einen schweren Rollkragenpulli mit symmetrischen Schlitzen auf Brust, Schultern und Rücken, als sollten sie die Luft zirkulieren lassen. Mit einem geflochtenen Fächer scheucht er Schwärme von pechschwarzen Fliegen auf. Sie genossen die letzten Strahlen der untergehenden Sonne auf dem Bauch von ein paar Dutzend silbrig glänzenden Fischen, die am Schwanz festgenagelt am Holzdach baumeln. Es könnte Kabeljau sein, zum Trocknen aufgehängt. Als einer davon mit einem Schwung in der Pfanne landet, steigt eine Dampfwolke auf, begleitet vom Prasseln der Wasserspritzer beim Eintauchen ins heiße Öl.

»Hier, die Ingwerlimonade«, sagt die Kellnerin und stellt ein großes Glas auf den Tisch. »Keine Sorge wegen der Fliegen, der Fisch ist heute Morgen gefangen worden. Beim Braten wird alles desinfiziert.« »Kein Problem.« Sie nimmt meine Antwort mit einem schrägen Lächeln auf, das Grübchen in ihre Wangen macht. Aber sie bleibt stehen, vielleicht in der Hoffnung auf den richtigen Moment, um ihre Neugier zu befriedigen. »Was sucht ein Italiener bei Sonnenuntergang auf der Straße nach Kap Verde?« »Er sucht ein Fahrzeug, das ihn nach Kidira bringt.« »Oje, Kidira? Das ist aber weit.« »Warst du schon mal dort?« »Nein, aber ich weiß, dass es weit weg ist. Warte einen Moment, ich frage meinen Bruder.« Der Junge, der den Fisch brät, antwortet auf Wolof und zuckt mit den Schultern.

»Wie viel verlangst du, um mich mitzunehmen?«, fragt das Mädchen plötzlich. »Nach Kidira?« »Nein, nach Europa. Du wirst doch wieder nach Hause fahren, oder?« »Erst mal fahre ich nach Kidira.« Auf den Tisch gestützt, schaut sie mich verständnislos an. »Ich fahre nach Kidira, nach Bamako, nach Agadez und durch die Wüste nach Libyen. Und dann von Libyen aus nach Italien. Das ist meine Rückreise.« Das Mädchen schaut mich immer noch verständnislos an, vielleicht weil für sie die Wüste noch weiter entfernt und noch unerreichbarer ist als Europa. Dann verschwindet sie in der Baracke. Sobald sie mit dem Fisch zurück ist, kommt sie meinen Fragen und Gedanken zuvor und erzählt mir alles, was sie weiß.

»In Dakar gibt es einen Boss, der ein Handelsunternehmen betreibt. Für drei Millionen afrikanischer Francs stellt er eine Bestätigung aus, dass man für ihn arbeitet, und verschafft einem ein italienisches Visum.« »Und wie macht er das mit dem Visum?« »Ich weiß nicht«, antwortet sie, »aber er schafft es irgendwie. So kommt man nach Italien, und wenn man einmal da ist, bleibt man auch. Meine Freunde haben es so gemacht. Es gibt Senegalesen, die in Italien Kleider kaufen, um sie hier wiederzuverkaufen. Und Senegalesen, die dort bleiben. Ich wäre schon lange weg, aber drei Millionen sind viel Geld, auch wenn mir Verwandte etwas leihen würden.« »Das sind fast fünftausend Euro, wirklich viel Geld.« »Mit allem, was du hier siehst, mit der Baracke und dem Fischerboot meines Vaters und meiner Brüder kommt meine Familie trotzdem manchmal nur auf vierzigtausend Franc, manchmal, wenn ihr Touristen da seid, auf hunderttausend Francs im Monat. Wie viel ist das in Euro?« »Zwischen sechzig und hundertfünfzig Euro.« »Da siehst du's!« Mit einer weit ausholenden Handbewegung zeigt das Mädchen auf die bunten Fischerboote, die mit dem Kiel zwischen Steinbrocken und losgerissenen Algen im Sand liegen, und fährt fort: »Jetzt bringt auch die Fischerei nichts mehr, seit ihr Europäer mit den großen Fabrik-Schiffen gekommen seid.« »Fabrik?« »Ja, Schiffe so groß wie Fabriken. In ihren Netzen fangen sie alles, was es zu fangen gibt, und bringen es zu euch nach Europa. Unsere Fischer machen sich Sorgen, es gibt keinen Fisch mehr. Manche verkaufen ihr Boot schon an die Araber in Marokko.« »Und was machen die Araber in Marokko damit?« »Die wollen sie mit den Auswanderern vollladen und zu den Kanarischen Inseln bringen.« »Aber von hier bis zu den Kanaren sind es mehr als tausend Kilometer über den Atlantik, wie wollen die da lebend ankommen?« »Das weiß ich nicht. Bisher ist, soweit man weiß, noch niemand aufgebrochen. Aber mein Vater hat gesagt, wenn es mit der Fischerei so weitergeht, bleibt ihm nichts anderes übrig, als an die Marokkaner zu verkaufen oder für sie zu arbeiten. Ich bin vierundzwanzig, was hab ich hier für eine Zukunft, sag?«

Faton, so heißt das Mädchen, packt jetzt rückhaltlos aus. Der Weg durch die Wüste, so erzählt sie, kostet weit weniger als drei Millionen. Seit Spanien von Marokko verlangt hat, die illegale Einwanderung zu stoppen, führt die Route über Tripolis. Von Dakar nach Tripolis würde die Reise hundertfünfundsechzigtausend Francs kosten. Das sind zweihundertvierundfünfzig Euro, dazu kommen achthundert bis tausend Francs für die Überfahrt mit dem Boot von Libyen nach Italien.

Fatons Baracke ist nicht nur ein Restaurant am Strand. Dafür weiß das Mädchen einfach zu viel. Jetzt gilt es, mehr zu erfahren. »Hör mal, kannst du mich mit dem Boss in Verbindung bringen, der das Handelsunternehmen unterhält?« Diese Frage hat sie nicht erwartet und schlägt überrascht die Augen nieder. »Ich kenne ihn nicht«, antwortet sie. »Was ich dir gesagt habe, habe ich nicht überprüft. Das erzählt man sich so über ihn, weiter nichts.« Es ist sinnlos zu insistieren, besser komme ich auf das andere Thema zurück. »Was erwartest du dir von Italien?« »Arbeit. Dort kann man für die gleiche Arbeit wie hier viel mehr Geld verdienen. Wie viel verdient eine Kellnerin in Italien? Aber ohne die drei Millionen Francs kommt man nicht von hier weg.« »Und warum versuchst du es nicht auf dem Weg durch die Wüste?« »Bist du verrückt? Nein, auf keinen Fall«, sagt sie mit Nachdruck und legt die Hand auf den Mund. »Die

Wüste zu durchqueren ist etwas für Männer. Ich hätte zu viel Angst.«

Die Sonne versinkt im Atlantik. Ich muss zahlen und aufbrechen, bevor es dunkel wird. Plötzlich legt sich eine Hand auf meine Schulter. Als ich hochschieße, lächelt er. »Entschuldigen Sie, wenn ich Sie erschreckt habe. Ich heiße Seydina. Fatons Bruder hat mir gesagt, Sie wollen nach Kidira. Mein Taxi fährt morgen früh nach Tambacounda, so Gott will. Das liegt auf dem Weg. Aber wenn Sie wollen, bringe ich Sie auch bis Kidira. Jetzt muss ich zum Gebet. Ich hole Sie morgen früh um fünf in Ihrem Hotel oder dort, wo Sie wohnen, ab. Abgemacht, mein Freund?«

Seine ausgestreckte Hand wartet darauf, dass ich einschlage. Es gab ein Problem, und sie haben es gelöst, ohne dass jemand es verlangt hat. Hier an der Grenze zwischen Afrika und dem Atlantik ist kein Reisender ein Fremder.

Bereits im Morgengrauen herrscht in Dakar ein Verkehrsgewühl wie in der Rushhour. Wenn man in einer Baracke lebt, gibt es keinen Grund, sich lange darin aufzuhalten. Die Menschen sind zu Fuß unterwegs oder mit klapprigen Fahrrädern, und über allem liegt der herbstliche Geruch des trockenen Holzes, das in den Herden verfeuert wird. Unmittelbar vor der Stadt begegnet man den ersten Hinweisen auf Europa. In Thiès treffen wir einen Jungen mit einem T-Shirt in Ferrarirot und dem Porträt von Michael Schumacher auf der Brust. Wenig später läuft das Trikot von Real Madrid neben den rot-schwarzen Streifen des AC Mailand her. Riesige Baobabbäume wechseln sich mit den ausladenden Kronen der Akazien ab. Felder, auf denen kümmerliche Maispflanzen wachsen. Das Plakat, das uns in Diourbel willkommen heißt, ist von Coca-Cola gesponsert. Einen Kilometer davor zeigt die Werbung für Maggiwürfel vor gelbem Hintergrund eine Gruppe von Frauen unter dem allgemeingültigen Slogan: »Dame de fer, un coeur d'or«. Das Zentrum von Diourbel wird von einem alten Lastwagen blockiert, der über seiner Mittelachse zusammengebrochen ist. Auf den Feldern schimmern Millionen von blauen und weißen Plastiktüten im ockerfarbenen Sand.

Während wir nach dreieinhalb Stunden Fahrt in Kaolack eine Pause einlegen, betteln mich Kinder in einem Gemisch aus Italienisch und Spanisch an. Jede Familie in Kaolack hat mindestens einen Verwandten in Italien oder Spanien, ganz abgesehen von all den anderen, die nach Frankreich ausgewandert sind. Vor der großen Moschee im marokkanischen Stil verkauft der einundzwanzigjährige Aziz Sweatshirts, auf denen Eminem oder andere Sänger seiner Generation abgebildet sind. Vor der Stadt steht in den Salinen stinkendes Wasser, in dem Geier in Abfällen wühlen. Weitere fünf Stunden Fahrt durch vertrocknete Felder und Baobabwälder. Plötzlich kommt die angerostete weiße Motorhaube des Taxis wenige Meter vor fünf Kindern und zwei Schaufeln zum Stehen. Die Straße, die schon die ganze Zeit in einem bejammernswerten Zustand war, sieht hier aus, als hätte eine Bombe eingeschlagen. Seydina, der Fahrer, dreiundvierzig Jahre alt, acht Kinder zwischen einem und dreiundzwanzig Jahren, legt einem der Buben ein paar Münzen in die Hand. Sofort machen sich die anderen vier an die Arbeit. Zwei Kinder mühen sich mit Schaufeln ab, deren Stiele fast doppelt so groß sind wie sie selbst, um die Löcher zu füllen. Die anderen treten die rote Erde mit den bloßen Füßen fest. Drei oder vier Löcher sind besonders tief. Die schaufeln zwei Kinder wieder auf, sobald wir darübergefahren sind, und dann warten alle auf die nächsten Überlandfahrer. In dieser Gegend gibt der Verkehr nicht viel her. Ein Lastwagen pro Tag und ein Dutzend Autos, vielleicht sogar weniger. Aber ohne die Kinder mit ihren Schaufeln wären wir jetzt noch dort und müssten mit bloßen Händen die Löcher zuschütten.

Tambacounda taucht im letzten Tageslicht am Horizont auf, etwa eine Stunde vor Sonnenuntergang. Ungefähr 500 Kilometer liegen hinter uns. Der Abend ist schwülheiß und feucht. Unter dem Vordach einer kleinen Bar kommt man sich dank des Farbfernsehers, der das Spiel Nantes gegen Paris Saint-Germain überträgt, fast vor wie in Frankreich. Hier allerdings übertönt der Dieselgenerator die Stimme des Reporters. In dem winzigen, mit Möbeln aus den Siebzigerjahren ausstaffierten Pensionszimmer machen sich Wanzen, Stechmücken und andere merkwürdige Insekten die paar Zentimeter Haut streitig, die nicht von dem viel zu warmen Leintuch bedeckt sind. Eine Nacht, wie wenn man hohes Fieber hat und die Stunden mit der Langsamkeit von Monaten vergehen. Noch bevor einen der Schlaf übermannt, steigt aus dem Dunkel vor dem Fenster ein Chorgesang auf, der das Zirpen der Grillen in der Luft übertönt. »Erhebt euch und esst«, lauten die Worte, »bereitet euch auf den Ramadan vor.« Die machtvollen Baritonstimmen gehören zur Bruderschaft der Baye Fall von Tambacounda und wecken die ganze Stadt auf. Die phosphoreszierenden Zeiger der Uhr stehen auf fünf. Eine halbe Stunde später verkündet der Muezzin, dass Gott groß ist, und von diesem Augenblick an wird bis zum Sonnenuntergang gefastet. Seydina hat noch weitere Fahrgäste bis Kidira aufgetrieben.

An der Tankstelle sammeln die allerärmsten Kinder in einer leeren, in der Mitte aufgeschnittenen Ölbüchse Naturalien als Almosen. Der Erfolgreichste unter ihnen hat nicht viel mehr als eine Handvoll Hirse, ein paar Zuckerstückchen, eine Kolanuss und ein Stück Brot gesammelt. Ein reisender Imam breitet seinen Gebetsteppich aus und liest im Koran. Sein Gewand erstrahlt in makellosem Weiß, während um ihn herum Straßen, Fassaden, Bäume und Menschen von rotem Staub bedeckt wie verrostet aussehen. Europa ist eine allgegenwärtige Obsession, vor allem in der Kleidung. Die meisten T-Shirts zeigen die Farben des AC Mailand, aber auch von Manchester United, es gibt sogar einen Fan des SC Florenz mit einem verblassten Konterfei von Batistuta. Am Stadtrand umringt eine Gruppe von Frauen einen Kühlwagen. Der durchdringende Gestank von verdorbenem Fisch verrät schon aus fünfzig Metern Entfernung, dass das Kühlaggregat ausgefallen sein muss. Außerhalb der Stadt ist die Straße in ausgezeichnetem Zustand, gut asphaltiert und von einer gestrichelten weißen Linie unterteilt. Wir fahren die Bahnlinie Dakar-Bamako entlang, an der immer wieder kleine Bahnwärterhäuschen aus der Kolonialzeit dem Überhandnehmen von Dornen- und Bougainvilleasträuchern trotzen. Nach ein paar Dutzend Kilometern begegnen wir mitten in der Savanne einem alten Mann im schwarzen Kaftan und Turban, der ein großes Radio um den Hals hängen hat.

Dass der Straßenbelag endlich keine Löcher mehr hat, lässt sich an den Reifenfetzen am Straßenrand ablesen: Die völlig überladenen Lastwagen beschleunigen so sehr, dass die erhitzten Reifen platzen. Ein Stück weiter wird die Straße durch eine Herde von Kühen blockiert, die an ihren langen Hörnern zusammengebunden sind. Ihre Hüter sind Männer und Frauen der Fulbe, erkennbar an ihren nilotischen Gesichtszügen, die Baumwolltasche mit Wasser und Kolasamen und das Radio mit ausgezogener Antenne um den Hals. Sie lehnen sich mit ihren mageren Schultern über einen Stock und sehen dabei wie alle Hirten der Welt aus, als wären sie gekreuzigt. Ein verrostetes Schild zeigt noch neunzig Kilometer bis Kidira an. Die letzten Wolken vom Atlantik verdampfen im blendenden Blau des Himmels und der immer heißer werdenden Sonne. Ein Laster ist von der Straße abgekommen und liegt vielleicht schon seit Jahren da. Auf der Seitenwand steht auf Italienisch »Traslochi«, Umzüge. Die wenigen Hütten der Fulbe drängen sich um riesige Baobabs, denn in den Kronen dieser afrikanischen Affenbrotbäume wohnen die Geister.

Seydina nimmt die Kassette mit dem Konzert von Youssuf N'Dour heraus. Sie lief seit gestern. Vielleicht ist es an der Zeit, ein bisschen Ruhe einkehren zu lassen, denn fast alle Fahrgäste schlafen. Weit gefehlt, jetzt kommt ein Frauenchor dran. Die Schreie und das rhythmische Klatschen auf höchster Lautstärke sind so unangenehm, wie wenn am Montag früh der Wecker klingelt. »Es ist der Chor Baye Laye der Schwesternschaft von Kap Verde«, erklärt Seydina, der es nicht erwarten konnte, den Fahrgästen seine Lieblingsmusik vorzuspielen. »Mame Baye Laye woote na, das heißt: Die Frauen von Baye Laye rufen zu Gott. Ist das nicht schön?« Niemand wagt ihm zu antworten.

Etwa dreißig Kilometer vor Kidira liegt ein ganzer Güterzug auf die linke Seite gekippt. Er war mit Zementsäcken beladen, die nun über mehr als hundert Meter entlang der Bahnlinie verstreut liegen. Ein großer Kran räumt die Trümmer weg. Beim Entgleisen haben die Wagenräder die Gleise wie Spaghetti auf der Gabel verdreht und den Unterbau aufgerissen. Eine Gruppe von Arbeitern ruht unter einem Baobab aus, während eine andere die Waggons leert und die Zementsäcke von Hand zu Hand weiterreicht. Zwei Weiße, die mit unverkennbar texanischem Akzent Englisch sprechen, erteilen die Befehle. Sie haben keine Zeit, sich vorzustellen, aber einer erklärt: »Vielleicht können heute Nacht wieder Züge fahren. Aber bis Mittwoch wird es nur Güterverkehr geben.«

»Für welche Firma arbeitet ihr?« Die beiden Weißen lächeln und sagen nichts. Zwölf Waggons sind umgekippt, nur die letzten zwei stehen noch auf den Gleisen. Zwanzig Kilometer vor Kidira verschwinden nach dem üblichen in Wind und Sonne verblassten Schild auch die Baobabs. Vor dem Horizont dehnt sich eine mit vertrocknetem Gras und vereinzelten Bäumen bewachsene Ebene aus. Hier beginnt die Sahelzone, auf Arabisch »Küste«, die Südküste der Sahara. Ein gleichförmiger, monotoner, vom Hunger gezeichneter Landstrich, aber reich an Leben und Mühsal entlang des gesamten Breitengrads, quer durch den Kontinent. Vom Senegal bis in den Sudan.

Kidira ist nicht so sehr eine Grenzstadt als vielmehr ein großer Parkplatz, gesäumt von einer Reihe kleiner Betonkuben mit Blechtüren. Einige sind Läden, andere Wohnhäuser. Zur Rechten wartet eine lange Schlange von Lastwagen darauf, dass der Zoll aufmacht. Die Fahrer haben sich unter die Räder der Anhänger ausgestreckt. Einige haben an den Achsen Hängematten aufgehängt. Das Taxi hält vor einer roten Schranke. »Alhamdulillah«, flüstert Seydina mit gesenktem Blick, um Gott zu danken. Mit einer von seiner riesigen Hand versteckten Bewegung dreht er den Autoschlüssel und schaltet den Motor ab. »Alhamdulillah«, wiederholen einer nach dem anderen die Fahrgäste, die auf den verschwitzten Sitzen kleben. »Das Auto muss ich hierlassen, aber ich begleite dich«, kündigt Seydina an, »Mali liegt auf der anderen Seite.« Bevor man zu Fuß die Grenze überquert, muss man sich den Pass abstempeln lassen. Die Grenzstation ist ein Häuschen mit einem einzigen Raum, den sich die drei Polizisten mit den Fliegen der ganzen Gegend teilen, um vor der Sonne geschützt zu sein. Gleich dahinter wölbt sich eine Brücke aus Stahlbeton über unregelmäßig im Gras verteilte bunte Flächen, es sind die lebhaften Farben der Stoffe und Kleider, die hier von Hunderten Frauen in ebenso bunten Kleidern und Schleiern am Flussufer zum Trocknen ausgebreitet werden. Alle waschen ihre Wäsche im rötlichen Wasser des Falémé, der schlammig und träge von uns aus nach links zum großen Fluss Senegal hin strömt. Die wenige Kilometer weiter flussabwärts liegende Mündung bildet die Linie, die seit Beginn der europäischen Invasion Afrika geteilt hat. Dort grenzen Mali, Mauretanien und der Senegal aneinander. Vor allem aber treffen hier zwei Welten aufeinander: die Menschen der Wüste im Norden und die Bauern des Südens. Die Nomaden der Sahara und die Ackerbauern der Sahelzone.

Seydina verabschiedet sich mit einem kräftigen Händedruck. »Gott beschütze dich«, sagt er und kehrt auf die andere Seite der Brücke zurück. Auf der Karte ist das erste Dorf nach dem Falémé Diboli. Aber auf dieser Seite des Flusses reicht das Geld nicht, um Schilder aufzustellen, ja nicht einmal um Häuser zu bauen und die Straßen zu asphaltieren. Ein paar Baracken aus Holz und Lehm umstehen den Dorfplatz. Händler sitzen vor leeren Regalen und versuchen ihr mageres Angebot an Passanten mit leeren Taschen zu verkaufen. Langes Feilschen ist hier nicht nur Tradition, sondern auch – unbewusst – eine Möglichkeit, sich seine Würde zu bewahren. Die zunächst astronomischen Preise lassen den Verkäufer reicher und den Käufer weniger arm erscheinen. Wenigstens für ein paar Gebote lang, denn solange man verhandelt, steht man auf gleicher Stufe. Reich oder arm. Es spielt keine Rolle, ob um einen Salatkopf oder einen Lkw gefeilscht wird. Entscheidend ist das Ergebnis: Kauf oder Verzicht. Sei es eine Schachtel Kekse oder ein Stück Brot, eine Melone oder zwei Fische; für alles, ob groß oder klein, braucht man viel Geduld. Hier ist Zeit nicht Geld, sondern eine Dimension, die noch den Menschen gehorcht und nicht der Uhr. Deshalb muss man auch warten, um Diboli verlassen zu können. Heute, so heißt es, fährt nur ein einziges Taxi, ein grauer, an allen Seiten verbeulter Peugeot Kombi aus den Siebzigerjahren, längst voll besetzt. Neun Passagiere auf fünf Sitzen, dazu Pakete, Töpfe, ein paar Hühner. Der dicke Fahrer steckt das Geld in die Tasche und schleudert den Rucksack wortlos auf den Gepäckträger. »Ich muss den Zug nach Bamako erreichen. Man hat mir gesagt, dass er heute Abend von Kayes abfährt. Werden wir rechtzeitig ankommen?« Der Fahrer zuckt mit den Schultern. »Ich weiß nicht, ob er heute fährt. Aber wenn er heute fährt, sind wir rechtzeitig da, so Gott will.«

Gott will offensichtlich nicht. Denn kaum dass wir uns in Bewegung gesetzt haben, macht ein Stein einen Platten ins rechte Vorderrad. Der Reifenwechsel dauert eine gute halbe Stunde. Während der Wartezeit erweist sich der bullige Fahrer als zugänglicher, als sein Äußeres vermuten lässt. Er stellt sich vor und erzählt ein bisschen von sich. Ousmane ist vierzig Jahre alt und verdient den Lebensunterhalt für sich und seine Familie mit diesem Wrack von Peugeot. Er hält es mit ausdauernder Zuwendung und Pflege am Leben, obwohl es bei jeder Fahrt seinen Geist aufzugeben droht. Ousmane gehört zu den Afrikanern, die nicht nach Europa wollen. Aber er weiß sehr wohl, dass seine Zukunft davon abhängen kann, ob eine Achse definitiv bricht, sich ein Zylinder festfrisst oder irgendeine andere Reparatur notwendig wird, für die sein Geld nicht reicht.

»Tausende Senegalesen kommen hier jeden Monat durch«, erzählt Ousmane. »Sie verkaufen in Bamako Kleider, darauf sind sie spezialisiert. Manche haben ein bisschen Geld zur Seite gelegt und die Reise nach Europa bezahlt. Dann sind da auch die Liberianer, die durch den Krieg alles verloren haben. Die Auswanderer aus Gambia, aus Sierra Leone und Guinea. Jede Woche bringe ich jemanden in Kayes an den Zug.«

»Durchqueren sie die Wüste?«

»O ja, mein Freund, wenn deine Papiere nicht in Ordnung sind, bleibt dir nichts anderes übrig als der Weg durch die Wüste. Seit Marokko die Grenzen geschlossen hat, heißt es, dass man nur über Libyen rauskommt. So heißt es. Aber solange ich den hier habe«, sagt der Fahrer und streichelt die Motorhaube des alten Peugeot, »mache ich mir darüber keine Gedanken.«

Gegen Mittag fahren wir los oder versuchen es zumindest. Der Weg nach Kayes führt bergauf und bergab über Hügel und durch tiefe Täler, bis es schließlich auf den sanften Hängen über dem großen Tal des Flusses Senegal stetig nach oben geht. Hier hat es die ganze Nacht geregnet, und jetzt spiegelt sich in zahllosen Wasserlachen zwischen den Furchen aus rotem Schlamm das Blau des Himmels. Ousmane umfährt mit großem Geschick die größten Lachen, denn sie könnten tiefere Löcher verbergen. Der Peugeot schwankt und ächzt auf den Steinen der Furten und scheint sich zu entspannen, sobald die Straße zwischen dichten Baobabbäumen ebener wird. Nach einer Stunde Fahrt tauchen die Umrisse einiger Lkws auf, sie stehen gespenstisch und scheinbar verlassen am Straßenrand. Aber beim vierten löst sich das Rätsel. Die Fahrer warten darauf, dass es kühler wird, und liegen in ihren Hängematten, die sie zwischen dem Fahrerhaus und dem Anhänger gespannt haben. Beim letzten Laster ist die Radnabe gebrochen. Der noch junge Fahrer muss auf seine Ruhepause verzichten. Er springt mit beiden Füßen auf den Griff eines riesigen Schraubenschlüssels. Der Rhythmus und sein Gewicht sollen die Radmuttern lösen. Aber noch nicht einmal die erste verrostete und von Sand und Staub verkrustete Mutter hat dem Druck nachgegeben.

Fünfzehn Kilometer weiter hat sich ein mit Reisenden und Gepäck bis unters Dach beladener Kleinbus um mindestens dreißig Grad zur Seite geneigt. Der Fahrer und zwei Passagiere haben sich wagemutig unter das Auto gelegt, um den technischen Defekt zu finden. Ousmanes Taxi war also nicht das Einzige, das von Diboli losfuhr. Der Peugeot quält sich im Zickzack zwischen Schlaglöchern und Wasserpfützen vorwärts, bis einer der Fahrgäste nach ungefähr zehn Kilometern plötzlich ungeduldig wird. Er will wissen, ob wir vor Sonnenuntergang in Kayes ankommen, um wie viel Uhr, und wie weit es noch ist, »denn meistens kommt man an, wenn der Zug schon abgefahren ist, und die Pensionen in Kayes sind zu teuer«.

Ousmane konzentriert sich manchmal voll auf die Straße, dann passt er plötzlich nicht mehr auf. Manchmal dreht er sich ganz nach hinten, um auf die Fragen seiner Fahrgäste zu antworten, die auf den hinteren Bänken und im Kofferraum sitzen. »Wir sind in einer Stunde in Kayes, so Gott will«, prophezeit Ousmane und schaut einige Sekunden nach hinten. So sieht er nicht, was uns mitten auf der Piste erwartet. Es ist ein kleiner grünlicher Buckel, der aussieht wie metamorphes Gestein. Ein Brocken, der halb im roten Schlamm verborgen ist: Er ragt genau am tiefsten Punkt einer Senke heraus. Der Tacho zeigt dreißig Stundenkilometer. Unter dem Gewicht der Ladung geben die Aufhängungen nach, und der Unterboden des Wagens streift über den Stein. Wir spüren den harten Aufschlag unter den Füßen.

»Was war das?«, schreit Ousmane. Ein Blick durch das Rückfenster zeigt, was geschehen ist. Der Wagen hinterlässt eine schwarze Spur, als würde er bluten. Ousmane fährt an den Straßenrand und bringt den alten Peugeot zum Stehen. Aus der Motorhaube steigt blauer Rauch auf. Ousmane steigt aus und ist durch die Windschutzscheibe nicht mehr zu sehen. Alle Fahrgäste steigen aus. Keiner spricht ein Wort. Der dicke Fahrer hat sich unterhalb des Kühlers unters Auto gelegt und verbrennt sich die Finger an dem heraustropfenden Motoröl. Aber in der Seele getroffen spürt er den körperlichen Schmerz nicht. Er steht auf und zeigt allen, was er gefunden hat. Dem ersten Augenschein nach ist es nur ein Stück Eisen. »Das ist schlimm«, wiederholt Ousmane immer wieder, »das ist sehr schlimm.« Wer weiß, was ihm schon alles passiert ist mit seinem unsterblichen Peugeot auf dem Weg zwischen Diboli und Kayes. Diesmal aber hat der grün bewachsene Felsbrocken, der plötzlich vor der Windschutzscheibe aufgetaucht ist, die Ölwanne aufgerissen wie eine Nussschale. Oder eigentlich umgekehrt, denn der Felsbrocken ist nach wie vor an seinem Platz. Der Motor ist darauf gekracht, die Gehirnschale des Peugeots ist an ihrer empfindlichsten Stelle getroffen worden. Wie immer in Afrika hat sich die Natur durchgesetzt. Früher oder später zwingt sie den Menschen und den Dingen der Menschen ihr Gesetz auf: Entweder sie passen sich an, oder sie gehen unter.

Auf einem Motorrad kommt ein junger Mann mit einem Gewehr über der Schulter auf uns zu. Zwischen Motor und Auspuff ist an der linken Seite ein kleines, eben gefangenes Krokodil am Maul und an den Beinen festgebunden. Ousmane spricht mit dem Motorradfahrer und erklärt uns dann seinen Plan. »Vor uns liegt das Dorf Ambidédi. Ich lasse mich dahin bringen, suche ein Auto, das uns abschleppen kann, und hole euch dann ab. Dieser Herr hier ist Polizist.

Er fährt mit dem Motorrad nach Kayes und wird dort seine Kollegen informieren. Wenn ich also niemanden finde, wird jemand aus Kayes uns helfen.« Der Besitzer des Peugeot legt das Motorteil, das herausgefallen ist, auf den Fahrersitz. Bevor er jedoch auf das Motorrad steigt, beantwortet er die Frage, die uns allen auf der Zunge liegt: »Entweder nimmt mich jemand mit, oder ich komme zu Fuß zurück. Auf jeden Fall muss ich das Auto bis Kayes bringen«, verspricht er.

Auf der Straße aus rotem Staub taucht kein Mensch mehr auf. Unerbittlich sinkt die Sonne hinter die Höhenzüge, die die Grenze zum Senegal markieren. Schon machen sich pfeifend und heulend unsichtbare Tiere der Nacht bemerkbar. Da kommt Ousmane zurück. Er sitzt hinter der Windschutzscheibe eines grünen Lieferwagens, der wenige Meter vor dem sterbenden Peugeot haltmacht. Mit ihm steigen weitere zwei Personen aus. Sie stellen sich als der Besitzer des Lieferwagens und sein Kompagnon vor. »Sie haben alle ihre Fahrgäste aussteigen lassen, um uns abzuholen«, erklärt Ousmane. Es klingt so, als handle es sich um eine Gefälligkeit unter Kollegen. In Wirklichkeit ist es eine Erpressung, denn Ousmane fügt schnell hinzu: »Sie wollen zweihundert Dollar, sonst lassen sie uns hier sitzen.« Zweihundert Dollar sind in Mali mehr als zehn Monatsgehälter eines öffentlichen Angestellten. Mehr als das, was ein Bahnbeamter im Jahr verdient. Und sogar mehr als das Doppelte dessen, was man auf deutschen, französischen oder italienischen Autobahnen fürs Abschleppen hinblättern muss. Die Passagiere diskutieren laut über diese Forderung. Ousmane aber hat nicht die ganze Wahrheit gesagt. »Die zweihundert Dollar sind für das Abschleppen meines Autos«, muss er nach einer Weile zugeben. »Und was kostet es ohne Abschleppen?« Darauf gibt Ousmane keine Antwort. Der Besitzer des Kastenwagens schaut seinen Kompagnon an und erklärt dann, wie die Dinge liegen: »Wenn nur die Fahrgäste einsteigen, zahlt ihr den normalen Fahrpreis bis Kayes. Und Sie als Europäer zahlen noch zwanzig Dollar extra, weil wir umgekehrt sind, um Sie zu holen.« Die anderen Gäste wissen sofort, für wessen Seite sie sich entscheiden. In Sekundenschnelle haben alle in dem Lieferwagen Platz genommen. Das würde bedeuten, den Peugeot seinem Schicksal zu überlassen. Und mit dem Peugeot Ousmane und seine Familie.

»Ousmane, kannst du gut verhandeln, wenn du der Kunde bist?« Er hat sich noch einmal hingekniet, um den Schaden am Motorblock zu begutachten. Als er wieder aufsteht, sind seine Augen feucht. Vielleicht von den Ausdünstungen des verbrannten Öls, vielleicht von Tränen.

»Was soll ich tun?«, fragt er, während wir uns ein paar Schritte von den anderen entfernen. »Du musst sie auf dreißig Dollar für das Abschleppen herunterhandeln. Dann kann ich es dir zahlen.« Das Feilschen dauert etwa zwanzig Minuten, und man einigt sich auf fünfzig Dollar mit Vorauszahlung. Bei der Übergabe der Banknoten habe ich den Verdacht, dass auch Ousmane etwas von der Beute abkriegt. Aber wir fahren wenigstens wieder los.

Ousmane aber ist besorgt und hat Angst, dass sie ihn auf halber Strecke liegen lassen. Sein Faustpfand sind die Passagiere, die noch zahlen müssen. Deshalb lässt er sie wieder aussteigen und zwingt sie, in seinem Peugeot Platz zu nehmen. Der Kastenwagen fährt schließlich mit einem Ruck an. Das an der Anhängerkupplung befestigte verrostete, völlig zersplissene Seil schnalzt wie eine Peitsche und überträgt den Zug auf den alten Peugeot, an dem es irgendwo festgemacht ist. Der Peugeot bewegt sich mit einem Ruck, der uns alle tief in die durchgesessenen Sitze drückt. Es geht vielleicht dreißig Meter vorwärts, dann versinkt der Wagen in einem roten Schlammloch, das der Kastenwagen durchquert hat. Zuerst scheint der Peugeot ihn zu überholen, wird dann langsamer und bleibt schließlich stehen. Das Seil spannt sich wieder. Der Laster fährt zu schnell an. Wieder geht ein Ruck durch das Seil, dann werden wir alle hochgeschleudert und fallen in die Sitze zurück. Nach weiteren dreißig Metern werden wir erneut hochgeworfen wie Geschosse eines mittelalterlichen Katapults. Plötzlich bleibt der Wagen stehen, dann geht es wieder los. »Ousmane, so ist es zu gefährlich. Wir sind zu schwer. Lass die Passagiere im Lieferwagen sitzen. Und dann musst du den beiden sagen, dass sie langsamer fahren sollen.« Es hat keinen Sinn zu schreien, niemand antwortet. Was soll auch ein Europäer besser als er Bescheid wissen, wie man in Afrika ein Auto abschleppt. »Ousmane, wenn das Seil reißt, schlägt es wie eine Bombe durch die Windschutzscheibe. Euch da vorne reißt es den Kopf weg.« Ousmane lächelt und erwidert nur: »Kein Problem.« Von den anderen Fahrgästen sagt keiner ein Wort. Besser duckt man sich hinter die Vordersitze, um wenigstens keine Blutspritzer abzubekommen.

Nach einer Stunde weiterer Qualen setzt der Peugeot unserer Reise ein Ende. Nachdem wir nach dem soundsovielten Stopp und Streit zwischen Ousmane und den beiden Fahrern endlich wieder losgefahren sind, spannt sich das Seil und schleudert uns wieder hoch. Diesmal schert der Peugeot nach links aus, während Ousmane scharf nach rechts einschlägt in dem Glauben, so in der Spur zu bleiben. Der Wagen aber driftet weiter nach links und scheint sich mit uns allen an Bord in eine Schlucht neben der Straße stürzen zu wollen. Ousmane dreht das Lenkrad hartnäckig bis zum Anschlag nach rechts. Der Peugeot aber dreht sich weiter nach links und steht bald quer zur Straße. Der Lieferwagen entfernt sich immer weiter, bald ist er doppelt, bald dreimal so weit entfernt, wie das Seil lang ist, und fährt davon. Erst jetzt erkennen Ousmane und seine Fahrgäste, was passiert ist. Der Kastenwagen zieht hinter sich nur noch das über die Steine tanzende und Funken sprühende Vorderteil des Peugeot hinter sich her. Stoßstange, Scheinwerfer, Kühlergrill, Flügelrad, Kühler, Kühlschläuche und die vorderen Kotflügel wurden als Ganzes losgerissen. Das Drahtseil hat dem alten Auto den Kopf abgerissen. Jetzt hängt die Motorhaube wie der Schild einer Mütze über einem Wagen, der nicht mehr existiert. Ousmane kniet sich nieder, um die neuen Schäden zu begutachten. Er schüttelt den Kopf und schlägt die Hände vor die Augen, um seine Gefühle zu verbergen. Diesmal weint er wirklich. Die im Halbkreis um ihn versammelten Passagiere blicken ihn an. Niemand hat den Mut, etwas zu sagen.

Der Lieferwagen kommt nicht zurück. Er ist verschwunden. Vielleicht schauen die beiden nicht in den Rückspiegel, vielleicht sind sie froh, uns los zu sein. Ungefähr eine halbe Stunde später tauchen sie dann doch wieder auf, steigen aus und lachen. Das Viertel Peugeot, das sie hinter sich hergeschleppt haben, ist auf dem Gepäckträger verstaut, und im Wagen sitzen andere Fahrgäste. Jetzt wird das Seil am Lenkrad befestigt, das ist noch gefährlicher als vorher. Aber es hat keinen Sinn, Ratschläge zu geben. Endlich geht es etwas vorsichtiger weiter.

Das letzte Tageslicht erhellt einen staubigen Parkplatz. Es müsste sich um die Vororte von Kayes handeln, auch wenn kein Ortsschild diese Annahme bestätigt. Alte Autos, Lkws, Pritschenwagen und Busse kommen an und fahren ab. Ousmane öffnet den Kofferraum und sagt die ersten Worte nach Stunden des Schweigens: »Wir hatten ausgemacht, dass ich dich an den Bahnhof bringe, aber mit dem kaputten Auto kann ich mich nicht bis in die Stadt schleppen lassen. Jetzt suche ich jemand, der dich mitnehmen kann, der Bahnhof ist nicht weit weg.«

»Ousmane, es tut mir leid, was passiert ist. Glaubst du, dass du dein Auto in Kayes reparieren lassen kannst?« »Ich weiß nicht«, antwortet er achselzuckend, als wäre dies das geringste Problem, das ihm bevorsteht. »Ich glaube, jetzt taugt das Auto nur noch als Ersatzteillager. Aber ohne Auto gibt es keine Arbeit für mich und meine Familie. Du solltest besser gehen, sonst kriegst du keine Fahrkarte mehr.« Für weitere Worte bleibt keine Zeit. Jemand mahnt, dass der »Mistral«, der Zug nach Bamako, bald abfährt. Obwohl Mali längst unabhängig ist, trägt der Zug als eines der zahlreichen Überbleibsel der Kolonialzeit immer noch den Namen des Windes über dem Golfe du Lion. Um sieben Uhr abends ist es stockdunkel. Wir haben sieben Stunden gebraucht, um die hundertfünf Kilometer von Diboli nach Kayes zurückzulegen. Diese Reise zieht ihre Protagonisten langsam an sich, wie ein Jäger, der es sich erlauben kann, mit seiner Beute zu spielen.

Auf dem Bahnhof ein Gedrängel von Menschen unter Stechmückenschwärmen in glühender Hitze. Man kann nichts sehen, sondern muss sich in dem Gewühl darauf verlassen, dass der »Mistral« tatsächlich noch wartet und nicht schon längst abgefahren ist. Eine einzige mickrige Vierzig-Watt-Birne erhellt den Fahrkartenschalter. Ein Mann, auf dessen Kopf man eine Dienstmütze erahnt, drängt sich nach vorn.

»Wollen Sie mitfahren? Ich habe noch ein paar Sitzplätze frei«, sagt er, »folgen Sie mir.« »Ihnen folgen?« »Natürlich, wollen Sie etwa nicht sehen, ob der Platz tatsächlich existiert oder nicht? Die Fahrkarte könnte gefälscht sein.«

In diesem Durcheinander ist es unmöglich, dem Bahnhofsvorsteher zu folgen. Er muss mehrmals anhalten und auf mich warten. Besser, ich packe ihn am Handgelenk und lasse mich mitziehen. Er bahnt sich seinen Weg mit einer Taschenlampe. Schwitzende Gesichter und Hände reichen Säcke und Schachteln durch die Abteilfenster. »Hier ist es, Wagen Nummer drei, Sitz siebenundfünfzig«, ruft der Bahnhofsvorsteher, nachdem er die Nummernschildchen über den Sitzen des Abteils angeleuchtet hat. Ich muss noch einmal aussteigen, um über den Preis zu verhandeln. Auf den Fahrpreis wird ein Aufschlag für die Reservierung und die Begleitung bis an den Platz verlangt, aber die Gesamtsumme hält sich in Grenzen. Auf dem Bahnsteig bieten fliegende Händler Taschenlampen, Wasserflaschen, gekochte Eier, Baguette, Kekse mit Vanillecreme, Teebeutel, getrocknete Datteln und Getränke in Dosen an. Es bleibt gerade noch Zeit, um sich etwas entfernt von der Menge auf einem Acker zu erleichtern. Allein bin ich dabei freilich nicht, denn mindestens hundert Leute, Männer wie Frauen, hatten dieselbe Idee. Die Toiletten im Zug werden sicher verstopft sein. Hier draußen genügt die Dunkelheit als Trennwand.

2

Wagen 3
Sitzplatz 57

Als der Zug wirklich abfährt, muss ich, um meinen Platz zu erreichen, über Mehlsäcke, Koffer, Schachteln, Taschen, einen noch verpackten japanischen Fernseher, Eimer voller Fische und Fliegen, nackte, von der Schwüle ermattete Kinder und in den Korridoren sitzende Fahrgäste steigen. Ein Mann bahnt sich seinen Weg durch das Dunkel mithilfe einer zwischen die Lippen geklemmten Taschenlampe. Er verkauft gebratenes Hammelfleisch vom Deckel eines Ölfasses, den er auf dem Kopf balanciert. Wenn einer der Passagiere ihn im Halbdunkel anhält, um etwas zu kaufen, wickelt er die Portion in ein Stück dickes Papier, das er von einem Sack mit der noch deutlich sichtbaren französischen Aufschrift »Zement« abreißt. Jedes Mal steigt im Licht der Taschenlampe eine kleine Staubwolke auf. In Mali wird alles recycelt.

Die Diesellok lässt zweimal ihre Sirene ertönen. Und zweimal antwortet ein Echo. Der gleiche tiefe Bariton wie die Überseedampfer, wenn sie den Hafen verlassen. Die gleiche Begleitmusik wie für Millionen Italiener, Franzosen und Iren, die nach Amerika aufgebrochen sind. Wir fahren um Punkt acht Uhr los. »Abfahrt ist immer um 18.45 Uhr, aber während des Ramadan ist sie verschoben worden, damit die Reisenden ihr Gebet verrichten und am Abend das Fasten brechen können«, erklärt ein Passagier im Gang seinem Nachbarn, der im letzten Moment eingestiegen ist.

Die feuchte Luft ist bleischwer. Obwohl die Sonne schon vor fast zwei Stunden untergegangen ist, herrschen unter der glühenden Blechverkleidung mindestens vierzig Grad. Der Sitz aber scheint weich genug zu sein, dass ich versuchen kann zu schlafen. Aber auch bei geschlossenen Augen steht mir immer noch das eine Bild vor Augen: die Tränen, die über Ousmanes schwarze Wangen rinnen. Wie in einer Endlosschleife kehrt diese Sequenz unerbittlich zurück. Ich habe mich immer gefragt, was im Umfeld eines Menschen geschieht, wenn sein Geist sich entschließt aufzubrechen. Welches Ereignis, welcher Moment, welches Motiv führen Monate oder Jahre, bevor sich der Körper auf den Weg macht, zu der blitzartigen Einsicht, dass keine Alternative bleibt. Der Punkt, an dem es kein Zurück mehr gibt und der Kopf stillschweigend seinen Weg geht. Plötzlich tauchen geheime, ehrgeizige Zielsetzungen auf, bereits getroffene Entscheidungen. Die Wende. Sich aufmachen oder unterliegen. Und zu unterliegen bedeutet nicht notwendigerweise zu sterben. Es gibt Schlimmeres als den Tod. Es gibt ein Leben in Mühsal. Von Almosen leben, Lastwagen entladen oder Müll sortieren und für ein paar Cent verkaufen. Tag für Tag und Nacht für Nacht hören müssen, wie die eigenen kleinen Kinder vor Hunger weinen. Während die Reisenden, die Zeitungen, die Reporter der BBC einem Bilder von einer reichen und unerreichbaren Welt vor Augen führen. Das Eingeständnis des ganz persönlichen Versagens vor Freundinnen, Frauen und Vätern. Und vor dem eigenen Ehrgeiz. So hat Ali Farka Touré, der große Musiker aus Mali, in einem Interview für den Film *The Blues: From Mali to Mississippi* gegenüber dem Regisseur Martin Scorsese den natürlichen Mechanismus beschrieben, der die Menschen antreibt, etwas aus sich zu machen. Touré ist ein gläubiger Mensch und hält diese Form von Ehrgeiz für ein Geschenk Gottes, das wir »als Recht« erhalten haben. Ich hatte nicht genügend Zeit, um herauszufinden, was Ousmane anstrebte. Vielleicht war er mit seinem Leben als Taxifahrer zufrieden. Aber die völlige Zerstörung seines Arbeitsplatzes muss in seinem Kopf etwas verändert haben. Außer dem Vorderteil seines Autos hat das Abschleppseil auch die Wurzeln eines würdigen Lebens in Afrika gekappt. Das in zwei Teile zerrissene Taxi und die zwei tränenerfüllten Augen. Das war der Wendepunkt. Andernfalls hätte ein Mann der Sahelzone nie und nimmer vor einem Unbekannten aus Europa geweint.

Dabei bräuchte Ousmane für den Kauf eines gebrauchten, verbeulten Autos weniger als fünftausend Euro. Fünftausend Euro, um Ousmane vor der Verelendung zu bewahren und ihn daran zu hindern, sein Leben auf dem Weg nach Europa aufs Spiel zu setzen. Nur fünftausend, um sich am Rand des Abgrunds festzuklammern, in den er abzustürzen droht. Besser, ich stehe auf, kämpfe mich durch den Gang, um meinen Kopf aus dem Fenster zu strecken und tief durchzuatmen.

Der »Mistral« bohrt sich wie eine Faust in die Dunkelheit der Savanne. Elf Waggons, in denen mindestens dreitausend Fahrgäste, Frauen und Männer, eingepfercht schwitzen. Vor der alten Lok schwankt der Lichtkreis der Scheinwerfer und lässt am schwarzen Horizont manchmal eine Art Momentaufnahme aufscheinen. Ein Baobab taucht auf und verschwindet wieder. Eine Akazie, ein Busch. Dann wieder nichts. Der »Mistral« hebt sich zu den Sternen, sie zittern am Himmel, schwanken und scheinen sich bei jeder Kurve zu drehen. Das Rattern der Räder ändert oft die Tonart, je nachdem, ob sich die Gleise nach rechts oder links neigen, ob sie steigen oder fallen oder über eiserne Brücken führen. Jede Überquerung hat einen eigenen Ton. Die Flüsse kann man nicht mit den Augen sehen, aber auf der Haut spüren. Wenn sie unter unseren Füßen durchfließen, stürzen sich Millionen von Insekten, Faltern, Mücken und Wanzen auf die Waggons und unsere Körper, als wären wir Insektenköder. Jeder Zug hat seinen musikalischen Rhythmus. Dieser wiederholt endlos »Tamàta-tamàta«. Er legt sich gefährlich in die Kurve. Die Schmalspurgleise können das Schwanken der Wagen nicht ausgleichen. Manchmal sind die Stöße so hart, dass der Zug zu entgleisen droht.

Der erste Halt des »Mistral« weckt in dem Ort Stimmen, Geschrei und geschäftiges Treiben. Weder ein Bahnhof noch ein Bahnsteig sind neben den Gleisen zu erkennen. Nachdem der Lokführer den Motor abgestellt hat, um Diesel zu sparen, erlischt auch die einzige schwache Beleuchtung am Ende des Gangs. Im selben Moment erscheinen im Viereck des Abteilfensters zitternde Flämmchen. Wachslichter. Glühende Holzkohlen in Schüsseln oder recycelten

Konservenbüchsen. Kerzen. Öllampen. Winzige Taschenlämpchen, die schon so schwach sind, dass sie wie Glühwürmchen immer wieder aus- und angehen. Fast jeder Fahrgast, der ein- oder aussteigt, jeder ambulante Verkäufer bringt sein eigenes Licht mit. Damit kann er zwar nichts sehen, aber seine Anwesenheit in der Dunkelheit anzeigen, die hier noch undurchdringlicher ist als in Kayes. Die Helligkeit, die durch das gegenüberliegende Abteilfenster dringt, schmerzt fast in den durch die stundenlange Dunkelheit erweiterten Pupillen. Vor dem geöffneten Fenster taucht ein rundes Tablett mit Äpfeln auf. Sie scheinen zwischen zwei sehr gepflegten weiblichen Händen, die sich geschäftig bewegen, in der Luft zu schweben. Die eine Hand hält die große Taschenlampe, die uns aus dem Dösen aufgeweckt hat. Die andere reicht mit gezielten Bewegungen die Äpfel zu den Fenstern hoch, nimmt die Münzen entgegen, verschwindet und taucht wieder auf. Dutzende solcher Tabletts schwanken auf beiden Seiten des Zugs auf den Köpfen von ebenso vielen Frauen an den Fenstern vorbei. So können die Fahrgäste sich bedienen und bezahlen, ohne aussteigen zu müssen. Die Frauen bieten Obst, Süßkartoffeln, Bananen, gebratenes Fleisch und Kürbisse an. Sie sehen nicht, wer ihnen etwas abkauft, und orientieren sich nur an den Stimmen. Im Hintergrund rufen Hunderte von Kindern immer wieder auf Bambara: »Gilimeré, gilimeré!« Sie bieten durchsichtige Plastiktüten mit Wasser und große Orangen an, sie sammeln leere Plastikflaschen ein oder verkaufen andere, die sie mit Milch und Minze gefüllt haben. Ein Kind reicht in Plastikbeuteln gefrorenes Wasser durch die Fenster, ein Zeichen dafür, dass es irgendwo in der Gegend einen funktionierenden Kühlschrank gibt. Die Sirene der Lok ertönt zweimal. Dutzende entfernte Türen werden zugeschlagen, dann näher liegende und wieder weiter entfernte. An den knallenden Türen lässt sich akustisch ablesen, wie lang der »Mistral« ist. Es geht wieder los.

Die »gilimeré«-Rufe der Kinder an den Gleisen wecken die Passagiere, noch bevor wir in den nächsten Orten ankommen. Später geht ein besorgniserregendes Gerücht von Mund zu Mund. Es heißt, dass wir an zwei Stationen von Banditen angegriffen wurden. Niemand weiß genau, wo. Vielleicht waren es die Waggons in der Mitte oder ganz hinten. Angeblich hat einer der Polizisten im Zug einen der Angreifer verfolgt, konnte ihn aber nicht einholen, denn die Banditen hatten gute Schuhe. »Laufschuhe«, erklärt ein Junge. In der industrialisierten Welt macht die PS-Zahl der Autos den Unterschied zwischen Räuber und Gendarm aus. Hier kommt es auf gute Schuhsohlen an. Denn die Polizeiuniform endet oft an den Knöcheln. Der Grenzbeamte in Diboli gestern trug zu seiner blauen Uniform ein Paar ausgetretene Schlappen.

Am liebsten würde ich kein Auge zutun, um nichts zu verpassen, was sich auf der Reise abspielt. Komparsen, die am Fenster auftauchen und wieder verschwinden. Vielleicht auch mein Gepäck. Aber das ist schon die dritte Nacht ohne Schlaf. Die Lider sind zu schwer, um offen zu bleiben.

Die Schreie klingen so, als wäre jemand durch etwas Unangenehmes aufgeschreckt worden. Die Augen aufzumachen ist sinnlos, denn es herrscht völlige Dunkelheit. Der Zug steht. Draußen der übliche Singsang der Kinder. Drinnen hört man es immer wieder knallen. Alle drei bis fünf Sekunden, als würde jemand Ohrfeigen austeilen. In dem überfüllten Gang macht sich Angst breit. Ein Mann drängt sich mit Gewalt zwischen den Menschen vor ihm durch. Oder er schlägt mit seiner Rechten auf Backen und Köpfe. Er ist sehr groß, das Weiß seiner Augäpfel leuchtet weit oberhalb der größten Fahrgäste. Das Geschrei wird immer lauter. Durch die Stöße und Ohrfeigen wird ein Junge wie ein Sack ins Abteil geschleudert. Wir müssen ihm helfen, wieder aufzustehen. Man versteht überhaupt nicht mehr, wer zuschlägt und wer geschlagen wird. Alles geht blitzschnell. Anfangs war es nur ein Eindruck, eine fast unmerkliche Veränderung des Durcheinanders um uns herum. Der große Rucksack mit der Wäsche zum Wechseln, der Medizin, den Ersatzbatterien und den Schreibsachen ist gut verstaut im Gepäcknetz zwischen einem Koffer und einem zugeschnürten Karton. Aber einen Moment zu erzählen dauert länger, als ihn zu erleben. Denn ganz plötzlich merke ich: Der kleine Rucksack ist weg. Der wichtigste Teil meines Gepäcks. Er lag noch auf dem Sitz, als draußen auf dem Gang die Ohrfeigen flogen und der Körper ins Abteil krachte. Nur in dem einen Augenblick, als wir dem jungen Mann wieder auf die Beine helfen mussten, blieb er unbewacht. Die anderen im Abteil sind wieder eingeschlafen. Draußen scheint wieder Ruhe eingekehrt zu sein, bis auf vereinzelte Schreie, die die Dunkelheit im Waggon zerreißen. Eine Frauenstimme reklamiert ihre Mehlsäcke, die sie in Kayes gekauft hat. Eine Alte sucht verzweifelt nach ihrem Koffer. Ein junger Mann tastet mit beiden Händen alle Taschen um sich herum ab, findet aber seine eigene nicht. Zwei Männer drängen sich durch und leuchten mit ihrer Taschenlampe den Fahrgästen ins Gesicht. Vielleicht meinen sie dadurch, wer weiß wie, die Banditen zu finden. Sich ihnen anzuschließen kann etwas bringen. Es ist noch heißer als bei der Abreise. Die Wagentür steht offen, eine Menschenmenge bietet alles Mögliche an den Zugfenstern feil. Es gibt keinen Bahnsteig. Man springt von dem Treppchen direkt aufs Gleisbett.

Die Mondsichel erleuchtet schwach den Himmel. Vor mir zeichnen sich die Umrisse eines großen Baumes ab, neben dem eine Hütte aus Lehm und Stroh steht. Jemand kocht etwas über einem Holzkohlenfeuer in einer in der Mitte durchgesägten Blechtonne. Jeder Lichtpunkt in der Dunkelheit ist ein Mensch. Aber zwischen den Lichtern bewegt sich eine dunkle Masse ohne Licht in der Hand. Auf dieser Bahnstation ist mitten in der Nacht so viel los wie in der Londoner U-Bahn während der Rushhour. Und der Geist kommt schnell zur Einsicht. Ist schneller als die Wut, die im Körper sitzt. Wie eine Einflüsterung: Wo willst du hier deinen Rucksack finden? Die Armbanduhr zeigt wenige Minuten vor fünf Uhr. Um diese Zeit könnten wir uns irgendwo zwischen Bafoulabé und Kita befinden. Auf jeder Reise gibt es einen vertrauten Ort. Und heute Nacht ist der vertrauteste und sicherste Ort der Sitz Nummer siebenundfünfzig im Wagen drei. Kurz darauf ertönt das Signal zweimal. Die Türen werden zugeschlagen.

Der Diebstahl ist vielleicht auch eine Art gesellschaftlicher Umverteilung. Europa hat dieser Region zwanzig Millionen Menschen geraubt und sie zur Sklavenarbeit auf dem amerikanischen Kontinent gezwungen. Ganze Generationen wurden ausgelöscht. Ein Riss in der demografischen, kulturellen und ökonomischen Entwicklung der Sahelzone. Von diesen Wohltaten zehrt die reiche Welt noch heute. Sonst wäre sie heute wahrscheinlich nicht so reich. Und diese Schuld hat sie nie beglichen. Was ist im Vergleich dazu ein Rucksack? Der Schaden für mich persönlich aber ist groß, denn der Rucksack enthielt die Kamera, die Objektive, ungefähr dreißig neue und die schon vollen Filme, einen Teil des Geldes, die Hefte für meine Eintragungen. Und vor allem ein Hilfsmittel von unschätzbarem Wert für eine Saharadurchquerung: die Karten, auf denen mit Bleistift alle Brunnen, die Entfernungen zwischen ihnen in Tagesreisen und die fossilen Grundwasserströme, die in geringer Tiefe in Erdschichten unter dem Sand zu finden sind, eingetragen waren. Vier Monate Arbeit und Forschung, durch einen Augenblick der Unaufmerksamkeit zunichtegemacht. In meinem Kopf macht sich Angst breit und formuliert Gründe, um die Reise abzukürzen: Wenn schon nach drei Tagen so etwas passiert, was wird dann in drei Wochen sein?

Gegen sieben Uhr morgens fährt der »Mistral« in den Bahnhof von Kita ein, der zweitgrößten Stadt des Landes nach der Hauptstadt Bamako. Es ist schon seit einer Stunde hell. Ein Polizist hat einen jungen Mann, der ein Trikot der französischen Nationalmannschaft trägt, am Arm gepackt und schleift ihn aus dem Zug. Der Mann windet sich, seine Hände sind hinter dem Rücken mit Handschellen gefesselt. Die Leute drängen ans Fenster, sie sagen, es sei der Dieb von heute Nacht. »Schau doch mal nach, vielleicht ist er es, der dir deinen Rucksack gestohlen hat«, schlägt einer der Mitreisenden auf Englisch vor. Das würde nichts bringen. Niemand weiß, wie viele Diebe heute Nacht im Zug Beute gemacht haben. Die Gefahr, dass dieser junge Mann für etwas bestraft wird, was er gar nicht begangen hat, ist zu groß. Der Fahrgast insistiert. Aber meine abwehrende Kopfbewegung bringt ihn zum Schweigen. »Sie haben recht«, sagt er. Mit einem Lächeln und einem energischen Händedruck stellt er sich vor: Mohamed, einunddreißig Jahre, aus Banjul in Gambia. »Ich fahre in die Schweiz«, erklärt er so einfach, als säße er im Eurocity Paris-Genf. »Aber dieser Zug fährt nach Süden, die Schweiz liegt im Norden.« Immer noch lächelnd erwidert er: »Zuerst suche ich mir Arbeit in Bamako. Egal was. Dann, wenn ich Geld habe, beantrage ich ein Visum für die Schweiz.« Sinnlos, ihm zu erklären, dass Visa für die Schweiz so rar sind wie Goldadern. »Sie werden mir keines geben? Kein Problem«, sagt Mohamed dazu, »ich finde schon eine Lösung.« »Du kannst immer noch die Sahara durchqueren.« »Bist du denn verrückt? Nie und nimmer. Die Wüste ist gefährlich. Mit den Lastern mache ich mich nur dann auf den Weg, wenn es gar keine andere Möglichkeit gibt.«

Die anderen Fahrgäste im Gang hören schweigend zu. Einige verstehen Englisch. Das sieht man an der Art, wie sie uns anschauen. Mohamed greift in eine der großen Taschen seiner Jeans, zieht einen Ausweis mit Foto heraus und erklärt: »Das ist mein Personalausweis von New York.« Auf dem Foto hat er noch mehr Haare als jetzt, und sein Gesicht ist nicht so mager und ausgezehrt. »Ich war 1999 dort, dann ist das Visum abgelaufen.« »Hast du da gearbeitet?« »Ich war Bauarbeiter, aber ich hatte keinen regulären Arbeitsvertrag. Deshalb konnte ich das Visum nicht verlängern lassen.« Seine Hand kramt wieder in den Hosentaschen. Er zeigt ein anderes Foto, auf dem sein Gesicht voller Kalkstaub ist: »Da schau, du hast mir nicht geglaubt, dass ich Bauarbeiter war?«

Wie der Monolog eines Zauberkünstlers. Die anderen lauschen schweigend seiner wohltönenden Stimme. Auch die, die ihn nicht verstehen, starren auf die Karten in seinen Händen. Nun taucht aus den langen aufgenähten Taschen ein Zollstock auf. Mohamed öffnet ihn zur Hälfte, um Zementflecken und die Zeichen von Abnutzung zu zeigen. »Was hast du denn noch in deinen Hosentaschen versteckt?« Jetzt lächelt er nicht mehr. »Das ist alles.« Mohamed hat kein Gepäck, nur einen Zollstock. Einen nutzlosen amerikanischen Personalausweis. Ein Foto aus der Vergangenheit. Und in dem Brusttäschchen seines längs gestreiften Hemdes den gambischen Pass, der für das, was er vorhat, so nutzlos ist wie der abgelaufene Personalausweis.

Vor dem Fenster tanzen immer noch Tabletts voller Äpfel, Bananen und einem großen Kürbis herum. Kinder preisen mit dem Ruf »gilimeré, gilimeré« gefrorenes Wasser in Plastiktüten und Dosengetränke an. Der junge Mann in Handschellen mit dem französischen Trikot steht vor dem Polizisten, der auf ihn einredet. Der Gegensatz zwischen ihren beiden Leben ist nicht an den Gesichtern, Händen oder der Intonation der Stimme abzulesen, sondern an ihren Füßen. Der Dieb trägt feste Joggingschuhe einer bekannten amerikanischen Marke, der Polizist Plastiksandalen.

»Du hattest recht, diesen Mann nicht des Diebstahls zu beschuldigen«, sagt Mohamed und stützt Kinn und Hände auf das heruntergelassene Fenster. »Letztlich konntest du es nicht beweisen.« »Wer weiß, wenn er etwas gestohlen hat, vielleicht hat er es aus Not getan.« »Nein«, unterbricht mich Mohamed, »man darf nicht denken, dass einer, wenn er arm ist, das Recht hat zu stehlen. Dann wären alle Armen Diebe. Nein, das ist grundfalsch. Ich, Mohamed, bin kein Dieb. Wenn ich in New York etwas gestohlen hätte, wäre ich jetzt vielleicht reich. Stattdessen bin ich arm und bin nach Afrika zurückgekehrt, aber ich bin ein freier Mann. Ich muss mich für nichts schämen, nicht vor den Leuten und auch nicht vor Gott. Das da sind Banditen, die ohne Nachsicht bestraft gehören, weil sie arme Menschen beraubt haben, um reich zu werden ... Sieh dir nur seine Schuhe an.«

Mittags kündigt die Dunstglocke und der Geruch von Smog an, dass wir in Bamako ankommen. Die Lok lässt zweimal ihr Signal ertönen, um die Menschen von den Gleisen zu vertreiben. In einer endlosen Kurve fährt der »Mistral« unter das grün gestrichene Dach eines Jugendstilbahnhofs. Die Bremsen quietschen auf den letzten Metern, und Mohamed ist schon in die Menge eingetaucht, die zur Tür drängt, um möglichst schnell aussteigen zu können. Sobald die Passagiere draußen sind, steigen zerlumpte alte Menschen und barfüßige Kinder ein, um die Abteile zu durchsuchen. Sie sammeln Zeitungspapier und leere Plastikflaschen. Ein Kind hebt eine Bananenschale auf, in der sich noch ein schwarz angelaufener Rest Fruchtfleisch versteckt. Das Kind hält das Stückchen vorsichtig zwischen seinen kleinen Fingern, klettert auf den Sitz und isst es langsam auf.

Die Fahrt nach Bamako hat 1990 dreißig Stunden gedauert. Heute braucht der Zug mindestens drei Tage für die eintausendvierhundertzwanzig Kilometer. Wie das Meerwasser langsam in den Rumpf eines Schiffes eindringt, bevor es untergeht, so ist auch dieser Rückschritt ein Symptom des allmählichen Versinkens der Titanic Afrika. Es hätte schlimmer kommen können. Manchmal bleibt man in Kayes hängen und muss wochenlang warten, weil die Europäer auf den Sandpisten der Region ihre Spiele austragen. Das war jedes Mal so, wenn die bei den Franzosen so beliebte Rallye Paris-Dakar und andere Rennen dieser Art ausgetragen werden. Die Autos und die Laster mit Vierradantrieb für den Tross verbrauchen alles, was an Benzin und Diesel verfügbar ist. Wenn sie durchgezogen sind, gibt es im Norden einen Monat lang keinen Treibstoff mehr. Ganz abgesehen von den Menschenleben, die das Event gekostet hat. Fünfundsiebzig Prozent der Opfer dieses Rennens sind nicht die hoch bezahlten Fahrer, sondern Passanten, die in den Dörfern angefahren werden. Dennoch diskutieren die Staatsmänner, die diesen Teil Afrikas besuchen, nicht über den Untergang der Titanic Afrika, sondern über die Flucht der Passagiere, das heißt, über die Emigration.

Das französische Kulturzentrum suchen tagtäglich diejenigen Bewohner von Bamako auf, die sich eine höhere Schulbildung leisten können. Ein modernes Gebäude mit einem ruhigen Vorgarten an der Straße, die zu den Ministerien führt. Dutzende Jungen und auch das eine oder andere Mädchen kommen extra hierher, um Zeitungen zu lesen. Und europäische Luft zu schnuppern. Die auf den Bänken des Zeitschriftenlesesaals aufgeschlagenen Blätter berichten noch immer von dem Treffen, das vor ein paar Tagen zwischen Att, wie Malis Präsident Amadou Toumani Touré genannt wird, und seinem Kollegen Jacques Chirac stattgefunden hat. Über die langsame Agonie der ehemaligen Kolonien haben sie kein Wort verloren. Auch die Gefahr, dass der Bürgerkrieg an der Elfenbeinküste innerhalb weniger Wochen vierhunderttausend malische Emigranten in die Heimat zurücktreiben wird, kam nicht zur Sprache. Gemessen an den zehn Millionen Einwohnern Malis ist das eine ähnliche Katastrophe, wie wenn auf einen Schlag zwei Millionen zweihundertvierzigtausend Emigranten nach Italien zurückströmen würden. Nicht einmal das Treiben der europäischen und japanischen Autokonzerne im Norden wurde erwähnt. Die Zeitungen berichten vielmehr, dass Chirac von Mali mehr Engagement gefordert hat, um die Illegalen daran zu hindern, die Sahara zu durchqueren. Bei einem feierlichen Empfang in Koulouba erwiderte Att auf die Vorwürfe Chiracs mit der existenziellen Ironie, die das Leben in der Sahelzone erfordert: »Auch der erste Franzose, der nach Timbuktu gekommen ist, hat die Grenze illegal überschritten. Er behauptete sogar, Muslim zu sein und Abdallah zu heißen.« Die anwesenden Staatsdiener und Botschafter lachten und erinnerten sich an René Caillié, dem es verkleidet im Frühjahr 1828 als erstem Europäer gelungen war, lebend nach Timbuktu hinein- und auch wieder hinauszukommen. Und selbst der starre Gesichtsausdruck des französischen Präsidenten verzog sich zu einem Lächeln. Das Verlangen der Franzosen klingt hier wie ein Witz. Denn die illegalen Auswanderer zu stoppen würde bedeuten, viertausendvierhundertvierunddreißig Kilometer Wüste und Grenzen zu kontrollieren, die von den europäischen Kolonialherren willkürlich mit dem Lineal gezogen worden sind. Alle in unbewohnten Gegenden mitten in der Sahara. Präsident Touré hat dagegen darauf hingewiesen, wie wichtig die Auswanderung für die einheimische Wirtschaft ist. Denn alljährlich schicken die Ausgewanderten hundertfünfundzwanzig Milliarden afrikanische Francs, das heißt, einhundertzweiundneunzig Millionen Euro, nach Mali zurück.

Gleich neben dem Ausgang des Zeitschriftenlesesaals ist auf einem Schwarzen Brett gut sichtbar und ausführlich aufgelistet, was ein Studienaufenthalt in Frankreich kostet. So detailversessen, dass sogar der Preis für eine Kinokarte oder für den Besuch eines Fast-Food-Restaurants mit Freunden verzeichnet ist:

»Studiengebühren pro Jahr: 130–695 Euro. Studentenwohnheim: 137–380 Euro monatlich. Privatunterkunft: 305–687 Euro. Mensa: 129 Euro. Krankenversicherung: 46 Euro. Ein Essen in der Mensa: 3 Euro. Ein Essen in einem Fast-Food-Restaurant: 5 Euro. Kino:

6 Euro. Eine Wäsche im Waschsalon: 4,50 Euro. Eintritt in die staatlichen Museen: 6 Euro. Monatsabonnement öffentlicher Nahverkehr Innenraum Paris: 45 Euro. Ein Sandwich: 3 Euro. Ein Kaffee: 2 Euro. Mindestbudget pro Monat: 600-900 Euro. Studenten dürfen höchstens 884 Stunden pro Jahr arbeiten. Während der Vorlesungszeit darf die Arbeitszeit 19,5 Stunden pro Woche und 84,5 Stunden pro Monat nicht überschreiten. Während der Semesterferien dürfen die Studenten vollzeitbeschäftigt sein, aber ohne die Höchstdauer von 884 Stunden pro Jahr zu überschreiten. Die Präfektur erteilt die Arbeitserlaubnis. Um länger als drei Monate in Frankreich zu studieren, muss ein Langzeitvisum vorgelegt werden. Die Studenten sind verpflichtet, ihren Studienplan beim Kulturattaché der französischen Botschaft vorzulegen. Anträge sind vom 1. September bis 15. Oktober einzureichen. Der Antragsteller kann zwei Präferenzen für seinen Studienort abgeben. Bis Ende April erhält er Antwort von der erstgenannten Universität, bis Ende Mai von der zweiten. Wenn der Antragsteller keine Antwort erhält, muss er sich selbst an die Universität wenden. Im Fall einer Ablehnung durch beide benannten Universitäten können die Studenten beim Erziehungsministerium schriftlich die Zuweisung an eine dritte Universität beantragen. Ausgewählte Studenten: Cisse Moussa, Sidibe Saydou, Dabo Cheick, Abdelrazic Hassane …«

Der Wind bewegt die Blätter, die mit Tesafilm und Reißzwecken am Schwarzen Brett festgemacht sind. Sechzehn Studenten wurden für einen Auslandsaufenthalt ausgewählt, darunter nur eine Studentin. Ein unsichtbarer Tropfen im Ozean, der, versehen mit allen Informationen über das tägliche Leben, all diejenigen entmutigen sollte, die sich auf die gefährliche Reise durch die Wüste machen wollen. Häufig aber ist das Gegenteil der Fall. Die Bekanntmachung besagt nämlich, dass ein Student in Frankreich mit sechshundert Euro im Monat auskommt. Da in der Sahelzone ein Schreiner, ein Klempner oder Maurer weniger als die Hälfte eines Studentenbudgets zum Leben braucht, ziehen »viele« daraus den Schluss, in Europa könne man mit weniger als dreihundert Euro im Monat auskommen. Und durch die Mund-zu-Mund-Propaganda junger Leute ohne Zukunft in Afrika werden aus den »vielen« Zehntausende.

Eines Morgens kommen auf der schlammigen Straße hinter der russischen Botschaft zwischen den Schlaglöchern zwei Männer auf mich zu. Ohne Umschweife kommen sie zur Sache: »Suchst du Arbeiter, um sie nach Europa zu bringen?«, fragt der Robustere auf Französisch. Die beiden könnten Zivilpolizisten sein. Oder Sicherheitsbeamte der Moskauer Botschaft. Oder Schleuser, die über das Auftauchen eines ausländischen Konkurrenten beunruhigt sind. In einer Stadt, in der die Hälfte der jungen Leute nach Europa auswandern möchte und die andere Hälfte diesen Wunsch schon in die Tat umzusetzen beginnt, kann ein Journalist aus Europa nicht unbemerkt bleiben. Es genügt, dem Falschen Fragen zu stellen. Und dann missversteht das irgendjemand so, als seist du ein Menschenhändler.

Ein einziges falsches Wort könnte dazu führen, dass ich verhaftet oder angegriffen werde. Der robuste Typ blickt mich drohend an. Der andere dagegen, der klein und mager ist, scheint erstaunt, dass ich nicht sofort antworte. Er ist es, der das Eis bricht, denn er zieht einen Pass aus seiner Gesäßtasche und schlägt ihn auf der Seite mit dem Foto auf: »Ich heiße Djimba. Ich suche einen Italiener, der behauptet, er könne Leute nach Europa bringen. Ich will wissen, wie viel es kostet.« Unter dem Passfoto sind die Angaben über Tag und Monat seiner Geburt mit »xx« und »xx« angegeben, aber auf der Seite mit dem Wasserzeichen kann man am Stempel erkennen, wie jung er ist, denn dort steht 1975. Mit achtundzwanzig Jahren hat Djimba, den seine tiefschwarze Haut als echten Malinke ausweist, beschlossen, dass es für ihn in Mali keine Zukunft gibt. Sein Geist hat sich schon auf den Weg gemacht und der Körper auch. Um mich zu treffen, hat er schon die ersten zweihundert Kilometer hinter sich. Er kommt aus Deguela am Nigerbinnendelta. »Was verlangst du also, um mich mit nach Europa zu nehmen?«, fragt Djimba. Die Frage verdient ein entspanntes Lachen und einen freundschaftlichen Händedruck. Auch Djimba lacht, hört aber gleich damit auf, sobald er erfährt, dass er Geld und Zeit vergeudet hat, um von Deguela hierher zu kommen. »Kannst du mich wirklich nicht mitnehmen?« Er lässt nicht locker. »Ein Freund hat mir gesagt, dass in Bamako ein Italiener angekommen ist und Arbeiter sucht, die nach Europa wollen. Ich bin Klempner und habe ein Abschlusszeugnis. Das Problem ist, dass Frankreich voll ist von afrikanischen Klempnern. Vielleicht könnte ich in Italien oder in Deutschland oder in England Arbeit finden. Wenn ihr noch mehr Leute sucht, ich habe zwei Brüder, die sofort mit mir mitkommen würden …«

Wie um alles in der Welt ist die Nachricht, dass ich mich in Bamako herumtreibe, in wenigen Tagen bis nach Deguela gelangt? Vielleicht hat der redselige Portier der Pension, in der ich wohne, es herumerzählt. Vielleicht haben aber auch meine Fragen in den von der Jugend besuchten Lokalen einen Dominoeffekt ausgelöst. Denn ich habe tatsächlich nach Leuten gesucht, die nach Europa wollen, aber nur, um ihre Geschichten, ihre Überlegungen und ihre Hoffnungen kennenzulernen. Ein fürchterliches Missverständnis. Meine Erklärung treibt Djimba die Tränen in die Augen, er schüttelt den Kopf, meine Antwort überzeugt ihn nicht. Er glaubt, er müsse nur richtig verhandeln.

»Pass auf«, sagt er und legt dabei seine Rechte auf die meine, »ich habe hier in Bamako lange als Klempner gearbeitet. Die Kunden waren immer mit mir zufrieden. Als Klempner habe ich vierzigtausend afrikanische Francs verdient, das sind einundsechzig Euro im Monat. Fünfzehntausend Francs gingen als Miete drauf für meinen Schlafplatz. Fünfzehntausend für einen Fünfzig-Kilo-Sack Reis: Mit dem, was ich verdiente, konnte ich mir nicht leisten, Fleisch zu essen. Von den übrigen zehntausend Francs habe ich die Verkehrsmittel bezahlt. Am Monatsende musste ich mir Geld leihen, und nach vier Jahren als Wanderarbeiter in Bamako musste ich wieder nach Deguela zurück.«

Bamako gilt in der ganzen Sahelzone als Symbol für Optimismus und Wohlstand. Aber der Schein trügt. In der Hauptstadt findet nur ein Viertel der Zehn- bis Fünfundzwanzigjährigen Arbeit. An diesem Prozentsatz hat sich seit den Siebzigerjahren nichts geändert. Eine hiesige Untersuchung zeigt, dass sich dreiundsiebzig Prozent der arbeitsfähigen Bevölkerung mit Gelegenheitsarbeiten über Wasser halten. Vom Feilbieten des Gemüses, das auf Rabatten an Straßenkreuzungen wächst, bis zum Verkauf von gefälschten Markenschuhen »Made in China« unter den Bäumen. Nach vier Jahren hat auch Djimba eingesehen, dass er sich hat blenden lassen. Gerade deshalb will er sich jetzt offensichtlich die Gelegenheit nicht entgehen lassen. »Hör mal, auch ich habe Satellitenfernsehen geguckt und ich lese auch Zeitung, wenn ich kann. Meinst du, ich wüsste nicht, dass es in Europa immer weniger Klempner, Handwerker und einfache Arbeiter gibt? Ich weiß, dass ich in Europa tausend Euro im Monat verdienen könnte. Für die wichtigste Unternehmung meines Lebens habe ich schon gespart. Wenn du ein Ziel vor Augen hast, lässt sich der Hunger leichter ertragen, und du kannst mal eine Mahlzeit auslassen, um das Geld beiseitezulegen. Aber die vierhunderttausend Francs sind einfach zu viel, das sind mehr als sechshundert Euro. So viel verlangen die Tuareg von Gao am Rande der Sahara für die Durchquerung der Wüste. Vielleicht kannst du mir etwas vorschießen. Du bringst mich nach Europa, und ich zahle es dir von meinem ersten Lohn zurück.«

»Djimba, jetzt hör du mir mal zu. Ich suche nicht nach Leuten, um sie nach Europa zu bringen. Ich suche genau wie du nach einer Möglichkeit, Europa auf dem Weg durch die Wüste zu erreichen. Ich bin kein Schleuser. Ich bin kein Menschenhändler.« Um jetzt bloß nicht aufzugeben, würde sich Djimba auch einem Sklavenhändler anvertrauen. Und genau das schlägt er vor: »Reicht dir ein Monatslohn nicht? Lass es uns schriftlich vereinbaren. Du bringst mich jetzt sofort nach Europa, und ich zahle dir drei Monatslöhne. Drei reichen dir nicht? Dann gebe ich dir fünf. Ich bin sicher, als Klempner in Europa gut zu verdienen, da ist es bestimmt eine Kleinigkeit, fünf Monatslöhne beiseitezulegen.«

Seit ich zwanzig war, habe ich über Unglücksfälle und Verbrechen berichtet und mindestens zweihundert Leichen gesehen. In einigen Fällen war ich sogar dabei, als sich auf dem Gesicht der Übergang vom Leben in den Tod abzeichnete. Genau so, als sei er auf dem schmalen Grat zwischen Leben und Tod, sieht Djimbas Blick jetzt aus. Nur sein Körper bricht nicht zusammen. Nervös schiebt er die Plastiksandalen unter seinen nackten Füßen auf der roten Erde hin und her, als ob er seine Knöchel aus einer Fessel lösen müsste. »Kannst du wirklich nicht?«, flüstert er mit gesenktem Blick. Sein Freund packt ihn am Arm und zieht ihn weg. Sie gehen schweigend an der Mauer der russischen Botschaft entlang, während ein Windstoß die große Fahne der Russischen Föderation bläht.

Vielleicht hat Djimba den großen, dicken Mann sogar dafür bezahlt, dass er ihn herbringt. Denn es gibt nicht nur Menschenhändler. Der große Sklavenhandel beginnt bei denen, die Informationen verbreiten. Egal, ob richtig oder falsch. Der Bahnhof von Bamako, die Internetcafés, die als Kulturvereine getarnten Bars sind voll von Leuten, die gute Tipps verkaufen. Kaum stellst du eine Frage, verlangen sie Geld: »Du willst nach Europa?«, erwidern sie verwundert. »Da kenne ich den richtigen Mann, aber man muss ihm etwas schenken. Gib mir zehntausend Francs.«

Ich bin erst eine Woche unterwegs, und schon gab es zwei Tote. Ousmane und Djimba. Sie laufen herum und reden. Aber das ist rein äußerlich. Ihr Lebenswille hat sie verlassen. In meinem Kopf gesellt sich zum Bild von Ousmane vor seinem zerstörten Taxi das von Djimba, der mir ganz naiv seinen Pass hinhält. Ihr letzter Blick krallt sich in meinen Gedanken fest wie ein Schiffbrüchiger, der sich nicht damit abfinden will zu ertrinken. Und auf der endlos langen Reise bis zur Grenze zwischen Mali und Niger habe ich Zeit genug, darüber nachzudenken.

Nach einigen Stunden Fahrt auf der Sandpiste jenseits der Grenze liegt am linken Ufer des großen Flusses der Ort Ayorou. Heute ist Sonntag, Markttag. Und kein Markt in der ganzen Sahelzone ist besser besucht und bunter als der von Ayorou. Händler und Käufer kommen aus Niger, Mali, Burkina Faso und auch aus den Oasen in der Sahara. Knochendürre Tuareg, Djerma, Fulbe-Hirten und Mütter der Wodaabe-Nomaden in ihren dunklen Gewändern, die Haare mit Staub und Öl verkrustet, dicke Sonrai-Frauen mit vorstehenden

Bäuchen unter ihren bunten Kleidern. Einen Tag lang treffen sie in diesem Chaos aufeinander, das das ganze Dorf überschwemmt.

Am Sonntag ist in Ayorou alles nur Denkbare zu haben. Stände mit Gewürzen in Kalebassen und Wannen voller roter, ockerfarbener, grüner und orangener Pulver. Die Schneider der Tuareg fertigen auf ihren pedalgetriebenen Nähmaschinen innerhalb eines Vormittags maßgeschneiderte Kleider an. Von den Ständen der Metzger verbreitet der Wind den Geruch von Fleisch und Blut über den ganzen Markt. Die Wodaabe-Frauen schwenken über kleinen Feuerstellen die Milch, um Fett und Molke zu trennen und daraus Butter zu machen. Auf anderen Öfen werden Masa-Kringel aus Milch und Hirse frittiert. Bei den Goldschmieden liegen glänzende Schmuckstücke aus. Goldene Ohrringe. Silberplättchen und große Bernsteinkugeln für den Brautschmuck der Fulbe und Tuareg. Schwere Ringe aus Kupfer und Bronze für die Fesseln, mit denen die Mütter der Nomaden die Geburt eines Kindes anzeigen. Um die Ecke liegt das Viertel der Schreiner: vor den Augen der Passanten zimmern sie Baldachinbetten und sägen Türen aus Massivholz oder einfache Pfosten für Hütten und Getreidespeicher. Zwischen Mehlsäcken, Eimern voll Reis, Fässern voller Hülsenfrüchte, Körben mit Süßkartoffeln, bunten Wannen und Plastiksandalen aus China schiebt sich langsam eine dichte Menschenmenge durch. An einer kleinen Gasse nahe dem Fluss rauchen die offenen Werkstätten der Schmiede, eine arme, aber geachtete Kaste, weil sie die magische Fähigkeit besitzen, das Feuer zu beherrschen. In einiger Entfernung von den Häusern stehen dicht gedrängt Kamele, Buckelrinder mit ihren langen Hörnern, Ziegen und Schafe in Pferchen. Den ganzen Vormittag laden an der Straße in die Hauptstadt Niamey überfüllte Kleinbusse und Eselskarren ganze Familien von Besuchern ab. Aber nicht alle kommen über den Landweg. In einer Schleife des Niger landen, von der Strömung getrieben, große und kleine Kähne. Mühsam das Gleichgewicht haltend, nähern sich zehn Tuareg auf einem langen, schmalen Boot dem Ufer. Ihre dick von dem hellen Stoff des Tagelmust umwickelten Köpfe sehen von Weitem aus wie Watteböllchen auf den Spitzen von Schilfrohr. Die beiden Männer am Bug und am Heck stoßen sich mit langen Stangen am Grund ab. Ein Wodaabe-Nomade taucht eine Schöpfkelle aus Aluminium in das stinkende Flusswasser zwischen den vor Anker liegenden Booten und stellt mit einem kräftigen Schluck sein Immunsystem auf eine harte Probe. Ein anderer Kahn transportiert einen Esel, ein an allen vieren gefesseltes Kalb und ein Fass Treibstoff. Im silbrigen Gegenlicht der Sonne treiben große Hörner und weit geblähte Nasenlöcher. Es sind die Herden der Buckelrinder, die von schwimmenden Kindern aus Burkina Faso an das diesseitige Flussufer geleitet werden. Erwachsene des Clans, die in einem Einbaum kauern, überwachen die Operation. Mühsam suchen die riesigen, abgemagerten Tiere mit ihren Hufen an der schlammigen Uferböschung Halt, rutschen aus, knicken ein und haben Mühe, wieder auf die Beine zu kommen. Die Kleinsten unter den Hirten, kaum zehnjährige Kinder, erreichen die Rinder zuerst und treiben sie mit harten, nervösen Schlägen in Richtung Markt. Sie wirbeln eine Staubwolke auf, kreischend flüchten Frauen vor ihnen. Jeden Sonntag durchqueren Herden und Hirten den großen Fluss auf dem Hin- und Rückweg. Sie müssen an der Stelle hineinspringen und hindurchschwimmen, wo die Strömung besonders stark ist, denn dadurch entgehen sie den Flusspferden und Krokodilen.

Als Ausländer kann man in Ayorou nur schwer für sich bleiben. Alle jungen Leute wollen einem die Schönheiten ihres Ortes zeigen. Am besten kann das Amadou. Der Neunundzwanzigjährige trägt ein blütenweißes Hemd und einen himmelblauen Turban nach Beduinenart und ist diplomierter Lokalhistoriker. »Komm«, sagt er am Ende des Tages, »ich zeige dir Miriama Amidou Douma.« »Wer ist Miriama Amidou Douma?« »Meine Tochter, sie ist fünfzehn Tage alt.«

Die Kleine schläft unter einem Moskitonetz im Bett der Eltern, einem kleinen Ehebett mit Baldachin, das im Hof vor dem Haus steht. »Es ist zu heiß, um drinnen zu schlafen«, erklärt Amadou. Beim Abschied will er mir seine Adresse geben. Aber die Straßen haben hier keine Namen. »S/c depot pharmacie. Ayorou, Niger«, schreibt Amadou auf einen Zettel: »Hier ist die Apotheke auch Postamt.« Doch Amadou hat nicht alles gesagt, was er hätte erzählen wollen, habe ich den Eindruck. Es bleibt etwas Unausgesprochenes, das ist mir nicht entgangen. Da lohnt es sich, ihn mit der gleichen Frage zu konfrontieren, die in Bamako zu dem traurigen Missverständnis mit Djimba geführt hat. »Amadou, kennst du jemanden, der die Wüste durchquert hat oder es tun will, um nach Europa zu kommen?« Er seufzt und blickt in die Ferne, als wollte er irgendwo eine Wolke entdecken. Sein Mund deutet ein Lächeln an. »Komm, wir gehen rein«, flüstert er.

Bei den Tuareg trinkt man drei Gläser Tee. Das erste Glas ist bitter. Wie das Leben, sagt ein Sprichwort. Das zweite muss süß sein. Wie die Liebe. Beim Eingießen hebt Amadou die Teekanne hoch über das Glas, damit der Tee Sauerstoff aufnimmt und Schaum bildet. »Weißt du«, beginnt Amadou, nachdem er das Glas an die Lippen geführt hat, um die Temperatur zu prüfen, »als ich meiner Schwester erzählt habe, dass ich auf dem Weg durch Libyen nach Europa wollte, hat sie angefangen zu weinen. Sie hat gesagt: Dann werde ich einen toten Bruder haben, denn die Wüste kannst du nicht überleben. Ich kam mit dem Bus bis Agadez. Auf Vermittlung eines Freundes, der dort in der Apotheke arbeitet, hat mich ein Lastwagen bis zur Oase Dirkou mitgenommen. Das sind Lastwagen, die alles Mögliche transportieren, und dann klettern noch Hunderte Menschen drauf, manchmal sogar dreihundert. Alles wird mit einem Seil außen herum festgemacht, und jeder bindet seinen Wasserbehälter daran.«

Dirkou. Endlich eine erste Bestätigung in Afrika, dass diese Oase, die Lkws und die Sklavenroute nicht nur eine Legende der Überlebenden sind, die es bis Europa geschafft haben.

»Amadou, ich will nach Dirkou fahren und dann, so Gott will, nach Libyen. Wie viel Wasser braucht man?«

»Ich hatte zwei Behälter, insgesamt vierzig Liter«, antwortet er. »Die Behälter gibt es auf dem Markt von Agadez zu kaufen, dann musst du sie füllen. Auch wenn du eine Million Dollar zur Verfügung hast, bist du ohne Wasser in der Wüste ein Niemand.« Amadou sucht den Himmel weiter nach der nicht vorhandenen Wolke ab. »Als ich unterwegs war, haben wir immer wieder jemanden im Sand zurückgelassen. Aber schau, ich bin so mager wie du. Wenn ich es geschafft habe, kannst auch du es schaffen. Vor allem brauchst du ein starkes Herz, denn da oben ist es glühend heiß. Und wenn du nicht stark genug bist«, fährt er fort, während er mit seiner dürren Hand auf der Brust den Herzschlag nachahmt, »dann explodiert es.«

»Was passiert dann in Dirkou?«

»In Dirkou bin ich auf einen Lastwagen gestiegen, der Gewürze nach Libyen brachte. Ansonsten gibt es die Lkws der Zigarettenschmuggler. Das Militär begleitet sie bis zur Grenze. Das ist der gefährlichste Teil. Ich habe für den Hinweg dreizehn, für den Rückweg zwölf Tage gebraucht. Ich bin im Mai losgefahren und war im Sommer wieder zurück. Sie fahren auch die ganze Nacht durch. Das ist so furchtbar anstrengend, weil man auf dem Laster nicht schlafen kann. Zwei Fahrer wechseln sich ab, außerdem gibt es einen Führer, der die Wüste kennt. Manchmal gibt es nur einen Fahrer, und der Führer hilft ihm beim Lenken. In Libyen war ich in Tidjeri, Sebha und Tripolis. In Tripolis habe ich bei einem Mann aus dem Tschad Arbeit gefunden, der dann nach Italien gegangen ist. Das Geschäft hat er einem Sudanesen verkauft. In Libyen herrscht große Ausländerfeindlichkeit, aber als ich da war, war es nicht so schlimm. Libyen ist reich. Ein paar Monate habe ich am Essen, an allem gespart. Ich habe zwei Millionen Francs verdient, das sind in Euro …«

»Mehr oder weniger dreitausend Euro.«

»Auch ich wollte ein Schiff nach Italien finden, als ich in Bengasi war. Aber wenn du da bist, weißt du nicht, wo du hingehen sollst, was du tun und wen du fragen kannst. Für jede Auskunft musst du zahlen, alle wollen dich reinlegen. Einige Zeit später hat mir ein Freund aus Misourata geraten zu verschwinden. Denn wegen der Abkommen zwischen Italien und Libyen würde sich die Politik Gaddafis gegenüber den Immigranten bald ändern. Der Staatschef hat die Ausländer ins Land geholt, um Libyen als Vorbild für die afrikanische Einigung hinzustellen. Aber seit die libysche Wirtschaft nicht mehr auf die Afrikaner aus anderen Ländern angewiesen ist, ordnet das Regime Massenausweisungen an. Deshalb bin ich wieder auf einem Öllaster zurückgekommen. In der Wüste sind wir zwischen

Madama und Dirkou einem liegen gebliebenen Lkw begegnet. Die waren dort seit dreißig Tagen und völlig am Ende, darunter auch Kinder. Wir haben ihnen Wasser und Ersatzteile gegeben. Viele Laster haben immer Ersatzteile dabei. Andere, die ältesten, die es am meisten nötig hätten, fahren ohne los.«

Amadou vergisst die imaginäre Wolke jenseits der Veranda vor seinem Häuschen. Zum ersten Mal, seit er von seiner Reise erzählt, senkt er den Blick. Er hat sich neben seine Frau, seine Mutter und seine Schwester auf das Bett gesetzt, in dem sein Kind schläft. In das dritte Glas Tee gehört viel Zucker. Zuckersüß wie die Jugend, sagt das Sprichwort. Oder: sanft wie der Tod, so ein anderes. Amadou trinkt diesmal schnell aus und zeigt auf die Sonne: »Wir müssen los, wenn du bis heute Abend in Niamey sein willst.« An der Haltestelle der Kleinbusse reicht die Zeit gerade noch für eine Umarmung.

»Amadou, darf ich dir noch eine Frage stellen?« Darauf hat er wohl schon gewartet, denn er erwidert nichts. »Warum hast du dich nicht nach Italien eingeschifft?« Amadou bewegt die Lippen, als würde er die Bitterkeit der Worte, die er ausspricht, schmecken, und sagt in überraschend stolzem Ton: »Als wir abfahren sollten, haben sie uns nachts in Bengasi an die Küste gebracht. Sobald ich das Boot sah, habe ich Angst bekommen. Meine Mutter ist eine Kel Tamaschek, eine Tuareg, wie ihr sagt. Mein Vater ein Djerma. Wir leben in der Sahelzone. Bevor ich nach Tripolis kam, hatte ich noch nie das Meer gesehen, noch nie ein Schiff bestiegen. Aber das war kein Schiff. Es war Schrott. Ich habe nicht gezählt, aber wir waren bestimmt mehr als zweihundert. Alle für diesen Schrottkahn. Wir wurden wie Vieh verladen. Und da hatte ich Angst.«

»Angst ist die Tugend der Mutigen. Wer keine Angst hat, ist entweder dumm oder fahrlässig.«

»Aber seit jener Nacht quäle ich mich mit der Frage herum, ob ich nicht einfach zu feige war. Ich werde nie wissen, ob es richtig oder falsch war, mich nicht nach Italien einzuschiffen. Nur noch wenige Tage trennten mich von Italien. Ich hatte tausendfünfhundert Dollar gezahlt, und diese Banditen haben alles behalten. Seit Miriama geboren ist, fühle ich mich von Tag zu Tag mehr als ein Feigling, denn ich werde ihr nie eine bessere Zukunft bieten können als das hier. Ich hatte es fast bis Europa geschafft. Wenn ich nur ein bisschen mehr Mut gehabt hätte, hätte ich jetzt eine gute Arbeit, und meine Familie wäre bei mir.«

Der Fahrer des Kleinbusses drängt zur Eile. Er hat zehn Plätze mehr als die verfügbaren neun verkauft. Und um den Streitereien ein Ende zu setzen, schiebt er die Rücken und Hinterteile der Fahrgäste ins Wageninnere.

»Jetzt musst du mir etwas sagen. Ist Italien wirklich so schön, wie ich gelesen habe?«, fragt Amadou mit brüchiger Stimme.

»Wenn du zur falschen Tür hereinkommst, Amadou, kann Italien so grausam sein, wie nicht einmal du dir es vorstellen kannst. Denk nicht mehr daran. Viel mehr wert als die Schönheit Europas ist die Schönheit des Lebens. Und du bist wenigstens noch am Leben.«

»Aber diesen Schmerz werde ich mein ganzes Leben lang nicht mehr los«, sagt Amadou noch einmal. »Du jedenfalls musst aufpassen. Nicht alle schaffen es, die Wüste zu durchqueren. Denn das Herz ist ...« Weil die Tür zugezogen wird, bleibt der Satz unvollendet. Amadou würde gern noch mehr sagen. Seine Lippen bewegen sich, aber ich kann ihn nicht hören, während seine rechte Hand auf der Brust den Herzschlag nachahmt. Der Kleinbus fährt los und schwankt hin und her wie beim Bauchtanz. Die Instabilität wird durch die zusätzliche Last auf dem Dach verstärkt. Dort oben sind mein Rucksack, Koffer, Taschen, das Ersatzrad, zwei Sofas und neun meckernde Ziegen.

Die Farben des Himmels über dem Niger sind der Lohn, den Niamey für den Ankommenden bereithält. Es muss ein besonderer Sonnenuntergang sein, denn auch die Einheimischen bewundern ihn von der langen Brücke aus, die nach Burkina Faso führt. Ein Dromedar schreitet majestätisch voran und versperrt mit seiner riesigen Strohlast die ganze Fahrbahnbreite. Sein Führer versucht das Tier zur Seite zu drängen, aber das Dromedar reagiert nicht, und nach einer Weile müssen die wenigen Autos und der Laster den Rückwärtsgang einlegen. Nach diesem doppelten Schauspiel wird es sofort dunkel. Es ist zu spät, um herauszufinden, wo die Ausländer auf dem Weg nach Agadez übernachten. Um die Abendessenszeit hat anscheinend jemand einige junge Frauen darauf aufmerksam gemacht, dass im Hotel ein Europäer wohnt, den sie ausnehmen können. Sie kommen im Pulk und wissen genau, wo sie suchen müssen. Anführerin ist eine sehr gut aussehende junge Frau um die dreißig mit etwas in die Breite gegangenen Hüften.

»Fofò«, hebt sie an. »Fofò.« Sie kichern. »Fofò heißt willkommen«, erklärt die Dreißigjährige auf Französisch: »Wenn ich fofò sage, musst du ngueia, danke, sagen.« »Ngueia.« »Schön, aber es ist nicht höflich, nur ›danke‹ zu sagen. Du musst noch matarehiri, guten Abend, sagen. Und ich antworte dann bani sameiullà.« Zu einem solchen Tag passt noch eine Lektion Djerma am Abend. »Was ist?«, fährt die junge Frau fort. »Wenn ich dich frage: kann ich mit dir schlafen, was sagst du dann?« In meinem schmerzenden Kopf versuche ich mich an das bisschen Djerma zu erinnern, das ich heute Nachmittag gelernt habe. Der Fahrer hatte nach der Abfahrt aus Ayorou damit angefangen und mindestens hundert Kilometer lang alle Fahrgäste im Chor miteinbezogen. Und ich musste zum großen Vergnügen der anderen Sätze wiederholen, ohne ihren Sinn zu verstehen. »Mtinimà?« »Safira«, antwortet die junge Frau überrascht: »Ja, dann sprichst du ja Djerma?« Zwecklos, ihr zu erklären, dass »Wie heißt du?« der einzige Satz ist, der mir von meinem heutigen Schnellkurs im Gedächtnis geblieben ist. Sie spult lächelnd eine Reihe von unverständlichen Sätzen ab. Eine ihrer Freundinnen angelt sich unternehmungslustig einen Stuhl vom Nebentisch und setzt sich mir gegenüber. Die anderen tun es ihr nach. Sie bestellen Bier und trinken. Nach einer Weile gibt die Unternehmungslustige ein Zeichen und sagt: »Safira, wenn du willst, kannst du dableiben. Wir gehen jetzt.« Allein mit mir, zeigt Safira ein noch reizenderes Lächeln. Die Laterne wirft ein schwaches Licht. Wenn ihre Lider sich bewegen, streicht der Schatten ihrer langen Wimpern über ihre weichen Wangen.

»Stört es dich, wenn ich bleibe?«, fragt sie. »Nein, überhaupt nicht.«

»Wenn du willst, bleibe ich auch die ganze Nacht.« »Nein, nicht über Nacht. Du kannst nicht bei mir übernachten. Willst du zu Abend essen?«

»Wenn du zahlst, gern. Ich habe seit zwei Tagen nichts gegessen, ich war krank. Malaria. Eine Woche lang hohes Fieber. Hast du schon mal Malaria gehabt?« »Vielleicht schon. Das heißt, ich hatte die Symptome, aber niemand hat herausgefunden, warum.«

Safira lacht laut auf. »Ihr Europäer seid komisch. Nimmst du mich mit nach Europa?«, fragt sie plötzlich, »ich fahre mit dir mit, oder du schickst mir eine Einladung und sagst, ich sei deine Verlobte und …« »Das ist nicht so leicht. Europa ist von hier aus wie eine uneinnehmbare Festung.«

»Warum?«, fragt sie, nachdem sie von sich selbst erzählt hat, und schlägt vor, während sie mit ihren perlweiß lackierten überlangen Fingernägeln immer wieder über ihre feuchten Lippen streicht: »Ich kann mit dir schlafen. Du wirst sehen, es wird dir gefallen.« Da ich jedoch erneut ablehne, wechselt sie das Thema: »Weißt du, dass ich in Europa Model werden sollte? Es war alles fertig für meine Abreise, und dann haben sie mich sitzen lassen. Aber das ist eine lange Geschichte, die erzähle ich dir morgen. Jetzt gehe ich ein bisschen Geld verdienen.«

Groß und schlank, wie sie ist, entfernt sich Safira mit elegant wiegenden Hüften und lässt zwischen dem für ihren großen Busen viel zu engen Top und der noch viel engeren Jeans, die kaum die beiden Grübchen über ihrem Hinterteil bedeckt, einen breiten Streifen schwarze Haut sehen.

Der nächste Tag beginnt für mich im Morgengrauen, es sind die kühlsten Stunden in der Hitze der Sahelzone. Ich muss mich um das Visum für Libyen kümmern und die Reise nach Agadez organisieren. Die Botschaft von Tripolis liegt nur wenige Blocks von der Residenz des nigrischen Präsidenten entfernt. Das Palais ist hinter einer Mauer versteckt und durch ein gepanzertes Tor geschützt, beide noch höher als die der italienischen Botschaft in Dakar. Hinter dem Tor erscheint, als täte sich ein Vorhang auf, eine Szenerie aus *Tausend-*

undeiner Nacht. In meiner Kindheit habe ich mir die arabischen Paläste der alten Märchen immer so vorgestellt. Brunnen inmitten riesiger Gärten, hoch aufragende Säulen, das Spiel von Licht und Schatten unter endlosen Bogengängen, und alles geschmückt mit Mosaiken aus winzigen blauen und weißen Steinchen. Eine Zurschaustellung von Reichtum unter strengster Bewachung durch bewaffnete Sicherheitskräfte. Ihre Kalaschnikows sind allerdings machtlos gegen die Freiheit der Luft. Die sanfte Brise trägt die Gerüche der Armut und der Abfälle bis hierher, die Tag und Nacht mitten auf den Straßen der ärmeren Stadtviertel brennen und die Straße in zwei Fahrbahnen teilen. Man betritt das Palais nicht. Die Anfragen werden im Freien behandelt, zwischen dem Eingangstor und dem Wächterhäuschen. Innerhalb weniger Minuten erscheint ein Beamter.

»Das ist kein Problem«, sagt er, nachdem ich ihm meine Route erklärt habe. »Doch Sie müssen sich an das libysche Konsulat in Agadez wenden. Der Konsul dort erteilt die Erlaubnis zur Durchquerung der Wüste.«

Natürlich ist es besser, den wahren Grund meiner Reise zu verschweigen. Aber ich brauche mir nicht einmal eine Ausrede einfallen zu lassen, denn der Beamte hat es eilig und stellt keine weiteren Fragen.

Die Busse nach Agadez fahren von einem Parkplatz am linken Flussufer ab. Der Hotelportier hatte mir gesagt, ich solle nach dem Kongresszentrum fragen. Zweihundert Meter weiter führt die Straße hinunter in ein Waldstück voll dumpfer Feuchtigkeit und Stechmücken. Ein Stück weiter kommt man an Verkaufsständen und Frauen vorbei, die, die Kinder auf den Rücken gebunden, alles Mögliche feilbieten: Gemüse, das sie am Flussufer gezogen haben, und frittierte Hirsebällchen. Gleich daneben schläft jemand auf einer schmutzstarrenden Matratze und Lumpen unter dem wackeligen Dach einer verlassenen Werkstatt. Dort droben, am Rand des Abhangs, liegt unter den Wipfeln der Akazien und Jacaranda-Bäumen der Park des Präsidentenpalastes versteckt. Am Ende der Straße ein Tor und eine große Tafel mit den drei Farben der SNV – Societé nigérienne de transports de voyageurs. Auf der Tafel sind die Ankunfts-

und Abfahrtszeiten der Busse für Agadez verzeichnet. Es sind die letzten tausend Kilometer asphaltierter Straße vor dem Wahnsinn der Wüste. Der Fahrplan ist mit Kreide geschrieben. In Niamey regnet es so selten, dass keine Gefahr besteht, das Geschriebene könnte abgewaschen werden.

Hinter der großen Tafel öffnet sich der Busparkplatz, eine riesige Fläche voller Ölflecken, die bis zum Fluss reicht. Die Fahrkarten kann man in einem niedrigen Gebäude mit Klimaanlage kaufen. In dem Fernseher an der Wand läuft via Satellit ein französischer Dokumentarfilm. Der Ton ist nicht zu hören. Aber die Bilder zeigen auch ohne die Untertitel für Orte und Landschaften ganz unverwechselbare Ansichten. Solche Abhänge voll üppiger Kaktusfeigen und solch schneeweiße Kalkriffe gibt es nur in Sizilien. Jetzt wird Agrigent gezeigt, und dann die Inseln Lampedusa und Pantelleria. Fischkutter, Segelboote, Sehenswürdigkeiten, fröhliche Gesichter. Der Abspann gibt die Adresse der Produktionsfirma an: Palermo, Sicily, Italy. Einige der jungen Männer in der Schlange kommen aus Togo, Benin oder Liberia. Sie schlafen seit Tagen in der stillgelegten Werkstatt und warten auf ihre Abreise. Wer weiß, wie viele von ihnen ihren Fuß auf diese Klippen setzen oder sich mit den Händen an diese Felsen krallen werden, um zu überleben.

»Der Bus fährt am Mittwoch um sechs Uhr ab«, erklärt der Mann am Fahrkartenschalter jedem Passagier. »Sie müssen um fünf Uhr dreißig hier sein. Gepäck können Sie morgen Abend vor Sonnenuntergang abgeben, wir bringen es dann unter.« Draußen fangen sich die Sonnenstrahlen auf dem glänzenden Blech von zwei Dächern. Das eine spendet den Bänken Schatten, auf denen man warten kann. Das andere den am Boden ausgebreiteten Gebetsteppichen. Der rasch fließende Niger führt unaufhörlich Zweige, Grasbüschel und die Umrisse von Booten vorbei, in denen die Fischer mit ihren von Plastikflaschen an der Oberfläche gehaltenen Netzen hantieren. Die Strömung hat eine Geschwindigkeit von fünfundzwanzig Stundenkilometern, halb so schnell wie die Busse auf den Straßen der Sahelzone.

Während meines letzten Abendessens in Niamey taucht auf der Hotelterrasse Safira auf. In ihrem knöchellangen, engen schwarzen Kleid ist sie noch eleganter als beim letzten Mal. Heute Abend hat sie auf die Begleitung ihrer Freundinnen verzichtet.

»Kann ich mich zu dir setzen?«, fragt sie schon von Weitem und setzt sich, ohne auf die Antwort zu warten. Aus ihrer Tasche kramt sie ein Album heraus und öffnet es zwischen dem Teller mit gekochtem Reis und der Wasserkaraffe. »Das bin ich vor zehn Jahren.« Diese Bilder zeigen in ihren Augen nicht so sehr den Auftritt ihres noch mädchenhaften Körpers auf einem Laufsteg als vielmehr ihre Zukunft. Sie betrachtet sich auf den Fotos, wie eine Mutter ihre Tochter anschauen würde, die plötzlich zu einer jungen Frau herangewachsen ist.

»Ich hab dir doch gesagt, dass ich Mannequin war. Seit ich siebzehn war, habe ich in der Modebranche gearbeitet. Französische Modeschöpfer haben hier Modeschauen veranstaltet. Andere Franzosen fotografierten, und wieder andere haben die Kleider bestellt, die wir vorführten.« In Safiras Stimme ist ein Unterton von Wut zu spüren. »Ich habe nur wenig Geld dafür bekommen. Aber zwei Wochen lang hatte ich freie Kost und Logis. Sie haben mir versprochen, mich in einem oder zwei Jahren für Modeauftritte nach Paris zu holen. Ich war noch ein Mädchen und habe daran geglaubt. Fünf Jahre lang habe ich gewartet. Immer in der Hoffnung, von hier wegzukommen. Im sechsten Jahr durfte ich nicht mehr mitmachen, weil ich ihrer Meinung nach zu alt war. Mit zweiundzwanzig, verstehst du? Europa hat mich ausgesucht, hat meine Schönheit benutzt, und jetzt willst du mir einreden, dass Europa eine uneinnehmbare Festung ist?«

In Richtung der Grenze nach Burkina Faso ist der Himmel noch rot verschleiert. Vom Flussufer steigen die Stimmen und das Echo der rhythmischen Stöße auf, mit denen die Frauen im Niger in ihren Mörsern Hirse bearbeiten. Safira blickt unverwandt auf ihre Tasche, als würde sie überlegen, was sie mir noch zeigen soll von ihrer Geschichte, die darin verschlossen ist. Dann trinkt sie hastig einen Schluck Wasser.

»Mit zweiundzwanzig bist du hier im Niger alt«, fährt sie fort,

»aber in Europa nicht. Nicht einmal mit dreißig. Deswegen will ich mit dir nach Europa. Wenn du mich mitnimmst, schlafe ich mit dir umsonst, so oft du willst.« Wer weiß, wie vielen Europäern sie schon das gleiche Angebot gemacht hat, wer weiß, wie viele sie schon ausgenützt haben, seit sie siebzehn ist. Doch ich finde nicht die richtigen Worte, um ihr zu antworten. Mein Kopf ist müde und schon mit der Reise nach Agadez beschäftigt. Nach Ousmane, Djimba und Amadou schaffe ich es nicht, mich auch noch mit Safiras Elend zu beschäftigen.

»Hör zu, Safira, ich kann dir nicht helfen …« »Gefalle ich dir vielleicht nicht? Nimm mich mit auf dein Zimmer, und du wirst sehen, dass ich dir gefalle.« »Safira, nicht dadurch, dass du dich verkaufst, wirst du nach Europa kommen.« »Ich verkaufe mich doch gar nicht. Ich nutze nur meine Schönheit. Als mir die europäischen Modeschöpfer Arbeit gegeben haben, wollten sie nur das von mir: Ich sollte meine Schönheit zur Schau stellen. Ich musste nicht sprechen, nicht singen und nichts vortragen. Wenn ich mit den Touristen oder mit europäischen und amerikanischen Geschäftsleuten ins Bett gehe, wollen sie nichts anderes von mir: meine Schönheit. Und ich merke, dass ich noch gefalle, verstehst du? Warum kann ich es in Europa nicht genauso machen? In fünf Jahren wird es mit meiner Schönheit vorbei sein. Und wenn ich es in diesen fünf Jahren nicht bis Europa geschafft habe, wovon soll ich dann leben? Ich werde zur Straßenhure und muss hier sterben. Vielleicht an Malaria oder an Aids oder Cholera. Hörst du dieses Stampfen? Ich will nicht enden wie diese Frauen, die am Flussufer Hirse stampfen.«

Safira packt die Fotos weg, versenkt die Gabel in dem Teller mit gekochtem Reis und gebackenem Fisch und isst ohne ein weiteres Wort. Langsam leert sie das Glas Bier, das ihr der Kellner gebracht hat. Vorsichtig wischt sie sich die Lippen mit einer Papierserviette, prüft das Ergebnis in einem kleinen Taschenspiegel und legt Lippenstift auf. Unter einem tiefen Seufzer hebt sich ihr Busen.

»Du willst also nicht mit mir schlafen? Lass uns tanzen gehen, und dann komm ich mit dir auf dein Zimmer«, versucht sie es noch einmal.

»Nein, Safira, morgen fahre ich ganz früh nach Agadez.« Sie bleibt lange sitzen und starrt auf irgendetwas hinter meinem Rücken. Wie oft hat sie diese Antwort wohl schon gehört? Ebenso plötzlich, wie sie gekommen ist, steht sie auf.

»Gute Reise und ein glückliches Leben«, sagt sie stolz und stellt den Stuhl an seinen Platz.

Um fünf Minuten nach halb sechs ruft die Stimme des Muezzin die Fahrgäste vor der Abfahrt zum Gebet. Auch die Stechmücken scheinen den Fahrplan zu kennen, denn sie schwirren in malariaverdächtigen Scharen um unsere Gesichter, sodass wir uns ununterbrochen selbst ohrfeigen. Vor der Tafel mit den Fahrplänen drängen sich alte Taxis und Gepäckträger. Drei junge Männer mit Bauchladen verkaufen Zigaretten der Marke »Fine« und »London«, Bonbons, Papiertaschentücher, Wasser, Lutscher, Batterien und Streichhölzer. Einige Männer liegen noch schlafend auf Brettern, die am Ufer als Bett ausgelegt sind. Die anderen breiten unter dem Blechdach ihre Teppiche zum Gebet aus. Für drei Frauen bleibt nur noch der ölverschmierte staubige Busparkplatz, und ohne es zu wollen richten sie ihre Gebete an den wackeligen Verkaufsstand, der Zigaretten, Bonbons, Wasserflaschen und Streichhölzer verkauft. Eine andere kniet sich hinter die Glasscheibe des Fahrkartenschalters. Um sechs Uhr beendet der Imam das Morgengebet. Ein Chor tiefer Stimmen wiederholt auf Arabisch zweimal: »Gott ist groß«, und dann: »Wir danken Gott, Friede sei mit euch.« Unmittelbar danach wird eingeladen.

Um Viertel nach sechs geht es los. Auf dem Kreisverkehr vor der Brücke über den Niger muss sich der Bus zwischen Dromedaren, Fußgängern und mit Brennholz beladenen Karren seinen Weg bahnen. Vom Fluss steigt der ätzende Geruch verbrannter Hühnerfedern auf. Wir fahren Richtung Osten, wo ein zarter Rotschimmer den dunklen Himmel von der tiefschwarzen Erde trennt. Am Ende der Stadt verabschiedet sich die Hauptstadt des Niger auf einem großen Bogen aus Beton: »Zubu bani, Niamey wünscht Ihnen eine gute Reise.« Daneben verkündet ein Plakat des Ministeriums für landwirtschaftliche Entwicklung: »Die Republik Niger erobert den Weltmarkt. Projekt zur Förderung des Exports von Produkten der Land- und Weidewirtschaft.« Danach beginnt der Sahel. Zwei Männer hören in einem kleinen Transistorradio über den Sender *Voice of America* die letzten Nachrichten über den Irakkrieg. In dem Bus mit einundsiebzig Plätzen sitzen einschließlich des Fahrers nur achtunddreißig Personen, darunter acht Frauen und zwei Kinder. Ein Fulbe mit einem großen weißen Turban. Ein Rapper mit Rastalocken, einer überdimensionalen Sonnenbrille und einer blauen Wollmütze. Die drei Männer ganz hinten sind die dunkelsten von allen. Sie reden nie. Einer von ihnen benutzt seinen Pass als Fächer. Sie kommen aus Togo. Am Stadteingang von Dosso, der ersten Stadt nach zwei Stunden Fahrt, erklären handgemalte Plakate, wie man Aids vorbeugen soll: »Sexuelle Abstinenz, eheliche Treue, saubere Spritzen.« Die Haltestelle befindet sich in einem Depot für Tanklaster. Drei Viertel der hier abgestellten Zugmaschinen und Anhänger sind ausgeschlachtete Schrotthaufen. Es fehlen Motoren und Türen. Von einigen Chassis sind alle Räder abmontiert. Zehn weitere Fahrgäste steigen ein, dann geht es wieder los.

Um 9.20 Uhr verändert sich plötzlich die Landschaft. Entlang der schmalen holperigen Asphaltstraße glitzern die Sonnenstrahlen in unzähligen Wasserlöchern. Und das ist nur der Anfang des Schauspiels. Das intensive Grün der Reisfelder und das Blau des Himmels, der sich im Wasser spiegelt, sind der Rastplatz für Tausende von Zugvögeln. In dieser Stille scheucht das Geräusch des Dieselmotors unzählige dunkle Vogelbeine und weiße Flügel auf. Die Oase von Dogondoutchi liegt zu Füßen der terrakottaroten Falaise, einer steil abfallenden Felswand. Die Steigung führt zur Grenze nach Nigeria. Auf der Hochebene versteckt sich im trockenen Savannengras ein Jäger. Man sieht nur seinen nackten Rücken und den Köcher voller Pfeile. Der Bogen ist gespannt, bereit zu töten. Der Mann zielt auf etwas, schießt den Pfeil aber nicht ab. Seine Gesten zeigen, dass er wütend ist. Vielleicht hat das Motorgeräusch des Busses seine Beute in die Flucht geschlagen. Nach vielen Kilometern taucht in der Savanne ein Baum auf. Über der Krone der Akazie flattert an einer Fahnenstange die Trikolore des Niger. Zu ihren Füßen unterrichtet eine

Lehrerin in schwarzer Uniform und mit zurückgebundenen Haaren ihre Schüler, die im Staub sitzen.

In Birnin-Konni beginnt die Hitze feucht zu werden und treibt einem den Schweiß auf die Haut. Der Dunst wird immer dichter. Die Grenze zu Nigeria liegt einige hundert Meter weiter südlich. Ein Polizist auf dem Motorrad lässt den Bus neben dem schmalen Asphaltstreifen anhalten und spricht mit dem Fahrer. Der erklärt uns dann, dass wir den Konvoi eines Scheichs vom Persischen Golf passieren lassen müssen. Aus den Emiraten kommen häufig Leute zum Vergnügen hierher. Natürlich Vergnügungen für reiche Leute. Sie gehen im Termit-Massiv an der Südgrenze der Ténéré auf die Jagd. Sie töten die seltenen Geparden und die fast ausgestorbenen Addax-Antilopen der Sahelzone. Wir werden nie erfahren, wann der letzte Gepard oder die letzte Addax geschossen sein wird, und schon gar nicht, wer den letzten Schuss abgeben wird. Denn der Jäger wird nicht wissen, dass es sich um das letzte Exemplar seiner Art handelt. Die Emire landen mit ihren Privatflugzeugen in Niamey, fahren mit gepanzerten Jeeps weiter und übernachten in klimatisierten Zelten. Am Ende kehren sie glücklich wieder heim. Die Regierung des Niger erteilt ihnen gegen Petrodollars die Abschusserlaubnis, denn ein derart bitterarmer Staat ist zu allem bereit. Aber die Armut zu sehen ist nicht schön. Deshalb bauen die bekannten europäischen und amerikanischen Bauunternehmen in der Nähe von Termit einen Flughafen, nur um den reichen Jägern den mühseligen und unschönen Landweg zu ersparen.

Da kommen sie. Den Konvoi führt ein offener Geländewagen an, in dem sechs mit Maschinenpistolen bewaffnete Militärs mit rotweißer Keffiyah sitzen, in der Mitte eine hoch aufgerichtete kleine Luftabwehrkanone mit einem siebten Soldaten. Dahinter ein weiterer, ebenso ausgestatteter Jeep. Die folgenden drei Fahrzeuge sind riesige Geländewagen mit verdunkelten Scheiben, und auf der hinteren Stoßstange steht jeweils ein armer Kerl mit einer umgehängten Maschinenpistole. Als Nächstes kommen zwei nagelneue, wie reisende Paläste ausgestattete Lkws mit verdunkelten Scheiben und Satellitenschüssel auf dem Dach. Das achte, neunte und zehnte Fahrzeug sind die Kühllaster für die Lebensmittel und die erlegte Beute. Dahinter beschließen zwei weitere große Geländewagen die waffenstarrende Karawane. Sie sind nicht einmal so höflich, dicht hintereinander zu fahren. Es dauert eine gute halbe Stunde, bis alle vorbei sind. Die ganze Sahelzone muss stehen bleiben, um ihnen bei ihrer Durchfahrt zu huldigen.

Die Geschichte von der Jagd auf die Geparden und die Addax ist das, was man in Niamey erzählt. Die Laster könnten jedoch alles Mögliche transportieren. Raketen, Maschinengewehre oder Bomben, denn sie werden natürlich nicht kontrolliert. Auf diese Art und auf diesem Wege haben die saudischen Scheichs von 1998 an die Privatarmee von Osama bin Laden mit Waffen versorgt. Jahrelang sind Lkws und moderne Geländewagen mit verdunkelten Scheiben durch Afghanistan nach Kandahar gefahren. Was dann passiert ist, haben wir alle erlebt. Das Termit-Massiv ist strategisch günstig gelegen. Von seinen Höhen kann man große Teile der Sahara und den Verkehr mit Nigeria kontrollieren, außerdem die Pisten, die in den Tschad und nach Sudan führen, und nicht zuletzt die Ebenen der Ténéré, in denen chinesische Firmen Erdöl entdeckt haben.

Nach der Weiterfahrt dauert die Reise nur noch wenige Minuten. Der Busparkplatz lag in der Mitte der Allee versteckt. Kaum bin ich aufgestanden, fährt mir ein Stich durch Rücken und Bauch. Ein völlig unerwarteter Schmerz. Seit Sonntagabend stimmt irgendetwas nicht mit mir, und jedes Essen wirkt wie Gift. Vielleicht war das Wasser, das ich in Ayorou getrunken habe, nicht sauber. Vielleicht hätte ich die Melonenscheibe nicht essen sollen, die mir ein Verkäufer am Fluss angeboten hat. Vielleicht war es nicht nur Müdigkeit. Seit drei Tagen schleppe ich mich mühsam dahin, und meine Muskeln fühlen sich an wie splitterndes Glas. Jetzt aber hat sich alles in den Bauch zusammengezogen. Plötzlich wird mir kalt, als ob die Sonne, die Schwüle und der heiße Wind weit weg wären. Mir ist kalt, und eine lange Schlange von Männern und Frauen, genauso leidend und blass, wartet vor den Klos. Zwei Kuben aus Beton über zwei Löchern in der Erde.

Von Birnin-Konni aus startet der »Große Leopard«, wie unser

Bus heißt, voll besetzt. Auf der Hauptstraße steigt ein Soldat in Tarnuniform zu. Wir erreichen eine Straßensperre, die aus zwei Fässern an den Straßenrändern besteht, zwischen denen ein Seil gespannt ist. Der Soldat kontrolliert alle Papiere. Wieder in den ersten Reihen angelangt, steckt er sich einen nigerianischen und einen blauen Pass aus Liberia in die Tasche. Er hat sie zwei jungen Männern abgenommen, die gerade zugestiegen sind und ihn jetzt verängstigt anschauen.

»Steigt aus!«, befiehlt er ihnen in Haussa. Die drei gehen in das Polizeibüro, einen Raum aus getrockneten, mit Stroh vermischten Lehmziegeln. Durch das einzige Fenster ohne Rahmen gestikuliert der Soldat mit ausladenden Drohgebärden. Die beiden Männer stehen regungslos und schweigend da. Die Prozedur dauert eine Viertelstunde, dann kehren der Nigerianer und der Liberianer wieder an ihren Platz zurück. Ich wage eine direkte Frage: »Wie viel habt ihr bezahlt?« »Ich zweitausend Francs«, sagt der Nigerianer, »denn ich habe ein Visum. Mein Freund fünftausend.« Fünftausend afrikanische Francs sind sieben Euro und siebzig Cent. Ein Kilometer weiter entfernt ist die Station der Grenzpolizei. Die Zollbeamten haben eine Lehmhütte mit Veranda, unter der die beiden Betten der Beamten stehen. Sie prüfen sehr genau, wollen den Kofferraum sehen und die Gepäckstücke durchsuchen. In der sengenden Mittagssonne brauchen sie dafür eine ganze Stunde. Und diesmal müssen auch die im hinteren Teil des Busses versteckten Immigranten ihr Bestechungsgeld zahlen. Nur die Pässe aus dem Niger und der einzige italienische Pass an Bord kommen ungeschoren durch.

Die Sahel ist die Wiederholung ihrer selbst auf Tausenden von Kilometern. Aber nur scheinbar. Denn bei näherem Hinsehen birgt die Landschaft viele Überraschungen, und jedes Detail erzählt eine eigene Geschichte über das Klima und den Untergrund. Dornbüsche, von der Trockenheit vergilbtes Gras, vertrocknete Hirsefelder, ein ausgedörrtes Flussbett. Erde, dic sofort zu rotem Sand wird. Ein weiterer Kori, ein ausgetrockneter Fluss. Unsichtbare Brunnen und Oasen, die nur daran zu erkennen sind, dass sich Hirten, Ziegen, Buckelrinder und Vögel um ein Wasserloch scharen. Am Ortsanfang von Tahoua sind Polizisten damit beschäftigt, einen übervollen

Kleinbus zu kontrollieren und vielleicht auszurauben. Die Stadt liegt erst auf der Hälfte der neunhundertvierzig Kilometer zwischen Niamey und Agadez, und bald geht die Sonne unter. Sobald der Bus schnaufend auf den unasphaltierten Parkplatz fährt, treffe ich blitzschnell eine Entscheidung. Für mich endet die Fahrt hier. Heute kann ich nicht mehr weiter. Ich friere zu sehr, jede Berührung der Haut und sogar der Haare tut mir weh. Als wenn jemand das Haar büschelweise ausreißen wollte. Immer wieder fährt es mir wie Messerstiche durch den Bauch, auch wenn ich nur meine Sitzposition ändern will. Jede kleinste Bewegung der Muskeln, der Eingeweide oder des Magens verursacht so starke Schmerzen, dass ich fast die Besinnung verliere und nicht mehr atmen kann. Ich friere so sehr, dass ich schon über vierzig Grad Fieber haben muss. Es hat überhaupt keinen Sinn, noch bis Mitternacht durchzuhalten, denn die Ankunft in Agadez ist erst in sechs oder sieben Stunden vorgesehen. Besser steige ich jetzt aus. Als ich es dem Fahrer sagen will, durchfährt mich erneut der Schmerz so messerscharf, dass ich mich nicht mehr gerade halten kann. Er kapiert sofort, öffnet den Kofferraum und versucht, mir behilflich zu sein. »Da vorne links, höchstens zweihundert Meter weiter, finden Sie eine Pension, wo Sie schlafen können.« Tahoua bietet keine großen Alternativen, denn es liegt in einer der Gegenden, die am schlimmsten von der großen Trockenheit am Ende des letzten Jahrhunderts betroffen waren. Vier asphaltierte Straßen, ein Brunnen, eine Moschee, Verkaufsstände entlang der Hauptstraße und der Schneider, der im Freien näht. Es gibt nicht viel zu kaufen. Ziemlich jämmerliche Tomaten, Zitronen, Äpfel, getrocknete Datteln und Zwiebeln. Der Bäcker hat immerhin gerade sein frisch aus dem Ofen gezogenes Brot auf den Tisch gelegt. Einige Kaufleute bieten gebratenes Fleisch, getrockneten Fisch und gebackene Bananen an. In meinem Zustand bekämpfe ich den Hunger lieber mit ein paar Tropfen Zitronensaft auf einem Stück Brot und ein paar Datteln. Das wird mein Abendessen sein. Bevor die Dunkelheit die Gesichter der Bewohner und die Umrisse der Häuschen verwischt, sehe ich noch zwei elegante Tuareg auf der Straße nach Niamey so stolz einherschreiten, als seien sie auf einer Parade. Bei jedem Schritt spiegelt sich das goldene Abendlicht in dem Silber- und Edelsteinschmuck ihrer Takuba, dem traditionellen Langschwert an ihrer Seite.

Es ist nicht die Schuld der Pension, dass ich eine schaurige Nacht durchlebe. Messerstiche im Bauch und Tragödien der Wüste, die in meinen Albträumen auftauchen. Der Vormittag geht ganz mit der Suche nach Ingwer drauf, mit dem ich neben dem Zitronensaft die Austrocknung und den Vitaminmangel bekämpfen könnte. Mein Körper wehrt sich inzwischen mit unerträglichen Krämpfen gegen jegliche feste Nahrung. Auf dem Markt gibt es jedoch keinen Ingwer, ein Produkt, das sich in Tahoua niemand leisten könnte. Nachdem ich eine ganze Stunde lang vergebens gesucht habe, entdecke ich jedoch durch Zufall den einzigen Zitronensaft mit Ingwer im Umkreis von hundert Kilometern: Er steht im Wohnbüro eines jungen englischen Forschers der Universität Sussex im Kühlschrank, der seit Jahren die Milchwirtschaft der Buckelrinder im Niger erforscht. Seine Einmann-Expedition zu den Fulbe hat jedoch noch gar nicht begonnen. Erst wegen einer Lungenentzündung. Jetzt wegen eines Malariaanfalls. In den Sesseln seines Wohnraums sitzen wir uns bleich, schweißüberströmt und vom Fieber frierend wie zwei Patienten eines Sanatoriums gegenüber. Natürlich müssen wir, nachdem wir uns gegenseitig vorgestellt haben, von unseren Leiden berichten: »Gestern musste ich die Fahrt nach Agadez unterbrechen. Ich habe es mit Antibiotika und Darmdesinfektionsmitteln versucht, aber ohne Erfolg. Das Fieber ist weiter gestiegen, und die Krämpfe haben auch zugenommen.« Er bietet mir freundlich eiskalte Limonade mit Ingwer an und gibt mir brüderliche Ratschläge: »Es könnte Malaria sein. Du solltest nach Agadez fahren, um einen Arzt zu finden und einen Blutausstrich mit dem sogenannten ›dicken Tropfen‹ machen zu lassen. Wenn es Malaria ist, musst du sie behandeln, bevor du die Wüste durchquerst. In der Wüste könnte das Fieber gefährlich sein.« Vielleicht wollte er sagen tödlich, aber das macht keinen Unterschied. Außerdem fährt heute kein Bus mehr. Eher morgen oder übermorgen. Die Suche nach einem Stück Ingwer war jedoch nicht umsonst. Außer dass mir Kaufleute und neugierige Passanten Fragen gestellt haben, wies mich auch jemand darauf hin, dass in Tahoua eine von Italienern geführte Nicht-Regierungsorganisation arbeitet. Und die überaus freundliche Leiterin mobilisiert sofort ihre lokalen Kontakte. Schließlich macht sie einen Kleinbus ausfindig, der nach Agadez fährt.

Die Straße von Tahoua ist die einzige Asphaltpiste, die sich der Sahara zu nähern wagt. In Richtung Nordosten führt sie immer geradeaus wie der Zeiger eines Kompasses. Vierhundertdrei Kilometer. Die letzten hundertzehn nach der Falaise du Tiguidit geht es fast nur bergab. Agadez taucht in der Dunkelheit auf wie ein Sternbild. Dort unten in der ansonsten sternenlosen Leere der Wüste. Die Lichter nehmen zu und rücken auseinander, je mehr wir uns nähern. Das erste Gebäude inmitten des steinigen Geländes ist die Elektrizitätszentrale, wie ein Bunker geschützt von hohen Gittern und Stacheldraht. Ohne Vorankündigung beleuchten die Scheinwerfer plötzlich zwei Fässer und ein Seil als Absperrung. Unter dem schwachen Schein der Laterne sind ein Blechdach, eine paar Hütten, ein Moped und zwei Soldaten zu erkennen, die ihr Maschinengewehr fest an die Brust drücken. Und zwölf Männer mit erhobenen Händen, vor ihnen drei Taschen und ein Rollkoffer. Alle afrikanischen Ausländer werden hier überprüft. Man sucht sie nach dem Pass, aber auch nach ihrem Aussehen heraus. Sie werden rüde behandelt. So wie gestern in Birnin-Konni. Sie werden wie üblich ausgeplündert.

Unser Kleinbus kann endlich weiterfahren. Das einzige Hinweisschild in der Hauptstraße führt zu einem Hotel. Der Fahrer hält, nimmt den Rucksack aus dem Kofferraum und verabschiedet mich mit Segenswünschen. Das Hotel liegt um einen kleinen Innenhof, auf den sich die Zimmer öffnen. Glücklicherweise haben sie gleich ein Zimmer frei. Ich friere immer mehr, mir zittern Hände und Rücken. Immer wieder fahren mir Schauer über die Haut wie Böen eines eiskalten Winterwindes. Trotzdem will ich nicht schlafen gehen, bevor ich nicht Agadez von oben gesehen habe. Zu Ehren der Tausenden von Männern, Frauen und Kindern, die von hier aus Europa erreichen wollten. Und in Erinnerung an Heinrich Barth, der als erster Europäer diese Stadt aus rotem Lehm besucht hat. Eine Treppe führt auf das Flachdach des Hotels. Mehr als das, was man sieht, erzählen um diese nächtliche Stunde die Geräusche, die Stimmen vom weit entfernten Markt, Musikklänge, vielleicht von einem Fest, der Staubgeruch, der Duft von gegrilltem Lammfleisch. Die Hunderte von Lichtern. Das höchste ist am Ende der Straße. Genau diesen Punkt erblickten Barth und seine Reisegefährten am 10. Oktober 1850. Das hohe Minarett, die hohe Mesallaje, den »Ruhm von Agadez«.

3

Daniel und Stephen in Agadez

Ein schwacher Lichtschein. Schwach wie ein feines Spinnennetz, das alles bedeckt: den Fußboden, den Stuhl in der Ecke, den Rucksack, der dort liegt, wo ich ihn heute Nacht habe fallen lassen, die Schuhe neben der schweren Holztür, die Wände aus Lehmziegeln, die Strümpfe und die Hose am Fußende des Bettes. Die Augen gewöhnen sich nur mit Mühe an die Sonnenstrahlen, die sich an den Rändern des Vorhangs durchzwängen. Als müsste ich nach Monaten der Dunkelheit zum ersten Mal wieder ins Licht blicken. Jedenfalls friere ich nicht mehr. Der Schüttelfrost ist vorbei. Wenn es aber wirklich Malaria ist, werden die Fieberschübe wiederkommen. Auf der Fahrt zwischen Kayes und Bamako war die Haut ganzen Schwärmen von Stechmücken ausgesetzt. Es war unmöglich, sich zu wehren, unmöglich, sich zu schützen. Ich bin völlig durchgeschwitzt. Vielleicht ist das Fieber deshalb gesunken. Auch wenn das Messer in meinen Eingeweiden immer wieder zustechen kann. Ich spüre es als einen kaum wahrnehmbaren Schmerz, der wie eine Vorwarnung jede Bewegung begleitet. Davon werde ich vollständig wach. Meine Augen waren schon offen, der Blick aber noch nicht klar. Das feine Spinnennetz ist in Wirklichkeit ein Moskitonetz, ein weißer Schleier über dem Baldachin, um das Bett zu schützen. Auch meine Ohren nehmen endlich die Welt wahr. Den Charakter einer Stadt erkennt man an ihren Geräuschen. Hier hört man Kinder schreien, Männer laut diskutieren. Aufheulende Mopeds. Hupende Laster oder Busse. Vögel, Schwalben oder vielleicht Finken. Eine Frau, die grüßt. Kinder, die Fangen spielen. Das Meckern von Ziegen. Aus der Ferne das Iahen eines Esels. Knirschender Kies unter den Rädern eines Autos oder eines Lastkarrens.

Ich müsste heiß duschen. Das Bad liegt gleich neben meinem Zimmer. Meine Beine sind wackelig, auf der Haut spüre ich tausend Nadelstiche, und die Muskeln fühlen sich an wie splitterndes Glas. Es gibt eine Dusche, aber kein Wasser. Zufällig fällt mein Blick auf die Uhr und fixiert die Zeiger: Schon fast elf. Sinnlos drehen sich die Gedanken im Kreis. Das Wasser reicht nicht für alle. Wer in Afrika als Letzter aufsteht, muss wenigstens darauf verzichten, sich zu waschen. Wer als Letzter aufsteht, hat das Nachsehen. Plötzlich wird es eiskalt und erdrückend im Zimmer. Besser, ich gehe hinaus in die Sonne. Der Hof ist eine gleißende Bühne voller Licht und Gezwitscher. In der Mitte drei Blechtische und einige Stühle.

»Wünschen Sie zu frühstücken, mein Herr?« Ich kann mich nicht mehr daran erinnern, wie das Hotel aussieht. Weder erinnere ich mich an den Hof noch an das Moskitonetz und nicht einmal an das freundliche Gesicht und die schwarzen Zöpfe der Madame des Hotels. Vom Fieber getrübt, konnten meine Augen zwar sehen, aber nichts wahrnehmen. »Möchten Sie Kaffee?«, fragt die Frau. »Nein danke, aber ich müsste etwas essen.« »Um diese Uhrzeit?« »Ich weiß, dass Ramadan ist, aber mir geht es nicht gut. Ich habe seit drei Tagen praktisch nichts gegessen. Hätten Sie ein Huhn?« »Ja, natürlich. Gekochtes Huhn?« »Ja …« »Mit gekochtem Reis?« »Wie Sie wollen.« »Und drei Gläser Ingwerlimonade.« »Wir haben eisgekühlten Zitronensaft mit Ingwer. Ich bringe Ihnen eine Flasche Wasser, und Sie können so viel trinken, wie Sie wollen.«

Es ist nicht leicht zu verbergen, wenn man einen Dolchstoß in den Magen bekommt. Unerwartet wie immer. Aber vor einer Dame kann man sich nicht vor Schmerz winden, nicht einmal sich zusammenkauern wie ein Fötus, um die Muskeln zu entspannen, damit es weniger wehtut. Deshalb verzieht sich nur mein Gesicht zu einer Grimasse, die wohl wie ein dümmliches Lächeln aussieht, die Augen zu einem Zwinkern zusammengezogen. Die Madame weiß nicht, wie sie auf das, was sie für Anmache hält, reagieren soll. Deshalb senkt sie den Blick und verschwindet in der Küche. Ich muss mich bewegen und ganz tief durchatmen. Auch die Treppe, die auf die Hotelterrasse führt, sieht anders aus als heute Nacht. Zu meinen Füßen liegt ein Labyrinth aus Lehmhäusern. Rechts am Ende der Straße, da steht sie. Aber es ist nicht die Mesallaje. Was ich heute Nacht im Fieberwahn und von den Lichtern verwirrt für die Mesallaje hielt, ist der Wasserturm aus Beton. Das hohe Minarett, die wahre Mesallaje, der Ruhm von Agadez, ist viel niedriger, viel kleiner, viel bescheidener und sogar ein bisschen schief. Dennoch beherrscht es die Altstadt mit ihren hölzernen Skeletten, die überall aus den nach oben sich verjüngenden Wänden aus Lehm und Stroh herausragen. Die ganze Stadt ist rot, die Fassaden, die Flachdächer, die sandigen Gassen, als läge Agadez immer im Licht der untergehenden Sonne.

Der Arzt sitzt in einem kahlen Zimmer an einem Schreibtisch aus Metall und trägt seinen weißen Kittel über einer langen grünen Dschallaba. Seine Locken, sein mageres Gesicht und seine markanten Züge weisen ihn als einen Tuareg aus.

»Wer hat Sie zu mir geschickt?«, fragt er, während er sein Stethoskop aus der Ledertasche zieht, die aussieht wie die aller Ärzte der ganzen Welt. »Die Apotheke. Dort haben sie mich gefragt, ob ich lieber nach traditioneller oder europäischer Medizin behandelt werden will. Da ich einen Malariatest mit dem dicken Tropfen brauche, dachte ich, es sei besser, sich das Blut nicht von einem Schamanen abnehmen zu lassen.« »Messen Sie Fieber«, fordert mich der Arzt auf und reicht mir das Thermometer, »haben Sie schon einmal Malaria gehabt?« »Vielleicht vor etwa zehn Jahren. Da hatte ich Fieberschübe von vierzig bis vierzigeinhalb Grad ...«

»Was heißt *vielleicht*?« »Das heißt, es ist nie geklärt worden, ob es wirklich Malaria war. In den italienischen Krankenhäusern machen sie den Test mit dem dicken Tropfen nicht richtig. Jedes Mal, wenn ich in die Ambulanz ging, um mir Blut abnehmen zu lassen, musste ich warten, und nach ein oder zwei Stunden war es zu spät, um das Plasmodium malariae nachzuweisen. Zwei Wochen später verschwand das Fieber dann von selbst.« Der Arzt schaut mich erstaunt an und schüttelt den Kopf. Er kann sich nicht vorstellen, dass man in Europa unfähig ist, das zu tun, was er hier mit einfachsten Mitteln tagtäglich schafft.

»Sie haben achtunddreißigeinhalb«, klärt er mich auf, während er die Temperatur abliest. »Seit wann sind Sie in Afrika?« »Seit drei Wochen. Ich habe die Region der großen Flüsse, Senegal und Niger, bereist.« »Es könnte Malaria sein. Aber die heftigen Bauchschmerzen lassen mich an etwas anderes denken. Kommen Sie hier herüber, damit ich Sie untersuchen kann, und dann nehmen wir Blut ab.«

Wie viele Menschen werden krank, wenn sie es so weit geschafft haben, und wie viele können sich dann behandeln lassen? Der Arzt weiß es nicht. »Wir wissen es nicht, denn die armen Kerle kommen nicht zu uns, und wir haben nicht die Mittel, um eine epidemiologische Untersuchung durchzuführen. Das war's«, sagt er dann schnell, während er das Blut aus der Spritze in das Reagenzröhrchen umfüllt, »kommen Sie heute Nachmittag um drei wegen der Ergebnisse.«

Jetzt will ich lieber nicht mehr daran denken, dass ich achtunddreißigeinhalb Fieber habe, um nicht noch mehr Zeit zu verlieren. Ich muss die Schleuser finden und versuchen, mich an ihre Fersen zu heften. Außerdem muss ich mir im libyschen Konsulat ein Visum beschaffen. Und außerdem ist da noch Agadez, das ich kennenlernen, das ich beobachten und bestaunen will.

Um ein Uhr mittags strömen Männer in weißen Umhängen zum Zuhr-Gebet in die alte Moschee zu Füßen der Mesallaje. Ein Junge in einem Trikot von Inter Mailand schiebt einen Karren in die entgegengesetzte Richtung. Er transportiert Zwanzig-Liter-Kanister aus Plastik. An der Aufschrift kann man erkennen, was sie bis vor Kurzem enthielten: Sonnenblumenöl, Motoröl für Lkws, Schmierstoffe für Motoren. Mit einem Händedruck stellen wir uns vor. »Ich komme aus der Stadt von Inter.« »Hast du den FC International einmal spielen sehen?«, fragt er.

Der vierundzwanzigjährige Soufiane weiß alles über die berühmte Mailänder Fußballmannschaft. »Wenn du den Autogare suchst, brauchst du nur mir zu folgen«, erklärt er, nachdem er eine kurze Geschichte des europäischen Fußballs vorgetragen hat: »Ich muss diese Kanister hinbringen. Die Passagiere brauchen sie als Wasserbehälter für die Wüste.« »Aber in den meisten waren doch Diesel und Schmierstoffe für Motoren.« »In Niger schmeißt man nichts weg«, antwortet Soufiane, »man achtet höchstens darauf, wenn man sie kauft. Am besten nimmt man die, in denen vorher Sonnenblumenöl war.« »Verkaufst du diese Kanister?« »Nein, nicht ich, sondern mein Chef. Tausendfünfhundert Francs kosten die Kanister leer. Tausendsechshundert mit Wasser gefüllt. Erst werden sie mit Pappe umwickelt, damit sie nicht zu heiß werden. Aber warum willst du zum Autogare?« »Weil ich nach Dirkou will. Und dann nach Libyen.«

»Du willst nach Dirkou?«, fragt mich Soufiane, stellt seinen Karren einen Augenblick ab und schaut mir direkt in die Augen. »Das ist die Oase der Sklaven, Bruder. Da draußen gibt es nichts als Sand und Gott.«

Den Rest des Weges legen wir schweigend zurück. Die Straße führt durch ein Kori, ein ausgetrocknetes Flussbett, in dem die Anwohner ihren Unrat abladen und die Abfälle verbrennen. Dann erreichen wir eine asphaltierte Straße.

»Der Autogare liegt auf halber Strecke an dieser Straße«, zeigt Soufiane, der unter der Hitze schnauft. »Hör mal, ich kenne Herrn Boubacar. Wenn du mir ein kleines Trinkgeld gibst, stelle ich dich ihm vor.« »Wer ist dieser Herr Boubacar?« »Er ist einer von denen, die die Fahrten durch die Wüste organisieren. Wenn du allein zu ihnen gehst, sprechen sie nicht mit dir. Aber wenn ich dich vorstelle, dann vielleicht schon. Ich bin mit zweitausend Francs zufrieden.« Vielleicht hat Soufiane das alles nur erfunden, um ein bisschen Geld zu verdienen. Vielleicht ist es aber auch die beste Gelegenheit, um ohne Umwege mit den Schleusern in Verbindung zu treten. Jedenfalls habe ich keine andere Möglichkeit.

Der Autogare ist ein riesiger Hof voller Staub und Steine, der von der Straße aus nicht zu sehen ist. Erst am Tor, das offen steht, sieht man, wie groß er ist, größer als ein Fußballplatz. Im Schutz der Umfassungsmauer bieten eine ganze Reihe von Wasserverkäufern an ihren Ständen Behälter aus Plastik an, die schon mit Pappe und mit alten Säcken aus Hanfseilen umwickelt sind. Sie verkaufen auch Brotlaibe. Rote Dosen mit ein paar kümmerlichen Sardinen und der Aufschrift

»Produit en Maroc« kosten dreihundert Francs. Zwanzig Milchkekse zweihundertfünfzig Francs. Eine Dose Milchpulver ebenfalls zweihundertfünfzig Francs. Auf der anderen Seite liegen etwa ein Dutzend Büros. Die bunten Aufschriften weisen sie als Reisebüros aus. In der Mitte sitzen unter einem Dach weitere Wasserverkäufer neben dem Fahrkartenhäuschen.

Am Eingang des Autogare halten neben einem zweiten Tor die Kleinbusse aus Tahoua und Niamey. In der Mitte des Platzes warten die Lastwagen für den Transport durch die Wüste. Ein alter Mercedes-Militärlaster mit Sechsradantrieb steht zur Abfahrt bereit. Die Außenwände sind vollständig mit Kanistern bedeckt. Hunderteinundfünfzig Kanister. Auf jedem ist mit schwarzer Lackfarbe der Name oder das Kürzel des Besitzers vermerkt: Madou, Hilal, Kiz, Abou, Koldi … Soufiane folgt mir schweigend. Aber im Angesicht dieses majestätischen Monstrums aus Rädern und Blech erzählt er alles, was er weiß: »Ein solcher Laster braucht bis Dirkou sechs Tonnen Diesel und sechs zurück, so Gott will. Dieser hier wird heute Nacht oder morgen früh starten. In der Regel fahren täglich vier oder fünf Lkws wie dieser. Das sind fünfzehntausend Leute jeden Monat. Du musst das gesehen haben, manchmal fahren Frauen mit so kleinen Kindern mit, dass du dich fragst, wie sie bis ans andere Ende der Wüste kommen sollen.« Ein Mann schläft auf einem Haufen Lumpen im Schatten des Lasters. Ein anderer streicht dick Schmierfett auf die Kardanwelle. »Das sind die Fahrer«, erklärt Soufiane. Unter dem großen, von Staub und Alter geschwärzten Dach schlafen zwei weitere Männer auf bunten Teppichen. Ein offenes Fenster des Fahrkartenhäuschens dient als Schalter. An der Fassade ist auf einem Schild zu lesen: Agadez-Dirkou. Leute gehen durch die Tür ein und aus. Drinnen steht ein einziger Tisch. Ein Poster an der linken Wand zeigt eine Fotomontage mit Saddam Hussein am Steuerknüppel eines amerikanischen Jagdflugzeugs. Rechts ein Hymnus auf die Freiheit: ein Plakat mit den Flaggen aller afrikanischen Länder, dem Datum ihrer Befreiung und den Flaggen der Besatzerstaaten. Darunter sind mit Tesafilm Dutzende von Fotos befestigt. Schnappschüsse von lachenden Gesichtern vor gigantischen Lkws. Wie die Schwarz-Weiß-

Fotos von Italienern, Deutschen oder Iren vor den Überseedampfern, die sie nach Amerika bringen sollten. Neben einem Klebebildchen mit dem Porträt von bin Laden sind die Preise angeschrieben. Von Agadez nach Dirkou kostet die Fahrt fünfzehntausend Francs, von Dirkou nach Libyen noch einmal vierzig- bis fünfzigtausend Francs. Der Preis ist Verhandlungssache. Am offenen Fenster hängt ein handgeschriebener Zettel: »Nigerianer, kehrt in eure Heimat zurück. Verlasst euer Land nicht.« Soufiane lacht: »Das hat ein muslimischer Prediger geschrieben. In Nigeria haben sie Angst, dass alle fortgehen.«

Die Männer, mit denen ich auf dem Mailänder Hauptbahnhof gesprochen habe, hatten recht. Hier spielt sich alles im Licht der Öffentlichkeit ab. Es ist überhaupt kein Problem, die Schleuser zu finden, ich hätte es auch ohne Soufianes Hilfe geschafft. Jetzt muss ich zusehen, dass sie mich auch mitfahren lassen. Soufiane scheint meine Gedanken zu erraten, denn er erklärt: »Der Grenzübertritt nach Libyen ist illegal. Aber wenn du einmal drin bist, bist du drin. Vielleicht ist es für dich schwerer, weil du weiß bist. Auf jeden Fall nimmst du besser den Lkw, wenn du einen Pass hast. Die ohne Pässe fahren mit den Geländewagen. Das kostet doppelt so viel wie mit dem Laster, denn die Fahrer müssen die vom Militär kontrollierten Pisten meiden. Das ist noch gefährlicher. Heute Morgen ist einer mit zweiunddreißig Leuten abgefahren. Sie saßen sogar auf dem Dach.«

»Ein einzelner Geländewagen in der Wüste? Ohne Begleitwagen?«

»Ja, nur einer allein. Wenn etwas kaputtgeht oder wenn sie sich verirren, sind es zweiunddreißig Tote. Und die zwei Fahrer. Das ist schon oft passiert. Jetzt aber komm, ich helfe dir, die Fahrkarten zu kaufen. Das hier ist die Firma von Herrn Boubacar. Du solltest besser mit dem Lkw nach Dirkou fahren.«

Soufiane sammelt nicht nur Kanister für das Wasser. Sicher ist er auch ein kamacho in tacha, ein Vermittler, eine Art Broker. Er sucht Passagiere für die Schleuser und bekommt dafür seinen Anteil vom Fahrpreis. »Libyen oder Dirkou?«, fragt der Mann am Tisch des Kassenhäuschens. »Dirkou.« Er schreibt Vor- und Nachnamen auf die Fahrkarte, klebt eine Hundert-Francs-Steuermarke darauf und kassiert die fünfzehntausend Francs. »Hier, deine Fahrkarte. Dieser Lastwagen startet morgen früh, aber er ist schon voll. Du musst auf den nächsten warten«, sagt er am Schluss. Vor der Tür hat sich eine kleine Gruppe von Neugierigen versammelt. Es kommt nicht alle Tage vor, dass sich ein Weißer unter die Leute mischt, die als Illegale von hier aufbrechen.

»Man hat mir gesagt, du bist Italiener«, spricht mich ein Mann an, der einen kurzen Bart trägt und vom Beten mitten auf der Stirn eine dunkle Hornhautstelle hat. Er spricht perfekt Italienisch. Seine Fingernägel sind gepflegt, er trägt eine blaue Dschallaba und hat ein Handy in der Tasche. »Ich heiße Hassan«, fährt er fort, »in den Achtzigerjahren war ich vier Jahre lang in Italien. Ich habe bei einer Straßenbaufirma in Sizilien gearbeitet, ich war Lastwagenfahrer. Nach den ersten Monaten hat mir mein Chef Papiere verschafft und mich den Führerschein machen lassen.« »Warum sind Sie dann wieder nach Agadez zurückgekommen?« »Weil ich sechsundsechzig Jahre alt bin und eine Frau und fünf Kinder habe. Ich habe ein bisschen Geld gespart. Meine Familie lebt in Timbuktu. Ich arbeite seit vier Jahren hier in Agadez. Aber sobald ich wieder etwas gespart habe, gehe ich wieder nach Italien. Über Libyen, denn das Flugzeug kann ich nicht nehmen. Man würde mich in Europa nicht einreisen lassen.« Es ist sinnlos, ihn nach dem Grund zu fragen, wenn er selbst ihn nicht nennen will.

»Und in Agadez arbeiten Sie weiter als Lastwagenfahrer?« »Nein, hier begleite ich Illegale aus Pakistan und Bangladesch. Mein Chef sitzt in Niamey, es ist ein Pakistani mit langem Bart, ein Geistlicher. Ihr in Europa würdet sagen, er ist ein Fundamentalist. Die Organisation, für die ich arbeite, hat drei Chefs, einen in Pakistan, einen in Bangladesch und einen in Niamey. Gestern haben sie mich angerufen und gesagt, dass in wenigen Tagen hundert Illegale aus Bangladesch und Pakistan ankommen. Ich gebe ihnen die nötigen Informationen und begleite sie durch die Wüste. Du siehst, ich kann dir vieles erklären, wenn du daran interessiert bist. Ich weiß, wie hier alles funktioniert, und ich kenne die Wege der Illegalen.«

Seltsam, dass Hassan so freimütig erzählt, ohne zu wissen, wen er vor sich hat. Vielleicht wird er gleich einen Preis für seine Informationen nennen. Oder vielleicht nicht, vielleicht ist es eine Falle. Hassan will mich einfach nur zum Reden bringen, weil er wissen will, warum ein Italiener der Sklavenroute folgt. Deshalb will er mich dazu verleiten, Fragen über seine Organisation zu stellen. Mit der Behauptung, er wisse viel, hat er nur einen Köder ausgelegt. Anscheinend steht er mit dem größten internationalen Menschenhändlernetz in Kontakt, das Immigranten von Pakistan nach Europa und Amerika transportiert und die fundamentalistischen Prediger in der ganzen Welt herumschickt. Hassan wartet nur darauf, dass ich anbeiße. Er hat keine andere Wahl. Um herauszufinden, ob ich eine Gefahr für ihn bin, muss er etwas von dem verraten, was er weiß. Ich sage besser nichts. Eine falsche Frage könnte gefährlich sein. Er dagegen spricht ohne Hemmungen weiter: »Wir fahren mit kleinen Allradautos durch die Wüste, natürlich außerhalb der offiziellen Pisten, weil wir Illegale transportieren. Sie kommen auch aus Somalia, aus dem Sudan, Äthiopien und Mali. Es ist immer dieselbe Organisation, und wir benutzen dieselben Fahrzeuge. Weißt du, aus dem Sudan transportieren wir auch Waffen. Die Illegalen kommen mit dem Flugzeug in Niamey oder Khartum an, dann geht es über Land durch den Niger oder den Tschad bis hierher nach Agadez.« Hassan lächelt und streicht sich übers Kinn. »Auch ich habe den Bart lang getragen«, sagt er nach einer Weile, ohne dass ihn jemand danach gefragt hätte, »aber ich halte ihn jetzt kurz, um weniger Probleme zu haben.«

Der Waffentransport. Der gestutzte Bart. Das erscheint alles zu offensichtlich. Hassan geizt nicht mit Ködern, um mich in die Falle zu locken. Und wo ist eigentlich Soufiane? Ich halte nach dem Jungen mit den Kanistern Ausschau und sehe die Blicke von Dutzenden Neugieriger auf mich gerichtet. Die Mund-zu-Mund-Propaganda zieht immer mehr Leute an. Warum aber ist Soufiane verschwunden? Er hat nicht einmal die zweitausend Francs bekommen, die er verlangt hatte. Jemand muss ihm Angst gemacht haben. Hier ist irgendetwas im Gange. Und ich weiß nicht, was. Den Gesichtsausdruck der vielen Menschen um mich herum kann ich nicht deuten. Hassans Handy läutet mehrmals, er antwortet auf Arabisch. Am Telefon ist er wortkarg. As salam aleikum, Friede sei mit dir. Aiwa, ja. La, la, nein, nein. Dann legt er auf. Schaut mich an und wartet auf meine Frage, um einschätzen zu können, ob ich ein wahnwitziger Tourist bin oder eine Gefahr für seine Geschäfte. Ich bin besser vorsichtig. Immer lächeln, sich freundlich verabschieden und verschwinden. Und ihm nicht zu lange den Rücken zuwenden.

Am Ausgang des Autogare geht ein junger Mann neben mir her. »Ich heiße Abdellahe Ahmed«, stellt er sich auf Französisch vor, »ich fahre bis Libyen. Ich fange dort an, und wenn ich eine gute Arbeit finde, sehe ich weiter. Am liebsten würde ich nach Italien gehen. Vielleicht kannst du mir helfen.« Er will kein Geld, sondern sich nur nützlich machen. »Die haben es dir nicht gesagt. Aber für die Reise musst du dir einen großen Zwanzig-Liter-Kanister mit Wasser kaufen, besser gleich zwei. Und einen kleinen, wie diesen hier.« Er zeigt mir eine Plastikflasche, die ehemals Waschmittel enthielt und jetzt mit Pappe und Hanf umwickelt ist. »Zum Trinken nimmst du den hier. Wenn der Laster anhält, füllst du ihn aus dem großen auf. Vergiss nicht deinen Namen draufzuschreiben, sonst nimmt ihn ein anderer. Wenn du willst, kannst du auch einen Sack Lebensmittel kaufen. Er kostet zwanzigtausend Francs und enthält Sardinenkonserven, Kekse, trockenes Brot und Milchpulver. Du musst vor der Abfahrt kontrollieren, ob alles da ist. Da draußen gibt es nur Sand und Gott.«

Zwischen den Verkaufsständen auf der anderen Straßenseite, die gebratenes Fleisch, Brot und Datteln verkaufen, kommen zwei weitere junge Männer auf mich zu, die mich halb auf Französisch, halb auf Englisch anreden. »Monsieur, please, wir sind *stranded people*. Wir haben kein Geld zum Essen. Können Sie uns etwas geben?« *Stranded* bedeutet auf Englisch, dass man sich festgefahren hat, nicht weiterkommt, Probleme hat oder in Schwierigkeiten ist. *Strand* ist das Wort für Ufer, Küste und Strand. Aber in den Augen dieser beiden ist nichts von der Erleichterung zu spüren, die jeder Schiffbrüchige empfindet, wenn er das rettende Ufer vor sich sieht. Sie sehen vielmehr aus, als hätten sie zwar festen Boden unter den Füßen, müssten aber immer noch mit den Wellen kämpfen. In ihren Blicken ist ein dunkler Abgrund zu erkennen. Der Staub auf ihren Kleidern, in ihren Haaren, auf ihren Händen verrät, dass sie immer tiefer rutschen. Sie wissen nicht mehr, welchen Weg sie einschlagen sollen. Und dabei haben sie den härtesten Teil der Reise noch nicht einmal begonnen. Ich gebe ihnen ein bisschen Geld. »Hört mal zu. Ich muss mit euch reden. Aber nicht jetzt. Treffen wir uns heute Abend, gleich nach Sonnenuntergang, dann essen wir zusammen.« »Wo, mein Herr?«, fragt einer der beiden. Wenige Meter vom Autogare entfernt bläht der heiße Wind die Markise einer Bude auf, die wie ein kleines Restaurant aussieht. »Gut, mein Herr. Nach Sonnenuntergang warten wir hier auf Sie. Gott segne Sie«, sagt der junge Mann auf Französisch.

Das libysche Konsulat liegt in einem kleinen Haus am Ende einer ungepflasterten Gasse. Das nur angelehnte Eisentor führt auf einen schattenlosen Hof aus rotem Sand. Es zeigt sich niemand. Vielleicht muss man nur mit lauter Stimme grüßen und warten. »As salam aleikum.« Ein Mann eilt herbei und kündigt an, dass der Konsul gleich da sein wird. Jetzt ist ein entscheidender Augenblick für mich. Das Messer in meinem Bauch lässt mich seit einigen Stunden in Ruhe. Jetzt darf ich kein falsches Wort sagen.

Der Konsul ist um die vierzig, groß und korpulent. Er trägt ein grün gestreiftes Baumwollhemd und eine ebensolche Hose.

»Darf ich Ihren Pass sehen?«, fragt er sofort auf Französisch und postiert sich vor der Türe, um deutlich zu machen, dass die Unterredung hier vor dem Konsulat stattfinden wird. Nachdem er jede Seite des Passes von vorne und hinten kontrolliert hat, studiert er noch die arabische Übersetzung meiner Personaldaten.

»Was kann ich für Sie tun?«, fragt er schließlich und hebt den Blick.

»Die libysche Botschaft in Niamey hat mich gebeten, mich an Sie zu wenden. Ich bräuchte ein Transitvisum von Tumu nach Tripolis. Ich komme aus Dakar und will mir mit dieser Reise einen lang gehegten Traum erfüllen. Von Senegal nach Libyen. In Tripolis werde ich nach Rom fliegen und wieder nach Italien zurückkehren. Ich habe das Ticket schon.«

»Ich glaube nicht, dass das geht«, unterbricht mich der Konsul.

»Ich weiß, dass Libyen in der Regel keine Visa für die Südgrenze in der Sahara ausstellt. Aber in Niamey hat man mir gesagt, dass Sie mir hier in Agadez sicher weiterhelfen könnten. Und dass die Erteilung eines Transitvisums keine Schwierigkeiten bereitet. Ich will nicht in Libyen bleiben. Nur so lange, um nach Tripolis zu kommen und das Flugzeug zu nehmen.«

»Die Sahara-Grenze ist geschlossen. Hier kann man nicht durch«, verkündet der Konsul lakonisch. Wir stehen einander in der glühend heißen Sonne gegenüber. Es gibt keine Möglichkeit, einen vertrauteren Ton anzuschlagen. Der Konsul hat sich nicht einmal vorgestellt und will sichtlich ganz förmlich bleiben.

»Gestatten Sie mir, Ihnen meine Situation noch einmal zu erklären. In Niamey wurde mir gesagt, dass man ein Transitvisum bekommen kann, das ich allerdings bei Ihnen beantragen müsste. Ich bin seit fast vier Wochen unterwegs.«

»Was sind Sie von Beruf?«, fragt der Konsul und lässt damit hoffen, dass es vielleicht doch eine Chance gibt. In Libyen gibt es keine Pressefreiheit, deshalb ist es vielleicht besser, eine für die Paranoia des Regimes weniger verdächtige Tätigkeit zu nennen. »Ich bin Lehrer. Ich unterrichte an einer höheren Schule.«

»Tut mir leid, aber die Südgrenze ist geschlossen. Die Region ist militärisches Sperrgebiet, das niemand durchqueren darf«, erwidert der Konsul plötzlich.

»Das ist aber, wie gesagt, die Reise meiner Träume. Seit Jahren träume ich davon, von Dakar nach Tripolis zu fahren, vom Atlantik zum Mittelmeer. Ich verstehe nicht, warum Sie mir kein Visum geben sollten. Sie sind der Einzige, der mir ein Hindernis entgegenstellt.«

»Mein Freund, aus Träumen kann man auch erwachen«, sagt der Diplomat und lächelt zum ersten Mal. »Ich hindere Sie nicht daran, das Mittelmeer zu erreichen. Ändern Sie einfach Ihre Route. Fahren

Sie nach Arlit. Sie können über Tamanrasset in Algerien Tunesien erreichen. Dort kommen Sie ohne Weiteres durch.«

»Das ist aber eine andere Route. Ich möchte nach Tripolis. Und außerdem ist die algerische Sahara für uns Europäer gefährlich. Libyen ist sicherer ...«

»Mein Freund, ich kann nichts für Sie tun. Die libysche Sahara-Grenze ist militärisches Sperrgebiet. Niemand darf durch, und niemand kommt durch. Es wundert mich, dass die Botschaft in Niamey Sie angeblich zu mir geschickt hat, denn dort weiß man ganz genau, dass die Grenze geschlossen ist.«

»Aber jeden Tag fahren von der Grenzstation Tumu vier oder fünf Laster mit Immigranten nach Libyen. Sie starten alle in Agadez, das wissen Sie doch sicher. Das sind fünfzehntausend Ausländer monatlich, die vom Niger die Grenze nach Libyen überschreiten.«

»Davon weiß ich nichts. Niemand verkehrt auf der Piste zwischen dem Niger und Libyen«, wiederholt er noch einmal ärgerlich, »diese Grenze ist geschlossen, und es gibt keine andere auf dem Weg in die Wüste.«

»Ich verstehe einfach nicht, warum Sie mich daran hindern wollen, meine Reise fortzusetzen. Ich werde trotzdem durch die Wüste fahren. In Tumu werde ich bei den Grenzposten ein Transitvisum bis Tripolis verlangen, und sicher wird mich niemand aufhalten.«

Der Konsul tritt einen Schritt zurück, dann stellt er sich mit seinen Sandalen wieder genau in die vorherigen Fußstapfen. Als ob diese rasche Bewegung die ganze libysche Grenze von Tunesien bis Ägypten stützen sollte.

»Mach, was du willst«, sagt er und geht dabei umstandslos zum Du über, »aber pass auf. Afrikaner, die zu uns kommen, sind nach dem Willen der Regierung als Arbeiter in Libyen willkommen. Aber du bist Italiener. Und ein Italiener, den man im militärischen Sperrgebiet erwischt, bekommt ernste Probleme, denn in unseren Augen ist er ein Spion.« Ohne sich auch nur zu verabschieden, geht er in den Hof zurück und schließt das Tor hinter sich. Und mein Pass? Er hat meinen Pass mitgenommen. Auf Arabisch schreie ich lauthals: »Mein Pass, bitte!« Das Tor geht wieder auf, und der Konsul gibt mir meinen Ausweis zurück. »Viel Glück«, wünscht er und schließt das Tor hinter sich.

Jetzt bin ich wirklich in Schwierigkeiten. Libyen zu durchqueren, ohne von Militärs entdeckt zu werden, ist unmöglich. Ein Weißer kann nicht so tun, als sei er Emigrant auf einer Route, die nur von Arabern und Afrikanern benutzt wird. Was der Konsul gesagt hat, bestätigt allerdings nachdrücklich meine Vermutung, und dies sogar in zweierlei Hinsicht. Erstens: Libyen will keine Zeugen. Ein Indiz dafür, dass Heer und Behörden in die Schleusergeschäfte verwickelt sind auf genau der Strecke, auf der schon vor zweitausend Jahren Arbeitskräfte für das Römische Reich beschafft wurden und die auch heute noch Sklavenpiste heißt. Zweitens: Das Konsulat von Agadez zählt mehr als die libysche Botschaft in Niamey. Der Grund dafür ist das, was hier in Zukunft stattfinden soll. Das Regime in Tripolis will seine Rolle als mächtiger Nachbar voll ausspielen und Frankreich und China den Zugriff auf die reichen Bodenschätze im Niger streitig machen. Die Suche nach Diamanten im Norden von Agadez in den Kohlevorkommen um die Oase Iferouane, die noch keineswegs vollständig erforscht sind. Das von chinesischen Gesellschaften entdeckte Erdöl unter den Dünen der Ténéré im Südosten von Agadez. Und das Wasser. Die große Ebene zwischen Agadez und den Uranminen von Arlit ist ein riesiges fossiles Wasserreservoir in Gesteinsschichten zu Füßen des Aïr-Gebirges. Das Bett eines uralten Flusses, der durch die Ausbreitung der Wüste verschwunden ist. Und Libyen, das durch seine gigantischen Bewässerungsprojekte die Oase von Fezzan austrocknet, wird in fünfzig Jahren einen immensen Wasserbedarf haben.

Außerdem ist da noch Hassan, der elegante Menschenhändler, der Italienisch spricht, und seine Organisation. Sie ist nicht die Einzige, die an der Sklavenpiste verdient. Aber vor Hassan muss ich mich in Acht nehmen. Seine geistlichen Chefs stehen bestimmt al-Qaida nahe. Und wenn Hassan erfährt, was ich vorhabe, laufe ich Gefahr, ihm direkt in die Falle zu gehen. Nicht schlecht für den Anfang. Weil mächtige Interessen im Spiel sind, genügt ein kleiner Fehler, und ich komme hier nicht mehr raus.

Eine gute Nachricht erhalte ich am Spätnachmittag wenigstens vom Arzt, nachdem ich mich unter dem Moskitonetz in meinem schattigen Hotelzimmer etwas ausgeruht habe.

»Aleikum salam, treten Sie nur ein«, antwortet der Arzt auf mein Klopfen. »Haben Sie noch Fieber?« »Ich fühle mich noch ziemlich schwach, aber ich habe kein Thermometer dabei.« »Es ist jedenfalls keine Malaria. Der Test mit dem dicken Tropfen war negativ«, eröffnet mir der Arzt und übergibt mir das Testergebnis. »Sie haben einen Anstieg der weißen Blutkörperchen aufgrund einer akuten Entzündung. Nach den Symptomen, den Bauchschmerzen, könnte es eine Amöbenvergiftung sein. Ein Darmparasit ...« »Ja, ich weiß.« »Lassen Sie sich in der Apotheke Flagyl geben. Fünf Tabletten am Tag über fünf Tage. Sie werden sehen, dass Sie sich in zwei Tagen schon besser fühlen. Durch die restlichen Tabletten soll ein Rückschlag verhindert werden. Aber Sie müssen mit der Abreise warten, bis Sie ganz gesund sind. Fieber und Dehydrierung können in der Wüste sehr gefährlich sein. Und noch etwas. Wenn Sie wieder zu Hause sind, sollten Sie Ihr Blut untersuchen lassen. Die Amöbe könnte sich in der Leber, im Gehirn oder in sonstigen Weichteilen festsetzen und Abszesse verursachen. Das sollte man besser vermeiden.« Dieser Rat entlockt mir ein Lächeln: »Natürlich sollte man das besser vermeiden.« Der Arzt unterschreibt die Rechnung für den Test und seine Untersuchung. »Haben Sie denn eine Malariaprophylaxe gemacht?« »Nein, heuer bin ich drei Monate in Afrika. Prophylaxe für drei Monate wäre schlimmer als die Malaria selbst. Ich habe Mefloquin zur Behandlung dabei, falls ich ...« »Mefloquin?« Der Arzt runzelt die Stirn: »Das Mittel hat schwerste Nebenwirkungen. Wollen Sie in der Sahara Halluzinationen bekommen? Gegen Mefloquin entwickeln sich in ganz Afrika resistente Erregerstämme.« »In Italien verschreiben die Ärzte Mefloquin.« »Lassen Sie das sein. Kaufen Sie in der Apotheke Artemisintabletten. Die Chinesen benutzen das Mittel seit dreitausend Jahren gegen Fieber. Kennen Sie es?« »Nein.« »Es ist ein Pflanzenauszug aus dem Einjährigen Beifuß, der Artemisia annua. In China heißt er Qinghaosu.« »China löst Probleme, an denen Europa gescheitert ist.« Der Arzt lächelt ironisch und fährt fort, während er sich vom Schreibtisch erhebt: »Wir erfahren das tagtäglich, angefangen bei den Mopeds und den Motorradtaxis. Haben Sie gesehen, wie viele hier in Agadez unterwegs sind? Sie werden alle aus China importiert. Auf dem Rezept habe ich Ihnen auch den Markennamen des Malariamittels aufgeschrieben, das Sie in der Apotheke verlangen müssen. Wenn Sie mich noch einmal brauchen, finden Sie mich hier.« »Aus Italien habe ich antibiotische und entzündungshemmende Generika und sterile Spritzen mitgebracht. Können Sie die brauchen?« »Wie Sie an dem leeren Arzneischrank sehen, fehlt es hier an fast allem«, erwidert der Arzt. »Wenn Sie die Sachen nicht brauchen, nehme ich sie gerne an.«

Auch die Regale der Apotheke von Agadez sind praktisch leer. Das Flagyl nimmt die Apothekerin aus einem Behälter und füllt fünfundzwanzig Tabletten in einen Plastikbeutel ab. Dann holt sie das Malariamittel. Es gibt keinerlei Erklärung über eventuelle Gegenanzeigen oder Allergien. Ich sollte vielleicht besser per SMS einen Freund in Italien fragen, der in einer Apotheke arbeitet: »Pf, kannst du eine Schachtel Flagyl aufmachen und den Waschzettel lesen? Wozu ist es gut? Auf bald. Fab«. Mein Freund weiß nichts von meiner Reise. Die Antwort kommt ein paar Minuten später: »Flagyl gegen Vaginalinfektionen. Machst du eine Geschlechtsumwandlung?«

Es ist schon eine Weile dunkel, und die beiden Männer warten wie verabredet an dem kleinen Restaurant vor dem Autogare. Sie sind nicht allein, und einer der beiden erklärt: »Patron, wir haben ein paar Freunde mitgebracht. Sie brauchen Hilfe. Können wir Englisch sprechen?«

»Natürlich. Aber zuerst setzen wir uns, um etwas zu essen. Und stellen uns vor. Ich habe einen Namen, ich bin kein Patron.«

Die Tische vor dem Restaurant sind frei. Die Männer schauen sich betreten an. Billy, der Gesprächigste, ergreift im Namen aller das Wort und gesteht: »Wir haben kein Geld, um zu zahlen.« »Ich lade euch ein.« Sie schauen sich an und setzen sich. Sobald die Kellnerin zwei Brathähnchen auf den Tisch gestellt hat, zerlegen sie sie Stück für Stück mit den Händen. Haare, Gesichter, Kleider und Arme aller fünf Männer sind staubbedeckt. »Seit wann habt ihr nichts gegessen?« Billy lächelt, als hätte ich eine vollkommen unsinnige Frage gestellt. »Wir sind *stranded*, mein Freund. Wir können es uns nicht leisten zu essen. Die Almosen, die wir bekommen, reichen gerade mal für ein Glas gari, Zuckerwasser. Aber auch wer ein bisschen Geld hat und nicht genug für die Fahrt, der wird es nicht für Essen ausgeben. Andernfalls bliebe er *stranded* für immer.«

Einer nach dem anderen erzählen sie, dass sie seit Wochen hier in Agadez festsitzen. Ihr Geist ist noch voller Pläne, Träume und Freiheitsdrang. Nur kommen sie nicht weg aus dieser Stadt des roten Lehms, weil ihr Körper im Alltag gefangen ist. Das fehlende Geld, der Hunger, der Staub und der Preis für das Ticket, das immer unerreichbarer wird. Das ist der Ausgangspunkt für die Sklaven des 21. Jahrhunderts. So werden Ousmane, Djimba und Safira unterwegs sein, wenn sie es überhaupt noch schaffen, ihre Verzweiflung zu überwinden und aufzubrechen. Aber es genügt nicht, sich auf die Reise zu machen. Plötzlich können sich eines Tages völlig unvorhersehbar Körper und Geist trennen. So ist es Billy und seinen vier Freunden ergangen. Der Geist will gehen, aber der Körper bleibt *stranded*. Und der Staub bemächtigt sich von Tag zu Tag mehr ihres Lebens, verkrustet Wimpern und Augenbrauen, trocknet die Kehle aus und hinterlässt einen bitteren Geschmack. Das erzählen ihre Gesichter, aus der Nähe betrachtet. Tragischerweise erkennt niemand an, dass sie etwas Heroisches tun und sich einer Anstrengung unterziehen, die nur mit der der Geburt vergleichbar ist. Wenn sie denn lebend in Europa ankommen, gelten sie höchstens als Desperados. Auch wenn sie in Wirklichkeit zu den wenigen Menschen auf der Welt gehören, die für die Hoffnung noch ihr Leben aufs Spiel setzen.

Plötzlich fragt Billy misstrauisch: »Sag, wer bist du eigentlich? Warum hast du uns zum Essen eingeladen?«

»Weil ihr Hunger habt. Und außerdem, weil ich im Autogare schlafen will. Ich komme aus Dakar und will nach Libyen.«

»Wir kommen alle aus Nigeria, wir sind Christen«, sagt Daniel, einer von Billys Freunden. Der aber unterbricht ihn mit einer anderen Frage: »Du bist Europäer, warum willst du im Autogare schlafen?« »Weil ich mich mit Einwanderung beschäftige und die gleiche Reise machen will wie ihr.«

Die jungen Männer tauschen besorgte Blicke aus: »Besser nicht. Wir können nicht für deine Sicherheit garantieren«, erwidert Billy. »Ihr müsst mir nichts garantieren. Ich gehe mit euch und schlafe auch dort.« »Aber du bist weiß«, gibt Daniel zu bedenken. »Vor ein paar Tagen ist ein Nigerianer verschwunden. Seine Leiche wurde zerstückelt im Gebüsch gefunden. Die haben ihm sein ganzes Geld gestohlen.«

»Ich habe kein Geld.« »Die werden aber denken, dass ein Europäer auf jeden Fall Geld hat. Und wenn du schläfst, kann dich jeder erstechen. Lass das sein, es ist zu gefährlich.« »Daniel, wer sind *die*?«

Billy hindert Daniel mit einer Handbewegung daran zu antworten. Dann beißt er sich auf die geschlossenen Lippen, als würde er die Schärfe seiner Worte prüfen: »Mein Freund, hör zu. Hier gibt es Leute, die seit Monaten *stranded people* sind. Und das ist schlimmer, als tot zu sein, denn im Gegensatz zu einem Toten kannst du noch sehen und hören. Und dann geht es dir schlecht. *Die* sind *jeder*. Jeder kann dich in einem Augenblick der Verzweiflung umbringen, nur weil er denkt, du bist weiß und hast deshalb Geld in der Tasche. Wir setzen hier unser Leben aufs Spiel. Du kommst aus Europa. Du hast bestimmt ein Zuhause, vielleicht eine Familie. Setz dein Leben nicht sinnlos aufs Spiel.«

»Ich setze mein Leben nicht aufs Spiel. Ich mache eine Recherche und muss deshalb mit möglichst vielen Menschen sprechen. Nur wenn ich mit euch lebe und die gleichen Entbehrungen auf mich nehme, fallen die Barrieren der Hautfarbe, und es entsteht ein Vertrauensverhältnis. Wenn das Risiko aber so hoch ist, Billy, dann folge ich deinem und eurem Rat.«

»Wenn du später sehen willst, wie viele Menschen im Autogare schlafen, begleiten wir dich«, schlägt Daniel vor, »aber bleiben kannst du dort nicht.« Billy und die anderen wollen das Ziel meiner Reise wissen.

»Auf den Lastern musst du dich vor den Soldaten und Polizisten in Acht nehmen. Sie sind die eigentlichen Banditen. An jeder Straßensperre plündern sie die Fahrgäste aus. Bist du schon ausgeraubt worden?«, fragt Billy. »Nein, sie haben immer nur meinen Pass kontrolliert. Und sobald sie den italienischen Pass gesehen haben, waren sie ganz höflich.«

»Mich und meinen Bruder Stephen haben sie in Zinder, kurz hinter der Grenze zum Niger, ausgeraubt. Die Soldaten haben uns unser ganzes Geld genommen und den Bus mit unserem Gepäck und unseren Pässen weiterfahren lassen. Wir mussten zu Fuß nach Agadez gehen.« »Zu Fuß?«

Daniel und sein Bruder Stephen lächeln: »Fast tausend Kilometer zu Fuß: Zinder, Birnin-Konni, Tahoua, Agadez. Fast einen Monat Fußmarsch. Wir haben trockene Kekse gegessen und manchmal etwas Hirse, die uns Dorfbewohner geschenkt haben. Nur für zwanzig Kilometer hat uns jemand umsonst mitgenommen. Wenn wir versucht haben, ein Auto anzuhalten, wollten sie jedes Mal Geld von uns. Da wir keines hatten, haben sie uns stehen lassen.«

Jeder kann von ähnlichen Erfahrungen berichten: »Vor den Soldaten musst du dich sehr in Acht nehmen«, rät Billy noch einmal. »Hast du den Kontrollposten am Stadtrand von Agadez gesehen?« »Den habe ich gestern Abend passiert.« »Dort ist Oliver am 20. März umgekommen, ein Bruder aus Nigeria wie wir. Er war Anfang zwanzig. Er ist an einem Bündel Banknoten erstickt, achthundert Dollar, die er in der Tasche hatte. Während der Kontrolle sah er, dass die Polizisten alle Ausländer, die sie vor ihm durchsucht hatten, ausraubten und verprügelten. Weil er Angst hatte, sie würden auch ihm all sein Geld abnehmen, hat er das Geld zusammengeknüllt und herunterzuschlucken versucht. So ist er gestorben.«

Man kann seinen Körper leicht zwingen, nicht zu weinen, aber es ist unmöglich, Tränen zurückfließen zu lassen. Und die Augen aller am Tisch Sitzenden haben sich mit Tränen gefüllt.

»Bist du gestern Abend von den Soldaten geschlagen worden?«, fragen zwei Männer, die, ohne dass wir es bemerkt haben, hinter uns Billys Erzählung mitgehört haben. »Nein, ich glaube, sie schlagen Weiße nicht.« »Ich dagegen bin geschlagen worden, gestern Abend, als ich nach Agadez kam«, beteuert einer. Dass er unter den Flüchtlingen des Autogare neu ist, erkennt man an seinem sauberen Gesicht und an der Qualität seiner Schuhe.

»Ich heiße Bill«, stellt er sich vor, »mein Freund heißt Aloshu. Wir kommen aus Liberia. Vor einer Woche sind wir zu dritt aus dem Flüchtlingslager Buduburam in Ghana aufgebrochen.« Die anderen hören zu und verzehren die letzten Reste des Huhns. »Mit meinem Freund Adolphus zusammen hatte ich zweihundertfünfzig Dollar. Aloshu hatte hundertdreißig. Bis zur Grenze zum Niger ging die Reise gut. Aber schon an der Grenzstation Maradi haben die Polizisten hundert Dollar von jedem von uns verlangt. Am schlimmsten wurde es hier in Agadez. Wir mussten die ganze Nacht lang aufrecht stehen bleiben. Ich musste mein rechtes Bein heben, und die Soldaten haben mir mit dem Messer in die Sohle gestochen. So zack, zack, zack.« Bill ahmt die Bewegung an der dicken Schuhsohle nach, an der der Schnitt zu sehen ist. »Dann haben sie dasselbe mit der linken gemacht. Sie suchten nach Geld und glaubten, wir hätten es in den Schuhen versteckt. Als ich vor Schmerz aufschrie, haben sie wohl kapiert, dass es dort keinen doppelten Boden mit Geld gab.«

Andere Leute sind stehen geblieben, um zuzuhören. Es ist besser, wir gehen, bevor die Polizei dieses improvisierte Treffen für eine politische Versammlung hält. Doch die jungen Männer wollen ihre Geschichte erzählen, sich Luft machen und wenigstens durch ihre Worte irgendwie wieder zu Menschen werden. Billy ist sechsundzwanzig Jahre alt. Daniel und sein Zwillingsbruder Stephen sind erst neunzehn. Dandy, der zu seiner Schwester nach Holland will, ist sechsundzwanzig. Johnson, der andere Freund von Billy, der ebenfalls nach Holland will, ist siebenundzwanzig. Bill aus Liberia ist vierundzwanzig und Aloshu dreißig Jahre alt. Die Blüte der Jugend Afrikas verlässt den Kontinent.

Bill humpelt wegen der Fußverletzungen. Auf dem kurzen Weg zum Tor des Autogare kommt er zu mir und flüstert mir zu: »Vielleicht kannst du mir helfen. Leute aus Monrovia sind hinter mir her und wollen mich umbringen. Deshalb habe ich das Flüchtlingslager verlassen. Ich habe eine Diskette dabei, die ich nach Genf bringen muss, das ist meine Rettung. Darauf sind die Fotos meines Vaters, meiner Mutter und meiner Schwester und Dokumente über die Bankguthaben und den Besitz meiner Eltern. Die Diskette darf niemand finden, sonst bin ich am Ende.« »Ist dein Vater denn in Liberia oder in Ghana?«

»Warte«, bittet Bill, »ich muss mich auf deinen Arm stützen. Meine Füße tun so weh, dass ich nicht laufen kann ... Mein Vater war stellvertretender Finanzminister. Er ist 1996 zusammen mit meiner Mutter umgebracht worden, das Haus wurde niedergebrannt, und meine Schwester ist seitdem verschwunden. Nachdem meine Familie ausgelöscht war, habe ich drei Jahre lang bei einer Tante gewohnt. 1999 sind wir nach Ghana geflohen, wo die Vereinten Nationen Tausende von Kriegsflüchtlingen aus Liberia in Lagern untergebracht haben. Aber aus Monrovia habe ich jetzt erfahren, dass man hinter mir her ist. Schau, dieses Papier hat meinem Vater gehört.« Bill nimmt aus seinem Pass die zusammengefaltete Kopie eines Schweizer Bankzertifikats. Es lautet auf den Inhaber eines Girokontos mit dem gleichen liberianischen Nachnamen. »Das ist mein richtiger Name«, flüstert er, »bitte sag es niemandem weiter, denn die Leute, die mich suchen, wissen vielleicht nicht, wie ich aussehe. Das ist meine einzige Rettung. Kannst du mich nach Italien mitnehmen?« »Bill, ich glaube nicht, dass das geht. Ich weiß nicht einmal, ob ich nach Libyen einreisen darf ...« Der Eingang zum Autogare lenkt auch Bill ab, der den großen Platz ebenfalls zum ersten Mal in der Nacht sieht.

In der Dunkelheit kann ich nur schätzen, dass mindestens tausend Leute hier schlafen. Die Körper liegen regungslos wie Leichen nebeneinander und füllen fast das ganze Areal aus. Im Lichtschein der beiden noch geöffneten Reisebüros diskutieren einige Leute miteinander. Auf dem bunten Schild steht »Teycles«, was auf Tamaschek so ähnlich wie »gehen« klingt. Über dem anderen Büro ist zu lesen: »T.t & Tlika Ghana Union Agence«, und ganz hinten zwischen den Flaggen von Ghana und dem Niger das Versprechen »In God we trust« wie auf den amerikanischen Banknoten. Um in das kleine Büro zu gelangen, muss man über mindestens fünfzig in Lumpen und Decken gehüllte Gestalten, Frauen wie Männer, steigen. An der

Wand hängt eine Preisliste für den Transport im Geländewagen. Bis nach al-Gatrun, der ersten Oase in Libyen, kostet die Reise, die tausendvierhundertneunzig Kilometer über Sandpisten führt und eine Woche dauern soll, neunzigtausend Francs oder für die, die schon Geld gewechselt haben, hundertachtunddreißig Euro. Doppelt so viel wie die Reise auf Lkws. Der Angestellte, Mohamed Youssef, und sein Mitarbeiter geben abwechselnd Informationen: »Die Reise kostet mehr, weil es schneller geht. Mit den kleinen Geländewagen braucht man nur halb so lang wie mit den Lastern. In einem Wagen lassen wir fünfundzwanzig Fahrgäste fahren, na ja, manchmal auch dreißig oder fünfunddreißig. Außen werden die Wasserkanister befestigt, und dann geht's los. Es gibt keine Pannen, wir kontrollieren immer alles«, versichern die beiden und zeigen auf einen altehrwürdigen Toyota 45, der draußen geparkt ist. »Wir haben drei Geländewagen. Die anderen zwei sind jetzt in der Wüste, der eine fährt nach Libyen, der andere ist auf dem Rückweg.« In dem Reisebüro daneben ist der Fahrpreis um zehntausend Francs billiger, und an den Wänden hängen die Porträts des Präsidenten des Niger, Mamadou Tandja, und des Präsidenten von Libyen, Muhammar Gaddafi. Auch der Angestellte ist Libyer, und er will nichts sagen.

»Fabrus, wir sollten jetzt besser gehen«, sagt Daniel, der gemerkt hat, dass irgendetwas faul ist. »Diese Geländewagen sind eine Falle«, erklärt er auf dem Weg zum Ausgang des Parkplatzes. »Man hat uns erzählt, dass im letzten Sommer ein mit Illegalen total überladener Toyota mitten in der Ténéré, zwischen Dirkou und Libyen, kaputtgegangen ist. Ein anderer Geländewagen war hinter ihm. Der Fahrer ist zur Oase Dirkou zurückgefahren, um Ersatzteile zu besorgen. Aber auch dieser Toyota ist zusammengebrochen. Der erste wurde nie mehr gefunden. Vom zweiten haben nur wenige Passagiere überlebt. Insgesamt sind sechzig Menschen umgekommen. Im letzten Mai dagegen hat ein Lastwagenfahrer aus Versehen ein *mescebed*, eine verlassene Piste, genommen. Der Lkw ist im Sand stecken geblieben, und dreiundsechzig Passagiere sind verdurstet. Aber trotzdem sind die Laster meiner Meinung nach sicherer als die Geländewagen.«

Auf dem großen Mercedes-Lkw mit seiner Kette von Kanistern spiegeln sich die schwachen Lichter der Stadt. Der Lastwagen soll in wenigen Stunden losfahren. Inzwischen ist es fast Mitternacht. Am Tor bedanken sich Daniel, Billy und die anderen für das Abendessen, um sich dann zwischen die vielen hundert Körper der *stranded people* in den Staub von Agadez zu legen.

Der Schlaf übermannt mich sanft. Das Fieber scheint zu sinken, denn die Kälteschauer werden immer seltener. Vielleicht haben die Tabletten für Geschlechtskrankheiten, da sie keine Vagina gefunden haben, sich an anderen Körperteilen zu schaffen gemacht. Und sie tun das mit vollem Einsatz. Dabei gibt es nichts zu lachen. Wenn ich nicht Italiener wäre, keinen europäischen Pass und kein Geld hätte, um mir Medikamente zu kaufen, müsste ich jetzt irgendwo im Staub und Gestank des Autogare verrecken. Stattdessen kann ich wieder gesund werden und meine Reise fortsetzen. Auch wenn mein Plan, die Wüste auf der Sklavenpiste zu durchqueren, ohne das libysche Visum scheitern wird. Aber mein Kopf ist zu müde, um jetzt eine Lösung zu finden.

Am nächsten Morgen gegen neun Uhr verlässt der große Lastwagen mit Sechsradantrieb den Autogare. Inmitten von Dieselrußwolken und winkenden Händen werfen die hundertfünfzig Passagiere einen letzten Blick auf Schwarzafrika. Wenn sie auf der anderen Seite der Sahara ankommen, werden sie schon den Duft des Mittelmeers einatmen und am Himmel die Wolken sehen, die von Europa herüberkommen. Unterdessen quält sich der Lastwagen im Schneckentempo zum Kreisverkehr am Ortsende von Agadez, immer noch in Sichtweite der Mesallaje, die einen stets zu beobachten scheint, wohin man sich auch wendet.

Daniel, sein Bruder Stephen, Billy und Johnson kommen eine halbe Stunde zu spät zu unserem Treffen. »Wir sind geblieben, um die Reaktionen auf deinen Besuch mitzubekommen«, erklärt Daniel. »Die Reaktionen?« »Heute Morgen, bevor der Lkw abgefahren ist, war im Autogare von dir die Rede. Sie haben auf den Italiener gewartet.«

»Mir haben sie gesagt, es sei kein Platz mehr auf dem Laster, deswegen bin ich nicht mitgefahren …«

»Schon, aber jetzt gibt es bis zum Fest am Ende des Ramadan in drei oder vier Tagen keine Lkws mehr. Sie wollten dich holen, wussten aber nicht wo. Das Problem ist, dass sich jemand über deine Anwesenheit beschwert hat, als sie von dir sprachen«, fügt Daniel hinzu. »Kannst du mir diesen Jemand beschreiben?« »Ein älterer Mann mit Bart.« »Lang oder kurz?« »Kurz, ein gewisser Hassan, der die Karten verkauft.« »Es waren aber auch Libyer«, erinnert sich Billy. »Was für Libyer?« »Die aus dem Reisebüro mit dem Foto von Gaddafi. Die kommen mir besonders gefährlich vor. Ihrer Meinung nach müsste man dir verbieten, den Autogare zu betreten«, erklärt Billy.

»Was haben die Fahrer und die kamacho in tacha von Agadez gesagt?« »Für die bist du ein etwas seltsamer Reisender. Aber außer den Militärs sind die Leute hier friedlich«, lächelt Daniel. »Also bin jetzt ich es, der eure Hilfe braucht. Eines aber hab ich euch gestern Abend nicht gefragt. Wissen eure Familien, dass ihr hier seid?« »Nein, telefonieren ist zu teuer«, antwortet Billy. »Wir haben niemand«, erklärt Daniel, »aber wenn wir unseren Gemeindepfarrer anrufen könnten, um ihm zu sagen, dass wir *stranded people* sind, dann könnte er uns vielleicht über die Bank ein bisschen Geld schicken.« Auch Johnson hat seine Familie nicht verständigen können. »Dann nehmt mein Handy. Einzige Bedingung: Macht es kurz.«

Doch in Afrika zu telefonieren ist ein Unternehmen voller Überraschungen. Wie Reisen. Manchmal gibt es kein Netz, manchmal hebt niemand ab, manchmal antwortet jemand am öffentlichen Telefon, aber der Bote, der den eigentlichen Ansprechpartner zu Hause holen soll, trifft niemanden an. Nach zwei Stunden gelingt es Daniel, mit dem Pfarrer zu reden. Johnson ruft einen Freund an. Billy lässt seinen Eltern ausrichten, dass er am Leben ist und dass es ihm gut geht.

»Du weißt gar nicht, Bruder«, bedankt sich Daniel, »was für ein großes Geschenk du uns damit gemacht hast.«

Bis zum Aid al-Fitr, dem Fest am Ende des Ramadan, starten

keine Lkws. Auch keine Geländewagen. Fahrer und Schleuser wollen sich das große Fest in der Stadt nicht entgehen lassen. Nach den Berechnungen der Astronomen wird der Mond in vier oder fünf Tagen wieder aufgehen. Davon hängt das Ende des Fastenmonats ab. Ich habe also genügend Zeit, um vollständig zu gesunden und mich vom Leben in Agadez fesseln zu lassen. Vor allem der mühevolle Alltag der Menschen, die hier am Rande der Sahara leben, nimmt mich gefangen. Die Gassen der Altstadt und ihre Bewohner. Die barfüßigen Kinder, die mit einem »Monsieur, cadeau« höflich lächelnd auf einen zukommen. Der Platz vor der alten Moschee aus dem Jahre 1515. Das Haus von Kaossen, dem heldenhaften Tuareg, der zwischen 1913 und 1920 in der Sahara den Aufstand gegen Franzosen, Italiener, Engländer und Deutsche angeführt hat. Die Residenz des Sultans. Der große Markt. Das Haus von Heinrich Barth, heute ein Museum. Die Maison du boulanger, in der Bernardo Bertolucci einige Szenen seines Films *Himmel über der Wüste* gedreht hat. Die schöne Giraffe von Dabous auf halber Strecke zwischen Agadez und Arlit. Diese Gravur einer fast fünfeinhalb Meter hohen Giraffe mit ihrem Jungen wurde vor sechs- oder achttausend Jahren dort in die Felsen geritzt, wo die Tiere am Fluss zur Tränke kamen. Die Bildhauer haben den Blick des großen Tieres, die Eleganz seines Schreitens, ja sogar die langen Borsten der Mähne an Hals und Kopf genau festgehalten. Vielleicht konnte man von diesem Felsen sogar ins Wasser springen. Heute würde man sich auf dem Sand und im Dorngebüsch den Hals brechen. Doch es lohnt sich, so weit hinaufzusteigen, denn erst der Vergleich mit der scheinbaren Leere der Wüste lässt ganz langsam Bilder und Gedanken aufsteigen.

Man meint die Giraffe von Dabous noch zu sehen, wie sie sich über ihren langen Beinen mit heraushängender Zunge zu ihrem Spiegelbild im Fluss hinunterbeugt, um zu trinken. Ein mächtiger Fluss, wahrscheinlich ein Zufluss des Astapus, der, so erzählen die antiken Quellen, vom Fessan und den Tibesti-Bergen herabströmte und nach zweitausend Kilometern in den Palus Nubiae floss, den heutigen Tschadsee. Hier lebten auch die Garamanten, die Berber aus dem libyschen Fessan, die zuerst den römischen Heeren die Stirn boten und sich dann mit ihnen verbündeten. Die Garamanten waren berüchtigt wegen ihrer Grausamkeit und berühmt wegen ihrer Kriegskunst, dank ihrer Pferde und ihrer leichten Streitwagen. Der Historiker Herodot schreibt, dass sie diese Wagen hier in den weiten Ebenen benutzten, um die Troglodyten zu jagen und zu unterwerfen. Sie brachten vom Mittelmeer Stoffe und Metalle mit und begleiteten die Karawanen bis ins Land der Rhinozerosse südlich von Agadez. Auf dem Rückweg transportierten sie Straußenfedern, Gold, Elfenbein und Sklaven. Von 51 bis 96 n. Chr. begleiteten die Garamanten die römischen Forscher Septimius Flaccus und Julius Maternus ins Innere Afrikas. Doch das Klima hat sie aussterben lassen. Im Laufe vieler Jahrhunderte haben die tropischen Antizyklone die fruchtbare Ebene des Astapus in die verdorrte Fels- und Dünenlandschaft von heute verwandelt. Diese Umgebung wurde für Pferde und Elefanten, die für den Transport schwerer Lasten abgerichtet waren, tödlich und eignete sich auch nicht mehr für die Räder der Karren, die im zu Staub zerfallenen Untergrund versanken.

Zu Füßen des Felsens bilden Tausende von Fußspuren einen Pfad. Hundert Meter weiter südöstlich kreuzen sich die Wege zweier berittener Tuareg. Beim Absteigen von ihrem Dromedar schlagen sie unter ihrem blauen Umhang elegant die Beine zusammen. Mehrmals geben sie sich die Hand, indem sie die Finger ihres Gegenübers berühren und hin und her wippen. Die rituelle Begrüßung dauert gut zehn Minuten. Dann unterhalten sie sich und ziehen dabei das Stoffende ihres Tagelmust herunter, das sonst das Gesicht von der Nase abwärts bedeckt. Die Unterhaltung dauert nur ein paar Sätze. Dann vergehen weitere zehn Minuten mit der Verabschiedung, bevor sie wieder in den Sattel springen. Die Wüste hat mit der Austrocknung der Flüsse wie eine riesige Uhr aus wanderndem Sand auch die Zeit angehalten. Was ich hier um mich sehe ist die Welt, die Heinrich Barth Mitte des 19. Jahrhunderts entdeckte. Dieselbe Welt, von der drei Jahrhunderte zuvor al-Hasan ibn Muhammed al-Wassan erzählte, wie der arabische Geograf Johannes Leo Africanus eigentlich hieß. Er wurde 1517 von christlichen Freibeutern gefangen und nach Rom gebracht, wo er als Erster in seiner auf Italienisch verfassten

Beschreibung Afrikas vom Volk der *Targa*, den Tuareg, und von ihrem Sultanat in der Stadt *Agadès* berichtete. Dieselbe Welt hat um 1300 auch der große Reisende Ibn Battuta gesehen, der in der arabischen Welt so berühmt ist wie bei uns Marco Polo. Dass ich vor meiner Abreise die Tagebücher dieser Entdecker studiert habe, war mir eine große Hilfe. Heinrich Barth suchte nach den Landschaften und Ländern, die bei Ibn Battuta und Leo Africanus beschrieben waren. Und fand dabei heraus, dass sich in fünfhundertfünfzig Jahren in der Sahara nichts geändert hatte. Das bedeutet, dass die Brunnen, an denen der deutsche Afrikaforscher vor *nur* einhundertfünfzig Jahren seinen Durst gelöscht hat, heute noch an ihrem Platz sein müssten. Sie müssten. Aber kein Wasser zu finden ist heute nicht mehr die einzige Gefahr. Die Libyer wollen nicht, dass jemand die Nase in ihre Geschäfte steckt. Und auf keiner Karte ist verzeichnet, wo sich die libyschen Spitzel aufhalten. Entlang der Sklavenroute könnten sie überall sein.

Dabei brauchte ich nur genauer in das Zittern der glühenden Luft über der Ebene zu schauen. Nach einer Stunde, die ich oben neben der unsterblichen Giraffe von Dabous verbrachte, kam mir ganz zufällig eine Idee, wie ich den Drohungen des libyschen Konsuls begegnen könnte. Die Lösung liegt versteckt am gekrümmten Horizont der Wüste, dort wo sich das ebenmäßige Profil des Aïr-Massivs abzeichnet. Mehr oder weniger auf der Route, auf der Heinrich Barth, wie er in sein Tagebuch schrieb, an einem Oktobermorgen des Jahres 1850 das hohe Minarett, die Mesallaje, erblickte, »den Ruhm von Agadez«.

An der Bude vor dem Autogare treffe ich mich inzwischen täglich mit Daniel, Stephen und Billy und dem einen oder anderen ihrer Leidensgenossen zum Abendessen. Merkwürdigerweise sind weder die libyschen Spitzel noch die Schleuser darauf aufmerksam geworden. Vielleicht liegt es an der entspannten Atmosphäre vor dem Fest am Ende des Ramadan. Ich stelle Daniel, Stephen, Billy und ihren Freunden immer dieselben Fragen, um herauszufinden, wann es für sie kein Zurück mehr gab, wo die Scheidelinie zwischen dem Vorher und dem Nachher lag, was geschehen ist in dem Moment, als sie beschlossen fortzugehen. Wie haben sie das Geld für die Reise zusammengebracht, wie den letzten Tag mit ihrer Familie verbracht, was haben sie erwartet, was mitgenommen aus ihrem früheren Leben? Bei jeder Frage beobachte ich stets aufmerksam die Augen meines Gesprächspartners, um rechtzeitig zu merken, wann sie sich mit Tränen füllen. Dann kann ich das Thema wechseln, um das Interview nicht zu einer Tortur werden zu lassen. Diese jungen Männer sind mit ihren Nerven am Ende. Daniel hat eines Abends bei Tisch die Hosenbeine und sein T-Shirt hochgekrempelt, um die Narben der Schläge zu zeigen: »Schau, hier an den Beinen und am Rücken«, sagt er und zeigt den Schorf auf der misshandelten Haut, »das waren die Polizisten von Zinder in ihrem Büro.« Daniel rollt das T-Shirt wieder zurück und fährt fort: »Nachdem wir aussteigen mussten, weil wir kein Geld mehr hatten, um sie zu bestechen, haben sie mich mit einem Stromkabel geschlagen. Das hätte stundenlang dauern können. Sie sprachen Haussa. Ich weiß nicht, wie viele Schläge ich abbekommen habe. Erst als sie kapiert haben, dass wir wirklich kein Geld mehr hatten, haben sie uns freigelassen.«

Das war der Anfang des langen Fußmarsches nach Agadez. »Wir hatten nichts mehr, aber wir waren entschlossen, nicht aufzugeben. Inzwischen waren wir schon näher an Agadez als an zu Hause. Wir hatten schon tausendsechshundert Kilometer hinter uns, es fehlten nur noch neunhundertsechzig. Ohne Geld konnten wir auch nicht zurück. Wir haben uns gefragt: Was tun wir jetzt? Wir haben weitergemacht. Wir sind vom Morgengrauen bis in die Nacht gewandert. Nachts haben wir in den Dörfern um eine Unterkunft gebeten oder uns am Straßenrand versteckt.«

Billy, der bei allen Gesprächen dabei ist, schüttelt den Kopf. »Haben sie euch noch mal geschlagen?« Daniel lächelt: »In Birnin-Konni haben wir der Polizei unsere Geschichte erzählt, und sie haben uns laufen lassen. Aber ohne uns zu helfen, nicht einmal etwas zu essen haben wir bekommen. Am Ortseingang von Abalak wollten die Polizisten wieder Geld von uns. Obwohl wir gesagt haben, dass wir keines haben, mussten wir uns nackt ausziehen. Und sie haben uns geschlagen. In Agadez sind wir morgens um zehn Uhr angekommen. Aber wir sind dem Kontrollposten ausgewichen und von der Wüste her gekommen. Wir wollten nicht noch mehr Schläge.«

Daniel und Stephen entstammen der Bourgeoisie Nigerias. Sie erzählen, dass ihre Eltern 1996 bei einem Autounfall ums Leben kamen. Als Lebensmittelhändler waren sie mit ihrem Auto unterwegs. »Als sie gestorben sind, waren gerade die Fundamente für unser neues Haus fertig«, fährt Daniel fort, »und weißt du, wer uns in diesen Jahren geholfen hat? Gott hat uns geholfen, das kann ich sagen. Jahrelang haben wir bei unserer Großmutter gelebt, die damals schon siebzig war. Sie hat es uns an nichts fehlen lassen, aber sie ist im letzten Jahr gestorben. Wir waren auf der Universität des nigerianischen Bundesstaats Ekiti. Stephen hat Wirtschaft studiert, ich Pharmazie. Nach dem Tod der Großmutter haben wir an der höheren Schule Mathematik unterrichtet, um unser Studium zu finanzieren.«

»Und wann habt ihr beschlossen, nach Europa zu gehen?«

»Vor zehn Monaten«, antwortet Daniel, während Stephen zustimmend nickt: »Wir haben beschlossen auszuwandern, weil die Studiengebühren immer höher wurden. Wir wohnten im Studentenwohnheim. Für eine Stunde Schulunterricht bekamen wir hundertfünfzig Naira, weniger als tausend Francs, ungefähr einen Dollar. Die Schule konnte uns nur wenige Stunden beschäftigen, und allein das Studentenwohnheim hat zehntausend Naira gekostet. Dazu kamen die Studiengebühren, die Bücher und das Essen. Wir würden gern nach Italien gehen, denn dort ist das Schulsystem so ähnlich wie bei uns. Oder nach London, denn wir sprechen Englisch. Außerdem spielen wir gut Fußball, und vielleicht finden wir eine kleine Mannschaft, in der wir spielen können.«

Die Kellnerin stellt ein Brathähnchen und einen großen Teller Pommes frites auf den Tisch. Die Tiere hier sind mager und sehnig wie die Erde, auf der sie heranwachsen, und die jungen Männer um den Tisch haben das Hähnchen in wenigen Minuten bis auf die Knochen abgenagt.

»Daniel, was wisst ihr über Italien?« »Das, was wir wissen,

haben uns Leute erzählt, die dort waren. Es heißt, es sei ein schönes Land mit freundlichen Menschen.«

»Und was wisst ihr über London?« »Das, was man in den Schulbüchern liest und im Fernsehen sieht«, antwortet Daniel.

»Hattet ihr einen Fernseher zu Hause?« »Wir hatten einen Schwarz-Weiß-Fernseher. Den haben wir vor der Abreise verkauft.«

»Und wie habt ihr das übrige Geld zusammenbekommen?« »Wir haben sechs Monate lang alle möglichen Arbeiten angenommen und neben dem Mathematikunterricht als Maurer, Gepäckträger und Gelegenheitsarbeiter gejobbt. Um zu sparen, haben wir wenig gegessen und übernachtet, wo es ging. So haben wir dreißigtausend Naira zusammengekratzt. Die haben wir in Dollar gewechselt, und dann ging es los.«

»Wie viele Dollar sind dreißigtausend Naira?« »Beim Wechseln haben sie uns zweihundertachtzig Dollar dafür gegeben«, sagt Daniel. »Zweihundertachtzig Dollar, um zu zweit nach Europa zu kommen: Ist das nicht zu wenig?« »Das hätte uns schon gereicht, wenn wir auf der Reise immer wieder hätten arbeiten können. Wir haben nicht damit gerechnet, gleich am Anfang ausgeraubt zu werden. Hier haben wir sogar unsere Schuhe verkaufen müssen, um zu essen.«

»Was war in eurem Gepäck?« Daniel und sein Bruder Stephen tauschen wieder einen ironischen Blick. »Entschuldigt, wenn ich euch idiotische Fragen stelle. Ihr braucht nicht zu antworten, wenn ihr nicht wollt, aber über eure Reise will ich alles ganz genau wissen.«

Daniel entschuldigt sich seinerseits: »Wir haben nicht wegen der Frage gelacht, sondern wegen der Diskussion darüber vor unserer Abreise. Wenn man ein ganz neues Leben beginnen will, ist es schwierig zu entscheiden, was man mitnehmen soll. Eigentlich war so gut wie nichts von unserem früheren Leben übrig. Wir hatten einen Rollkoffer. Darin waren unsere Pässe, zwei Paar Jeans, zwei T-Shirts und vier Bücher. Soll ich dir die Titel sagen: *Wie kannst du dich selbst motivieren? Über den Umgang mit Konflikten und Krisen. Der Einfluss der Macht. Wie wird man vom Pessimisten zum Optimisten?* Wir haben sie alle verloren. Der Rollkoffer ist im Bus geblieben.«

»Warum diese Bücher?« »Weil für uns das Leben von Anfang an so schwierig war. Deshalb ist es gut, solche Ratgeber-Bücher zu lesen, die dir helfen, weiterzumachen und die Dinge positiv zu sehen.«

»Im Koffer war auch eine Teetasse«, sagt Stephen schließlich, »sie war ein Geschenk meiner Freundin. Es stand drauf: Lass es dir gut gehen, ich liebe dich. Precilia ist achtzehn und geht auf die Uni.«

»Wer von euch beiden hat zum anderen gesagt: wir müssen auswandern?« Daniel schaut Stephen an.

»Ich habe als Erster den Entschluss gefasst«, antwortet Stephen. »In den Semesterferien haben wir mit unseren Cousins gesprochen und sie gebeten, uns zu unterstützen, damit wir weiter studieren konnten. Aber alle haben uns geantwortet, dass sie zuerst an ihre eigenen Familien denken müssen. Wir haben uns entschlossen zu emigrieren, weil es in Nigeria viele Akademiker gibt, denen es schlecht geht. *We decided to leave for our destiny.*«

»Habt ihr nie versucht, legal nach Europa zu kommen, sobald ihr den Entschluss gefasst hattet?« »Daniel schon, denn er wollte nicht durch die Wüste«, erklärt Stephen. »Ich habe bei der italienischen Botschaft gefragt, aber kein Visum bekommen«, fährt Daniel fort. »Man hat mir gesagt, ich müsste Bürgschaften beibringen und zweihunderttausend Naira, fast zweitausend Dollar, zahlen.«

»Waren das Gebühren oder Bestechungsgeld?« »Das weiß ich nicht.« »Bis zur Botschaft waren es zehn Stunden Fahrt. Rausgeschmissenes Geld und vergeudete Zeit. Der Beamte hat mir nicht einmal zugehört. Es war völlig zwecklos, ihm zu erklären, dass ich mit zweihunderttausend Naira in Nigeria bequem weiter studiert hätte. Er wollte nicht einmal meine Noten und Zeugnisse sehen. Wir hatten alle Prüfungen für das erste Semester abgelegt. Ich studiere und unterrichte gern. Wir beide waren die Besten in unserem Kurs. Schau uns an, wie es uns jetzt geht. Wir haben keine Schuhe mehr und besitzen nur noch die Jeans und die T-Shirts, die wir anhaben, und diese Baseballkappe.« »Ich hatte nicht einmal genug Geld, um zur Botschaft zu fahren«, mischt sich Billy ein.

»Was habt ihr euch als Kinder erträumt?« »Was heißt erträumt?«, fragt Daniel. »Was hättet ihr werden wollen?« »Zuerst wollte ich Pilot werden«, antwortet Stephen, »doch nach dem Tod meiner Eltern habe ich meine Träume geändert.« Daniel lächelt: »Ich wollte Astronaut werden.«

»Wen habt ihr vor eurer Abreise aufgesucht, von wem habt ihr euch verabschiedet...« »Ich habe nur zwei Leute aufgesucht«, erklärt Stephen, »unseren Gemeindepfarrer und meine Verlobte. Der Pfarrer hat mit uns vor dem Kreuz gebetet und uns gesagt, dass er für uns beten will. Precilia dagegen hat geweint und mir dann die Tasse geschenkt.«

»Habt ihr versucht, hier in Agadez Arbeit zu finden?« »Ja, aber es ist unmöglich«, antwortet Daniel. »Man findet nichts. Niemand hilft uns, weil sie selbst nichts zu essen haben. Wir wollen vor der Überfahrt nach Italien in Libyen arbeiten.«

»Die Überfahrt von Libyen aus nach Italien ist gefährlich. Viele Boote sind schon untergegangen.« »Wir wissen, dass viele Boote untergehen«, gibt Daniel zu, »aber bei unserem wird das nicht passieren. Gott kann uns nicht im Stich lassen nach all dem, was wir hier durchgemacht haben.« In seiner ein wenig draufgängerischen Art mischt sich Billy ein und behauptet: »Das Boot, das ich besteige, wird nicht sinken. Und weißt du, warum? Weil es Gottes Wille ist. Vor meiner Abreise habe ich darüber mit dem Missionspriester in Nigeria gesprochen.« »Und was hat er gesagt?« »Ich soll zu Gott beten«, erwidert Billy, »und ich bete zu Gott, dass er mich rettet. Ich bete überall. In Italien werde ich keine Probleme haben. Ich bin Christ, ich kann Lkws fahren, kann Brot backen und Porträts zeichnen.«

»Was hast du gelernt, Billy?« Er öffnet sein Portemonnaie: »Ich war im Gymnasium, auf der Westambo High School, aber ich musste abgehen, weil wir nicht genügend Geld hatten. Wir waren zu Hause zu siebt. Ich habe vier Schwestern. Mein Vater ist Lkw-Fahrer, meine Mutter schneidert Brautkleider.«

»Und wann hast du beschlossen fortzugehen?« »1999 habe ich Nigeria ein erstes Mal verlassen und bin nach Abidjan an der Elfenbeinküste gegangen. Dort gab es aber keine Arbeit für mich. Deshalb bin ich nach Nigeria zurückgekehrt und bis vor zwei Wochen dort geblieben. Ich habe heuer beschlossen, Nigeria wieder zu verlassen. Ich will nach Italien, damit ich etwas Ordentliches werden kann.« »Warum gerade Italien?«, fragt ihn Daniel. »Weil es mir gefällt und weil da Leute sind, die ich kenne«, erklärt Billy. »Ist deine Familie damit einverstanden?«, bohrt Daniel weiter. »Bruder, meine Familie ist glücklich und hat mir für die Reise Geld gegeben. Hunderttausend Naira, das sind ungefähr neunhundert Dollar. Mein Vater hat alles verkauft, was im Haus war. Das Moped, den Videorekorder, den Fernseher und den Kühlschrank. Für sie bin ich eine Investition. Denn wenn ich in Europa Arbeit finde, kann ich sie unterstützen ...«

»Billy, wie bist du zu einem der *stranded people* geworden?« »In Zinder, wie sie«, antwortet er mit einem raschen Blick auf Daniel und Stephen. »Der Grenzbeamte hat mir mein ganzes Geld abgenommen. Er hat gesagt, nach dem Gesetz müsse ich ihm alles zeigen. Ich sage: ›Warum?‹ Und er: ›Dann helfe ich dir, nach Libyen zu kommen, und wenn du es nicht deklarierst, beschlagnahme ich es.‹ Ich habe ihm also mein Geld gezeigt, er hat es genommen und gesagt: ›Jetzt verschwinde.‹ Ich habe darauf beharrt und gesagt: ›Das ist mein Geld.‹ Und er nur: ›Verschwinde!‹ Gegen die bewaffneten Soldaten kannst du einfach nichts machen. Um etwas zu essen zu haben, musste ich hier mein ganzes Gepäck verkaufen. Wenn ich wenigstens schon in Libyen wäre, könnte ich arbeiten, um das Geld für die Reise aufzubringen. Ich habe einen Verwandten in Italien, aber der hilft mir nicht. Von dort aus kann er mir nicht helfen.«

»Weiß deine Familie, was du durchmachst?« »Sie wissen, dass ich durch die Wüste muss und übers Meer, das wissen sie. Aber sie wissen nicht, wie schwierig es ist«, antwortet Billy. »Beim Abschied hat mir mein Vater gesagt: ›Sei vorsichtig, und benachrichtige uns, wenn du in Schwierigkeiten bist, wir werden für dich beten‹. Er hat mir auch eine Bibel gegeben, die mich beschützen soll. Wir haben uns morgens um fünf voneinander verabschiedet. Meine Verlobte hat mich bis zum Busbahnhof begleitet. Am Abend zuvor haben wir alle gemeinsam in der Kirche gebetet. Mit meinen Freunden, meiner Mutter, meiner Schwester und meiner Verlobten.« »Billy, was hast du dir als Kind erträumt?« »Ich wollte in meiner Gemeinde Pfarrer werden, und das will ich auch in Italien machen. Ich kann Lastwagen fahren und als Pfarrer für meine Landsleute da sein. Ich weiß, dass Pfarrer in Italien sehr geachtet werden. Und dass es viele nigerianische Prostituierte gibt. Das will ich nicht, und ich werde mich um sie kümmern.«

Die jungen Männer haben immer noch Hunger. Die Kellnerin bringt noch einmal ein Hähnchen und einen Teller Pommes frites. Jetzt muss mir Johnson seine Geschichte erzählen. »Ich habe nicht viel zu erzählen«, fängt er an, »mein Vater und meine Mutter sind Bauern. Ich bin der Zweitälteste von sieben Brüdern und zwei Schwestern. Wir haben alle in zwei Zimmern gewohnt. Als Kind wollte ich Ingenieur werden. Aber das ist ein Traum geblieben. Ich habe mich im letzten Jahr entschlossen wegzugehen, weil es meiner Familie immer schlechter ging. Ich habe als Mechaniker gearbeitet, und wenn ich überhaupt Geld bekam, haben sie mir umgerechnet ungefähr vier Dollar am Tag gegeben. Eines Abends kam ich von der Arbeit nach Hause, und wieder einmal war nicht genug zu essen da. Da habe ich beschlossen auszuwandern. Ich musste einen Weg finden, um meiner Familie zu helfen. Ich will nur nach Holland kommen, ich weiß, dass es da Arbeit gibt.«

»Bist du angegriffen oder ausgeraubt worden auf deiner Reise?«

»Ich habe der Polizei fünfzig Dollar zahlen müssen. Aber ich hatte auch einen Koffer; den haben sie behalten. Sie haben mir alles genommen. Mein Tagebuch war darin, Kleider, mein Kalender mit Telefonnummern und Adressen, alles weg. Ich habe nur noch das T-Shirt und die Jeans, die ich trage.«

Dandy will, sobald er an der Reihe ist, fotografiert werden. »Du wirst doch einen Fotoapparat haben, oder?« Nach dem Überfall ist mir nur noch eine kleine Digitalkamera geblieben, die ich in meiner Gürteltasche versteckt hatte. »Jetzt ist es zu dunkel. Es wäre unklug, den Blitz zu verwenden, denn das würde die Aufmerksamkeit der Schleuser im Autogare auf uns lenken.« »Denk aber morgen daran, die Kamera mitzubringen. Ich werde dir eine E-Mail-Adresse geben, du musst das Foto an meine Eltern schicken. So haben sie ein Erinnerungsfoto, wenn ich umkomme.« Dandys Pessimismus lässt die anderen erstarren, sie hören auf zu essen und sich zu unterhalten. »Los, was willst du von mir wissen?« »Das, wovon du mir gestern schon etwas erzählt hast. Wenn du willst.«

Dandy seufzt, senkt den Blick und beginnt seine Gedanken zu ordnen, als spräche er mit sich selbst. Vielleicht ist es das erste Mal, seit er sich auf den Weg gemacht hat. Er öffnet den Mund und formuliert schweigend einen Satz, als müsste er ihm erst eine Form geben. Erst nach vielen Versuchen kann er dem, was in seinem Kopf vorgeht, eine Stimme verleihen.

»Mein Vater unterrichtet Geografie an einer Mittelschule in Benin City, meine Mutter verkauft Stoffe auf dem Markt. Sie wissen, dass ich auf dem Weg nach Europa bin, aber nicht wie. Ich hatte hundertfünfzig Dollar gespart für die Reise bis Libyen. Ich hatte sie in einem Säckchen in der Unterhose. In Birnin-Konni haben die Polizisten sie nicht gefunden. Sie haben mich durchsucht und sich dann mit zwanzig Dollar zufriedengegeben. Hier in Agadez haben mir die Polizisten auch in die Unterhose gefasst und mir alles weggenommen. Das ist Afrika. Deswegen will ich nach Holland. Aber eigentlich träume ich davon, nach Amerika auszuwandern.«

Die anderen hören ihm schweigend zu. Dandy hat in den letzten Tagen am wenigsten erzählt. »Ich habe Informatik studiert. Aber bei uns wollen alle nach Europa. Es ist wie ein Wettrennen. Alle meine reichen Freunde sind zum Studium nach London gegangen. Mein Vater aber konnte mir das nicht bezahlen. Deshalb habe ich mich entschlossen, in Cotonou Arbeit zu suchen, um die Reise nach London zu finanzieren. Ich habe Stoffe gekauft und sie für das Doppelte auf dem Markt wieder verkauft. Mein Vater weiß nicht, worauf ich mich hier eingelassen habe. Ich habe ihn seit 2001 nicht mehr gesehen. Seit ich von meinen Eltern weggezogen bin, wusste ich, dass ich von Cotonou aus nach Europa wollte. Ich wusste, dass ich nie mehr zurückkommen würde.«

»Erwartet dich jemand in Holland?« »Meine Schwester und mein Cousin.« »Gab es keinen Weg, sie auf legalem Weg zu erreichen?« »Nein, sie geben mir kein Visum, auch wenn meine Schwester legal in Holland lebt. Sie weiß, was ich auf mich nehme, und hat versucht, mir zu helfen. 2002 hat sie fünftausend Dollar an einen nigerianischen Boss in Cotonou geschickt, an Herrn Nwankwo. Er hat mir einen südafrikanischen Pass und eine Einladung nach London verschafft. Ich bin mit dem Autobus in den Niger gefahren, weil das angeblich der sicherste Weg war. Aber am Flughafen in Niamey hat die Polizei entdeckt, dass die Einladung gefälscht war, und hat mich nicht fliegen lassen. Deshalb bleibt mir kein anderer Weg als der durch die Wüste.«

»Und die fünftausend Dollar?« »Die hat Herr Nwankwo behalten.« »Hast du nicht versucht, das Geld zurückzubekommen oder ihn anzuzeigen?« »Anzeigen?«, lacht Dandy. »Die Polizei unterstützt den doch. Das ist in Afrika so. Aber ich sage euch was, Brüder«, fährt er, an die anderen gewandt, fort: »Nur Gott kann uns helfen.« »Ja, Gott wird uns helfen«, pflichtet ihm Billy mit ausgebreiteten Armen bei, denn er träumt davon, Pfarrer zu werden. »Auch wenn ich schreckliche Angst habe, es nicht zu schaffen«, fügt Dandy hinzu. Wieder erstarren alle und grübeln ein paar Minuten über seine Worte nach. In Gedanken versuchen wir, die Tiefe des Abgrunds zu ermessen, dem wir gefährlich nahe sind. Wie Soldaten in der Etappe, die früher oder später an die Front gerufen werden und sich in die Schlacht stürzen müssen.

Wieder reißt Billy uns mit seiner Predigerstimme aus der Versenkung: »Brüder, denken wir nicht an das Schlimmste. Danken wir lieber Gott, dass er uns heute zu essen gegeben und bis ans Ende dieses Tages gebracht hat.« Billy wiederholt drei Mal: »Herr, wir danken dir« und beendet diese kurze Andacht mit einem »Amen«, das die anderen mit »Amen« beantworten. Da bemerkt Daniel etwas Ungewöhnliches. In Agadez gibt es keine Straßenbeleuchtung. Die Scheinwerfer der Motorradtaxis durchdringen kaum die Staubwolke, die ständig in der Luft liegt. Doch ab und zu fährt ein Lieferwagen vorbei, und im Licht seiner stärkeren Scheinwerfer ist zu erkennen, dass auf der gegenüberliegenden Straßenseite drei Männer sitzen und sich nicht von der Stelle rühren.

»Das sind die Broker, die kamacho in tacha des libyschen Reisebüros«, warnt Daniel, »die starren uns dauernd an.« »Kein Problem, wir tun nichts Böses«, erwidert Billy. Aber die Anwesenheit der Männer beunruhigt die anderen. »Vielleicht sollten wir besser verschwinden«, resigniert Johnson. »Wir gehen zurück zum Autogare. Bleibst du?«, fragt Daniel. »Ja, es wäre gefährlich, sie nicht ernst zu nehmen. Wenn man euch da drinnen über mich ausfragen will, sagt nicht, was ich von euch wissen wollte. Antwortet einfach, dass ich hier Urlaub mache und als Freiwilliger für eine Hilfsorganisation arbeite.« »Wir werden ihnen sagen, dass du unser Bruder bist, denn du *bist* unser Bruder«, erklärt Daniel mit Nachdruck. »Und vergiss morgen die Kamera nicht«, erinnert mich Dandy beim Abschied.

Sobald die Jungs gegangen sind, bringt die Kellnerin die Rechnung. Die wenigen Gäste an den übrigen Tischen haben schon lange gezahlt und sind gegangen. »Darf ich Sie etwas fragen?«, sagt die junge Frau. Scheinwerfer von Lieferwagen beleuchten immer wieder das ansonsten unsichtbare nächtliche Leben von Agadez. Die drei Spione der Libyer sitzen immer noch am anderen Straßenrand. Vielleicht haben die Schlepper sie geschickt oder aber das Konsulat.

»Ich habe etwas von Ihren Gesprächen mitbekommen. Haben Sie mit Immigration zu tun?«, will die neugierige Kellnerin wissen. »Nein, mich faszinieren nur die Geschichten, die die Leute erzählen.« Mit dieser Erklärung kann ich sie nicht überzeugen: »Es sah aber ganz anders aus.« An diesem Punkt ist es besser, sie direkt anzugehen: »Was brauchen Sie?« »Ich will nach Europa«, sagt die Kellnerin, »können Sie mir helfen?« Ich spüre wieder den stechenden Schmerz im Magen, wie jedes Mal, wenn ich feige antworten muss, dass es nicht geht. Die junge Frau stützt sich mit den Ellbogen auf den Tisch, um näher zu rücken und leise sprechen zu können. »Zuerst möchte ich mich vorstellen«, hebt sie an und gibt mir die Hand. »Ich bin Catherine und stamme aus Kamerun. Sind Sie Engländer?« »Italiener.« »Mein Ziel ist Italien«, verkündet sie und beginnt von sich zu erzählen.

Die einunddreißigjährige Catherine ist alleinerziehende Mutter. »Morgen habe ich Geburtstag«, sagt sie lächelnd und erwartet Glückwünsche. »In Kamerun habe ich meine Tochter Gladis zurückgelassen. Sie ist dreizehn. Ich bin um ihretwillen weggegangen, denn ich bin nicht verheiratet.« Auch sie gehört seit zwei Wochen zu den *stranded people* in Agadez. »Ich habe Glück gehabt, denn ich kann abends im ›La Tuareg‹ arbeiten.« »Wo ist das ›La Tuareg‹?« Sie lacht: »Das ist doch der Name dieses Restaurants, wussten Sie das denn nicht? Dabei kommen Sie doch jeden Abend hierher.« Über der Bude neben den Tischen gibt es kein Schild. »Sie haben mir zehntausend Francs im Monat versprochen, fünfzehn Euro. Im Kamerun-Haus, wo ich schlafe, muss ich genau zehntausend Francs zahlen für einen Teppich auf dem Boden. So bin ich aber wenigstens nicht im Autogare. Das Kamerun-Haus liegt neben dem Sahara-Hotel, wissen Sie, wo das ist?« »Ich bin noch nie dort gewesen. Ist das eine staatliche Einrichtung?« Catherine lacht wieder: »Glauben Sie wirklich, dass Kamerun etwas für uns tun kann? Nein, das ist ein privater Unterschlupf, der zu dem Netzwerk gehört, das die Leute nach Europa bringt.« »Wenn Ihr Lohn gerade mal für die Übernachtung reicht, wovon bezahlen Sie dann Ihr Essen?« Sie seufzt, denn vielleicht bin ich ihr mit dieser Frage zu nahe getreten: »Der Chef ist nett und gibt mir zu essen, ohne dass ich zahlen muss. Mein Problem ist das Geld für die Fahrt. Ja, ich will nach Italien. Aber wie weit du kommst, hängt nicht davon ab, was du willst. Es hängt davon ab, wie viel Geld du auftreiben kannst. In Kamerun habe ich Informatik studiert und mein Diplom gemacht. Ich habe fünf Geschwister, mein jüngster Bruder ist sechzehn. Ich bin das einzige Mädchen in der Familie und habe als Angestellte in einem Arzneimittelunternehmen gearbeitet, in diesem hier«, dabei zeigt Catherine auf die weiße Aufschrift ihres T-Shirts. »Ich habe sechzigtausend Francs im Monat verdient … Umrechnen kann ich längst ganz schnell, das sind neunzig Euro. Meine Tochter geht zur Schule, und sie soll weiter zur Schule gehen. Nur wenn sie eine gute Ausbildung hat, wird sie nicht so enden wie ich. Aber wenn sie auf die Uni gehen will, reichen sechzigtausend Francs nicht.« Inzwischen hat sich Catherine gesetzt und muss jetzt Atem holen. Nur mit zusammengepressten Lippen und Augen gelingt es ihr, die Tränen zurückzuhalten.

»Bei wem haben Sie Gladis gelassen?« »Bei meiner Mutter und meinem Vater. Ich will eine bessere Zukunft für mich und Gladis. Im

Februar habe ich beschlossen wegzugehen, nachdem ich erfahren hatte, dass eine Freundin von mir es auf diesem Weg bis Italien geschafft hat. Ich weiß nicht, in welcher Stadt sie gelandet ist, aber sie ist in Italien.« »Wie wollen Sie das Geld zusammenbringen, um weiter zu reisen?« »Ich hoffe auf das Trinkgeld. Die letzten sechstausend Francs habe ich ausgegeben, um meinen Pass wiederzubekommen, den mir ein Soldat hier an einem Kontrollposten abgenommen hat. In der Stadt habe ich einige Angebote bekommen, Geld zu verdienen, aber Sie können sich denken, welcher Art.« »Welcher Art?« »Prostitution natürlich. Ich könnte in einer Woche aufbrechen. Aber ich halte durch, ich bin eine unabhängige Frau … und hoffe, bald genügend Trinkgeld zusammen zu haben.« Catherine verzichtet heldenhaft darauf, noch einmal Hilfe zu erbitten, die ich ihr nicht geben kann. Das hat sie von selbst verstanden und erhebt sich deshalb, um ihrer Arbeit nachzugehen. »Catherine, entschuldigen Sie. Auf der anderen Straßenseite waren drei Männer, die immer hier herübergeschaut haben. Sind sie noch da?« Sie wartet, bis Scheinwerfer das Dunkel durchdringen. »Ja, die sind noch da.«

»Dann gehe ich besser.«

Es ist kurz vor Mitternacht. Vor den Haustüren sitzen immer noch Mädchen, um sich für das große Fest zu frisieren. Schon den ganzen Tag lang haben die Frauen und die größeren und kleinen Mädchen sich gegenseitig Zöpfe geflochten. Eine strafft der anderen, die vor ihr sitzt, mit einer Bürste die Locken, flicht Zöpfe und schmückt sie mit bunten Perlen, Silber und Bernstein. Ihre Hände und Finger führen schnell und präzise die immer gleiche Bewegung aus. Manche haben schon nachmittags angefangen, und gelegentlich dauert die Prozedur bis zu zehn Stunden. Wenn die eine fertig ist, kommt die andere dran. Es bleiben nur wenige Stunden Schlaf, denn schon lange vor Sonnenaufgang ruft der Muezzin der Stadt laut zu, dass Gott groß ist. Nach dem Muezzin rezitiert ein Kinderchor Koranverse durch das Megafon der alten Moschee. Der Hilal, die schmale Sichel des neuen Mondes, ist heute Nacht am Himmel Arabiens erschienen, und damit ist das Ende des Ramadan, des Opferns und Fastens, gekommen. Der Feiertag beginnt bereits in der Dunkelheit, vielleicht diesmal sogar etwas früher als sonst. Um neun Uhr leitet der Imam dann auf dem großen Platz vor dem Friedhof die Lobgesänge der Tausenden von Gläubigen an. Vom Sultan über den Präfekten bis zu den Ärmsten und auch bis zu den Kindern tragen alle neue Kleider. In dem für sie reservierten Bereich sind die Frauen mit Stoffen in strahlendem Grün, Blau und Gelb ausstaffiert. Schon die Mädchen sind geschminkt, haben Goldschmuck und Ohrringe wie die Großen angelegt. Viele Buben tragen ihren ersten Boubou, den Baumwollumhang über den kühlen weiten Hosen mit dem tiefen Schritt. Der starke Nordwind verweht die Worte des Imam. Tausende von Körpern sinken vor Gott in die Knie. Nach dem Gebet hallen die Straßen von Agadez von Stimmen, Lachen und Glückwünschen wider. Doch bis zum Mittag nehmen die Wüste und der Staub wieder Besitz von den Bewohnern der Stadt, von ihren Sandalen und sauberen Kleidern, und die ersten roten Sandspuren zeigen sich auf den weißen und blauen Boubous der Männer. In einer Gasse zu Füßen der Mesallaje widmen sich Hunderte von Männern jeden Alters auf der Erde kauernd oder sitzend dem Glücksspiel. Von Zuschauern umringt, setzen die Spieler Geld auf drei verdeckte Karten. Daneben versuchen andere Spieler ihr Glück mit Würfeln. Im Halbschatten einer Akazie verfolgen ältere Männer ein Dominospiel mit Spielsteinen aus Pappe. Die Kinder zielen mit Fünfzig- oder Hundert-Francs-Münzen auf einen Tuareg mit Turban und Schwert. Bei den Erwachsenen dagegen wird mit Fünftausend-Francs-Scheinen gespielt. Um ein Uhr leeren sich Straßen und Spielstätten.

Unter seinem weißen, um den Kopf geschlungenen Tagelmust eilt ein Tuareg mit Frau und drei kleinen Kindern in Richtung Stadtrand. Er wohne, so erklärt er mir, zwei Kilometer außerhalb von Agadez und fühle sich heute besonders reich. »Reich wie ein Europäer«, fügt er ungefragt hinzu, »denn ich spreche Tamaschek, Arabisch, Französisch, Fulbe und Haussa.«

Wir vermeiden es, an den Häusern vorbeizugehen, denn sonst würde man überall zum Essen eingeladen. Und die Höflichkeit erfordert es, jede Einladung anzunehmen. Der Kamelfleischeintopf, den wir auf dem Teppich sitzend im Garten des alten Ahmed genießen, ist mehr als reichlich. Das Gespräch danach nimmt den vorhersehbaren Verlauf. Während seine große Familie andächtig zuhört, möchte Ahmed als Dank für die Einladung wissen, wie er seinen Sohn nach Europa bringen kann. »Er ist achtzehn«, drängt er, »wenn du eine Arbeit für ihn findest, kann er kommen.«

Von Ahmeds Garten aus folge ich am besten den Spuren im Sand und zwischen den Steinen in Richtung Wüste. Nach der dritten Runde Eintopf oder Lammfleisch würde man normalerweise auf irgendeiner Matte ein Verdauungsschläfchen halten. Ich dagegen will die Tatsache nutzen, dass die anderen durch das Fest abgelenkt sind. Schwaden glühend heißer Luft lassen die Berge am Horizont vibrieren. Hinter den nach Norden gerichteten Lehmmauern stehen schnaufend Esel und Ziegen. Regungslos pressen sie die Flanken an den Stein und warten, dass die Sonne sich senkt und wieder Schatten bringt. Mein Umweg um die Stadt bedeutet, zwei Kilometer mehr zu laufen.

Für die Gestrandeten im Autogare ist heute ein Tag wie jeder andere. Unter dem großen Dach in der Mitte verrichten zwei Männer nach Osten geneigt auf einem Hanfteppich ihr Gebet. Andere schlafen unter zwei Bussen und einer Zugmaschine, die am Ende des Platzes abgestellt sind. Heute feiern auch die Schleuser. Ihre Reisebüros sind geschlossen. In der vor Hitze zitternden Luft und umgeben von aufsteigenden Staubwölkchen kommt ein junger Mann auf mich zu. Es ist Stephen oder vielleicht Daniel. Wer weiß, wie lange er schon auf das Tor gestarrt und gewartet hat. Er lächelt und beginnt zu laufen. Es ist Daniel. Sein Lächeln ist euphorisch.

»Gehen wir raus. Ich muss dir etwas erzählen«, sagt er. Der glühend heiße Asphalt vor dem Autogare spiegelt rechts und links der Straße tiefe Wasserlöcher vor. »Stephen und ich müssen dir danken«, flüstert Daniel. »Danken wofür?« »Dafür, dass du uns mit deinem Handy hast telefonieren lassen. Deshalb haben wir jetzt Geld«, verkündet er und betont jedes Wort in seinem Englisch mit stark nigerianischem Akzent. »Wir haben Geld, wir können nach Libyen fahren.«

»Woher habt ihr das Geld bekommen, Daniel?« »Erinnerst du

dich, dass wir unseren Pfarrer in Nigeria angerufen haben? Am Samstag und Sonntag hat er während der Messe eine Kollekte gemacht und gesagt, zwei Gemeindemitglieder bräuchten Hilfe, um die Wüste zu durchqueren, die zwei, die vor ihrer Abreise mit ihnen gebetet hatten. Heute Morgen hat er mich angerufen, um mir mitzuteilen, dass er das Geld geschickt hat. Heute sind die Banken zu, aber morgen können wir das Geld abholen.« »Wie hat er euch angerufen?« »Ich habe ihm die Nummer des Reisebüros der Lastwagen gegeben. Heute Morgen war es offen, und er hat dort angerufen. Ich weiß nicht, wie ich dir danken kann, Bruder.«

»Daniel, es war nur ein Telefongespräch. Du musst denen danken, die euch Geld gegeben haben, nicht mir. Hat man dir gesagt, wann der erste Lkw fährt?« »Morgen nicht, da ist noch Feiertag«, antwortet Daniel, »vielleicht übermorgen. Ich muss dir aber noch etwas sagen. Die anderen wissen nichts von dem Geld. Wir sagen es ihnen erst kurz bevor wir losfahren. Das ist sicherer, es gibt so viele hungrige Leute, verstehst du?« »Natürlich, Daniel. Apropos, heute Abend esse ich nicht mit euch. Habt ihr zu essen?« »Das übliche Gari.« »Ein Glas Zuckerwasser ist keine Vorbereitung auf die Wüste. Nimm das Geld. Wenn das Restaurant heute zu ist, kauft Brot und Sardinen in der Dose, man hat mir gesagt, dass der Nachtmarkt heute offen ist.« Daniel steckt die Banknoten in die Tasche und geht zum Autogare zurück. Er ist barfüßig und erst neunzehn Jahre alt.

Die Verabredung, von der meine weitere Reise abhängt, war für vier Uhr vereinbart. Das Hotel Sahara liegt gegenüber dem arabischen Markt am anderen Ende der Stadt an einer großen Straßenkreuzung. Hier in der Nähe muss das Kamerun-Haus sein, in dem Catherine übernachtet. Über der Eisentür hängt ein blaues Schild mit dem Namen des Hotels und daneben eine Werbung für Bier aus dem Niger. Davor ein Berg Reifen, ein Dieselgenerator, parkende Taxis, Steine jeder Größe, ein riesiger, luxuriöser Mercedes mit dem Kennzeichen von Kano in Nigeria, und ein bisschen weiter entfernt eine aus Brettern und Pappe zusammengezimmerte Bude, vor der Hunderte Paare gebrauchter Schuhe zum Kauf ausgebreitet sind, einige davon unvollständig, verkauft von denjenigen, die barfuß weiterreisen müssen. Im Hotel Sahara gibt es kein Licht. Man betritt einen dunklen Korridor mit schwarz bemalten Wänden. Die Liste mit den Zimmerpreisen hängt dort, wohin noch das Tageslicht reicht. Siebentausendfünfhundert Francs pro Nacht für ein Doppelzimmer. Aber man kann auch zu zehnt darin schlafen, wenn man sich abwechselt. So erklärt es der Aushang. Gleich daneben sind im Halbdunkel einige gerahmte Zeichnungen zu erkennen, unter denen die Namen von Oasen des Aïr stehen. Es sieht hier aus wie in manchen europäischen Undergroundlokalen. Der Korridor wendet sich nach rechts in die völlige Dunkelheit, an die sich die Augen erst gewöhnen müssen. Am Ende des Gangs wird die Rezeption vom schwachen Schein einer Kerze erleuchtet. Daneben führt eine Tür in die Bar mit einem Tresen aus Beton und ausgeschaltetem Ventilator. Überall surren Mücken herum, die Tische sind klebrig. Den Traum der jungen Leute, die hier Tag und Nacht herumhängen, verbreitet ein Satellitenfernseher, der oben rechts unter der Decke auf einer Konsole steht. In Farbe und voll dröhnender Lautstärke laufen Videoclips mit englischer und amerikanischer Hip-Pop-Musik. Ein Mann hat den Kopf zum Schlafen auf den Tisch gelegt, andere trinken Bier aus Flaschen.

»Ich heiße Stanley, guten Tag.« Ich kann die Umrisse eines kräftigen, gut gekleideten Mannes um die dreißig erkennen. Sobald der Bildschirm hell wird, fällt das Licht auf Stanleys Kinnbart, seine Rappermütze und ein Marken-T-Shirt. »Setzen wir uns und trinken ein Bier«, lädt mich Stanley ein und lässt sich mir gegenüber nieder. Auch ein Freund von ihm setzt sich zu uns. Stanley spricht ausgezeichnet Englisch, und wenn er spricht oder zuhört, wippt er auf dem Stuhl zum Takt der Musik.

»Also, Italiener, ich erkläre dir, was ich für dich tun kann. Ich bin seit drei Monaten in Agadez. Früher habe ich in Kano in Nigeria gearbeitet. Meine Aufgabe ist es, die Illegalen nach Tripolis zu begleiten und dafür zu sorgen, dass alles klappt. Ich halte zu den Lastwagenfahrern Kontakt und zu den verschiedenen Transporteuren in Libyen. Das Meer ist eine andere Sache, damit habe ich nichts zu tun, aber ich kann dich an die richtigen Leute vermitteln.« Stanley trinkt in einem Zug eine halbe Flasche Bier aus.

»Ich verlange tausend Dollar pro Kopf«, fährt er fort, »denn ich begleite in der Regel nicht mehr als drei Personen pro Fahrt. Ich will keinen Ärger. Für drei Personen behalte ich tausendfünfhundert Dollar und tausendfünfhundert gehen an die Organisation. Der Seeweg nach Italien kostet noch einmal tausend Dollar. Wir nehmen amerikanische Dollar, keine Euro.« Wieder erleuchten Reflexe aus dem Fernseher Stanleys glatt rasierte Wangen. »Keiner meiner Kunden ist umgekommen«, brüstet sich der Schlepper. »Alle haben zu Hause angerufen, sobald sie angekommen sind. Ich bin Nigerianer aus der Region Imo, mit den Soldaten hier und in Libyen komme ich immer zurecht. Ich kümmere mich um alles. Heute Nacht kannst du hier im Hotel schlafen, wenn du willst. In Libyen haben wir Unterkünfte für die Illegalen, die weiter nach Italien wollen. Sie müssen in ihren Zimmern bleiben und dürfen nicht raus. Wenn ein neuer Kunde zu erwarten ist, bekomme ich einen Anruf aus Nigeria und bereite alles vor. Von Agadez und von Kano aus habe ich die Wüste schon ich weiß nicht wie viele Male durchquert. Wenn du mir morgen tausend Dollar bringst, kannst du sofort aufbrechen. Übermorgen startet ein Lkw.«

Stanley und sein Freund sehen nicht aus, als wollten sie mich reinlegen. Aber der Mann, mit dem man mir ein Treffen versprochen hat, sollte ein Tuareg sein, kein Nigerianer. Es ist hier drinnen zu finster, um alles zu überblicken, was im Raum vorgeht, und die Musik ist zu laut, um Geräusche und Stimmen zu deuten. »Stanley …« Er wippt weiter zum Rhythmus der Musik hin und her. »… Ich kann nicht nach Tripolis. Außer wenn du oder deine Organisation den libyschen Konsul davon überzeugen kannst, mir ein Visum zu erteilen.« »Nein, den libyschen Konsul kenne ich leider nicht«, erwidert Stanley und trinkt noch einen Schluck Bier, »dabei kann ich dir nicht helfen. Der Mann, den du erwartest, wird gleich kommen. Ich wollte dir nur meine Arbeit erklären, vielleicht fährst du ja mit mir.« »Du hast also nur Werbung gemacht?« Stanley lacht laut auf.

Das ist die Gelegenheit, ihm einige Fragen zu stellen. Wer weiß, wovon ein Menschenschmuggler als Kind geträumt hat. »Mein Traum? Ich habe an der staatlichen Fachhochschule meiner Heimatstadt Elektrotechnik studiert. Aber als kleiner Junge wollte ich nur reich werden. Und jetzt bin ich es ja in gewisser Weise geworden.« »Wie investierst du deine Gewinne?« Die Lautstärke der Musik überlagert vielleicht meine Stimme, sodass ich meine Frage noch einmal wiederholen muss. Diesmal hat Stanley verstanden und lächelt, bleibt die Antwort aber schuldig. Jetzt ist sein Freund, der sich Splendour nennt, an der Reihe, seine Geschichte zu erzählen: »Ich bin einundzwanzig und aus Sierra Leone geflohen, um nicht im Bürgerkrieg kämpfen zu müssen. Ich bin gegen Krieg, gegen das Morden und die Gewalt. In den letzten Jahren bin ich durch ganz Afrika gereist, von Südafrika bis Marokko, immer auf dem Landweg. Im letzten Frühjahr habe ich es geschafft, von Marokko aus nach Spanien zu kommen. Aber leider bin ich in Malaga in eine Polizeirazzia geraten. Ich bin weggerannt, aber sie haben mich erwischt und zusammen mit Nigerianern in ein Internierungslager gesperrt. Obwohl ich gesagt habe, dass ich aus Sierra Leone bin, haben sie mich mit den Nigerianern in ein Flugzeug nach Nigeria gesetzt. So musste ich mich wieder auf den Weg nach Norden machen und bin in dieser Scheißstadt hängengeblieben. Hier in Agadez ist es schrecklich. Es gibt keine Arbeit, und nicht einmal das Internet funktioniert. Du kannst mir helfen, Freund. Mein Traum ist Europa. Früher oder später werde ich es schaffen.« Splendour schaut zu Stanley hinüber, der mitleidig lächelt.

»Und wenn Spanien mich nicht will, gehe ich nach Italien«, verspricht Splendour. »Ganz bestimmt. Alle wollen hier weg, weil in Afrika alles den Bach hinuntergeht. Schau dir Nigeria an. Sie behaupten, es geht Nigeria wirtschaftlich gut. Aber daran verdienen nur zwanzig Familien. Und was machen die anderen? Sie hauen ab.« »Splendour, was könnte ich für dich tun?« »Ich weiß, dass es Schiffe zur Insel Lampa Lampa gibt.« »Du meinst Lampedusa.« »Ja, aber du kannst mir vielleicht sagen, wie es von Tunesien aus mit den Überfahrten dorthin steht. Vielleicht weißt du, wie man dahin kommt, wo man über die Grenze gehen muss und wo die Schiffe abgehen. Von Libyen aus ist es nämlich zu gefährlich.«

»Darf er auch zuhören?«, fragt Stanley, ohne eine Antwort abzuwarten, und zeigt auf einen jungen Mann hinter Splendour, der einen Kugelschreiber und ein Stück Papier in der Hand hält. Es ist unangenehm, dem ausgeliefert zu sein, was um einen herum geschieht, und nicht einmal die Umstehenden wahrzunehmen. Aber so ist es eben. »Vielleicht kannst du mir helfen, die Leiche einer Freundin von mir zu finden«, sagt der junge Mann, der sich gleich vorstellt. Er heißt Ade, ist zwanzig Jahre alt und kommt aus Nigeria. »Meine Freundin heißt Ikuoge Alade. Ich habe dir ihren Namen aufgeschrieben. Sie war siebenundzwanzig und Friseuse in Ekqoma in Nigeria. Sie ist ertrunken. Einige Augenzeugen haben ihre Eltern angerufen und ihnen erzählt, dass sie gesehen haben, wie sie aus dem Boot gefallen ist.« Plötzlich erhebt sich Stanley, macht Platz und kündigt an: »Hier ist die Person, die du erwartet hast.«

Das Gesicht des Mannes ist nicht nur wegen der Dunkelheit unsichtbar. Der große indigoblaue Tagelmust bedeckt die Stirn und die untere Gesichtshälfte bis über die Nasenspitze. Ein Tuareg begegnet einem Fremden nie mit unbedecktem Gesicht. Die Bedeutung des Augenblicks verlangt ihr Ritual. Man muss sich erheben. »Ayawan?« Der Mann ist über die Begrüßung in seiner Sprache überrascht und antwortet: »Al kher.« »Matolam?« »Al kher.« »Tasgham?« »Al kher«, wiederholt der Tuareg, streckt bei jeder Antwort seine Rechte aus und berührt nach alter Tradition die Finger der meinen. »Mani aghiwan?« »Al kher.« »Mani issalan?« »Nas kha«, sagt er schließlich in freundlichem Ton und setzt sich mir gegenüber auf den Stuhl, den Stanley für ihn frei gemacht hat. Die anderen Männer setzen sich an einen anderen Tisch. »Sie sprechen also Tamaschek«, beginnt der Mann das Gespräch. »Leider nein, nur wenige Worte.« Ich brauche ihn nicht nach seinem Namen zu fragen, er würde ohnehin nicht den richtigen nennen. Seine dunklen Augen bewegen sich rasch, um die Männer zu beobachten, die die Bar betreten. Seit einigen Minuten gehen viele auf die Zimmer, vor allem Frauen.

»Wer hat Ihnen dieses Treffen vorgeschlagen?«, fragt der Tuareg schnell. »Die Giraffe von Dabous.« Der Mann befreit seinen Mund von dem Tagelmust, gerade rechtzeitig, um laut lachend seine nikotingefärbten Zähne zu zeigen. »Das heißt, ich saß am Sonntag früh neben der Giraffe und blickte auf die Aïr-Berge. Dabei ist mir eingefallen, dass während des Widerstandskampfes dort oben eure Rückzugsgebiete waren. Sie sind ein Kel Tamaschek, und wer könnte besser als Sie die Pisten nach Libyen kennen? Wer besser als die Männer von Mano Dayak?«

Sein Lächeln zeigt, wie sehr er sich darüber gefreut hat, dass ich ihn höflich Kel Tamaschek, einen Mann, der Tamaschek spricht, genannt und nicht den verächtlichen, von den Arabern erfundenen Namen Tuareg gebraucht habe, und er antwortet: »Der große Kommandant Dayak. Kannten Sie Mano Dayak?« »Nicht persönlich. Als Junge habe ich von seinen Taten und von seinem Tod gelesen.« »Und wer hat Ihnen meinen Namen genannt?« »Ich weiß nicht, wie Sie heißen. Am Tag nach meinem Besuch bei der Giraffe bin ich auf den Markt gegangen und habe nur gesagt, dass ich jemanden von Ihrem Volk treffen möchte.« »Aber wir sind nicht mehr der Tuareg-Widerstand. Wir haben mit der Regierung einen Friedensvertrag geschlossen. Viele von uns sind sogar in die Armee des Niger eingetreten.« »Soweit ich weiß, sind unter den Soldaten, die die Auswanderer quälen und ausrauben, keine Tuareg.« »Das ist etwas anderes. Das Geschäft mit den Auswanderern teilen sich die Haussa, Djerma und libysche Araber. Sie haben in der Sahara das Sagen, uns halten sie draußen. Man hat mir gesagt, woher Sie kommen. Was kann ich für einen Italiener tun?«

Der Mann bestellt Tee. »Ich brauche jemanden, der mich nach Libyen bringt. In den Süden, aber ohne die Oasen anzufahren, wo Soldaten stationiert sind. Außerdem muss mich jemand nach Agadez zurückbringen. Ich wollte mit einem Lkw bis Tripolis kommen. Aber das libysche Konsulat hat mir kein Visum erteilt und mir bereits angedroht, dass ich verhaftet werde, wenn sie mich erwischen.« »Die geben Ihnen natürlich kein Visum. Durch die Wüste wird alles Mögliche transportiert«, bemerkt mein Gegenüber und hört sich dann schweigend den Rest meiner Geschichte an.

»Ich könnte bis zur Grenze mit dem Laster fahren. Aber das Problem ist der Rückweg. Wenn ich ausgestiegen bin, sollte ich wahrscheinlich nicht mitten in der Wüste darauf warten, dass jemand vorbeikommt und mich mitnimmt.« »Sie würden Gefahr laufen, monatelang zu warten oder zu sterben. Denn dort gibt es keine gespurten Pisten«, bemerkt der Mann lächelnd.

»Genau. Ich überlege, trotzdem mit dem Lkw zu fahren. An der Grenze zwischen dem Niger und Libyen brauche ich dann aber einen Geländewagen für den Rückweg oder um eventuell andere Lkws zu erreichen. Es gibt keinen anderen Weg, wenn ich mich nicht von den Libyern verhaften lassen will.« »Davon möchte ich Ihnen von ganzem Herzen abraten«, bemerkt mein Gegenüber, bevor wir gemeinsam das erste Glas Tee genießen. Schwarz und bitter.

Er scheint nicht daran interessiert zu sein, mein Problem zu lösen, denn er schaut im Fernsehen einem Showgirl zu, das in knappem Shirt und Hotpants tanzt, singt und sich in einem Spiel der Spiegelungen verdoppelt und verdreifacht. Danach gibt er einen Teelöffel Zucker in die Teekanne und schenkt daraus ein, indem er mit ausladender Geste die Kanne möglichst hoch über das Glas hält. Je länger der Strahl aus der Kanne ist, desto mehr Schaum bildet sich in den Gläsern. Der Mann hat keine Eile, zu trinken oder zu antworten. Er nimmt sich lange Zeit, um das dritte Glas Tee zuzubereiten und geräuschvoll auszuschlürfen. Mit »bismillah« Gott dankend leert er das letzte Glas, um sich dann mit dem Zipfel des Tagelmust die untere Gesichtshälfte und den Hals zu bedecken.

»Wo übernachten Sie?«, fragt er schließlich. »Heute Abend ziehe ich ins Hotel de la Paix um.« »Nach Einbruch der Dunkelheit, unmittelbar nach dem Maghrib-Gebet, wird Sie jemand aufsuchen, so Gott will. Warten Sie vor dem Hotel.« »Glauben Sie, dass ich in den Süden Libyens fahren kann?« »So Gott will, so Gott will«, erwidert er lakonisch und unterstreicht seine Worte mit einer Bewegung seines großen Tagelmust. »Also können Sie mir ein Transportmittel für die Rückkehr verschaffen?« »Ich weiß es noch nicht, vielleicht, so Gott will.« »Wir könnten uns direkt an der Grenze treffen.« »Nein, das auf keinen Fall«, betont er und zieht den Zipfel des Tagelmust erneut herunter, sodass sein Mund wieder zu sehen ist. »Das wäre zu gefährlich. Wir wissen nicht, mit welchem Lkw Sie fahren und welche Route Sie nehmen. Wir könnten den Kontakt verlieren. Außerdem ist die Wüste auch im Niger militärisches Sperrgebiet. Daher brauchen Sie einen Passierschein. Sie sind ein Weißer und können nicht so tun, als seien Sie afrikanischer Auswanderer.«

»Das hat mir noch niemand gesagt. Wie kann ich den bekommen?« »So Gott will, bekommen Sie auch den. Eines will ich Ihnen noch sagen. Die Zahlung erfolgt in amerikanischen Dollar.« »Wenn die Geländewagen und der Passierschein bereit sind, werden wir über den Preis verhandeln.« »So Gott will, ja.« Mit diesen Worten erhebt sich der Mann. »Alles hängt von Gott ab.« »Jetzt hängt meine Reise von Ihnen ab.« Darauf antwortet er ohne nachzudenken voller Überzeugung: »Weil Gott es so entschieden hat. Ich muss jetzt gehen. Friede sei mit Euch.« Sobald seine Silhouette im Dunkel verschwunden ist, kehren Stanley und seine beiden Freunde an meinen Tisch zurück. Sie wollen die Antworten hören, die sie erhofften. Es gibt wenig zu sagen.

Die Sonne geht erst in etwa zwei Stunden unter, und es ist noch strahlend hell. Als ich aus dem Dunkel des Hotels Sahara trete, sticht mir das Tageslicht wie eine Nadel in die Augen. Es ist noch genügend Zeit, um schnell zum Sultanspalast zu gehen. Der höchste Verwaltungsbeamte in Agadez ist seit der französischen Besatzungszeit der Präfekt. Aber die Stadt ist auch eines der ältesten Sultanate der Sahara. Der Sultan entscheidet in Streitfällen unter den Tuareg und ist deshalb, um Interessenskonflikte zu vermeiden, nie selbst ein Tuareg. Heute steht der Steingarten seines Palastes den Kindern und ihrer Begleitung offen. Das geschieht nur beim Aid-Fest. Größere Jungen und Mädchen haben allerlei Spiele organisiert. Auf der rechten Seite drängen sich Kinder aller Altersgruppen um ein Dart-Spiel. Auf der gegenüberliegenden Seite stehen kleine Zuschauer um ein Mädchen, das zwölf Kerzen mit einem einzigen Streichholz anzuzünden versucht. Nach ihm versucht es ein kleiner Junge. Nichts. Immer verbrennen sie sich die Finger. Auf einer Bank sitzend, überwacht eine junge, sehr elegant gekleidete Frau das Spiel und achtet darauf, dass sich die Kleinen mit ihren ungeschickten Händchen nicht die Zöpfe anzünden. Nach ihrer Aussage hat es bisher noch kein Kind geschafft. Neben der Schüssel voller Sand, in der die Kerzen stecken, liegen als Preise eine Tüte Bonbons und eine Dose gesalzene Sardinen. Plötzlich fordert eine Stimme per Megafon die Menge zum Verlassen des Gartens auf. Die Leute ziehen auch die Kinder, die gerne noch geblieben wären, mit auf den Platz vor dem Palast. Aufgeregt und lachend wogt die Menge hin und her, und die Erwachsenen strecken sich, um besser sehen zu können. Die Wachen machen mit Peitschen- und Stockhieben auf Rücken und Köpfe für die Ankunft des Sultans Platz. Dieser hebt sein weites Gewand, das so weiß ist wie sein Turban, auf, um es nicht auf dem Boden schleifen zu lassen, und nimmt dann auf einer Art Strandliege im Schatten des Audienzsaals Platz, einem Lehmvorbau ohne Fenster und Türen. Andere Wachen drängen die Zuschauer zur Seite, weil eine Gruppe von Flötenspielern und Trommlern auftritt. Dann reiten vier Ritter auf Pferden mit goldenem und silbernem Zaumzeug heran. Sie blicken einander an. Der erste reitet im Galopp davon, die anderen verfolgen ihn rund um den Platz. Sie kommen zum Stehen, schauen einander wieder an und reiten erneut in unglaublichem Tempo davon. Ihre bunten Mäntel flattern in der Luft und wirbeln im Abendlicht Wolken von rötlichem Staub auf. Die Zuschauer, die nahe an der Bahn stehen, atmen den Staub ein und müssen husten. Das Schauspiel dauert eine Stunde. Bis die Sonne ganz untergegangen ist.

Der Tuareg, den ich getroffen hatte, erscheint pünktlich vor dem Hotel de la Paix und bringt wie versprochen jemanden mit. »Ich lasse Sie mit meinem Freund allein«, sagt er, ohne seinen Mund freizulegen, »in Agadez kennt niemand die Wege des Betrugs besser als er.« Dann beugt er sich vor, damit der andere seine Worte nicht hört: »Er fährt einmal im Monat nach Libyen und zurück.« »Wir müssen noch über den Preis sprechen.« »Das können Sie alles mit ihm ausmachen«, erklärt er, verabschiedet sich auf Tamaschek und verschwindet.

Wir setzen uns auf ein Mäuerchen vor dem Hotel. Mein Gegenüber nimmt den Tagelmust vom Gesicht und lässt ihn wie einen langen Schal herunterhängen. Lächelnd stellt er sich vor. Yaya spricht neben Tamaschek, Haussa und Arabisch auch gut Französisch.

»Da wir lange zusammen sein werden, sollten wir uns nicht mit

Höflichkeitsfloskeln aufhalten.« »Besser so«, antwortet Yaya. »Ob ich zurückkommen kann, hängt also von dir ab.« »So Gott will«, gibt er zur Antwort und erklärt seinen Plan.

»Noch ein Letztes. Ich brauche deinen Pass. Morgen lasse ich den Passierschein ausstellen... Man hat mir gesagt, dass du dich für die Sahararouten interessierst«, fragt Yaya am Ende. »Für die Auswanderer in der Sahara.« »Das ist nur eines der Geschäfte. Warte hier, ich hole das Auto, dann fahren wir eine Runde.«

Das Auto ist ein alter Pick-up ohne Fenster und Windschutzscheibe. Yaya starrt in den Lichtkegel der Scheinwerfer, um die Schlaglöcher zu umfahren. Er spricht wie der Kommentator eines Dokumentarfilms. Am Stadtrand von Agadez hält er am Ende der Startbahn des Flughafens, der seit dem Bürgerkrieg geschlossen ist, vor einer Reihe von Lagerhallen.

»Weißt du etwas über den Zigarettenschmuggel?«, fragt Yaya. »Ja, ein bisschen was.« »Die Lkws, die Zigaretten transportieren, nehmen manchmal zehn oder fünfzehn Illegale mit. Das hängt vom Fahrer ab. Sie tun das, um sich etwas zusätzlich zu verdienen. Die Zigarettenlaster sind in der Wüste das bequemste Transportmittel: wenige Leute, viel Wasser.« »Ich will aber mit den Lkws fahren, die nur Leute transportieren.« »Wie du willst.«

»Diese Hallen sind die modernsten im ganzen Niger. Sie haben eine Klima- und eine Kühlanlage, und alles ist sauber. Hast du einmal eines unserer Krankenhäuser gesehen? Da kriegt man es mit der Angst. Aber die Zigaretten werden wie Könige behandelt. Die Ware kommt von den Häfen an der Küste. Jeder Lkw transportiert fünfhundert bis sechshundert Kartons, und die Route führt über Niamey und Agadez. Die Regierung kassiert eine Steuerpauschale. Wir wissen, dass es libysche und englische Firmen sind. Außer den Steuern zahlen sie zweihunderttausend Francs für die Militäreskorte der Lkws und fünfhunderttausend für den Transport. Es werden Konvois von bis zu fünfzig Lastern zusammengestellt, die hin- und zurückfahren. Wenn sie durch die Wüste kriechen, ist das ein unglaubliches Bild. Jetzt müssen wir aber hier weg, denn die Hallen sind überwacht. Gehen wir zu den Prostituierten.«

Auf dem Weg in dieses Viertel erzählt Yaya weiter: »Die Kosten für den Transport sind zu hoch, denn siebenhunderttausend Francs pro Lkw sind mehr als tausend Euro. Dazu kommen noch die Kosten für Treibstoff, für die Fahrer und eventuelle Reparaturen.« »Aber tausend Euro für den Zigarettentransport sind nicht viel. Es hängt davon ab, wo sie verkauft werden.« »Das ist ja der Punkt«, lächelt Yaya, »die Zigaretten gehen nach Libyen. Die Libyer sind reich, das stimmt schon. Aber nicht einmal ihr Europäer zahlt sieben oder acht Euro für ein Päckchen Zigaretten. Tatsache ist, dass viele Laster aus Libyen voll beladen zurückkommen, mit den Zigaretten.« »Was soll das heißen?« »Das heißt, dass es immer dieselben Zigaretten sind, die hin- und hertransportiert werden. Sie gehen nach Libyen und dann wieder in den Niger zurück.« Yaya macht eine Pause. Und das Rätsel schwebt ungelöst in seinem Schweigen, das nur vom Quietschen des Pick-up in den Schlaglöchern von Agadez unterbrochen wird.

»Der Zigarettenschmuggel ist nur Tarnung«, erklärt Yaya, während er im Rückspiegel kontrolliert, dass uns auch niemand folgt. »Wir haben das in den Jahren des Aufstands entdeckt. Eines Tages haben wir einen Konvoi in der Wüste angegriffen. Eigentlich wollten wir einen Lkw kapern, die Zigaretten in Algerien verkaufen und von dem Geld Munition kaufen. Wir haben den Laster in unsere Gewalt gebracht und ihn nach Adrar Madet gefahren. Dahin konnte der Rest des Konvois uns nicht folgen, und auch für die Soldaten war es zu gefährlich, deshalb haben sie es gar nicht versucht. Unsere Leute machen die Kartons auf, und was finden sie unter der ersten Schicht von Zigarettenstangen? Kiloweise Kokain in allen fünfhundert Kartons. Das war eine Überraschung.«

»Was habt ihr mit all dem Kokain gemacht?«

»Unsere Chefs haben es in Algerien verkauft und dafür Waffen gekauft. Eine Menge Waffen. Es herrschte Krieg. Aber damals haben wir kapiert, wie sich die Kosten für den Zigarettentransport rechnen. Es sind immer dieselben Zigaretten, die nur den Kokainhandel decken.«

»Werden die Konvois auch in Libyen von Soldaten eskortiert?«

»Nein, dort ist der Zigarettenhandel verboten. Auch wenn ich nicht ausschließen will, dass einige Militärs daran verdienen. Genau wie an der illegalen Auswanderung.« Die Scheinwerfer des Pick-up beleuchten eine junge Frau, die auf den Stufen eines Hauses sitzt.

»Die Armen«, bemerkt Yaya, »die Migration der Frauen folgt anderen Regeln als bei den Männern. Sie müssen sich einem Bouga, einem Führer, anvertrauen. Der bringt immer zwei oder drei bis Tripolis. Aber während der Reise beutet er sie aus. Einmal habe ich in Dirkou ein vierzehnjähriges Mädchen gesehen. Sie werden auf jeder Etappe zwei oder drei Monate festgehalten, denn sie müssen das Drei- oder Vierfache der Reisekosten abwerfen. Alles hängt vom Bouga ab, in Zinder, in Agadez und in Dirkou. Dann weiter in Libyen, in Sebha, im Viertel der Schwarzen in Combo und in Tripolis. In Agadez prostituieren sie sich für tausend Francs im Hotel Sahara, wo du meinen Chef getroffen hast. In Dirkou für fünfhundert Francs. Achtzig- bis hunderttausend Francs zusammenzubringen ist ganz schön schwer. Sie prostituieren sich auch im Autogare, im Dunkeln unter den Lastern.« »Wer sind ihre Freier?« »Alle. In Dirkou sind es vor allem die Soldaten.« Zwei Frauen winken uns von einer Tür aus zu. »Die Frauen bezahlen für die Reise mit ihrer Gesundheit.«

Dabei denke ich an Catherine. »Nicht alle, Yaya. Ich habe eine kennengelernt, für die es auch schwer ist, die sich aber bisher davor bewahrt hat.« »So Gott will, schon. Aber es ist nicht leicht durchzuhalten. In der Wüste sind sie Gefangene. Der Bouga bestimmt über sie.«

»Du hast gesagt, dass Catherine sich retten kann, so Gott will. Aber warum sollte Gott nicht wollen? Meinst du, dass diese Frauen sich prostituieren, weil Gott es so will?« Diese Frage muss in Yayas Ohren wie Gotteslästerung klingen, und er antwortet erst nach ein paar Minuten: »Gott gibt sich nicht mit der illegalen Auswanderung ab.«

Wir fahren schweigend wieder zu der Straße zurück, auf der wir uns getroffen haben. Wer weiß, warum Yaya mir die Lagerhallen für den Zigaretten- und Drogenschmuggel zeigen wollte. Vielleicht errät er meine Gedanken oder er folgt seiner eigenen Logik. Denn bevor wir uns verabschieden, erklärt er mir sein Motiv: »Heute Abend hast du gesehen, was alles die Wüste durchquert. Du musst sehr vorsichtig sein und darfst keinen Fehler machen. Wir sehen uns morgen Nachmittag um fünf am Autogare. Übermorgen fährt ein Laster.« Über Agadez leuchtet der Hilal, die zarte Sichel des zunehmenden Mondes, die das Ende des Ramadan eingeleitet hat. Es ist schon Mitternacht. Orion steht mit Pfeil und Bogen funkelnd im Zenit.

Am Nachmittag scheint mir im Autogare weniger Misstrauen entgegenzuschlagen. Vielleicht sind die Leute am Fahrkartenschalter höflicher, weil Yaya dabei ist. Ein Mann mit Lippenbart, der ein kariertes Hemd und ein silbernes Gri-gri um den Hals trägt, schreibt seinen Namen und seine Handynummer auf ein Blatt Papier. »Sie fahren also morgen?«, fragt er. »Wenn Sie Gepäck haben, müssen Sie es heute Abend aufgeben. Der Lkw fährt morgen früh um acht Uhr.« »Nein, ich habe nur einen Rucksack.« »Ich weiß, dass Sie alle möglichen Leute über den Menschenschmuggel ausgefragt haben. Ich habe damit nichts zu tun, ich transportiere Fahrgäste legal in die Wüste, ich bin der Sohn des Firmeneigentümers. Wo auch immer Sie sind, rufen Sie mich an, wenn Sie Probleme haben. Wenn Sie nicht telefonieren können, brauchen Sie nur meinen Namen zu nennen«, erklärt mir der Mann und überreicht mir den Zettel. »Ab morgen werden täglich ein oder zwei Lkws durch die Wüste fahren, sodass Sie nicht Gefahr laufen, in der Wüste allein zu bleiben.« Lächelnd drückt mir Hassan, der Reisebegleiter, der für die Pakistaner arbeitet, die Hand und verabschiedet sich mit einem perfekten »Arrivederci«. »Ja, so Gott will.« »Immer nur, so Gott will«, gibt er zurück.

Am Ausgang des Autogare gibt mir Yaya meinen Pass zurück. »Der Passierschein ist drin. Es ist alles in Ordnung«, verspricht er, »nur eines fehlt noch. Hast du einen Boubou und einen Tagelmust?« »Einen Tagelmust habe ich. Den Boubou muss ich noch kaufen. Es wird in der Wüste zu heiß sein, um Hosen zu tragen.« »Nicht nur deshalb. Du musst deine weiße Haut verstecken. Nicht nur, damit du dich nicht verbrennst, sondern auch, damit Räuber nicht schon von Weitem sehen, dass auf dem Laster ein vielversprechendes Opfer sitzt.« »Tja.« »Kauf keinen Boubou. Ich schenke dir meinen. Ich bringe ihn dir ins Hotel. Wenn du nicht da bist, sehen wir uns auf dem Weg.« »Wenn du willst, direkt an der libyschen Grenze.« »Nein, nein. Da sind wir in der Wüste. Wenn wir uns verfehlen sollten, fällst du den Libyern direkt in die Hände. Ich werde aus der Ferne unauffällig darüber wachen, dass du nicht in Schwierigkeiten gerätst.«

Daniel, sein Bruder Stephen, Billy, Johnson und Dandy sitzen auf einer Mauer am anderen Straßenrand und erwarten mich. »Essen wir etwas? Ich habe gesehen, dass die Bude schon offen ist.« Die fünf begrüßen mich und erheben sich lustlos. »Wie geht es dir, Bruder?«, fragt Daniel. »Gut. Das ist der letzte Sonnenuntergang, den wir in Agadez sehen werden, stimmt's?« Daniel antwortet nicht, obwohl ich ganz leise gefragt habe. Wir setzen uns, um wie üblich ein Brathähnchen zu essen. Weil es keine weiteren Gäste gibt, setzt sich auch Catherine zu uns. Heute Abend herrscht eine merkwürdige Stimmung, und alle essen schweigend.

»Was denkst du von uns?«, fragt Daniel schließlich. »Warum fragst du mich das?« »Weil wir heute darüber gesprochen haben. Wir wollen wissen, was du denkst. Hältst du uns für anständige Menschen, für Lumpen oder für Träumer?« »Ich habe es euch schon mehrmals gesagt, Daniel. So wie ich es sehe, seid ihr Helden. Ihr seid die Vertreter eines modernen Heldentums.« »Aber glaubst du, dass wir lebend unser Ziel erreichen werden?«, fragt Daniel nach ein paar Minuten des Schweigens noch einmal.

»Wieso seid ihr denn so pessimistisch heute Abend?«

»Weil heute Nacht ein Bruder aus Ghana von uns gegangen ist«, stößt Billy hervor. Die anderen hören auf zu essen. »Er ist um zwei Uhr nachts vor unseren Augen gestorben. Seit acht Uhr abends hatte er Krämpfe. Wir haben die Nigrer im Autogare angefleht, einen Arzt zu rufen. Aber die haben stattdessen die Polizei geholt, und das auch erst nach sechs Stunden. Wir kannten ihn als Kofi. Er war vierundzwanzig Jahre alt. Seit mindestens einer Woche hat er nichts mehr gegessen und viel gehustet. Seit fünf Tagen hat er nur Zuckerwasser getrunken.« Catherine blickt Billy entsetzt direkt in die Augen.

»Er hatte kein Geld fürs Essen«, fügt Johnson hinzu. »Das Krankenhaus kostet tausend Francs, die hatte er nicht. Deshalb hat der Wachmann im Autogare die Polizei geholt. Als die Polizisten kamen, war Kofi schon tot. Sie haben gesagt, dass sie ihn in Agadez begraben.« Dandy will noch genauer sein: »Das ist Afrika, Bruder. In Europa hätte man einen Krankenwagen geholt. Kofi wäre gerettet worden. An diesem Zustand in Afrika sind die Regierungen schuld. Weil sie korrupt sind und weil die Macht in der Hand von Wenigen liegt. Weil die korrupten Politiker zerstritten sind und dir lieber den Fisch verkaufen, den sie importieren, als dir beizubringen, wie man selber richtig fischt.«

»Aber hättet ihr Kofi denn in den letzten Tagen nicht mit zum Essen bringen können?« »Wir kannten ihn nicht«, antwortet Daniel, »wir sind so viele da drin.« »Aber tausend Francs sind nur ein Euro und fünfzig Cent. In der Zeit zwischen acht und zwei Uhr nachts hättet ihr mich holen können. Ihr hattet meine Handynummer. Vielleicht hätten sie den Krankenwagen geholt, wenn ich da gewesen wäre.« »Niemand hätte uns telefonieren lassen. Und außerdem war gestern Feiertag, alle haben das Aid-Fest gefeiert«, sagt Billy. »Ich habe gestern Abend nicht Aid gefeiert.« »Aber so ist das in Afrika. Weder du noch ich können es ändern«, beendet Dandy das Gespräch, »deshalb wollen wir hier weg.«

4

Durch die Ténéré

In der Nacht weckt mich ein doppelter Signalton. Das Display meines Handys blinkt. Eine SMS von *ihr*: »Ruf mich an vor Abfahrt. Liebdich.« Außerhalb von Agadez werde ich kein Netz haben. Auf dieser Reise werde ich von der Außenwelt abgeschnitten sein. Bis zur Rückkehr, inschallah, so Gott will.

Es ist kurz vor Tagesanbruch. Ich muss gehen. Man versammelt sich im Autogare. »Start um acht Uhr«, heißt es vor dem Fahrkartenschalter. Viele Menschen laufen hin und her, erfrischt von der morgendlichen Kühle. Der große Lkw steht mitten auf dem Platz bereit. Die ganze Nacht hindurch ist er beladen worden und sieht jetzt, aufgebläht von den vielen daran baumelnden Wasserkanistern, wie eine riesige Traube aus.

»Wo ist der Italiener?«, fragt jemand an der Fahrkartenausgabe, und der Mann, der mit dem Sohn des Besitzers zusammenarbeitet, kommt heraus. »Wie viele Kanister Wasser hast du?« »Einen Zwanzig-Liter-Behälter.« »Du sitzt vorne auf der Fahrerkabine. Da musst du den Kanister festmachen.« Erst in diesem Augenblick nimmt der Mann den blauen Boubou wahr, den mir Yaya geschenkt hat, und lächelt. Das lange Gewand wird mich nicht nur gegen die Hitze schützen. Weil es so weit ist, kann ich darunter meine Gürteltasche verstecken, in der ich den Fotoapparat, die Batterien, mein Notizheft und einige Ersatzkugelschreiber untergebracht habe. »Du musst deinen Namen auf den Kanister schreiben«, rät der Angestellte, »hast du das schon erledigt?« Ein großes Dröhnen und eine schwarze Wolke über dem Laster verkünden, dass der Motor angelassen ist. »Ich habe Dirkou geschrieben, wie die Oase. Mein Name wäre zu auffallend.« »Gut, Gott beschütze dich«, sagt der Mann und reicht mir die Hand.

Beim Verlassen des Fahrkartenschalters taucht Soufiane auf, der immer noch das Trikot von Inter trägt. Seit unserer ersten Begegnung hatte er sich nicht mehr blicken lassen. »Mein Freund«, ruft er mir mit belegter Stimme zu: »Hast du es also geschafft zu fahren?« »Noch nicht, wie du siehst.« Ich hätte Soufiane heute lieber nicht getroffen. Nach wie vor ist sein Verhalten undurchschaubar und wenig vertrauenerweckend.

»Du musst mir helfen«, bittet Soufiane und tritt ganz nahe an mich heran, »gib mir zehntausend Francs.« »Ich habe keine zehntausend Francs.« »Aber wenn du doch heute fährst, hast du bestimmt die zehntausend Francs.« »Die brauche ich für die Fahrt. Warum sollte ich dir zehntausend Francs geben?« »Weil ich die Reise für dich organisiert habe.« »Um genau zu sein, bist du in dem Moment verschwunden, in dem ich deine Hilfe gebraucht hätte. Außerdem muss dich der Besitzer des Lastwagens für die Fahrgäste bezahlen, die du ihm verschaffst. Inzwischen weiß ich, wie es hier läuft.« Er bleibt stumm.

»Soufiane, wenn du Geld brauchst, helfe ich dir. Aber ich gebe dir höchstens fünftausend Francs.« Sobald er die grün-weiße Banknote in meiner Hand sieht, lacht er glücklich wie ein Kind. Und versucht, sie zu ergreifen.

»Warte, Soufiane, wozu brauchst du sie?« »Um nach Libyen zu kommen.« »Stimmt das?« »Warum fragst du mich danach?« »Weil Bier noch nie jemanden nach Libyen gebracht hat.« Er nimmt das Geld und senkt den Blick.

Meine Worte haben ihn sicher verletzt, ihn im Innersten getroffen. Es waren die falschen Worte. Es ist nicht richtig, auf jemanden loszugehen, der nie aufbrechen wird. Jeder reist, wie er kann. Mit dem Körper oder mit dem Kopf. Und wenn man nicht die Kraft hat, den Körper die Wüste durchqueren zu lassen, dann will der Kopf früher oder später seinen Teil. Grußlos wendet sich Soufiane zum Ausgang des Autogare. Er wird sicher ins Hotel Sahara gehen, um seine fünftausend Francs zu vertrinken, und sich langsam der Rache des Geistes für die Unbeweglichkeit des Körpers ergeben.

Die Leiter, die auf den Lkw führt, ist zu schmal für all die herandrängenden Füße. Deshalb versuchen einige, direkt in den Laderaum zu klettern, sodass das Gepäck und die Kanister herunterzufallen drohen. Der Fahrer wird wütend und schreit etwas in Haussa. Geduldig ordnen sich die Passagiere in eine Schlange ein. Die ersten setzen sich rittlings über die Seitenwände auf zusammengerollte Decken, um die harte Kante abzufedern. Die anderen lassen sich auf dem Boden nieder. Wieder andere müssen stehen bleiben. Es ist schwierig, die Beine unterzubringen und niemandem, der unter einem ist, auf die Füße zu treten. Die Letzten müssen es sich auf schmalen, hoch über dem Laderaum befestigten Querstangen »bequem« machen. Am Ende ist der Wagen mit einer Masse von Beinen, Armen und Köpfen beladen. Farben und Stimmen mischen sich mit Säcken, Bündeln und Kanistern. Der Besitzer hat jedes verfügbare Fleckchen verkauft. Frei bleiben lediglich die Kotflügel der sechs großen Räder und die Motorhaube des alten Mercedes-Lkws. »Alle hundertsechzig Passagiere und der Italiener an Bord«, ruft der Fahrer, damit man es beim Fahrkartenschalter hört. »Yalla, yalla, los geht's.« Der zweite Fahrer steigt ins Fahrerhaus. Die beiden Türen knallen zu. Zwei jüngere Männer bleiben auf den Trittbrettern rechts und links stehen. Es ist inzwischen zehn Uhr, und wir sind immer noch auf dem Platz des Autogare.

Mit dem Sonnenstand ist auch die Temperatur gestiegen. Bill, Adolphus und Aloshu sitzen höchst unbequem auf der nur wenige Zentimeter breiten eisernen Querstange, die sich ins Sitzfleisch drückt, während ihre Beine über den Köpfen der Passagiere baumeln, die nach Luft schnappen. Auch die drei Liberianer waren nach unserer ersten Begegnung verschwunden. Vielleicht haben sie irgendwo fern vom Autogare einen bezahlbaren Schlafplatz gefunden. Daniel und Stephen stecken irgendwo in der Masse der Körper im Laderaum. Bisher haben sie das von einem grünen Tagelmust verdeckte weiße Gesicht noch nicht entdeckt. Auch die anderen nicht. Nur eine junge Frau dicht neben mir betrachtet unverwandt meine bleichen Hände. Die kann ich bei der Hitze einfach nicht verbergen. Eine dicke schwarze Rauchwolke hebt den Deckel auf dem Auspuffrohr, das wie ein Kamin neben dem Fahrerhäuschen in die Luft ragt. Ich muss mich herunterbeugen, um nicht die Auspuffgase einzuatmen. Nachdem der Fahrer zweimal Gas gegeben hat, beginnt die Welt um uns herum sanft zu schaukeln. Es geht los. Wir schwanken im gleichen Rhythmus wie das Schaukeln und Rumpeln der Kanister und Gepäckstücke. Hände und Arme halten sich an den Rücken vor ihnen fest. Die Masse der Körper muss sich noch zurechtschütteln, mit Füßen und Hüften ein bisschen Platz schaffen, gerade so viel, um ein paar Millimeter zu gewinnen. Alle versuchen es. Die Mesallaje über den roten Dächern von Agadez grüßt feierlich auch diesen Aufbruch.

Eine heftige Bremsung bringt den Lkw an der Ausfahrt des Autogare zum Stehen. Ein bisschen zu heftig. Wir werden nach vorne geworfen, ohne dass es weitergeht. Dann fahren wir wieder los. Nach links auf die asphaltierte Straße. Billy und Johnson stehen auf dem Gehsteig drei oder vier Meter unter uns. Catherine ist schon an der Arbeit und wischt mit einem Lappen den Staub von den Tischen. Ein paar Sekunden lang hebt sie den Blick. Niemand winkt. Man schaut sich gegenseitig an, sonst nichts. In dem Augenblick, in dem die ungeheure Ladung Menschen ganz nahe an ihr vorbeifährt, senkt Catherine die Augen und wischt weiter. Am Kreisverkehr geht es nach rechts bis über die Hallen der Zigarettenschmuggler hinaus. Der Asphalt ist von Schlaglöchern durchbrochen. Die Räder sinken in die Tiefe und tauchen wieder auf wie ein Schiffsbug im Sturm. Wer auf den Seitenwänden sitzt, muss sich an seinen Nachbarn festkrallen. Die Straße biegt nach links und verläuft parallel zur Startbahn des Flughafens. Am Ende der Startbahn endet die Straße. Endet Agadez. Endet die Sahelzone. Endet Schwarzafrika. Endet eine Welt. Vor dem Lkw erstreckt sich eine endlose steinige und sandige Ebene. Unzählige Reifenspuren verlaufen kreuz und quer unter den Akazien, den Dornbüschen und den wenigen grünen Fettblattbäumen. Hinter uns lösen sich die Mesallaje, der Wasserturm und die geometrischen Umrisse der Stadt allmählich zu fernen Luftspiegelungen auf.

Fünf Kilometer. Die ersten fünf Kilometer. Kaum eine halbe

Stunde Fahrt, und schon muss der Laster anhalten. Aus einem Wachhäuschen an der linken Straßenseite treten drei bewaffnete Polizisten heraus und lassen alle Fahrgäste aussteigen. Es ist der erste Kontrollposten an der Ténéré-Piste. Wir müssen uns mit erhobenen Händen auf den Boden setzen. Einer der drei Männer in Tarnuniform zieht ein stehendes Messer aus dem Futteral und sticht in die Umhüllung der Kanister und Wasserbehälter. Er erreicht nur die, die ganz weit unten hängen. Dann verschwindet er hinter dem Wagen, findet aber anscheinend nichts und probiert es noch einmal. Einigen der auf dem Boden sitzenden Fahrgäste befiehlt er, die Schuhe auszuziehen. Obwohl er die Gesichtszüge eines Haussa hat, weisen ihn die Narben neben seinem Mund als Stammesangehörigen der Djerma aus. Der Polizist sammelt die Schuhe einen nach dem anderen ein und schneidet die Sohle auseinander. Das einzige Geräusch ist das Surren der Stechmücken, die an der Spucke auf unseren Lippen und der Tränenflüssigkeit in unseren Augenwinkeln ihren Durst löschen. Wir schauen schweigend zu. Die anderen beiden Polizisten gehen zwischen den niedergebeugten Gestalten hin und her und streichen mit zwei großen Gummischläuchen über die Körper. Sie schreien irgendetwas in einer unverständlichen Sprache. Dann wiederholen sie den Befehl auf Englisch und Französisch. Nur zwei Worte: *money* und *argent*. Sie wollen Geld. Wer barfüßig ist oder Sandalen trägt und nicht zahlt, wird hinter das Wachhäuschen gezerrt, wo weitere Stimmen zu hören sind. Wenig später vernimmt man unterdrückte Schreie. Hustenanfälle. Das Sirren einer Peitsche. Auch Bill, Adolphus und Aloshu werden geschlagen. Die dicken Gummischläuche klatschen auf ihre mageren Rücken nieder. Die Polizisten holen weit nach oben aus, damit auch die hinter ihnen genau sehen können, was sie in der Hand halten. Dann lassen sie den Schlauch niedersausen, bis der dumpfe Aufschlag und das stolz unterdrückte Wimmern des Opfers zu hören sind. Bill, der immer noch humpelt, und seine beiden Freunde müssen vor aller Augen diese Tortur über sich ergehen lassen. Vielleicht weil sie weiterhin Schuhe tragen und auch nicht darauf verzichten wollen. Sie halten es nicht einmal eine Minute lang aus. Eine Minute so lang wie ein ganzer Tag.

Schließlich zahlt jeder zehntausend Francs, etwas mehr als fünfzehn Euro. Aber die Polizisten wollen mehr und drohen ihnen weiter. Da sehen sie plötzlich in ihren Händen die blauen liberianischen Pässe, blättern einen davon Seite für Seite um und beruhigen sich dann merkwürdigerweise.

Für die Nigerianer läuft es schlechter. Vielleicht weil in Nigeria kein offiziell anerkannter Bürgerkrieg herrscht. Die Nigerianer werden hinter das Wachhäuschen geführt. Sie kehren mit gesenktem Blick, Tränen in den Augen und sicherlich mit weniger Geld in der Tasche zurück. Das Prügeln und Filzen dauert eine ganze Stunde, dann können wir weiterfahren. Zwanzig Fahrgäste dürfen nicht mehr einsteigen. Ein einziger nimmt sein Gepäck. Die anderen hatten nichts. Langsamen Schrittes wie jemand, der nichts mehr zu erwarten hat, kehren sie in westlicher Richtung zurück. »Sie mussten aussteigen, weil sie weder Geld, Schuhe oder Kleider hatten, um sie den Polizisten zu schenken«, sagt jemand. Die zwanzig gehen zu Fuß nach Agadez. Obwohl sie für die Fahrt bezahlt haben. Erneut sind sie *stranded people*.

Unter den Passagieren fehlen Daniel und sein Bruder. Der Schrecken trifft mich wie ein Schlag in die Magengrube. Dann aber sind sie plötzlich wieder da, tauchen auf und gehen wieder in dem Durcheinander von Beinen und Körpern unter. Endlich erkennen sie auch mich, und unsere Blicke treffen sich kurz. Niemand hat mehr Lust zu lächeln. »Hattest du Schwierigkeiten mit deinem Pass?«, fragt Bill, während er sich auf die Schultern seines Vordermannes stützt. »Ich musste nur ein paar Fragen beantworten. Aber nur, weil ich Italiener bin.«

Achtzig Kilometer weiter erwartet uns die Gendarmerie von Tourayatte, dem letzten Ort vor der Stille der Ténéré. An der Piste stehen wenige Baracken. Auf der linken Seite werden auf einem langen Verkaufsstand aus Stämmen und Brettern Zucker, Tabak, Zigaretten und ganze, frisch geschlachtete Ziegen angeboten. Mit seinem schwerfälligen Gefährt sucht der Fahrer, der unsichtbar unter unseren Füßen sitzt, einen Platz auf dem sandigen und steinigen Gelände rechts der Straße. Ungefähr fünfzig Meter von einem anderen Lkw entfernt, der mit einer bunten Kette von Kanistern und Gepäck behängt ist. Die Fahrgäste sind ausgestiegen und diskutieren laut am Ende des Platzes. Zwei Araber, vielleicht ihre Fahrer, und drei Soldaten drehen sich um und beobachten unsere Ankunft. Kaum dass sie sich umgedreht haben, gibt es ein Gedränge, und ein Handgemenge beginnt. Andere Rufe sind zu hören. Weitere Soldaten eilen herbei. Die beiden Fahrer lachen. Sobald sich die Soldaten nähern und ihre Knüppel zücken, lassen die Kampfhähne voneinander ab, aber die Diskussion geht weiter. Daniel, Stephen und die beiden Freunde von Bill warten nicht, bis sie an der Reihe sind, um die Leiter hinunterzuklettern, sondern springen direkt von oben herunter. Bill muss warten, denn seine Füße tun ihm noch zu weh. Deshalb nutzt er die Leere, um sich zu setzen und endlich seinen Rücken einen Augenblick an der Bordwand anzulehnen. Auf der ganzen Ladefläche stehen runde Säcke von mehr als einem Meter Durchmesser. Nach dem Geruch, den sie verbreiten, müssen sie voller Kolasamen sein.

»Ein Weißer, der auf einem Lkw durch die Wüste fährt«, sagt eine Stimme hinter mir. Sie gehört einem freundlich lächelnden kräftigen Mann in Jeans und einem hellen T-Shirt. »Fährst du nach Libyen?«, fragt er. »Vorläufig bis Dirkou, so Gott will.« »Ja, so Gott will. Du bist wie ein Muslim gekleidet. Bist du denn Muslim?« »Nein, es ist nur die bequemste Kleidung.« »Ich bin auch kein Muslim. Bist du denn Christ?« »Muss ich darauf antworten?« »Wenn du nicht willst, musst du nicht. Ich schon, ich bin Christ. Christ und Nigerianer. Abdoulkarim«, stellt er sich vor und reicht mir die Hand. » Ich bin Steward auf dem da.« Bei diesen Worten deutet er auf den weißen Lkw hinter sich. »Steward?« Er lacht: »Ja, Steward. Außerdem dolmetsche ich zwischen den Fahrgästen und den Fahrern, denn sonst verstehen sie einander nicht. Aber es klappt trotzdem nicht richtig, hast du gesehen, wie sie sich geprügelt haben vorhin?« »Ich hab's gesehen.« »Jedes Mal, wenn wir wieder einsteigen, gibt es Streit. Wer es nicht mehr aushält auf den Kanten, versucht sich einen bequemeren Platz zu erobern. Die Fahrer lachen, und die Passagiere gehen einander an die Gurgel. Einige haben ein Messer in der Tasche, da wird meine Aufgabe schwierig. Manche sind völlig am Ende. Wir sind aber erst am Anfang. Das ist aber ganz normal, oder?«

»Fahrt ihr nach Dirkou?« »Dirkou? Die Sklavenoase. Nein, wir fahren nicht über Dirkou. Keiner meiner Fahrgäste will Sklave werden. Wir fahren direkt nach Libyen.« »Fahrt ihr dann über Madama?« »Auch nicht über Madama. Wir nehmen die direkte Route.« »Die Strecke über den Passe de Salvador?« »Ja, genau.« »Die ist aber gefährlich.« »Nein«, erwidert Abdoulkarim lächelnd, »der Weg über Dirkou ist gefährlich. Dort gibt es Militär. Und auch in Madama sind Soldaten. Und von denen gibt es immer Prügel, und man wird ausgeraubt. Du hättest sehen sollen, was die hier gemacht haben. Sie haben die Leute mit Knüppeln und Gummischläuchen geschlagen. Aber ich kann nichts machen, das ist normal, oder?«, sagt Abdoulkarim im selben Tonfall wie vorhin und zuckt die Achseln. »Warum fährst du nicht bei uns mit? Wir bringen dich direkt nach Libyen.« Ihm zu erklären, womit mir der libysche Konsul gedroht hat, wäre nicht klug, deshalb antworte ich einfach: »Ich muss nach Dirkou.« »Dann nimm ein Stück Papier, mein Freund. Gib her und lass mich schreiben. Das ist mein Nachname und das meine Adresse. Besuch mich, wenn du wieder in Agadez bist.« »Kommt ihr auch aus Agadez? Aber unser Lkw war doch der einzige, der heute in Agadez losgefahren ist.« »Es war der einzige aus dem Autogare. Unser Ausgangspunkt war ein Platz außerhalb der Stadt. Das hat dir niemand gesagt, weil du Ausländer bist.« »Hier sind wir alle Ausländer.« »Aber du bist mehr Ausländer als wir. Die kamacho in tacha bringen die Fahrgäste in kleinen Geländewagen zu uns, so spart mein Chef die Straßennutzungsgebühr. Die beträgt fünfhundert Francs pro Person. Auch meine Fahrgäste sparen, sie ersparen sich Prügel und Schmiergeldzahlungen an die Soldaten. Einige Fahrgäste haben wir auch hier in Tourayatte aufgegabelt. Wir sind zweihundert. Aber sag mal, warum muss einer wie du hier in diesem ganzen Chaos unterwegs sein?« »Weil ich die Reise meines Lebens mache.« »Ach, hier machen alle die Reise ihres Lebens. Auch ich habe sie gemacht. In Nigeria habe ich Maschinenbau studiert«, erzählt er so eifrig wie jemand, der in wenigen Minuten seine ganze Lebensgeschichte loswerden will. »Das Studium war zu teuer, und ich musste weg. Ich wäre gern nach Italien, aber ich bin in Agadez geblieben. Eigentlich bin ich ja nicht geblieben, sondern dauernd in der Wüste unterwegs.«

Der weiße Lkw fährt hundert Meter weiter vor. »Es geht los, ich muss zurück«, sagt Abdoulkarim und öffnet eine quadratische Klappe zwischen den Vorderrädern und der ersten Hinterachse. Darin sind ein Holzofen, ein Topf, einige Teller, Seife und anderes mehr, das man nicht sieht, verstaut. Abdoulkarim nimmt eine Feldflasche heraus. Der Lkw der Marke Mercedes ist moderner als die, die in Agadez vom Autogare abgehen. Das libysche Nummernschild ist absichtsvoll von einer Ghirba abgedeckt, deren Pfoten an der Stoßstange befestigt sind. Die Ghirba ist die älteste Art, Wasser kühl zu halten: In ihrem früheren Leben war sie eine Ziege, die von Knochen, Fleisch und Innereien befreit und wieder so zusammengenäht wurde, dass nichts herauslaufen kann.

Die Fahrgäste werden nach einer weiteren kleinen Auseinandersetzung gruppenweise aufgerufen, und zwar nach Nationalität. Immer jeweils zehn aus Ghana, Liberia, Nigeria, Benin, Togo … Sie rennen los, klettern über das Gepäck und die Kanister am Lkw hoch, um sich auf den Bordwänden die besten Plätze zu sichern, wo man rittlings auf zusammengerollten Decken sitzen kann. Nach dem Appell kehren die sechs Soldaten zu den Tonnen zurück, die ihren Kontrollposten bilden. Die untergehende Sonne hat die Höhenzüge, hinter denen sich der Wüstensand verbirgt, in rotes Licht getaucht. In der heißen Luft ist der Schmerzensschrei einer Ziege zu hören, die ein Tuareg-Hirte zwischen den Hütten auf einem Stein schlachtet. Das Alltagsleben geht weiter, ein Laster nach dem anderen. Um sechs Uhr abends verlässt der weiße Mercedes-Lkw den Platz nach rechts in Richtung Osten. Nicht alle haben einen Sitzplatz bekommen, viele müssen stehen. Das ist eines der Bilder, die sich mit all dem, was ein Foto nicht zeigen kann, tief einprägen. Der letzte Schrei der Ziege. Das Dröhnen des Motors. Der süße Geschmack des Staubs, der die Kehle austrocknet. Und der Umriss des großen Lkws, der sich langsam über den Kies die Steigung hinaufquält, direkt auf den durchsichtigen Himmel über der Ténéré zu.

»Buonasera, willkommen auf dem Agorass von Tourayatte.« Mit diesen Worten in korrektem Italienisch spricht mich ein Mann von hinten an. Er ist uniformiert. »Sie sprechen hervorragend Italienisch.« »Wenn ich es nur könnte«, fährt er auf Französisch fort. »Es reicht nur zur Begrüßung.« »Das ist schon ein guter Anfang.« »Kommen Sie zum Kontrollposten. Dort wartet ein Freund auf Sie.« Yaya erzählt, was er in den letzten Monaten erlebt hat, und die Soldaten, die unter einem Vorbau aus Lehm und Blech sitzen, hören ihm zu und lachen.

»Wie geht es dir? Bist du müde? Ist ganz schön heiß hier, nicht?«, fragt er nach der Begrüßung. »Yaya, komm mit, ich muss etwas aus dem Auto holen.« Unter diesem Vorwand können wir uns von den Soldaten entfernen. »Haben sie dich über mich ausgehorcht?« »Natürlich. Ich habe ihnen erzählt, dass du ein etwas verrückter Tourist bist, der die Lkws in der Wüste fotografieren will.« »Aber sagst du ihnen etwas über unsere Route?« »Das, was im Passierschein steht. Interessant ist aber, was sie gesagt haben.«

Yaya verhält sich manchmal wie jemand, der auf die Frage, ob er weiß, wo die Innenstadt ist, mit Ja antwortet, ohne den Weg dorthin zu zeigen. »Was haben sie denn gesagt?« Er zieht tief den Rauch seiner Zigarette ein und antwortet lächelnd: »Sie haben gesagt, dass in den letzten vierundzwanzig Stunden zwei vielleicht mit Zigaretten beladene Sattelschlepper mit achtzig Auswanderern drauf vorbeigekommen sind. Außerdem der libysche Mercedes eben mit zweihundert Leuten. Dann noch einer von uns aus dem Niger mit hundertfünfzig Personen, einer aus Tourayatte mit hundertachtzig und der deine, auf dem noch zweiundzwanzig Mann mitfahren müssen, die von den anderen übrig geblieben sind. Rechne zusammen, wie viele sind das?« »Uns eingerechnet sind es ungefähr achthundert Menschen.« »Das alles an nur einem Tag, die kleinen Geländewagen nicht eingerechnet. Stell dir vor, wie viele Menschen hier in einem Monat durchkommen. Siehst du, was das für ein Geschäft ist?« »Aber woher kommen die denn, wenn doch nur wir in Agadez losgefahren sind?« »Keine Ahnung. Es gibt nicht nur den Autogare. In Agadez werden die libyschen Lkws in den Garagen der Araber versteckt. Vergiss außerdem nicht, dass die Wüste groß ist. Wenn du etwas ganz aus der Nähe anschauen willst, verlierst du alles Übrige aus dem Auge. Die Wüste und alles, was da durchzieht, sollte man lieber von Weitem anschauen.« »Willst du mich vor einer Gefahr warnen?« »Ich will dir nur zu verstehen geben, dass du nicht alles sehen kannst.« »Yaya, es ist schlimm. Die Soldaten verprügeln die Fahrgäste, weil sie ihr Geld wollen.« »Das ist ihr Beruf. Apropos, ich habe zur Sicherheit einen Freund mitgebracht. Ich übernachte hier. Wenn du auf dem Lkw bist, ist es sicherer, wenn ich nicht allein bin.« »Okay.« »Ich habe hier eine Ziege gekauft und Brennholz. Isst du Fleisch?« »Ja, natürlich. Wie aber willst du ohne Eis eine halbe Ziege aufheben?« »In der Wüste braucht man keine Kühltruhe. Die Luft ist so trocken, dass das Fleisch von selbst konserviert wird.« »Yaya, ich habe gesehen, dass einige der Leute aus meinem Lkw hinter den Kontrollposten gebracht wurden. Sind sie geschlagen worden?« »Vielleicht. Das weiß ich nicht. Kann sein. Soldaten sind eben Soldaten.«

Eine schwarze Rauchwolke über dem Platz verkündet, dass der Motor angelassen worden ist. Zweimal hupt der Fahrer. Man muss schnell hinrennen und sich wie ein Seemann beim Entern über die Bordwand hinaufschwingen. Der Lkw fährt los, obwohl es noch nicht alle Passagiere geschafft haben. Die letzten klammern sich an die Kanister und riskieren, unter die Räder zu kommen. Jetzt ist es noch viel enger.

Außerhalb von Tourayatte zieht eine Taghlamt, eine Salzkarawane, über die ersten ockerfarbenen Dünen. Mindestens zweihundert Dromedare schreiten lautlos auf das letzte Abendlicht zu. Mit gleichmäßigen, weichen, vorsichtigen Schritten wandern sie nach Westen zu den Lagern der Tuareg vor den Toren von Agadez. Der Schwanz des jeweils vorderen Tieres ist durch ein Seil am Kiefer des folgenden festgebunden. Für diese Karawane sind es die letzten Tage ihrer Reise. Sie werden von den Madugu, den sternkundigen Führern, die auf den ersten Dromedaren reiten, und von wenigen Begleitern geführt. Sie haben die Ténéré auf dem Hin- und jetzt auf dem Rückweg durchquert. Zweimal sechshundert Kilometer. Vierzig Tage lang von morgens um fünf bis abends um elf. Entlang der Strecke, die tagsüber von der Sonne, nachts vom Bogen des Amanar, dem Sternbild des Orion, vorgezeichnet ist. Seit achthundert Jahren nehmen sie diese Strapazen auf sich, vom Herbst bis ins Frühjahr, wenn Amanar, präzise wie eine Kompassnadel, genau im Zenit von Osten nach Westen fliegt. Das Sternbild geht über der legendären Oase von Bilma auf und über Agadez unter. Man muss ihm nur folgen.

Das unerwartete Auftauchen der Taghlamt lässt die Erinnerung an die Entdeckung einer unbekannten Welt wach werden, als ich während der Vorbereitung für meine große Reise geografische Karten studierte und ganze Nachmittage in der Bibliothek verbrachte. Die Welt der Karawanenführer, für die die Zeit, aber nie der Raum stillstand. Schon im Mittelalter, als Europa sich gerade von den großen Hungersnöten erholte, war Bilma ein viel besuchtes Handelszentrum als Sklavenmarkt und wichtiges Ziel der Salzkarawanen. Diese Route beginnt mit den Salzgärten. Das Grundwasser von Bilma ist mit Natriumchlorid gesättigt und bildet eine wichtige Ressource für dieses weit vom Meer entfernte Gebiet. Im wahrsten Sinn des Wortes ist Salz so wertvoll wie Gold. Zur Zeit unseres Mittelalters erlebten die Reiche der Sahelzone ihre größte Blüte. Für ein Kilo Salz zahlte man mit einem Kilo Gold. Nicht weil die Salzvorkommen zu versiegen drohten, sondern weil Gold im Überfluss vorhanden war. Heute tauscht man in Bilma Salz gegen Ziegen, Ziegenkäse, Hirse, Zucker, Tee, Tabak und Kalebassen, die großen, aus den Riesenkürbissen des Niger gefertigten Behältnisse. Heute kann man mit dreihundert Kilo Beza, dem weißen Kochsalz, nicht einmal eine Ziege erstehen. Oder sechshundert Kilo Rohsalz. Denn in der Sahara und in der Sahelzone verwendet man das Salz nicht nur, um Lebensmittel haltbar zu machen. Die Natriumchloridkristalle dienen auch dazu, den Mineralmangel der Zehntausende von Dromedaren auszugleichen, die mit ihrer schweren Last die Sahara durchqueren. Zweihundert Dromedare bilden eine Karawane, deren Ende noch nicht zu sehen ist. Zehn Minuten lang zieht die Taghlamt wenige Schritte neben unserer Piste her. Jedes Tier trägt bis zu hundertfünfzig Kilo Gepäck an seinen Flanken. Jede Last besteht aus mindestens vier kegelförmigen Kantou aus zwanzig Kilo Rohsalz. Dazu Dutzende Fochi, die zwei Kilo schweren Salzbrote, Säcke mit Datteln und die Takuba, das silberne Schwert, das gut sichtbar seitlich am Sattel hängt, die Ghirba mit Wasser, Beutel mit dem Proviant an Hirsemehl, und der Chokal, der hölzerne Löffel. »Wir essen nicht wie die Araber mit den Händen«, hat Yaya gestern Abend mit dem Stolz des Kel Tamaschek gesagt, als wir darüber sprachen, was man auf die Reise mitnehmen muss.

Der Himmel wird dunkler, und die Luft kühlt ein wenig ab. Mit der untergehenden Sonne werden die Sterne sichtbar. Die Luft ist so klar und durchsichtig, dass man das Universum in einer Glaskugel zu durchqueren scheint. Die schmale Mondsichel steht niedrig über der Ebene. Sobald es ganz dunkel ist, lässt sich am Horizont vor uns der Lauf der Sternbilder erkennen. Amanars Pfeil und Bogen bilden unseren Kompass. Das Sternbild steigt schnell aus dem Osten auf. Darunter liegen Bilma und Dirkou, der Markt für das neue Handelsgut, die Oase der neuen Sklaven. Bilma ist von Dirkou durch eine fünfunddreißig Kilometer lange Dünenkette getrennt. So jedenfalls war es der Karte zu entnehmen, die mir mit dem kleinen Rucksack im Zug in Mali gestohlen wurde. Die Scheinwerfer beleuchten nur wenige Meter vor dem Lkw. Die Räder folgen den Spuren von Tausenden anderer Räder. Wie ein See wird der Sand von kleinen Wellen gekräuselt. Auch seine Konsistenz ist jetzt unter uns flüssig wie Wasser. Es muss ein fech fech sein, der puderfeine Sand, der sich manchmal in ausgetrockneten Flussbetten oder Sümpfen bildet. Eine Wolke von Staub steigt unter dem Wagen auf, so dicht, dass er die Sterne verdeckt. Man bekommt kaum mehr Luft und fängt zu husten an. Sobald sich die Sandwolke verzogen hat, werden im Scheinwerferlicht die Umrisse von Dromedaren sichtbar, die sich auf ihren abgewinkelten Beinen niedergelassen haben. Eine Karawane verbringt hier die Nacht. Irgendwo in der Nähe muss es eine Weidemöglichkeit geben. Für die Pflanzenfresser der Sahara genügen wenige Stängel trockenen Grases. Wenn das Motorgeräusch leiser wird, weil der Fahrer schaltet, kann man die Tiere wiehern hören. Dromedare sind unduldsame

Tiere. Sie beklagen sich über Kälte, Müdigkeit oder das plötzliche Aufscheinen eines Lichtkegels, der ihre großen Augen trifft.

Um uns herum sind zahlreiche Feuer zu erkennen, achtzehn Flämmchen, vielleicht gibt es ebenso viele Hütten. Es könnte Bargout sein, ein Lager der Tuareg-Hirten. Oder der Brunnen von Tazole, die letzte Quelle vor der Leere, die auf Tamaschek eben Ténéré heißt. Über uns fliegen unzählige Sternschnuppen wie leuchtende Stecknadelköpfe frei durch den Raum. Abends um neun versinkt die Mondsichel bereits hinter dem Horizont. Die Grenzen zwischen Himmel und Erde, zwischen der Dunkelheit oben und der Dunkelheit unten verschwimmen. Das einzige Unterscheidungsmerkmal besteht in der Ansammlung von Milliarden leuchtender Punkte nah und fern. In der Höhe funkeln sie am lebhaftesten, unterhalb der Linie, die die Grenzen der Welt markiert, verlöschen sie.

In der Wüste ist es nicht finster. Auch ohne Mond reflektiert sie weiter das silberne Sternenlicht. Zu schwach, um zu erkennen, was man vor sich hat, aber intensiv genug, um die Umrisse von Dingen oder Personen in der Nähe wahrzunehmen. Das Dröhnen des Lkws überdeckt alles. Man hört nichts anderes; nur der eigene Atem, der unter dem Tagelmust gefangen ist, überlagert das Motorgeräusch. Der einzige, der engste Begleiter, der diese Männer bis zum allerletzten Zug nicht verlassen wird, ist der Atem. Unser Atem.

»Hey, ist das nicht schön?« Es ist Daniels tiefe Stimme. »Ja, wirklich schön. Wie hast du es denn geschafft, über alle Passagiere zu klettern?« Daniel hört meine Frage nicht, sondern betrachtet die Sterne und sagt überraschend: *»Ah, linger on, thou are so fair!«* Ich brauche eine Weile, um aus dem Englischen übersetzt das Zitat zu erkennen. »Daniel, das ist doch Goethes *Faust.*« »Ja.« »Ich habe nicht erwartet, dass jemand auf einem Lkw in der Wüste Goethe zitiert.« »Ich liebe Deutschland. Wenn ich Deutsch könnte, würde ich dorthin gehen.«

Wie im Zug zwischen Kayes und Bamako sollte man wach bleiben. Mitten in der Nacht verliert Bill, von der Müdigkeit übermannt, das Gleichgewicht und fällt auf die unter ihm sitzenden Fahrgäste. Einer von ihnen schlägt ihm mit einer großen Stabtaschenlampe ins Gesicht. Bill hält sich den blutenden Mund mit der Hand zu. Die

Oberlippe ist geplatzt. Ein Stimmengewirr erhebt sich. Harte Worte in einer unverständlichen Sprache. Der Motor ächzt. Erster Gang, zweiter, wieder erster. Wir fahren jetzt langsamer, ich schätze, nicht mehr als fünf bis zehn Stundenkilometer. Blasen heißer Luft wechseln sich mit kalten Luftzügen ab. Im Laderaum ist neuer Streit ausgebrochen. Ein Mann bedroht mit dem Dolch in der Hand die anderen um ihn herum. Die Masse der Körper weicht vor der Klinge zurück. So erobert sich der Mann mehr Raum, um sich setzen und schlafen zu können.

Nachts um zwei ist es nur noch kalt. Man muss sich zudecken. Am Himmelsrund steht Amanar an der Stelle, an der jede Nacht die Zeiger der Uhr um zwei stehen. Die Müdigkeit ist so groß, dass man immer wieder wegsackt und sich dabei mit den Händen an die Arme des jeweiligen Nachbarn klammert. Wir haben alle Angst, herunterzufallen und überfahren zu werden.

Ein schmaler roter Streifen am Horizont kündigt das Morgengrauen an. Man kann zusehen, wie in wenigen Minuten die ganze Landschaft in ein zartes Rosa getaucht wird. Eine Stunde lang wechseln sich starke Kontraste von Licht und Schatten ab. Dann erscheint die Sonne. Ihr erster Strahl richtet sich wie ein Schwert gegen die letzten Sterne. Dann löst der Glanz die Grenze zwischen Himmel und Ebene auf, bevor sich ein orangefarbener Rücken zeigt, klein und rund. Die Schatten werden länger. Die Farben beginnen zu leuchten. Aber es gibt einen unvergesslichen Augenblick, er dauert nur kurz, nur einen Wimpernschlag lang. Die Sonnenstrahlen treffen senkrecht auf die winzigen Felsbrocken, die die unendliche Weite bedecken. Genau in diesem Moment bilden sich Milliarden senkrechter Schatten, um dann zu verschwinden und auf den nächsten Morgen zu warten. »Verweile doch! Du bist so schön!« Daniel, der neben mir kauert, hört den Satz und lächelt. Die milde Wärme der Sonne breitet sich in der eisigen Luft aus und erreicht die Gesichter. Aber die Rücken sind noch kalt. Die Landschaft, die sich im Osten vor dem Lkw ausbreitet, ist in silbernes Licht getaucht. Im Westen ist sie kupferrot. Die gleichen Steine, die gleichen Felsbrocken, der gleiche Ort.

Es kommt darauf an, wie man sie anschaut. Man braucht nur den Kopf zu drehen, sofort ändert sich die Farbe.

Sobald die Sonne etwas höher gestiegen ist, sehen die Felsen nass aus. Diese Wirkung hängt nur vom Eisen ab, das sie enthalten. Plötzlich sind die Steine von Sand und trockenem Gras bedeckt. Hier befindet sich eine große Weide. Hunderte von Dromedaren laufen frei herum und strecken ihre Hälse nach unten, um zu äsen. Ihre von der noch tief stehenden Sonne vergrößerten Schatten sehen aus wie riesige Dinosaurier. Wenige hundert Meter weiter erscheinen drei Taghlamt, zwei sind schon unterwegs nach Bilma, eine lagert noch. Die von ihrer Salzlast befreiten Tiere liegen wiederkäuend am Boden. Drei leere Fernlaster, wie sie für den Zigarettenschmuggel dienen, stehen am Rand der Piste. Die Fahrer frühstücken unter einem Anhänger. Einer von ihnen winkt uns. Nur die hinten sitzenden Passagiere grüßen zurück. Unmittelbar danach beginnt ein mühsames Auf und Ab über Hügel, durch Senken, die sich vor langer Zeit im Regen gebildet haben. Die Räder müssen sich über kantige Felsen und natürliche Stufen quälen. Dann geht es wieder bergab, sodass der Laster sich hebt und senkt wie ein Schiff in stürmischer See. Jemand lehnt sich hinaus, um sich zu übergeben. Am Ende einer der vielen Steigungen taucht langsam die dunkle Hügelkette des Adrar Azzaouager auf. Einige Gipfel sind kegelförmig, andere schmale Spitzen. Die Ausläufer breiten sich wie schwarze Tentakel in den jetzt wie Gold glänzenden Sand der Hochebene aus. Hier oben gibt es nicht mehr nur eine Piste. Die weite Fläche ist von Hunderten paralleler Spuren in ostwestlicher Richtung durchfurcht, die nach Norden und Süden auseinanderstreben. Wie eine auf die Erde projizierte Fotografie oder wie ein riesiges Graffito sind sie hier alle zusammen abgebildet. Man meint die Künstler dieses riesigen Graffitos zu sehen: all die Tausende Männer und Frauen, in Lastern zusammengepfercht wie wir, deren Leben am seidenen Faden der Wasserkanister hängt. Ein Gruppenfoto, auf dem man nur die Abdrücke sieht. Nicht die Körper. Nicht die Gesichter.

Eine Piste ist nicht so fixiert wie eine asphaltierte Straße. Jeder Fahrer wählt in der Wüste seinen eigenen Weg. Wenn die Spuren zu tief sind, verlässt er den vorgegebenen Verlauf und legt so eine neue Variante an. Manchmal verläuft sie parallel zu der bisherigen, manchmal ist sie um einige Meter versetzt. Unser Fahrer wählt eine Spur in Richtung Adrar Azzaouager. Hier teilen sich die Wege durch die Ténéré. Die Salzkarawanen ziehen direkt zur Oase Bilma, die Karawanen der Auswanderer in Richtung Nordosten. Ins Nichts. Unmittelbar hinter dem Adrar Azzaouager bildet sich auf dem schwarzen Kies eine Reihe von goldenen Dünen. Ein Rechteck aus Felsbrocken mit einem Stein ohne Namen bezeichnet das Ende einer Reise an einen Ort ohne Namen. Der Lkw fährt ein paar Meter an dem Grab vorbei. Die Erinnerung an diesen Toten wird noch einige Wochen überdauern. Der Wind dringt in die Zwischenräume ein und bläst den Sand weg. Am Ende werden auch diese Steine wie alles in der Wüste weiterrollen.

Jetzt ist die ganze Ebene schwarz. Der Wind hat die kantige Oberfläche der Steine blank gefegt. Der leichtere Sand hat sich einige hundert Kilometer von hier entfernt abgelagert, wo eine Wand von riesigen Dünen auf uns wartet. Das Gewicht des Lkws durchbricht die Kruste aus schwarzem Staub und hinterlässt zwei Rillen, die die hoch stehende Sonne ockerfarben erscheinen lässt. Wir halten an. Beide Türen öffnen sich, und die Fahrer sagen irgendetwas in Haussa. Einer von ihnen macht die Motorhaube auf, um den Motor abkühlen zu lassen. Der andere kniet neben die Reifen nieder, um Luft herauszulassen, damit sie auf dem gefährlichen Untergrund mehr Griff haben. Der überraschende Aufenthalt löst uns nach Stunden des Schweigens wieder die Zunge. Es bleibt genügend Zeit, um sich zu strecken, von den anderen entfernt irgendwie sein Geschäft zu verrichten, Wasser zu trinken und trockenes Brot mit Honig zu essen. Die gläubigen Muslime waschen sich Hände und Füße mit Sand und verrichten, gen Osten gewendet, ihr Gebet. Es herrscht nur wenige Minuten Ruhe. Ein Mann braucht Hilfe. Einer, der neben ihm im Laderaum sitzt, sagt, er sei dehydriert und habe nicht genügend Kraft, um auszusteigen. Näher kommend nehme ich einen schrecklichen Gestank wahr, denn der Mann hat Durchfall und hat sich in der Nacht in die Hose gemacht. Seine Lippen und Lider sind trocken, die Zunge weiß und ebenfalls trocken. Er glüht vor Fieber. Die Umstehenden wollen ihm aus seiner Feldflasche zu trinken geben. Das Wasser ist von der Morgenluft abgekühlt.

»Halt, aufhören.« Sein Freund hält überrascht inne und sagt: »Er muss doch trinken.« »Seit wann hat er nichts mehr gegessen und getrunken?« »Ich weiß es nicht. Es ging ihm schon gestern früh nicht gut. Wir haben seit ein paar Tagen nichts gegessen.« »Dann muss er etwas Warmes trinken. Wenn er sehr dehydriert ist, bringst du ihn mit dem kalten Wasser um.« Die Fahrer haben ein kleines Feuer entfacht und genießen das erste der drei Gläser Tee. Sie kümmern sich überhaupt nicht darum, was um sie herum geschieht, als ob wir gar nicht existierten oder einfach nur eine Warenladung wären. Und mit Kartons spricht man nicht. »Entschuldigen Sie, kann ich etwas Wasser warm machen? Einem der Fahrgäste geht es ziemlich schlecht.« Einer der Fahrer zuckt die Achseln, sagt etwas auf Französisch und nimmt seine Teekanne vom Feuer. Daniel kommt mit einem Aluminiumtöpfchen voller Wasser. Um Zeit zu gewinnen, benutze ich lieber einen europäischen Teebeutel. Drei große Teelöffel Zucker und zwei Tütchen Mineralsalze. Der junge Mann muss auch etwas essen. Mit Mühe würgt er an einem Stück Brot mit Honig. Sein Blick wirkt erloschen. Auf meine Frage:»Hast du Flagyl?«, schüttelt er nur den Kopf. »Ich habe welches und gebe es dir gleich.« In meiner Reiseapotheke habe ich genügend davon. Sein Reisegefährte bekommt eine Handvoll, ein bisschen Brot und einige kleine Portionen Honig aus dem Hotel in Agadez. Außerdem gebe ich ihm Ratschläge, was er für seinen kranken Freund tun kann. Da scheint plötzlich eine Epidemie ausgebrochen zu sein. Denn fast alle haben die Szene gesehen und bitten mich nun um Medikamente. Der eine versichert, seit Wochen Kopfschmerzen zu haben, der andere Zahnschmerzen, der Nächste kann sein Leiden nicht einmal genau beschreiben. Obwohl sie spindeldürr, dreckig und erschöpft sind, können sich jedoch alle irgendwie auf den Beinen halten. Und es wäre unvorsichtig, die Medikamente zu vergeuden. Diejenigen, die am meisten drängen, bekommen ein Stückchen Zucker, das sie zufrieden hinunterschlucken. Letztlich hat auch der Placeboeffekt eine heilende Wirkung.

Die Fahrer lassen den Motor wieder an, hupen zweimal und fahren los, ohne zu warten, dass alle eingestiegen sind. Am Fuße der Leiter gibt es ein wildes Gedränge von Händen, Köpfen und Körpern. Der Laster fährt ganz langsam. Aber ihm nachzulaufen, während die Füße in der Kruste von Steinen und Sand versinken, ist alles andere als leicht. Vor allem für diese Männer, die seit Tagen nur Zuckerwasser zu sich nehmen. Man kann den Fahrern noch so zurufen, sie sollen anhalten. Das Grinsen dessen, der auf der rechten Seite sitzt, ist im Außenspiegel zu sehen. Er hat ihn gerade so eingerichtet, dass er das Schauspiel genießen kann. Doch nach nicht einmal hundert Metern sind endlich alle an Bord. Bills Lippe ist aufgeschwollen. Die Wunde hat sich wieder geöffnet und blutet. Während der Pause hat er erzählt, dass er das Gesicht des Nachbarn, der ihn so zugerichtet hat, nicht hatte sehen können. »Der gehört zu denen, die ein Messer haben. Aber ich erkenne ihn nicht wieder.« Es ist ein Glück, dass Bill ihn nicht erkannt hat, denn es ist nicht der richtige Zeitpunkt, um noch mehr Spannungen aufkommen zu lassen.

Wortlos blicken wir einander in die Augen. Jetzt ist offensichtlich, wie tief der Abgrund ist, in dem wir versinken. Diese Menschen wissen, dass, was auch immer geschieht, niemand kommen wird, um sie herauszuziehen. Kein Vater. Kein Bruder. Kein Staat. Keine Hilfsorganisation. Keine der Regierungen, die sie durch ihre korrupte Politik so weit gebracht haben, wird ihren Tod beweinen. Seit sie aufgebrochen sind, sind sie Waisenkinder. Hier in der Wüste sind wir alle Waisen. Stephen, der Zwillingsbruder von Daniel, erwidert meinen Blick manchmal mit einem Lächeln. Die erste eiskalte und praktisch schlaflose Nacht hat unsere Begeisterung sinken lassen. Einige versuchen, sich eine Zigarette anzuzünden, werden aber von den anderen daran gehindert. Unter unseren Füßen schwappen immerhin sechs Tonnen Diesel, dessen öliger Geruch durch das Rütteln des Lkws ab und zu aufsteigt. Hundertzweiundachtzig Köpfe bewegen sich im Rhythmus der ächzenden Federung. Hundertzweiundachtzig Leben, deren Zukunft hier auf dem Spiel steht. Wie die Geschichte der letzten Jahre zeigt, erreichen zwölf Prozent der Menschen, die von Libyen und Tunesien aufbrechen, Europa nicht.

Zwölf Prozent kommen auf der Überfahrt um. Einige gehen über Bord. Einige werden ins Meer geworfen. Wieder andere verhungern und verdursten, wenn die Boote vom Kurs abkommen. Und wieder andere gehen mitsamt dem Boot unter. Wie die über zweihundert Passagiere, die vor den Kerkennah-Inseln eine Beute der Fische wurden. Der Kutter, auf dem sie zusammengepfercht waren, sank auf dem Weg von Tunesien nach Italien. Zweihundertfünfzig Menschen waren an Bord gegangen. Die Stärksten konnten sich schwimmend so lange halten, bis Hilfe kam. Einundvierzig Schiffbrüchige wurden geborgen. Von den anderen konnte sich keiner retten. Neunund vierzig Leichen wurden geborgen, hundertsechzig blieben vermisst. Zwölf Prozent bedeutet, dass von den hundertzweiundachtzig Passagieren unseres Lkws zweiundzwanzig sterben werden. Und wenn bei uns alle überleben, werden vielleicht vierundvierzig Menschen des nächsten umkommen. Oder sechsundsechzig des übernächsten. Und dann sind da noch Kofi, Oliver und die anderen Namenlosen, die bereits in der Wüste begraben sind: Die *stranded people*, die das Meer nie zu Gesicht bekommen werden.

Es klingt dramatisch, sich das Leben als Roulette vorzustellen. Aber Afrika und Europa sind so etwas wie ein riesiges Roulette. Nicht der elegante französische Spieltisch, an dem der Croupier im Frack das Rad dreht. Nein, sondern das mit dem Revolver an der Schläfe und einer einzigen Kugel im Magazin. »Woran denkst du?«, fragt Daniel. »An nichts.« »Du siehst finster aus heute Morgen«, sagt er und erntet dafür ein Lächeln. Es gibt keinen Grund, ihn mit meiner Traurigkeit anzustecken. Deshalb ziehe ich lieber meinen Tagelmust hoch und verstecke wie die Tamaschek meine Gedanken. Auch weil die Sonne hoch steht und der Kopf gut geschützt sein muss. Es wird immer heißer. Aus der Ebene steigt Hitze auf. Jetzt reicht die ockerfarbene Spur hinter uns bis zum Horizont. Bald wird sie wieder von schwarzem Staub bedeckt sein. So wie alle anderen Spuren, die man nur an ihren Furchen erkennen kann.

In der Wüste ist die Wirkung der Berge auf Hunderte von Kilometern zu spüren, denn ihre Form bestimmt darüber, wo Wind und wo Windstille herrscht. Die Gegend, wo der Sand verweht und wo der Sand sich ablagert. Die verkrustete Ebene, die wir durchqueren, wird vielleicht noch von den Aïr-Bergen beeinflusst, die schon weit weg liegen. Plötzlich nämlich verschwindet der schwarze Kies. Felsen, Steine und Felsbrocken werden immer seltener. Auf den Sandwellen halten sich hier und da einige Grasbüschel. Trockene, gelb glänzende Büschel. Danach empfängt uns die Ténéré glatt wie das ruhige Meer. Hier und dort treten Kalkplatten weiß wie Schnee heraus. Oder dunkellila Phosphat, das aussieht wie ein blühendes Blumenbeet. Die Blicke aller sind auf einen weit entfernten Punkt gerichtet, der anfangs wie eine schwarze Kugel aussieht. Dann bewegt sich etwas in der von der Hitze immer mehr flirrenden Luft. »Das ist ein Lkw«, meint Daniel. »Ich glaube nicht, dass es ein Lkw ist«, widerspricht Stephen. Diese Neuigkeit lässt eine gute halbe Stunde lang die Unbequemlichkeit der Reise vergessen. Erst aus wenigen Kilometern Entfernung ist zu erkennen, was es ist. Die Männer lachen. Auch hinter uns hatte man Wetten abgeschlossen, worum es sich handeln könne. Und jetzt, da es gut zu erkennen ist, wollen die Gewinner, die es erraten haben, als Prämie einen Schluck Wasser haben. Es ist der Reifen eines Lastwagens. Ein alter, aufgerissener Reifen, der als Wegmarke senkrecht im Boden steckt.

Das Spiel der Luftspiegelungen verwandelt den Horizont in ein verebbendes Meer. Je näher wir kommen, desto weiter zieht sich das blaue Meer zurück. Mit steigender Temperatur dehnt sich die scheinbare Wasserfläche aus und umgibt uns schließlich auf allen Seiten. Jetzt bewegen wir uns mitten auf einer Insel, die unter uns und mit uns vorwärts schwimmt und die hinter und vor uns nur wenige Zentimeter größer ist als der Lkw. Man kann nicht mehr sehen, was vor uns liegt oder was wir hinter uns gelassen haben. Am Himmel entsteht ein geschwungener Schleier, der sich allmählich ausdehnt und mitten in der Luft schwebt, bevor er herabsinkt und im goldenen Sand auf uns zukommt. Es ist eine Kette von Dünen. Hinter dem Horizont kündigt sich ein Lkw durch seine schwarze Rauchfahne an. Er stampft auf die Sonne zu wie einst die Ozeandampfer, die im 19. Jahrhundert europäische Hungerleider nach Amerika brachten. Vielleicht sind wir noch langsamer, denn jetzt sind unsere Räder wieder in den weichen, staubfeinen Sand eines fech fech geraten. Der entgegenkommende Lkw materialisiert sich wie die Dünen. Zuerst schwebt er am Himmel. Dann lässt er sich auf ihrem Widerschein nieder. Erst als er nur noch wenige Minuten entfernt ist, fließen die beiden sich spiegelnden Bilder wie in einer Sanduhr zusammen zu dem, was wir alle erwarten. Der Laster ist praktisch leer. Drei Mann im Fahrerhäuschen, vier andere stehen auf der Ladefläche und schauen zu uns herüber. Eine Frau winkt und schickt Küsschen, als wären wir Soldaten, die nach dem Krieg vorbeiparadieren. »Sie fahren leer nach Agadez zurück«, bemerkt Daniel.

Die vor uns liegende Fläche sieht noch mehr wie eine Flüssigkeit aus, wirklich wie Wasser, denn sanft hat der Wind auf dem Sand Millionen kleiner, gleichmäßiger Buckel gebildet. Ab und zu erklimmen wir eine Düne und fahren auf der anderen Seite wieder hinunter, wo sich dann erneut eine weite Meeresfläche auftut. Die Spuren der Lkws vor uns zeigen, dass sie die am wenigsten steilen Abhänge gesucht haben. Daraus entsteht eine lange Welle, die am Horizont auf- und abwärts schwingt. Abgesehen von uns selbst ist kein Zeichen von Leben zu erkennen. Am Horizont scheint ein Reifen zu treiben, aber er erweist sich als Lastwagen. Auch dieser leer. Insgesamt begegnen wir im Lauf des Nachmittags neunzehn Lkws. Außerdem neun Toyota-45-Geländewagen. Sie hatten vielleicht wegen der Feiertage am Ende des Ramadan in Dirkou einen längeren Aufenthalt eingelegt. Und jetzt kehren sie alle zusammen zurück, um neue Schicksale nach Libyen zu bringen. Der Sonnenuntergang färbt den Sand rot und die wenigen Zirruswölkchen lila. Um neun Uhr abends verschwindet der Viertelmond schon wieder hinter dem Horizont. Um drei Uhr nachts hat Amanar den Zenit kaum überschritten. Der Himmel ist voller flimmernder Sterne, die Milchstraße dicht wie Nebel. Wir machen für eine weitere Ruhepause halt.

Die beiden Fahrer öffnen die Motorhaube und lassen den Motor noch ein paar Minuten laufen. Sobald sie ihn ausmachen, herrscht Stille. Absolute Stille. Und als würden wir auf diesen unendlichen Frieden der Welt reagieren, unterhalten wir uns im Flüsterton. Während jeder sich das zu essen macht, was er hat, ist von wer weiß wo ein dunkler Ton zu hören. Ein fernes Dröhnen wird immer lauter und allmählich deutlicher. Es sind zwei Tonlagen eines anderen Motors. Er scheint nur mühsam vorwärtszukommen. Erster Gang. Zweiter Gang. Ein Aufheulen. Wieder für ein paar Minuten der erste Gang. Dann kurze Stille. Und wieder zweiter Gang. Ein milchiger Lichtschein erleuchtet schwach den Himmel und bringt die Sterne im Osten zum Erlöschen. Als ginge eine kleine, kalte, perlfarbene Sonne auf, anders als die richtige Sonne. Dann verschwindet sie und macht die Sternbilder im Osten wieder sichtbar, taucht wieder deutlicher auf, verschwindet, taucht noch heller und mit stärkerem Dröhnen auf. Länger andauernd. Immer in zwei unterschiedlichen Tonlagen. Das einzige Zeichen von Bewegung in einer ansonsten völlig reglosen Landschaft. Der Widerschein der Lichtquelle nähert sich noch mehr und leuchtet jetzt hinter dem Umriss einer Düne auf, die allmählich dort erkennbar wird, wo vorher nichts zu sein schien. Dann brechen Licht und Lärm explosionsartig über uns herein. Das Auftauchen eines Lkws kündigt sich in der Wüste so lange an wie ein Sonnenaufgang. Und ist dann plötzlich da. In dieses gleißende Licht zu schauen schmerzt in den Augen. Die Scheinwerfer kommen in der Mitte ihres Lichtkegels langsam auf uns zu und erhellen die Spuren, die andere große Räder im Sand hinterlassen haben. Nichts als weicher, tiefer Sand. Der Lkw fährt ohne anzuhalten an uns vorbei. Mit denselben Geräuschen und denselben Lichterscheinungen kündigen sich weitere Laster am Horizont an, die von Dirkou aus leer zurückfahren. Hier herrscht so viel Verkehr wie nachts auf einer europäischen Autobahn. Dabei sind wir mitten im Tafassasset, dem Grund des ausgetrockneten Binnenmeeres, das heute Ténéré heißt.

Das Wasser in den an den Bordwänden hängenden Kanistern schwappt hin und her. Jedes Mal, wenn der Lkw auf den Sandwellen federt, spielen die zweihundert mit Pappe und Hanf ummantelten Behälter einen langsamen Marsch. Er klingt eher beunruhigend, denn er bedeutet, dass manche von ihnen schon fast leer sind. Zwei Nigerianer pfeifen dazu eine Melodie. Ein alten Disco-Ohrwurm, der durch das Satellitenfernsehen bis nach Afrika gelangt ist. Der Soundtrack der Globalisierung. Andere Fahrgäste singen den Refrain mit: »Uh-ooh, uh-ooh …« Gute Laune am Morgen. Die eisige Luft der Dämmerung. Die ersten warmen Sonnenstrahlen im Gesicht. Lebenslust. Der Lkw fährt zwischen zwei steilen Dünen hindurch. Sie sind wunderschön, weich, ihre Kämme vom Wind verweht, der die leichtesten Körnchen wegträgt. Die Räder versinken an einer Stelle, an der es nur eine Spur gibt, in zwei tiefen Gräben. Wir halten an. Der Fahrer steigt aus, geht ein paar Schritte und trampelt mit seinen Sandalen auf dem Sand herum, um seine Konsistenz zu prüfen. Dann kehrt er zum Fahrerhaus zurück und kniet gen Osten gerichtet zu einem stummen Gebet nieder. Seine Geschicklichkeit als Fahrer und unser aller Schicksal legt er in Gottes Hand. Die nigerianischen Männer hören auf zu singen. Die Tür schlägt zu, wir fahren wieder los. Nur das Motorgeräusch des alten Lkw ist zu hören. Wir befinden uns vielleicht auf der Dünenkette, die gestern wie ein Vorhang die dunkle Ebene begrenzte. Der Sand unter den Reifen weicht wie eine kleine flüssige Welle zur Seite aus. Daniel und Stephen bewegen ohne Worte die Lippen und bekreuzigen sich dann. Allen ist klar, dass unsere Reise hier endet, wenn der Lkw im Sand stecken bleibt. Die Spannung hält mehr als drei Stunden an. Schließlich landen wir wieder auf einer von Luftspiegelungen verzerrten Ebene. Es erscheint ein Brunnen, ein Schild nennt seinen Namen: Espoir 400, Hoffnung 400. Vierhundert Kilometer von Agadez entfernt. Der dritte Tag der Reise. Der Brunnen ist ein breiter Betonzylinder mit einem schweren Eisendeckel, auf dem drei Flaschenzüge angebracht sind. Aufgeschnittene Kanister dienen als Eimer, die an sehr langen Seilen in den Brunnen heruntergelassen werden. Auf dem Beton haben drei Leute ihren Namen verewigt, die hier ihren Durst löschen konnten: Kallaoui Kader, Adamu Braiyda, s. de Kkl. Auf einer Plakette steht, dass dieser Brunnen von der Europäischen Union und dem kanadischen Entwicklungshilfeministerium finanziert wurde. Die Routen durch die Wüste richten sich nach den Brunnen auf dem Weg, und dieser hier ist für die neue Sklavenpiste besonders wichtig, denn er macht die Durchquerung der Ténéré weniger gefährlich.

Nach dem auf der Plakette angegebenen Datum ist der Brunnen erst vor wenigen Monaten gebohrt worden und tatsächlich noch auf keiner Karte verzeichnet.

Der hohle Ton der Kanister an unserem Lkw verrät, dass unsere Wasserreserven fast aufgebraucht sind. Aber wir fahren weiter. Der Fahrer und Herr über unsere Reise, unser Leben und unseren Durst hat beschlossen, nicht anzuhalten. Viele protestieren. Einer kämpft sich bis zur Leiter durch, klettert hinunter und klopft gegen die Fahrerkabine. Eine aus dem Fenster gestreckte Hand zeigt unmissverständlich, dass der Fahrer uns zum Teufel wünscht. »Nasser hat mir gesagt, dass wir hier nicht halten können«, erklärt der vielleicht fünfzehnjährige Amadou aus Agadez, der vor meinen Beinen kauert. »Nasser sagt, dass der Brunnen zu tief ist und wir so zu viel Zeit verlieren.« »Wer ist Nasser?« »Nasser ist der Libyer, einer der beiden Fahrer. Er sagt, dieser Brunnen ist fünfzig Meter tief. Es dauert zu lang, das Wasser heraufzuziehen.« Amadou wiederholt auf Haussa, was er mir eben erklärt hat, sodass auch Daniel und Stephen, die wenig Französisch sprechen, das Problem jetzt verstehen können. Hinter uns wird der Protest immer lauter. Zwei aus der Gruppe mit den Messern drängen zur Leiter vor, um den Fahrer zum Anhalten zu zwingen. »Daniel, du musst allen erklären, warum wir nicht angehalten haben, auf Englisch und auf Haussa.« Mithilfe der neben ihm Sitzenden erhebt er sich auf die Knie und wiederholt mit lauter Stimme, was Amadou uns gesagt hat. Nicht alle verstehen das Problem gleich, doch allmählich kehrt wieder Ruhe ein. Fünfzig Meter mal hundertzweiundachtzig Fahrgäste, zwei Fahrer, den Mechaniker und mich sind neuntausenddreihundert Meter. Und das mal zwei, denn das Seil muss nicht nur fünfzig Meter hinuntergelassen, sondern dieselbe Strecke wieder heraufgezogen werden. Wenn wir an dem Brunnen Espoir 400 haltmachen würden, müsste der Eimer eine Strecke von achtzehn Kilometern und sechshundert Metern zurücklegen. Ganz abgesehen davon, dass die als Eimer benutzten aufgeschnittenen Kanister ein geringeres Fassungsvermögen haben als diejenigen, die an der Bordwand hängen, und dass einige Fahrgäste zwei Kanister füllen und deshalb den Eimer zweimal hinterlassen müssten. So würden sich die achtzehn Kilometer verdoppeln. Oder sogar verdreifachen.

Die Überlegungen und Diskussionen zu diesem Thema ziehen sich mindestens eine Stunde lang hin, während der sich der Lkw gut zehn Kilometer von dem Brunnen entfernt hat. An diesem Punkt erübrigt sich jeder weitere Protest. »Wie weit wird es noch sein?«, fragt Daniel. »Bis zum nächsten Brunnen?« »Nein, bis nach Dirkou.« »Insgesamt sind es sechshundertsechzig Kilometer von Agadez nach Dirkou. Wenn man fünf Tage braucht, sind wir vielleicht übermorgen da.« »So Gott will«, sagt Amadou, der auch Englisch kann. »So Gott will«, erwidert Daniel. Der Sand ist jetzt viel weniger flüssig, und die großen Räder können sich ein bisschen schneller drehen. Man hört, dass die Drehzahl des Motors steigt, und man spürt den heißen Fahrtwind, der uns mehr und mehr austrocknet. Schneller zu fahren bedeutet für einen Lkw in der Ténéré ungefähr acht bis zehn Stundenkilometer. Wenn der Reifen aber tiefer einsinkt oder eine Steigung zu bewältigen ist, verlangsamt sich die Fahrt abrupt, und der Fahrer schaltet in den Kriechgang zurück. Die Köpfe der Passagiere fallen nach vorne und wieder zurück. Langsam greifen die großen Räder auf den winzigen Sandwellen wieder. Am Horizont treibt wieder einmal ein kleiner schwarzer Punkt, und es bricht erneut eine Diskussion darüber aus, ob es sich um einen Laster oder nur um einen liegen gebliebenen Reifen handelt. In den uns umgebenden Lichtspiegelungen verschwindet der Punkt und wird wieder sichtbar. »Das ist ein Dschinn«, erklärt Amadou plötzlich. Für einen Kel Tamaschek sind die Dschinn die Geister der Wüste, die die Form eines Hundes annehmen, als Fleck auf der Mauer oder als optische Täuschung erscheinen können. »Im Busch ist mir schon öfter ein Dschinn begegnet«, fährt Amadou fort, »du denkst, es ist ein Feuer in der Nacht, du hörst Stimmen. Weil du Hilfe brauchst, gehst du stundenlang in die Richtung. Am Ende findest du niemanden. Auch das da vorn ist ein Trick der Dschinn.« Und die Dschinn bringen selten etwas Gutes.

»Was pfeifst du da?«, fragt Daniel. Jede Reise hat ihre eigene Melodie. Ein Stück, das sich mit ihren Eindrücken und Emotionen untrennbar verbindet. »Das Lied heißt *River of Life* und geht mir seit Tagen im Kopf herum. Derjenige, der das Lied geschrieben hat, ist sicher nie hier gewesen. Aber Text und Melodie sind wie gemacht für diese Landschaft.« »Und was sagt der Text?« »Er erzählt vom Strom des Lebens und sagt so ungefähr: Vergiss den Schmerz, Tropfen für Tropfen, das Ende der Reise ist nicht weit. *Forget the pain, from rain to rain, journey's end ist surely not far.*« Daniel und Stephen lächeln. »Und der Songschreiber ist nie mit diesen Lkws gefahren?«, fragt Amadou auf Französisch. »Wohl kaum. Das Lied stammt von einer europäischen Band, die P.F.M., Premiata Forneria Marconi, heißt. Kennst du sie, Amadou?« »Nein, aber dann haben die Dschinn mit diesen Musikern gesprochen. Die Dschinn können alles tun.«

Die optische Täuschung ist näher als gedacht. Es ist kein Lkw und auch kein Reifen. Die Luftspiegelung landet und nimmt die Form eines kleinen blauen Geländewagens an. Ein Toyota 45, der so voll besetzt ist wie die, die am Autogare in Agadez losfahren. Unser Lkw nähert sich langsam längsseits, wie wenn sich zwei Boote begegnen. Die Fahrer sprechen auf Haussa miteinander. Nach einer Weile übersetzt Daniel das Gespräch: »Die von dem Pick-up fragen, ob wir einen Geländewagen gesehen haben, der eine Panne hatte. Sie suchen ihn seit gestern Abend und können ihn nicht finden. Sie sagen, dass sie gemeinsam unterwegs sind. Gestern ist eine Radaufhängung gebrochen, und sie mussten anhalten. Die hier sind nach Dirkou gefahren, um mit dem Ersatzteil zurückzukommen. Gestern Abend waren sie zurück. Und jetzt fragen sie uns, ob wir jemanden gesehen haben.« Der Geländewagen ist so überladen, dass er fast auf dem Boden aufsitzt. Drei auf der Fahrerbank und einunddreißig sitzen Rücken an Rücken im hinteren Teil. Einer zieht nervös an seiner Zigarette und gibt sie dann an den Nachbarn weiter. »Daniel, sind das Nigerianer?« »Ich glaube schon.« »Frag sie, wie viele Leute auf dem verschwundenen Geländewagen saßen.« Er fragt in einer anderen Sprache. »Sie sagen, es waren neunundzwanzig Auswanderer und die Fahrer«, antwortet Daniel. »Woher kommen sie?« »Woher auch ich komme, aus dem nigerianischen Bundesstaat Igbo. Sie sprechen meine Sprache.«

Der Lkw fährt weiter, ohne dass das Rätsel gelöst werden konnte. Auf der Sklavenroute ist es unausweichlich, ja geradezu normal, dass Geländewagen verschwinden. Niemand kann sich auf die Suche nach ihnen machen. Man kann nicht ziellos umherirren. Der Treibstoff im Tank reicht nur für den direkten Weg von Agadez nach Dirkou. Aber die Fahrer, die sonst nichts rühren kann, blicken finster drein. Wirklich beunruhigt. Die Gesichter, die ich durch die staubbedeckte Windschutzscheibe des Toyota erkennen kann, sind der letzte Eindruck von dieser Begegnung.

»Wenn sie die Leute nicht bis morgen finden, sind die bei dieser Hitze in Lebensgefahr«, sagt Amadou, der die Geschichten der Wüste sehr gut zu kennen scheint: »Die Geländewagen sind zu gefährlich, denn sie sind klein und verirren sich leicht. Manchmal lassen die Fahrer alle aussteigen, um irgendetwas in Dirkou reparieren zu lassen. Sie sagen ihnen, dass sie zurückkommen. Manchmal machen sie das und finden dann niemanden mehr. Oder sie kommen gar nicht zurück. Nördlich der Hochebene von Djado, wenige Tagesreisen von der Grenze entfernt, lassen sie die Passagiere aussteigen, damit das Auto leichter ist. Sie lassen sich schieben und fahren dann einfach davon. Auf diese Weise sparen sich die Fahrer eine ganze Woche der Hin- und Rückreise. Sie wissen, dass sich niemand beschweren wird, weil dreißig Menschen in der Wüste umgekommen sind.«

»Wer hat dir diese Geschichten erzählt?«, fragt Stephen auf Haussa, und Daniel übersetzt Amadous Antwort auf Englisch. »In Agadez wissen alle, was in der Sahara passiert. Auch in Libyen passieren schlimme Sachen. Meistens lassen die Lkw- und Geländewagenfahrer ihre Fahrgäste schon achtzig oder hundert Kilometer vor der Oase von al-Gatrun oder Murzuk aussteigen. Das ist das Ziel der Strecke, für die wir alle bezahlt haben. Stattdessen erklären die Fahrer plötzlich eines Nachts, dass sie nicht näher an die Oase heranfahren können, weil sie sonst von den Soldaten verhaftet werden. In der klaren Wüstenluft kann man nachts ein Haus oder ein Feuer leicht hundert Kilometer weit sehen. Deshalb sollen die Fahrgäste einfach auf die Lichter zugehen, es sei ganz nah, sagen sie.« Die Freunde hören sich Amadous schreckliche Schilderungen und Daniels Übersetzung schweigend an, und auch Adolphus, Aloshu und Bill, dessen Lippe heute Morgen nicht mehr so stark geschwollen ist, drängen sich näher heran, um alles mitzubekommen. »Die Fahrgäste steigen dann aus, um zu Fuß zu gehen, und nehmen kein Wasser mit, weil die Kanister zu schwer wären. Aber wenn man ausgestiegen ist und im Sand steht, sieht man die Lichter nicht mehr. Trotzdem glauben sie, die richtige Richtung einzuschlagen. Und gehen los.« Amadou hält inne. Vielleicht merkt er endlich, dass dies nicht der richtige Ort ist, um dieses Thema anzuschneiden. Aber Daniel und die anderen wollen jetzt wissen, wie es endet. »Es endet damit, dass sie sich verirren«, fährt Amadou gleich auf Französisch fort. »Es endet damit, dass sie es in einer Nacht zu Fuß nicht schaffen. Und wenn die Sonne aufgeht, sieht man keine Lichter mehr, auch wenn es bis dahin die richtige Richtung war. Es endet damit, dass sie es nicht schaffen. Vielleicht irren sie tagelang umher. Und es endet damit, dass sie sterben … Ich habe auf diese Weise einen Freund verloren.«

Wir alle hängen schweigend unseren Gedanken nach. Dabei ist der Tagelmust eine große Hilfe, denn man kann seinen Kopf mit allem, was darin ist, darunter verbergen. Und in der Ténéré Mellat, der unendlichen schattenlosen Ebene, sind diese acht Meter Stoff im Umkreis von Millionen Quadratkilometern das einzige Schatten spendende Versteck. Amadou will noch eine weitere Geschichte erzählen, aber ein strenger Blick direkt in die Augen bringt ihn zum Schweigen. Ein paar Stunden lang fällt kein Wort. Bis sich plötzlich in dem zitternden Meer vor uns etwas verändert. Irgendetwas fließt zusammen, trennt sich wieder, bewegt sich langsam nach rechts, bleibt stehen, rückt wieder nach links und geht wieder auseinander. Fließt zusammen und verschwindet. Alle Augen sind auf dieses geheimnisvolle Hin und Her gerichtet. Wir warten minutenlang auf irgendeinen Hinweis. Aber ohne feste Bezugspunkte muss sich der Geist den optischen Täuschungen ergeben. In der grausamen Hitze reißen plötzlich durchscheinende Flammen die Luftspiegelung auseinander und schießen nach oben zu der hoch stehenden Sonne. Die Wüste verwandelt sich in ein riesiges Kaleidoskop. Gestalten und gleißende Lichtstrahlen mischen sich immer wieder neu und ermüden das Gehirn, das aus diesen Überlagerungen einen Ausweg sucht. Es scheinen Körper zu sein, genauer gesagt, halbe Körper. Der Lkw fährt eine Düne hinauf und hinunter, und der veränderte Blickwinkel lässt Einzelheiten erkennen, die dann wieder unsichtbar werden. Halbe Körper von halben Menschen, die schweben. Eine Schar von Dschinn, die uns mitten in der Ténéré erwartet. Die Lichtbrechung über dem kochenden Sand verdeckt den Blick auf die Beine und den Boden, auf dem diese Gestalten gehen. Es sind unendlich viele. Ein weißlicher Schwarm von kleinen Oberkörpern, Köpfen und Armen treibt mitten in der Luft über dem Horizont und unter dem blauen Himmel. Der größte Körper ist links von uns, er ist zu groß, um nur ein Reifen zu sein. Die anderen bewegen sich neben ihm.

Es ist ein Lkw. Die halben Körper, die jetzt in ihrer Gänze zu erkennen sind, sind die Fahrgäste. Die meisten sitzen dicht an dicht zusammengedrängt zwischen den großen Rädern im Schatten. Aber nicht alle ruhen sich aus. Einer ist mit der Kardanwelle beschäftigt. Unsere Fahrer strecken unter uns ihre Köpfe zum Fenster hinaus. Sie kommen ihren Kollegen zu Hilfe. Wir alle können den Halt nutzen, um auszusteigen.

Das Wichtigste ist jetzt, mindestens zweihundert Meter von der Gruppe entfernt mit den Händen ein Loch in den Sand zu graben. Das ist die einzige Möglichkeit. Man darf sich aber nicht zu weit entfernen, denn sonst kann der Gang zur Toilette das Leben kosten. Schon von hier aus sind die beiden großen Laster nicht mehr zu sehen, sondern haben sich in Luftspiegelungen aufgelöst, wurden verschluckt von dem Nebel aus Licht. Wenige Schritte weiter werden sie wieder sichtbar und ziehen sich wie ein Ölfleck auf Wasser zu ihrer rechteckigen Form zusammen. Die Fahrer des anderen Lasters reagieren überrascht, sobald sie erkennen, dass sich unter dem Tagelmust ein Weißer verbirgt. Ihren Aussagen nach sind sie schon vor dem Ende des Ramadan hier zum Stehen gekommen und seitdem *stranded people* in der Wüste. Seit mehr als zehn Tagen sind sie hier in dieser absoluten Ödnis und haben jedes Zeitgefühl verloren. Mehr durch die Hitze als den Hunger sind sie völlig erschöpft. Sie hatten

Lebensmittel dabei, die für die ganze Reise bis Libyen reichen sollten. Doch durch diese Verzögerung sind sie schon bei der Notration angelangt. Der Schatten reicht nicht für alle. Unter bunten Tüchern haben sich einige über den Sand verteilt. Sie schlafen, essen und bereiten sich Tee. Zwei Muslime beten gen Osten gewandt im Stehen, knien nieder und neigen die Stirn zur Erde. Einige sind sogar in dem glühend heißen Laderaum geblieben und versuchen, sich mit dicken Jacken und Wollmützen gegen die Sonne zu schützen. »Wir sind hundertvierundfünfzig«, erzählt Housseini, einer der beiden Fahrer. Der Libyer ist knochendürr, hat eine messerscharf geschnittene Nase und trägt einen dichten Bart, der Kopf ist mit beigem Baumwollstoff umwickelt, der lang auf die rechte Schulter herunterhängt. Housseinis schwarzes Übergewand ist vom Staub ausgebleicht, und der Ärmel versteckt ein schmales goldenes Armband. Er schaut den Männern zu, die sich an der Kardanwelle zu schaffen machen, geht um sie herum und gibt mit langsamen, weiblich-eleganten Bewegungen Anweisungen. »Seit Tagen ist hier niemand vorbeigekommen«, beschwert er sich. »Gestern haben wir von einem Lkw, der aus Dirkou zurückkam, das Ersatzteil bekommen. Und heute Nacht fahren wir weiter, so Gott will.«

Irgendetwas im Getriebe ist gebrochen. Kardanwelle und Kreuzgelenke liegen auseinandergenommen auf dem Sand. Schrauben, Muttern und Getriebeöl sind in einem Topf aufgefangen worden. Ein Wagenheber hält das Kurbelgehäuse in seiner Position, damit es nicht herunterfällt und Sand hineinkommt. Der zweite Fahrer und drei Nigerianer liegen ausgestreckt am Boden, halten die Kardanwelle fest und arbeiten mit Schraubenschlüsseln daran herum. Zum Glück für alle sind die drei Nigerianer ausgebildete Kfz-Mechaniker. Einer der drei trägt das schwarz-blaue Trikot von Inter Mailand. »Damit«, sagt er ernsthaft auf Englisch, »lassen sie mich sicher in Italien einreisen. Von dort aus kann ich dann hingehen, wo ich will.« Er lässt nicht erkennen, ob er einen Witz macht oder wirklich von seinen Worten überzeugt ist, denn er fügt hinzu: »Ich kenne einen Arzt im Krankenhaus von Rom. Er heißt Doktor Lombardini.« »Rom ist groß, da gibt es viele Krankenhäuser.« »Ich weiß nicht, in welchem Krankenhaus er arbeitet, aber er verbringt seine Ferien damit, in nigerianischen Krankenhäusern auf dem Land zu arbeiten. Nur an diesen wenigen Tagen werden wir umsonst behandelt. Entschuldige, ich habe mich noch gar nicht vorgestellt. Ich heiße Vincent, sehr erfreut.« Der junge Mann setzt sich in den Sand und lehnt sich an den Reifen. »Der Chef hier ist Libyer«, erklärt er und zeigt dabei auf den Lkw über unseren Köpfen, »genau wie die beiden Fahrer. Zwei Verrückte. Sie fahren durch die Wüste und können nicht einmal einen Motor reparieren. Ohne uns hätten sie hier für immer festgesessen.« Housseini hört zu, versteht aber nichts und lächelt nur. »Wir sind ein paar Tage vor dem Ende der Fastenzeit von einer Garage in Agadez aufgebrochen und mit nur einer nächtlichen Rast bis hierher gekommen. Wir mussten auf ein paar Leute warten, die noch mitfahren sollten. Dann sind wir wieder losgefahren, ohne noch einmal anzuhalten. Ein Fahrer fährt tags, der andere nachts. Gegen die Müdigkeit kauen sie immer Kolasamen. Auf dem Laster sind ganze Säcke voller Kola. Für uns ist es wahnsinnig anstrengend. Du kannst nicht aufs Klo. Du kannst kein Wasser aus dem Kanister holen. Du kannst nichts zu essen aus dem Gepäck holen. Die Fahrer wollten direkt bis Libyen fahren, ohne auch nur einmal zu halten.« »Stattdessen habt ihr nun hier anhalten müssen.« »Es ist nach dem Brunnen der Düne 400 oder Espoir 400 passiert, wie heißt er gleich? Die Gangschaltung ist kaputtgegangen und hat den Lkw blockiert.«

Jetzt wollen auch die Fahrgäste im Laderaum zu Wort kommen. »Italiener, komm rauf«, ruft eine Frau mit energischer Stimme. Sie heißt Vera, ist dreißig Jahre alt und kraftvoll wie ein Mann. Sie trägt Leinenhosen und ein ärmelloses Shirt, ihre Haare sind unter einem lila Foulard versteckt. »Da siehst du«, tönt mir ein altbekannter Satz entgegen, »das ist Afrika. Wenn in Europa ein Lkw kaputtgeht, ruft man irgendwo an, und dann kommt jemand zum Abschleppen. Hier bleibst du in der Wüste. Zu unserem Glück haben wir gerade erst unsere Wasserreserven aufgefüllt.« »In Europa gibt es keine Wüste.« Vera verzieht den Mund zu einer Grimasse: »Der Fahrer hat ein Satellitentelefon und hat seinen Boss angerufen. Aber aus Libyen kommt kein Mensch hierher, um dir zu helfen.« »Bist du die einzige

Frau?« »Nein, es gibt noch eine Muslimin und zwei Nigerianerinnen. Hast du die noch nicht gesehen?« »Nein.« »Die bleiben die ganze Zeit für sich. Außerdem fahren drei zwölfjährige Jungen mit. Der Rest sind Männer. Ich gebe dir meine E-Mail-Adresse, damit du mir die Fotos schicken kannst, wenn du wieder zu Hause bist.« Jetzt wollen alle ihre E-Mail-Adresse aufschreiben. Dabei haben sie kein Zuhause mehr. Wissen nicht, wo sie in einem Monat sein werden. Was sie tun werden. Wo sie in einem Jahr wohnen werden. Aber alle haben eine E-Mail-Adresse. Das Web, das Netz und das Internet sind der einzige feste Halt in ihrem Leben. Der einzige Raum, in dem sie eine Adresse haben und eine Spur hinterlassen können. Diese Menschen, die der Ausweglosigkeit ihres Landes entflohen sind, sind die wahren Bewohner des globalen Dorfes. Ohne das Internet wüsste niemand mehr von ihrer Existenz, nicht einmal mehr ihre nächsten Angehörigen. Deshalb stellen sie sich geduldig am Fuße der Leiter an und schreiben einer nach dem anderen ihre E-Mail-Adressen in mein von Schweiß und dem überall eindringenden Sand zerfleddertes Notizheft. Chuck, achtundzwanzig Jahre. Erasmus, einundzwanzig. Peters, fünfundzwanzig. Diese drei klettern auf den Lkw und warten, auf den Säcken mit Kolasamen sitzend, bis sie an der Reihe sind.

Veras Begleiter trägt eine weiße Tunika, einen Rosenkranz mit einem weißen Kreuz um den Hals und eine ebenfalls weiß bestickte Kappe auf dem Kopf. »My name is Antonio«, sagt er, noch bevor er seinen Namen schreibt, der in Wirklichkeit Anthony lautet. »Ich bin ein Freund von Vera und bin Christ wie sie. Wir reisen zusammen. Stimmt es, dass Christen in Rom schneller eine Aufenthaltserlaubnis bekommen?« »Schneller als wer?« »Als die Muslime.« »Es gibt keinerlei Bevorzugung.« »Ich habe aber gehört, dass es so ist. Rom ist die Stadt des Papstes. Deshalb muss es stimmen.« Das ist eine Lügengeschichte. Aber wie soll ich sie aufklären und einen Mann und seine Freundin enttäuschen, die seit Tagen mitten in der Wüste gestrandet sind? »Wenn du Italiener bist, musst du Christ sein, oder?«, meint Anthony. »Ich bin nur einer von sechs Milliarden Bewohnern der Erde.« »Aber wenn du in Italien geboren bist, bist du vor allem Christ. Pass auf, das ist wichtig. Die Welt teilt sich immer mehr auf in Christen und Muslime. In Nigeria ist das schon passiert. Auf einer der beiden Seiten musst du stehen.«

Das Gespräch nimmt eine unangenehme Wendung. Deshalb gebe ich Anthony keine Antwort. Nun ist Chuck an der Reihe: »In Libyen werde ich bestimmt ein Internetcafé finden, um die Fotos anzuschauen. So habe ich ein Souvenir dieser Reise. Und auch wenn es schlecht ausgeht und ich umkomme, werden mich meine Brüder in Nigeria sehen können.« Peters hat einen Traum. Er ist ebenso wenig realistisch wie die Lügengeschichte, der Anthony aufgesessen ist. »Peters mit ›s‹ hinten«, bemerkt er mit Nachdruck, »sonst kommt die Mail nicht an. Das ist meine erste Reise nach Libyen. Aber ich träume davon, nach Italien zu gehen. Nicht, um für immer dort zu leben, nein. Ich würde gern T-Shirts, Hemden und italienische Schuhe kaufen und in Nigeria Geschäfte aufmachen, in Lagos und Kano. Ich käme nur nach Italien, um Modeartikel einzukaufen, die ich dann in Nigeria wieder verkaufen würde. Wenn man nicht bleiben und in Italien arbeiten will, lassen sie einen doch sicher einreisen. Aber ich bräuchte Geld, um anfangen zu können. Um das zusammenzubringen, will ich jetzt in Libyen arbeiten.«

»Habt ihr genug zu essen, um bis Libyen zu kommen?« Die anderen schauen sich an. Meine Frage hat ihre Mienen verfinstert. »Darüber reden wir seit Tagen«, gibt Vera zu, » aber niemand weiß es. Die Fahrer wollen direkt nach Libyen fahren. Sie sagen, dass ihre Papiere nicht in Ordnung sind und das Militär in Dirkou den Lkw beschlagnahmen würde.« »Ich habe den Eindruck, Dirkou gilt als ein Ort, wo man alles irgendwie regeln kann.« »Aber wir haben dafür sicher nicht genug Geld«, erklärt Vera, »und die Fahrer haben schon verkündet, dass sie auf keinen Fall zahlen werden. Deshalb fahren sie direkt nach Norden und lassen die Oase Dirkou aus.« »Und wenn euch wieder etwas passiert? Wir sind hier erst drei Tagesreisen von Agadez entfernt. Nach Libyen ist es noch weit.« »Man hat uns gesagt, dass die Reise zwei Wochen dauert. Wir haben Proviant für vierzehn Tage ...« »Aber zehn Tage habt ihr bereits hier verloren. Ihr müsst die Fahrer dazu zwingen, dass sie euch in Dirkou Proviant kaufen lassen.«

Da mischt sich Anthony ein. »Sicher werden wir ein bisschen hungern müssen. Aber Gott dort oben wird uns helfen. Glaubst du, dass Gott uns im Stich lässt?« Wie gewohnt hupt der Fahrer unseres Lkws zweimal. Fast zweihundert Menschen springen auf und klettern an den Seiten hoch. Der Fahrer gibt zweimal Gas. Zweimal steigt rußiges Gas aus dem senkrechten Auspuff und zieht als schwarzer Schatten über den Sand. Es ist gerade noch Zeit, sich zu umarmen und alles Gute zu wünschen, um schnell hinunter- und auf der anderen Leiter wieder hinaufzuklettern.

Jetzt zeigt uns das Kaleidoskop der Luftspiegelungen die Landschaft als große Fläche von Stoffstreifen, die ein imaginärer Ventilator von unten flattern lässt. Der Horizont bricht als flüssiger Raum in tausend Stücke und setzt sich wieder zusammen. Das macht es wahnsinnig anstrengend, den Blick zu fokussieren. Die von der erhitzten Sandebene aufsteigende Luft türmt sich auf und weht ihren glühenden Atem in die Gesichter. Endlich zeichnet sich in dem Meer der Illusionen eine Falaise, ein Felsrücken, ab. Je näher sie kommt, desto mächtiger erscheint sie, um dann wie eine Insel im stürmischen Meer wieder unterzugehen. Hinter einer Falaise in der Wüste versteckt sich fast immer ein Brunnen. Das müsste Achegour sein. So jedenfalls versprach, sofern ich mich recht erinnere, die Karte, die mir bei dem Überfall in Mali abhandengekommen ist. Wir fahren noch gut eine Stunde, bevor wir Gewissheit haben. Es ist wirklich Achegour.

Auf dem Lkw haben nun mehrere Leute Durchfall. Dem Mann, der sich in die Hose gemacht hatte, scheint es besser zu gehen. Aber er hat seine Nachbarn angesteckt. Diese Fahrgäste springen von den Bordwänden und versuchen sich hinter zwei großen Akazien in der Nähe des Brunnens zu verstecken. Jetzt, wo sie sich waschen können, müsste man für sie neue Hosen finden. Andernfalls laufen wir alle Gefahr zu erkranken.

In dem Betonzylinder schimmert in fünf Meter Tiefe klares, lauwarmes Wasser. Einigen Milliarden tiefschwarzer Fliegen verspricht unsere Ankunft ein Festmahl. Sie stürzen sich gleichzeitig auf Münder, Ohren, Haare und Hände. Mit ihren feinen Füßchen an den Lidern klebend, versuchen sie die Augenflüssigkeit zu trinken. Selbst auf dem Gehäuse und der Linse des Fotoapparats lassen sie sich nieder. In einer Hütte aus Holz und Stroh liegen vier Lastwagenräder, gebrauchte Reifen und Felgen für Fahrer, die eine Panne haben. Und ein Sack Salz. Das Schild mit der Aufschrift »Puits d'Achegour« fordert auf Französisch und in allen afrikanischen Sprachen dazu auf, den Brunnendeckel nach Gebrauch zu schließen. Ganz unten links das Motto jedes Kel Tamaschek: aman iman, Wasser ist Leben. Auf einem zweiten Schild ist zu lesen, dass der Bau des Brunnens von der spanischen Hilfsorganisation Accion contra el Hambre finanziert und von der Unterpräfektur Bilma unterstützt wurde: »Eröffnung Februar 2000.« Zwischen der Abbildung eines Lastwagens und der Aufschrift haben Dutzende Fingernägel und Messer den von der Hitze aufgeweichten Lack aufgekratzt und Namen, Daten und Wünsche eingeritzt. Auch ein paar Worte in Tifinagh stehen da, dem Alphabet der Kel Tamaschek.

Nasser, einer unserer Fahrer, füllt vier mit Löchern versehene Ziegelsteine mit Wasser. In diesem Augenblick stürzen sich Dutzende Spatzen, die das, von wer weiß wo, beobachtet haben, vom Himmel herunter, um ihren Durst zu löschen. Neben dem Brunnen bezeichnet ein Steinquadrat im Sand den geheiligten Grund einer Moschee. Darum herum die Hinterlassenschaft all derer, die vor uns hier waren. Spuren von Schuhen, Sandalen und bloßen Füßen. Essensreste. Unzählige leere Milchpulvertüten der Marke »Bingo« und leere Sardinendosen »Product of Morocco«, eine aufgerissene Tüte französischer H-Milch. An der Straße auf die Anhöhe der Falaise kündet ein senkrecht in einem Oval aus Steinen aufgestellter Felsbrocken vom tragischen Ende einer anderen Reise. Vielleicht kommen von dort auch die unzähligen Fliegen her, denn der aufgehäufte Sand verbreitet einen unerträglichen Gestank. Derjenige, der dieses Grab gegraben hat, hatte wohl nicht viel Zeit und musste den Leichnam zu nahe an der Oberfläche vergraben.

Der Laster kommt nur mühsam die Steigung hinauf. Im Kriechgang erreicht der Motor die maximale Drehzahl. Doch die Räder bringen den Lkw kaum vorwärts, weil sie versinken. Die meisten

Fahrgäste beobachten das Ganze von außen, weil sie zu Fuß gehen müssen. Hinter Achegour breitet sich eine weitere Ebene aus. Bis zur nächsten Falaise, die fast den ganzen Nachmittag lang im Himmel schwimmt und sich im klaren Blau ihrer Luftspiegelung abbildet. Als wir näher kommen, nimmt die Felswand die Form eines symmetrischen Trapezes mit einer dreieckigen Spitze an. Am Ende schrumpft es zusammen. Ohne Bezugspunkte war alles nur eine Sinnestäuschung. Vor uns liegt keine Felswand, es sind einzelne Türme aus eisenhaltigem Gestein, die vom Wind zerklüftet und durchlöchert sind. Ein weiterer Anstieg im tiefen Sand. Dort oben sind wir und die Sonne die einzigen Elemente in Bewegung. Das Abendlicht erlischt allmählich im Schweigen der Ebene, die hinter den Spuren unseres Lkws immer tiefer zurückbleibt. Der letzte Strahl des Tageslichts lässt für einen winzigen Augenblick die nach Westen gerichteten Seiten der Felsbrocken und Steine aufblitzen. »Weiß du, wo wir sind?«, fragt Daniel. »Das müsste Kufr sein. Und wenn das stimmt, kommt als Nächstes die Falaise du Kaouar. Und dann sind wir in Dirkou.« Seit einigen Stunden hat Daniel einen tief sitzenden, krampfartigen Husten. Obwohl er es nicht tun sollte, trinkt er andauernd. Denn alles, was er trinkt, verliert er nur als Schweiß.

Hinter Kufr wird der Sand wieder flüssig und hinterhältig. Wir fahren auf und ab über Dünenketten, die sich kilometerlang im Windschatten der Falaise hinziehen. Um diese Zeit sind die Dünen nicht zu erkennen, denn es ist schon dunkel. Aber man kann sie an dem hellen Schein erahnen, der über der Erde liegt. Heute Nacht funkeln nicht einmal die Sterne, denn ein dünner Staubschleier in der Höhe verdeckt sie. Ein Zeichen, dass sich irgendwo ein Sturm erhebt. Die Scheinwerfer beleuchten die tiefen Furchen, in denen sich die Räder abmühen. In einer Senke schlittert der Laster, rollt aus der Spur und bleibt stecken. Die Fahrer steigen aus und öffnen die Motorhaube. Sie sagen, im Dunkeln sei es zu gefährlich weiterzufahren. Zeit genug, den Schlafsack auszurollen und auf der weichen Matratze aus Sand bequem zu schlafen. Eine Matratze so groß wie die Wüste. Die Leere verstärkt wie ein Lautsprecher die geflüsterten Worte derer, die zu müde sind, um sofort einzuschlafen. Die Stimmen verebben schließlich ganz. Der Schlaf in der Ténéré hinterlässt eine unzerstörbare Spur im Körper. Eine Erinnerung für das ganze Leben. Die trockene und saubere Luft. Das Knirschen der fernen Felsen, die durch die plötzliche Abkühlung bersten. Das Klimpern der Blechkanister, aus denen die Hitze entweicht. Und dann Stille. Tiefe, durchdringende, absolute Stille. Die Ohren sind auf diese Stille so wenig vorbereitet, dass sie sie mit eingebildeten Geräuschen füllen. Vielleicht sind es Fenneks, die kleinen Wüstenfüchse. Vielleicht das Lachen weit entfernter Hyänen. Oder wirklich die Stimme eines Dschinn. Vor unserer Abfahrt hat Yaya gesagt, Kufr sei ein gefährlicher Ort, weil dort seiner Meinung nach viele Dschinn leben. Und es ist deren Schuld, dass hier viele Laster im Sand stecken bleiben oder sich verirren.

Die Welt der Nacht und ihrer Gedanken verschwindet mit dem kalten Wind vor Sonnenaufgang. Als wolle er einen necken, weht der Morgenwind über Augen, Wangen und Hals und macht sofort wach. Die Fahrer bereiten heißen Tee und kauen schon jetzt Kolasamen. Nicht alle Fahrgäste haben etwas zu essen. Einige bleiben etwas abseits liegen, ohne um etwas zu bitten. Andere begnügen sich mit trockenem Brot und Zucker. Sobald der Himmel sich rosa färbt, geht es weiter.

5

James und Joseph in Dirkou

Am Ende eines monotonen, von Sinnestäuschungen verwirrten Vormittags durchzieht ein schmaler schwarzer Streifen die aus dem glühenden Sand aufsteigende Luft, löst sich auf und bildet sich neu. »Dirkou«, schreit der Fahrer und streckt seinen Arm aus dem Fenster. Je weiter der Lkw in diese Richtung fährt, desto höher steigt der Streifen in den Himmel. Und ist oben oder unten, je nachdem. Die Luftspiegelungen verwandeln ihn in eine Insel, einen blauen See. Jetzt ist er zu einer Wolke geworden, die sich in dem Hitzevorhang spiegelt und dann verdunstet. Die Magie der Ténéré, der Wüste der Wüsten. Doch inmitten der großen Dünen wird plötzlich die Tiefe des Abgrunds sichtbar. Diesmal kündigt sich die Begegnung nicht durch eine in der Luft schwebende Gestalt an. Der Lkw wartet hinter einer Kuppe versteckt. Dieser Mercedes ist noch älter als der unsrige, ein Modell aus den Fünfzigerjahren mit nur zwei Achsen und viel kleiner als die, die wir bisher gesehen haben. Der Motor spuckt und ächzt, ein schreckliches Geräusch. Die Windschutzscheibe ist von einem Stein getroffen worden und sieht aus wie ein Spinnennetz. Obendrauf sitzen mindestens hundertfünfzig Personen mit ausgemergelten, staubigen Gesichtern.

Ein Mann geht neben dem Lkw zu Fuß. »Irgendetwas in der Gangschaltung ist kaputtgegangen. Wir fahren langsam nach Dirkou zurück, alles im ersten Gang. Kann ich bei euch mitfahren?« Der Mann geht auf unsere Leiter zu und klettert hinauf. Der zweiunddreißigjährige Libyer aus Sebha stellt sich als Ahmed vor und ist der Besitzer des alten Mercedes. »Wir irren seit fünf oder sechs Tagen durch die Wüste«, erzählt er, »nicht einmal ich weiß mehr, wie lange.

Wir wollten von Dirkou aus nach Libyen, ja«, antwortet er auf die von Amadou und Daniel auf Haussa gestellten Fragen. Doch Libyen liegt nördlich von Dirkou. Dirkou im Osten. Sie fuhren nach Süden, um zur Sklavenoase zurückzufahren. Aber sie kamen zu weit nach Westen ab und haben ihr Ziel verfehlt. »Habt ihr die Falaise nicht gesehen? Ihr seid in die falsche Richtung gefahren.« Ahmed antwortet nicht. Sein Lkw ist zu niedrig, als dass man so weit sehen könnte. Wenn sie uns nicht getroffen hätten, wären sie morgen oder übermorgen im Grand Erg de Bilma versunken, dem großen Dünenmeer am Südende der Ténéré. »Sie hätten nicht mehr genug Treibstoff gehabt für den Rückweg und wären alle umgekommen«, bemerken Daniel und sein Bruder Stephen. Amadou wiederholt diese Feststellung auf Haussa. Aber Ahmed scheint sich keine Sorgen zu machen. Weiterhin lächelnd zuckt er mit den Achseln. Und sobald er den europäischen Fahrgast bemerkt, wittert er ein Geschäft.

»Warst du schon mal in Marokko? Ich bin als Busfahrer von Libyen nach Marokko gefahren. Tripolis, Tunis, Algier bis Casablanca. Wegen der Terroristen und dem Luftverkehrsembargo konnten die Libyer jahrelang nur den Bus nehmen. Der Lkw ist am Ende. In Dirkou verkaufe ich ihn. Für vier oder fünf Millionen Francs. Dann gehe ich nach Sebha, kaufe einen Geländewagen und verkaufe ihn in Agadez. In Libyen sind sie billig, aber im Niger erzielt man hohe Preise dafür. Willst du meinen Laster kaufen?« »Deinen Laster kaufen? Mit dem hättest du beinahe hundertfünfzig Leute umgebracht …« »Für fünf Millionen kannst du ihn haben, sofort … Warte, das sind weniger als achttausend Dollar. Warum willst du ihn nicht?«, drängt der libysche Menschenhändler. »Wenn ich deinen Lkw kaufen sollte, was machst du dann mit deinen Fahrgästen?« »Die sind im Preis inbegriffen, sie bleiben mit dir auf dem Laster. Du kannst von ihnen noch zusätzlich Geld bekommen«, erwidert Ahmed unverfroren und greift nach meiner Hand, damit ich einschlage und das Geschäft perfekt mache. Ich muss wirklich an mich halten, um ihn nicht zu packen und vom Wagen zu stoßen.

Die vielen Radspuren laufen zu zwei Furchen zusammen, weil es nur eine Möglichkeit gibt, einen Dünenrücken zu überwinden. Vor dem Anstieg fahren die beiden Lkws nebeneinander her und bleiben stehen. Endlich können wir wieder aussteigen, und es bricht in der Stille der Wüste der übliche Lärm der Begegnung mit den anderen Fahrgästen aus. Die Passagiere auf dem alten Lkw schreien und regen sich auf. Keiner von ihnen hat noch Schuhe. Über die Bordwände hängen verkrustete Füße in Strümpfen voller Löcher oder Gummischlappen. Dem Laster fehlt hinten jeweils einer der Zwillingsreifen. Hinter uns kommt ein Geländewagen, in dem Yaya und sein Freund sitzen, absolut pünktlich.

»Yaya, die in dem anderen Laster haben seit Tagen nichts gegessen. Gib mir alles, was du übrig hast.« In seiner etwas snobistischen Art sagt Yaya mit halb geschlossenen Lidern: »Nimm die Sachen aus der Kiste im Kofferraum. Aber pass auf, wie du sie verteilst. Wenn sie halb verhungert sind, könnte es ihnen schlecht bekommen.«

Die Lebensmittel reichen nicht. Zwei Schachteln Kekse gehen von Hand zu Hand und sind schnell leer. Jemand sagt, dass auf dem Laster auch drei Frauen und vier Kinder sind. Sie sitzen in der Mitte. Ein Kind wird hochgehoben, damit man es auch von unten sehen kann. Der Junge ist sicher nicht älter als zehn. Und nach einer kleinen Auseinandersetzung lassen sich alle davon überzeugen, ein Säckchen Datteln für den kleinen Passagier und seine Mutter aufzuheben. Das Brot ist so trocken, dass es bei dem Versuch, es zu brechen, in lauter Krümel zerfällt. An dem Paket Zucker wird auf einer Seite ein Loch gemacht, und jeder lässt sich etwas in den Mund rieseln. Die paar Lebensmittel reichen nicht aus, um einen Lastwagen voller ausgezehrter Menschen zu sättigen. Sie kommen aus Kamerun, Nigeria, Ghana, Liberia. Ein Mann, dessen Wimpern weiß vom Staub sind, legt zwei Finger v-förmig über die Lippen, um mit diesem international verständlichen Zeichen eine Zigarette zu erbitten. Yaya zieht eine aus seinem Päckchen und wirft sie ihm zu. Er riecht daran. Macht den Filter ab, aber zündet sie nicht an. Mit langsamen Kaubewegungen isst er sie auf.

Mehr ist von Agadez bis hierher nicht übrig geblieben. Ein etwa Zwanzigjähriger klettert vom Lkw und läuft barfuß auf uns zu. Er spricht Englisch, in seinen Augen stehen Tränen. »Wir haben seit drei

Tagen nichts gegessen, es ist fast kein Wasser mehr da. Bitte, nimm mich mit nach Europa. Ich heiße Jonathan, ich bin Nigerianer und habe einen gültigen Pass. Ich kann zeichnen und Möbel bauen. Schau her«, sagt Jonathan und streckt, um seine Worte zu unterstreichen, den kleinen Finger der rechten Hand aus, an dem ein Fingerglied fehlt: »Das war ein Unfall in der Schreinerei. Bitte, bitte, ich kann nicht mehr, ich bin am Ende. Ich war schon sechs Monate lang in Dirkou. Und dieser Laster bringt uns wieder dorthin zurück.« Ein anderer Passagier will zu Wort kommen. Er heißt Moses, ist dreiunddreißig Jahre alt und kommt aus Monrovia, der Hauptstadt Liberias. Er beugt sich über die Bordwand: »Der Libyer hat uns versprochen, wenn wir lebend ankommen, zahlt er uns zehntausend Francs zurück. Aber ich habe ihm fünfundzwanzigtausend bezahlt, mein Bruder ebenso. Jetzt fehlt uns das Geld, um nach Libyen zu kommen. Bitte, erkläre dem Libyer, dass er uns das zurückgeben muss, was wir ihm bezahlt haben, denn sonst sind wir *stranded people.*« Ahmed kann wirklich froh sein, dass sie ihn nicht gelyncht haben.

Die Luftspiegelungen vor uns lassen immer noch Himmel und Horizont verschwimmen. Yaya sagt, es seien noch fünfzig Kilometer bis Dirkou. Mehr oder weniger, inschallah, so Gott will. Noch acht bis zehn Stunden der Qual für die Kunden des libyschen Schleusers. Für sie ist das immer noch erst der Anfang. Der alte Mercedes-Lkw fährt als Letzter und jetzt nach Osten in die richtige Richtung los. Und die beiden von Ahmed engagierten Fahrer zeigen gleich, was für Typen sie sind. Dutzende Stimmen fordern laut, den Lkw anzuhalten, aber die beiden kümmern sich überhaupt nicht darum. Sie sind losgefahren, ohne darauf zu achten, dass ein Mann noch nicht eingestiegen war. Der rennt nun verzweifelt hinterher. Auf Asphalt fünf Stundenkilometer schnell zu sein ist nicht schwierig, aber im weichen Sand, bei vierzig Grad und mit seit Tagen leerem Magen schon. Der Mann trägt eine dicke Jacke und eine weiße Wollmütze, um sich vor der Sonne zu schützen, und rennt nun barfüßig unbeholfen hinter dem Lkw her. Mit jedem Schritt bleibt er weiter zurück. Ahmed, der auf unserem Laster geblieben ist, dreht sich um, beobachtet die Szene und sagt kein Wort. Wenn es nach ihm ginge, könnte dieser Mann ruhig umkommen. Wer weiß, wie viele Menschen er schon unter der kochend heißen Sonne im Stich gelassen hat. Der Geländewagen taucht wieder auf. Yaya fährt zurück, zieht den Schiffbrüchigen ins Auto und stellt sich quer vor den Laster, sodass dieser anhalten muss.

Dirkou ist ein grüner Streifen jenseits der ockerfarbenen Dünenkette. Entlang einer Geländestufe, der Falaise du Kaouar, breitet sich die Oase der Sklaven aus, so weit das Auge reicht. Die Häuser sind aus rosa Lehm gebaut. Alles Übrige ist eine Welt aus Sand. Die Piste des Flughafens ist ein Sandstreifen. Die Unterkünfte der Soldaten sind aus Sand. Die Palmen in nächster Nähe sind mit Sand bedeckt. Man nähert sich Dirkou wie im Landeanflug von einer riesigen Düne herab. Während wir eine halbe Stunde lang schnurgerade abwärts fahren, ist Zeit genug, sich daran zu gewöhnen, wieder menschliche Behausungen zu sehen. Unten angekommen biegt der Lkw nach links ab und fährt auf einen mit Pfählen und Draht umzäunten Platz. Ahmed springt grußlos vom Wagen, spricht mit zwei Soldaten und geht zu einigen Lkws, die am Ortseingang stehen. Weitere bewaffnete Soldaten nähern sich, schreien unverständliche Befehle, vielleicht auf Haussa. Die zuerst ausgestiegenen Fahrgäste müssen sich in den Sand knien und die Hände auf den Kopf legen. Man braucht es ihnen nur nachzumachen und zu hoffen, dass es nicht wieder Prügel hagelt. Wir müssen in fünf Reihen vor dem Laster niederknien. Daniel und Stephen sind in der Reihe neben mir. Ihre Gesichter sind erschöpft, abgemagert und staubbedeckt. Amadou, Bill und seine Freunde knien weiter hinten. Es ist jetzt nicht der richtige Moment, um sich umzuschauen und sie zu suchen. Alle halten den Mund. Ein Soldat mit einem Maschinengewehr um den Hals zwingt drei Männer, ihm in eine kleine Baracke zu folgen. Unsere Hoffnung wird enttäuscht. Ein neuer Raubüberfall. Das Pfeifen der Schläge und das Wimmern der drei Männer durchbricht die Stille. Vor allem das Pfeifen, wenn Gummischläuche und dicke Kabel als Peitschen verwendet werden. In der Sahara wird nichts weggeworfen. Das zischende Geräusch wirkt wie ein breiter Pinselstrich, der die Grausamkeit der

Szene unterstreicht. Man schließt die Augen und erwartet das Aufklatschen, begleitet von unterdrücktem Wimmern.

Die Soldaten bleiben vor jedem Passagier stehen. Einer sagt auf Französisch endlich: »Mach mir ein Geschenk.« Der kniende Mann zu seinen Füßen schaut den Soldaten an, der wiederholt: »Mach mir ein Geschenk.« Der Mann antwortet nicht. »Sergeant.« Der Soldat ruft seinen Vorgesetzten, der sich mit Nasser und dem anderen Fahrer unterhält. »Sergeant, die da haben keine Geschenke für uns.« »Wie viel willst du?«, flüstert der Kniende. »Zehntausend Francs. Heute reichen zehntausend Francs. Wenn ihr in Europa seid«, fährt er an alle anderen gewandt fort, »verdient ihr zehntausend Francs in zwei Stunden. Machst du mir also dieses Geschenk?« »Ich habe keine zehntausend Francs«, sagt der Kniende und blickt unverwandt auf die staubigen Hosenbeine des Soldaten. Seine Schultern sind starr, und er hält die Hände fest auf den Kopf. Der Soldat betrachtet ihn schweigend. Plötzlich zieht er das Maschinengewehr fest an die Brust, während er mit der Linken den Mann vor ihm am Ohr packt und ihn hochzieht. Die beiden Fahrer und der Sergeant kommentieren das Geschehen lachend auf Arabisch. Der Mann wird mit den Händen auf dem Rücken in die Folterbaracke gezerrt. Wieder das Zischen, wieder Klagelaute. Jetzt zahlt jemand. Nach wenigen Minuten wird ein anderer Mann an den Ohren hochgezogen. Das Zittern seiner Schultern verrät, dass er weint. Der Soldat neben ihm lässt ihn wieder hinknien, dann gibt er ihm wortlos einen Fußtritt zwischen Knie und Hüfte. Der Mann versucht seinen Kopf mit den Händen zu schützen, denn er erwartet schon den nächsten Angriff. Und der Soldat schlägt ihn tatsächlich mit der Faust so in den Rücken, dass die Fingerknöchel genau das Rückgrat treffen. Der Brustkorb des Mannes wölbt sich vor, und aus seinem aufgerissenen Mund löst sich ein Schrei. Man müsste eingreifen, müsste den Soldaten daran hindern weiterzumachen. Aber die Soldaten sind bewaffnet, und man kann einen bewaffneten Soldaten nicht attackieren. Auch einen unbewaffneten Soldaten nicht, wenn es nur wenige Meter bis zur Kaserne sind. Man kann ihn nur ablenken, seine Aufmerksamkeit durch etwas anderes gefangen nehmen, ihn mit einem Trick überlisten. Deshalb ziehe ich meinen Tagelmust herunter und enthülle meine Identität. Jetzt ist der richtige Augenblick, um ganz laut zu sprechen. Der Tagelmust gleitet sanft auf die Schulter herab. »Sergeant, ich habe Medikamente dabei. Brauchen Ihre Soldaten Medikamente?« Der Sergeant hebt den Blick und fixiert das bleiche, unrasierte Gesicht vor sich, die von der Sonne verbrannte Nase und die als Zeichen der Unterwerfung erhobenen Hände. Der Offizier erkundigt sich bei den Fahrern über mich.

Aber die anderen Soldaten haben zugehört und kommen näher, in der Hoffnung, Heilmittel für ihre Krankheiten zu bekommen. Dafür eignen sich die Zuckerkügelchen hervorragend, denn verpackt sehen sie genau wie Tabletten aus. Auch das Multivitaminpräparat, das noch ungebraucht in der Tasche unter dem Boubou verborgen ist, kann ich hier gut gebrauchen. Ein Soldat eilt in die Kaserne, um zu verkünden, dass draußen ein europäischer Arzt ist. Die Schlange wird immer länger. Die meisten wollen etwas gegen Erkältung und Husten. Einigen aber geht es wirklich schlecht. Ein etwa dreißigjähriger Soldat braucht etwas für sein rechtes Auge. Am Rande des Augapfels hat sich ein blutiges Geschwür gebildet, das ein Tumor oder ein Abszess sein könnte. »Tut mir leid, dagegen kann ich nichts machen.« »Bist du denn nicht Arzt?«, fragt der Mann. »Nein, ich habe nur gesagt, dass ich Medikamente dabeihabe, ich bin kein Arzt. Du musst dich ins Krankenhaus von Agadez oder Niamey einweisen lassen. Ich kann dich nicht behandeln.« Der Soldat nickt traurig und kehrt wortlos zur Kaserne zurück. Wer weiß, wie oft er schon seine Einweisung in ein Krankenhaus beantragt hat.

Der Sergeant will meinen Pass kontrollieren. Dabei kann ich ihn in eine Diskussion darüber verwickeln, wie sie die Passagiere quälen. Er hört meinen Einwänden aufmerksam zu und sagt mir dann seine Meinung über die Ausländer, die immer noch vor ihm im Sand knien. »Wir haben schon zu Gott gebetet, als die da noch getrommelt und sich wie Tiere gegenseitig aufgefressen haben. Die sind nicht wie wir.« Der Sergeant seufzt und fährt mit Blick auf seine Soldaten, die ihm zuhören, fort: »Wenn sie die Reise bis Europa bezahlen können, heißt das, dass sie reich sind. Deshalb ist es nur gerecht, dass wir auch etwas abbekommen, die wir in Afrika bleiben müssen und kein Geld haben, um wegzugehen.« »Sergeant, wenn Sie die Leute weiter so behandeln, werden die als Leichen in Europa ankommen. Um aufzubrechen, braucht man nicht nur Geld. Man braucht Mut und Freiheitswillen. Vielleicht sind Sie, Herr Sergeant, deshalb immer noch hier.« Glücklicherweise versteht er die Anspielung nicht oder tut wenigstens so. Wie dem auch sei, nun habe ich mich selbst in Schwierigkeiten gebracht, denn ganz Dirkou weiß, dass hier ein Italiener herumläuft, der seine Nase in die Geschäfte mit den Auswanderern stecken will. Jetzt ist es vorbei mit meiner Anonymität. Vorbei mit der Möglichkeit, aus dem Verborgenen zu beobachten, was geschieht.

Der Offizier hat genau das verstanden, denn er fragt: »Warum sind Sie hier?« »Als Tourist.« Lächelnd hält er meinen Pass zurück. »Und wo ist ihr Passierschein als Tourist?« »Den hat mein Führer.« »Und wo ist Ihr Führer?« »Das weiß ich nicht, denn ich war auf dem Lkw.« »Warten Sie hier«, befiehlt er und geht in Richtung Kaserne. Das Risiko hat sich jedenfalls gelohnt. Die anderen Passagiere können, ohne weiter ausgeplündert und gequält zu werden, den Platz verlassen. Sie schlurfen mit ihren längst leeren Wasserkanistern über den Sand davon zu den Häusern der Oase am Rande der Wüste.

Auch Daniel und Stephen sind gegangen. Wir haben uns nicht einmal umarmt. Als sie den Platz verlassen durften, standen sie mit einem schiefen Lächeln einfach auf, ohne sich weiter zu verabschieden. Vielleicht haben sie meinen Trick nicht verstanden. Vielleicht bin ich für sie nur der typische Europäer, der sich auf die Seite der Stärkeren schlägt. Der übliche Opportunist, der sich den Militärs anbiedert und sie mit Medikamenten besticht, während sie ihre Opfer quälen. Darin ist Europa immer eine große Lehrmeisterin gewesen. Endlich kommt Yaya mit seinem Geländewagen.

»Wo warst du?« »Ich habe vor der Kaserne darauf gewartet, dass sie den Passierschein abstempeln«, antwortet Yaya. »Und haben sie ihn abgestempelt?« »Den Passierschein ja. Aber jetzt müssen wir darauf warten, dass sie auch deinen Pass abstempeln.« »Wie lange dauert das?« »Bis morgen Nachmittag.« »Bis morgen Nachmittag? Ich würde gern mit dem ersten Lastwagen zurückfahren.« »Soldaten sind eben Soldaten. Sie sind es, die entscheiden, wann wir fahren können«, sagt Yaya und zieht so tief an seiner Zigarette, dass sie zur Hälfte abbrennt. Auf dem Geländewagen sind keine Dieselkanister, und auch der Kofferraum ist leer. »Hast du noch nichts für die Rückfahrt besorgt?« »Doch, ich habe alles in Muhammars Haus deponiert«, erklärt Yaya. »Wer ist Muhammar?« »Ein Freund von mir. Wir können heute dort übernachten, er hat im Innenhof einen Platz für uns reserviert.«

Muhammar wohnt in einem kleinen Haus mit Garten neben der Polizeistation von Dirkou. Die nigrische Flagge flattert über der Kuppel aus Lehm und dem Sonnenschutz aus geflochtenen Palmwedeln. Vier Polizisten sitzen plaudernd auf einer Bank. Muhammar erwartet uns vor dem offenen Tor. Er ist um die vierzig, wirkt mit seinem dunklen Gesicht und seinem Bärtchen typisch arabisch und trägt eine grüne Uniform mit den Rangabzeichen eines Offiziers. »Yaya, ist Muhammar ein Polizist?« »Nein, er gehört zur Armee.« »Ich würde lieber bei den anderen Passagieren übernachten.« Yaya antwortet nicht gleich, denn er muss aufpassen, dass der Geländewagen nicht rechts oder links an die Torpfeiler schrammt. »Ich glaube nicht, dass das geht. Dirkou ist schlimmer als der Autogare von Agadez. Du bist weiß, du kannst nicht im Freien schlafen.« Muhammar gibt uns freundlich die Hand und befiehlt Gereke, einem barfüßigen Jungen, Tee zu bereiten. »Hier bist du mein Gast«, beginnt Muhammar das Gespräch, »mach es dir bequem. Du kannst das Bad im Haus benützen. Ich muss zurück in die Kaserne. Bis nachher.« Yaya füllt mit einer Handpumpe aus einem Fass Diesel in die Reservekanister. Gereke bedient den Hebel, während Yaya in der einen Hand den Schlauch hält, in der anderen eine Zigarette. »Vielleicht solltest du besser nicht rauchen, Yaya.« »Diesel brennt nicht … Ach ja, wenn du auf die Toilette musst, kannst du hinaus in die Oase hinter die Büsche gehen.« »Ich sehe mich ein bisschen um und mache ein paar Fotos vom Sonnenuntergang.«

Muhammars Haus und die Polizeistation liegen im Norden von Dirkou. Der Sand ist weich und angenehm warm, als liege Dirkou an einem ausgedehnten Strand. Die Sonne geht hinter den Dünen der Ténéré und der großen Kaserne unter. Die Schrift auf der Wand weist sie als Stützpunkt des 24. truppenübergreifenden Bataillons aus. Auf der anderen Seite des großen Platzes vor der Kaserne liegt hinter einem verrosteten Tor der Fußballplatz. Dort beginnt gerade ein Match. Die Spieler, es sind offensichtlich Soldaten, die freihaben, kommen aus dem Stützpunkt. Auf meiner Seite des Platzes stehen zwei Mercedes-Lkws mit libyschem Nummernschild und sechs Toyota-Geländewagen. Bei einem Lkw ist die Bordwand halb mit Kanistern bedeckt. Sie kommen aus Agadez oder warten vielleicht darauf, nach Libyen zurückzufahren. In einem von Bambusstangen umzäunten Gehege hinter einer anderen Polizeibaracke sind fünf Hühner, zwei Ziegen und vielleicht fünfzig Menschen mit Gepäck und Wasserkanistern untergebracht. Sie haben für die Nacht am Boden Matten ausgebreitet. Aber Daniel und Stephen sind nicht unter ihnen. Neben diesem Gehege und den Polizisten stehen drei Schreibtische in einer aus Palmwedeln geflochtenen offenen Hütte. Ein Mann sitzt neben einer an einem Pfahl aufgehängten Schreibtafel. An seinem Gürtel baumelt ein Dolch. Auf Französisch und Arabisch ist zu lesen: »Ligne Dirkou-Libie«. Das Abendlicht ist überwältigend schön.

Nach der langen Begrüßungszeremonie stellt man sich vor. Der Mann mit dem Dolch sagt, er stamme aus Niamey. »Wann geht der nächste Lkw?« »Das weiß ich nicht«, erwidert er, »wegen des Ait-Festes sind nicht genügend Passagiere gekommen. Wenn der Lkw voll ist, fährt er los. Vielleicht morgen, so Gott will.« »Fährst du auch nach Libyen?« Meine Frage entlockt ihm ein Lächeln, und er verneint entschieden. »Ich schon, ich würde gern mit einem Lkw fahren.« »Du auf einem Laster? Warum sollte ein Europäer einen unserer Lkws besteigen? Ich glaube nicht, dass das geht. Kein Europäer ist je mit unseren Lkws gefahren.« »Kann ich hier ein Foto machen?« Das Gesicht meines Gegenübers wird ernst. »Du willst hier ein Foto machen? Nein, dafür kann ich dir keine Erlaubnis geben.« »Und wer kann das tun?« »Da muss ich die Polizei fragen.« »Nur ein Foto von der Tafel, als Souvenir. Ich komme aus Dakar, das ist eine weite

Reise. Ich fotografiere alle Schilder, die ich finde. Als Erinnerung.« »Ich habe Nein gesagt. Denn von hier gehen die humanitären Transporte nach Libyen, und wenn du ein Foto machst und nach Italien zurückkehrst, ist das ein Beweisstück. Ich verstehe das nicht.« Der Mann wird laut, zieht völlig unerwartet seinen Dolch heraus und rammt ihn neben einem nagelneuen Fahrkartenblock in den Schreibtisch. »Letzte Woche ist vor der Moschee ein Aufruhr entstanden. Zwei Christen waren stehen geblieben und haben sich die Moschee angeschaut. Die muslimischen Brüder haben die Polizei gerufen.«

Das Geschrei des Mannes weckt einige junge Männer in dem Gehege auf. »Kein Problem, die Kamera ist schon weggesteckt. Ich habe um Erlaubnis gebeten, du hast Nein gesagt, also mache ich kein Foto.« Doch der Mann brüllt jetzt einfach weiter: »Ich finde es richtig, dass sie die Polizei gerufen haben. Warum müssen zwei Christen vor der Moschee stehen bleiben? Und genauso ist es hier: Warum solltest du als Christ hier ein Foto machen?« »Woher weißt du denn, dass ich Christ bin?« »Weil du mir gesagt hast, dass du Italiener bist. Und die Italiener sind Christen. Alle wissen, dass die humanitären Transporte von Libyen aus nach Italien führen.« Humanitäre Transporte nennt er das. Der Mann ist gewitzt und hat sofort verstanden, dass ein Foto als Beweis für die Route durch die Wüste dienen könnte. Völlig unklar aber ist, warum er weiter herumschreit. Vielleicht ist er schon von den Soldaten informiert worden und will einen Zwischenfall provozieren. Seine Stimme macht Passanten und die Händler auf dem Markt neugierig. Wer weiß, welche Gerüchte bei ihnen umgehen. Inzwischen ist es fast dunkel. Ich verschwinde besser. Der Mann mit dem Dolch setzt sich und spricht mit den anderen auf Arabisch. Die Umrisse der großen Kaserne zur Linken verschwinden vor dem letzten roten Schimmer am Himmel. In der heißen Luft kündigen Motorgeräusche, die wie Hustenanfälle klingen, die Ankunft von Ahmeds altem kaputten Lkw an. Die Soldaten halten ihn an, lassen ihn dann aber gleich vor der Baracke der libyschen Menschenhändler parken. Die Passagiere fallen herunter wie Bruchstücke einer einstürzenden Kuppel. Im Licht der Scheinwerfer sind verstaubte, erschöpfte Gestalten zu erkennen. Die Fahrer stellen den Motor und das Licht aus und bringen auch diese Bilder des Leidens zum Verlöschen. Die Dunkelheit aber erlaubt es mir umzukehren, ohne dass mich die Menschenhändler sehen. Einige der Passagiere haben noch die Kraft zu sprechen. Ein Mann fragt vergebens danach, wo die Nigerianer wohnen, und erzählt, dass alle überlebt haben. Aber auch sie haben wie Ousmane und Djimba, die in Mali geblieben sind, nur physisch überlebt. Ihr Lebensmut ist seit Tagen erloschen. Jonathan, Moses und die hundertzweiundfünfzig anderen wissen, was sie erwartet. Dirkou ist ein Käfig, in dem die Sahara und die Ténéré die Gitterstäbe bilden. Verzweifelte Gefangene der Oase wie sie gibt es nach Yayas Aussagen ungefähr zehntausend. Vielleicht fünfzehntausend.

Yaya sitzt in Muhammars Garten auf einem Plastikteppich und raucht. Jetzt stellt er mir die gleiche Frage wie ich ihm heute Nachmittag: »Wo warst du?« »Ich bin bis zum Lkw-Parkplatz gegangen.« »Muhammar hat sich deinetwegen Sorgen gemacht, denn er sagt, Dirkou ist im Dunkeln gefährlich heutzutage. Es gibt einfach zu viele ausgehungerte Menschen hier.« »Es tut mir leid, wenn er sich Sorgen gemacht hat.« »Macht nichts. Hast du gefragt, ob Lkws fahren?« »Ich glaube, ich werde von hier nicht so leicht wegkommen. An dem Parkplatz haben sie mir schon Schwierigkeiten gemacht, als ich nur fotografieren wollte.« »Dirkou ist nicht so wie Agadez«, erinnert mich Yaya, und Muhammar, der hinter ihm mitgehört hat, verkündet mit Nachdruck: »Hart wie Dirkou.«

Der Hausherr setzt sich auf den Teppich, während Gereke einen Topf voller Nudeln und Hammelinnereien in die Mitte stellt. Muhammar zitiert noch einen Spruch über die Oase: »Dirkou, verborgen wie ein Schakal …« »… und verrückt wie ein Pferd«, beendet Yaya den Satz. Sie lachen wie alte Freunde. Yaya gehörte zu den Widerstandskämpfern der Tuareg. Muhammar ist ein Unteroffizier des Heeres, das die Tuareg bekämpft hat.

»Wie habt ihr euch kennengelernt?« »Mein Freund, ich kann mir vorstellen, was du denkst«, antwortet Muhammar und fasst mit der Hand in den Topf mit Nudeln und Innereien, » aber wir und die Tuareg hatten in den Franzosen jahrelang dieselben Gegner.« »Gegner?

Feinde vielleicht.« »Nein«, fährt Muhammar fort, »Feinde hasst man. Wir hassen die Franzosen nicht. Letztlich haben sie uns Schulen hinterlassen und das Krankenhaus. Hier war ein Stützpunkt der Fremdenlegion.«

Einige Minuten lang essen wir schweigend. Muhammar und Yaya danken Gott bei jedem Bissen. Von Weitem ist Kindergeschrei zu hören, Trommeln, das Iahen eines Esels, Hundegebell. Nah, ganz nah an den Ohren das unaufhörliche Sirren hungriger Stechmücken. »Mein Freund, nimm dir, so viel du willst«, sagt der Hausherr, »Yaya hat mir gesagt, du bist Universitätsprofessor und lebst in Rom.« Yaya ist clever, er hat seine Rolle sofort verstanden.

»Dann kennst du den Papst?«, fragt Muhammar. »Um ehrlich zu sein, weiß ich zwar, wer er ist, aber man kann ihn nicht einfach so treffen.« »Warum nicht? Wenn du in Rom wohnst ... Er wohnt doch auch in Rom?« »Ja, mehr oder weniger, aber er ist nicht einer, der zum Einkaufen auf die Straße geht.« Nach einer weiteren Pause will Muhammar nicht nur seinen Hunger, sondern auch seine Neugierde befriedigen: »Aber sag mir, mein Freund, wie viele Söhne hat der Papst?« »Söhne? Offiziell keine. Der Papst darf keine Kinder haben.« »Ist er denn nicht verheiratet?« »Nein.« »Und warum heiratet er nicht?« »Es ist ihm verboten.« Muhammar hört auf zu essen und schaut mir mit seinen dunklen Augen direkt ins Gesicht: »Wie kann er die Menschen das Gute lehren, wenn er von Gott nicht das wichtigste Gut im Leben, nämlich Kinder, empfängt? Wie kann er wissen, was er Familien sagen soll, wenn er nicht einmal eine Frau hat?« Yaya schaut ihn an und nickt. »Mein lieber Muhammar, das ist ein altes Problem. Die protestantischen Christen haben es gelöst. Aber die Katholiken wollen es offensichtlich so.« »Ich respektiere den Papst«, bemerkt Muhammar, »aber das wusste ich nicht. Wie kann sein Leben ein Vorbild sein, wenn der Papst weder Frau noch Kinder hat?«, schließt er kopfschüttelnd.

Gereke serviert uns einen großen Teller mit Tomaten und Gurken in Erdnussöl. »Gemüse beziehen wir in Dirkou ebenso wie die Nudeln aus Libyen«, erklärt Muhammar und will noch etwas wissen: »Es war doch ein Italiener, der Amerika entdeckt hat?« Muhammars

Bruder kommt zum Tor herein, begrüßt uns und setzt sich. »Also, mein Freund, war es ein Italiener?«, nimmt Muhammar die Unterhaltung wieder auf. »Ja, es war Christoph Kolumbus. Er stammte aus Genua. Auch wenn einige Historiker das bezweifeln.« »Und was hat dieser Mann gemacht?«, fragt Muhammars Bruder. »Er hat Amerika entdeckt«, antwortet Muhammar in vorwurfsvollem Ton. Wenn man nicht genau weiß, welche Richtung ein Gespräch nimmt, sollte man sich lieber darauf beschränken, nur auf Fragen zu antworten. Aber die freundschaftliche Atmosphäre erlaubt vielleicht doch eine scherzhafte Bemerkung. »Ohne Kolumbus' Entdeckung könnten wir heute nicht diese wunderbar süßen Tomaten essen.« »Warum?«, fragt Muhammars Bruder. Diese naive Frage sollte einen nicht wundern, denn in einem europäischen Gymnasium würden auf die Frage, wer Ibn Battuta war, wahrscheinlich wenige den Namen dieses großen arabischen Reisenden auch nur gehört haben. »Hat dieser Kolumbus mit Tomaten gehandelt?«, fragt der Hausherr. »Nein, nein, ich habe damit gemeint, dass die Tomaten aus Amerika eingeführt worden sind. In Europa und in Afrika gab es vorher keine Tomaten. Bis dahin wuchsen sie nur in Amerika.« Muhammar und sein Bruder beratschlagen auf Arabisch. Nach ihrem Gesichtsausdruck zu schließen, ist der Bruder entsetzt. »Mein Bruder sagt, dass das nicht sein kann, und auch ich bin derselben Meinung«, erklärt Muhammar. »Was kann nicht sein?« »Es ist undenkbar, dass Gott eine der süßesten und köstlichsten Früchte der Erde wie die Tomate den Amerikanern geschenkt hat. Nein, diese Geschichte mit den Tomaten haben bestimmt die Amerikaner in Umlauf gebracht.« Yaya bricht in lautes Lachen aus, steht auf und zündet sich eine Zigarette an. Bis zu diesem Zeitpunkt war mir der politische Hintersinn der anfänglichen Frage über Kolumbus entgangen. Warum bloß musste ich die Geschichte mit den Tomaten anfangen? »Was denkst du darüber?«, lässt Muhammar nicht locker. »Muhammar, du musst deinem Bruder erklären, dass die Tomaten in Amerika einfach da waren. Die Vereinigten Staaten kamen viel, viel später.« »La, la, nein, nein«, erwidert der Bruder auf Arabisch, »das kann nicht sein.« Die Geschichte, die zählt, ist nicht die, die in Geschichtsbüchern steht, sondern die, die den Menschen eingetrichtert worden ist. Es ist besser, das Thema fallen zu lassen.

Muhammars Bruder tunkt Brot in das von den Tomaten übriggebliebene Öl und schmatzt beim Essen laut. »Bist du Christ?«, fragt er unvermittelt. Weil ich nicht antworte, wiederholt er die Frage. Noch eine Falle, noch schwieriger, mich herauszuwinden. »Ich denke, in erster Linie bin ich ein Mensch. Wie ihr.« »Aber bist du ein christlicher, muslimischer oder jüdischer Mensch?«, erwidert er mit erhobener Stimme. Obwohl er kaum älter als zwanzig ist, gibt es für ihn keine anderen Möglichkeiten. Er ist sehr viel fanatischer als sein Bruder, der Sergeant. Es sollte ein entspannender Abend werden, und stattdessen geht die Reise auf trügerischem Untergrund weiter. Schlimmer als die Dünen von Kufr. »Welche Rolle spielt es, welchem Weg einer folgt? Wir sind doch in erster Linie Männer und Frauen, oder?« Weiter komme ich mit meiner rationalen Argumentation nicht und brauche gar nicht erst zu versuchen, diesem Menschen, den seine Glaubensgewissheit blind gemacht hat, den Wert von Toleranz zu erklären. Jetzt muss ich nur einen Weg finden, um dieses gefährliche Thema zu beenden.

Die Welt ergreift Partei. Die drei großen Religionen teilen die Völker unter sich auf. Und was dabei herauskommt, zeigt Muhammars Bruder mit immer glühenderer Wut: »Du kennst also die neunundneunzig herrlichen Namen Gottes nicht? Ar-Rahman, ar-Rahim, al-Malik, al-Quddus, as-Salam, al-Mumin, al-Muhaymin …«, und er zählt alle neunundneunzig Namen auf. »Ich habe sie gelesen, aber ich kann sie nicht auswendig.« Zuerst wendet er sich auf Arabisch an seinen Bruder, dann übersetzt er auf Französisch: »Ich frage mich, wie du leben kannst, ohne die neunundneunzig herrlichen Namen Gottes mit dem Herzen und damit auswendig zu wissen. Du durchquerst alleine die Wüste, dann kann es sein, dass du sie brauchst. Die Sahara ist voller Dschinn. Ich hatte einmal in Libyen einen Unfall, und man hat mich ins Krankenhaus gebracht. Ich bin nur deshalb wieder gesund geworden, weil ich Gott mit seinen neunundneunzig herrlichen Namen um Hilfe angefleht habe. Das ist ein großes Geschenk Gottes.« »Nur Gott in seiner Güte kennt seinen Willen«, bringt Muhammar das Gespräch endlich zum Abschluss. »Mein Freund, es ist spät. Gehen wir, unser Gast muss sich ausruhen.« Der Sergeant zieht sich ins Haus zurück, wo er mit der jüngeren seiner zwei Frauen lebt. Der Bruder fährt mit einem großen japanischen Geländewagen von dannen.

Heute Nacht schlafe ich auf einer Strohmatte im Freien, und der Rucksack dient mir als Kopfkissen. Yaya und sein Freund legen sich neben den Geländewagen. Gereke arbeitet noch. Es ist kurz vor Mitternacht, und er muss noch die Blumen- und Gemüsebeete gießen. Er ist zweiunddreißig Jahre alt, hat eine schüchterne Stimme und große Lust, von sich zu erzählen. Er kommt aus Koulikoro in Mali.

»Ich habe zehn Jahre lang als Taxifahrer in Kamerun gearbeitet«, berichtet er und achtet dabei darauf, dass der Wasserstrahl die Pflanzen an der Wurzel trifft. »Ich hatte ein eigenes Auto. Aber in Kamerun geht es mal gut und mal schlecht. Deshalb wollte ich es in Libyen versuchen. Als es aber auch in Libyen nichts war, habe ich mir gesagt: Mit Afrika mache ich Schluss und gehe nach Europa. Ich vergeude nur meine Zeit damit, in Afrika Arbeit und ein neues Leben zu suchen.« Gereke stellt die kleine Pumpe ab, die das Wasser aus dem Brunnen holt. In Dirkou gibt es kein Telefon, keine Bank, keinen Strom. Wer es sich erlauben kann, betreibt den Fernseher und die Satellitenantenne mit einem Dieselgenerator. Der einzige Reichtum Dirkous ist das Wasser, das zwei Meter unter dem Sand steht. Lauwarmes, immer achtundzwanzig Grad warmes Wasser. »Ich bin von Agadez aus nach Dirkou gekommen und hatte Glück, oder vielleicht auch nicht. Als ich mich umhörte, hat man mir gesagt, dass ein wichtiger Araber, ein Sergeant, jemanden für seinen Garten in der Oase sucht. Wir haben abgemacht: für zwei Monate Arbeit zahlt er mir die fünfundzwanzigtausend Francs bis al-Gatrun in Libyen. Nun sind schon drei Monate vergangen, und ich bin immer noch hier. Ich habe zwar freies Essen, aber ansonsten bekomme ich von meinem Chef keinen Cent. Und wenn ich je von hier wegkomme, werde ich kein Geld haben. Die Soldaten und Polizisten haben mir alle meine Ersparnisse abgenommen.«

»Fünfundzwanzigtausend sind achtunddreißig Euro und fünfzig

Cent. Du arbeitest seit drei Monaten für achtunddreißig Euro und fünfzig Cent.«

»Ich werde vier Monate arbeiten, vielleicht fünf oder vielleicht auch sechs. Bis jetzt haben wir noch nicht darüber gesprochen, wann ich fahre. Mein Arbeitstag beginnt um halb sechs mit der Zubereitung des Kaffees. Am Vormittag koche ich, während die Hausherrin fernsieht. Am Nachmittag arbeite ich im Garten, jeden Tag. Und immer werde ich erst um diese Zeit fertig. Aber draußen hätte ich Angst.« »Angst wovor, Gereke?« »Angst, dass es mir so geht wie denen, die hier seit mehr als einem Jahr in Dirkou gefangen sind. Sie sind verrückt geworden und leben im Dickicht. Einer von ihnen kommt jeden Morgen auf den Markt und begnügt sich mit einer Handvoll Mehl oder einem Stück Brot. Wenn man ihn anspricht, flieht er wie ein verängstigtes Tier. Die da draußen müssen in den Häusern der Kaufleute oder in den Palmenhainen wie Sklaven arbeiten. Sie spülen ab, kümmern sich um die Gärten, ernten Datteln und machen Ziegel und bekommen dafür eine Schüssel Hirsebrei, einen Teller Nudeln, Kaffee oder ein paar Zigaretten. Davor habe ich Angst, mein Freund. Der Sergeant lässt mich zumindest nicht hungern.«

Gereke wird nicht geschlagen und hat keine Fußfesseln. Die braucht man in Dirkou nicht. Aber Gereke weiß trotzdem, dass er ein Gefangener der Oase ist. Dass er umsonst arbeiten muss, um nicht Hunger zu leiden. Dass er nur weg kann, wenn sein Chef es erlaubt. Mit seiner schüchternen Stimme wünscht er mir eine gute Nacht und geht zum Schlafen in seine zwei Quadratmeter große Hütte an der Mauer des Hofes, in dem der Sergeant Hühner, eine Trappe und einen Pfau hält.

Dirkou liegt mitten in der Wüste und markiert den Übergang von der Ténéré zur Sahara. Dennoch ist es in der Nacht lauter als in einer Großstadt. Hunde bellen, Esel schreien, Hühner gackern. Muhammars Trappe fühlt sich von dem Rucksack unter meinem Kopf angezogen und vollführt einen lang gezogenen Balztanz. Sie bewegt sich vor und zurück, pfeift und hat, um sich des Rucksacks zu bemächtigen, die hervorragende Idee, meine Haare mit ihrem Schnabel zu traktieren. Dann herrscht plötzlich Stille, bis wieder ein Esel zu iahen beginnt. Die Hunde bellen, die Hühner gackern, es regt sich kein Lüftchen. Ein feiner Schleier von Zirruswölkchen verhindert, dass die Temperatur sinkt. Zu Abertausenden schwirren die Stechmücken durch die Luft. Endlich wird es wieder still. Bald wird die Sonne aufgehen. Es ist noch dunkel, wenn der Muezzin mit seiner Falsettstimme dem Himmel und den Gläubigen zuruft, dass Gott groß ist. Er wiederholt den Satz und zieht dabei die Vokale möglichst in die Länge, sodass das Echo seiner Stimme in der ganzen Oase zu hören ist. Die Hunde bellen, die Esel schreien, die Hühner gackern. Es geht wieder von vorne los. Um halb sieben weckt eine Trompete die Soldaten in der Kaserne. Diese Töne müssen den Eseln besonders gut gefallen, denn sie iahen erneut eine gute halbe Stunde lang im Chor. Die Umrisse der Falaise du Kaouar werden bereits von der dahinter aufsteigenden Sonne erleuchtet. Wie mit einem Vergrößerungsglas hebt ihr blendendes Licht jeden Felsvorsprung und jeden Sandhügel hervor. Gereke, der für seine Herren schon den Kaffee gemacht hat, füllt die Trinknäpfe der Hühner mit Wasser. Yaya flucht. »Hast du schlafen können?«, fragt er, während er sich über einen Wassereimer beugt, »beim nächsten Mal schlafe ich lieber in der Wüste. Wo gehst du hin?« »Ich schaue mich in der Oase um. Ich bin auf der Suche nach zwei von meinen Freunden.«

In der Nacht sind weitere Lkws angekommen. Hunderte von Fahrgästen haben den Anbruch des Tages an den Kreuzungen Dirkous erwartet. Sie sind immer noch da, denn sie wissen nicht, wohin sie gehen sollen, und sitzen auf ihren staubigen Rollkoffern, Säcken und Wasserkanistern. Auf dem Platz vor dem Fahrkartenschalter der libyschen Schleuser stehen zwölf weiß-blaue, mit Kanistern beladene Toyota-Geländewagen zur Abfahrt bereit. Am Ende der Straße ist das Treibstofflager der Menschenhändler hinter einem Zaun versteckt. Der Sand ist mit schwarzen Ölflecken gesprenkelt. Ein süßlicher Geruch schwebt in der Luft. Mitten im Hof liegen mehr als zweihundert Fässer unter einer Militärplane, um sie vor der Sonne zu schützen. Es könnte das Depot des Heeres sein. Doch die Tatsache, dass hier Lkws und Geländewagen mit libyschen Kennzeichen parken, verrät, wofür diese vielen Tonnen Diesel gebraucht werden.

Die Auswanderer, die hier Station machen, erkennt man sofort. Sie tragen nicht Tunika und Turban wie die hier ansässigen Araber, die Kel Tamaschek und die Tubu, sondern T-Shirts und Jeans, oft auch dicke Jacken oder Regenmäntel, weil sie Angst haben, diese zu verlieren, obwohl es tagsüber schrecklich heiß ist. Auf einer Mauer im Hof steht auf Englisch: » Es ist verboten, in die Latrine zu koten.« Die Latrine ist ein von vier Brettern umrahmtes Loch in der Erde, das bis zur Grundwasseroberfläche reicht. »Das ist gefährlich. So verunreinigt ihr das Wasser der Oase.« Der Betreiber des Örtchens, ein massiger Mann mit nigerianischem Akzent, erhebt sich von seinem Stuhl unter einer Weide. »Deshalb darf man hier nur urinieren. Zum Kacken müssen Sie ins Dickicht«, erklärt er, »suchen Sie eine Übernachtungsmöglichkeit?« Matten und Haufen von Lumpen, Handtücher und ein paar Kleidungsstücke liegen als Hinterlassenschaft der etwa hundert Gäste herum, die hier die Nacht verbracht haben. »Zahlen die ihnen etwas?« »Vierzigtausend Francs pro Woche«, antwortet der Mann. »Vierzigtausend? Aber so viel kostet ja fast die Reise von Agadez nach Libyen.« »Sie können sich auch mit den Ziegenpferchen begnügen oder dem Dickicht. Aber da sind Sie nicht sicher.« »Ich suche gar keinen Übernachtungsplatz, ich suche nach zwei Freunden von mir, Daniel und Stephen. Sie sind Brüder und kommen aus Nigeria.« »Wann sind sie in Dirkou angekommen?« »Gestern Nachmittag. Mit dem Lkw aus Agadez.« »Nein, tut mir leid. Bei mir ist kein Nigerianer dieses Namens. Aber wenn sie nach Libyen weiterwollen, müssen sie sich auf jeden Fall mit den Leuten von Madame Hope in Verbindung setzen. Sie ist die Chefin der humanitären Transporte. Sie sind Weißer, Sie werden von ihr bestimmt empfangen.«

Madame Hope ist ein unerreichbarer Name. Im Menschenhandel von Afrika nach Europa bedeutet er so viel wie Osama bin Laden. »Ich habe gedacht, sie lebt in Libyen. Wo kann ich sie finden?« »Madame Hope bleibt nie an einem Ort. Sie kann in Libyen sein. Sie kann in der Sahara sein oder in Europa. Hier draußen rechtsherum, am Ende hinter dem Markt ist die Unterkunft der Nigerianer. Sie gehört Madame Hope. Wenn sie noch in Dirkou ist, finden Sie sie dort.«

Der Markt von Dirkou bietet ein reiches Angebot. In Libyen hergestellte Töpfe. Trikots europäischer Fußballvereine aus China. Zucker, Pasta, Reis, Windjacken. In einem Gehege für Hühner und Ziegen waschen sich ein paar Männer an einem Trog. Einer von ihnen trägt eine dicke Wollmütze und ein sauberes T-Shirt. Es ist Moses. Unsere Blicke begegnen sich, und er kommt an den Zaun. »Ahmed hat heute Nacht seinen Laster für knapp vier Millionen Francs verkauft«, erzählt er, »aber er behauptet, kein Geld mehr für uns zu haben, weil er die Polizisten bestechen muss. Vorher hat er uns versprochen, jedem nur zehntausend Francs zurückzuzahlen. Er muss uns aber die ganzen fünfundzwanzigtausend geben, denn es war vereinbart, dass er uns nach Libyen bringt, und er hat sich nicht daran gehalten. Ich habe der Polizei hier dreitausendfünfhundert Francs zahlen müssen: Wenn Ahmed mir nur zehntausend Francs gibt, fehlen mir achtzehntausendfünfhundert Francs. Außerdem wollen sie hier für die Übernachtung fünfhundert Francs. Das sind fünfzehntausend im Monat.« »Ahmed ist ein unsauberer Typ. Gestern wollte er mir den Lkw mit euch allen verkaufen.« »Heute Morgen bin ich ganz früh zur Polizei gegangen, um den Fall anzuzeigen«, fährt Moses fort. »Sie haben mir gesagt, dass sie das nichts angeht, es sei eine Privatangelegenheit zwischen mir und Ahmed, obwohl die Polizisten für die Weiterfahrt von mir dreitausendfünfhundert Francs kassiert haben. Komm herein, dann zeige ich dir, wie es hier drinnen aussieht.«

Das Vordach, unter dem Moses genächtigt hat, öffnet sich auf einen Innenhof, in dem ein Baum wächst. Der Besitzer liegt schnarchend auf einem Teppich in der Mitte der freien Fläche, auf der sich Ziegen und Hühner tummeln. »Er ist auch Libyer«, flüstert Moses. Das Gepäck liegt in einer schattigen Ecke auf einem Haufen. Auf zwei Kanistern steht Bills Name. »Wie ich sehe, sind hier auch meine Reisegefährten. Ich suche zwei Leute, Daniel und Stephen.« »Das weiß ich nicht«, antwortet Moses, »es war schon dunkel, als ich ankam. Jetzt sind viele in der Oase unterwegs. Schau, das ist alles, was ich habe.« Diese Auswanderer haben keine Koffer aus Leder oder Pappkarton, sondern Rollkoffer made in China und ein paar Säcke. Moses' Trolley ist völlig verstaubt. Er öffnet ihn und holt seine Kleider heraus. Aus seinem Kalender zieht er das Foto seiner Frau Olivia hervor: mit großen Augen, einem strahlend weißen Lächeln und zurückgebundenen Haaren sitzt sie artig wie ein Schulmädchen da. Das zweite Foto zeigt ihre achtjährige Tochter. Außerdem hat Moses noch einen Ausweis als Fußballtrainer und die Zeugnisse der Berufsschule bei sich. »In Monrovia ging ich in die Abendschule. Tagsüber habe ich bei Firestone gearbeitet, wo Reifen für euch in Europa hergestellt wurden. Vor vier Jahren sind wir wegen dem Bürgerkrieg nach Ghana geflüchtet. Im Flüchtlingslager habe ich eine Ausbildung als Baggerfahrer gemacht, schau her, hier ist das Abschlusszeugnis.« Moses leert einen Sack voller Boubous und Dschallabas aus. »Wenn ich diese Sachen hier verkaufe, könnte ich schon ein bisschen Geld zusammenbekommen. Schau dir diese wunderschönen Dschallabas an, sie werden in Nigeria hergestellt. Hier gibt es aber zu viel *stranded people*, die Kleider verkaufen. Hier bekomme ich nur tausend Francs für eine Dschallaba. Fünfhundert Francs für die T-Shirts. Das würde nicht für die Fahrt reichen.« »Wie hast du das Geld für die Reise zusammengebracht?« »Celine, eine Frau aus Sofia, hat mir dabei geholfen.« »Warst du denn in Bulgarien?« »Nein, ich habe sie im Internet auf www.yahoo.co.uk kennengelernt. Sie hat mir Geld geschickt, aber ich habe sie nie gesehen. Das dagegen«, und er zeigt auf ein Band aus Leder und Silber um seinen Hals, »ist die Kette von meiner Frau. Sie hat sie mir gegeben, als ich Accra verließ, und gesagt: Wenn du sie abnimmst, nimmst du mich aus deinem Herzen. Komm, ich stelle dir meinen Bruder Emmanuel vor.« Auch Emmanuel hat Kleidungsstücke im Gepäck, die er verkaufen will, außerdem Schulzeugnisse und den Ausweis eines Fußballvereins. »Das kann in Europa immer nützlich sein. Vielleicht spiele ich in Italien.«

Dirkou ist ein Labyrinth. Hinter der Umzäunung für Menschen und Ziegen liegt vor der Maison du Ghana, wo Landsleute Zuflucht und ein bisschen Ruhe finden, ein Hotel ohne Sterne. Sandboden, die üblichen Matten als Betten. Hier schlafen die Nigerianer, die es sich leisten können. Die Betreiberin nennt sich Pat und erwartet, von Kopf bis Fuß in farbige Stoffe gekleidet, ihre Gäste vor der eisernen Tür unter dem Schriftzug »welcome« und auf die Mauer gemalten Flaschen und Getränkedosen. Pat ist zweiundzwanzig Jahre alt, hat ein hübsches Gesicht und schon etwas aus der Form gegangene Hüften. »Du suchst Madame Hope? Komm rein.« Pat führt mich in einen schattigen, fensterlosen Raum. »Weißt du, dass mein Bruder in Italien ist? In Neapel. Ich wollte auch nach Italien gehen«, erzählt sie und deutet auf die Plastikstühle, auf die wir uns setzen sollen. »Dann bin ich in Zuwara an der libyschen Grenze nach Tunesien hängen geblieben. Von Zuwara gehen die Schiffe nach Sizilien ab. Vor drei Jahren hat Gaddafi alle Schwarzen aus dem Land vertrieben. Sie haben mich erwischt und ausgewiesen. Seitdem bin ich in Dirkou. Das ist in wenigen Worten meine Lebensgeschichte. Und du, warum bist du hier?« »Um Madame Hope zu treffen. Kannst du mir helfen?« »Ich weiß nicht«, antwortet sie, »Madame Hope kann man nicht so leicht treffen.« Pat lässt sich zu einem Drink einladen, obwohl sie die Hausherrin ist. Fünfhundert Francs für eine Pepsi mit arabischen Schriftzügen auf der Dose, tausend für ein Bier. »Möchtest du Sex haben?«, fragt sie plötzlich. »Vielleicht schon.« »Mit einem Schwulen oder mit einer Frau?« Pat braucht nur hinauszugehen und kommt mit einem jungen Mädchen zurück. Sophie sagt, sie sei fünfzehn. »Gefällt sie dir?«, fragt Pat. Mit einem Blick bejahe ich. »Komm mit«, sagt Sophie und geht durch den Hof. Vier Mädchen und drei Jungs schwatzen und lachen unter aufgehängter Wäsche. Sie sitzen auf leeren Wasserkanistern. Die Zimmertüren gehen auf den rechteckigen sandbedeckten Hof hinaus. Sophie öffnet eine Tür und schließt sie dadurch, dass sie einen Kanister, auf dem ihr Name steht, davorstellt. Ihre Flipflops lässt sie im Sand liegen. Sie zupft ihre Hosen aus beigem Stoff und ihre Jeansbluse zurecht, legt sich angezogen auf die Plastikmatte und schaut mich wortlos an. Sie ist sehr jung, aber sicher älter als zwanzig, hat schmale Augen und kurze Haare. Augenbrauen und Mund sind mit schwarzem Stift nachgezogen. Sophie bezahlt die Reise mit ihrem Körper und kann erst dann nach

Libyen aufbrechen, wenn sie fünfzig- oder siebzigtausend Francs eingebracht hat, mehr als das Doppelte des Fahrpreises. In Dirkou kostet eine Prostituierte fünfhundert Francs, weniger als ein Euro. Sophie muss sich hundertvierzig Mal hingeben, bis sie von hier fort kann. Jetzt holt sie unter der Matte eine Packung Papiertaschentücher hervor und knöpft sich die Bluse auf, bis ihr Busen sichtbar wird.

»Sophie, du brauchst dich nicht auszuziehen.« Überrascht hält sie inne und schaut mich an. »Ich brauche deine Hilfe, aber du musst mir versprechen, dass du Pat nichts verrätst.« Sophie bekommt Angst und will aufstehen. »Warte, hör zu. Ich zahle dich trotzdem. Auch mehr, als du normalerweise bekommst. Hier, den Rest kannst du behalten.« Sophie setzt sich auf der Matte auf. »Jetzt aber musst du laut das sagen, was du normalerweise zu deinen Freiern sagst. Sonst merken es deine Freunde da draußen. Wenn sie herausbekommen, dass wir hier keinen Sex haben, komme ich in Schwierigkeiten.« Sophie lächelt. »Und was soll ich dir denn sagen?« Sie spricht sehr gut Englisch. »Das Gleiche wie allen anderen. Was weiß ich, in Europa fängt man mit dem Präservativ an.« »In Dirkou gibt es keine Präservative.« »Sophie, ich suche zwei nigerianische Freunde von mir, und außerdem muss ich mit Madame Hope sprechen.« »Nein, nein, nicht.« »Hast du verstanden, was ich dich gefragt habe?« »Halt. Ich will keinen Zungenkuss.« »Weißt du, wo ich Madame Hope finden kann?« »Warte, warte doch, bis ich ausgezogen bin.« »Ist sie noch in Dirkou?« »Nein, so werde ich ganz voller Sand.« »Ich dachte, das hier ist ihre Basis.« »Jetzt zieh du dich aus«, fordert mich Sophie auf und beginnt zu stöhnen. Sie hat ihre Rolle genau verstanden. Mit dem Zeigefinger schreibt sie die Antworten in den Sand. »Sie ist nicht mehr hier. Bar des étrangers. Bei der Moschee.« Mit der Handfläche wischt sie die Schriftzeichen schnell aus und unterdrückt nur mühsam ein Kichern.

»Musst du gleich gehen oder kannst du noch bleiben? In diesem Zimmer ist es schön kühl«, fragt mich Sophie flüsternd zwischen vorgetäuschtem Stöhnen, »wir könnten ein bisschen miteinander plaudern.« »Fang an.« »Fang du an. Wie ist es in Italien?« »Willst du nach Italien?« »Ich will nach Italien, nach Europa, ich weiß nicht.« »Wo bist du her?« »Aus dem Bundesstaat Edo in Nigeria. Meine Familie lebt in einem Dorf.« »Warum bist du weggegangen?«

Sophie gibt die gleiche Antwort wie all die anderen: »Bei uns gibt es keine Arbeit, es reicht nur zum Überleben. Wir sind vier Geschwister. Ich hatte dieses Leben satt, ich wollte weg, um etwas Geld zu verdienen. Nach Libyen und vielleicht nach Italien.« »Wie hast du dich entschieden aufzubrechen?« »In Nigeria kommen Leute in die Dörfer, die Mädchen wie mich suchen. Zuerst fährst du. Dann zahlst du, wenn du Arbeit hast. Ich muss zweitausend Dollar zurückzahlen.« »Weißt du, dass afrikanische Frauen in Europa oft Fahrtkosten bis zu dreißig- oder vierzigtausend Dollar zurückzahlen müssen?« Sophie zuckt die Achseln: »Nein, davon habe ich noch nie etwas gehört. Ich hatte nie Probleme, seit ich vor drei Monaten aufgebrochen bin. Das heißt, ich hatte nie Probleme, bis ich in diesem Scheißort gelandet bin. Hier mitten in der Wüste haben sie mich dazu gezwungen. Ich muss anschaffen, sonst komme ich nicht weiter. Wer weiß, wann es klappt. Kannst du mir helfen, von hier wegzukommen?« »Ich kann dich nicht nach Europa mitnehmen. Aber wenn du wieder nach Nigeria zurückwillst, schon. Ich muss von Dirkou aus wieder in die Richtung. Ich könnte dich bis Agadez mitnehmen.« »Nach Nigeria zurück? Das fiele mir nicht einmal im Traum ein. Außerdem gehöre ich nicht mehr mir selbst. Du müsstest mich freikaufen, müsstest Pat und die anderen bezahlen, die an uns Mädchen verdienen. Nein, ich kehre nicht um. Ich will weitermachen.« »Seit wann bist du in Dirkou, Sophie?« »Seit einer Woche. Vorher war ich zwei Monate im Hotel Sahara in Agadez. Aber zwei Monate hier werden eine Tortur. Ich hoffe, es zu überleben und nicht krank zu werden, bevor ich Italien sehe.« Sie ist den Tränen nahe, steht auf, schiebt den Kanister zur Seite, um die Tür zu öffnen. Das Licht blendet. »Gehen wir«, sagt sie.

Pat sitzt immer noch auf ihrem Plastikstuhl im Schatten der Bar. Im Fernsehen läuft ein Satellitenkanal mit Discomusik. Dazu brummt im Hintergrund der Stromgenerator. »Hat dir mein Mädchen gefallen?«, fragt Pat, während Sophie in den Hof zu den anderen Sklavinnen geht. Pat verabschiedet sich lächelnd: »Italiener, du bist stets willkommen, wenn du willst.«

In diesem Teil der Oase hat man wohl noch nie einen Weißen gesehen, und es wäre wohl besser gewesen, den Boubou anzuziehen und das Gesicht mit dem Tagelmust zu bedecken. Alle drehen sich um, sobald sie meine bleichen Hände und mein sonnenverbranntes Gesicht sehen. Zwei junge Männer kommen auf mich zu, die auf den Stufen eines Restaurants saßen. Auf der Mauer ist in holprigem Englisch neben dem Namen auch eine Aufforderung zu lesen, die für diese Oase ausgehungerter Gefangener, die nur wegwollen, wie ein Hohn klingt: »Madam God's time restaurant. Enjoy your money when you are young.« Auf einem Stück Pappe wird angekündigt, dass das Essen fertig sei, in diesem Etablissement, das ebenso wenig einen Stern verdient wie das von Pat.

»Kannst du mir helfen, Bruder? Ich bin seit Tagen krank«, sagt der Kleinere. »Was hast du?« »Durchfall, ich habe eine Darminfektion, wahrscheinlich hohes Fieber. Es hat angefangen, nachdem ich hier das Wasser getrunken habe.« »Hast du Flagyl?« »Nein, ich weiß, dass das helfen würde. Aber wir haben kein Geld dafür.« »Ich habe Flagyl, aber ich muss es erst holen. Kann ich euch später hier treffen?« Die beiden Männer schauen sich erst an, bevor sie antworten: »Vielleicht schon.«

Sie stellen sich vor. Der Kleinere heißt Joseph, ist siebenundzwanzig Jahre alt und hat Betriebswirtschaft studiert. Sein Bruder James ist einunddreißig. Sie kommen aus Monrovia in Liberia. Wir setzen uns auf das rosa Mäuerchen vor Madam God's time Restaurant.

»Ich bin aufgebrochen, weil ich einen zweijährigen Sohn habe *and a man is supposed to be a man.* Wenn du siehst, dass deine Familie nicht genug zu essen hat, dann musst du, wenn du ein Mann bist, etwas unternehmen. Schau.« Joseph zieht aus seiner Hosentasche eine Brieftasche mit drei Fotos, von denen eines ein Baby zeigt, das so rundlich ist wie alle Babys von wenigen Monaten: »Er heißt Joseph junior.« Auf den anderen beiden ist eine junge Frau mit geglätteten Haaren im Festtagsgewand zu sehen. Joseph lächelt, während er das Bild betrachtet: »Das ist meine Frau.« »Wo sind sie jetzt?« »Im

Flüchtlingslager Buduburam bei Accra in Ghana.« »Seid ihr vor dem Bürgerkrieg geflohen?« »Bis zum Sommer haben wir durchgehalten. Ich habe für eine NGO gearbeitet, bei einer Organisation zur Prävention von Selbstmorden. Wir haben den Kindern geholfen. Während des Kriegs haben sich viele Kinder umgebracht. Und du weißt sicher, wie fremd Kindern normalerweise der Gedanke an Selbstmord ist. Aber in Liberia nicht, da bringen sich auch Kinder um. Mein Bruder dagegen hat in der Verwaltung des Hotels Africa gearbeitet.« James lächelt schüchtern und zeigt seinerseits die Fotos seines vierjährigen Söhnchens James junior und seiner Frau.

»Vor vier Wochen haben wir das Flüchtlingslager verlassen«, erzählt Joseph. »Von Agadez sind wir mit zweihundertfünfzig Leuten auf einem Lkw bis Dirkou gefahren. Die Soldaten wollten Geld von uns, und weil wir keines hatten, haben sie uns zwei Stunden lang in der Sonne braten lassen.«

»Wann habt ihr Monrovia verlassen?«

»Vor vier Monaten. Schau dir das hier an.« Joseph zeigt seinen Pass mit Visa für Australien und Slowenien, die 2002 abgelaufen sind. »Die habe ich bekommen, nachdem ich meinen Pass an die australische und slowenische Botschaft in Kairo geschickt habe. Ich sollte an zwei Tagungen teilnehmen. Wenn ich erst in Slowenien gewesen wäre, hätte ich in Italien oder Österreich politisches Asyl beantragt. Das Problem war nur, dass ich zwar die Visa hatte, aber nicht das Geld für das Flugticket. Trotzdem habe ich die Visa beantragt, denn ich habe mir gedacht, man weiß nie, wozu sie gut sein können. Ich konnte auch deshalb nicht weg, weil in Monrovia wegen der Selbstmorde viel zu tun war. Im Juli sind die Rebellen in unser Büro eingedrungen und haben es verwüstet. Sie haben mein Haus völlig zerstört und mir mein Auto gestohlen. Da habe ich meine Frau und meinen Sohn genommen, James genauso, und wir sind nach Ghana geflohen.«

Die Flucht von Joseph und seinem Bruder James sind die Kollateralschäden eines schmutzigen Krieges, bei dem es darum geht, umsonst nach schmutzigen Steinen zu graben, die man in aller Welt Diamanten nennt. »Meine Mutter ist in Liberia geblieben, mein Vater ist schon lange tot«, erklärt Joseph, »Freunde haben uns ein bisschen geholfen, aber dann haben auch sie es vergessen. Im Flüchtlingslager konnte man nur bleiben, ohne etwas zu arbeiten. Eine Zeit lang wurden wir von der UNO unterstützt. Aber jetzt gibt es die UNO dort nicht mehr. Und im Lager muss man für alles bezahlen. Auch für das Brunnenwasser. Sogar für die Latrine muss man zahlen.« James schiebt die Fotos von einer Hand in die andere und sagt: »Mein Sohn müsste nächstes Jahr in die Schule. So kann es nicht weitergehen.« Dann fährt Joseph fort: »Am 14. November sind wir aufgebrochen. Wir haben unsere Frauen und Kinder umarmt und ein paar Fotos eingesteckt. Nach drei Tagen waren wir in Agadez. Am Ortsende von Agadez haben die Soldaten zehntausend Francs von mir und zehntausend von James verlangt. Die hatten wir nicht. Da haben sie uns zwei Stunden lang im Sand knien und in der Mittagshitze kochen lassen. Dann kam der Hauptmann, hat uns noch einmal durchsucht, festgestellt, dass wir nicht gelogen hatten, und uns dann wieder einsteigen lassen. Aber nur, weil er unsere liberianischen Pässe sah. Wir hatten unser Gepäck schon ausgeladen. Andere Passagiere mussten dort am Kontrollposten bleiben. Auf dem Lkw war nicht genügend Platz für alle. Zweihundertfünfzig Leute sind ein Wahnsinn. Viele sind in der Wüste heruntergefallen, weil sie eingenickt sind. Wir haben uns aus Angst gegenseitig im Arm gehalten. Eines Nachts, ich weiß nicht, wo wir waren, ist eine Bordwand gebrochen, und die Leute sind alle heruntergeflogen. Einer ist unter die Räder gekommen und hat sich ein Bein gebrochen. Auch andere haben sich schwer verletzt. Sie haben uns in der Wüste aussteigen lassen. Die Last war zu schwer für die Bordwand wegen der Wasserkanister. Der Lkw ist zur Reparatur nach Agadez zurückgefahren. Als sie wiedergekommen sind, ging es weiter. Aber nach zwei Tagen hatten sie einen Platten. Das war schon der zweite, wahrscheinlich weil der Lkw überladen war. So sind wir weitere zwei Tage im Sand festgesessen. Schließlich kam ein Laster, der uns einen Reifen gegeben hat. Wir hatten bereits kein Wasser und keine Lebensmittel mehr. In Dirkou sind wir völlig dehydriert angekommen, ohne etwas zu trinken oder zu essen. Vielleicht habe ich mich da infiziert. Hier haben wir unser

Gepäck verkauft, um damit die Reise nach al-Gatrun zu finanzieren.«

Joseph steckt die Fotos in die Brieftasche zurück. »Wann fahrt ihr nach al-Gatrun?« »Wir sollten vor zehn Tagen fahren. Aber an dem Lkw fehlten zwei von den sechs Reifen.« »Es haben zwei Reifen auf drei Achsen gefehlt?« »Nein, es war ein kleinerer Laster mit nur zwei Achsen. Hinten fehlte an der Zwillingsbereifung rechts und links ein Reifen. Ich habe zum Fahrer gesagt, dass man so einfach nicht die Wüste durchqueren kann. Er hat geantwortet, es sei in Ordnung so, wenn wir Angst hätten, könnten wir in Dirkou bleiben. Wir haben beschlossen, nicht mitzufahren. Diese zusätzliche Ausgabe war nicht vorgesehen, denn sie haben uns das Geld nicht zurückgegeben. Aber unser Leben ist wichtiger.« »Wisst ihr, wie der Fahrer hieß?« »Wir wissen den Namen des Besitzers. Ein Libyer. Er heißt Ahmed.« »Das war sicher der Lkw von Ahmed. Ihr habt Geld verloren. Aber wenigstens habt ihr euch weitere Qualen erspart. Ahmeds Lkw ist nicht bis Libyen gekommen. Er ist in der Wüste stecken geblieben und gestern mit allen Fahrgästen nach Dirkou zurückgekommen.« »Die behandeln uns wie Vieh«, bemerkt Joseph. »Uns fehlen nur wenige Francs, um wegzukommen. Aber wir müssen auch essen, und so verbrauchen wir langsam das, was wir haben. Jetzt übernachten wir nicht mehr in der Pension, sie kostet zu viel. Wir werden im Dickicht schlafen.« »Hört zu, ich kann euch die Reise nach Libyen nicht zahlen, aber ich kann euch zu euren Ausgaben hier etwas beisteuern. Nehmt das hier.« Joseph bedankt sich mit einer ganz, ganz festen Umarmung.

»Werdet ihr nach Italien reisen?« »Wir fangen mit Libyen an. Ich denke, dass wir mit unseren Pässen in Libyen keine Probleme haben werden. Wir sind Liberianer und haben niemandem etwas getan. Sie werden uns respektieren. Wer weiß, wenn wir dann etwas sparen können, werden wir vielleicht nach Europa weiterkommen. Vielleicht nach Italien. Wie unser Champion George Weah, kennst du ihn?« »Natürlich, er hat beim AC Mailand gespielt.«

»Hör mal, man hat uns gesagt, dass man von Libyen nach Italien ein Schiff nehmen muss. Von welchem Hafen gehen sie ab, und wie viel kostet die Überfahrt?«, fragt James. »Die Boote gehen nicht von Häfen ab, soweit ich weiß. Oder wenn sie es doch tun, dann nur heimlich. Es sind illegale Boote. Viele von ihnen sinken.« »Wie lange dauert die Überfahrt?«, fragt Joseph. »Drei oder vier Tage. Aber zwölf Prozent der Passagiere kommen auf dem Meer um. Zwölf Prozent, wisst ihr, was das bedeutet?« Die beiden schauen sich an, und Joseph fragt schließlich: »Dann ist es also gefährlich.« »Mindestens so gefährlich wie die Durchquerung der Wüste. Ich rate es euch nicht. Wenn ihr bei irgendeiner europäischen Botschaft ein Visum beantragen könnt, versucht es auf dem legalen Weg. Man lebt nur einmal.« »Wir haben gedacht, dass es nichts Schlimmeres gibt als das, was wir hinter uns haben.« »Freunde, ich muss gehen. Ich suche nach zwei Nigerianern. Wo übernachten die Nigerianer?« »In der Pension gibt es keine Nigerianer«, erklärt Joseph, »nur Ghanaer und Liberianer.« »Später hole ich das Flagyl und bringe es euch hier vorbei.« »Wir warten auf dich.«

In den Gassen von Dirkou hört man fast alle Sprachen, die in Afrika gesprochen werden: Arabisch, Französisch, Englisch, Tamaschek, Tubu, Kanuri, Haussa und die Dialekte der Atlantikküste von Kamerun bis Sierra Leone. Die Moschee liegt in der Mitte an der Straße links. An der Kreuzung unterhalten sich einige junge Frauen in Jeans und eng anliegenden T-Shirts mit lauter Stimme.

»Entschuldigen Sie, wissen Sie, wo die Bar des étrangers ist?« Sie geben keine Antwort. »Ich suche Madame Hope.« *Hope* wie Hoffnung. Einen passenderen Namen konnte sich diese Frau, die mit den Hoffnungen der anderen spielt, kaum aussuchen. Eine der jüngeren Frauen ergreift das Wort und begrüßt mich mit einem weichen Händedruck: »Ich heiße Roseline, komm mit.« Wir gehen in eine Gasse, die im rechten Winkel von der Straße vor der Moschee abgeht. Ein kräftiger Mann steht von einem Stuhl unter einer Akazie auf und folgt uns. In dieser Gegend sind die Gassen voller Menschen, aber Leute, die gekämmt und nach Rapper-Mode gekleidet sind wie der Mann, der uns folgt, bilden eine Minderheit. Die meisten sitzen von Staub bedeckt auf ihren Kanistern und Trolleys und warten darauf, dass etwas passiert. Roseline erzählt, dass sie seit einem Monat hier gestrandet ist. »Bald werde ich nach Libyen aufbrechen, je früher, desto besser.« Der kräftige junge Mann versteht meine Fragen, antwortet aber nicht. Wenn das hier eine Falle ist, komme ich nicht so leicht davon. Aber Daniel und Stephen aufzuspüren ist das Risiko wert. Roseline fragt einen Mann, der mit anderen vor einem Lebensmittelstand sitzt. Der Mann steht sogar auf und kommt näher: »Guten Tag, warum suchen Sie Madame Hope?«, fragt er auf Französisch. Unser kräftiger Begleiter antwortet ärgerlich auf Haussa, und die beiden streiten eine Zeit lang wütend. »Weg hier, das ist ein Polizist in Zivil«, sagt unser Begleiter schließlich auf Englisch. »Bitte sehr«, macht der Polizist mit einer halben Verbeugung Platz, »gehen Sie nur zu Madame Hope.«

An der Bar des étrangers hängt kein Schild. Vielleicht ist das nicht einmal die Adresse, die mir Sophie genannt hat. Junge Frauen in Jeans und Top gehen ein und aus. Sie wirken, als wären sie von derselben Hand mit einer Uniform eingekleidet worden. Einige Frauen scherzen mit fünf Soldaten im Tarnanzug, die ihr Maschinengewehr umgehängt haben. Die Waffen sind, wie auf dem Magazin zu lesen ist, fabriqué en Belgique. Aus dem Hof tönt laute Rap-Musik. An der Mauer blinkt eine weihnachtliche Lichterkette. Roseline bleibt am Eingang stehen. »Komm rein«, fordert mich der feiste Kerl auf und lädt mich, als wäre er der Hausherr, ein, es mir bequem zu machen. Unter einem Vordach an der Längsseite des kleinen Gartens steht eine Bar. Auf den Regalen fehlt es an nichts: schottischer Whisky, französischer Cognac, Rum aus der ganzen Welt. In der Mitte des Hofes stehen ein weißer Plastiktisch und vier Stühle. Ich muss mich hinsetzen und warten.

Madame Hope tritt aus dem Halbschatten ins staubige Licht der hoch stehenden Sonne. Sie ist ganz in Rot gekleidet, vielleicht Mitte vierzig, ausladend wie viele afrikanische Frauen ihres Alters, und auf ihren vollen, verschwitzten Wangen sind die kleinen Schmucknarben ihres Stammes zu erkennen. Ein Drittel ihres Busens quillt aus dem eng um den Oberkörper gewickelten Stoff heraus. Neben ihr nehmen zwei Männer Platz, die mit goldenen Halsketten und Armbändern behängt sind wie alle Mafiosi auf der ganzen Welt. Jeder hat ein

Satellitentelefon in der Hand. So ausstaffiert kann man sie auf keinen Fall mit den *stranded people* der Oase verwechseln. Ganz offensichtlich ist das hier keine Bar. Es ist eine Räuberhöhle.

»Guten Tag, Madame Hope, ich bin auf der Suche nach zwei meiner Freunde. Sie heißen Daniel und Stephen und sind Nigerianer wie Sie. Vielleicht können Sie mir helfen, Sie zu finden.« »Tut mir leid, mein Freund, ich führe nicht über die Toten in der Wüste Buch.« Aus dem Schatten der Bar kommt ein Mann in schwarzer Hose und weißem Hemd zu uns herüber und hört dem Gespräch zu.

»Daniel und Stephen sind gestern in Dirkou angekommen, sie sind ...« Ungefragt mischt sich der Mann auf Französisch ein: »Dazu kann ich etwas sagen, ich bin Polizist.« Noch einer. »Wenn Ihr Freund durch die Wüste gefahren ist, kann es leicht sein, dass er umgekommen ist. Vielleicht war er auf der *route de fraud*, auf der Schmugglerroute. Die führt nicht über Dirkou, und wenn da etwas passiert, erfährt niemand etwas davon. Aber von denen, die die von der Armee überwachte Strecke nach Dirkou nehmen, kommt niemand um.« »Meine beiden Freunde sind ganz sicher am Leben. Ich wollte nur fragen, ob ...« »Gewiss«, unterbricht der Polizist, »es hat schon den einen oder anderen Unfall gegeben. Aber wir führen nicht Buch über die Toten. Wenn Sie aber nichts über Ihren Freund wissen, muss das nicht heißen, dass er tot ist. Er könnte auch hier festsitzen und kein Geld für die Weiterfahrt haben. Wenn man jemanden sieht, kann man sicher sein, dass er existiert. Aber wenn man ihn nicht sieht, heißt das nicht, dass er tot ist. Vielleicht sind Sie ihm nur noch nicht über den Weg gelaufen. Deshalb, mein Freund«, und dabei legt er die Hand auf meine Schulter, »brauchen Sie Madame Hope keine weiteren Fragen mehr zu stellen.«

Madame Hope lächelt höflich, erhebt sich und verschwindet im Halbschatten der Bar, gefolgt von ihren Bodyguards. Schade, denn ich hätte Madame Hope gern viele Fragen gestellt. Sehr viele. Angefangen von den Katastrophen bei der Überfahrt von Afrika nach Europa, wie dem Untergang eines Kutters vor Kerkennah. Wer hat das Boot in See stechen lassen, obwohl das Meer stürmisch war und ein starker Mistral wehte? Doch ich tue besser daran, mich nicht durch indiskrete Fragen weiter in Gefahr zu bringen. Denn schließlich will ich aus Dirkou lebend herauskommen. Der Polizist zeigt mir die Tür und wünscht: »Viel Glück, mein Freund.« Draußen bieten Roseline und der feiste Kerl an, mich zu begleiten. »Komm, es ist besser, du treibst dich nicht in dieser Gegend herum«, warnt Roseline. Nach dreihundert Metern sind wir schon wieder auf der Hauptstraße zum Markt. Roseline schreibt mir ihre E-Mail-Adresse auf ein Stück Papier. »Schreib mir«, bittet sie und faltet das Papier sorgfältig zusammen. »Vielleicht können wir, wenn ich in Europa bin, zusammenleben.« Es bleibt unklar, ob sie diese Worte ernst meint oder nur einen Kunden sucht.

Die Begegnung mit Madame Hope zeigt, was in Dirkou vor sich geht. Sie bestätigt die Komplizenschaft zwischen Heer, Polizei und der Menschenhändlermafia. Alle stehen sie im Sold dieser skrupellosen Matrone, die sich an den Sehnsüchten der anderen bereichert. An Frauen und Männern, die wie sie selbst in Afrika geboren und wie sie selbst mit dem Wunsch fortzugehen aufgewachsen sind. Ohne ihre Hilfe kann ich Daniel und Stephen jetzt nur noch durch Zufall finden.

6

Al-Qaida-Stützpunkt Libysch-nigrische Grenze

Die Sonne steht fast senkrecht über den Gassen von Dirkou. Um diese Zeit versteckt sich der Schatten unter den Schuhen. Auf dem Rückweg zu Muhammars Haus brennen mir die Sohlen. Vor der Polizeistation steht Ahmeds Lkw. An den Bordwänden hängen Wasserkanister, von denen einige noch nicht einmal mit Pappe und Hanf umwickelt sind. Die beiden fehlenden Reifen sind schon ersetzt worden. Und auch Ahmed ist da. Er unterhält sich lachend mit den Polizisten und scheint glücklich zu sein. Aber hat er seinen Laster denn nicht verkauft? Yaya liegt unter seinem Geländewagen und repariert etwas. Sobald er wieder hervorkriecht, glänzen seine Wangen vor Schweiß. »Eine Aufhängung ist gebrochen, ich muss sie abmontieren und schweißen lassen.« »Wo hast du das Gepäck gelassen?« »Unter dem Vordach neben Gerekes Hütte«, zeigt Yaya. Die Trappe, der Pfau und die Hühner laufen neugierig um meinen Rucksack herum. Ich habe noch eine Handvoll Flagyl. »Yaya, ich gehe zum Markt zurück. Wir sehen uns heute Nachmittag.« Er ist so beschäftigt, dass er mir nicht einmal antwortet.

In diesem Teil der Oase arbeiten Hunderte der *stranded people.* In der Hitze vermischen sie Wasser und rosa Lehm, pressen den Schlamm mit der Hand in hölzerne Rechtecke und drücken ihn dann gleich wieder mit dem Daumen vorsichtig heraus, damit er an der Sonne trocknen kann. In der Sahara braucht man keine Öfen, um Ziegel zu brennen. Auf dem ganzen sandigen Platz sind rosa Ziegel wie die Steine eines Dominospiels ausgebreitet. Fünf Männer kommen mit zehn vollen Wassereimern und leeren sie auf die Lehmmasse. Dann kehren sie langsam wieder zum Brunnen zurück. Dank der neuen Sklaven können alle Händler und Schleuser ihre Häuser renovieren lassen. Und sie brauchen dafür nur eine Handvoll Mehl, eine Schale Wasser zu zahlen und ein Ticket nach Libyen zu versprechen. Andere Sklaven arbeiten in den Salzgärten und bei der Sodagewinnung am Nordende der Oase. Dort ist die Luft erfüllt von den Schlägen der Stangen, mit denen die Salzkristallsplitter zertrümmert werden. Wieder andere Sklaven betreuen die Dattelpalmenplantage am Fuße der Falaise. Als mir Gereke letzte Nacht davon erzählt hat, fehlten mir die Bilder. Jetzt habe ich sie vor mir.

Der Tag und seine Mühen lassen die unterschiedlichen Leben in Dirkou zusammenfließen. Bis Sonnenuntergang. Denn sobald es dunkel wird, unterteilt eine strenge Apartheid die Nächte der Oase. Die Kanuri, die ehemaligen Sklaven der Salinen, schlafen in den Häusern aus Sand und Salz im ältesten Teil des Ortes. Die Tubu wohnen daneben. Die Araber dagegen in den Häusern mit Satellitenfernsehen, Strom und Dieselgenerator. Die Fremden in den Pferchen jenseits des Marktes. Auf dem Weg zu den Verkaufsständen kommen zwei Männer auf mich zu. Ihre langen Kraushaare sind salzverkrustet, ihre Hände rot und aufgeplatzt, ihre T-Shirts und Hosen zerrissen und steif vom Staub. Sie strecken die offene Hand aus und führen sie dann mit geschlossenen Fingern zum Mund als Zeichen, dass sie Hunger haben. Auf Englisch, Französisch oder Arabisch zu fragen, welche Sprache sie sprechen, führt zu nichts. Vor irgendetwas haben sie Angst. Mit bloßen Füßen flüchten sie in das umliegende Dorngestrüpp.

Mitten auf dem Markt bemerke ich eine Gruppe von Männern, die durch ihre Kleidung auffallen. Sie tragen die beigen Regenmäntel, die ich schon kenne, dazu Wollmützen und dicke Jacken, die sich für die fürchterliche Hitze überhaupt nicht eignen. Ungewöhnlich aber ist vor allem, dass sie alle in dieselbe Richtung gehen. »Hey, Bruder.« Diese Stimme kenne ich, das Gesicht des Sprechenden kann ich im Gegenlicht aber nicht sofort erkennen. »Ich bin Joseph.« Er wird von James begleitet, und die beiden bleiben stehen. »Joseph, ich wollte dir gerade das Flagyl bringen. Bist du allergisch gegen Antibiotika?« »Nein, ich glaube nicht. Ich habe schon Antibiotika bekommen.«

»Dann nimm. Ich habe meinen Durchfall mit fünf Tabletten pro Tag behandelt. Wenn du sie vier oder fünf Tage lang einnimmst, bist du gesund. Wichtig ist, dass du sie immer um die gleiche Uhrzeit nimmst.« Joseph steckt das Tütchen mit den Tabletten lächelnd in die Tasche. »Wir haben mehr Tabletten als Sachen zum Essen. Es wird bestimmt gut gehen.« »Wohin geht ihr?« »Zur Polizeistation«, erklärt Joseph. »Haben sie euch gerufen?«

»Wir fahren, Bruder. Das Geld, das du uns gegeben hast, hat unsere Pläne verändert. Wir wollen keinen Tag länger an diesem Ort bleiben.« »Vor der Polizeistation steht aber der Lkw von Ahmed. Steigt ihr da ein?« »Bevor wir gezahlt haben, haben wir alles kontrolliert. Sie haben die fehlenden Reifen ersetzt.« »Das Problem waren aber nicht die Reifen. Der Motor ist völlig am Ende.« »Sie haben ihn repariert«, erwidert James. »Ich habe es mit eigenen Ohren gehört. Der Motor ist in Ordnung.« Joseph bleibt mitten auf der Straße stehen und sagt: »Bruder, Gott wird uns nicht ausgerechnet jetzt verlassen.«

Ich bedränge sie besser nicht. Wenn man eine derartige Reise vor sich hat, muss jeder das Risiko selbst abschätzen. Und es reicht, sich seiner eigenen Entscheidungen sicher zu sein. Ratschläge zu geben könnte genauso gefährlich sein.

»Hast du deine nigerianischen Freunde gefunden?«, fragt Joseph gleich darauf. »Nein.« »Sie werden schon gefahren sein«, meint James. »Vielleicht, inschallah, so Gott will.« »Gewiss, so Gott will«, bestätigt Joseph, während sein Bruder fortfährt: »Hör zu, Bruder, wir müssen dich etwas fragen. Hier in Dirkou haben uns die Nigerianer erzählt, dass man von Libyen aus zu einer italienischen Insel kommt, zur Insel Lampa.« »Sie heißt Lampedusa.« »Bist du schon einmal dort gewesen?«, fragt James. »Nein, nie.« »Joseph und ich haben etwas verstanden. Du hast von Booten gesprochen, die heimlich abfahren. Aber wir sind Liberianer. Wenn jemand den Pass eines Landes hat, in dem Bürgerkrieg herrscht, dann kann er doch eine Fähre nach Lampedusa nehmen. Stimmt das?« »Nein, James, das stimmt nicht. Zwischen Libyen und Lampedusa verkehrt keine Fähre. Nur die Boote der Schleuser.«

Man kann es ihren Gesichtern ansehen. Meine Antwort hat das bisschen Gewissheit zerstört, das ihre Reise ein wenig erleichtert hätte. »Ich kann mich nur wiederholen. Wenn ihr eine Einladung zu einer Tagung habt, könnt ihr, sobald ihr in Tripolis seid, ein Visum beantragen. In der libyschen Hauptstadt sind die Botschaften fast aller europäischen Länder. Tauschen wir unsere E-Mail-Adressen aus, dann können wir in Kontakt bleiben. Auf jeden Fall sollten wir uns in vier Tagen wieder in Madama treffen.« Während unseres Gesprächs sind wir weitergegangen und nun vor Muhammars Haus in der Nähe der Polizeistation und bei Ahmeds Lkw angekommen. Joseph steckt den Zettel mit meiner E-Mail-Adresse ein und schreibt die seine auf einen anderen. Währenddessen tritt Muhammar vor sein Haustor und beobachtet unsere Verabschiedung. »Wie können wir dir das Geld zurückzahlen?«, fragt Joseph plötzlich. »Kommt erst einmal bis Tripolis. Darüber können wir reden, wenn ihr in Europa seid.« »Also, auf Wiedersehen in Madama«, sagt Joseph und umarmt mich, bevor James an der Reihe ist. Gemeinsam gehen sie zur Polizeistation. Sie haben kein Gepäck. Die Soldaten in Tarnanzügen bedeuten ihnen, sich neben die anderen Passagiere zu setzen. Auf den Sand in der Sonne. Ein lauter Befehl zwingt sie, beide Hände auf den Kopf zu legen. Wie die anderen.

»Was wollten diese Ghanaer von dir?«, fragt Muhammar, der immer noch am Tor steht. »Das sind keine Ghanaer, sondern Liberianer.« »Das ist dasselbe. Seit die nach Dirkou gekommen sind, ist es vorbei mit der Ruhe«, regt sich der Sergeant auf. »Aber durch sie werdet ihr reich.« Muhammar tut so, als verstünde er nicht, und zieht sich in den Garten zurück. Die Passagiere werden einer nach dem anderen in das Polizeibüro gerufen, das ich von Muhammars Tor aus nicht sehen kann. Man hört nur die Stimmen der Polizisten. »Mein Freund, komm herein«, fordert mich Muhammar auf, »ich habe einen Salat für uns machen lassen.« Wir setzen uns im Schatten der großen Weide in den Sand. Draußen geht irgendetwas vor. Irgendjemand erteilt laut Befehle. Das ist bestimmt kein Reisender. Andere lachen. »Also, mein Freund, was hast du in Dirkou entdeckt?« »Ich habe mit ein paar Leuten gesprochen und mir für meine

Forschungsarbeit von ihrer Reise erzählen lassen. Denken Sie, ich kann mit einem Lkw mitfahren?« Muhammar wischt sich die fettigen Lippen mit einem Stück Brot ab, steckt es in den Mund und trinkt einen Schluck Wasser nach. Dann denkt er über meine Frage nach. »Willst du mit dem Lkw bis Madama fahren?« »Ja, aber die Libyer hier wollen mich nicht mitnehmen. Kennen Sie jemanden?« »Oh, nein«, erwidert Muhammar im Tonfall dessen, der sich nicht in Verruf bringen lassen will. »Dabei geht es nicht nur um die Libyer. Alle Lkws fahren hier von der Polizeistation los. Die Polizisten würden dir Fragen stellen. Ich halte das nicht für eine gute Idee. Kein Europäer hat je einen Lkw genommen, um nach Libyen zu fahren.« »Könnten Sie nicht vorher mit den Polizisten reden?« »Die Polizisten richten sich nicht nach mir. Ich gehöre zum Heer. Nein, meiner Meinung nach musst du mit deinem Wagen fahren. In der Wüste kannst du dann fragen, ob sie dich mit dem Laster mitnehmen. Von hier loszufahren scheint mir schwierig.« Muhammar beantwortet meine Frage ehrlich. Vielleicht kann ich jetzt noch mehr erfahren.

»Wann hat dieses Geschäft hier angefangen?« Als hätte er diese Frage erwartet, erklärt Muhammar sofort: »Vor drei Jahren. Das Geschäft mit den Illegalen ist vor drei Jahren plötzlich explodiert. Vorher gab es hier in Dirkou nur Soldaten. Im letzten Jahr wollte sich auch die Polizei in die Sache einschalten und hat eine Station hier nebenan eröffnet. Es ist eine Geldfrage. Das Militär kontrolliert die Lkws bei der Ankunft. Die Polizei bei der Abfahrt.« »Wie viel verdienen Heer und Polizei jährlich an dem Geschäft mit den Illegalen?« Diese Frage war zu direkt, zu genau, zu vorhersehbar. Eine dumme Frage. Muhammar antwortet nicht, sondern zündet sich eine Zigarette an und blickt in den Himmel jenseits der Gartenmauer. Er hört dem Geschrei zu, das aus der Polizeistation herüberdringt. Wenn er nicht Muhammar wäre, hätte ich für eine derartige Frage verhaftet werden können. Aber es war den Versuch wert. Jetzt muss ich zusehen, wie ich mit einer unverfänglicheren Frage sein Vertrauen zurückgewinnen kann.

»Warum verlangen die Soldaten an den Kontrollposten Geld von den Auswanderern?« Muhammar streicht sich über seinen Schnauzer: »Wenn ich zur französischen oder italienischen Botschaft gehe, kostet das Visum etwas. Ich muss eine Gebühr bezahlen. Die Soldaten verlangen manchmal eine Straßennutzungsgebühr.« »Die Fahrgäste werden geschlagen, ausgepeitscht oder verprügelt.« »Es gibt viele, die nicht zahlen wollen. Oder sie haben nicht einmal Ausweispapiere. Warum sollten sie nicht zahlen? Schau, mein Freund, die Bewohner des Niger haben unter schweren Hungersnöten gelitten. In den letzten hundert Jahren sind Millionen von Menschen gestorben. Jetzt ist es, Gott sei Dank, besser, aber morgen könnte es wieder eine Dürreperiode geben. Die Soldaten kommen aus bitterarmen Familien. Diese Ghanaer dagegen haben die Taschen voller Geld. Warum sollten sie nicht einen Teil davon abgeben?« »Weil es ihr Geld ist, und sie vielleicht sonst nichts mehr übrig haben.« »Wenn sie nicht genug Geld haben, warum machen sie sich dann auf die Reise?«, beharrt Muhammar auf seiner Meinung. »Auch ihr Europäer weist Ausländer zurück, die ohne Geld einzureisen versuchen. Aber hier sind wir in der Sahara. In der Wüste kann man niemanden zurückschicken. Mein Freund, jetzt will ich dir eine Frage stellen. Wie viel kostet es, um nach Europa zu gelangen?« »Diese Strecke kostet mehr oder weniger tausendfünfhundert bis zweitausend Euro oder Dollar, die ungefähr genau so viel wert sind.« »Und mit zweitausend Dollar in Ghana, in Kamerun … deine Freunde von vorhin, woher kommen sie?« »Aus Liberia.« »Mit zweitausend Euro kann man dort auf dem Markt einen Stand aufmachen, ein Geschäft eröffnen, irgendetwas auf die Beine stellen. Warum investieren diese Leute ihr Geld nicht in ihrem Land, statt nach Europa zu gehen?« »Wenn man eine Aufenthaltserlaubnis bekommt und einen gültigen Pass hat, kann man in Europa zweitausend Euro in ein bis zwei Monaten verdienen. Deshalb leihen Eltern, Verwandte, Freunde, ja sogar Wucherer denjenigen, die fortgehen wollen, Geld. Weil sie erwarten, dass sie dafür etwas zurückbekommen. Ein Sohn in Europa ist für Eltern eine Art Altersversicherung.« »Aber bei euch kostet das Leben viel mehr.« »Gerade der Unterschied zwischen dem, was man in Europa und hier verdienen kann, macht diese Investition sinnvoll. Wenn ein Sohn seinen Eltern nur fünf Prozent seines europäischen Lohns schickt, dann sind das fünfzig Euro im Monat. Wie viele Menschen in Afrika haben so viel Geld zur Verfügung?« »So viel verdiene nicht einmal ich als Offizier des Heeres«, sagt Muhammar empört. »Verstehen Sie? Ein Geschäft in Agadez oder schlimmer noch in irgendeinem gottverlassenen Dorf zu eröffnen, würde überhaupt nichts bringen.« »Auf diese Weise verliert Afrika jedoch seine besten Köpfe und Arme. Es gibt ganze Ortschaften ohne junge Leute, ohne Ehemänner.« »Das ist die große Tragödie der Auswanderung, Muhammar. So war es vor Jahrzehnten auch in Europa, in Italien, in Frankreich und in Irland.« »Deshalb sollte ein Sohn seinen Vater nie verlassen.« »Sie wissen sehr genau, dass das nicht geht. Sie leben in der Wüste, Sie haben einen libyschen Namen.« »Ich habe auch einen libyschen Pass«, verrät der Sergeant. »Die Söhne gehen fort und kommen wieder. Aber wenn dieser Sohn von den Soldaten in der Wüste verprügelt und ausgeraubt wird, dann kann er vielleicht nicht mehr heimkehren.« »Ich habe meinen Vater nie verlassen. Bis zu seinem Tod.« »Sie haben Glück gehabt, Muhammar. Das Leben hat Sie reich beschenkt.« Der Sergeant bemerkt, dass er sich der Sünde des Hochmuts schuldig gemacht hat, und korrigiert sich sofort: »Wenn es so ist, ist es nach dem Willen Gottes geschehen.« Gähnend steht er auf. »Mein Freund, heute ist es heiß. Ich gehe schlafen.« »Auf dem Markt habe ich Brot und ein paar Schachteln Kekse gekauft. Stört es Sie, wenn ich die da draußen verteile?« »Mach nur, mein Freund, tu, was du willst.«

Joseph und sein Bruder James sind schon auf dem Lkw. Joseph bittet den Polizisten um Erlaubnis, noch einmal auszusteigen, und kommt mir lächelnd entgegen. »Was macht dein Bauch?« »Nicht so übel«, antwortet Joseph. »Nimm diese Tüte mit Brot, Keksen und ein paar Gläsern Marmelade.« »Danke, Bruder.« »Was machen die Polizisten mit euch?« »Das Übliche.« »Bis Madama, Joseph.« »Bis bald, Bruder.«

Joseph steigt wieder auf den Lkw. Die zwanzig Passagiere, die schon im Laderaum sitzen, müssen in der sengenden Sonne schmoren, genauso wie die anderen, die noch draußen darauf warten, aufgerufen, kontrolliert, ausgeraubt und eventuell geschlagen zu werden. James schaut in die Tüte und hebt die Hand zum Dank.

»Mein Herr, entschuldigen Sie, sprechen Sie Englisch«, fragt auf Französisch jemand hinter mir. »Yes, I do.« Die Frage stellt ein junger Mann mit einem Kindergesicht. »Ich heiße Elvis, mein Herr.« »Wie alt bist du, Elvis?« »Fünfzehn, mein Herr.« »Bist du allein unterwegs?« »Ja, ich muss nach Libyen.« »Wie wir alle.« »Mein Herr, ich brauche Ihre Hilfe. Dreitausend Francs. Die muss ich den Polizisten geben, sonst lassen sie mich nicht fahren.« Elvis' Stimme klingt ängstlich. Der Wachpolizist steht hinter ihm mit dem Maschinengewehr im Anschlag. Es ist halb fünf Uhr nachmittags. Die Passagiere braten seit mehr als fünf Stunden in der Sonne. Um sie herum bewegen sich die Schatten einer großen Akazie, einer Palme und einer Weide in der sanften Brise, aber Ahmed oder der neue Besitzer haben den Lkw zwischen diesen Bäumen genau dorthin gestellt, wo keinerlei Schatten ist. Das gehört zum Sadismus dieser Geschäfte. »Elvis, komm mit.« Besser verziehen wir uns hinter die Büsche, um nicht von den Polizisten und all den anderen Gestrandeten gesehen zu werden, die nicht wissen, wie sie zu Geld kommen sollen. »Ich helfe dir, aber dafür musst du mir etwas versprechen.« »Ja, mein Herr.« »Du darfst mich nicht mehr ›mein Herr‹ nennen. Was ist passiert?« Elvis lächelt schüchtern und erklärt seine Probleme:

»Ich habe für die Fahrt auf dem Lkw bezahlt, aber niemand hat mir gesagt, dass ich auch den Polizisten Geld geben muss. Jetzt wollen sie mich wegjagen. Und wenn ich jetzt nicht fahren kann, verliere ich alles, was ich für die Fahrt gezahlt habe. Bitte, dreitausend Francs sind doch nicht viel.« »Das sind weniger als fünf Euro, warte. Woher kommst du, Elvis?« »Aus Benin City in Nigeria.« »Ich gebe dir fünftausend Francs. Bevor wir aber zur Polizeistation zurückgehen, müssen wir …«

Elvis wartet das Satzende nicht ab, sondern greift nach der Banknote und rennt mit der Naivität seiner Jugend zum Lkw zurück, um hinaufklettern zu dürfen. Das Geld hält er deutlich sichtbar zwischen Daumen und Zeigefinger der rechten Hand. Ein Polizist in Zivil läuft ihm entgegen. Es ist ein Leichtes, Elvis das Geld aus der Hand zu reißen. Ein Sprung, und der Polizist hat es. Elvis protestiert, geht in Richtung Polizeistation und verschwindet hinter Muhammars Gartenmauer. Die Polizisten lachen. Mit dem Polizeikommandanten, der an den Rangabzeichen und Dekorationen auf seiner Tarnuniform zu erkennen ist, kommt Elvis wieder hervor. »Das ist mein Geld«, schreit der Junge. Der Kommandant kehrt, gefolgt von Elvis, wieder um. Beide verschwinden erneut hinter der Mauer, kommen erneut hervor. Elvis geht rückwärts und schaut dem Polizisten direkt ins Gesicht, während er aus Leibeskräften schreit: »That's my money!« Der Kommandant stemmt die Hände in die Hüften. Vielleicht zieht er die Pistole. Die Pistole? Nein, er zieht seinen Ledergürtel aus dem Hosenbund. Den breiten Gürtel mit der großen Metallschnalle, wie sie die Uniformen auf der ganzen Welt zieren. Mit dem ganzen Stolz seiner Männlichkeit blickt er Elvis in die Augen, wickelt den Gürtel wie eine Schlange vor dem Zuschnappen um die Hand. Jetzt spannt er den Gürtel zwischen beiden Händen. Die Schnalle saust nach oben und blitzt in der Sonne. Der erste Schlag trifft Elvis auf den Kopf. Der zweite ins Gesicht. Der dritte auf die Hände, mit denen der Junge unsicher und verzweifelt sein Gesicht zu schützen versucht. Den vierten, den fünften, den sechsten kann ich kaum zählen, so schnell saust der Gürtel herab, und die Wut trübt mir den Blick. Der Kommandant schlägt mit aller Kraft zu, er lässt den Arm genau so auf den Jungen niedergehen, dass ihn die scharfe Schnalle mit voller Wucht trifft. Elvis verliert das Gleichgewicht, fällt hin und blutet an den Händen und aus der Nase. Auf allen vieren schleppt er sich durch den Sand, unbeholfen wie ein flüchtendes Krokodil an Land. Der Polizist schlägt immer noch auf Elvis ein. Seine Kollegen lachen. Die anderen Passagiere schauen regungslos zu. Aber für Elvis kommt es noch schlimmer. Blindlings flüchtet er sich direkt in einen Stacheldrahtverhau, der die Hecke von Muhammars Haus vor den Ziegen schützen soll. Es ist kein richtiger Stacheldraht, denn statt Stacheln hat er rasierklingenscharfe Schneiden. Der Kommandant beruhigt sich nicht. Weil seine Aggression so plötzlich ausgebrochen ist, war keine Zeit, ihn abzulenken. Keine Zeit, Ausflüchte auszudenken und Medikamente oder Zuckerpastillen anzubieten. Es bleibt nur der direkte, der gefährlichste Weg. »Stoooop«, schreie ich mit rasender Wut und Tränen in den Augen. Der Kommandant blickt auf. Wie wird er reagieren? Er packt den Gürtel mit beiden Händen. Legt ihn sich wieder um und murmelt auf dem Weg in sein Büro irgendetwas Unverständliches vor sich hin. Die anderen Polizisten lachen.

Elvis aus den Rasierklingen zu befreien ist nicht leicht. Um sich nicht zu schneiden, dürfte er sich nicht rühren und müsste für immer darin stecken bleiben. Bei jeder Bewegung zieht er sich Schnitte zu. Aber er ist so wütend, dass er nicht daran denkt, aufzugeben. Sobald er sich herausgewunden hat, geht er zur Polizeistation und verschwindet hinter der Mauer. Man hört nur seine Stimme. Auf Englisch: »Ich werde mit dem Lkw fahren. Sie haben mir fünftausend Francs abgenommen, jetzt können Sie mich nicht daran hindern, einzusteigen.« Sie versuchen ihn mit einem Stock zu schlagen, er rennt davon.

Endlich ist der Lastwagen voll. Mindestens hundertfünfzig Personen. Hundertfünfzig Tickets zu fünfundzwanzigtausend Francs macht drei Millionen siebenhundertfünfzigtausend Francs. Fast sechstausend Euro. Derjenige, der Ahmed den schrottreifen Lkw abgekauft hat, hat die Unkosten schon herein. Mit einer einzigen Fahrt. Das ist, wie wenn eine Fluggesellschaft den Kauf eines Flugzeugs mit einem einzigen Flug abschreiben könnte. Doch die Einnahmen aus dem Menschenschmuggel haben im weltweiten Transportgeschäft nicht ihresgleichen.

Der heutige Tag bringt noch mehr unvorhersehbare Ereignisse. Durch ein völlig sinnloses Manöver bleibt der Lkw in den Ästen der großen Akazie hängen. Die Passagiere schreien vor Angst, und einige können sich nur mit knapper Not davor retten, enthauptet zu werden. Nach dem Unfall strecken Joseph und James sich über die Köpfe der anderen hinaus. Sie suchen meinen Blick, um zu zeigen, dass ihnen nichts passiert ist. Es würde genügen, alle Fahrgäste wieder aussteigen zu lassen und den Lkw im Rückwärtsgang zu befreien. Aber die Polizisten wollen davon nichts wissen. Der alte Mercedes darf nur vorwärts fahren. Eine Stunde lang wird herumgeschrien, Äste werden geknickt. Der voll beladene Lkw fährt erst los, als bereits die Dämmerung über Dirkou hereinbricht. Im schwarzen Dieselruß und dem von den Rädern aufgewirbelten ockerfarbenen Staub stehen protestierend einige Tubu-Frauen, die ihre in Stoff eingewickelten Babys auf dem Rücken tragen. Sie wollten mitfahren, um in die an der Falaise du Kaouar verstreuten Dörfer zurückzukehren. Aber sie durften nicht, weil die Polizei es nicht erlaubt hat. Die Polizisten hören nicht auf die Frauen, sondern verschwinden schnell in die Polizeistation. Durch ein offenes Fenster kann man den Grund für ihre Eile vernehmen. Sie zählen Banknoten. Weitere sieben Personen, die nicht mitfahren durften, verlassen den Platz in Richtung der Pferche, wo sie übernachten werden. Sechs von ihnen sind Nigrer und kommen aus Zinder. Sie erzählen, dass sie wegen der üblichen Räubereien nicht auf den Lkw aufsteigen durften: Sie hatten kein Geld mehr. Der Siebte folgt ihnen auf dem sandigen Pfad in einiger Entfernung und spricht mit sich selbst. Es ist Elvis.

Es wird schnell dunkel. Nur einmal in meinem Leben habe ich mich so sehr danach gesehnt, einen Ort verlassen zu können, wie heute Abend. Damals war ich vier Jahre alt und lag wegen einer Lungenentzündung seit einem Monat im Krankenhaus. Dirkou brennt dem Leben jedes Menschen, der hier Station macht, ein Feuerzeichen ein. Yaya kommt mit der geschweißten Radaufhängung, die er wie ein Gewehr über der Schulter trägt, aus der Werkstatt zurück. »Hart wie Dirkou«, sagt er lächelnd, »sobald es morgen hell wird, montiere ich sie wieder ein.« In den Jahren als Widerstandskämpfer in der Wüste ist er zum Alleskönner geworden. Für die Abfahrt fehlt jetzt nur der Pass. Muhammar hat recht. Es herrscht zu viel Spannung in der Oase. Es ist sinnlos, weiter zu versuchen, dass die libyschen Schleuser mich mitnehmen. Oder noch einmal eine gefährliche Auseinandersetzung mit der Polizei zu riskieren. Nachdem ich Elvis in Schutz genommen habe, betrachten sie mich sicher als einen lästigen Schnüffler. Ich muss noch die halbe Sahara durchqueren und dann auch wieder zurückkommen. Ich weiß längst zu viel über ihre

Geschäfte. Wie immer ist es besser, ich halte mich bedeckt. Besser, ich verschwinde mit dem Geländewagen und warte in der Wüste auf die Lkws.

Als wir am Abend beim Schein einer Kerze im Sand sitzen, wollen Muhammar und sein Bruder mehr über Europa wissen. Sie sind neugierig. Bei meinen Antworten umschiffe ich sorgfältig alle Themen, die mit Religion oder Tomaten zu tun haben. Mein Kopf ist sehr müde. Zufrieden ziehen sich die beiden frühzeitig zum Schlafen zurück. Kaum habe ich meine Matte ausgerollt, taucht die Frage wieder in meinem Kopf auf: Und wenn Daniel und Stephen mich jetzt brauchen? Doch darauf gibt es keine Antwort. Weiter in Dirkou zu bleiben, um sie zu suchen, wäre zu gefährlich. Außerdem könnten sie schon aufgebrochen sein, wie James vermutet hat. Der Muezzin ruft zur Nacht, dass Gott groß ist. Und heute Nacht kann für den, der an ihn glaubt, nur Gott wissen, wo sie sind.

Der Morgen ist erfrischend kühl. Die Wolken haben sich verzogen, der Himmel ist tiefblau. Yaya ist noch nicht damit fertig, die Radaufhängung einzubauen. Gegen zehn Uhr kommt einer von Pats Helfershelfern mit achtzehn Mädchen an Muhammars Haus vorbei. Alle blutjung. Auch Sophie ist dabei. Der Mann bringt sie zur Polizeistation. Kaum sind die Mädchen mit ihren in enge Tops und Jeans gezwängten wohlgeformten Körpern dort angekommen, hört man Geschrei und Gelächter. Als sie wieder herauskommen, geht Sophie auf mich zu. Sie hat eine Karte in der Hand. Die Polizisten haben den Mädchen ihren Gesundheitspass ausgehändigt, wie die Überschrift über den Personaldaten besagt: Tina O., zwanzig Jahre, Bundesstaat Edo, Nigeria. Diese Karte dient jedoch nicht dazu, dass die Mädchen sich behandeln lassen können. Im Gegenteil. Sie dient dazu, den Soldaten und Polizisten zu zeigen, dass sie gesund sind. Denn eine kranke Prostituierte wird hier nicht behandelt. Man wirft sie weg. Wenn die Mädchen krank werden, jagt man sie davon. Das kann der einzige Weg sein, um Dirkou zu verlassen. Meistens in Richtung Libyen. Infektionskrankheiten können sich in Afrika leicht verbreiten. Von der Tuberkulose bis zu Aids. Die letzte Möglichkeit, um sich aus dem Sklavendasein zu befreien, ist, sich einem langsamen Sterben zu überantworten.

Tina, so heißt sie wirklich, schenkt mir ein wunderschönes Lächeln. Diesmal hat es nichts mit ihrem Beruf zu tun. »Ich fahre bald«, sagt sie. »Wann?« »Morgen. Vielleicht übermorgen.« Der Mann ruft nach Tina. Sie muss sich den anderen anschließen. »Und wann fährst du?«, fragt sie. »Heute, demnächst.« Ihr Blick verschwimmt in einer letzten, stillen Bitte um Hilfe. Ihre Lippen scheinen etwas aussprechen zu wollen. In diesem Augenblick offenbart sich Tina als die schüchterne Jugendliche, die sie ist, als Gefangene eines Körpers, der ihr nicht mehr gehört. Nur einen Augenblick lang, dann senkt sie den Blick. Sobald sie ihn wieder hebt, taucht Sophie auf. Sie nimmt ihren Gesundheitspass an sich und geht zu ihrem neuen Herrn.

»Mein Freund, hier ist dein Pass.« Muhammar ist in die Kaserne gegangen, wo man ihm endlich meinen Ausweis abgestempelt und unterschrieben ausgehändigt hat. Bevor wir uns verabschieden, will er mir noch seine junge Frau und ihre kleine Tochter vorstellen. Für einen gläubigen Muslim ist diese Geste ein Zeichen großer Gastfreundschaft und großen Vertrauens. »Ich weiß nicht, was du mit den Geschichten machen wirst, die du gesammelt hast. Aber vergiss nicht, dass das Leben in Dirkou auch für uns hart ist«, sagt Muhammar nach den gewohnten drei Küssen auf die Wangen.

Bald beginnt die heißeste Zeit des Tages. Trotzdem fahren wir los. Yaya verlässt die Oase durch das Viertel der Kanuri. Die Hütten der Händler werden schon ein paar Hundert Meter davor immer seltener. In diesem bitterarmen Viertel baut man mit Pfeilern aus Salz. Die Kinder haben aufgeblähte Bäuche, und die Kleinsten laufen nackt herum. Nördlich von Dirkou ist die Wüste weiß wie Schnee. Zur Rechten zieht sich die Falaise du Kaouar hin und dahinter, in Richtung Tschad, erheben sich die Dünen des Grand Erg de Bilma. Zu ihren Füßen haben sich fantastische Skulpturen aus Lehm und Sand erhalten, geformt vom Wasser und der Strömung des großen, vor Tausenden von Jahren ausgetrockneten Flusses. Auf dem vom Salz hart gewordenen Sand haben Hunderte von Lkws ihre Spuren hinterlassen. Zwei Stunden später wabert die Falaise du Séguédine in den Luftspiegelungen. Der Horizont wölbt sich, als würden wir uns auf einer Kuppel bewegen. Dahinter taucht ein quadratisches Massiv auf. Das ist nur der Gipfel, während der Rest eine Viertelstunde später erscheint und aussieht wie eine eingefallene Pyramide. Darunter ist eine Bergspitze begraben, die einzige in der Wüste. »Pic Zoumri«, zeigt Yaya, »wenn du hinter Dirkou den Pic Zoumri nicht siehst, bist du tot.« »Warum?« »Weil das heißt, dass du dich zu weit von der Falaise entfernt hast. Die Lkw-Fahrer wissen das. Heute kann man die Route leicht finden. Aber wenn der Wind weht, sieht man hier nichts.«

Yaya hat den Stoff seines Tagelmust über die Nase gezogen, genauso wie sein Freund, bevor er auf dem Rücksitz eingeschlafen ist. »Yaya, wie viele Kontrollposten müssen wir bis zur Grenze noch passieren?« »Drei. Séguédine. Dao Timmi. Madama. Dann kommt Tumu, wo wir nicht hinfahren werden, wenn du nicht von den Libyern verhaftet werden willst.« »Ich will nicht verhaftet werden.«

Auf den zweitausendundvierzig Kilometern zwischen der nigrischen Hauptstadt und der libyschen Grenze liegen demnach zwölf Kontrollposten, das heißt, von Niamey bis Madama wird jeder Auswanderer mindestens zwölf Mal zur Ader gelassen. Jedes Mal verlangen die Soldaten oder Polizisten zehntausend Francs, den Gegenwert von fünfzehn Euro und vierzig Cent. Oft begnügen sie sich mit fünftausend Francs. Wenn sie aber beim Filzen und Prügeln mehr finden, nehmen sie alles. Daran wird der ganze Wahnsinn deutlich: Bei der Durchquerung der Sahara können jedem Einzelnen sechzig- bis hunderttausend Francs abgepresst werden. Das sind ungefähr hundertfünfzig Euro, mehr als die fünfzehntausend Francs für den Transport bis Agadez und die fünfundvierzigtausend für die Lkw-Fahrt bis Libyen zusammen. Hundertfünfzig Euro multipliziert mit fünfzehntausend Menschen jeden Monat. Und das ist nur das Geschäft im Niger, der Reingewinn. Ohne Investitionskosten, abgesehen von der physischen Anstrengung, die Auswanderer während der Durchsuchungen zu verprügeln und zu quälen. Es fehlt noch die libysche Seite. Wahnsinn.

»Yaya, weißt du, wie viel Armee und Polizei an den Auswanderern in der Wüste verdienen?« »Viel, glaube ich, aber ich habe nie darüber nachgedacht, wie viel.« Vom Scheitelpunkt der Kuppel führt die Piste steil abwärts zu einer Oase, die halbkreisförmig von Palmen umstanden ist und am Fuße einer kupferfarbenen Bergkette liegt. »Séguédine«, kündigt Yaya an, »die Ruinen in der Dorfmitte sind die Reste des französischen Forts. Aber du hast mich etwas Wichtiges gefragt. Wie viel sie verdienen?« »Eine Summe zwischen neunhundertfünfundsiebzig Millionen und einer Milliarde dreihunderttausend Francs im Monat. Eineinhalb oder zwei Millionen Euro im Monat. Im Durchschnitt zwanzig Millionen Euro im Jahr, vielleicht auch mehr.« Yaya schüttelt den Kopf. »Ich kann mir eine Milliarde überhaupt nicht vorstellen, oder wie viel hast du gesagt?« »Yaya, was machen die Soldaten deiner Meinung nach mit dem Geld?« »Die Kette ist lang. Die Offiziere werden sicher einen Teil davon für sich beanspruchen. Ich kenne einige, die sich davon einen Flachbildschirm oder einen japanischen Geländewagen gekauft haben. Wenn man zwischen vierzig und sechzig Euro im Monat verdient, kann man sich davon keinen Flachbildschirm kaufen.« »Besteht nicht die Gefahr, dass einige Offiziere das Geld dazu benützen, um zu putschen? Oder die Wahlen zu beeinflussen? Kriege anzuzetteln?« Yaya denkt darüber nach: »Wie viele Francs sind es in einem Jahr?« Schnell muss ich nachrechnen und komme zu dem Ergebnis: »Mit fünfzehn Milliarden Francs kann man alles Mögliche machen.«

Am Ortseingang ist die Piste von den üblichen zwei Tonnen blockiert, zwischen denen ein Seil gespannt ist. Yaya steigt aus, um drei Soldaten, die auf einer Veranda aus Palmstrünken und Palmwedeln sitzen, unsere Ausweise zu bringen. Sie grüßen lächelnd. Ich muss nicht einmal meinen Tagelmust herunterziehen. Nur Yaya macht sein Gesicht frei. Die Kontrolle dauert wenige Minuten, sodass wir zum Brunnen inmitten der Hütten aus Salz und Sand weiterfahren können. »Füllen wir unsere Kanister«, rät Yaya, »hier ist das Wasser besser als in Dirkou.« Einige Tubu-Frauen kommen auf uns zu. Ihre Gesichtszüge sind eine Mischung aus denen der Tuareg und der Berber, und ihre Haut ist schwarz wie die der Menschen in der Sahelzone. Eine von ihnen spricht gut Französisch und erzählt, dass ihre Mutter eine Tubu war, ihr Vater ein Soldat der Fremdenlegion, den sie nie kennengelernt hat. Sie wird um die fünfzig sein, denn in der Sahara kennt kaum jemand sein Geburtsjahr, aber sie ist fast blind. Der graue Star hat ihre von Sand und Licht ermüdeten Augen mit einem Schleier überzogen. In Europa wäre sie längst operiert worden, und sie bittet mich um Medikamente. »Ich habe nichts für die Augen.« »Kannst du mich nicht operieren?« »Leider nein, du müsstest zu einem Arzt gehen.« Eine idiotische Antwort. Die nächsten Augenärzte sind in Niamey oder in Tripolis zu finden. Aber wer bringt es übers Herz, einer Frau von fünfzig, die ansonsten noch vollkommen gesund ist, zu sagen, dass sie bald ganz erblinden wird.

Die Spuren der Lkws führen auf die Falaise zu, die erste der Bergketten auf dem Weg nach Europa. Von hier oben glänzen die Salzgärten von Séguédine wie zugefrorene Seen im goldenen Sand. »Die Soldaten haben mir gesagt, dass heute Nacht zwei Lkws durchgekommen sind. So Gott will, werden wir ihnen begegnen«, sagt Yaya. »Sind sie aus Dirkou abgefahren?« »Ja, wahrscheinlich gestern Nachmittag.« »Dann war auch der Lkw von Ahmed dabei, der kleine, der gestern vor Muhammars Haus beladen wurde.« »Nein, sie haben mir gesagt, dass es zwei große Lkws waren.« »Wo sind die denn abgefahren, gestern war doch nur der kleine da.« »Die werden wohl beim Treibstofflager, im Dickicht oder beim Militärstützpunkt gewesen sein.« »Vielleicht sind sie aufgebrochen, als ich Daniel und Stephen suchte, vielleicht habe ich nicht intensiv genug gesucht. Wir hätten eine Woche in Dirkou bleiben müssen.« Yaya lächelt mit einem Anflug von Überlegenheit und spricht die folgenden Sätze betont langsam aus: »Die Wüste ist zu groß. Je mehr du dich ihr näherst, desto weniger siehst du.« Dann zieht er mit einer eleganten Handbewegung den Zipfel seines Tagelmust hoch und bedeckt den Mund.

Yaya fährt nicht gern im Dunkeln. Das ist eine Regel für alle Karawanenführer. Die Sonne ist schon untergegangen. »Können wir nicht noch ein bisschen weiterfahren? Im Dunkeln müssten wir die Lichter der Lkws sehen.« »Das geht nicht«, erklärt er, »ich müsste die Scheinwerfer ausschalten, und dann laufen wir Gefahr, den Wagen zu beschädigen.« Nachts sieht man Scheinwerfer in der Sahara im Umkreis von hundert Kilometern. Yaya ist heute Abend ziemlich angespannt. Seit etwa zwanzig Minuten schaut er sich ständig um. »Ist es wegen dem zwanzigsten Breitengrad, Yaya?« Orion steigt vor uns auf, aber er wandert jetzt im rechten Winkel zur Route der Lkws über den Himmel. »Hier lauern überall Banditen«, flüstert Yaya, biegt scharf nach Osten ab, wo wir uns im Halbrund einer riesigen Sicheldüne verstecken, die das letzte Tageslicht rubinrot gefärbt hat.

Das Problem sind hier nicht nur die Banditen. Die eigentliche Gefahr bildet al-Qaida. Vor der Reise hatte ich einen Artikel von Agence France Presse gelesen, der darüber berichtete, dass sich eine Gruppe von Terroristen in die Sahara zurückgezogen hat. Ihr Anführer war ein französischer Staatsbürger algerischer Herkunft, er ließ sich »Abderrazak le para«, der Fallschirmjäger, nennen. Das ist der Deckname von Amari Saifi, dem die französischen Terrorbekämpfer drei Verbrechen zur Last legen: Er ist in der Fremdenlegion ausgebildet worden und hat sie verraten. Er ist die Nummer zwei der Salafitischen Gruppe für Predigt und Kampf, einer islamistischen Bewegung, die Tunesier und Algerier umfasst. Er will den von Osama bin Laden erklärten weltweiten Krieg gegen Juden und Christen auch auf die Sahara ausdehnen. Diese Gruppe hat 2003 zweiunddreißig Touristen aus Deutschland, Holland und der Schweiz im Süden Algeriens entführt und das von der deutschen Bundesregierung gezahlte Lösegeld von, wie es hieß, mehr als zehn Millionen Euro kassiert. Nach sechsmonatigen Verhandlungen wurden die Geiseln in der Gegend von Gao in Mali in der Wüste freigelassen. Alle bis auf eine Frau, die während eines Fußmarsches gestorben war. Die Internetsite des französischen Außenministeriums verzeichnet auch eine Reihe von Überfällen im Niger, und zwar unmittelbar nördlich des zwanzigsten Breitengrades, den wir heute überquert haben, kurz bevor der Pic Zoumri in Sicht kam. Abderrazak und seine Komplizen könnten sich in dieser Gegend aufhalten. Aber ich bin zu müde, um weiter darüber nachzudenken.

In dieser Nacht werde ich nach Wochen der Anspannung zum ersten Mal wieder richtig schlafen können. Für einen Augenblick fühle ich mich geistig wie befreit von der ständigen inneren Wachsamkeit, die mir seit mehr als einem Monat half, mich mit kühlem Kopf auf jeden meiner Schritte zu konzentrieren, Angst und Erschöpfung auszublenden, und vor allem all die vernünftigen Gedanken von mir fernzuhalten, die mir dazu rieten, sofort den Rückzug anzutreten. Doch nun rächt sich mein Geist und lässt Erinnerungen der ganzen Reise aufsteigen. Erinnerungen an all die Menschen und Orte, die ich nie mehr wiedersehen werde, und das Bewusstsein, dass, seit ich mich in diesen Abgrund gewagt habe, nichts mehr so sein wird wie zuvor. Wieder bekomme ich Angst. Die aber hat nichts mit Abderrazak und seinen Salafiten zu tun. Es ist die Angst, nicht genügend tief eingedrungen zu sein, und die Gewissheit, alles, was ich hier sehe, höre, rieche, berühre und schmecke, zum ersten und absolut letzten Mal zu erleben. Und irgendetwas entzieht sich mir. Ich erstrebe nicht das erhabene Erstaunen eines Faust, der den Augenblick festhalten möchte. Nein, vielmehr bin ich getrieben von der Unbedingtheit eines Neugeborenen, das noch nicht weiß, was geschehen ist. Aber gar keine andere Wahl hatte, als in diese Welt zu kommen. Genau so war es vor meiner Abreise. Ich musste es tun. Bis tief in die Sahara vordringen und wieder ans andere Ufer des Mittelmeers zurückkehren. Seit ich vor einiger Zeit durch eine Reihe von glücklichen Zufällen Nelson Mandela eine Woche lang als Beobachter durch Südafrika begleiten konnte. Seit ich Zeuge wurde, wie er den Zuluhäuptlingen klarmachte, dass die Apartheid nicht durch einen Kampf der Kulturen zu beseitigen war. Seit dem Januartag ein paar Jahre später, an dem ich mir einen kosovarisch klingenden Namen ausdachte, um mich als Illegaler von der Schweizer Polizei verhaften zu lassen. Ich wurde Agron Ndreci, um festzustellen, ob die überaus zivilisierte Schweiz Bürgerkriegsflüchtlinge einsperrt, die gerade erst der ethnischen Säuberung im Kosovo entkommen waren, darunter sogar ganz kleine Kinder. Und es hat sich als wahr herausgestellt. Seit damals oder vielleicht schon viel früher war es, als würde ich nach den Quellen des Nil suchen. Und während ich heute

Nacht mit der Minitaschenlampe zwischen Kinn und Schulter im Schlafsack mein Reisetagebuch auf den neuesten Stand bringe, habe ich das Gefühl, in einem Strom von Armen zu treiben. Nirgends kann ich mehr Halt finden. Nicht ich bin es mehr, der die Reise macht. Es ist die Reise in all ihrer unendlichen Grausamkeit, die mich formt. Obwohl ich nicht weiß, was sie aus mir machen wird, kann ich nicht mehr aufhören. Ich wollte wissen, warum Tausende von Männern und Frauen sich auf schrottreifen Booten einschiffen, die so gut wie sicher kentern. Warum machen sie es nicht wie Amadou, der junge Vater, den ich auf dem Markt von Ayorou kennengelernt habe? Schon fast in Europa angekommen, hatte er den Mut, nach Hause zurückzukehren. Warum verzichten sie nicht? Warum retten sie ihr Leben nicht? Warum kehren sie nicht um? Ich wollte entdecken, was auf dem Weg nach Europa schlimmer ist, als im Meer zu ertrinken. Jetzt weiß ich es. Hier in der Wüste habe ich gelernt, was es heißt, als Toter zu leben. Das hätte ich mir auch vorher denken können. Aber die Reise musste sein. Diese Prüfung musste ich bestehen, um vor den Überlebenden, die es bis Italien schaffen, bestehen zu können, und auch vor der Geschichte der Italiener und Europäer, die im 19. und 20. Jahrhundert nach Amerika, Australien und Südafrika ausgewandert sind. Eine unersetzliche Erinnerungsübung. Plötzlich regt sich in mir die schmerzliche Sehnsucht nach all den Toten, die ich nicht kennengelernt habe. Wie Kofi. Nach all den von Lügen verblendeten Lebenden. Und ich habe schon jetzt einen Vorgeschmack des seelischen Schmerzes, der meine Rückkehr begleiten wird. Da bin ich sicher. Eine umgekehrte Nostalgie. Ich habe noch kein Heimweh, aber ich weiß schon, dass mir, sobald ich wieder zu Hause bin, die Reise und ihre Helden fehlen werden. Wie immer muss ich mich *ihr* anvertrauen. Wer weiß, was sie jetzt tut. »Ich werde ganz schön zu tun haben, um dich von diesem Wahnsinn zu kurieren«, hat sie mir in ihrer letzten SMS vor meiner Abreise aus Agadez geschrieben. Sobald Orion den Zenit erreicht, erhebt sich ein eisiger Wind, der tief in die Lungen eindringt. Der Temperatursprung bringt die Felsen zum Bersten, die wie Klippen aus dem Sand ragen. Sie wirken wie Worte, wie Satzfetzen, die der Wind hergeweht hat. Die Dschinn haben sich heute Nacht viel zu erzählen. Seelischer Kummer lässt sich am besten durch Schlaf betäuben. Bis zum nächsten Morgen wenigstens.

Das Geräusch, ein dumpfes Dröhnen, nähert sich von Weitem. Zuerst halte ich es für einen Traum. Aber das Geräusch bleibt. Verschwindet, kommt wieder. Durch die geschlossenen Lider dringt schon das Tageslicht. Das Grollen kommt immer näher, wird lauter, dann wieder leiser, je nachdem, ob der Motor auf dem Kamm einer Düne oder in einer Senke ist. Heute Nacht war es so kalt, dass ich mir den Anorak anziehen musste. Um uns herum hat eine Wüstenmaus auf dem gekräuselten Sand ihre zierlichen Spuren hinterlassen. Aber es gibt auch größere Spuren, zu groß, um einem Wüstenfuchs zu gehören. Es sind die Spuren eines Schakals, der sich vorsichtig an alles herangemacht hat. Er wird an unserem Atem geschnuppert haben, an den Lebensmitteln und dem Wasserkanister. Wasser hat in der Wüste einen unverwechselbaren Geruch. Einen metallischen Duft, der die von der Hitze und dem Staub verdorrte Kehle sofort anregt. Man lernt ihn sofort kennen. »Verborgen wie ein Schakal«, sagt Yayas Freund, »heute Nacht habe ich die Taschenlampe angemacht. Er ist neben dir stehen geblieben, ohne sich zu rühren, und dann abgehauen.« Meine beiden Begleiter sind schon wach. Yaya versucht, eine Handvoll Holz gegen den Wind zu schützen, um Feuer zu machen. »Camiòn, camiòn«, singsangt er. »Hast du ihn schon gesehen?« »Noch nicht, aber in einer halben Stunde wird er hier sein. Die Piste ist nicht weit weg.« »Yaya, warum begegnen wir keinem leeren Lkw, der zurückkommt?« Er stellt die Teekanne auf das improvisierte Öfchen im Sand, unter dem das Holz endlich Feuer gefangen hat, zuckt die Achseln und erwidert: »Keine Ahnung.« Der Laster kommt und fährt langsamer. Vielleicht hält er, weniger als einen Kilometer von uns entfernt, zur morgendlichen Rast an. »Yaya, ich gehe zu Fuß hin. Wir sehen uns am Kontrollposten von Dao Timmi.«

Die Fahrer sprechen nur Arabisch. »Aiwa, ja, dreihundertzwei Fahrgäste«, geben sie auf meine ersten unbeholfenen Fragen aus der

Fahrerkabine bekannt und formen mit den Fingern eine Drei, eine Null und eine Zwei. Dicht gedrängt wie Beeren einer Weintraube hängen die Menschen auf dem Lkw. Die Rechnung ist schnell gemacht. Diese Ladung Männer und Frauen hat den Schleusern elftausendsechshundert Euro gebracht, fünfundzwanzigtausend Francs mal dreihundertzwei. Niemand steigt aus, denn die Fahrer wollen nach Dao Timmi weiter. Zum Zeichen, dass ich mitfahren kann, streckt einer der Fahrer mit erhobenem Daumen die Faust aus dem Fenster. Die Reisenden, die neben der Leiter sitzen, rücken nur ungern zur Seite. Es ist kein Platz. Bei jedem Stoß drohen wir herunterzufallen. Doch nur so habe ich eine Chance, Daniel und Stephen wiederzufinden. Ich suche ihre Gesichter und schaue mir jeden Einzelnen meiner Mitreisenden an. Ihre Brauen und Lider sind von Salz und Staub verkrustet, die Lippen trocken und verbrannt. Viele müssen krank sein, denn es riecht ekelerregend nach Durchfall. Jetzt ist nicht der richtige Zeitpunkt, um Fragen zu stellen. Das Schweigen an Bord spricht für sich. Daniel und sein Bruder sind nicht hier. Auch unter den Tagelmust und den um die Köpfe gewickelten Handtüchern kann ich sie nicht finden. Ich kenne keines dieser erschöpften Gesichter.

Vielleicht ist es die Anstrengung. Vielleicht die Wut, die sich tief im Bauch angesammelt hat. Vielleicht die Nachtluft, die beißende Kälte in den Lungen, die auch ein heftiger Husten nicht austreiben kann. Aber heute würde ich am liebsten irgendwo anders sein. Nicht hier. Nur die unendlichen Landschaftsbilder der Sahara sind ein gewisser Trost. Wir gleiten in ein unregelmäßiges Tal hinab, in dem sich die vom Wind gebildeten Sandwellen stufenförmig in einer weiten Ebene ausbreiten. Ab und zu ragen vom Wasser ausgewaschene weiße Felsen hervor. Hier muss ein Fluss gewesen sein. Ein paar Akazien klammern sich mit ihren Wurzeln an Sand- und Geröllhaufen. Zur Rechten breitet einsam eine sehr hohe Akazie ihren Schatten spendenden Schirm aus. Am Rande der Piste steht Yayas Geländewagen neben einem Haufen Schrott. Mit einer Handbewegung gibt er mir zu verstehen, dass ich aussteigen soll. Der Lkw bleibt zwar nicht stehen, verlangsamt aber die Fahrt so weit, dass ich herunterspringen kann. Nur sehr wenige Mitreisende erwidern meinen Abschiedsgruß.

»Vor uns liegt Dao Timmi. Wenn wir keine Probleme mit den Soldaten bekommen wollen, solltest du besser nicht auf dem Lkw sein. Warten wir hier eine Stunde und fahren ihnen dann nach, einverstanden?«, sagt Yaya. »Wenn es für dich besser ist, dann auch für mich. Aber was ist hier passiert?« »Das war ein Lkw«, antwortet er. Die Fahrerkabine ist fast flach, die Türen offen, einzelne Autoteile weit im Umkreis verstreut. »Der ist im letzten Jahr explodiert«, erklärt Yaya, »er transportierte auch Auswanderer. Durch eine Zigarette fing die Warenladung Feuer, und die Hitze hat den Tank explodieren lassen.« »Das sieht aus wie bei einem Flugzeugabsturz. Wie viele Tote gab es?« »Keinen. Sie haben sich in Sicherheit gebracht, bevor der Lkw explodiert ist.«

Die Kaserne von Dao Timmi liegt auf einer Anhöhe. Man muss warten, bis jemand herunterkommt, Passierschein und Pass entgegennimmt, sie zum Kommandanten in die Festung hinauf- und gestempelt wieder herunterbringt. Der Lkw, dem wir heute Morgen begegnet sind, steht einige Hundert Meter weit entfernt. Die Soldaten haben die Kontrolle der Passagiere fast beendet. Die meisten sind bereit zum Aufbruch, aber etwa dreißig Reisende knien noch mit den Händen auf dem Kopf im Sand. Zwei Soldaten halten Gummischläuche in der Hand. Kontrolle und Ausplünderung sind ein und dasselbe. Hier wie in Dirkou. »Meinst du, ich kann zu dem Lkw gehen?« »Nein, ich glaube, für uns alle ist es besser, wenn du im Auto bleibst«, erwidert mir Yaya. Jemand kommt an unser Fenster, bittet um etwas zu essen und zeigt auf eine Gruppe von Leuten weiter weg. Sie sitzen im Kreis auf großen Steinquadern um den Platz. Zwei von ihnen beten nach Osten gewandt. Sie saßen schon da, als wir gekommen sind, aber man konnte sie kaum erkennen, weil ihre Haare, ihre abgetragene Kleidung und ihre Haut ganz von Sand bedeckt sind. Farblich heben sich die zweiundzwanzig Männer kaum von ihrer Umgebung ab.

»Wir kommen aus Mali und Ghana«, erzählt der Mann am Autofenster, der sich Adama nennt und fünfundzwanzig Jahre alt ist. »Ich komme aus Bamako, der Hauptstadt von Mali. Waren Sie schon einmal dort?« »Seid wann sind Sie hier?« Adama kann sich kaum auf den Beinen halten und spricht leise: »Ich glaube, seit zwölf Tagen. Offiziell hat man uns gesagt, dass wir aussteigen mussten, weil der Lkw zu voll beladen war für die Steigung dort. Aber die Soldaten haben gedacht, dass wir, wenn wir ein bisschen in der Sonne braten, mehr Geld hergeben würden. So machen sie es, sie bringen einen mit Hunger und Durst dazu. Aber wir hatten wirklich nichts.« »Was für ein Lkw war das?« »Wir waren auf einem Lkw, der Zigaretten transportierte. Am Ende ist er weitergefahren. Und jetzt will uns kein Fahrer mitnehmen. Wir haben kein Geld mehr. Ich weiß nicht, wie es weitergehen soll. Auch die in dem Lkw, der heute angekommen ist, sagen, er sei schon zu voll. Fahrt ihr nach al-Gatrun in Libyen?« Yaya erklärt, dass wir nicht bis al-Gatrun fahren können. »Adama, geben euch die Soldaten etwas zu essen?« »Das hängt davon ab, ob sie etwas übrig haben. Manchmal ein bisschen Hirse, aber nicht jeden Tag. Und es reicht nie für alle. Wir müssen halt zurechtkommen. Manchmal, wenn wir zu großen Hunger haben, fangen wir eine Ratte und braten sie, oder eine Heuschrecke. Aber hier in Dao Timmi gibt es kein Brennholz.« »Habt ihr Wasser?« »Wasser gibt es Gott sei Dank. Da unten ist ein Brunnen«, sagt Adama und zeigt auf eine Reihe von Palmen am Ende der Ebene.

Ein Soldat mit Maschinengewehr kommt auf uns zu. Sobald er bemerkt, dass sich unter dem Tagelmust ein europäisches Gesicht versteckt, kehrt er um und verständigt seine Kollegen, die mit den Passagieren des Lkws beschäftigt sind. Die Letzten von ihnen dürfen sich gerade aus dem Sand erheben, ja sie werden jetzt zur Eile getrieben. Die Soldaten schreien aufgeregt herum. In zehn Minuten kann der große Mercedes starten. Yaya murmelt lachend: »Soldaten, Soldaten.« Jetzt bekommen wir die Erlaubnis auszusteigen. Adama bekommt aus unserer Proviantkiste eine Dose Milchpulver, einige Laibe Brot, eine Flasche Öl, Kekse und ein Stück Hammelfleisch. Zum Dank lassen uns die Soldaten eineinhalb Stunden lang in der Sonne warten.

Die Piste führt in zwei Kehren eine endlose, steinige Steigung auf einen Felshang hinauf. Ein Wildhund hat beschlossen, uns zu folgen. Wir erklimmen eine Hochebene zwischen rostbraunen Bergen, an deren Abhängen und Einschnitten der Wind Sandverwehungen abgelagert hat. Die Felsen sind schwarzbraun wie Eisen nach einem Brand. Nach Osten senkt sich die Ebene in ein Tal, und dahinter tauchen die vielgestaltigen Spitzen der Totomai-Berge auf. Im Westen erheben sich die flachen Umrisse der Hochebene von Djado. Die Erosion durch den Wind hat die Steine unter unseren Rädern rund geschliffen. Manche erreichen die Größe einer Billardkugel. Yaya hält an, um die Reifen mit dem mitgeführten Kompressor aufzupumpen. Einige Kugeln sind vollkommen glatt und schwer wie Eisen, andere sind hohl und brechen wie Eierschalen. Sie enthalten eine Mischung aus Staub, gelbem Sand und dunklen Mineralien. Ein ausgezeichnetes Mittel, um den Salzverlust des Körpers auszugleichen. »Du musst sie in Wasser gelöst trinken«, erklärt Yaya, »sie sind gut fürs Blut und helfen gegen Bauchweh.«

Am frühen Nachmittag erhebt sich am Horizont eine Staubwolke. »Wir haben sie eingeholt. Camiòn, camiòn«, sagt Yaya lächelnd. In den Luftspiegelungen wird der Lkw sichtbar und verschwindet wieder. »Musst du auf dem Lkw mitfahren?«, fragt Yaya. »Nein, ich muss nicht mitfahren. Meine Reisegefährten sind nicht drauf. Und diesen Elendsgestalten will ich keine Fragen stellen. Aber wenn ich mitfahren kann, könnte ich in Madama die Kontrollen beobachten. Ich will aus der Nähe sehen, was an der libyschen Grenze vor sich geht.« Yaya äußert sich nicht dazu.

Für die Fahrt verlangen die Fahrer diesmal Medikamente und zwei Päckchen Zucker. Sie sind nervös. Sobald sie den kleinen Fotoapparat sehen, wollen sie mich nicht mehr mitnehmen. Keine Fotos, aber ich darf schließlich aufsteigen. Der Lkw fährt los, kommt in dem flüssigen Sand aber nur langsam vorwärts. Es geht in die Senke von Mabrous hinab, unter der sich eine Wasserader versteckt, die hier einige Dornbüsche wachsen lässt. Das Leben spendende Nass reicht nur wenige Meter weit. Plötzlich heult der Motor auf. Eine schwarze Rußwolke steigt in den Himmel. Mit höchster Drehzahl quält sich der Lkw im Kriechgang über eine Erhöhung aus Kreideablagerungen. Um nicht das Gleichgewicht zu verlieren, müssen wir uns alle an den Armen halten. An den besonders unebenen Stellen ist die Piste mit verlorenen Sachen übersät: eine Sonnenbrille, Mützen, Gummisandalen, ein Schuh, drei Feldflaschen. Wer weiß, wie es dem gegangen ist, der hier seinen Wasservorrat verloren hat. Die Spuren im Sand führen zwischen fantastisch geformten Säulen, Türmen und gespenstischen Festungen hindurch. Die Dicke der Gesteinsablagerungen zeugt von Überschwemmungen, Trockenzeiten und neuen Überschwemmungen in grauer Vorzeit. Hier und dort haben die tektonischen Kräfte, die die Kontinente bewegen, die Kreideoberfläche aufgebrochen und in dem gewundenen Tal hinter uns lange unregelmäßige Auffaltungen entstehen lassen. Als riesige Untiefe lagen sie unter der Oberfläche des Meeres, das einst die Sahara bedeckte. Man kann sich die Landschaft so vorstellen, als wäre der Atlantische Ozean ausgetrocknet und man würde ihn mit dem Lkw durchqueren. Am Ende der Steigung beginnt eine weiße Hochebene. Blendend hell mit roten Sandflecken hie und da. Eine endlose Ebene, so weit und leer, dass man die Krümmung des Horizonts wahrnimmt. Später verwandelt sie sich in eine rote Ebene mit weißen Flecken. Und dann wird daraus ein braunes Brett voller winziger Steine. Alle gleich groß. Die vorherrschenden Winde verteilen das Geröll nach seinem Gewicht. Von den Dünen wurden sie bis hierher getragen. So weit das Auge reicht, führen von Osten nach Westen unzählige Spuren nebeneinander her, die Tausende von Lkws hier wie am Anfang der Ténéré hinterlassen haben. Wir brauchen den ganzen restlichen Nachmittag, den Abend, die Nacht und den ganzen nächsten Morgen, um die Ebene zu durchqueren. Die Fahrer halten nur wenige Minuten, weil sie sagen, im Mabrous hausen die Dschinn.

Während wir langsam einen breiten Abhang hinunterfahren, erhebt sich zur Linken der Emi Fezzane und zur Rechten das Plateau des Tchigai, vor uns liegt die Hochebene von Manguéni. Der Sand wird wieder rot. Madama ist ein kleines, von Dünen umgebenes Fort, das die Fremdenlegion dem Niger hinterlassen hat. Zwei Tore im Nirgendwo bezeichnen das Fußballfeld für die Soldaten. Drei hintereinander aufgereihte Tonnen bilden das Ende des Rollfeldes für

Flugzeuge. Aufgeschichtete Heuballen sind der Vorrat für den Transport mit Ziegen und Kamelen. Überall stecken kaputte Peugeot-Lieferwagen bis zu den Türen im Sand. Das Fort ist von allen Seiten mit Stacheldraht umgeben. Von Norden her treiben sehr hohe, zarte Zirruswölkchen und verschleiern die Sonne. Die Feuchtigkeit, durch die sie sich gebildet haben, kann nur vom Mittelmeer aufgestiegen sein. Die Wölkchen bringen Seeluft, und ich bilde mir schon ein, sie in der Nase zu spüren. Die Küsten Nordafrikas sind nur drei Tagesreisen entfernt. Nach Lampedusa ist es von hier aus näher als nach Niamey.

Auch die Vegetation ist mediterran. In Madama breiten nicht mehr Akazien ihre Schirme aus. Tamarisken werfen mit ihren im Wind schaukelnden grünen Zweigen und zartrosa Blüten Schattenspiele auf den Sand. Nur sie bieten im Mabrous neben ein paar Dornbüschen Schutz vor der Sonne. Unter dem größten Tamariskenbaum steht ein großer Lkw und alle seine mindestens zweihundert Fahrgäste. Unser Lastwagen fährt nicht direkt zum Fort, sondern macht einen weiten Umweg, um sich ihm langsam zu nähern. »Willkommen in Tumu«, ruft ein Mann, der vorne auf dem Fahrerhäuschen sitzt und sich zu strecken versucht. »Tumu? Das ist Madama.« »Nein, nein, das ist Tumu.« »Ja, natürlich ist das Tumu«, bestätigt ein anderer, der im Gewühl auf der rechten Bordwand sitzt. »Wir sind in Libyen.« Alle lächeln, erschöpft und zufrieden wie Marathonläufer am Ziel. Das kann nicht Libyen sein. Ich kenne die Karten auswendig, und am Pass von Tumu müsste die Landschaft ganz anders aussehen. Wenn das Libyen ist, sitze ich in der Patsche. Dass ich die Fahrer nicht gefragt habe, welche Route sie nehmen, war mehr als leichtsinnig. Jetzt aber ist nichts mehr zu machen. Vielleicht flattert ja irgendwo die orange-weiß-grüne Flagge der Republik Niger, aber leider ist nirgends eine Flagge zu sehen. Auch Yaya ist mit seinem Geländewagen seit Stunden nicht mehr aufgetaucht. Vielleicht wartet er in Madama auf mich, und wir sind tatsächlich in Tumu. Djerom, der einzige Gesprächige auf diesem Lkw, merkt, dass irgendetwas nicht stimmt. Er hat die ganze Nacht mit seinen Nachbarn geredet, hat von seiner Heimat Mali erzählt, von seiner Familie, von den vergangenen Jahren, als er in allen afrikanischen Hauptstädten ein menschenwürdiges Dasein zu finden hoffte. »Das ist ganz bestimmt Tumu«, erklärt er jetzt, »wir haben für die direkte Route nach Libyen bezahlt.« »Aber zwischen Dirkou und Tumu liegt Madama. Warum sind wir nicht in Madama vorbeigekommen?« »Weil dieser Lkw direkt nach Tumu gefahren ist«, erwidert Djerom. Um sich beim Fahrer zu erkundigen, ist es zu spät. Zuallererst muss ich mein Gesicht gut mit dem Tagelmust bedecken, dann mir eine glaubhafte Ausrede einfallen lassen. Am besten die Wahrheit: Ich wollte nach Madama, aber sie haben mich nach Tumu transportiert. Zu guter Letzt kann ich nur hoffen, dass die libyschen Soldaten nicht wie der Konsul von Agadez denken. Am besten verdrücke ich mich ganz hinten in eine Ecke des Laderaums.

Mit einem Schnaufen hält der Lkw an. Djerom schaut nach vorn, dreht sich um und zeigt mit dem Finger auf die Soldaten vor uns. Sie kommen mit umgehängtem Maschinengewehr aus dem Fort. »Ich bleibe hier unten, du sagst mir, was passiert.« Djerom nickt zustimmend. Die Mitreisenden, die genügend Platz hatten, um aufzustehen, sind nun alle auf den Füßen. Türen knallen, die Fahrer sind ausgestiegen. Direkt unter uns grüßen sie mit einem »As salam aleikum«. Die Antwort der Soldaten wird zeigen, ob sie Libyer oder Nigrer sind. »Aleikum salam«, antworten diese und fahren in der Begrüßung fort. Sie sprechen Arabisch. Das verspricht nichts Gutes. Andere schreien irgendwelche Befehle. Immer auf Arabisch oder auch auf Haussa. Die Passagiere reden durcheinander, sodass ich die Stimmen nicht unterscheiden kann. Allmählich leert sich der Laderaum. Mit den Händen auf dem Kopf sitzen alle im Sand. Der Gestank von Durchfall wird schwächer, und der trockene Duft der Wüste hilft mir, genauer nachzudenken. Die Maschinengewehre. Ich muss nur die Maschinengewehre sehen. Die Soldaten gehen die Reihen entlang und verlangen Geld. Ihre Gesichter kann ich nicht erkennen, denn sie sind vom Tagelmust bedeckt. Allerdings sind es keine Kel Tamaschek, denn der Stoff ist auf arabische Art um den Kopf gewickelt. Um Zeit zu gewinnen, setze ich mich ganz hinten hin. Die vier Soldaten mit Maschinengewehr lassen das Schlimmste befürchten. Das Magazin ist gebogen, also sind es Kalaschnikows.

Die Waffe der Libyer. Die Uniformen sind völlig unterschiedlich und scheinen überhaupt nicht zueinander zu passen. Hosen von Tarnanzügen zu grünen Uniformjacken und umgekehrt. Keinerlei Rangabzeichen oder sonstige Kennzeichen, die erkennen ließen, welcher Staat sie bezahlt. Aus dem nur wenige hundert Meter entfernten Fort kommen weitere Soldaten und stellen sich unmittelbar hinter uns auf. Endlich geht einer an mir vorbei, und ich kann sehen, dass das Magazin seines Maschinengewehrs gerade ist. Ja, es ist gerade, und auf einer Plakette ist zu lesen: »Fabriqué en Belgique«. Gegen Libyen besteht ein internationales Handelsembargo. Es wird Zeit, das übliche Theater aufzuführen, den Pass in die Linke zu nehmen, den Tagelmust herunterzuziehen und laut zu rufen: »Meine Herren, ich habe Medikamente im Gepäck. Wollen Sie nachsehen, ob Sie etwas brauchen können?« Wenn es die Soldaten Gaddafis wären, käme ich jetzt in Schwierigkeiten. Aber sie sind es nicht. Der Trick funktioniert. Wie immer. Wir sind in Madama.

Diesmal funktioniert mein Trick aber nicht ganz. Der Soldat mit dem belgischen Maschinengewehr nimmt meinen Pass und fordert mich auf, ihm zu folgen. »Warten Sie hier«, befiehlt er und betritt das Fort. Kurz darauf kommt ein Vorgesetzter heraus, nach den Abzeichen auf seiner Brust zu schließen, ist er ein Sergeant. »Man hat mir gesagt, dass Sie Medikamente für uns haben. Was für Medikamente?« »Gegen Grippe, Schnupfen, Durchfall, Bauchschmerzen, und außerdem habe ich Vitamine.« »Sind Sie Arzt?«, fragt er und blättert mit dem Finger den Pass durch. »Nein.« »Und was haben Sie auf dem Lkw zu suchen?« »Ich habe mich mitnehmen lassen, denn ich erwarte einen Freund aus Agadez. Er heißt Yaya. Wissen Sie, ob er schon da ist?« »Kommen Sie aus Dirkou?« »Aus Dirkou, Agadez, Niamey, Bamako, Dakar.« Wortlos verschwindet der Sergeant in seinem Fort. Der Soldat bleibt stehen, um mich zu bewachen. Auf meine Frage: »Kann ich zum Lkw gehen?« schüttelt er verneinend den Kopf. Um den großen weißen Mercedes-Lkw herum beginnt die Ausplünderung der Reisenden. Sie müssen immer noch mit den Händen auf dem Kopf knien. Ein Mann steht auf, da schreit ein Soldat ihn wie wahnsinnig an, damit er sich wieder hinkniet. Sobald der

Mann sich niederlässt, tritt ihn der Soldat zum Dank in den Rücken. Die Aufregung ist ansteckend. Auch die anderen Soldaten treten mit den Stiefelspitzen zu oder rammen, wenn sie nur Sandalen anhaben, den gebeugten Gestalten die Gewehrkolben zwischen die Rippen. Einer schlägt auch mit bloßen Händen zu. Da eilt ein anderer mit einem dicken Elektrokabel aus dem Fort herbei. In Madama gibt es wenig Wasser, deshalb haben sie hier keine Gummischläuche.

Aus dieser Entfernung funktioniert die Geschichte mit den Medikamenten nicht. Die Reisenden, die zahlen, dürfen aufstehen und sich vor dem Lkw aufstellen. Aus dem Fort kommen sechs Männer mit einer Schüssel Mehl. Ein Soldat rennt hinter ihnen her und ruft: »Hey, schickt mir euren Landsmann von gestern.« Einer der sechs dreht sich um und fragt: »Den Friseur?« »Nein, den anderen, den Senegalesen, den Elektriker. Ich habe für ihn etwas zu tun.« Der bitterarme Niger hält seine Infrastruktur auf diesem Weg in Schuss. Ein Mann geht zu der großen Tamariske, um den Elektriker zu holen. Die anderen fünf setzen sich im Kreis in den Sand und essen, womit die Soldaten sie entlohnt haben. Einige Soldaten, die nagelneue bunte Fußballtrikots tragen, kehren von einem Spiel in die Kaserne zurück. Vertreten sind Vereine aus aller Herren Länder: Brasilien, der AC Mailand, Manchester United, Real Madrid, Tirana. Vom Senegal bis Libyen die einzigen nicht verstaubten und nicht abgetragenen Trikots, die einzigen, die nur zum Spielen benutzt werden. Nicht, um darin zu leben.

Der Wachposten auf seinem Rundgang schlägt mit einem Schrei Alarm, um seinen Kollegen anzukündigen, dass jemand ankommt. Es ist Yayas Geländewagen. Sie lassen ihn nicht einmal in die Nähe der knienden Reisenden. Nachdem Yaya seinen Pass abgegeben hat, muss er neben einem der Fußballtore warten. Yaya und sein Freund steigen aus. Yaya gähnt, zündet sich eine Zigarette an und kommt auf uns zu. Kurz darauf kehrt der Sergeant von vorhin zurück und fragt: »Sind Sie nach Libyen unterwegs?« Yaya weiß, was er antworten muss. »Ich glaube, das wird nicht möglich sein. Libyen hat die Grenzen geschlossen«, kommt ihm der Sergeant zuvor, »sehen Sie dort den Lkw? Er wartet schon seit vier Tagen. Niemand kommt durch.« »Warum?« »Keine Ahnung«, erwidert der Sergeant, »manchmal ist das so. Wenn ein Nationalfeiertag ist oder wenn die Europäer protestieren, weil zu viele Illegale ankommen.« »Und wann machen sie wieder auf?« »Keine Ahnung, morgen? Vielleicht übermorgen. Vielleicht … Wenn Gott will. Sie müssen noch auf Ihre Papiere warten.« Der Sergeant verschwindet im Fort. Yaya schnaubt und wirft den Zigarettenstummel in den Sand. »Soldaten, Soldaten«, murmelt er, »nehmen wir den Wagen und stellen uns unter den Bäumen in den Schatten.«

Von den vielen unter der großen Tamariske liegenden Menschen erheben sich einige. Der Schatten reicht nicht für alle. Ihre Kleider und Haare sind ausgebleicht und vom Staub ganz steif. Mindestens zehn Kinder und drei Frauen sind dabei. Alle kommen ans Wagenfenster. Yaya spricht mit einigen von ihnen auf Haussa. Bald ist der Geländewagen von Menschen umringt. Diejenigen, die zu weit weg sind, um sich verständlich zu machen, zeigen ihr Anliegen, indem sie die geschlossenen Finger an den Mund führen. Sie sind hungrig und bitten um etwas zu essen. Von den Kanistern an der Bordwand des Lkw tragen zwei die Aufschrift Koldi. »Wer ist Koldi?« Die anderen rufen einen etwa zwanzigjährigen barfüßigen Mann in abgetragenem T-Shirt und Hosen herbei. Yaya hupt laut und legt plötzlich den ersten Gang ein. »Was machst du?« Der Geländewagen holpert über die Unebenheiten, und Yaya bleibt die Antwort schuldig. Koldi kehrt um, um sich wieder hinzulegen. Schlaf ist das einzige Mittel, um den Hunger zu vergessen. Doch sein Platz im Schatten der Tamariske ist inzwischen besetzt.

»Ich hätte gerne mit Koldi gesprochen. Kanister mit dieser Aufschrift habe ich im Autogare von Agadez vor der Abfahrt gesehen. Noch bevor ich dich kennengelernt habe.« Yaya erklärt seine unerwartete Reaktion nicht. »Bei denen hätten Daniel und Stephen sein können.« »Da sind zweihundert ausgehungerte Menschen«, erklärt Yaya schließlich. »Genau. Lass uns umkehren, können wir nicht etwas für sie tun?« »Ich glaube nicht. Vier Laibe Brot und eine Hammelkeule reichen nicht für zweihundert Menschen. Die würden sich für ein Stück Brot gegenseitig umbringen. Jetzt kommen außerdem noch die vom nächsten Lkw dazu. Du kannst nicht fünfhundert hungrigen Menschen etwas zu essen geben wollen, wenn es nicht für alle reicht.« Yaya schaut hoch erhobenen Hauptes geradeaus. Seine Stimme klingt nicht distanziert wie sonst. Er hat Angst. Seine Augen sehen ganz offensichtlich etwas, was er schon einmal erlebt hat.

»Diese Leute haben mir erzählt, dass sie keine Sardinendosen, kein Milchpulver, kein Brot, keine Kekse, überhaupt nichts mehr haben«, fährt Yaya fort. »Nach ihren Aussagen hat gestern jemand versucht, das Stroh zu essen, das vor einer Woche von einem Kameltransport heruntergefallen war. Heute hat er starken Durchfall. Die Soldaten hindern die Menschen sogar daran, das saubere Stroh aufzuheben. Gegen diese Gemeinheit haben wir Krieg geführt.« Yayas Finger krampfen sich ums Steuerrad. »Den Schleusern ist es egal, ob die Grenze offen oder geschlossen ist. Aber in der Wüste ist es so: Wenn man losfährt, muss man ans Ziel kommen. Man kann nicht warten, und man kann auch nicht umkehren. Und wenn man aufgehalten wird, läuft man Gefahr zu verhungern. Es reicht nicht, die Grenzen zu schließen. Das ist es, was ihr Europäer nicht versteht. Hast du je in deinem Leben gehungert?« »Nein, Yaya, nie.«

Yayas Laune bessert sich allmählich. »Der Tee ist fertig, Gott sei Dank«, sagt er, während er die Gläser füllt. »Nein danke, ich trinke nichts.« »Ich denke aber, du solltest etwas Heißes trinken. Du hast einen fürchterlichen Husten.« »Ja, ich habe mich heute Nacht erkältet. Aber wir sollten vielleicht besser von hier verschwinden. Gehen wir zum Fort zurück und warten dort auf unsere Papiere.« »Wie du willst«, erwidert Yaya leise, bleibt sitzen und trinkt mit seinem Freund die ganze Teekanne leer. Es geht nicht um die geschlossene Grenze, sondern darum, dass hier eine Menge Leute fehlen. Wenn sie bei den ausgehungerten Leuten wären, hätten sich Daniel und Stephen sicher bemerkbar gemacht. Und dann fehlt auch noch der Lkw von James und Joseph, der einen Tag vor uns abgefahren ist. Wir wollten uns hier in Madama treffen. Wenn die Grenze zu ist, müssten sie noch hier sein. Wo sind sie?

»Yaya, wo sind all die anderen Lastwagen aus Dirkou?« Er zuckt

Die Leiter, die auf den Lkw führt, ist zu schmal für all die herandrängenden Füße. Der Fahrer wird wütend und schreit etwas in Haussa. Geduldig ordnen sich die Passagiere in eine Schlange ein.

Am Ende ist der Wagen mit einer Masse von Beinen, Armen und Köpfen beladen. Farben und Stimmen mischen sich mit Säcken, Bündeln und Kanistern. Der Besitzer hat jedes verfügbare Fleckchen verkauft.

In der Regel fahren täglich vier oder fünf Lkws wie dieser. Das sind fünfzehntausend Leute jeden Monat. Manchmal fahren Frauen mit so kleinen Kindern mit, dass du dich fragst, wie sie bis ans andere Ende der Wüste kommen sollen.

DAVID TREZEGUE
20

Der Brunnen ist ein Loch, über dem wie üblich ein Reifen im Sand liegt. Die Wasseroberfläche liegt drei Meter unter der Erde. Man muss mit dem Seil und dem Plastikeimer umgehen können. Wenn der Eimer leer ist, schwimmt er, und weil der Brunnenschacht eng ist, ist es schwer, ihn zu versenken.

Die Behälter gibt es auf dem Markt von Agadez zu kaufen, dann musst du sie füllen. Auch wenn du eine Million Dollar zur Verfügung hast, ohne Wasser bist du in der Wüste ein Niemand.

Wenn in Europa ein Lkw kaputtgeht, ruft man irgendwo an, und dann kommt jemand zum Abschleppen. Hier bleibst du in der Wüste.

Bei den Tuareg trinkt man drei Gläser Tee. Das erste Glas ist bitter. Wie das Leben, sagt ein Sprichwort. Das zweite muss süß sein. Wie die Liebe. In das dritte Glas Tee gehört viel Zucker. Zuckersüß wie die Jugend, sagt das Sprichwort. Oder: sanft wie der Tod, so ein anderes.

Die meisten sitzen dicht an dicht zusammengedrängt zwischen den großen Rädern im Schatten. Seit mehr als zehn Tagen sind sie hier in dieser absoluten Ödnis gefangen und haben jedes Zeitgefühl verloren. Mehr durch die Hitze als den Hunger sind sie völlig erschöpft.

Der Weg über Dirkou ist gefährlich. Dort gibt es Militär. Und auch in Madama sind Soldaten. Und von denen gibt es immer Prügel, und man wird ausgeraubt.

Die ohne Pässe fahren mit den Geländewagen. Das kostet doppelt so viel wie mit dem Laster, denn die Fahrer müssen die vom Militär kontrollierten Pisten meiden. Das ist noch gefährlicher.

Das Schild fordert auf Französisch und in allen afrikanischen Sprachen dazu auf, den Brunnendeckel nach Gebrauch zu schließen. Ganz unten links das Motto jedes Kel Tamaschek: aman iman, Wasser ist Leben.

Ein Rechteck aus Felsbrocken mit einem Stein ohne Namen bezeichnet das Ende einer Reise an einen Ort ohne Namen. Am Ende werden auch diese Steine wie alles in der Wüste weiterrollen.

Das sind Lastwagen, die alles Mögliche transportieren, und dann klettern noch Hunderte Menschen drauf, manchmal sogar dreihundert. Alles wird mit einem Seil außen herum festgemacht, und jeder bindet seinen Wasserbehälter daran.

Dirkou ist ein grüner Streifen jenseits der ockerfarbenen Dünenkette. Entlang einer Geländestufe breitet sich die Oase der Sklaven aus, so weit das Auge reicht. Alles Übrige ist eine Welt aus Sand.

Hier oben gibt es nicht mehr nur eine Piste. Die weite Fläche ist von Hunderten paralleler Spuren in ostwestlicher Richtung durchfurcht, die nach Norden und Süden auseinanderstreben. Jeder Fahrer wählt in der Wüste seinen eigenen Weg.

die Achseln: »Keine Ahnung.« »Die müssten aber doch hier sein.« »Wenn sie erfahren haben, dass die Grenze zu ist, haben sie vielleicht die Schmuggelroute genommen«, schlägt Yaya vor, »oder sie haben die Soldaten geschmiert, damit sie durchgelassen werden.« »Wir könnten den Sergeant fragen.« »Das glaube ich nicht. Diese Soldaten sollte man lieber nichts fragen.« »Woher sind sie?« »Aus Agadez. Vierundzwanzigstes truppenübergreifendes Bataillon in Agadez.« »Meiner Meinung nach sehen die nicht wie Tuareg aus.« »Nein, hier verlässt man sich nicht auf uns. Das Oberkommando liegt in Agadez, aber die Soldaten vor Ort kommen alle aus Niamey. Wenn es was zu verdienen gibt, kommen sie aus Niamey.«

Der Sergeant erwartet uns vor seinem Fort. Er nimmt Yaya zur Seite und sagt ihm etwas auf Haussa. »Er fragt, ob wir einen verletzten Soldaten nach Dirkou mitnehmen können«, erklärt Yaya nach einer Weile. »Wenn es dir recht ist, ist es mir auch recht. Wir erledigen, was wir zu erledigen haben, und dann holen wir ihn ab.« »Das entscheide nicht ich. Du hast hier das Sagen.« Yayas Laune hat sich wieder verschlechtert. »Aber was ist das für eine Verletzung?« Yaya spricht mit dem Sergeant. »Man weiß es nicht. Seit einer Woche spuckt er Blut. Er hat auch Blut im Stuhl und im Urin«, sagt Yaya, und der Sergeant ergänzt auf Französisch: »Er muss dauernd brechen. Wahrscheinlich hat er sehr hohes Fieber.« »Das ist ja ganz schlimm. Es könnte Malaria im Endstadium sein ... Man kann ihn auf keinen Fall im Geländewagen durch die Wüste transportieren. Auch wenn wir jetzt sofort aufbrechen würden, dauert die Fahrt nach Dirkou drei Tage. Das würde ihn umbringen. Sie haben doch ein Rollfeld, lassen Sie ein Flugzeug aus Niamey kommen.« »Nein, das geht nicht. Wir haben keine Flugzeuge«, rechtfertigt sich der Sergeant. »Ich weiß ganz genau, dass die nigrischen Streitkräfte zwei Hercules C130 haben. Warum hätte man denn sonst an jedem Kontrollposten ein Rollfeld angelegt? Rufen Sie per Funktelefon einen Arzt. In vier Stunden kann er hier sein.« »Darüber muss der Kommandant des Stützpunkts entscheiden.« »Dann fragen Sie ihn. Sie müssen das schnell tun. Ich könnte in Dirkou einen Freund anrufen und ihn bitten, Sie dabei zu unterstützen.« Der Sergeant verspricht, den Kommandanten zu fragen. »Warten Sie hier auf Ihre Papiere.« Der Sergeant heißt Sani. Grüne Mütze, Sonnenbrille, ein perfekt gepflegtes Kinn- und Oberlippenbärtchen, Tarnuniform, breiter Gürtel und Schaftstiefel. »Kann ich ein Foto von Ihnen machen?« Der Sergeant gibt die Erlaubnis. Er geht ganz in seiner Rolle auf. Nie lächeln, nie die Miene verziehen, nie Emotionen zeigen. Immer finster dreinblicken. Auch vor der Kamera. Die Porträtaufnahme ist nur ein Vorwand. Wenn ich sein Gesicht heranzoome, sind im Hintergrund gleichzeitig der weiße Lkw und die Soldaten zu sehen, die immer noch die Reisenden traktieren. Der Sergeant merkt es, bevor ich eine eindeutige Bewegung einfangen kann. »Jetzt ist es genug«, befiehlt er, geht ins Fort und kommt mit den Papieren zurück.

»Halt an, sobald du kannst. Ich muss das Satellitentelefon einschalten.« »Wen willst du anrufen?«, fragt Yaya. »Muhammar. Er muss den Kommandanten in Dirkou sofort darum bitten, ein Flugzeug zu schicken.« Muhammar ist zu Hause und meldet sich mit einem lauten »halò«. Anfangs ist er irritiert. »Es ist einer eurer Soldaten, Muhammar. Er würde sicher sterben, ob in Madama oder im Geländewagen. Nur das Flugzeug kann ihn retten.« Am anderen Ende der Leitung herrscht eine Weile Schweigen, dann sagt Muhammar schließlich: »Okay, mein Freund, ich gehe zu meinem Vorgesetzten und frage ihn.«

»Was willst du tun?«, fragt Yaya. »Was wir ausgemacht haben. Wir fahren bis über die libysche Grenze und kehren dann um.« »Das ist die Grenze«, meint Yaya. »Also fahren wir ein Stück weiter und kehren dann um. Fahren wir bis zur Schmugglerroute.« Yaya biegt nach Westen ab, in Richtung auf ein ausgetrocknetes Flussbett namens Enneri Achelouma, das bis ins Grenzgebiet zwischen dem Niger, Libyen und Algerien reicht.

»Von hier aus kommt man zum Passe de Salvador«, erklärt Yaya, »und kann dann nach In Ezzane und Djanet in Algerien weiterfahren, oder aber ins Idhan Murzuq, das Große Sandmeer.« Yaya lenkt wieder nach Norden. »Das ist die Piste für Geländewagen. Sie ist gefährlicher, weil es hier mehr Banditenüberfälle und mehr Militärpatrouillen gibt. Aber die Geländewagen sind schneller als Lkws, hier ist der Sand fest, und man kann schnell fahren. Wir bleiben hier.« »Ich möchte einen letzten Versuch machen, Daniel und Stephen oder den Lkw mit Joseph und James zu finden. Man weiß nie. In Dirkou waren auch zwölf Geländewagen startbereit.« »Aber die fahren Tag und Nacht. Sie werden schon in al-Gatrun sein«, erwidert Yaya und bringt den Wagen mit einem sanften Tritt aufs Gaspedal auf hundert Stundenkilometer.

Nachdem wir mehr als eine Stunde auf der Ebene am Fuß des Manguéni-Plateaus entlanggefahren sind, kommt eine bläuliche Schachtel in Sicht. Um die Schachtel flimmern längliche schwarze Flecken in der glühenden Luft. »Ein Toyota 45«, verkündet Yaya. Aus der Nähe nehmen die länglichen Flecken die Umrisse von vierundzwanzig staubigen Menschen an. Die Motorhaube steht offen. Eine Frau mit einem höchstens zweijährigen Kind im Arm, dessen Kopf mit einer Wollmütze geschützt ist, erhebt sich aus dem Sand. Die anderen stehen schon, um unsere Ankunft zu erwarten, denn wir sind ihre Rettung. Die beiden Fahrer erzählen, dass sie seit zwei Tagen hier festsitzen. Einer der Reifen ist mit einem Jutesack geflickt. Der Motor dreht sich träge, gibt eine Art krächzendes Husten von sich und stößt Abgaswolken aus. Dann geht er wieder aus. Die Batterie ist zu schwach. Yaya fährt seinen Wagen dicht heran und befestigt ein Überleitungskabel. Ein Mann bittet ihn, den Motor noch nicht anzulassen, öffnet den Luftfilter des Motors und pustet eine große Staubwolke heraus. Ein Fahrer erklärt Yaya, was passiert ist. »Um Madama zu umgehen«, übersetzt Yaya auf Französisch, »sind sie nachts über die Dünen gefahren und haben sich überschlagen. Dabei muss Sand in den Motor gekommen sein. Sie haben versucht weiterzufahren, aber der Motor hat blockiert. Dann haben sie den Motor gesäubert, er ist aber nicht mehr angesprungen, weil die Batterie zu schwach war.« Im tiefen Sand kann man einen Geländewagen natürlich nicht anschieben. Aber mit dem Überleitungskabel springt der Motor sofort an. Bevor er wieder ausgeht, steigen die Reisenden ein. Einige umarmen sich. Sie glauben, genügend Wasser für den Rest der Fahrt dabeizuhaben. Ein Fahrer zeigt Yaya am nördlichen Horizont etwas. Sie verabschieden sich und machen sich auf die Reise.

»Steig ein, lass uns von hier wegkommen«, drängt Yaya und setzt sich ans Steuer. »Der Fahrer hat mir gesagt, dass sie gestern Nachmittag zwei Militärpatrouillen gesehen haben. Die Leute haben sich auf den Boden gelegt, um nicht entdeckt zu werden. Im Gegenlicht konnten die Soldaten den Toyota nicht sehen.« »Libyer?« »Ja, du weißt, wie es in Madama aussieht. Der Niger hat dafür nicht die Mittel. Die Patrouillen machen die Libyer.« »Aber wo genau verläuft die Grenze?« Yaya dreht sich um, erstaunt über eine solche Frage, und antwortet: »Die Sahara hat keine Grenzen.« Die Wüste breitet sich unter dem Wendekreis des Krebses aus. Vor uns liegt Tumu, der Kontrollposten der libyschen Armee. Von Tumu führt die Piste nach al-Gatrun, und von da erreicht man auf einer asphaltierten Straße in einem Tag Tripolis. Das Mittelmeer. Und die Boote nach Lampedusa. Wir dagegen müssen umkehren. Trotz der Beunruhigung, Daniel und Stephen nicht mehr gefunden, trotz der Enttäuschung, Joseph und James nicht getroffen zu haben. Es ist Zeit umzukehren. Nach eineinhalb Monaten. Nach mehr als fünftausend Kilometern. Nach den Drohungen des Konsuls in Agadez. Weiterzufahren würde bedeuten, in kürzester Zeit die Gastfreundlichkeit libyscher Gefängnisse ausprobieren zu dürfen.

Es ist Nachmittag. Wir fahren direkt auf die Sonne zu. Ich leide unter heftigen Hustenanfällen und werde von unkontrollierbarem Schüttelfrost heimgesucht. Wahrscheinlich habe ich hohes Fieber. Wenn ich dabei nicht solche Gliederschmerzen hätte, wären die Kälteschauer bei dieser Hitze fast angenehm. »Yaya, welche Sprache haben die Fahrer gesprochen?« »Tubu. Es waren richtige Tubu. Banditen oder Schmuggler. Die Tubu können nichts anderes. Überall haben sie Messer stecken, sogar in den Sandalen.« »Spiel jetzt nicht den Tuareg-Rassisten.« »Aber so ist es einfach«, beharrt er ungerührt auf seiner Meinung. Die Sonne steht immer noch direkt vor uns. Um diese Zeit dürfte das nicht die richtige Richtung nach Dirkou sein. »Yaya, fahren wir nicht zu weit nach Westen?« »Wir müssen unsere Wasserreserven auffüllen, und ich will nicht zu den Soldaten nach Madama zurück. Es gibt hier im Wadi Enneri Achelouma einen Brunnen.«

Der Sand ist nun intensiv rot, und die Ebene geht plötzlich in eine Dünenkette über. Dahinter zeigt sich, zwischen vom Wind erodierten Felsbrocken und Tamariskenbäumen, eine bis dahin unsichtbare Oase. Sie sieht aus wie ein geheimes Basislager. Sechzig Lkws. Alles grüne Militärlaster, nagelneu und sauber. Fast alle sind bis zur doppelten Höhe mit Kartons bepackt. An den Bordwänden hängen keine Wasser-, sondern Treibstoffkanister. Sechs oder acht Dieselbehälter pro Lastwagen. Die Piste führt in das Lager hinunter, das zwischen Felsnadeln, Sandhaufen und Büschen in einer kreisrunden Senke wie am Grunde eines Vulkankraters liegt. Auch die Reifen sind neu, ohne jede Ausbesserung. Die Mercedes-Lkws sind wirklich in bestem Zustand und hervorragend ausgerüstet. Man braucht nur hinter die Windschutzscheibe zu blicken. In jedem ist ein Satellitentelefon eingebaut. Diese Lkws transportieren keine Männer und Frauen. Die Auswanderer können sich auf den Pisten ruhig verirren und umkommen, denn sie haben die Reise ja im Voraus bezahlt. Diese Ware dagegen muss ihr Ziel erreichen. Yaya fährt mitten zwischen die Hütten. Zu jedem Lkw gehören ein paar Unterkünfte aus Holz und Pappe. Die eine oder andere ist mit einem Metallzaun abgesperrt. Auf der Pappe steht auf Italienisch: »Primo«, ebenso auf den mit grünen Planen bedeckten Kartons auf den Lkws. Alles ist gut im Sand versteckt, und vor allem so, dass es nicht aus der Luft entdeckt werden kann. Diese Leute hier haben mehr Angst vor Aufklärungssatelliten als vor den neugierigen Blicken derer, die hier vorbeikommen. »Aber wo sind wir hier?« »Bei den Schmugglern. Mach bitte keine Fotos«, antwortet Yaya. »Nein, auf keinen Fall. Sind das alles Zigaretten?« »Ja, alles Marlboro. Aber in den Kartons ist, wie wir entdeckt haben, auch Kokain. Du müsstest diese Konvois einmal sehen. Nachts sehen sie aus wie Fackelzüge in der Wüste. Hier kommen die Lkws aus Agadez an. Sie laden die Kartons auf die Lkws nach Libyen um. Schau dir die Nummernschilder an.« Alle Lastwagen haben libysche Nummern.

Die mächtigste und am weitesten verzweigte internationale Organisation in Afrika ist die nigerianische Mafia. Wenn in den Kartons hier wirklich Kokain steckt, ist das der Beweis dafür, dass der internationale Handel mit dem weißen Gold von der nigerianischen Mafia kontrolliert wird. Dank der Komplizenschaft von Heer, Verwaltung und einheimischen Kriminellen führt der Weg von Kolumbien über Brasilien, den Atlantik, Nigeria, den Niger und Libyen nach Europa und dann in die Vereinigten Staaten. Ein Reise rund um die Welt, die dazu dienen soll, den amerikanischen Anti-Drogenkrieg zu umgehen, der sich seit Jahren auf Lateinamerika konzentriert. Von hier aus wird auch Libyen mit Waffen und Technologie versorgt, die dem internationalen Embargo unterliegen.

»Yaya, ich muss dich etwas fragen: Da immer noch ein Handelsembargo gegen Libyen besteht, wie sind dann all diese Militärlaster aus Deutschland hierhergekommen?« Yaya antwortet lächelnd: »Geld ist Geld. Hier ist der Brunnen.« Er fährt um einen Container herum und bleibt neben einem weiteren stehen. Beide sind Langcontainer, wie sie von Fernlastern transportiert werden. Nach der Aufschrift auf den Türen kommt der eine aus Kalifornien. Mit Kreide hat jemand »Primo SS670« daraufgeschrieben. Der andere trägt keine weitere Aufschrift, aber die Wörter Bruttogewicht, Länge und Breite sind italienisch. Einige Mechaniker bauen einen Motor auseinander. Sie haben den kräftigen Körperbau und die breiten Gesichtszüge von Nigerianern. Andere Männer, die eher arabisch aussehen, ruhen oder essen im Schatten der Hütten. »Woher kommen all diese Leute?« »Die kommen von überallher«, erklärt Yaya, der diesen Ort genau zu kennen scheint, »Libyer, Ägypter, Sudanesen, Ghanaer, Tuareg.« Er steigt aus und lädt die Wasserkanister aus dem Auto.

Der Brunnen ist ein Loch, über dem wie üblich ein Reifen im Sand liegt. Die Wasseroberfläche liegt drei Meter unter der Erde. Man muss mit dem Seil und dem Plastikeimer umgehen können. Wenn der Eimer leer ist, schwimmt er, und weil der Brunnenschacht eng ist, ist es schwer, ihn zu versenken. Yaya lacht: »Du kommst aus der Zivilisation der Wasserhähne. Lass es mich machen.« »As salam aleikum.« Der Mann, der uns von hinten grüßt, ist braun gebrannt.

Er trägt einen langen, sehr gepflegten Bart, den er nur um die Nase herum rasiert hat. Die Haare sind ganz kurz, die Muskeln seiner Unterarme gut trainiert. Mitten auf der Stirn hat er die Hornhaut dessen, der sich mehrmals am Tag zum Gebet auf den Teppich herabbeugt. Er trägt eine braune, fleckige und zerrissene Dschallaba. Hinter ihm warten zwei andere, ähnlich aussehende Männer. Nur einer trägt einen Tagelmust um den Kopf. »Aleikum salam.« Sie schauen mir direkt in die Augen. Nicht aus Neugier, ihr Gesichtsausdruck lässt etwas anderes vermuten. Einer der drei nimmt Yaya zur Seite und geht mit ihm unter die Tamariske, die dem Brunnen Schatten spendet. Die anderen bleiben wenige Schritte entfernt stehen. Sicher sprechen sie über mich. Die beiden sind anscheinend so etwas wie Bodyguards und drehen sich oft nach mir um. Yayas Freund nimmt die Reservekanister vom Dach, um den Tank aufzufüllen. »Warte, ich helfe dir.« Auf diese Weise kann ich hinter den Geländewagen treten und durch die verstaubten Fenster die Szene beobachten. Yaya spricht immer noch mit dem Mann, der ihm anscheinend Fragen stellt, auf die Yaya antwortet. »Wer sind die?«, fragt Yayas Freund. »Ich weiß es nicht.« In Wirklichkeit habe ich einen starken Verdacht, um wen es sich handeln könnte. Und wenn meine Vermutung zuträfe, müsste ich mir schnell überlegen, wie wir da wieder herauskommen. Ich müsste das passende Wort finden. Denn an Flucht aus diesem auf allen Seiten geschlossenen Krater ist nicht zu denken.

Die drei verschwinden nach etwa zehn Minuten. Während sie sich entfernen, heben sie die Dschallaba, und man kann ihre Füße sehen. Zwei von den dreien haben feste Ledersandalen an, der dritte kakifarbene Soldatenschuhe aus Stoff mit dicker Gummisohle. Ohne Strümpfe, wirklich ohne Strümpfe. Aus irgendeinem Grund beunruhigt mich diese Tatsache besonders. Yaya macht sich wieder daran, Wasser aus dem Brunnen zu schöpfen. »Yaya, mit welchem Akzent sprechen sie?« »Arabisch«, lautet die Antwort. »Das habe ich schon verstanden, dass sie Arabisch sprechen, aber nicht, mit welchem Akzent.« »Algerisch, es sind Algerier«, erklärt Yaya, während er Wasser aus dem Eimer in den Kanister füllt. »Kennst du sie,

Yaya, hast du sie schon einmal hier gesehen?« Yaya stellt den Eimer weg, stemmt die Hände in die Hüften und schaut in die Richtung, in der sich die drei entfernt haben. Etwa hundert Meter weiter sind sie an einem anderen Container stehen geblieben und sprechen jetzt mit einer Gruppe von Männern, die wie sie gekleidet sind. Weitere kommen aus den Hütten hinzu. Diese Männer unterscheiden sich von den Mechanikern und den Fahrern, die um die Lkws herumstehen, vor allem dadurch, dass alle sehr lange Bärte tragen. Ab und zu drehen sie sich um und schauen zu uns herüber.

»Das sind keine Zigarettenschmuggler«, sagt Yaya. »Sind es Salafiten?« »Ja, ich glaube schon«, antwortet Yaya, »dieser Mann hat behauptet, er sei der Anführer eines Konvois von Algeriern und anderen Ausländern. Sie durchqueren die Sahara und machen hier Station.«

»Hat er gesagt, er heißt Abderrazak? Oder Amari oder Saifi?« »Nein, er hat mir seinen Namen nicht genannt.« »Yaya, das sind die Leute von der GSPC, der Salafitischen Gruppe für Predigt und Kampf.« »Ich habe keine Ahnung, wie sie sich nennen. Aber es sind Salafiten.« »Dann sind sie von der GSPC. Sie sind die einzige starke Organisation in der Sahara. Das ist ein Lager der al-Qaida.« Yaya seufzt tief. »Worüber habt ihr gesprochen?« »Er hat mir Fragen über dich gestellt. Woher du kommst, wer du bist, was du hier machst, ob wir allein reisen. Er hat mir Vorwürfe gemacht, dass ich dich hierher gebracht habe.« »Und was hast du ihm geantwortet?« »Dass du ein italienischer Tourist bist und wir nur hierher gekommen sind, um unsere Wasserreserven aufzufüllen.« »Fühlst du dich sicher?« »Niemand kann sich an der Grenze zwischen dem Niger und Libyen sicher fühlen.« »Nein, Yaya, lass die Redensarten. Ich glaube, wir schweben in äußerster Gefahr. Ich, weil ich ein europäischer *kufr* bin, ihr zwei, weil ihr mich hierher gebracht habt. Die Leute hier sind dieselben, die die beiden deutschen Touristen in Algerien entführt haben. Alle Welt weiß, dass al-Qaida in der Sahara Ausbildungscamps unterhält.« »Hier sind zu viele Menschen, wenn sie jemanden ausbilden wollen, dann gehen sie zum Schießen in die Wüste.« »Genau. Vielleicht wollen sie hier nur Zigaretten kaufen. Oder Waffen, oder vielleicht sind sie wirklich auf der Durchreise ... Hat er dir gesagt, dass er nur auf der Durchreise ist?« »Nein, er hat mir gesagt, dass hier ihr Lager ist. Aber ich bin schon einmal hier gewesen und habe sie nicht gesehen.« »Dann müssen wir entscheiden, was wir tun wollen, bevor sie für uns entscheiden. Bevor sie merken, dass sie einen europäischen Staatsbürger in der Hand haben. Und auch deinen Geländewagen.« Vielleicht mache ich mir zu viele Gedanken. Vielleicht sind es das Fieber und der Schüttelfrost. Mehr denn je könnte ich einen klaren Kopf brauchen, um nachzudenken, denn ich stehe an einem entscheidenden Wendepunkt, von dem es kein Zurück gibt. Wenn wir bleiben, könnte ich zum ersten Mal beweisen, dass es ein Lager der al-Qaida in der Sahara gibt. Wie aber würden die Leute hier reagieren? Man kann schließlich nicht einfach auf diese Fanatiker zugehen und sagen: ›Entschuldigen Sie, Herr Amari Saifi, genannt Abderrazak, ich bin Journalist, könnte ich zwei Wochen bei Ihnen bleiben?‹ Vielleicht würden sie sogar antworten: ›Bitte sehr, machen Sie es sich bequem.‹ Oder aber sie würden die Situation ausnützen und eine weitere Entführung ankündigen. Hier die falsche Wahl zu treffen kann bedeuten, nicht mehr nach Hause zu kommen. Diese Banden von Lösegeldschindern schrecken vor nichts zurück, warum sollte ich ihnen eine weitere Chance für eine Erpressung bieten?

»Ich habe mich schon entschieden. Aber du, Yaya, du kennst die Wüste besser als ich. Zuerst will ich wissen, was du darüber denkst. Was ihr beide darüber denkt.« Yayas Freund antwortet als Erster. »Meiner Ansicht nach sollten wir sofort abhauen.« Yaya scheint unsicher. Er hatte gehofft, vor der Weiterfahrt ein bisschen schlafen zu können. »Auf der Rückfahrt müssen wir durch die Sahara. Dort könnten sie uns überall auflauern. Ihr habt recht«, fasst Yaya schließlich zusammen, »wir müssen verschwinden, bevor sie auf die Idee kommen, uns festzuhalten. Wenn wir gleich losfahren, haben wir ein paar Stunden Vorsprung.«

»Dann packen wir die Kanister wieder ein. Aber ohne zu zeigen, dass wir flüchten.« »Nie zeigen, dass du flüchtest«, fügt Yaya hinzu, der einen Krieg in der Sahara überlebt hat, »denn das heißt, zu akzeptieren, dass dir jemand folgt.«

Während unserer Diskussion hat sich die Gruppe der Salafiten aufgelöst. Sie laufen zwischen den Containern und Hütten hin und her. Aber man kann nicht erkennen, was sie vorhaben. Wir verhüllen unsere Gesichter mit dem Tagelmust und fahren los. Yaya nimmt eine andere Gasse. Die Reifen sind zu prall aufgepumpt, und der Geländewagen droht auf der Steigung aus dem Krater heraus fast im Sand stecken zu bleiben. Oben breitet sich wieder die rote Ebene aus. Schon von hier aus sind die Lkws, die Baracken und die Schmuggler nicht mehr zu sehen. Fünf Männer in grünen Uniformen gehen auf den Spuren im Sand auf das Lager zu. »Das sind doch Soldaten, Yaya. Woher kommen die?« »Aus Madama.« »Madama?« »Sie holen bei den Schmugglern Zigaretten«, erklärt Yaya, »oder sie machen irgendwelche Geschäfte.« Die Sahara verformt nicht nur Bilder durch Luftspiegelungen und optische Täuschungen. Dieses riesige Kaleidoskop aus Sand bringt auch die Fronten durcheinander, die sich in der Welt draußen gegenüberstehen. Nirgendwo anders könnte man am selben Brunnen und am selben Nachmittag nicht nur Menschen- und Drogenhändler, Zigarettenschmuggler, al-Qaida-Terroristen und einen europäischen Journalisten mit seinen zwei Begleitern antreffen, sondern auch Soldaten, die von der französischen Armee ausgebildet sind, einem Mitgliedsstaat der EU, die offiziell Sklaverei, illegale Einwanderung, Drogenhandel, Schmuggel und das von Osama bin Laden gebildete Netzwerk bekämpft.

Nach zwanzig Minuten Fahrt auf dem schlüpfrigen Sand taucht im Osten ein weiteres Fort auf. Eine Düne reicht fast bis zur Höhe seiner Mauern. »Das ist Madama«, kündigt Yaya an. Es sieht aber nicht so aus wie Madama. »Heute Morgen haben wir die andere Seite gesehen«, fährt er fort. »Das heißt, Madama liegt nur zwei oder drei Kilometer von dem Schmugglerstützpunkt und dem Lager von al-Qaida entfernt.« Yaya nickt bejahend. »Sogar weniger, wenn wir direkt an die Grenze gefahren wären. Aber wir wollen nach Dirkou.« Die schräg einfallenden Strahlen des Abendlichts erleuchten die große Tamariske neben dem Fort. Der Kontrast aus Licht und Schatten lässt die Umrisse der dort wartenden Lkws riesig erscheinen. Jetzt sind es drei. »Heute ist ein weiterer Laster angekommen.« Yaya verstellt den Rückspiegel, damit man den Baum sehen kann. »Ich würde gern unter einem Vorwand zu den Soldaten gehen, um zu sehen, ob meine Reisegefährten dort sind.« »Da gibt es keinen Vorwand«, erwidert Yaya, »wir bekommen nur Schwierigkeiten. Die Soldaten würden nicht verstehen, warum wir umgekehrt sind.« Yaya verstellt weiter den Rückspiegel. Zuerst den linken Außenspiegel, dann den Innenspiegel, als befänden wir uns im Stadtverkehr. An einem bestimmten Punkt sieht man niemanden und nichts mehr. Absolute Leere. Von Horizont zu Horizont. »Wisst ihr, was mich an diesen drei Salafiten am meisten beunruhigt hat? Der mit den Soldatenschuhen hatte keine Socken.« »Socken?« Yaya und sein Freund bersten vor Lachen. Aber ich habe in meinen Erinnerungen endlich eine Erklärung dafür gefunden. Meine instinktive Reaktion hatte mit einer Geschichte zu tun, die mir ein algerischer Student vor vielen Jahren erzählt hat. Während des Bürgerkriegs in Algerien trugen die islamistischen Terroristen häufig Armeeuniformen und stellten fingierte Kontrollposten auf. Sie filzten ihre Opfer besonders gründlich, aber im Gegensatz zu den richtigen Soldaten hatten sie nie Socken an. Um herauszubekommen, ob ein Kontrollposten echt oder eine Falle war, gab es deshalb nur eine Methode: nachzusehen, ob die Uniformierten Socken trugen oder nicht.

»Sie verfolgen uns«, bemerkt Yayas Freund plötzlich. Am Horizont in Richtung Madama erhebt sich eine Staubwolke. Es ist nicht unsere Spur. »Lkw oder Geländewagen?«, fragt Yaya, der sich nicht ablenken lassen will. »Er ist schnell, es ist ein Geländewagen, und er fährt in unsere Richtung.« Nur weil der Abend naht, konnten wir die Staubwolke überhaupt sehen, denn der Sonnenuntergang verlängert die Schatten. Und gegen den hellen Himmel zeichnet sich die Staubspur deutlich ab. »Meinst du, sie sind es?«, fragt Yayas Freund. »Ich weiß nicht«, gibt der zur Antwort, »die Grenze ist zu, und von Madama durfte niemand mehr weiterfahren. Willst du hier aussteigen und auf sie warten?« Yaya versucht angestrengt, die weichen Sandbänke zu umfahren, um weniger Staub aufzuwirbeln und möglichst viel auf den Kiesstrecken zu bleiben. »Es tut mir leid«, entschuldigt er sich, »ich wusste nicht, dass die algerischen Salafiten schon bis Madama gekommen sind.« »Da kannst du nichts dafür.« »Ich habe dich aber dorthin gebracht.« »Und ich konnte Dinge sehen, die bisher noch niemand gesehen hat. Wir befinden uns doch oberhalb des zwanzigsten Breitengrads?«

»Schau mal, ist das nicht Kreide?«, fragt Yaya einige Kilometer weiter, wartet aber die Antwort nicht ab, sondern lenkt scharf nach Westen. Die vollen Wasserkanister tanzen hinter den Sitzen auf und ab. Die Off-Road-Reifen donnern eine Zeit lang über weißen Schotter. Wir hinterlassen keine Spuren mehr. Auch die Staubwolke hinter uns löst sich auf. Yaya fährt so schnell wie möglich direkt auf die gleißende Sonnenscheibe zu. Wir entfernen uns von der Piste der Lkws. Mindestens eine halbe Stunde lang sagt niemand ein Wort. Auf unserer Flucht fahren wir zwischen Ansammlungen von rotem und ockerfarbenem Kies durch. Es sieht aus wie die Moräne eines geheimnisvollen Gletschers. Nun ist es fast dunkel. Die Staubwolke, die uns am Horizont folgte, ist verschwunden. Aber vielleicht versteckt sie sich nur im Blau, das im Osten der Nacht vorausgeht. Orion ist mit Pfeil und Bogen bereits auf seinem Posten. Yaya verzichtet heute Abend auf seinen Tee, denn er will kein Feuer machen. Plötzlich wird es kalt. Um sieben Uhr abends ist es schon ganz dunkel. Yaya und sein Freund klettern auf zwei Steinhaufen, um den Horizont abzusuchen und mit der Hand am Ohr den Stimmen der Wüste zu lauschen. »Sie verfolgen uns nicht mehr«, erklären sie am Ende übereinstimmend. »Sollten wir nicht abwechselnd Wache halten?« »Das nützt nichts«, meint Yaya, »vor uns liegt die Ebene von Mabrous. Nachts ist die Sahara voller Stimmen. Wenn sich jemand nähern würde, werden uns die Dschinn wecken.« Dann aber nimmt er die Schaufel aus dem Kofferraum, gräbt ein Loch unter dem Kühler, vergräbt darin die Autoschlüssel und murmelt: »So können wir ruhig schlafen.« Er breitet seine Decke darüber aus und legt sich in die angenehme Wärme zwischen dem Sand und dem noch warmen Motor. Doch keiner von uns schläft wirklich tief, wir wachen immer wieder auf. Und jedes Mal hört man ein dumpfes Motorgeräusch in der Ferne. Von den Lkws nimmt man nur einen schwachen Lichtschein am Horizont wahr. Sie fahren alle Richtung Norden.

Gereke öffnet das Tor. Muhammar tritt lächelnd vors Haus. »Willkommen zurück in Dirkou, mein Freund. Hast du deine Freunde aus Ghana gefunden?« Ohne die Antwort abzuwarten, spricht er lange mit Yaya auf Tamaschek. Der macht eine ernste Miene, während Muhammar ins Zentrum der Oase geht. »Der Soldat in Madama ist tot.« Diese Eröffnung Yayas trifft mich wie ein Stich, denn den Transport eines Kranken abgelehnt zu haben, bedeutet trotz aller guten Gründe, für sein Schicksal mitverantwortlich zu sein. »Wo ist er gestorben?« »Er ist bis Dirkou gekommen. Soldaten haben ihn mit einem Geländewagen hierhergebracht. Sie sind ohne Halt Tag und Nacht durchgefahren. Aber der Soldat ist schon vor Dao Timmi gestorben.« »Im Auto? Er hätte ausgeflogen werden müssen!« »Muhammar ist auf dem Weg zum Rollfeld. Das Flugzeug müsste in Kürze landen.« »Es hätte aber nach Madama fliegen sollen, nicht hierher. Um zwei Stunden Flug zu sparen, haben sie den Kranken drei Tage lang durch die Wüste gekarrt?« »Muhammar hat mir gesagt, dass er das Flugzeug nicht bis Madama fliegen lassen konnte. Er ist Sergeant hier in Dirkou. Vielleicht haben die in Madama kein Flugzeug angefordert. Vielleicht liegt Madama zu nah an der Grenze. Was weiß ich? So ist die Armee eben.« »Meinst du, wir hätten ihn mitnehmen sollen?« Yaya könnte mir die Absolution erteilen und sagen, dass der Soldat auf jeden Fall gestorben wäre. Er könnte bestätigen, dass der Soldat so schwer krank war, dass wir mit dem Anruf bei Muhammar, um ein Flugzeug anzufordern, unser Möglichstes getan haben. Yaya aber zuckt nur die Achseln und sagt: »So ist die Wüste eben.«

Auf dem Platz mit den libyschen Schleusern stehen Lkws, die gerade erst aus Agadez gekommen sind. Sie überragen die Blechhütten am Markt. Wir fahren weiter. Um Dirkou zu verlassen, muss Yaya gegen einen Strom von erschöpften Menschen mit Kanistern und Gepäck über den Schultern fahren. Ein Kindergesicht drängt sich ans Wagenfenster, und Elvis streckt den Arm ins Wageninnere, um mir die Hand zu drücken. »Danke, mein Herr, gute Reise«, sagt er lächelnd. Er gehört immer noch zu den Gestrandeten, aber er hat sein Lächeln noch nicht verloren. »Yaya, halt an.« »Hier kann ich auf keinen Fall halten, denn die Soldaten sehen uns.« Die Menschenmauer öffnet sich vor unserer Stoßstange. Ein junger Mann im gelben Anorak und ein anderer neben ihm heben die rechte Hand. Der in der gelben Jacke ist Billy, der Nigerianer, der gern Pfarrer in seiner Gemeinde werden wollte. Der andere neben ihm winkt immer noch. In Sekundenbruchteilen begegnen sich unsere Blicke. Der Mann könnte Daniel sein. »Yaya, halt bitte an.« Er schnauft, bremst. Aber es ist schon zu spät. Aus den Gesichtern sind schweißgetränkte Rücken geworden. Niemand dreht sich um. Bald werden sie Dirkou kennenlernen. Bald werden sie entdecken, dass Sklave zu sein einen hier davor bewahren kann, verrückt zu werden. Denn die Alternative ist, so zu werden wie diese ausgehungerten Gestalten am Rande der Oase, die zwar keinen Herrn haben, aber auch nicht die Freiheit, diesen Ort zu verlassen. »Deine Freunde werden bereits in Libyen sein. Wir sollten uns auf den Weg machen«, drängt Yaya und zieht sich den Tagelmust über die Nase. Als er für die Freiheit der Kel Tamaschek kämpfte, konnte er sich sicher nicht vorstellen, zehn Jahre später einer solchen Massenflucht von *stranded people* zu begegnen, die ihn an die damaligen Entbehrungen erinnern. Yaya vergisst sogar, am Kontrollposten der Soldaten vorbeizufahren, und brummt übellaunig: »Die können mich mal.« Er fährt schnell die Steigung hoch, um die Senke von Kaouar hinter uns zu lassen. Er will hier weg. Hinaus. Diesem Abgrund entrinnen, der dazu zwingt, Menschen in die Augen zu blicken, die schon vor ihrem Tod nicht mehr leben.

»Wirst du über Algerien fahren, wie dir der libysche Konsul geraten hat?«, fragt mich Yaya eines Morgens mitten in der Ténéré.

»Nein, ich glaube nicht. Dies hier ist die Sklavenpiste. Ich werde direkt zur Küste fahren.« »Und wirst du ein solches Boot nehmen?« »Das weiß ich noch nicht. So Gott will ...« »So Gott will«, wiederholt er. »Yaya, meinst du, der Geländewagen, der uns am Abend in Madama gefolgt ist, hatte den kranken Soldaten an Bord?« »Ich glaube nicht«, erwidert er, »um schneller als wir in Dirkou zu sein, sind sie schon morgens aufgebrochen. Nein, der Geländewagen hat uns verfolgt. Er kam vom Schmugglerlager, nicht von der Grenze.«

»Das wird nun deine letzte Nacht unter dem Sternenhimmel sein«, wechselt Yayas Freund das Thema. Dieser Satz macht mich plötzlich traurig. »Wir nicht, aber du wirst morgen beim Einschlafen nur die Zimmerdecke sehen.«

Wo die Dünen sich auflösen und die ersten Felsbrocken auftauchen, kommt eine große Taghlamt vorbei. Hunderte und Aberhunderte von mit Salz beladenen Kamelen ziehen nebeneinander her. Im Sattel sitzend führen die Madougou ihre Karawane auf die schwarzen Felsrücken des Adrar Azzaouager zu. Zwei Jugendliche und vier Männer folgen zu Fuß. »Sie sind auf dem Rückweg aus Bilma«, sagt Yaya. »Ich steige hier aus.« Yaya schaut mich verdutzt an. »Ich muss mich bewegen. Sie nehmen den gleichen Weg, oder? Wir sehen uns heute Nachmittag.« »Lauf nicht zwischen die Tiere«, warnt Yayas Freund, »wenn sie Angst bekommen, werfen sie die Last ab.« Ein Kel Tamaschek wird nie verstehen können, warum jemand, der mit einem Geländewagen fahren kann, lieber zu Fuß geht. Aber nichts auf der Welt klingt so sanft und gleichzeitig intensiv wie eine Karawane. Dieser Fußmarsch ist das beste Heilmittel gegen eineinhalb Monate Anstrengung, Angst, Gewalt und Schmerz. Die Schritte der Dromedare sind wie ein rhythmisches Atmen in der reglosen Luft. Das weiche Aufsetzen ihrer Hufe auf dem Sand hört sich an wie das leise Knistern eines Seidenkleides. Ein Geländewagen mit seinem Berg von Fahrgästen nähert sich. Die Madougou und die Fahrer blicken sich an und grüßen einander, ohne anzuhalten, mit einer Kopfbewegung. Im Grunde üben beide in verschiedener Form den gleichen Beruf aus.

Von Dirkou nach Agadez haben wir vier Tage gebraucht. Auf dem Rückweg sind wir elf Lkws, fünf Toyota 45 mit insgesamt zweitausendneunhundert Reisenden begegnet. Grob gerechnet ergibt das für die Reiseagenturen im Autogare eine Einnahme von zweihundertzehntausend Euro in vier Tagen. Dazu müsste man noch die Summen für die Transporte hinzurechnen, die die Sahara ohne Halt in Dirkou durchqueren.

Die Staubstraße aus der Ténéré führt am ehemaligen Flughafen vorbei direkt auf die Mesallaje zu, die mit ihrem unverwechselbaren Profil ein freundliches Willkommen bietet. In weniger als einem Kilometer Entfernung liegt vor uns die rote Stadt. Der letzte von zweitausendfünfhundert Kilometern durch die Wüste. Ein Reifen platzt. Ein spitzer Stein hat sich in den linken Vorderreifen gebohrt. Der Schlag bringt den Geländewagen ins Schleudern, bis er zum Stillstand kommt. Als sie sich den Schaden ansehen, brechen Yaya und sein Freund in ein befreiendes Lachen aus, das die Spannung der letzten Tage löst. Das ist die überraschendste Art, sich zu verabschieden. »Ich werde den Reifen nicht wechseln«, entscheidet Yaya, »ich lasse ihn vom erstbesten Lkw mit dem Kompressor aufpumpen.« In einer Viertelstunde ist es so weit. Der Lkw ist gerade erst aufgebrochen. Das sieht man seinen Passagieren an. Ihre Gesichter sind noch sauber und lächeln.

Am letzten Abend in Agadez sitzt vor dem Fußgängereingang zum Autogare ein barfüßiger Mann in zerschlissenem T-Shirt und zerrissener Hose ganz allein auf der Bank. »Guten Abend, wie geht's«, spricht er mich an, »du bist ein Freund von Dandy, stimmt's? Ich habe dich einmal mit ihm zusammen gesehen. Schau, Dandy ist noch hier. Ich hole ihn. Aber hör zu, ich bin hungrig, denn ich habe seit drei Tagen nichts gegessen. Kannst du mir ein bisschen Geld geben?« Dandy, Johnson und Billy kommen aus dem Autogare. Johnson hat seine Schuhe retten können. Also war der Mann, den ich in Dirkou gesehen hatte, nicht Billy, und der andere war bestimmt nicht Daniel. »Wo hast du Daniel und Stephen gelassen?«, fragt Billy. Alle hören angstvoll die Geschichte unserer Trennung an. »Wir haben hier jeden Abend für euch gebetet«, offenbart der besonders gläubige Billy. »Ist es denn wirklich so schlimm?«, fragt Dandy. Die drei haben die Wüste noch vor sich, und ich kann nur ehrlich antworten. Meine Worte heben ihre ohnehin finstere Laune natürlich nicht. Dandy bringt das Gespräch auch gleich auf Kofis Tod, den alle nicht verwunden haben. »Die Behörden von Agadez haben seine Sachen an sich genommen«, erklärt Dandy, »und sie zusammen mit seinem Leichnam begraben. Dann haben sie seinen Pass nach Ghana an seine Familie geschickt.« »Wer ist für die Kosten aufgekommen?« »Die hiesigen Behörden«, sagt Billy, »sowohl das Porto als auch die Beerdigung, weil Kofi nichts mehr hatte. Siehst du, Bruder, sie nehmen uns erst wahr, wenn wir tot sind. Solange wir am Leben sind, knöpfen sie uns nur unser Geld ab und verprügeln uns.«

Kofis Eltern haben zumindest vom Tod ihres Sohnes erfahren. Sie müssen nicht denken, ihr Junge sei in Europa angekommen und habe sie vergessen. Angesichts Tausender Sklaven, die das Ziel ihrer Reise nie erreicht haben, ist das schon ein großes Privileg. Die Ehre der Erinnerung. Das Privileg, nicht als undankbarer Sohn im Gedächtnis zu bleiben.

7

Piratenstrand
Chaffar, Tunesien

Von der Rue de la Grande Mosquée ist es noch ein gutes Stück zu Fuß. Der Weg führt zu den Bögen des Bab Diwan, des mächtigen Eingangstors zur Medina von Sfax, dann weiter durch die Neustadt, wo die Luft von Autoabgasen und dem Duft gegrillten Kebabs geschwängert ist. Boulevard de la République. Avenue Bourguiba. Nach rechts in die Rue Alexandre Dumas, vorbei an den Balkonen des libyschen Konsulats, einer quadratischen Villa mit den großen grünen Fahnen der Dschamahirija. Hinter dem Bahnübergang die Straße entlang, die mitten durch den Hafen führt. Die letzten Schritte über den zerfurchten Beton einer Mole. Es sind tatsächlich die letzten Schritte. Gegen die Mole klatschen die Wellen des Mittelmeers. Und jenseits der gekräuselten Wellen liegt Europa.

Kofi und viele andere sind ums Leben gekommen beim Versuch, hierher zu gelangen. Daniel, Stephen, Joseph und James kämpfen sich irgendwo durch, um irgendwann diese salzige Brise zu atmen. Mir erging es besser. Nicht weil ich mutiger, stärker oder ausdauernder wäre als sie. Ich stehe nur deshalb hier, weil ich im Besitz von zwei Pappdeckeln im Format 12,5 x 8,5 cm bin. Zwei Pappdeckel mit zweiunddreißig Seiten dazwischen. Unser Leben hängt von solchen Ausweisen ab. Wir können sie uns nicht aussuchen, kaufen oder verdienen. Sie werden nach dem Zufallsprinzip verteilt wie Karten in einem Pokerspiel. Es ist reine Glückssache, ob wir in diesem oder jenem Teil der Welt geboren werden. Ohne den dunkelroten Pass der Europäischen Union wäre ich jetzt eingesperrt wie eine Ziege im Gehege irgendeines Bauernhofs im Hinterland. Oder ich wäre noch immer in Madama, ein Gestrandeter. Diese beiden Pappdeckel aber haben mich genau dahin gebracht, wohin ich wollte: zurück in die Hauptstadt des Niger und an Bord einer Maschine, um einen Bogen um Libyen zu machen und dann auf dem Landweg von Algerien nach Tunesien, durch die letzten großen Landschaften Afrikas. Nefta, die Oase der islamischen Sufis, eine Gründung von Kostel, Sohn des Sem, Sohn des Noah, den bereits damals Klimaveränderungen zur Auswanderung gezwungen hatten; der Salzsee Schott el Dscherid; der Zug in Tozeur; die grüne Schlucht von Tamerza; die römischen Säulen von Sbeitla. Und diese strahlende Stadt Sfax, der größte Fischereihafen im gesamten Mittelmeerraum.

Morgens liegen die Anlegestellen verlassen da, denn die Fischer kehren erst am Nachmittag zurück. Scharen von Möwen umkreisen Boote und Schiffe unterschiedlicher Größe. Die Fischkutter müssen hintereinander warten, bevor sie in das große quadratische Becken rechts der Mole einfahren und direkt vor den Fischfabriken anlegen können. In den großen Hallen am Hafen wird der Fang tiefgefroren oder auch eingesalzen und in Dosen abgefüllt. Die Nahrungsmittelindustrie von Sfax ist die wichtigste Einnahmequelle der tunesischen Wirtschaft. Zig Millionen Europäer haben schon mindestens einmal Fisch gegessen, der hier verarbeitet wurde. Hinzu kommen die Exporte nach Kanada und in die USA, nach Russland und in die arabischen Staaten. Erst wenn die Fischkutter im Hafenbecken liegen, lässt sich die wirtschaftliche Bedeutung dieses Standorts ermessen. Kilometerlang erstrecken sich die Kais, Rumpf an Rumpf drängen sich die Boote. Überall Schiffswinden, Antennen und Netze. Farben, Geräusche, Gerüche. Aber die Fischindustrie ist nicht der einzige Wirtschaftszweig in Sfax. Diskret und verborgen blüht hier noch ein anderes Gewerbe.

Ohne die Fischereiflotte von Sfax wäre Madame Hope nicht Madame Hope, und sie würde nicht über die Mittel und Wege verfügen, ihre Klienten von Afrika nach Europa zu schleusen. Die arabischen Schleuser wie auch die der Tubu und der Kel Tamaschek wären geblieben, was ihre Vorfahren jahrhundertelang waren: Karawanenführer, Hirten, Kaufleute und Nomaden. Aufgrund der Wirtschaftssanktionen würde die Transitroute durch die Sahara in Libyen enden.

Lampedusa wäre nicht Lampedusa. Das fremdenfeindliche Europa hätte keine Argumente für seine fremdenfeindliche Propaganda. Und vielleicht würden die europäischen Unternehmer ihre Regierungen dann sogar auffordern, mehr Ausländern Einreisevisa auszustellen: zumindest so viele, dass Fabriken und Baustellen im Zuge des demografischen Wandels nicht schließen müssten. Ende des 20. Jahrhunderts hat man in Sfax entdeckt, dass die Stadt über eine Ressource verfügt, die wertvoller ist als Öl und Gold, wertvoller sogar als Kokain, das durch die Wüste transportiert wird. Eine Ressource, die jederzeit, so auch heute, in Augenschein genommen werden kann, gleich links von der Mole aus zerfurchtem Beton.

Die Ebbe hat dicke Algenteppiche hinterlassen. Abfälle, angeschwemmt von der Meeresströmung. Verrostete Wrackteile. Der flache Untergrund aus Felsgestein und Zement ist von den Wellen angenagt. Ein Bootsliegeplatz. Auf dem kiesbedeckten Gelände oben am Hang warten zehn Fischerkähne auf ihr Schicksal. Schiffsrümpfe, mit dem Bauch nach oben, das Gewicht auf Holzbalken und Kanistern verteilt oder auf dem Kiel balancierend. Vor der Küste liegt ein riesiger Frachter vor Anker, der Rumpf ausgeweidet. Der gesamte Aufbau oberhalb der Hauptbrücke wurde bereits abgebaut, um eingeschmolzen zu werden: unausweichliches Schicksal aller Eisenkonstruktionen.

Ein Holzboot dagegen stirbt nie, sagt ein altes Sprichwort der venezianischen Fischer. Solange es Bäume gibt, lässt sich ein Schiffsrumpf aus Holz immer wieder reparieren. Überall auf der Welt, nur nicht in Sfax. Seit ein paar Jahren werden die alten Fischerboote nicht mehr ausgebessert. Es ist einträglicher, sie so zu verkaufen, wie sie sind. Früher hätte man sie nicht losbekommen. Kein Fischer hätte ein morsches Boot bestiegen. Aber Madame Hopes Klienten haben keine andere Wahl. Sie können nicht zurück. Nur Amadou, Miriamas junger Vater, hatte Angst genug. Lieber wollte er den Rückweg durch die Sahara wagen, mit all den Strapazen. Doch wenn er jetzt in Ayorou im Grenzgebiet zwischen dem Niger und Mali nachts auf seiner Veranda schläft, bereut er bitter, es nicht getan zu haben. Die anderen sind kräftiger gebaut als Amadou und nicht bereit, sich mit ihrem Schicksal abzufinden. Sie lassen sich durch das Meer nicht aufhalten, sie wollen ihr Ziel erreichen. Und deshalb ist Sfax nicht nur der wichtigste Fischereihafen und Wirtschaftsstandort Tunesiens, sondern auch führend im Verkauf ausrangierter Fischkutter.

Es gibt keine Bilanzen, Statistiken, Zahlen, denn es ist ein unsichtbarer Markt. In Wirklichkeit ist er offenkundig, auch wenn die Leute wegschauen. Die beiden Militärpolizisten in ihrem schwarzen Wagen dagegen zeigen lebhaftes Interesse. Sie beobachten den Eindringling, der da die Mole auf und ab geht. Sie bremsen, fahren weiter. Wenden, machen kehrt. Besser verschwinden, bevor sie anhalten. Sfax liegt genau in der Mitte zwischen Tunis und der libyschen Grenze. Eine Tagesreise, dann ist man in Libyen. Pat, die Bordellbetreiberin, die ich in Dirkou kennenlernte, erzählte von der libyschen Hafenstadt Zuwara, wo sie eine Zeit lang gelebt hatte und von wo die Boote nach Sizilien ablegen. Auf der Karte liegt Zuwara gleich hinter der Grenze. Sechzig Kilometer. Vielleicht gibt es doch eine Möglichkeit, näher an die verbotenen Strände heranzukommen, um zu sehen, wo die Mafia, die billige Arbeitskräfte nach Europa schleust, ihre menschliche Fracht einschifft. Und mit etwas Glück würde ich vielleicht auch die in Dirkou verschollenen Freunde wiederfinden.

Die Straße verläuft mitten durch das Industriegebiet. Das Auto taucht ein in einen Tunnel aus Licht und Schatten, der vom Blätterdach hoch aufragender Eukalyptusbäume gebildet wird. Die Peripherie von Sfax ist ein wild wucherndes Industriegelände. Blech und Stahlbeton. Das Meer taucht erst wieder auf, wo die Stadt endet. Linker Hand, jenseits einer Fläche mit würzig duftenden Kräutern und Sträuchern, die Küste. Rechter Hand die Straße, aus der Wüste kommend, aus Algerien, aus Tozeur. Vorn die Straßenschilder in Richtung Gabès, Dscherba, Medenine. Und Tripolis.

Früher, bevor die Flucht nach Europa zum Massenphänomen und damit zu einer internationalen Angelegenheit wurde, lag die Organisation der Überfahrt ausschließlich in den Händen tunesischer Schleuser. Man nahm zwangsläufig die kürzeste Route über Tunesien: Die tunesischen Strände liegen nun mal Italien am nächsten. Einen Abend und eine Nacht dauert die Fahrt bis Lampedusa, wenn nichts dazwischenkommt. Aber seither ist für Madame Hopes Klienten alles sehr viel schwieriger geworden.

Der 13. Dezember 2003 ist ein windiger Samstag an der nordafrikanischen Küste. Der italienische und der tunesische Innenminister treffen sich in Tunis, um einen Kooperationsvertrag zu unterzeichnen, ein Abkommen zur Bekämpfung der illegalen Einwanderung. Der tunesische Staatspräsident Ben Ali möchte ein zuverlässiger Partner der Europäischen Union werden. Dieses Bemühen zeigt sich bereits im Sommer jenes Jahres. Ende Juni, eine Woche nach dem Schiffsunglück vor der tunesischen Insel Kerkennah, sticht ein Fischerboot mit achtundsechzig Einwanderern an Bord westlich von Kelibia in See. Es sinkt binnen weniger Minuten vor den steilen Felsen von Cap Bon, einem Landsporn in Richtung Sizilien. Dreiunddreißig Passagiere ertrinken. Die fünfunddreißig Überlebenden kommen von den Rettungsbooten direkt in die Gefängniszellen. Von diesem Tag an werden in Tunesien Schiffbrüchige wie Kriminelle behandelt. Kein Protest, im Gegenteil. An jenem Samstag im Dezember findet Italien in Tunis anerkennende Worte und spricht von einer »positiven Bilanz der bisher geleisteten Anstrengungen«.

Die Regierung in Rom steht mit ihrer Forderung nach hartem Durchgreifen nicht allein. Der italienische Innenminister hat Tunesien einen Plan vorgelegt, der mit seinem deutschen Amtskollegen abgesprochen und von den Innenministern der meisten EU-Staaten gebilligt wurde: Frankreich, Spanien, Griechenland, Irland und Großbritannien. In diesen Monaten verfolgen Brüssel und Rom eine gemeinsame Strategie, nicht zuletzt weil Italien die EU-Ratspräsidentschaft innehat. Silvio Berlusconis Amtszeit beginnt mit einer denkwürdigen Rede im Europäischen Parlament. Als der sozialdemokratische deutsche Europaabgeordnete Martin Schulz Aufklärung über die Gerichtsverfahren gegen Berlusconi verlangt, hält der ihm entgegen: »Herr Schulz, in Italien wird derzeit ein Film über NS-Konzentrationslager gedreht. Ich schlage Sie für die Rolle des Kapo vor. Sie wären die ideale Besetzung.« Und ungeachtet empörter Proteste der Abgeordneten fährt Berlusconi fort: »Sie sollten als Touristen nach Italien kommen, denn hier sind Sie anscheinend Touristen der Demokratie.« Die größten staatlichen Nachrichtensender Italiens unterdrücken die Äußerungen des Ministerpräsidenten über die bedeutendste europäische Institution. Die Mehrheit der Italiener hat ihn gewählt, steht hinter ihm und hegt blindes Vertrauen in das Programm, mit dem Berlusconi und seine Verbündeten die Bekämpfung der illegalen Einwanderung vorantreiben wollen.

Doch die offiziellen Erklärungen zu dem Abkommen in Tunis vom 13. Dezember enthüllen noch viel mehr. Sie tun etwas kund, was bis dahin nur in geheimen Gesprächen verhandelt wurde: »Eine stärkere Einbindung Libyens in die Mittelmeerkooperation liegt im Interesse Europas«, erklärt der italienische Innenminister. »In diesem Zusammenhang«, so ergänzt die italienische Nachrichtenagentur Ansa, »verwies der Minister auf das Bestreben Italiens, während seiner EU-Ratspräsidentschaft das europäische Embargo gegen Libyen aufzuheben.«

Libyen ist reich an Öl und Gas. Aber es besitzt nicht genügend Fischkutter, um sie bei einer einfachen Überfahrt zu verlieren. Noch während die Diplomaten Geheimgespräche führen, wissen die Broker in Sfax bereits, wie die Sache ausgehen wird. Immer wieder fahren sie auf dieser schnurgeraden Straße, überschreiten die Grenze, essen stets im selben Restaurant, in denselben engen Gassen der Medina von Tripolis. Dort treffen sie sich mit den Emissären der nigerianischen Mafia, mit den Fundamentalisten des pakistanischen Netzwerks, den korrupten libyschen Polizeibeamten, den Anführern der lokalen kriminellen Banden. Es geht um gigantische Gewinne. Von Tunesien aus starteten bisher vor allem kleinere Boote mit fünfundzwanzig, dreißig Personen an Bord. Zodiac-Boote aus Glasfaser, Schlauchboote oder alte Fischerkähne. Wie derjenige, der vor Cap Bon sank. Die größeren Boote waren viel zu sperrig und langsam und wurden von den tunesischen Patrouillenbooten oft zurückgeschickt. Von Libyen aus ist das anders. Dort gibt es korrupte Polizisten, die Schutz garantieren. Die Schleuser beschaffen die Passagiere, die Mittelsmänner die Fischkutter, von denen es Dutzende und Aberdutzende gibt. Die verfügbaren Bootsbestände haben sie bereits durchgerechnet, nicht nur die in den Werften von Sfax. Zwischen

Sousse und Gabès klettern plötzlich die Schwarzmarktpreise für Boote in die Höhe. Fünfzehntausend Euro für ein Bootswrack, so viel wie nie zuvor. Aber das ist nichts, verglichen mit dem Gewinn. Ein Fischkutter kann dreihundertfünfzig Personen aufnehmen. Tausendfünfhundert Euro mal dreihundertfünfzig macht fünfhundertfünfundzwanzigtausend Euro. In Dollar, zum libyschen Wechselkurs, ist es ungefähr dieselbe Summe. Abzüglich der Kosten für den Kutter und ein paar Liter Diesel und natürlich des Schmiergelds für die korrupten Beamten. Unterm Strich dürften die Ausgaben fünfunddreißigtausend Euro nicht übersteigen, und damit bringt jeder Euro, der in den Markt der neuen Sklaven investiert wird, tausenddreihundert Euro Gewinn. Entspricht einer Nettorendite von tausenddreihundert Prozent. Pro Fahrt.

Jenseits der Grenze werden die Broker aus Sfax wie Wohltäter empfangen. Wozu das führt, wird schon nach einem Jahr deutlich. Die tunesische Polizei verstärkt ihre Kontrollen entlang der Küste, die Transitroute nach Europa verlagert sich immer mehr nach Libyen, und der Flüchtlingsstrom nach Sizilien reißt nicht ab. Trotzdem scheinen alle zufrieden: die tunesische Diktatur, die italienische Regierung, das libysche Regime. Vielleicht weil nicht sie es sind, die den Preis für dieses Abkommen bezahlen. Den Preis bezahlen jene Zigtausende Männer und Frauen, die von Afrika nach Europa unterwegs sind. Jetzt ist die Überquerung des Mittelmeers sehr viel gefährlicher. Und das Leben dieser Menschen wird zum Faustpfand für die Geheimverhandlungen zwischen Rom, Brüssel und Tripolis. Offiziell geht es darum, Oberst Muhammar Gaddafi zu rehabilitieren. Vom Strippenzieher des internationalen Terrorismus wird er zu einem Staatschef und Freund der Europäischen Union und damit auch der Vereinigten Staaten hochgejubelt. Es wäre jedoch falsch anzunehmen, dies wäre das einzige Ziel der Verhandlungen. Die Weltpolitik besteht aus faustdicken Lügen. Die Wahrheit verbirgt sich immer hinter der Maske der offiziellen Verlautbarungen.

Seither hat sich nichts geändert. Der Besuch in der Medina, wo die Schiffseigner schrottreife Fischkutter verkaufen, die im Hafen von

Sfax patrouillierende Militärpolizei, die Einsamkeit dieser Fahrt zur libyschen Grenze liefern genügend Stoff zum Nachdenken und Verstehen. Daniel, Stephen, Joseph und James, wo immer sie sein mögen, können nicht wissen, dass sie nur Marionetten in einem weltweiten Roulettespiel sind. Auf einmal höre ich Elvis' kindliche Stimme. Wie sie in ruhigem, ganz normalem Tonfall sagte: »Ich bin ein Gestrandeter.« Vier Worte, geflüstert. Es klingt wie das Zischen der Gummischläuche in den Händen der Soldaten. Körperliche Wunden verheilen, die von psychischen Peitschenhieben geschlagenen Wunden nicht. Und diese Stimme ist jetzt ein aus dem Innern aufsteigender, ohnmächtiger Schmerz. Wo du jetzt wohl bist, Elvis? Die Lider kämpfen gegen die aufsteigenden Tränen. Vielleicht erkennt der Verstand deshalb nicht auf Anhieb diese farbige, geschwungene Form auf Höhe der Strandlinie, die Meer und Land trennt. Der Kilometerzähler spult die Ziffern ab. Fünfhundert Meter. Sechshundert. Es könnte ein Boot sein. Siebenhundert. Aber auf diesem Küstenabschnitt gibt es keine Häuser, also leben hier auch keine Fischer. Achthundert. Ein Boot ohne Fischer dient hier keinem anderen Zweck als dem Menschenschmuggel. Neunhundert. Und wenn heute Nacht ein Boot ablegt? Ein Kilometer. Du musst dich entscheiden: Entweder beobachtest du, was an den Stränden unweit der libyschen Grenze vor sich geht, oder du bleibst hier und nimmst jedes Schiff unter die Lupe, das dir begegnet. An meiner Unentschlossenheit ist auch Yayas Philosophie schuld. Wenn man die Welt aus allzu großer Nähe betrachte, sagte er, verliere man unweigerlich das Ganze aus dem Blick. Doch während des Aufstands der Kel Tamaschek musste er die Welt nicht erklären. Er musste bloß auf sie schießen. Yaya war nie ein verdeckt recherchierender Journalist. Mit diesen Überlegungen vergehen weitere eineinhalb Kilometer im Auto. Die richtige Distanz, um eine Entscheidung zu treffen. Der Rückweg kommt einem immer länger vor als der Hinweg. Es sind zwei Boote.

Das Meer liegt fast einen Kilometer abseits der Straße. Man erreicht es zu Fuß über einen Teppich aus vertrocknetem Gras und Dornen. Bei jedem Schritt piekst eine Nadel die nackten Füße in den

Sandalen. Das Holz der Boote ist rissig. Überall blättert der Lack ab: weiß und rot mit blauen Streifen, die typischen Farben der Fischerboote. Sie sind fünf, sechs Meter lang. Man hat sie ans Ufer gezogen, mit dem Kiel zwischen zwei Baumstämmen; zur Seite gekippt, parallel zur Küstenlinie. Das am nächsten liegende Boot ist in einem besonders schlechten Zustand. In der Mitte des Achterspiegels ist die Beplankung morsch. Die Stelle wurde zwar ausgebessert, aber eine Planke oberhalb der Wasserlinie ist wieder abgefallen: ein Loch, durch das man das Meer sehen kann. Es gibt keine Netze, keine Schwimmer, keine Kühlboxen aus Styropor, keine aufgerollten Taue. Nichts deutet darauf hin, dass hier Fischer mit ihren Booten anlegen, aber es ist mit Sicherheit auch kein Badestrand. Der tonhaltige Sand hart wie Zement. Das ganze Areal ein bunter Teppich aus Blumen, Plastiktüten, Plastikflaschen und Blechbüchsen. Das Meer ziemlich dunkel. Dieser Küstenabschnitt liegt inmitten einer Bucht, wo sich die Abfälle der Industriebetriebe von Sfax im Norden und der Erdölraffinerie von Gabès im Süden sammeln. Vor allem aber ist der Strand nicht so verlassen, wie es scheint.

Zwei junge Männer tauchen auf. Sie hatten sich in das Feld aus Gras und Dornen geduckt und waren nicht zu sehen. Sie müssen schon lange hier gesessen oder gelegen und mich beobachtet haben, geschützt durch das Boot. »Na«, sagt der eine auf Französisch, »wie geht's?« Sie kommen auf mich zu. Der eine trägt ein rotes T-Shirt, Bermudashorts mit einem auffälligen italienischen Logo an den Seiten und klobige Turnschuhe. Der andere ein weißes Polohemd, eine an den Waden geschnürte Hose, keine Schuhe. Das Gesicht eines Menschen gibt oft Aufschluss über seinen Charakter. Die Gesichter dieser beiden wirken alles andere als vertrauenerweckend. Sie machen einen genervten Eindruck. Die Unterarme desjenigen mit dem roten T-Shirt sind obendrein mit Narben übersät, typisch für jemanden, der sich mit einer Rasierklinge oder einem Messer verletzt, um im Gefängnis in eine andere Zelle oder in die Krankenabteilung verlegt zu werden.

»Was machst du hier?«, fragt der im roten T-Shirt weiter. »Ich bin auf der Durchreise.« »Machst du Urlaub?« »Ja.« Man darf nicht

sofort die Karten auf den Tisch legen. »Und gefällt dir Tunesien?«
»Ja.«

»Wie kann es einem hier bloß gefallen?«, brüllt er los. »Schau dich um. Ist doch alles Scheiße. Hier gibt es zwei Kategorien von Menschen. Die einen sind bereits nach Europa abgehauen, die anderen überlegen, wie sie es am besten anstellen. Sogar die streunenden Hunde wollen nur noch von hier weg. Woher kommst du?« »Italien.« Er schaut seinen Freund an. Seine Miene hellt sich auf. »Ich war drei Mal in Italien«, sagt er in perfektem Italienisch.

»Und wieso bist du dann wieder hier?« »Ich wurde ausgewiesen.« »Von wo?« »Agrigent und Mailand.« Wenn die Erfindung des Reisepasses das menschliche Leben in ein Pokerspiel verwandelt hat, dann hat die Frage, die ich gleich stellen werde, die Bedeutung eines Royal Flush, der besten Hand im Poker.

»Warst du in Mailand im Internierungslager für Illegale?« »Ja.« »Wie heißt es?« »Via Corelli«, kommt die Antwort. Wir haben die Rollen getauscht, er ist unversehens vom Fragenden zum Befragten geworden. »Ich war auch in der Via Corelli eingesperrt.« Er schaut mich überrascht an. »Wieso das, hast du nicht gesagt, du bist Italiener?« »Ich bin Italiener. Aber das ist eine lange Geschichte. Sie dachten, ich sei Rumäne.« Der Junge im roten T-Shirt fängt an zu lachen. »Dann bist du ja mein Kumpel«, sagt er. Er übersetzt seinem arabischen Freund. Dann streckt er mir die Hand hin: »Ich bin Khaled. Los, Kumpel, du musst mir ein Bier spendieren.«

Khaled steigt ins Auto und lotst mich. Vor einem schäbigen Lokal an der Straße machen wir halt. Zwei Frauen sitzen wartend im Schatten einer Pergola. Die eine sieht mediterran aus, die andere ist groß und kräftig wie die Frauen des Nigerdeltas. »Der Wirt ist ein Freund von mir. Er vermietet Zimmer«, erklärt Khaled. »Wenn du willst, nehmen wir die beiden Mädels mit rauf.« »Nein, Khaled, lass uns in aller Ruhe ein Bier trinken und ein bisschen reden.« »Dann gib mir das Geld und warte hier.« »Bleiben wir denn nicht?« »Unmöglich«, antwortet Khaled. »In Tunesien ist Alkohol verboten.« Er nimmt den Zehn-Euro-Schein und verschwindet im Lokal. Mit dem Besitzer kommt er wieder raus. Sie schauen sich um. Gehen wieder rein. Khaled kommt allein raus. »Mach den Kofferraum auf«, sagt er. Er läuft zur Straße und schaut nach rechts und links, verschwindet wieder im Lokal und erscheint mit einem Sixpack Bierdosen. »Warte, ich habe noch drei gekauft.« Als sich der Wirt von ihm verabschiedet, nennt er ihn Chef. »Also dann los«, befiehlt Khaled, »und pass auf, damit uns die Polizei nicht anhält.«

An diesen Stränden werden Geschäfte aller Art abgewickelt. Aber um ein Bier zu trinken, muss man sich so verhalten, als hätte man Handgranaten an Bord. »Halte hier an, am Meer«, sagt Khaled, »auch wenn sie uns sehen, werden sie uns von Weitem für ein Pärchen halten. Also Kumpel, jetzt erzähl mal, wieso sie dich in der Via Corelli eingesperrt haben.«

Es ist eine lange Geschichte, und sie begann 1998. Bis dahin konnte im freien Europa niemand ohne ein ordentliches Gerichtsverfahren eingesperrt werden. Auch kein Ausländer. Und um vor den Richter zu kommen, musste man eine Straftat begangen haben. Aber 1998 beginnt das neue Europa, die Personenkontrollen an den Binnengrenzen abzuschaffen, der erste konkrete Schritt zur Öffnung der nationalen Grenzen. Um Teil des großen Klubs zu sein, verlangt die EU von ihren Mitgliedsstaaten, die illegalen Einwanderer auch wirklich auszuweisen. In Italien, aber nicht nur dort, behauptet die Polizei, die Identifizierung sei unsicher, wenn die zu identifizierende Person nicht lange genug in Gewahrsam bleibt. Und ohne eine gesicherte Identität akzeptiert kein Herkunftsland die Rückführung. In Rom sind zwei Minister der amtierenden Mitte-Links-Regierung mit der Lösung des Problems beauftragt. Zwei Exkommunisten. Vielleicht haben deshalb die mit ihrer Zustimmung errichteten Internierungslager mehr Ähnlichkeit mit den sowjetischen Gulags als mit der Einrichtung eines demokratischen Staates. Die ersten drei werden 1999 in Betrieb genommen. Eines in Mailand: ein Käfig unter freiem Himmel, hundertzehn Schritte lang, neunzig Schritte breit, mit zwei Reihen Schlafcontainern. Das zweite in Rom, das dritte im sizilianischen Trapani. Das Lager in Trapani steht so sehr im Einklang mit den Prinzipien der Menschenwürde, wie sie in der Verfassung, der Europäischen Menschenrechtskonvention und den allgemeinen Sicherheitsvorschriften niedergelegt sind, dass es schon nach wenigen Monaten in Flammen aufgeht. Regierung, Minister und Behörden beteuern, dass die in den Lagern Festgehaltenen freie Bürger bleiben. Sie sind Gäste, keine Gefangenen. Denn es ist keine Straftat, wenn man keine gültigen Papiere vorweisen kann, sondern nur eine Ordnungswidrigkeit. An jenem Tag stehen die freien Bürger, die als Gäste in Trapani sind, vor verschlossenen Toren. Das Feuer greift um sich. Die Wachen öffnen nicht. Sechs Menschen sterben. Verbrennen. Ersticken. Man spricht von *centri di permanenza temporanea*, Zentren für den zeitweiligen Aufenthalt, im Unterschied zu Haftanstalten. Und diese Differenzierung ist korrekt, denn Gefangene im Strafvollzug haben mehr Rechte. Die toten Einwanderer von Trapani hatten keine Anwälte ihres Vertrauens. Und deshalb lassen sich auch nach Abschluss der Ermittlungen keine Schuldigen benennen. Der Vorfall landet in Brüssel. Aber auch die EU wäscht ihre Hände in Unschuld. Die Einwanderungsgesetze sind Sache der Einzelstaaten, nicht der EU.

»Wenn ich dir zuhöre, begreife ich besser, was mir passiert ist«, sagt Khaled und reißt die dritte Dose Bier auf. »Aber ich habe immer noch nicht verstanden, warum du dort gelandet bist.«

»Weil in einer Demokratie Freiheit allein nicht genug ist. Sie braucht freie Menschen. Und angesichts der Zensur kann ein freier Mensch nur eins tun: sie umgehen. Und um die Zensur zu umgehen, habe ich mich als Rumäne ausgegeben.«

»Zensur? In Italien?«, fragt Khaled leise. Er ist es gewohnt, leise zu sprechen, denn er ist in einer strengen Diktatur geboren und aufgewachsen. »Khaled, das Gesetz, nach dem man dich ausgewiesen hat, dient dazu, die Vorgänge in den Internierungslagern zu vertuschen. Das vom italienischen Parlament verabschiedete Gesetz untersagt jeden Besuch. Nicht nur den Angehörigen der hier festgehaltenen freien Bürger, auch Anwälten und Journalisten wird der Zutritt verweigert, häufig sogar den Abgeordneten.« »Auch in Tunesien kann man kein Gefängnis besuchen.« Wenn er es nicht kapiert, nur

Geduld. Wichtig ist, dass er nicht nach meinem Beruf fragt. Es ist noch zu früh, es ihm zu sagen. Und wenn das Bier seine Wirkung tut, wird er es nicht mehr wissen wollen.

»Frag nicht nach den Gründen, Khaled. Du wolltest wissen, wie ich es gemacht habe. Ich habe das Telefonbuch von Nuoro aufgeschlagen, einer Stadt in Sardinien, und habe mir einen typischen Vornamen dieser Region ausgesucht: Ladu. Dann habe ich das Telefonbuch einer Stadt im Veneto aufgeschlagen und den Familiennamen Roman gefunden. Also Ladu Roman, geboren in Bukarest am 29. Dezember 1970. Die Polizei hat mich vor einer katholischen Schule aufgegriffen, wo ich um Almosen bettelte. Sie haben mich zu ihrer Dienststelle gebracht. Sie hielten mich für einen armen Teufel, und ich musste mich nackt ausziehen. Sie haben mir einen Finger in den Arsch gesteckt. Mich geohrfeigt. Aber auf Lügengebäuden werden dumme Systeme errichtet, und deshalb ist ihnen gar nicht aufgefallen, dass Roman und Ladu typisch italienische Namen sind. Also haben sie mich in die Via Corelli gebracht, als Illegalen.«

Khaled lacht schallend und mit weit aufgerissenem Mund. Er ist schon ein bisschen angeheitert. »Und was ist dann passiert?«

»Nach zwei Tagen habe ich ihnen gesagt, wer ich bin, und sie haben mich freigelassen. Und sobald ich draußen war, habe ich gesagt, was ich gesehen habe. Und damit wurde in Italien erstmals von einem Italiener enthüllt, was in diesen Lagern vor sich geht. Zwar hatten bereits Einwanderer darüber berichtet, die sich der Abschiebung hatten entziehen können, aber ihnen wollte man nicht glauben.«

Khaled kippt kopfschüttelnd eine halbe Dose Bier hinunter. »Um sich keiner Kritik auszusetzen, hat dann die Regierung das Lager in Mailand geschlossen. Eine Untersuchungskommission war zu dem Ergebnis gekommen, dass dieser Käfig mit den Containern unter freiem Himmel den Grundprinzipien der Menschenwürde widerspricht. Man hat ein neues Lager gebaut, einen Betonklotz, mit blitzsauberen Zimmern, vergittert und mit Stacheldraht bewehrt. Statt Gulag-Baracken nun also eine geschlossene Anstalt. Ich wurde zu zwanzig Tagen Haft verurteilt, weil ich bei der Polizei einen falschen Namen angegeben hatte. Und die Polizisten, die mich geohrfeigt und mir den Finger in den Arsch gesteckt hatten, kamen straflos davon. Nicht einmal ein Ermittlungsverfahren wurde gegen sie eingeleitet.«

»Als ich in die Via Corelli kam, steckten sie uns in eiskalte Blechcontainer. Keiner konnte schlafen, weil das Licht nie ausging«, erzählt Khaled. »Überall Gitter und Stacheldraht.« »Ja, das war der Käfig unter freiem Himmel. Er wurde von Scheinwerfern angestrahlt, Tag und Nacht. In dem war ich auch eingesperrt.«

Vielleicht ist ihm das Bier zu Kopf gestiegen. Vielleicht hat er auch das Gefühl, dass er mir vertrauen kann. Jedenfalls fängt Khaled an, aus seinem Leben zu erzählen. Er redet eine Stunde lang. »Durch das Abkommen mit Europa ist alles schwieriger geworden. Aber wir machen weiter. Solange Marokkaner, Tunesier und Afrikaner für die Überfahrt bezahlen, werden wir hier auf sie warten.« Er sagt tatsächlich »wir«. Ist also der Richtige. »Weißt du, wie diese Stelle hier heißt?«, fragt er unvermittelt. In der Tat, ich bin mit einem ehemaligen tunesischen Häftling hier und habe nicht einmal nach einem Ortsschild gesucht. »Das ist Chaffar. Ganz Afrika kennt Chaffar. Denn von Chaffar aus fuhren schon immer Boote nach Europa. Selbst jetzt noch, wo die großen Boote von Libyen auslaufen, machen wir hier mit den kleineren weiter. Oder wir führen Tunesier, Marokkaner und Algerier über die Grenze.«

Khaled ist siebenundzwanzig Jahre alt. Kapitän Khaled. So habe man ihn bei der Polizei in Sfax genannt, sagt er nicht ohne Stolz. Er kennt diese Route bestens und hat selber schon drei Fischkutter mit illegalen Einwanderern gesteuert. Das erste Boot hat er als Zwanzigjähriger gestohlen. Ja, gestohlen. Als wäre es ein Auto. Er sei zu Fuß in den Hafen von Sfax spaziert, erzählt er, und habe ihn durch die Hafenausfahrt wieder verlassen. »Am Steuerruder bin ich nach Chaffar zurückgekehrt und habe fünfundzwanzig Leute an Bord genommen, mit denen ich mich zuvor abgesprochen hatte. Und dann ging es Richtung Norden. Nach Sizilien.« Er ist drei Mal nach Italien gefahren und drei Mal wieder zurückgekommen. Das erste und das dritte Mal aufgrund eines Ausweisungsbescheids aus Mailand bzw. Agrigent. Das zweite Mal, weil er Heimweh hatte. Er hatte im sizilianischen Mazara del Vallo, der am stärksten tunesisch geprägten Stadt Europas, als Fischer gearbeitet.

»Im Hafen lag ein großes Motorboot, das habe ich gestohlen. Ich setzte mich ans Steuer und war drei Stunden später am Cap Bon.« Er sagt, er habe beschlossen, mit dem Stehlen aufzuhören. »Zwei Jahre und sechs Monate in einem tunesischen Gefängnis wegen Bootsdiebstahl, das geht nicht spurlos an einem vorüber.« Er zeigt mir die Narben auf seinem Unterarm. Khaled fährt heute keine Fischerboote mehr. Er sorgt dafür, dass sie voll werden. Er kauft in Sfax alte Kähne und belädt sie mit Illegalen.

»Ich mache keine großen Sachen. Ein Fischkutter mit Minimalausstattung kostet zwanzigtausend Dinar, zwölftausend Euro.« »Ich habe mit den Mittelsmännern in der Medina von Sfax gesprochen, ein einfaches Holzboot kostet noch weniger.«

»Ja, aber wenn es zu klein ist«, erklärt mir Khaled, »ist die Sache das Risiko nicht wert. Wenn du ein Boot für zwanzigtausend Dinar mit fünfzig Illegalen vollmachst, bekommst du fünfundzwanzigtausend Dinar. Fünftausend kannst du beiseitelegen, mehr als dreitausend Euro. Ein ganz ordentlicher Gewinn, den man sich mit zwei, drei anderen teilt. Wir hier verlangen nicht so viel wie die Libyer. Tunesier bezahlen sechshundertfünfzig Euro. Die Marokkaner siebenhundert. Achthundert bis tausend die Afrikaner. Wenn du pro Monat drei Boote voll bekommst, kannst du ganz gut verdienen.« Khaled nimmt noch einen Schluck Bier.

»Die Broker in Sfax haben mir gesagt, ein maroder Fischkutter kostet so viel wie ein großes Boot, stimmt das?« »Ja, natürlich. Ein großes Boot kostet höchstens zwanzigtausend Euro. Der Preis ist derselbe, weil es nicht auf die Größe, sondern auf das Risiko ankommt, das man damit eingeht. Egal, ob großes Boot oder Fischkutter, die Haftstrafe ist dieselbe. Und natürlich verdient man umso mehr, je mehr Leute man reinbekommt. Aber ich bringe meine Passagiere nicht in Gefahr. Ich will keine Scherereien, keine Zwischenfälle. Ich nehme keine Kinder an Bord und keine Frauen. Ein Freund von mir hat auf dem Meer ein Kind verloren und hat eine Menge Ärger gekriegt.«

Der Moment ist gekommen, den zweiten Royal Flush auf den Tisch zu legen. »Khaled, ich habe vier Freunde in der Wüste zurückgelassen. Es könnte sein, dass sie sich von hier einschiffen, und mit etwas Glück finde ich sie wieder. Kann ich mitkommen, wenn das nächste Boot losfährt?« Wortlos richtet er den Blick aufs Meer. Inzwischen ist es dunkel, Wasser und Land sind ununterscheidbar. »Vielleicht heute Nacht, wenn sich der Wind gelegt hat.« Er hat zu viel getrunken und spricht mit schwerer Zunge. »Gehen wir«, sagt er, »bringen wir das Bier zu mir nach Hause. Und dann möchte ich dich um einen Gefallen bitten.« »Gern, wenn ich kann.« »Ah, Italien, Italien.« Khaled wechselt das Thema. »Alle hier wollen nach Italien. Als ich zum ersten Mal mit diesem Gedanken gespielt habe, war ich achtzehn. Ich habe gesehen, wie die anderen mit Geld und einem Auto zurückkamen. Sie haben Urlaub gemacht. Und ich wäre ein armer Fischer geworden wie mein Vater, oder Olivenpflücker, wie so viele andere. Und da habe ich mir gesagt: Ich gehe. Ich hatte kein Geld. Deshalb habe ich das erste Fischerboot gestohlen.« Er ist definitiv betrunken. Besser, ich nehme den Gesprächsfaden selbst in die Hand. »Was für einen Gefallen soll ich dir tun, Khaled? Hoffentlich nicht einen Fischkutter stehlen.« »Nein«, grinst er. »In Nakta, einem Dorf ganz in der Nähe, ist heute Abend eine Hochzeit. Ich habe versprochen, die Berber-Tänzerinnen vom Haus der Braut abzuholen und zu dem Fest auf dem Dorfplatz zu bringen. Spät, wie es ist, finde ich keinen Kleintransporter mehr. Könnten wir nicht mit deinem Auto fahren?« »Ja, aber nur, wenn du mich mitnimmst, sobald ein Boot abfährt. Den Gefallen musst *du* mir tun.« Khaled betrachtet die ihm hingestreckte Hand. Er überlegt und schlägt ein. »In Ordnung«, sagt er.

Aber Khaled hat nicht gesagt, dass es fünfzehn Tänzerinnen sind und dass das Haus der Braut am Ende eines Schotterwegs voller Schlaglöcher liegt. Zum Glück wissen die Autoverleiher nicht, was ihre Kunden mit dem Wagen anstellen. Das ausgesprochen elegant gekleidete Brautpaar sitzt auf einer mit Teppichen ausgelegten Veranda und wartet. Saida ist sechsundzwanzig, Salim dreiunddreißig. Umringt von Frauen, ausschließlich Frauen. Bis auf den Bräutigam und seinen Cousin sind keine männlichen Gäste anwesend. Die kleine Brautjungfer trägt Weiß wie die Braut, die Großmütter tragen die traditionellen bunten Schleier der Berber, die anderen weiblichen Gäste prächtige, maßgeschneiderte Seidengewänder. »Die Männer warten im Dorf auf das Brautpaar«, erklärt Khaled und nimmt damit die Antwort auf meine Frage vorweg. »Wir werden mindestens dreimal fahren müssen.« »Nein«, gibt Khaled zurück, »zweimal wird reichen.« Einer wie er, der Leute in einen Fischkutter schichtet, hat kein Problem damit, dieses kleine Auto vollzuladen. Vier Frauen werden kurzerhand auf den Gepäckträger verfrachtet, die anderen quetschen sich auf dem Rücksitz zusammen. Die Kinder kommen in den Kofferraum. Auf der Hauptstraße wird der Brautzug mit Hupen begrüßt. Die Tänzerinnen antworten mit dem typischen gellenden Schrei der arabischen Frauen. Khaled winkt in die Runde. Jemand reicht ihm durchs Fenster die Hand. »Guten Abend, Kapitän.« Es sind tatsächlich nur zwei Fuhren. Auch an diesem Abend hat der Kapitän sein Gesicht gewahrt.

Der Dorfplatz wird von fünf Reihen Neonlampen erleuchtet. Auf der Tribüne spielt schon das Orchester. Das ganze Dorf ist gekommen. Das Brautpaar quält sich aus einem grauen, auf Hochglanz polierten Auto. Die beiden nehmen auf einem mit weiß-blauem Satin eingeschlagenen Podest Platz. Hinter dem Brautpaar ein Segel aus Satin, dessen Bug mit kleinen bunten Lämpchen geschmückt ist. Am Heck die Silhouette eines Delphins. »Sogar sie hat man auf ein Boot verfrachtet«, meint Khaled und lacht. »Ist der Bräutigam Fischer?« »Nein«, antwortet er. »Salim ist Lkw-Fahrer. Komm, ich stelle dir einen Freund vor.«

Bekir hat kurz geschorenes Haar und ein strahlendes Lächeln. Er ist dreiundzwanzig Jahre alt. Seinen letzten Geburtstag hat er im Gefängnis verbracht. Auch er ist ein Bootsdieb. »Es ist Khaleds Schuld.« Sie lachen beide.

»Eines Tages habe ich gesehen, wie er vor meinen Augen davongefahren ist, und dann hab ich's auch probiert«, erzählt Bekir. »Aber nach drei Tagen war es aus, das Boot trieb ab, und wir hatten weder Wasser noch Nahrung. Das Boot hatte fünfundvierzig PS. Mit dem hatte ich zuvor hier in der Nähe, in Mahares, als Fischer gearbeitet. Der Eigentümer hat es mir überlassen, um zu tanken. Ich habe vollgetankt, bin aus dem Hafen rausgefahren und ab nach Chaffar, um meine besten Freunde einzuladen.« »Erzähl auch den Rest«, fordert Khaled ihn auf. »Wir wollten nach Sizilien. Wir waren fünfzehn. Ein tunesischer Fischer hat uns gerettet. Und wir wurden alle zu einem Jahr Haft verurteilt. Als ob wir alle der Kapitän gewesen wären.« »Und wer war tatsächlich der Bootsführer?« »Das war ja das Problem«, lacht Bekir, »keiner. Aber jeder wollte es sein. Der eine sagte rechts, der andere links, der dritte geradeaus. Drei Tage haben wir uns im Kreis gedreht. Bis der Motor kaputtging.«

Nach dem Bräutigam ist Khaled derjenige, der am meisten geküsst wird. Alle wollen ihn begrüßen. »Gib mir Feuer«, sagt Khaled und nähert sich mit der Zigarette im Mund den Händen eines jungen Mannes. »Gern, Kapitän. Wann schenkst du mir eine Überfahrt nach Italien?«, fragt er und lässt das Feuerzeug klicken.

»Der Typ hat Arbeit«, sagt Khaled später zu mir, »er ist Strandwächter, also städtischer Angestellter. Aber auch er will nur von hier weg.« Khaled strebt auf die Wiese zu, wo die Hochzeitsgäste ihre Autos geparkt haben. Die Nummernschilder erzählen die Geschichte der Einwanderung nach Europa in den letzten vierzig Jahren. Paris. Lyon. Marseille. München. Novara. Neapel. Und andere italienische und französische Städte. »Khaled«, ruft ein Mann, dem das Hemd aus der Hose hängt, und begrüßt ihn auf Arabisch. »Sprich italienisch, damit er dich versteht«, erwidert Khaled und umarmt ihn. »Sehr erfreut«, sagt der Mann. Er lebt in Friaul, als Maurer.

»Ich bin ebenfalls von Chaffar aufgebrochen, auf einem Flüchtlingsboot. Am 19. Oktober 1996. Der Bootsführer hat sich verfahren. Fünf Tage auf dem offenen Meer, ohne zu essen. Aber es gab keine andere Möglichkeit, nach Italien zu kommen. Jetzt lebe ich dort als Einwanderer, ganz legal, mit ordentlichen Papieren.«

Khaled ist auf einen Mann zugegangen, der versteckt zwischen den Autos auf einem Klappstuhl sitzt. Angetrunken und mit großer Geste will mir der Kapitän auch diesen Freund vorstellen. »Das ist Monsieur D.«, sagt er auf Italienisch, »er versteht nur Arabisch. Unter den Hochzeitsgästen sind auch Polizisten. Er darf sich nicht blicken lassen.« Zur Begrüßung küssen sie sich auf die Wangen. »Gehen wir«, sagt Khaled unvermittelt und dreht sich zu dem festlich beleuchteten Platz um. »Monsieur D. ist Seemann. Er hat fünf Kinder. Er hält sich abseits, weil er seit ein paar Tagen polizeilich gesucht wird.« »Was hat er denn angestellt?« »Er hat letzte Woche ein Fischerboot gestohlen«, meint Khaled lachend. »Es gehörte seinem Arbeitgeber. Er wollte es mit Illegalen vollladen und den Coup seines Lebens landen. Ein schönes Boot, Platz für fünfzig Passagiere. Fünfundzwanzig- bis dreißigtausend Dinar Gewinn. Reingewinn. Ein Patrouillenboot hat ihn kurz nach dem Diebstahl abgefangen. Er fuhr auf die Untiefen von Sidi Mansour nördlich von Sfax zu, jagte den Motor hoch und stürzte sich ins Wasser. Das Boot lief auf Grund, und als die Polizei kam, fand sie es leer. Aber inzwischen wissen sie, wer der Dieb ist.«

»Und wie ist er an Land gekommen?« »Schwimmend. Er ist fünf Kilometer geschwommen. Er hat es für seine Kinder getan, verstehst du?« Ich drehe den Kopf, um einen letzten Blick auf Monsieur D. zu werfen, sein schmales Gesicht zwischen einem Kofferraum und einer Stoßstange, das Schnurrbärtchen über dem kleinen Mund, die schmale Nase. Er riskiert die Festnahme, will aber die Hochzeit nicht verpassen. Ein Detail sticht besonders heraus: seine verzweifelte Einsamkeit. »Wohin gehst du, Khaled?« »Zu deinem Auto. Fahren wir zum Strand, wo das Boot abfährt.«

Eine Kolonne alter Peugeot-Kombis fährt mit ausgeschalteten Scheinwerfern auf das Wasser zu. Sie sind kaum größer als normale Pkws. Ein Modell mit abgerundeten Ecken, das in französischen Filmen der Sechzigerjahre auftauchte. Sie sind so vollgepackt, dass bei jedem Schlagloch der Auspuff am Boden entlangschrammt.

»Wie viele sind es?« »Fünfzig«, sagt Khaled und greift nach einer weiteren Bierdose unterm Sitz. »Soweit ich weiß, vierundzwanzig Marokkaner, der Rest Tunesier und Afrikaner.« »Wo habt ihr sie untergebracht?« »Die Marokkaner und Afrikaner in einem Stall.« »Und die Tunesier?« »Mit den Tunesiern ist es kein Problem. Sie sind hier in ihrem Land und übernachten bei Verwandten oder bezahlen für ein Bett bei Freunden.« »Ihren oder deinen Freunden?«

Khaled antwortet nicht sofort. Er sucht den dunklen Horizont ab. Und weil er zu viel getrunken hat, kann er nicht zwei Dinge gleichzeitig tun. Er antwortet erst, nachdem er sich in alle Richtungen umgesehen hat. Er schluckt und rülpst. »Meine Freunde, ihre Freunde. Ganz Chaffar ist beteiligt.« Er zählt leise die Peugeots. »Gott sei Dank sind alle da. Steigen wir aus.«

Man kann das Meer nicht sehen. Man spürt nur die salzige, feuchte Luft, die der kräftige Wind vom Meer herüberträgt. Und man erkennt die Umrisse von vier Personen, die, bis zu den Waden im Wasser, zwei große Boote in Position halten. Von der Größe her könnten es die beiden Boote von heute Nachmittag sein. Khaled ist jetzt wieder Kapitän und beantwortet keine Fragen mehr. Die Fahrer der ersten beiden Kombis umarmen ihn. Die anderen bleiben als Wache bei den Passagieren. »Sie sollen drinbleiben«, erteilt der Kapitän seine Anweisung auf Arabisch, »es ist zu viel Polizei unterwegs.« Dann wendet er sich mir zu: »In den letzten Wagen, hinter den Marokkanern, sind die Afrikaner«, sagt er auf Italienisch, »sieh nach, ob deine Freunde darunter sind.«

Der Blick auf zusammengerollte, schwitzende Körper. Wer weiß, seit wie vielen Stunden sie schon hier eingesperrt, seit wie vielen Tagen sie schon Gefangene dieser Piraten sind. Aber so läuft es eben. Sie warten. Sie beschweren sich nicht. Der Gedanke, hier und jetzt auf das Lächeln von Daniel, Joseph, Stephen, James und einigen anderen Reisegefährten zu stoßen, lässt mein Herz schneller schlagen. Aber hinter den Scheiben entdecke ich nur unbekannte Gesichter. Die Fahrer haben endlich die Hecktüren geöffnet, damit die Insassen ein wenig Luft bekommen. Der Kapitän sagt etwas mit lauter Stimme. Er fordert seine Komplizen auf, den Italiener zurückzurufen.

»Hey, Italiener, ich Mohamed«, nuschelt einer aus der Gruppe der Marokkaner, »komm her.« Alle sind überrascht. Die Fahrer lassen ihn nicht weiterreden, die zuschlagende Hecktür erstickt seine Stimme. Der Mann wischt mit dem Zeigefinger über die schmutzige

Scheibe. Er bewegt den Mund. Er versucht, etwas auf die verstaubte Scheibe zu schreiben. Aber sein Bewacher hat es gesehen. »La, la, la«, ruft er, »nein« auf Arabisch. Und schlägt mit der Hand auf das Karosserieblech. Die anderen beobachten das Geschehen. Sie sind erschöpft. Ihre Gesichter kleben an der Scheibe. Mohamed macht einen neuen Versuch. Eine kräftige Hand packt ihn von hinten am Handgelenk. Er gibt auf.

Sie werden wie Tiere behandelt. Sie können nicht reden. Sie können nicht aussteigen. Sie dürfen nicht wissen, was vor sich geht. Ein weiterer Kleintransporter trifft ein. Zwei Außenborder und zwei Kanister Diesel werden ausgeladen. Es sind keine normalen Bootsmotoren, sondern aus hydraulischen Pumpen, Stromgeneratoren und Mähmaschinenteilen zusammenmontiert. Recycelt, schon zum zweiten oder dritten Mal. Aber Mohameds Stimme hinter der Scheibe darf nicht stumm bleiben. »Khaled, da drin ist jemand, der mir etwas sagen will. Sag deinen Leuten, sie sollen die Hecktür öffnen, dann sehen wir, was er will.« »Nein«, gibt der Kapitän zurück. Er schluckt. Rülpst. Gähnt. Alle schauen aufs Meer. Die Zahl ihrer Geiseln hat sich um eine weitere erhöht: Tunesier, Marokkaner, Afrikaner, wie sie sagen. Und jetzt auch ein Italiener. Aber man kann doch schließlich nicht Selbstmord begehen und zu Khaled sagen, dass er ein Stück Scheiße ist. Nicht mal auf den Trick mit den Medikamenten kann man zurückgreifen. Diese Schleuser sind viel zu klar bei Verstand, viel zu reich und gerissen, um darauf reinzufallen. Ich muss Mohamed zurücklassen. Wer sich in Scheiße begibt, darf sich nicht über den Geruch beklagen.

Khaled gibt sich weiterhin freundschaftlich. »Wir warten auf das Boot, das wir in Sfax gekauft haben«, erklärt er, ohne den Blick vom Meer abzuwenden. »Sie geben zweimal ein Leuchtsignal. Wir fahren die Passagiere mit diesen beiden Booten zu dem großen raus, und dann geht's zu den Kerkennah-Inseln. In fünfundzwanzig, dreißig Stunden werden sie die Lichter von Lampedusa sehen. Und wenn sie die Insel verfehlen, umso besser. In vierzig Stunden sind sie in Sizilien.« »Und wenn sie nach vierzig Stunden Sizilien nicht sehen?« Die Frage ist unvermeidlich. »Dann sind sie tot.« Nebel zieht auf und trübt die Sicht. Es ist nicht die Salzluft. »Wir warten auf das Signal«, wiederholt der Kapitän ungerührt.

Das einzige Licht auf dem Meer ist das funkelnde Auge des Mars. Der rote Planet strahlt über Kerkennah, der Insel von Kirke und Odysseus, der Insel Hannibals im Exil und des tunesischen Präsidenten Bourguiba auf der Flucht. Die Insel, auf der zweihundertfünfzig Helden Schiffbruch erlitten, die wegen zweier Pappdeckel mit zweiunddreißig Seiten dazwischen keine andere Möglichkeit sahen, ihr Ziel zu erreichen. Zweihundertfünfzig Helden, zuversichtlich, dass sie es schaffen würden. Denn wie Daniel und Billy in Agadez sagten, kann einen Gott nur ein paar Stunden von Europa entfernt einfach nicht im Stich lassen. Aber Gott hat sich für die Sklavenpiste nie sonderlich interessiert. Es sei denn, man sieht in jedem Schiffbruch, in jedem Toten zwischen der Wüste und Sizilien die Erfüllung eines göttlichen Plans. Man müsste also schreien. Aufbegehren gegen diese skandalöse Sinnlosigkeit. Hatten die vor Kerkennah ertrunkenen Helden denn nicht den Schutz des himmlischen Vaters verdient? Haben die Menschen hier in den Laderäumen, wo sie bis zur Einschiffung ausharren müssen, nicht das Recht zu erfahren, welches Schicksal ihnen bestimmt ist? Dennoch fängt keiner an zu schreien. Keiner flucht und schimpft. Keiner rebelliert. Es sind mehr als fünfzig Personen. Ihnen gegenüber ein paar Schleuser. Eine Meuterei wäre möglich. Aber dann bekämen sie es mit den tunesischen Gesetzen zu tun, die den Europäern so gut gefallen. Man würde sie wegen illegaler Ausreise ins Gefängnis stecken. Oder sie würden von Khaleds Komplizen getötet. Das wäre der Preis. Also ist der wahre Held Amadou, Miriamas Vater, der Einzige, der wirklich Mut besaß. Der Einzige, der inmitten der Massenflucht Mensch geblieben ist. Sich die Freiheit nahm zu wählen. Von dem Fischkutter immer noch keine Spur.

Der Kapitän spricht per Handy. Wir warten inzwischen schon eine Stunde. Jetzt ist er fertig. Er flucht auf Italienisch, erteilt den Fahrern Anweisungen auf Arabisch. »Es gibt heute keine Überfahrt«, sagt er zu mir. »Zu viel Wind da draußen. Fünfunddreißig Knoten sind für heute Nacht vorhergesagt. Stürmische See. Dafür ist das

Schiff zu alt. Es hat kehrtgemacht.« Die Peugeots fahren hintereinander los. Mit ausgeschalteten Scheinwerfern. Bei jedem Loch schlägt der Auspuff auf den Boden. Mohameds Stimme hinter der Scheibe muss für immer verstummen.

Der Kapitän bewohnt eine ärmliche Unterkunft mitten im Ort. Ein Zimmer mit Stehtoilette, Waschbecken und Kochgelegenheit. Auf dem Fußboden eine Matratze zum Schlafen. Dies ist sicher nicht die Wohnung seiner Familie, sondern das Refugium seiner Bande. Er hat darauf bestanden, dass ich bei ihm übernachte: solange die illegalen Auswanderer nicht aufgebrochen sind. Die Botschaft ist klar. »Du bist heute mein Gast«, sagt er bei der Rückfahrt nach Nakta. Er vertraut mir. Aber sein Vertrauen geht nicht so weit, dass er mich einfach ziehen lässt. Ich brauche ihm nicht zu verraten, dass er mir damit nur einen Gefallen erweist. Er hat mich noch nicht gefragt, warum ich mich für seine Tätigkeit interessiere. Vielleicht genügt es, ihn wissen zu lassen, dass ich die Wüste durchquert habe und dass wir im selben Käfig eingesperrt waren. In gewissen Milieus hat jeder seine Geheimnisse, und die behält er lieber für sich. Außerdem ist Khaled viel zu betrunken, um noch klar denken zu können. Er hat den ganzen Abend geraucht und getrunken. Sobald er aufwacht, zündet er sich eine Zigarette an und macht eine neue Dose Bier auf. »Wir müssen heute noch mal zu meinem Freund«, sagt er, »das Bier ist fast alle.«

Frühmorgens ist Nakta menschenleer. Alle sind unterwegs und mit irgendetwas beschäftigt. Die Männer arbeiten auf den Fischerbooten. Die Frauen, bis zu den Knien im Meer, schlagen Rohwolle. Die Mädchen bleiben zu Hause. Die jungen Männer sind auf der Suche nach dem Kapitän. Khaled geht zur Tür, um zu hören, was sie wollen. Er kommt wieder. »Du musst mich schnell wohin fahren«, sagt er.

Der Tagesablauf eines Menschenschmugglers in Nordafrika unterscheidet sich in nichts von dem eines Journalisten in Europa. Seit vier Tagen fährt der Kapitän von Nakta die Küste rauf und runter und jagt irgendwelchen Nachrichten hinterher. Oft bittet er um ein Treffen an einem anderen als dem verabredeten Ort. Manchmal hat er kein Problem, mir seine Freunde vorzustellen. Khaled notiert sich alles in ein kleines Heft. Abends, zurück in seinem Zimmer, zieht er es unter der Matratze hervor. Insgeheim notiert er sich etwas, dann legt er das Heft an seinen Platz zurück. »Was schreibst du da?« Er dreht sich verärgert um. Es behagt ihm nicht, beobachtet worden zu sein, und er bleibt die Antwort schuldig. Vor dem Schlafengehen ist es besser, ihn zu beruhigen. »Khaled, ich kann doch ohnehin kein Arabisch, werde also nie erfahren, was in deinem Heft steht. Es war reine Neugier.« Auf der Matratze liegend, denkt er ein paar Minuten nach. Raucht seine Zigarette zu Ende. »Ich schreibe mir auf, wie viele Auswanderer ankommen und wie viele losfahren«, sagt er. Das ist mit Sicherheit eine Lüge. Wahrscheinlicher ist, dass er das Kassenbuch seiner Organisation führt. Soll und Haben notiert. Die Gewinne. Und das Schmiergeld, das pflichtvergessene Beamte und Polizisten von ihm bekommen. Dieses Heft ist das brisanteste Objekt in diesem Zimmer.

Am vierten Tag wird Khaled durch einen Handyanruf geweckt. Er spricht mehrere Minuten, dann bedankt er sich auf Arabisch. »Die Ladung ist abgefahren. Stoßen wir darauf an«, sagt er und reißt sich eine Bierdose auf. Sieben Uhr morgens. Es ist nicht das höchste der Gefühle, den Tag mit einem Bier zu beginnen, noch dazu, wenn das Bier warm und fast gegoren ist. Und wenn fünfzig Menschen auf dem Mittelmeer ihr Leben aufs Spiel setzen, gibt es nichts zu feiern.

»Wann sind sie los?« »Heute Nacht.« »Wir hätten hinfahren und zuschauen können.« Er kippt schweigend sein Bier hinunter. »Khaled, könntest du mich nicht nach Zuwara schmuggeln und wieder zurückbringen?« Er überlegt. »Nein, du bist zu hellhäutig. In Libyen würden sie es sofort merken.« »Trotz meines langen Barts?« »Wenn du dir den Kopf kahl scheren ließest, könntest du als Salafit durchgehen«, meint Khaled und grinst, »aber du bist trotzdem zu hell.« Er zündet sich eine Zigarette an. »Aber vielleicht möchtest du dich nach Lampedusa einschiffen?«, fragt er wie aus heiterem Himmel und gluckert seine Bierdose leer.

Eine Minute Schweigen. Lampedusa und sein Flughafen sind das Getriebe im Räderwerk der Ausweisungen. Lampedusa ist nicht nur das Eingangs-, sondern auch das Ausgangstor der Europäischen Union. Auf dieser Insel hat Italien ein Internierungslager eröffnet, das bisher kein Außenstehender ohne Voranmeldung betreten hat. Anwälte und Abgeordnete, ja sogar Vertreter der Vereinten Nationen müssen tagelang auf eine Genehmigung warten. Und wenn sie das Lager betreten, bekommen sie nur untadelige Verhältnisse zu sehen. Wenige Internierte. Saubere Schlafsäle. Reichlich Essen. Obwohl tagtäglich Boote landen. Was machen sie mit all denen, die dort eingesperrt sind?

»Lampedusa wäre schon interessant. Ich könnte mich als illegaler Einwanderer ausgeben und mich ins Lager sperren lassen.« Khaled lacht. »Die ganze Welt will nach Europa, ohne sich aufgreifen zu lassen, und du unternimmst alles, damit du eingesperrt wirst. Wenn du willst, kannst du noch heute Nacht losfahren.«

»Danke für das Angebot, Khaled. Aber ich halte es mit dem jungen Mann, den ich getroffen habe, bevor es durch die Wüste ging: Die Überfahrt ist es nicht wert, sein Leben zu riskieren. Ich möchte lebend ankommen.« »Es steht ja nicht fest, dass man ertrinkt. Wenn es so wäre, würde keiner mehr fahren. Gott allein kennt das Schicksal einer solchen Reise.« »Lass Gott aus dem Spiel. Die Boote sinken, weil ihr Schrottkähne aufs Meer hinausschickt, nicht weil Gott es will. Ist dir klar, wie viel Macht ihr habt?« Khaled reißt sich an diesem Morgen schon die zweite Dose Bier auf.

»Du würdest jedenfalls nicht in so ein Fischerboot steigen. Die Jungs, die vorgestern bei mir waren, haben ein nagelneues Schlauchboot gekauft. Ein robustes aus Glasfaser.« »Ich kenne diese Boote.« »Und dazu einen fast neuen Motor mit hundertfünfzig PS. Sie sind zu fünft. Sie verkaufen die restlichen Plätze zur Deckung ihrer Unkosten und um in Italien ein bisschen Geld zu haben.« »Wie viele Passagiere nehmen sie mit?« »Nicht mehr als zehn Personen. Es ist eine absolut ungefährliche Überfahrt, gewissermaßen ein Familienausflug. Ihr verbringt eine Nacht auf dem Meer und seid am nächsten Tag in Lampedusa.« »Wie viel wollen sie?« »Tausend Euro für sich und fünfhundert für mich.« »Sechshundert insgesamt, Khaled.« »Tausend.« »Lass mir ein paar Stunden Bedenkzeit.«

Der Kapitän weiß genau, welcher der beiden Wege ans Meer führt. Das Dornengestrüpp lichtet sich vor einem sichelförmigen weißen Strand. Die Wasseroberfläche, über die der ablandige Wind streicht, ist spiegelglatt, nur hie und da kräuselt sich eine Welle. Gerade erst ist die Sonne hinter einem Horizont aus gelben Wolken untergegangen. Die ersten Sterne kommen und verschwinden wieder, denn die Wolkendecke reißt nur selten auf. Khaled erwartet einen Sandsturm aus der Sahara. »Denkbar freundliches Wetter für eine Überfahrt«, flüstert er. »Mit dem Wind im Rücken kommt ihr ohne Motor bis nach Sizilien.« In Sizilien aber heißt dieser Wind Schirokko, und das Wetter, das er bringt, ist alles andere als freundlich.

Ein um einen Stein gebundenes Nylonseil hält das Schlauchboot am Ufer. Die Passagiere kauern am Strand und warten darauf, dass es vollständig dunkel wird. Allesamt Tunesier, sie brauchen sich also nicht zu verstecken. Am Ende hat Khaled sich mit tausend Euro zufriedengegeben. Er wollte das Geld sofort, in bar. »Ich habe keine tausend Euro bei mir, Khaled.« »Wenn du mir das Geld nicht gleich geben kannst, wer garantiert mir dann, dass du es mir schickst, wenn du in Italien bist?« »Machen wir's doch so: Du behältst das Auto, mein Gepäck und meine Papiere als Pfand. Ich muss die Sachen ohnehin hier lassen. Den Schlüssel nehme ich mit. Wenn ich nach Tunesien zurückkomme, um die Sachen abzuholen, gebe ich dir das Geld.« Der Vorschlag überzeugt ihn. Und das beweist mir, wie groß das Vertrauen des Kapitäns in seine Freunde ist: Wenn er nicht sicher wäre, dass er mich lebend wiedersieht, würde er mich nicht gehen lassen, ohne zuvor sein Geld kassiert zu haben.

Auf dem Weg herrscht ein reges Kommen und Gehen. Junge Männer umarmen und verabschieden sich schulterklopfend. Es ist unklar, wer abreist und wer zurückbleibt. Wenn es stimmt, was Khaled behauptet, müssten am Ende fünfzehn Personen einsteigen. Hier sind aber mindestens doppelt so viele. Man bräuchte nur die Plastiktüten mit Wasserflaschen, Brot, Sardinenbüchsen und Keksen zu zählen. Allerdings haben einige zwei, andere keine. Ein Mann in blauen Bermudashorts und ärmellosem rotem Unterhemd steigt ins Boot. Er sagt irgendetwas auf Arabisch und macht sich dann am

Motor zu schaffen. »Steig ein. Auf Wiedersehen«, sagt Khaled und wendet sich wieder seinen Freunden zu. Sanft schaukelt das Boot im Rhythmus der Wellen, die von weit her anlaufen. Das Boot ist eine schlechte Kopie der weltbekannten Marke Zodiac. Ich erschauere, als ich mich in dieses Boot setze. Mein Puls beschleunigt sich, ein Stich fährt mir in die Magengrube. Vom Verstand her möchte ich so schnell wie möglich losfahren. Und feige sage ich mir, dass ich zumindest den richtigen Pass in der Tasche habe. Dass ich, wenn ich diese Überfahrt erst einmal hinter mich gebracht habe, wenigstens nicht Gefahr laufe, eine solche Dummheit zu wiederholen.

Afrika treibt vor dem Bug. Jetzt steigen auch die anderen ein. Immer noch ist unklar, wie viele wir letztlich sein werden. Ein überladenes Boot ist kein Problem. Man steht auf, verabschiedet sich und steigt wieder aus. Wir sind zu neunt, vorerst. Neun Passagiere. Der Mann im Unterhemd zieht an der Reißleine. Der Motor blubbert und säuft ab. Der Mann fängt an zu schreien. Er versucht nicht, wie es normal wäre, den Motor ein zweites, drittes, viertes Mal anzuwerfen, bis er anspringt. Nein, der Mann brüllt wie ein Verrückter. Unverständliche Worte im unverständlichen Dialekt dieses Küstenstreifens. Aber in einem Tonfall, der überall auf der Welt verständlich ist. Irgendetwas ist passiert, und er flucht wie ein Berserker. Die am Strand sind stehen geblieben. Sie bedeuten ihm mit Gesten, Ruhe zu bewahren. Leiser zu sprechen. Er zieht ein Drahtseil heraus und hält es hoch, damit alle es sehen, dabei flucht er immer weiter. Er zieht noch einmal, und jetzt hat er etwas in der Hand. Es muss das Teilstück sein, das den Vergaser mit dem Griff des Gashebels seitlich am Boot verbindet. Alle wenden den Blick zum Kapitän. Der Mann im Unterhemd zeigt ihm den Schaden und brüllt. Khaled brüllt noch lauter zurück und rudert mit den Armen.

Die Sache ist klar. Der Kapitän hat den Besitzern des Schlauchboots den Motor verkauft. Sie haben ihm zwei, drei oder vier Plätze auf dem Boot überlassen, als Bezahlung für den Motor und damit auch er etwas dabei verdient. Ich bin Teil dieses Deals. Wenn diese Typen rauskriegen, dass ich Khaleds Kunde bin, werden sie zumindest einen Teil der Summe zurückverlangen. Der Mann im Unterhemd wird immer lauter, er ist außer sich. Wenn er den Mund aufmacht, kommt nicht nur ein Schwall Worte, sondern ein ganzer Schwall Spucke heraus. Seine Augen treten aus den Höhlen. Er rennt hin und her. Wenn er so weitermacht, wird er noch ins Wasser fallen. Er fuchtelt so heftig mit den Armen, dass tatsächlich einer ins Wasser fällt, während er selber noch aufrecht steht. Meinen Gesichtsmuskeln ist das egal, ich muss einfach lachen. Mitten in einem Streit zwischen solchen Schlägertypen ist das nicht sehr fein. Aber es tut gut, denn es baut Spannung ab, vertreibt die Angst und holt den Verstand aus seiner Lähmung. Und der Verstand beschließt, dass es das Beste ist, das Boot sofort zu verlassen. Khaled brüllt in einem fort, bis er im Dunkeln verschwunden und nur noch das Echo seiner Stimme zu hören ist. Womöglich überschüttet er den Mann im Unterhemd mit zweifelhaften Schmeicheleien, denn jetzt fangen auch die anderen an zu lachen. Und er fährt mit seiner Litanei fort, noch als man ihn kaum mehr versteht. Der Mann im Unterhemd brüllt zurück. Sie sollten besser still sein, denn wenn das Geschrei bis ins Dorf dringt, ist hier in kurzer Zeit alles voll mit Polizei.

Mein Auto mit dem Gepäck und den Papieren ist gleich neben der Hauptstraße geparkt. Die einzige Gefahr besteht darin, dass Khaled dort auf mich wartet. Also nichts wie weg hier. Tatsächlich ist der Anführer dieses Piratennestes weit und breit nicht zu sehen. Sofort los jetzt. Bis Sfax fährt man eine Stunde. Im Rückspiegel das Blaulicht von zwei Polizeiautos, unterwegs in Richtung Nakta. Entweder wurden sie gerufen, oder sie sind zufällig vorbeigekommen. Das ist ein Problem. Sfax ist nicht weit genug entfernt, um dort zu übernachten. Einer aus dem Dorf könnte den Polizisten sagen, dass sich Khaled in den vergangenen Tagen von einem italienischen Fahrer hat herumchauffieren lassen. Dann müsste ich erklären, was ich hier mache. Aber in Tunesien wie in Libyen ist ein unabhängiger Journalist eine Gefahr. Ihm droht eine längere Haftstrafe als einem Sklavenhändler.

Die Flucht endet in Kelibia, als es bereits Tag ist. Die Straße führt zu dem kleinen Hafen, von dort geht es hoch zur Halbinsel Cap Bon.

Hier endet Afrika definitiv. Aber Kelibia liegt nur auf der Landkarte in Afrika. Im Radio wird auf neunundachtzig FM Italienisch gesprochen. Die Werbeunterbrechung. Reklame für die Herbstmode, für das neueste Automodell. In der Verkehrsdurchsage heißt es, die Autobahn zwischen Frankreich und Italien sei gesperrt, weil ein Laster im Tunnel liegen geblieben ist. Sogar auf dem Handybildschirm haben sich die europäischen Empfangsstationen eingeschlichen. Auf dem Display erscheint zuerst Tuntel, die staatliche tunesische Telefongesellschaft, dann das Logo der italienischen Tim. Dann wieder Tuntel. Und wieder Tim. Ruft ein Tunesier von hier seinen Wohnungsnachbarn an, kann es leicht so teuer werden wie ein Interkontinentalgespräch.

Es ist schwer, hier aufzuwachsen und so zu tun, als wüsste man nicht, was achtzig Kilometer weiter passiert. Achtzig Kilometer beträgt die Entfernung zwischen diesem Hafen und der italienischen Insel Pantelleria, nach der Meerenge von Gibraltar die kürzeste Verbindung zwischen Afrika und Europa. Die enge Schleuse zwischen dem ärmsten und dem reichsten Kontinent. Achtzig Kilometer, das ist so viel wie die Strecke von Rom bis zum römischen Flughafen und wieder zurück. Oder von London nach Heathrow. Oder von Paris zum Flughafen Charles de Gaulle.

Ein Europäer außerhalb der Touristensaison ist für die Fischer, die soeben an Land gegangen sind, eine Attraktion. Kelibia ist eine gastfreundliche Stadt und einen Aufenthalt wert. Und auch einen langen, erschöpften Schlaf. Abends trifft man sich am Hafenkai. Mohamed ist der Letzte, der schlafen geht. Auch deshalb, weil er nicht nach Hause muss. Er lebt unter den großen Arkaden des Fischmarkts. Sein Schädel ist kahl geschoren, der Bart lang. Er sagt, er sei achtunddreißig Jahre alt. Seine Freunde nennen ihn al-Qaida.

»Riechst du das?«, fragt Mohamed plötzlich. »Riechst du das, mein Freund? Um diese Zeit kommt der Wind aus Italien. Das ist der Geruch Italiens.« Und er holt tief Luft.

Er sei schon einmal in Europa gewesen, erzählt er. Fünf Jahre als Illegaler auf den Baustellen Mailands und bei der Tomatenernte im Süden. Er hat nie gültige Papiere bekommen, also nie von einer

Bleiberechtsregelung profitiert, bis er schließlich vor zwei Jahren von Agrigent aus abgeschoben wurde. Jetzt baut er als Hilfsarbeiter Ferienhäuser für die Europäer. Feriendörfer, mit denen in ein paar Jahren die ganze tunesische Küste zugepflastert sein wird. Er arbeitet für zweihundert Dinar im Monat, hundertzwanzig Euro. Und für die fixe Idee, nach Italien zurückzukehren.

»Als Ausgewiesener kannst du zehn Jahre lang kein Visum mehr beantragen.« Mohamed streicht sich über den langen Bart. »Ich weiß. Und das ist nicht fair. Wer hat denn gesetzeswidrig gehandelt, ich oder mein Chef in Mailand, der mich ohne Papiere hat arbeiten lassen? Ich wurde ausgewiesen, er beutet weiter die Ausländer aus.« »Du hättest ihn anzeigen können, Mohamed.« »Ja, aber du weißt doch, wohin das führt. Er zahlt nur eine Geldstrafe, ich werde ausgewiesen. Die Italiener kapieren eins nicht: Wir kommen zu euch, um zu arbeiten. Und wenn ihr noch so strenge Gesetze macht, ich werde trotzdem kommen. Auch ohne Visum. Ich schwöre bei Gott, dass ich es wieder versuche, sobald ich das Geld beisammen habe. Ich besteige ein Boot und fahre nach Lampedusa. Ich werde in Sizilien eine Arbeit als Fischer finden oder in Mailand als Maurer. Oder als Tomatenpflücker arbeiten.« Mohamed atmet tief ein. »In Italien atmest du mit dem Kopf«, sagt er. »Ich habe in Syrien gearbeitet, in Libyen, in Jordanien. Aber Italien ist anders, Europa ist anders. Ihr seid frei. Ich bitte dich um eins, mein Freund.«

Mohamed ist ein Sklave, der neben einem Brunnen Durst leidet. Laut nachzudenken ist Labsal für den Geist. Es stillt den geistigen Durst. Er tut das mehr für sich selbst, denn mit seinen tunesischen Kollegen kann er nicht so reden. »Weißt du, was passiert, wenn du solche Sachen an die tunesische Botschaft in Rom weitergibst? Sie benachrichtigen die hiesige Polizei, die ein paar Tage später kommt und dich festnimmt. Denn hier ist sogar die Armut verboten. Es ist verboten zu jammern. Verboten, seine Situation verbessern zu wollen. Verboten auszuwandern. Wir sollen alle erklären, wie glücklich wir sind.« »Ich werde gar nichts an die tunesische Botschaft weitergeben.« »Klar, das weiß ich. Aber eins musst du mir erklären: Die italienische Regierung hat auf unsere Regierung Druck ausgeübt, die

Illegalen festzunehmen. Die italienische Regierung hat unsere Polizei aufgefordert, die Überfahrten zu stoppen. Mit dem Ergebnis, dass die Boote jetzt weiter südlich in See stechen. Aber die Fahrt dauert zu lang, und die Boote sinken. Warum übt Italien nicht auf unseren Präsidenten Druck aus, mehr Freiheiten zu gewähren? Habt ihr Angst, dass es hier so wird wie in Algerien? Die tunesische Opposition ist nicht extremistisch. Die tunesischen Extremisten habt ihr in Europa herangezüchtet. Als sie von hier aufbrachen, waren diese Leute keine Gotteskrieger. Extremisten wurden sie erst in den Moscheen von Mailand, Wien und London. Ein schönes Ergebnis. Warum also fordert ihr nicht mehr Freiheiten für uns ein?«

Es folgt ein langes Schweigen, eine andere Antwort gibt es nicht. »Wenn wir in Tunesien mehr Freiheit hätten«, fährt Mohamed fort, »würde ich nicht nach Italien wollen. Dann gäbe es dort einen Illegalen weniger. Aber einerseits lasst ihr uns von unserem Präsidenten verprügeln, andererseits hindert ihr uns daran, legal einzureisen, obwohl es bei euch doch Arbeit gibt. Ein Freund von mir ist in Brescia, und er sagt, er könnte sofort eine Arbeit als Maurer für mich finden. Aber man kommt nur illegal nach Italien. Ich werde wieder mit einem Boot fahren, wie das letzte Mal. Bisher habe ich zweihundert Euro gespart, es fehlen mir noch fünfhundert. Siehst du, mein Freund, dir kann ich das erzählen, denn du bist Italiener. Meinen tunesischen Kollegen kann ich das nicht sagen, denn für solche ganz normalen Äußerungen kommt man in Tunesien ins Gefängnis.«

In Kelibia weht nicht mehr der sandige Wind von Chaffar. Hierher trägt die Brise den würzigen Duft von Salz und Oregano und sonnenverbrannten Kräutern. Vielleicht ist es tatsächlich der Geruch Europas. Vielleicht riecht so aber auch nur das Narkotikum, mit dem Mohamed seine Seelenqualen betäuben will.

»Warum nennen sie dich al-Qaida?« Er grinst und schlägt die Augen nieder. »Ich hatte mit dem Glauben nicht allzu viel zu schaffen, das stimmt, jetzt habe ich mich der Religion zugewandt. Aber nicht der Religion der Extremisten. Und doch habe ich mich gefragt: Vielleicht ist es das, was Gott von dir will? Der Islam ist für mich eine Philosophie, er hilft mir weiterzumachen und nach einem Ausweg zu suchen, sonst würde ich den Verstand verlieren. Ohne feste Arbeit konnte ich bisher nicht mal heiraten. Mit achtunddreißig Jahren habe ich noch nie eine Freundin gehabt. Hier kann man kein Mädchen anfassen, wenn man es nicht heiratet. Und wie soll ich heiraten, wenn ich keine feste Arbeit habe? In Mailand ist das anders. Dort war ich mit ein paar Mädchen zusammen, bis ich entdeckte, dass sie drogensüchtig oder Nutten waren. Und in Mailand wird dir dann klar, dass du kein normaler Mensch bist, sondern nur ein Lastesel. Deshalb bin ich religiös geworden.« Mohamed seufzt tief. »Aber du hast mir immer noch keine Antwort gegeben. Du lebst in Europa. Du wirst in dein bequemes Leben, in deine Wohnung, zu deiner Arbeit zurückkehren. In dein Land, das mit unserer Regierung unter einer Decke steckt. Und ich werde mich in fünf Minuten auf Pappkartons hier im Fischmarkt schlafen legen. Aber wo steht geschrieben, dass unser Leben so verlaufen muss? Eigentlich sollte ich wütend auf dich sein, aber ich sage mir: Was kannst du dafür? Nur: Warum trifft es mich? Was habe ich mit diesem Dreck zu schaffen? Trotzdem ...« Mohamed schaut zu den Sternen hoch. Dann geht sein Blick zu den nackten Füßen in seinen Holzschuhen. »Trotzdem?« »Ich werde nie aufhören, eure Freiheit zu lieben. Und deshalb, das schwöre ich bei Gott, werde ich nach Italien zurückkehren.«

Eine schlaflose Nacht vergeht. Ich bleibe auf den Klippen sitzen und zähle die geheimnisvollen Lichter, die weit draußen im Meer vor Cap Bon funkeln. Mohamed ist grußlos schlafen gegangen. Er ist aufgestanden und davongeschlurft. Seine Holzschuhe sind mit Fischschuppen übersät, in denen sich die Lichter des Hafens spiegeln wie Edelsteine. An jenem Nachmittag, bei der Ankunft in Dirkou, fehlte der Text zu den stummen Blicken Daniels und seines Bruders Stephen. Diesen Text hat jetzt dieser barfüßige Philosoph nachgeliefert, den das Schicksal dazu auserwählt hat, zwischen Fischabfällen zu schlafen. Am nächsten Morgen am Flughafen von Tunis suche ich in Gedanken immer noch nach Antworten auf seine Fragen. An der Passkontrolle hat sich eine Schlange gebildet. Der Polizeibeamte tippt die Namen in eine alte Computertastatur. Er überprüft das Ergebnis auf dem Bildschirm. Gibt den Pass zurück und nimmt den nächsten. Vor mir sind fünfzehn Personen. Ich muss ein paar Minuten warten, dann wird der Computer verraten, ob in der Nacht zuvor irgendwer mich verraten hat: als Chauffeur Khaleds, des Piratenkapitäns und Sklavenhändlers. »Bonjour«, sagt der Polizist. Er greift nach den beiden Pappdeckeln mit den zweiunddreißig Seiten dazwischen. Tippt nicht einmal den Namen in den Computer ein. Ihm genügt der Aufdruck »Europäische Union«. Er sucht nach dem Einreisestempel, dann drückt er den Ausreisestempel in den Pass.

»Au revoir, Monsieur.«

8

James und Joseph in der Folterkammer

Sie ist wunderschön, wenn auch ein bisschen blass wegen des Neonlichts im Foyer des Bürogebäudes, wo sie arbeitet. Sie erkennt mich nicht sofort. Einen Moment lang schaut sie mich verwirrt an, irritiert durch den langen Bart. Das abgemagerte Äußere. Das Heimweh, das jedes Lächeln auf meinem Gesicht hat ersterben lassen. Jegliche Reise hat einen Anfang und ein Ende, heißt es. Aber das scheint nur so. Der Körper ist zurückgekehrt, der Geist noch in der Ferne. Und jede Nacht laufen dieselben Bilder ab. Albträume tauchen auf, Stimmen. Und jeden Morgen schalten die Hände mit fliegender Hast den Computer ein. Jeden Morgen mit der Hoffnung, eine Antwort auf all die E-Mails zu erhalten, jene Flaschenpost, anvertraut dem Online-Meer, auf dem die neue Welt dahintreibt. Wenige Zeilen, um zu erfahren, wo Daniel und Stephen sind. Joseph und James. Vera, Anthony und die anderen Gefährten der Wüste. Dann, endlich, brechen Joseph und James das lange Schweigen.

Samstag, 27. Dezember, 4.41 Uhr. Ciao, du bist hoffentlich wieder zu Hause und hast mit deiner Familie schön Weihnachten gefeiert. Wir konnten dich in Madama nicht erreichen, weil unser Lkw noch mal eine Panne hatte. Gott sei Dank kam Hilfe. Wir kontaktieren dich, sobald wir in Tripolis angekommen sind. Auch weil wir Auskünfte von dir brauchen. Hoffentlich hast du unsere Fotos. Alles Gute für das kommende Jahr. Ciao für heute und vielen vielen Dank für die gemeinsam verbrachte Zeit. Deine liberianischen Freunde aus Dirkou, Joseph und James.

Mittwoch, 31. Dezember, 29 Minuten nach Mitternacht. Mein lieber Bruder, wir sind erst gestern in Tripolis angekommen, nachdem wir von nigrischen Soldaten gefoltert, bedroht, ausgeraubt und misshandelt worden sind. Man hat uns in der Wüste bei Madama ausgesetzt, und wir waren drei Tage ohne Nahrung, nur mit Wasser zu Fuß unterwegs, bis wir von einer libyschen Patrouille festgenommen wurden. Sie haben uns in Horm schikaniert, wo wir eine einzige E-Mail schreiben durften. Dann haben sie uns nach Tripolis gebracht und ohne Unterkunft und Nahrung gelassen. Jetzt sitzen wir auf der Straße, krank von den Strapazen der Wüste und der Kälte in Tripolis. Es ist bitterkalt, und wir haben keinen Unterschlupf. Wir wissen nicht, wohin wir uns wenden sollen. Außerdem haben wir kein Geld, und die Verständigungsprobleme machen alles noch schwieriger. Wir sind froh über jede Auskunft, jede Hilfe. Wir würden uns gern an die italienische Botschaft oder andere Behörden wenden, aber wir stehen ohne irgendetwas da. Wir brauchen wirklich Geld, um mobil zu sein und um zu essen. Wir bitten Gott um Kraft und Segen für dich … Wir können nicht weiterschreiben, die Zeit ist abgelaufen. Alle guten Wünsche für ein glückliches und erfolgreiches neues Jahr. Mit herzlichen Grüßen, deine liberianischen Brüder Joseph und James.

Freitag, 2. Januar, 10.37 Uhr. Ciao, Bruder, danke für deine Mühe. Hier die Adresse, an die du uns Geld schicken kannst: Mahmud Kara, Malta Slima. Du müsstest das Geld an diesen Namen adressieren (Mahmud Kara) und uns die Quittung per E-Mail schicken, mit der wir dann bei diesem Mahmud Kara das Geld abholen können. Er ist der Einzige, der hier Überweisungen aus dem Ausland entgegennimmt. Schreib uns eine E-Mail, wenn du das Geld geschickt hast, wir warten sehnsüchtig auf baldige Nachricht von dir. Ciao für heute, Joseph und James.

Das Embargo gegen das Regime von Oberst Gaddafi ist immer noch in Kraft. Europäische und amerikanische Finanzinstitute können in Libyen keine Zweigstellen eröffnen. Aber das ist nur formell so. Das Geld fließt trotzdem ins Land, über Malta, und zwar in Strömen.

Umso besser, denn so erhalten Joseph und James Hilfe und können per E-Mail in Kontakt bleiben.

Montag, 12. Januar, 6.59 Uhr. Wir haben immer noch keine Nachricht von unseren Angehörigen. Ich gebe dir eine Nummer, damit du meine Frau anrufen kannst, denn ich weiß, dass sie sich große Sorgen um mich macht. In Libyen ist die Lage jetzt sehr schwierig. Viele haben keine Arbeit, hinzu kommen sprachliche Barrieren und der Rassismus. Im Moment schlafen wir auf einem Autoparkplatz, aber wenn wir etwas Geld haben, werden wir sicher ein Zimmer finden. Ich habe ein schlechtes Gewissen, weil meine Frau und mein Sohn im Flüchtlingslager auf Geld von mir warten, das sie zum Leben brauchen, und es hat sich immer noch nichts getan. Man hat mich für den kommenden Monat zu einem Vortrag nach Südkorea eingeladen, und ich warte auf den Brief der Organisatoren. Das Leben als Einwanderer hier in Libyen führt in die Depression. Und in den Selbstmord. Ich bin hier, weil ich an die Arbeit glaube, nicht an Almosen. Wegen des Kriegs in Liberia habe ich keine Nachricht mehr von meiner Mutter, und ich weiß nicht, wie es ihr geht. Ich könnte dir auch ihre Telefonnummer geben. Ich schreibe dir wieder. Joseph.

Freitag, 23. Januar, 9.11 Uhr. Wir haben uns mit dem Pfarrer der katholischen Kirche San Francesco in Tripolis in Verbindung gesetzt und ihm einen Brief gegeben. Er meinte, wir sollen Sonntag vor der Messe wiederkommen, er wolle mit uns reden. Nachfolgend die Telefonnummer des Flüchtlingscamps Buduburam in Ghana. Frag nach meiner oder nach James' Frau, sie sind Schwestern. Grüße sie ganz herzlich von uns. Frag bitte, wie es unseren Kindern geht und wie die Lebensbedingungen dort sind. Erkläre bitte unseren Angehörigen, dass wir uns bemühen, eine Arbeit zu finden, und dass wir uns so bald wie möglich mit ihnen in Verbindung setzen. Ciao. Joseph und James.

Sonntag, 25. Januar, 4.17 Uhr. Tausend Dank, dass du unsere Familien angerufen hast. Wir sind froh und glücklich, dass sie am Leben sind und wohlauf. Wir fühlen uns erleichtert und danken Gott, dass er sich unser erbarmt und für unsere Angehörigen gesorgt hat. Heute Morgen waren wir in der Pfarrei, um mit Pater Daniele zu sprechen. Aber man sagte uns, er sei nach Bengasi gerufen worden und werde heute Abend zur Messe wieder zurück sein. Wir haben mit Pater Ahmed gesprochen, einem Sudanesen, der sagte, wenn wir um sechs zu Messe kämen, würden wir Pater Daniele antreffen. Wir haben ihm nichts weiter gesagt. Ich glaube, wir sollten uns mit den europäischen Botschaften hier in Tripolis in Verbindung setzen, und ich hoffe, dass wir dir Informationen zukommen lassen können. Wir warten auf Nachricht von dir. Joseph und James.

Montag, 2. Februar, 2.41 Uhr. Wir konnten nicht mit dem Direktor des italienischen Kulturinstituts sprechen, weil irgendwelche religiösen Feierlichkeiten stattfinden, die bis Mittwoch andauern. Wir haben mit einer Kirchenmitarbeiterin gesprochen, die meinte, der Kirche fehle es an der nötigen Infrastruktur, um sich mit unserem Problem zu befassen, wir sollten uns daher besser an andere Einrichtungen wenden. Die Sicherheitslage und die äußeren Umstände seien ungünstig, meinte sie. Sogar das Flüchtlingshilfswerk der Vereinten Nationen habe hier keine wirksame Vertretung, auch von dieser Seite sollten wir uns also keine Hilfe erwarten. Libyen sei erst dabei, sich von den Sanktionen der Vereinten Nationen zu erholen, sagte sie, und es werde noch eine Weile dauern, bis sich die Lage bessere. Wir haben auch versucht, uns mit der italienischen Botschaft in Verbindung zu setzen. Aber dort hieß es lediglich, wir hätten nach Tunis gehen sollen, wo wir als Kriegsflüchtlinge besser behandelt würden. Ciao für heute. Joseph und James.

Freitag, 13. Februar, 3.13 Uhr. Man hat uns nicht ins italienische Kulturinstitut hineingelassen, weil die Libyer dort eine große Veranstaltung abhalten, soweit wir verstanden haben. Keine Ahnung, aus welchem Anlass. Aber wir haben gehört, dass es zehn Tage dauern könnte. Vielleicht geht es nächste Woche zu Ende. Wir werden es jedenfalls wieder versuchen. Liebe Grüße. Joseph und James.

Mittwoch, 25. Februar, 2.49 Uhr. Wie du bereits weißt, haben wir keinen Zutritt zum italienischen Kulturinstitut bekommen. Der Ministerpräsident deines Landes war zu Besuch. Aber wir wollen es im Laufe dieser Woche noch einmal probieren. Bisher waren wir jeden Tag da, kamen aber nicht rein. Wir suchen Arbeit, aber dazu brauchen wir eine Einreiseerlaubnis für Libyen, ein Empfehlungsschreiben und irgendwelche anderen Unterlagen, die sie *partaka* nennen. Die Libyer zahlen jeweils am Quartalsende, also alle drei Monate, und der Monatslohn beträgt hundertfünfzig Dinar. Wir werden versuchen, uns diese Papiere vorher zu beschaffen. Ich (Joseph) habe vom staatlichen slowenischen Institut für das Gesundheitswesen ein Einladungsschreiben nach Slowenien erhalten, zu einer Tagung zum Thema Selbstmord. Aber sie werden die Reisekosten nicht bezahlen, weil die Antragsfrist schon vorbei ist. Ich habe gebeten, dass sie einen offiziellen Einladungsbrief an die slowenische Botschaft nach Kairo schicken, damit ich das Visum bekomme. Sie sind dazu bereit, und ich habe mich bei der Botschaft erkundigt, welche Unterlagen dazu benötigt werden. Sie verlangen das offizielle Einladungsschreiben des Tagungsbüros. Ich soll meinen Pass per Expresskurier schicken und die Gebühr durch Western Union überweisen. Nur dann können sie das Visum ausstellen und mir zusenden. Ich werde die Schreiben, die sie mir schicken, an dich weiterleiten. Wenn ich auf diese Weise ein Visum erhalten könnte, wäre es einfach, Libyen zu verlassen. So Gott will, wird es klappen. Auch aus Kanada habe ich eine Einladung zu einer Tagung im Mai dieses Jahres erhalten. Wenn ich erst einmal in Europa bin, könnte ich in Kanada meine Master-Prüfung an der Universität machen, das wäre besser für mich. Ich hoffe, bald von dir zu hören. Deine Joseph und James.

Freitag, 12. März, 2.16 Uhr. Danke für die Hilfe in diesem entscheidenden Augenblick. Wir konnten dir nicht antworten, weil das Internetcafé, von dem wir unsere Mails abrufen, wegen einer technischen Panne zu hatte. Ich habe soeben an die slowenische Botschaft in Kairo geschrieben, um die Codenummer der Überweisung mitzuteilen, und habe um eine Bestätigung gebeten. Heute ist Freitag, und wegen des Gebets ist hier alles geschlossen. Wir haben inzwischen auch schon das Hotel in Ljubljana reserviert und eine Bestätigung erhalten. Du bist hoffentlich wohlauf. Joseph und James.

Nachdem ich mein elektronisches Postfach geschlossen habe, erreicht mich eine Nachricht aus Washington: am selben Tag, zur selben Zeit, da Joseph und James ihre Reise nach Europa organisieren. Es ist ein Kommuniqué der US-Regierung, das in der ganzen Welt verbreitet wird. »Das US-Außenministerium beglückwünschte heute die Armee des Tschad zur erfolgreichen Durchführung einer Militäroperation an der Westgrenze zum Niger.« Meine Gedanken gehen sofort nach Madama. Zu dem Krater aus rotem Sand, wo al-Qaida-Fanatiker, Kokainschmuggler und Sklavenhändler am selben Brunnen ihren Durst löschten. Erinnerungen an jenen Nachmittag werden lebendig. Wieder diese Schauder der Angst und der Neugier. Ich brauche nur die Überschrift zu lesen, die mir in der Eile zunächst entgangen war: »Antiterror-Operation gegen Salafiten.«

In dem Kommuniqué ist von der Salafitischen Gruppe für Predigt und Kampf (GSPC) die Rede. Laut Außenamtssprecher Richard Boucher wurde sie »von der Regierung in Washington als Terrororganisation eingestuft«. »Die Operation zeigt, dass die ausländischen Regierungen den Terror erfolgreich bekämpfen können. Boucher brachte auch das Bedauern der amerikanischen Regierung über den Tod einiger Soldaten im Rahmen dieser Operation zum Ausdruck. Nach Angaben der Regierung in N'Djamena wurden im Verlauf der zwei Tage dauernden Kämpfe, die am Montag, dem 8. März begannen, dreiundvierzig Extremisten und drei Soldaten getötet.« Der nicht erklärte Krieg findet entlang des zwanzigsten Breitengrads statt. »Boucher bestätigte, dass US-amerikanische Spezialeinheiten im Sommer damit beginnen werden, die Truppen des Tschad für Antiterror-Operationen auszubilden. Dasselbe Training erhalten auch die Armeen von Mali, Mauretanien und dem Niger.« Die Nachrichtenagentur Agence France Presse meldet weitere Einzelheiten: »Die dreiundvierzig Mitglieder der Gruppe wurden nach zweitägigem Kampf getötet. Neun von ihnen sind Algerier, die Übrigen stammen aus Nigeria, dem Niger und Mali. Die Mitglieder der GSPC wurden am Montag achtzig Kilometer hinter der Grenze auf dem Territorium des Tschad gestoppt. Sie kamen aus dem Niger und waren mit sechs Pick-ups unterwegs, jeweils mit einem schweren Maschinengewehr an Bord.« Am Schluss wird auch der Name ihres Anführers genannt: »An den Kämpfen war auch die Nummer zwei der GSPC beteiligt, der Algerier Amari Saifi, genannt Abderrazak der Fallschirmjäger.«

Was wäre wohl geschehen, wenn wir an ihrem Brunnen geblieben wären? Fast höre ich sie neben den Wasserkanistern diskutieren. Yaya hatte den algerischen Akzent herausgehört. Nicht einmal seine Stimme war mehr ruhig geblieben, nachdem Abderrazak ihn über uns ausgefragt hatte. »Der Mann sagte, er sei der Anführer eines Konvois aus Algeriern und Ausländern. Sie durchqueren die Sahara und haben hier haltgemacht.«

Samstag, 13. März, 4.48 Uhr. Ciao Bruder, morgen werden wir uns nach dem Flugpreis erkundigen und dir schnellstmöglich Bescheid geben. Joseph und James.

Dienstag, 16. März, 4.42 Uhr. Wir haben uns nach dem Preis für ein Flugticket mit Austrian Airlines von Libyen nach Slowenien erkundigt. Es kostet vierhundertfünfzig Dollar pro Person. Oder dreihundertfünfundsiebzig nur für den Hinflug. Das Büro von Alitalia hatte geschlossen. Und KLM fliegt nicht direkt nach Slowenien, sondern nur bis Triest. Aber wie wir erfahren haben, liegt Triest nicht weit von Slowenien weg, das per Zug oder Bus gut erreichbar ist. Beste Grüße, Joseph und James.

Dienstag, 6. April, 2.04 Uhr. Wir werden dann also den Flug buchen. Wir fliegen mit Alitalia und Austrian Airlines. Bitte erkundige dich, ob die Fluggesellschaften die Tickets akzeptieren, wenn wir sie in einem Reisebüro in Libyen kaufen. Ein frohes Osterfest wünschen Joseph und James.

Mittwoch, 14. April, 10.16 Uhr. Wir haben bei Alitalia und Austrian Airlines gebucht. Für die Geldüberweisung haben wir eine andere

Agentur gefunden, die annehmbarere Konditionen bietet. Abara verlangt siebenundzwanzig Prozent Kommission. Von den dreihundert Dollar, die du uns geschickt hast, hat Abara uns zweihundertneunzehn Dollar gegeben. Die neue Agentur verlangt nur zehn Prozent Kommission. Tausend Dank. Joseph und James.

Samstag, 17. April, 3.48 Uhr. Unser Geld war alle, deshalb konnten wir keine E-Mails abrufen. Wir bedauern, dass unsere afrikanischen Brüder vor Lampedusa Schiffbruch erlitten und ihr Leben verloren haben. Es ist ein wirklich gefährliches Abenteuer, aber sie lassen sich weiter darauf ein. Wir sind so gut wie startklar für die Reise nach Europa und werden versuchen, deine Ratschläge zu beherzigen. Und wir überlegen auch schon, welche Schritte wir nach dem Kongress unternehmen werden, um in Europa Asyl zu beantragen. Wenn du mit meiner Frau sprichst, erinnere sie bitte an meinen Geburtstag (27. April) und sage ihr, dass ich im Geist mit ihr zusammen feiere. Schicke meinem Sohn liebe Grüße und wünsche ihm einen schönen Geburtstag, er wird am ersten Mai zwei Jahre alt. Halte uns bitte auf dem Laufenden. Joseph.

Mittwoch, 21. April, 19.38 Uhr. Wir werden dir noch Bescheid geben, wann genau wir nach Slowenien aufbrechen. Der UN-Mitarbeiter sagte uns, das Büro des Flüchtlingshilfswerks der Vereinten Nationen in Libyen könne nicht so arbeiten wie in anderen Ländern. Sie können uns zwar ein Schreiben ausstellen, das uns als Flüchtlinge ausweist, aber damit sind keinerlei Ansprüche verbunden. Unser Status hier sei deshalb so prekär, weil Libyen die Genfer Flüchtlingskonvention von 1951 nicht unterzeichnet hat. Wir haben uns auch über die Situation der Flüchtlinge in Slowenien informiert. Sie ist nicht besonders ermutigend, weil das Land so viele Flüchtlinge aus dem ehemaligen Jugoslawien aufgenommen hat. Wir suchen jedenfalls weiter ein anderes Land. Erinnere bitte meine Frau an meinen Geburtstag und sag ihr, dass ich den Tag mit ihr zusammen feiere, auch wenn ich hier bin. Und ich küsse und umarme meinen Sohn. Joseph.

Josephs achtundzwanzigster Geburtstag ist ein Dienstag. Wie jeden Morgen tippe ich mehrmals die Adresse und das Codewort in den Computer. Aber es gibt keine E-Mails. Nicht einmal eine Antwort auf meine Glückwünsche. Gegen Mittag erscheint auf meinem Bildschirm die Nachricht des Tages. Auf allen Nachrichtenseiten dieselbe Pressemeldung: »Begleitet von Kommissionspräsident Romano Prodi ist der libysche Staatschef Muhammar Gaddafi kurz vor 11.30 Uhr am Sitz der EU-Kommission in Brüssel eingetroffen.«

Wenig später eine weitere Meldung: »Muhammar Gaddafi trug die traditionelle braune Dschallaba und die arabische Kopfbedeckung. Als er aus dem weißen Mercedes stieg, reckte er seinen Anhängern vor dem Sitz der EU-Kommission die geballten Fäuste entgegen. Seine Anhänger, die sich seit elf Uhr Vormittag vor dem Palais Breydel versammelt hatten, feierten ihn mit Liedern und Gesängen und skandierten lautstarke Begrüßungsslogans.«

Man ließ also sogar zu, dass er sich seine Claque mitbrachte. In dem langen Text einer Presseagentur heißt es, Gaddafi werde um vierzehn Uhr mit dem italienischen EU-Kommissionspräsidenten zusammenkommen. Anschließend werde er mit weiteren Kommissaren Gespräche führen und mit ihnen gemeinsam zu Mittag essen, bevor er am Nachmittag mit Romano Prodi eine gemeinsame Erklärung abgeben werde. Im Anschluss werde der Oberst aus Libyen dem Spanier Javier Solana, dem obersten EU-Repräsentanten für Außen- und Sicherheitspolitik, die Hand schütteln und am frühen Abend im Palais Egmont, dem Sitz der belgischen Regierung, von Ministerpräsident Guy Verhofstadt empfangen. Es folgt ein gemeinsames Abendessen: Gaddafi, die Minister der belgischen Regierung und andere Vertreter aus Politik und Wirtschaft in Brüssel. An einem einzigen Tag werden auf diese Weise Jahre des Kampfes für Menschenrechte zunichtegemacht. Offizielle Fotos werden geschossen. Staatschefs. Minister. Unternehmer. Ihre Münder lächeln, während sie, Scheuklappen vor den Augen, so tun, als sähen sie die blutige Wirklichkeit nicht. Tausende Menschenleben, der Staatsraison geopfert. Und dem Geldbeutel.

Nicht die Begegnung an sich ist skandalös, sondern der politische

Preis, der dafür bezahlt wird. Das Schlimme ist, dass niemand auf die Agenda gesetzt hat, was sich in Libyen abspielt. Für den EU-Kommissionspräsidenten ist es sogar ein denkwürdiger Tag: »Ich bin sehr glücklich über diesen Besuch Gaddafis bei der Kommission«, erklärt am Nachmittag Romano Prodi auf einer Pressekonferenz mit Journalisten aus der ganzen Welt. »Heute war ein großer Tag.« Der Oberst steht neben ihm. Muhammar Gaddafis Worte, wie sie die Agenturen melden, könnten nicht deutlicher sein: »Wir brauchen europäische und amerikanische Investoren, um unsere Öl- und Gasförderung auszubauen und zu modernisieren.« Eine offizielle Einladung an die Firmen der einstigen Feinde: Lassen wir die Vergangenheit ruhen, investiert in Libyen.

Mittwoch, 28. April, 10.45 Uhr. Beiliegend Kopien unserer Visa der slowenischen Botschaft in Kairo. Wir wünschen dir einen gesegneten Tag. Joseph und James.

Montag, 3. Mai, 10.29 Uhr. Wir werden voraussichtlich am 6. Mai in Slowenien ankommen. Aber es gibt Probleme mit der Flugbuchung. Wir sagen dir spätestens morgen Bescheid, ob wir über Rom oder über Mailand nach Ljubljana fliegen. Entschuldige, dass wir deine E-Mail nicht beantworten konnten, aber Umstände, die nicht in unserer Macht liegen, haben es verhindert. Wir wünschen dir eine schöne Woche. Joseph und James.

Sonntag, 9. Mai, 22.07 Uhr. Dir geht es hoffentlich gut. Leider konnten wir keinen Platz im Flugzeug bekommen. Wir bestätigen, dass wir über Rom fliegen, und hoffen, Dienstag oder Mittwoch da zu sein. Tausend Dank. Joseph und James.

Dienstag, 11. Mai, 19.11 Uhr. Ciao, Bruder, wir kommen voraussichtlich morgen gegen elf Uhr an und rufen dich dann von Ljubljana aus an. Nochmals tausend Dank für deine Hilfe. Auf Wiedersehen. Joseph und James.

Doch aus Ljubljana erreicht mich kein Anruf. Auch keine E-Mail. Die einzige gesicherte Nachricht ist, dass die beiden Brüder nicht im Flughafen Rom sind. Joseph und James sind verschwunden.

Sonntag, 16. Mai, 17.27 Uhr. Ciao, Bruder. Tausend Dank für alles. Als wir an Bord des Alitalia-Flugzeugs gehen wollten, wiesen uns die libyschen Beamten der Flughafenbehörde zurück. Sie fragten, woher wir das Visum hätten, und behaupteten, es sei gefälscht. Sie überprüften die Visa und stellten fest, dass sie echt waren. Dann sagten sie, wir bräuchten ein Transitvisum. Wir sagten, das stimme nicht, und der Direktor von Alitalia sagte ihnen dasselbe. Daraufhin meinten die Beamten, sie könnten uns die Einreise nach Europa von Libyen aus nicht gestatten. Wir sagten ihnen, in unserem Land herrsche derzeit Krieg, und es gebe von dort im Moment keine internationalen Flüge. Aber sie bestanden darauf, dass wir nach Westafrika zurückmüssten, wenn wir nach Europa wollten. Wir fragten, was denn der Unterschied sei, ob wir von Libyen aus nach Westafrika oder von Libyen aus nach Europa flögen. Daraufhin ließen uns die Beamten festnehmen und einsperren. Wir wurden zwei Tage lang gefoltert und dann unter der Bedingung freigelassen, dass wir innerhalb von sieben Tagen nach Westafrika zurückkehren. Wir dürften nie mehr hierherkommen, sagten sie. Wir baten um Rückführung in unsere Heimat, aber sie sagten, das ginge nicht, weil es aufgrund der Kriegswirren keine Direktflüge nach Liberia gebe. Wir müssten uns also selbst um unsere Ausreise kümmern. Der Direktor von Alitalia sagte, er würde uns zwar gern behilflich sein, aber die Entscheidung liege allein in der Hand der libyschen Behörden. Er könne uns das Geld für die Tickets zurückerstatten, mehr nicht. Er empfahl uns, weiteren Ärger zu vermeiden. Die Libyer, sagte er, würden Schwarzen die Ausreise nach Europa nicht gestatten, schon gar nicht per Flugzeug. Wir sind jetzt wirklich ratlos. Und unser Visum für Slowenien läuft bald aus. Wir müssen ins Krankenhaus, um unsere Verletzungen am Körper und am Kopf behandeln zu lassen. Wir hoffen auf Nachricht von dir. Joseph und James.

Sonntag, 16. Mai, 22.36 Uhr. Wir kommen soeben von der Behandlung. Und wir haben an das slowenische Kongressbüro geschrieben, das uns empfahl, Libyen zu verlassen und einen sichereren Staat für die Ausreise zu finden. Unsere Papiere sind in Ordnung. Aber nach all dem, was uns in den vergangenen Tagen passiert ist, haben wir Angst. Und wir befürchten, dass sie uns wieder foltern, wenn wir weiter Probleme mit den Behörden bekommen. Wenn du den Libyern gegenüber auf deinen Rechten bestehst, tun sie so, als würden sie kein Englisch verstehen, oder sagen, ihr Vorgesetzter sei nicht da. Dieses Land ist unanständig. Wir erwägen andere Lösungen. Wenn es uns morgen etwas besser geht, werden wir versuchen, andere Möglichkeiten zu eruieren. Wir beten um die Gnade Gottes, denn die Situation hier ist wirklich schwierig. Joseph und James.

Montag, 17. Mai, 13.44 Uhr. Wir versuchen, uns nicht unterkriegen zu lassen, wir haben gar keine andere Wahl. Wie du gesagt hast: Wir müssen stark sein. Darum bemühen wir uns nach Kräften, aber es ist nicht leicht. Gestern haben wir im Flughafen mit dem Direktor von Alitalia gesprochen und ihm geschildert, was uns passiert ist. Er würde uns zwar gern helfen, aber die Sicherheitslage hier ist sehr heikel. Sogar die Dame, die uns die Tickets verkauft hat, bekam gestern Schwierigkeiten. Deshalb meinte der Direktor, er könne uns unser Geld zurückerstatten, mehr nicht. Er will keinen Ärger mit den libyschen Behörden. Wir haben versucht, der Polizei zu erklären, dass wir für Italien kein Transitvisum benötigen und dass uns deswegen Alitalia die Tickets verkauft hat. Wir haben ihnen erklärt, dass wir das Visum aus Ägypten bekommen haben, weil Slowenien in Afrika nur diese eine Botschaft hat. Und dass wir zu einem Kongress in Slowenien eingeladen sind. Wir wurden festgenommen, weil wir ihre Direktiven infrage gestellt haben. Heute waren wir bei anderen Behörden, um unseren Fall darzulegen, aber man sagte uns nur, es würde eine Zeit lang dauern, bis man sich damit befassen könne. Aber je länger sich die Sache hinzieht, desto schneller verfällt unser Visum. Im Kongressbüro sagte man uns, man werde sich um unseren Fall kümmern, wisse aber nicht, wie viel Zeit das in Anspruch nehme und ob Libyen uns am Ende ausreisen lassen werde oder nicht. Man riet uns, von einem anderen, sichereren Land auszureisen. Wir erklärten, dass unser Visum abläuft, und sie sagten uns, wenn wir nicht zu diesem Kongress kommen könnten, dann eben zum nächsten. Wir haben wirklich keine Ahnung, was da abläuft, aber wir bitten Gott um die Weisheit und um die Kraft durchzuhalten. Wir machen uns Sorgen, wie unsere Angehörigen reagieren werden. Sie haben so große Hoffnungen und Erwartungen in uns gesetzt, und jetzt haben uns die libyschen Behörden die Ausreiseerlaubnis nach Europa verweigert. Es ist der sichere Weg in die Depression, am Ende steht der Selbstmord. Dein D-Day ist gekommen, um ganz neu anzufangen, ein neues Kapitel aufzuschlagen und die beste Entscheidung deines Lebens zu treffen. Nur um am Ende willkürlich verhaftet zu werden. Einzig und allein aus tiefstem Rassenhass. Gott ist der Schöpfer, er wird uns ans Ziel führen. Ciao. Joseph und James.

Dienstag, 18. Mai, 14.54 Uhr. Wir kommen soeben vom Büro des Alitalia-Direktors. Man sagte uns, er sei beschäftigt, und wir sollten morgen früh um neun Uhr wiederkommen. Wir waren auch im Lufthansa-Büro, aber sie haben diese Woche erst Donnerstag einen Flug. Aber am Donnerstag läuft unser Visum ab. Unser Aufenthalt in Libyen ist inzwischen völlig sinnlos geworden. Wir können nichts tun, und unsere Familien sind vollkommen von uns abhängig. Mit herzlichem Gruß, Joseph und James.

Donnerstag, 20. Mai, 12.45 Uhr. Heute verfällt unser Visum für Europa. Wir kommen soeben aus dem Krankenhaus. Unsere Verletzungen sind problematisch, und wir haben starke Schmerzen. Im libyschen Krankenhaus verlangten sie von uns ein Schreiben, in dem die Polizei erklärt, dass sie uns gefoltert hat. Erst dann wollen sie uns behandeln. Bei Alitalia hat man uns unser Geld zurückerstattet, die Flughafensteuer haben sie allerdings einbehalten. Eine philippinische Krankenschwester, die uns gegen Bezahlung behandelt, war sehr freundlich zu uns, und wir versuchen, wieder auf die Beine zu kommen. Mit der Polizei möchten wir lieber nichts mehr zu tun haben. Wir umarmen dich. Joseph und James.

Freitag, 21. Mai, 7.41 Uhr. Wir bemühen uns um Ruhe und Kraft und bitten Gott um seinen Beistand und seine Gnade, damit wir das alles hier überstehen. Wir warten auf deine Nachricht. Joseph und James.

Samstag, 22. Mai, 14.43 Uhr. Wir hoffen, du bist wohlauf. Es war schön, heute mit dir am Telefon zu sprechen. Morgen gehen wir zu der philippinischen Krankenschwester, um zu erfahren, wann die Röntgenuntersuchung ist. Sie kann sich die Ursache der Blutung am Penis und des Bluts im Stuhl nicht erklären. Wir haben ihr gesagt, wie man uns misshandelt hat. Man hat uns in ein Handtuch gewickelt, damit man nicht so viele Spuren am Körper sieht, und mit Stöcken und Kabeln auf uns eingeschlagen. Daher die Narben und Schnitte am Kopf und um die Augen. Die Krankenschwester will bestimmte Untersuchungen durchführen, wir bräuchten jedoch Ruhe und sollten die Sonne meiden. Wir sollten uns ein Mittel gegen Thrombosen kaufen, zur Blutverdünnung, außerdem Antibiotika und Medikamente für die Nieren. Nach der Röntgenuntersuchung wird sie uns ein paar Medikamente aufschreiben, die wir uns kaufen müssen. Sie ist eine erfahrene Krankenschwester und fürsorglich wie eine Mutter. Wir versuchen, wieder auf die Beine zu kommen. Gott wirkt wunderbare Dinge in unserem Leben. Herzlich, Joseph und James.

Alitalia fliegt mit einer europäischen Lizenz nach Libyen. Es ist die Fluggesellschaft jenes Landes, in dem die Europäische Menschenrechtskonvention unterzeichnet wurde. Dennoch gelingt es Alitalia nicht, diese Menschenrechte zu verteidigen und die Sicherheit ihrer Passagiere zu gewährleisten. Sicher, der Direktor war ein Gentleman, er hat das Geld für die Tickets zurückerstattet. Der Flughafen von Tripolis jedoch wird die Steuer kassieren. Joseph und James haben heute Morgen fast geschrien, als sie mich vom Internetcafé aus angerufen haben. Sie wurden geschlagen, bis ihnen das Blut aus Penis und Anus kam. Und sie mussten die Flughafensteuer bezahlen.

Ihre Papiere waren absolut in Ordnung. Der Pass. Das Visum im Pass. Das libysche Ausweispapier. Die Einladung des staatlichen Instituts für das Gesundheitswesen in Ljubljana. Das Schreiben des UN-Flüchtlingshilfswerks. Die Tickets. Das Geld. Joseph und James hatten alles vorschriftsmäßig beisammen, ganz im Einklang mit den Gesetzen Libyens, Italiens, Sloweniens, der Europäischen Union und der Vereinten Nationen. Wir müssten alle stolz sein auf solche wie sie.

Heute, am Sonntag, dem 23. Mai, kam keine E-Mail aus Tripolis. In den Fernsehnachrichten am späten Abend wurden Bilder eines Empfangs in Monte Carlo gezeigt: die Abschlussfeierlichkeiten zum Großen Preis der Formel eins. Am Nachmittag traten die Autokonzerne auf der Rennbahn des Fürstentums gegeneinander an. Am Abend sind Sieger und Verlierer, Adlige und Unternehmer, Investoren und Damen der feinen Gesellschaft beim Fürsten von Monaco zu Gast. Die Fernsehkamera verweilt lange auf dem Gesicht eines Mannes mit sorgfältig gestutztem schwarzem Bart. Die Journalistin spricht voll Bewunderung über diesen gut aussehenden, tüchtigen, eleganten, sportlichen jungen Mann, den Sohn eines Oberst. Gaddafi junior strebt lächelnd und im dunklen Anzug auf einen der Tische zu.

Er ist tatsächlich der Sohn des Oberst. Die von seinem Vater gedungenen Schergen haben soeben zwei Kriegsflüchtlinge aus Liberia misshandelt. Und nun empfängt das politische Europa, das Europa des Adels und der Finanzwelt, den Sohn mit allen Ehren. Er spielt in Italien Fußball. In Perugia. Man hat ihn aufgenommen wie einen Champion. Und niemand, kein italienischer oder nichtitalienischer Fußballspieler, kein Trainer, kein Besitzer eines Fußballvereins, kein italienischer oder europäischer Politiker, weder von den Rechten noch von den Linken, besaß das Taktgefühl, ihm eine einfache Bedingung zu stellen: »Mein Lieber, du kannst bei uns spielen, aber dein Vater muss wenigstens …«

Eine weitere albtraumhafte Nacht beginnt. Ich muss nicht erst einschlafen, um die Bilder zu sehen, sie tauchen auch im Wachzustand auf. Denn Joseph und James haben einen kapitalen, dramatischen und absolut dummen Fehler gemacht. Sie haben auf das Gesetz vertraut. Sie wollten durch den Haupteingang nach Europa einreisen, als freie Bürger, und nicht in Lampedusa an Land gehen. In Dirkou hörten sie von den gesunkenen Booten. Und die Verantwortung für diesen Fehler trage einzig und allein ich. Ans Ziel der Reise zu kommen ist jetzt zu schwierig. Jeder muss für sich selbst die Entscheidung treffen, man kann keine Ratschläge erteilen. Hätten Joseph und James ein Flüchtlingsboot bestiegen, wären sie wahrscheinlich angekommen. Sie hätten auf dem Kongress in Ljubljana über die Tragödie des Selbstmords der Kindersoldaten berichtet. Vielleicht hätten sie längst Asyl beantragt. Es wäre ihr Recht gewesen. Gewiss, sie hätten auch ertrinken können. Aber was ändert das jetzt? Stattdessen haben sie auf das Gesetz vertraut. Sie haben an Italien geglaubt. An Europa. An die Ideale des Kampfes gegen Hitler und Mussolini. An die Landung in der Normandie. An die Freiheit. Die Lügen der neuen Welt hatten wir alle drei nicht mit einkalkuliert. Es bleibt mir nichts anderes übrig, als an den Sohn des libyschen Oberst heranzutreten.

Signor G., ehemaliger Mitarbeiter von Gaddafis Sohn, sagt mir am nächsten Morgen am Telefon, der Präsident von dessen Fußballklub könne nichts machen.

»Was soll er denn sagen? Er kann doch schließlich nicht den Oberst anrufen und ihn bitten, zwei liberianische Flüchtlinge ausreisen zu lassen.« »Schade, das wäre eine schöne Geste gewesen. Für Gaddafi und für den Fußball.« »Ich weiß. Aber warum kommst du nicht zum Supercup-Endspiel? Es wird in Tripolis stattfinden. Am Mittwoch ist in Mailand die Pressekonferenz, Gaddafis Sohn wird auch anwesend sein. Vielleicht kannst du ja mit ihm sprechen.«

In Mailand lebte und arbeitete der berühmteste liberianische Staatsbürger. George Weah ist einer der größten Stürmer in der jüngeren Geschichte des AC Mailand, des Fußballklubs, der dem italienischen Ministerpräsidenten gehört. Der AC Mailand steht im Finale des Supercup. Und dessen Präsident wird eine Pressekonferenz mit Oberst Gaddafis Sohn abhalten. Die Zeichen stehen gut, dass Joseph und James endlich aus Tripolis ausreisen können. Ich bin vor dem

Hauptbahnhof mit Signor G. verabredet. Es ist nicht leicht, ein Gesicht zu erkennen, von dem man lediglich eine konfuse Beschreibung hat, per Telefon. Bevor Signor G. eintrifft, verfolgen meine Augen Dutzende Fremde.

Der Hauptbahnhof ist, wie alle Bahnhöfe, der Nabel der Welt. Bevor ich fast ein Jahr zuvor nach Dakar aufbrach, erzählten mir ein Liberianer und sein Freund aus Kamerun von ihrer Durchquerung der Wüste in einem Lkw. Ich brauchte lediglich die Neuankömmlinge zu fragen, die sich sonntags auf der großen Piazza treffen. Die erste Frage an jenem Abend stellte ich auf Italienisch: »Verzeihung, wer von euch ist über Libyen hierhergekommen?« Sie schauten mich nur an. Niemand antwortete. Dann auf Französisch. Wieder keine Antwort. Schließlich auf Englisch: »Wer von euch war in Dirkou?« Schweigen. Es blieb mir nichts anderes übrig, als mich umzudrehen und zu gehen. »Warum interessierst du dich für Dirkou?«, rief plötzlich jemand von hinten. Eine tiefe, ruhige Stimme. Taxierende Blicke. »Ich möchte dort Urlaub machen.« »In Dirkou?«, fragte der Liberianer. »Bist du verrückt?« Dann entfaltete ich auf der Motorhaube eines geparkten Autos die Sahara-Karte. Fast alle liefen herbei. Nervöse Hände bewegten sich zwischen Nigeria und Lampedusa. Aufgeregte Finger glitten über den Sand mit seinen Farbnuancen. Sie deuteten auf Agadez, Dirkou, al-Gatrun, Sebha. Die Straßenlaternen der Piazza beleuchteten an jenem Abend Augen, die von tiefem Schmerz brannten.

»Die Pressekonferenz findet in der Zentrale des italienischen Fußballverbands statt«, sagt Signor G., groß gewachsen, kräftig, schweißgetränktes azurblaues Hemd, mittelitalienischer Akzent. Die Geschichte von Joseph und James ist ihm zu Herzen gegangen. »Ich bring dich hin, mehr kann ich nicht tun«, stellt er umgehend klar. Das ist genug. Die Zentrale des ausgabenfreudigsten Fußballverbands der Welt liegt im Rotlichtbezirk der Stadt. Jedes Laster hat seinen Preis. Es geht hinauf in den obersten Stock einer grauen Villa aus der Zeit des Kalten Kriegs. In einem Raum mit azurblauem Teppichboden und greller Scheinwerferbeleuchtung warten die Fernsehkameras. Begleitet von Assistenten und Journalisten, kommt der Präsident des AC Mailand herein und nimmt auf dem Podium Platz. Dann der Auftritt von Gaddafis Sohn inmitten seiner Bodyguards. Er setzt sich links neben den Präsidenten. Die Leibwächter postieren sich an den Saaleingängen. Die Konferenz kann beginnen. Man spricht über Tag und Zeitpunkt des Spiels. Über die großartige Gelegenheit, die italienisch-libysche Freundschaft zu festigen. Über die Bedeutung des Sports für die Völkerverständigung. Über die politischen Verhandlungen, die Regierung und Regierungschef, zugleich Besitzer der im Finale spielenden Mannschaft, mit dem Land jenseits des Mittelmeers führen. Die Journalisten sind bestens vorbereitet. Sie stellen alle möglichen Fragen zum Transfermarkt, aber keine einzige zur Menschenrechtssituation in Libyen.

Der Augenblick ist gekommen, die Hand zu heben. Das Wort zu ergreifen. Dem Sohn des Oberst in aller Öffentlichkeit das Versprechen abzuringen, dass Joseph und James ein neues Visum beantragen und nach Europa ausreisen können. Oder ist es besser, das Ende der Veranstaltung abzuwarten und ihn anzusprechen, wenn er den Saal verlässt?

Der Präsident des AC Mailand beantwortet soeben die Frage eines Journalisten vom staatlichen Fernsehen. Meine Aufmerksamkeit richtet sich auf die Bodyguards. Besser gesagt, auf den Stöpsel im linken Ohr eines der Leibwächter und die Spirale, die im Hemdkragen verschwindet und wer weiß womit verbunden ist.

Es sind mit Sicherheit Agenten des libyschen Geheimdienstes. Sie beschützen den Sohn ihres Staatsoberhaupts. Bis vor wenigen Jahren haben sie Anschläge in halb Europa verübt, Terroristen ausgebildet, die Opposition im Ausland liquidiert. Sie haben die Boeing 747 der amerikanischen Fluggesellschaft Pan Am in die Luft gesprengt und eine französische DC 10 über dem westafrikanischen Staat Niger zum Absturz gebracht. Sie werden die Fragen auf Englisch oder in arabischer Übersetzung mithören und ihren Vorgesetzten Bericht erstatten. Sie werden Joseph und James in ganz Tripolis suchen. Und wer wird die beiden dann retten? Sie könnten der Spionage beschuldigt werden, weil sie Informationen über die Aktivitäten der Polizei im Flughafen ans Ausland weitergegeben haben. Sie könnten festgenommen werden und spurlos verschwinden. Wie soll man den Worten eines mit Blut besudelten Oberst glauben, der nur deshalb zum Demokraten wurde, weil der EU-Kommissionspräsident, seine französischen, deutschen und englischen Verbündeten und sein Gegenspieler in der italienischen Regierung es so beschlossen haben? Wie groß wäre Josephs und James' Enttäuschung, wenn ich diesen kalt lächelnden Sohn des Oberst um Hilfe bäte? Hier und heute, in diesem Saal, wurden Dutzende unschuldig ums Leben Gekommene unter Schaufeln Ätzkalk begraben. Und auf diesen Leichen will man nun sogar ein Fußballspiel austragen.

Signor G. neben mir versteht nicht, was passiert. »Ich bin fertig, vielen Dank für alles.« »Aber willst du denn nicht versuchen, mit ihm zu sprechen?« Er betont dieses »ihm«, als wäre es großgeschrieben. »Es hat keinen Sinn, danke, ich gehe. Ich warte draußen auf dich.« Wir verabschieden uns am Bahnhof. Wir werden uns nicht wiedersehen. Joseph und sein Bruder James sind verschwunden. Sämtliche an sie gerichteten E-Mails bleiben unbeantwortet. Am 22. Mai haben sie zum letzten Mal geschrieben. Sie wollten zur Röntgenuntersuchung, um die Ursache für die inneren Blutungen herauszufinden.

Sonntag, 6. Juni, 21.13 Uhr, endlich. Ciao, Bruder, es geht uns gesundheitlich nicht besonders. Aber so Gott will, halten wir durch und versuchen, wieder auf die Beine zu kommen. Wir schreiben dir morgen. Gott segne dich. Joseph und James.

Montag, 7. Juni, 14.09 Uhr. Du bist hoffentlich wohlauf. Uns ging es schlecht, es gab Komplikationen. Aber mit Gottes Hilfe geht es allmählich wieder ein wenig aufwärts. Die Röntgenuntersuchung deutet auf innere Blutungen hin, nicht auf Brüche oder sonstige Knochenschädigungen. Wir sollen die Sonne meiden, denn hier ist es sehr heiß. So Gott will, wird alles gut werden. Deshalb also hast du nichts von uns gehört. Das ist das Ergebnis unseres Aufenthalts bei der Polizei dieses Landes. Wir schreiben dir wieder. Herzlichen Gruß, Joseph und James.

Mittwoch, 9. Juni, 11.55 Uhr. Ciao, wir nehmen jetzt Medikamente ein. Alles liegt in Gottes Hand. Danke, dass du unsere Familien angerufen hast. Wir machen uns große Sorgen um sie. Die philippinische Krankenschwester ist tüchtig, und es geht uns schon viel besser als vor ein, zwei Wochen. Zumindest sind wir wieder auf den Beinen. Wir haben die Wundpflaster entfernt, jetzt können die Schnitte und Blutergüsse heilen. Man hat uns nicht nur mit Stöcken, sondern auch mit Handschellen geschlagen, daher meine Kopfverletzung. James wurde mit dem Stock auf Hand, Schultern und Hinterkopf geschlagen. Wir wünschen dir einen schönen Tag. Joseph und James.

Freitag, 23. Juli, 11.51 Uhr. Dir geht es hoffentlich gut. Entschuldige unser langes Schweigen, aber es war zu gefährlich, das Internetcafé aufzusuchen. Endlich geht es uns gesundheitlich wieder besser. Am Montag nehmen wir mit unserer Botschaft Kontakt auf und lassen dich wissen, was wir tun werden. Pass auf dich auf. Joseph und James.

Sonntag, 25. Juli, 14.43 Uhr. Uns geht es gut, aber im ganzen Land wurden schwarze Einwanderer verhaftet und abgeschoben. Wir beten zu Gott um Hoffnung und Schutz, bis wir Libyen verlassen können. Das Schlimmste ist, dass sie einen bei einer Festnahme für drei bis sechs Monate ins Gefängnis stecken, bevor sie einen abschieben. Jedenfalls verlassen wir unsere Unterkunft erst wieder, wenn sich die Lage entspannt. Gestern haben sie unseren Nachbarn mitgenommen. Ciao für heute. Joseph und James.

Freitag, 6. August, 14.41 Uhr. Ciao, Bruder, wir sind sehr besorgt wegen der Festnahmen und Abschiebungen. Herzlichen Gruß. Wir hoffen, von dir zu hören. Joseph und James.

Dienstag, 17. August, 15.39 Uhr. Ciao, Bruder, wir befürchten, dass uns nichts anderes übrig bleiben wird, als die Wüste des Niger zu durchqueren. Ein entsetzlicher, fürchterlicher Gedanke, in diese abgelegenen Regionen reisen zu müssen. Wenigstens wird Gott immer bei uns sein. Die Lage hier verschlechtert sich von Tag zu Tag. Es gibt keine Arbeit, und wir haben kaum mehr etwas zu essen, weil uns das Geld fehlt. Es gibt viele Vorbehalte gegenüber uns Schwarzen, die Ausländerfeindlichkeit ist groß, und wir wären heilfroh und Gott dankbar, wenn wir endlich nach Westafrika ausreisen könnten. Die brutalen Polizeirazzien haben das Ziel, möglichst viele Einwanderer aus Nigeria, Ghana, Eritrea und dem Niger zu verhaften und abzuschieben. Im Viertel des Afrikanischen Markts in der Medina hier in Tripolis gab es eine große Schlägerei unter den Nigerianern. Es erschwert die Situation für alle afrikanischen Einwanderer, wenn die Polizei auftaucht. Wir gehen so lange nicht auf die Straße, bis sich die Lage beruhigt hat. Es geht uns gut, nur ist es hier sehr viel heißer als in Liberia, wo um diese Jahreszeit die Regenfälle einsetzen. Tausend Dank für die Nachricht von unseren Angehörigen in Ghana. Es war sehr freundlich von dir, sie anzurufen. Eine schöne Woche wünschen dir Joseph und James.

Samstag, 21. August, 11.48 Uhr. Von heute an bis zum Beginn des folgenden Monats finden hier große Feierlichkeiten statt. Es ist der Jahrestag der Revolution von Oberst Gaddafi. Die Sicherheitskräfte haben ihre Kontrollen verschärft und nehmen immer mehr Einwanderer fest, insbesondere weil nach der Auflösung des Lagers Terek Mata (an der Straße zum Flughafen) durch die Polizei der Hauptstadt viele Schwarzafrikaner hierher verlegt wurden. Einige von den Lagerchefs, die meisten von ihnen Nigerianer, wurden wegen Menschenschmuggel, illegalem Drogen- und Alkoholhandel und anderen Straftaten verhaftet. Der Polizeikommandant der nahe gelegenen Gemeinde Abuselem wurde von den Schmugglern betrogen und hat daraufhin alle Hebel in Bewegung gesetzt, damit das Lager geschlossen wird. In diesem Lager waren mindestens fünftausend schwarze Einwanderer untergebracht, von denen einige mit stillschweigendem Einverständnis der Polizei illegale Geschäfte machten. Aber nach Misshandlungen, Protesten, Anschuldigungen und allen möglichen Missständen kam es immer wieder zu gewalttätigen Ausschreitungen zwischen den verschiedenen Gruppen im Kampf um die Führung des Lagers. Viele derzeitige und frühere Mitglieder der Lagerleitung wurden verhaftet und ins Hochsicherheitsgefängnis Jetlida gebracht. Seit der Schließung von Terek Mata ist das alte Lager Aljezahra wieder in Funktion. Und nun werden die Geschäfte von hier aus abgewickelt. Gestern gerieten fünf Sudanesen aneinander, weil aufgrund des Bürgerkriegs im Sudan die Ressentiments hochkochen. In diesem Lager sind viele Araber und Leute aus arabischen Ländern, und es dient Drogenbaronen, Menschenschmugglern, Zuhältern und vielen anderen als Unterschlupf. Die jungen Leute sind durch diese illegalen Geschäfte verdorben. Aber ich bin machtlos, nur Gott kann helfen. Von den neuen Routen von Agadez nach Libyen erzähle ich dir in meiner nächsten Mail. Ich schreibe dir wieder und bete weiter um Gottes Schutz und Beistand. Herzlich, Joseph und James.

Montag, 23. August, 11.29 Uhr. Wir können nur abwarten und zu Gott beten, dass wir überleben und bald von hier wegkommen, denn ich habe das Leben hier satt. Immerhin bekommt man auf diese Weise ein Gefühl dafür, wo man hingehört, und erkennt, dass es zu Hause besser ist als irgendwo sonst auf der Welt. Entsprechend dem Abschiebungsplan flog am Samstag eine Maschine nach Ghana und eine nach Nigeria. Einige Schwarze durften in ihre Wohnung zurück, um ihre Sachen zu packen. Aber es kommen immer noch massenhaft Leute nach Libyen: über Arlit im Niger und über Tamanrasset in Algerien, dann weiter Richtung Hoggar-Gebirge bis nach Ghat in Libyen. Diese Route ist hochgefährlich und fordert viele Todesopfer. Man hat sie in jüngster Zeit wiederentdeckt, nachdem die Route über Dirkou von den libyschen Sicherheitskräften gesperrt wurde. Dabei wurden achtzehn Immigranten zurück in die Wüste geschickt und fanden den Tod. Unter uns schwarzen Einwanderern wächst die Sorge. Die Ausländer, die von den Schleusern *(burga)* auf der Hoggar-Route hierhergebracht werden, werden misshandelt oder getötet, wenn sie sich weigern, den ehemaligen Tuareg-Rebellen und den Mitgliedern des Stammes der Busso aus dem Niger ihr Geld zu geben. Die Busso arbeiten mit den Fahrern der Toyota Pick-ups zusammen, die mit Zigaretten- und Menschenschmuggel Geschäfte machen. Man muss den strapaziösen Weg über die Berge nehmen, bevor man nach vier bis sieben Tagen in Ghat und damit in Libyen ist. Viele verhungern oder verdursten während des Aufstiegs, erliegen ihren Verletzungen oder werden von herabstürzenden Steinen erschlagen. Unterwegs stößt man auf viele Skelette und Steingräber, heißt es. Und all dieses Leid nur deshalb, weil viele glauben, in Libyen würde es ihnen gut gehen und sie würden von hier aus leicht nach Europa kommen. Aber viele sind hier gestrandet, weil alles anders gelaufen ist. Und dann begehen sie Straftaten, um zu überleben oder um nach Europa zu gelangen. Und wer das geschafft hat, dient als Beispiel dafür, wie einfach das Ganze ist. Das Schleusergeschäft wird von den *mudin* organisiert, die den *burga* für jeden Passagier, den sie ihnen zuführen, eine Art Kommission bezahlen. Die *mudin* verlangen von jedem Passagier mindestens tausend Dollar. Andere kassieren das Geld und benachrichtigen anschließend die Polizei, die die Ausländer einsperrt, um ihnen auch noch das letzte bisschen Geld wegzunehmen. Das verursacht ein Chaos zwischen Passagieren, *burga*, *mudin* und der Polizei. Diese Situation wird von vielen ausgenutzt, und nach wie vor legen Boote ab, obwohl keiner weiß, ob er überlebt oder nicht. Die *mudin* bereichern sich auf Kosten der Einwanderer, die für ihren Tod auf hoher See auch noch bezahlen. Aber wenn man ein ordentliches Visum vorlegt, verbieten sie einem die Ausreise, weil es ihnen keinen Vorteil bringt. Wir bitten Gott, unseren afrikanischen Brüdern zu helfen, diese Zusammenhänge zu durchschauen, damit sie sich auf dieses oft tödliche Abenteuer nicht mehr einlassen. Den Leuten muss das Lebensgefährliche solcher Überfahrten vor Augen geführt und den Schleusern das Handwerk gelegt werden. Viele afrikanische Staaten verlieren dadurch ihre menschlichen Ressourcen. In der nächsten Mail erzähle ich dir mehr über die Dirkou-Route. Wir beten weiter, damit dieser Menschenschmuggel aufhört. Joseph und James.

Mittwoch, 25. August. Der Austausch von Gefälligkeiten zwischen Italien und Libyen wird immer offenkundiger. Die Nachricht des Tages ist eine Agenturmeldung, die die Redaktion um 22.03 Uhr erreicht. Es ist eine Erklärung des italienischen Regierungschefs Silvio Berlusconi aus Tripolis: »Die italienisch-libysche Zusammenarbeit zur Regulierung der legalen Migrationsströme und zur Bekämpfung der illegalen Zuwanderung soll Europa und Afrika als Vorbild dienen.« Am Ende einer mehrstündigen Unterredung lassen sich Berlusconi und Gaddafi lächelnd fotografieren. Als wären sie alte Freunde.

Donnerstag, 26. August, 11.57 Uhr. Wir tun unser Bestes, um uns nicht unterkriegen zu lassen. Wir haben vom Besuch deines Ministerpräsidenten hier erfahren, mehr dazu morgen. Morgen werde ich dir auch über die Situation in Dirkou berichten. Pass auf dich auf und sei herzlich gegrüßt von Joseph und James.

Freitag, 27. August, 10.09 Uhr. Ciao, Bruder. Wir haben gerade erfahren, dass einer der Flüge zur Rückführung von Nigerianern und Eritreern umgeleitet und von den Eritreern zur Landung im Sudan gezwungen wurde. Erneut wurden heute ghanaische Staatsbürger ausgewiesen, und fast siebentausend Ghanaer sowie Leute aus Nigeria, Mali und dem Niger haben sich für die freiwillige Ausweisung registrieren lassen. In der Medina im Herzen von Tripolis und im Viertel des Afrikanischen Marktes hinter dem Emiratsgebäude (Villa Bushufata) geht die Angst um. Unsere Zeit am Computer ist abgelaufen. Ich schreibe dir morgen wieder. Beste Grüße. Joseph und James.

Samstag, 28. August, 11.32 Uhr. Unter den Einwanderern wächst die Angst. Auch wir befürchten, dass die Situation eskaliert und es zu Zusammenstößen zwischen Schwarzen und Libyern kommt wie nach den Massenabschiebungen im Jahr 2000. Die sozialen Spannungen wachsen tatsächlich. Malis Staatspräsident Amadou Toumani Touré war gestern in Libyen, und rund dreitausend seiner Landsleute sind bereits zur Abschiebung vorgesehen. Manche Ausländer nutzen die Gelegenheit, das Land zu verlassen, bei anderen steigt die Wut. Viele Regierungen verlangen Erklärungen, besonders wenn die Bürger ihrer Länder ohne ihr Hab und Gut nach Hause zurückkehren müssen. Gestern wurden dreihundert Ghanaer ausgewiesen, und viele weitere wurden registriert. Der Pfarrer der Pfingstkirche hat die Mitglieder seiner Gemeinde aufgefordert, die Gelegenheit zur Ausreise aus Libyen zu nutzen, um nicht später gewaltsam vertrieben zu werden. Vorbeugen sei besser als heilen, meinte er. Die Lage in Dirkou ist wirklich katastrophal. Krankheiten, Hunger, Tod und unsägliches menschliches Leid. Die Schleuser in Agadez sagen den Passagieren, die Route über Dirkou nach Libyen sei nur bis Dirkou selbst passierbar, der Weg durch die Wüste werde von libyschen Patrouillen blockiert. Aber sie verlangen trotzdem bis zu sechzigtausend Francs und setzen dann die Leute irgendwo in der Sahara aus. Die müssen sich dann zu Fuß durchschlagen und die Patrouillen umgehen, um libysches Gebiet zu erreichen. Nur wer der Hitze standhält, überlebt. Und wen die libyschen Soldaten aufgreifen, der wird ohne Geld nach Dirkou zurückgeschickt, nur mit einem *humza* (Brot). Ein Gestrandeter. Die Sicherheitskräfte des Niger und die Fahrer gehen mit den in Dirkou Gestrandeten auch nicht viel besser um. Wie du weißt, ist der Niger ein bettelarmes Land, und die auf dieser Route eingesetzten Sicherheitskräfte leben von der Einwanderung nach Libyen. Dirkou braucht dringend die Aufmerksamkeit der Weltöffentlichkeit, damit Menschenleben gerettet werden. Das Schlimmste ist, dass die libyschen Soldaten immer noch Leute in der Wüste aussetzen. Und wem es gelingt, auf dieser Route nach Westafrika zurückzukehren, der wird von den Soldaten des Niger misshandelt und ist noch schrecklicheren Gefahren ausgesetzt, weil die Soldaten glauben, die Einwanderer hätten Geld und Gepäck bei sich. Diese Route wird mit jedem Tag gefährlicher. Aber die *burga* schaffen nach wie vor Ausländer nach Libyen, weil sie daran verdienen, genau wie ihre Komplizen, die *mudin*. Es ist also alles genau wie vorher: Europa protestiert wegen der Toten und der illegalen Einwandererströme, Libyen und die Schleuser bereichern sich, während die afrikanischen Staaten ihre menschlichen Ressourcen verlieren. Wir beten weiter, dass diese Machenschaften endlich aufhören und Menschenleben gerettet werden. Ein gesegnetes Wochenende. Vergiss nicht, uns Montag zu schreiben. Ciao. Joseph und James.

Dienstag, 31. August, 4.24 Uhr. Tausend Dank, dass du unsere Angehörigen kontaktiert hast. Für uns ist das ein Glück und eine Erleichterung. Wir sind in ständiger Sorge um sie, und es ist uns unangenehm, dass wir dich ständig darum bitten müssen, sie anzurufen. Aber wir danken dir für dein Mitgefühl und deine Verbundenheit. Für alle schwarzen Einwanderer ist es inzwischen hier einfach entsetzlich. Die Libyer üben Selbstjustiz und bewerfen uns mit Steinen. Sie sind uns gegenüber sehr feindselig geworden. In einer Zeitung in Tripolis stand, die Einwanderer schadeten der Wirtschaft des Landes. Aber das eigentliche Problem wurde nicht zur Sprache gebracht, und die Libyer haben keine Lust, es anzugehen. Wir beten zu Gott, dass wir nicht angegriffen werden, solange wir noch hier in Libyen ausharren müssen. Rausgehen ist zum Problem geworden. Wir leiden Hunger, vieles bereitet größte Schwierigkeiten. Unser Zimmerwirt setzt uns unter Druck wegen der Miete, ohne zu bedenken, dass wir draußen auf der Straße gejagt werden und gar keine Möglichkeit haben, Geld für die Miete zu verdienen. Wir wollen nur noch weg hier. Die Lage verschlechtert sich zusehends und raubt uns unser Recht, wie Geschöpfe Gottes zu leben. Gott schütze dich. Joseph und James.

Freitag, 3. September, 11.34 Uhr. Die Übergriffe auf den Straßen haben zugenommen, und selbst Ältere und Alte *(shabani)* machen mit. Sie wollen wissen, wo man arbeitet, wo man wohnt, wovon man lebt. Um Belästigungen aus dem Weg zu gehen, haben wir stets geantwortet, wir verstünden kein Arabisch. Wie es aussieht, gehen diese Leute von einer Kollektivschuld der Schwarzen aus. Für die Straftat eines Einzelnen machen sie alle verantwortlich. Ich glaube allerdings, ihre Urteilsfähigkeit ist dadurch getrübt, dass sie über einen so langen Zeitraum isoliert und vom Rest der Welt abgeschnitten waren. Der Besuch deines Ministerpräsidenten in Libyen hat unsere Lage, wie ich denke, etwas erleichtert. Er hat den Libyern klargemacht, dass Italien und die italienische Regierung derzeit ihre einzigen zuverlässigen Freunde in Europa sind. Offenbar fordern die Libyer von deinem Land eine Entschädigungszahlung für den Krieg, der zum Tod ihres Führers Omar Muktar führte. Wenn das stimmt, dann können die liberianischen Familien von den Libyern auch Wiedergutmachung dafür verlangen, dass die Rebellengruppe Patriotische Nationale Front Liberias von Libyen ausgebildet, bewaffnet und organisiert wurde. Es ist ein offenes Geheimnis, dass Libyen den Rebellen geholfen hat, ganz Westafrika zu destabilisieren: Liberia, Sierra Leone, Guinea und nicht zu vergessen die Elfenbeinküste. Diese Kämpfe haben allein in Liberia mehr als hundertfünfzigtausend Menschen das Leben gekostet, während die Regierungen von illegalen Diamanten-, Gold- und Holzgeschäften profitiert haben. Deshalb finde ich, dass auch wir das Recht auf eine Entschädigungszahlung haben. Die *burga* sind übrigens in der Regel Schwarzafrikaner, die *mudin* Libyer. Herzlich, Joseph (und James).

Dienstag, 7. September, 2.02 Uhr. Stimmt es, dass Italien die Zuwanderer wieder nach Libyen abschiebt? Hier kursiert diese Nachricht, ich habe sie mehrfach gehört und möchte dich fragen, ob es stimmt. Das nigerianische Konsulat hat bekannt gegeben, dass sich die nigerianischen Staatsbürger hier in Libyen ruhig melden und für die Rückführung registrieren lassen sollen. Andernfalls könnte es im kommenden Monat noch ungleich brutalere Razzien geben, und dann könnte die Hölle losbrechen. Eine weitere Gruppe aus Ghana wurde gestern abgeschoben. Ich war letzte Woche in der ghanaischen Botschaft, um mich nach der aktuellen Situation im Flüchtlingslager Buduburam zu erkundigen, wo sich unsere Angehörigen befinden. In ghanaischen Zeitungen hieß es, Liberianer planten zusammen mit einigen Ghanaern den Sturz der Regierung und Ähnliches. Die ghanaische Armee hätte das Flüchtlingslager besetzt, um sich diese Leute herauszugreifen. Dadurch sei es zu Gewalttätigkeiten gekommen, sodass die Flüchtlinge jetzt unter strenger Bewachung der Sicherheitskräfte stehen. Ich habe gehört, dass einige ghanaische und nigerianische Gruppen Libyen nicht verlassen wollen. Das sind aber Einzelfälle. Ich hoffe, sie sind sich der Konsequenzen bewusst. Es umarmen dich herzlich Joseph und James.

Freitag, 17. September, 9.55 Uhr. Heute ist es sehr windig, die Luft ist voller Sand. Man erwartet, dass es endlich kühler wird. Vergangene Nacht gab es blutige Zusammenstöße im Lager Aljezahra, bei denen zwei Männer getötet und einige weitere verletzt wurden. Es begann, als bewaffnete Männer den Laden eines nigerianischen Geschäftsmanns überfielen und mit dem erbeuteten Geld und mit Waren flohen. Doch damit war es nicht zu Ende. Man rief die Polizei. Die Situation im afrikanischen Lager ist derzeit sehr angespannt. Gott möge ihnen Weisheit schenken und der Gewalt ein Ende setzen. Joseph und James.

Zur selben Zeit, als Joseph und James diese E-Mail schreiben und dann in ihr Versteck zurückkehren, erstattet der italienische Innenminister seiner Regierung Bericht über die Kooperation mit Libyen. Um 18.52 Uhr erreicht die Redaktionen eine offizielle Erklärung. »Der Kampf gegen die illegale Einwanderung trägt Früchte«, behauptet der Innenminister. »Die Rückführung zeigt positive Wirkung, und nicht zuletzt dank der wertvollen Hilfe der libyschen Behörden landen inzwischen weniger Boote an der italienischen Küste. Aus diesem Grund setzt sich Italien nachdrücklich für eine zumindest teilweise Aufhebung des Embargos gegen Libyen ein.« Laut Agenturmeldung spricht der Minister davon, dass es infam sei, die Erstaufnahmezentren Lager zu nennen. »In diesen Zentren leben die Zuwanderer unter menschenwürdigen Bedingungen. Sie haben Duschen, Telefon und Zigaretten.« Dann teilt er die aktuellen Zahlen der Abgeschobenen mit. »Seit Jahresbeginn«, erklärt der Minister, »wurden mehr als 42.000 illegale Zuwanderer an den Grenzen zurückgewiesen oder abgeschoben. Bis zum 15. September wurden 22.961 Personen an der Grenze zurückgewiesen und 19.356 Personen abgeschoben, das sind insgesamt 42.317 Personen. Seit Anfang des Jahres sind 9707 illegale Zuwanderer an der italienischen Küste gelandet, während es allein am vergangenen Wochenende 838 waren, die meisten aus Libyen. In den vergangenen achtundvierzig Stunden wurden 370 von ihnen in ihre Heimat oder in das Land zurückgeschickt, aus dem sie gekommen sind; ebenso viele werden in den kommenden Tagen zurückgeschickt werden. All dies geschieht mit wertvoller Unterstützung der libyschen Behörden.«

Am Sonntag, dem 26. September, ist das Ziel erreicht. Um 22.27 Uhr berichtet die italienische Nachrichtenagentur Ansa von der endgültigen Rückkehr Libyens in die internationale Staatengemeinschaft. »Nach Aufhebung der Sanktionen«, heißt es in der langen Agenturmeldung, »treffen in Libyen Hilfskräfte und Material ein, um die illegale Zuwanderung wirksam zu bekämpfen. Das Abkommen wurde heute mit dem Besuch des italienischen Innenministers in dem nordafrikanischen Land besiegelt. Nach der Begegnung mit seinem libyschen Amtskollegen kam er mit Staatschef Muhammar Gaddafi zusammen, dem er eine persönliche Botschaft von Ministerpräsident Silvio Berlusconi überbrachte. ›Wir haben Probleme im Kampf gegen den Terror und gegen die organisierte Kriminalität erörtert‹, erklärte der Minister nach der Begegnung, ›und vor dem Hintergrund der neuen Situation nach Aufhebung des EU-Embargos und der Wirtschaftssanktionen gegen Libyen über die italienisch-libysche Kooperation in der Einwanderungsproblematik gesprochen.‹« Kein Wort über die Menschenrechtsverletzungen. Über die Massendeportationen in die Wüste, die willkürlichen Verhaftungen und die Folter. Ein Schweigen, das die Mittäterschaft Italiens und Europas verschleiern soll. Der italienische Innenminister spricht von einem Erfolg. »Was die Bekämpfung des Menschenschmuggels und der illegalen Geschäfte an der libyschen Küste betrifft, sind die bisher erreichten Ergebnisse durchweg zufriedenstellend, dank der Initiativen der libyschen Regierung und deren Zusammenarbeit mit Italien auf der Grundlage der gemeinsamen Vereinbarungen. Dadurch konnten Tausende Illegale in ihr Herkunftsland zurückgeführt werden«, erklärt der Minister gegenüber der Nachrichtenagentur Ansa, »davon rund 4500 von Italien aus.«

Dienstag, 28. September, 3.54 Uhr. Seit ein paar Tagen schmerzt mein linkes Auge. Ich weiß nicht, warum, aber ich glaube, es hat mit dem Wetterumschwung zu tun. Hier ist es etwas kälter geworden, und vergangene Nacht hat es stark geregnet, sodass Wasser durchs Dach bis in unsere derzeitige Unterkunft gekommen ist. Ich habe zu James gesagt, dieser Regen ist ein Segen. Seit den vergangenen neun Monaten in Libyen war dies die erste Wohltat. Wie geht es dir? Herzlich, Joseph (und James).

Montag, 4. Oktober, 5.19 Uhr. Ciao, Bruder. Danke für die Nachrichten und für das Geld. Immer mehr Menschen sind bereit, Libyen freiwillig zu verlassen. Die wirtschaftliche Lage verschlechtert sich zunehmend, und die Polizei geht immer brutaler gegen die Einwanderer vor. Mehr als fünfzig Liberianer warten in einem Abschiebelager auf die Rückführung in ihre Heimat. Die in diesem Lager Internierten sind ganz auf sich allein gestellt, und wir wissen, dass sie gefoltert wurden. Sie haben die Regierung gebeten, doch wenigstens zurückgeschickt zu werden, aber vergeblich. Nur Nigerianer, Ghanaer und Angehörige anderer westafrikanischer Staaten werden rückgeführt. Wir wissen aus zuverlässiger Quelle, dass die Liberianer so lange im Lager festgehalten werden, bis die liberianische Regierung die Sicherheit im Land garantieren kann und ihre Bereitschaft bekundet, die Leute aufzunehmen. Kannst du dir das vorstellen? Wie lange werden sie wohl Gefangene bleiben? Einige Liberianer geben sich als Bürger anderer Staaten aus, um in diese Länder abgeschoben zu werden. Aber das ist nicht so leicht, denn man erkennt uns an unserem liberianischen Akzent. Wir bitten Gott um Hilfe. Die Zeit ist um, wir schreiben dir ein andermal wieder. Joseph und James.

Dienstag, 5. Oktober, 14.39 Uhr. Es tut uns leid, aber über die aus Italien Zurückgeschickten wissen wir auch nicht viel mehr als gestern. Sie wurden in das Abschiebelager gebracht. Die Libyer wollen sie vor Gericht stellen, aber da es so viele sind, haben sie beschlossen, sie einzusperren. Im Lager herrschen menschenunwürdige Zustände. Wir wissen, dass die Leute nicht genug zu essen haben und wie Sardinen in der Dose zusammengepfercht sind. Sie werden von den Sicherheitskräften grausam und sadistisch geschlagen. Die Libyer haben sich an verschiedene Botschaften hier gewandt und sie aufgefordert, ihren Landsleuten einen Identitätsnachweis auszustellen, um die Rückführung zu ermöglichen. Die Polizisten foltern die internierten Ausländer. Ein Liberianer namens Kesseley soll an den Schlägen gestorben sein. Er wurde in Misourata, eine Autostunde von Tripolis entfernt, aufgegriffen, wo man auch Ghanaer und Nigerianer aus den Betrieben der Erdölfirmen geholt und in Internierungslager gebracht hat. Gestern hat ein ausländischer Journalist mit seinem Kameramann auf dem Afrikanischen Markt hier in Tripolis die Leute nach ihrer Meinung befragt. Sie wurden nicht von Zivilpolizisten begleitet. Die Polizei aus dem Emiratsgebäude nahm sie zum Verhör mit. Wenig später ließ man sie wieder gehen, und als sie zum Afrikanischen Markt zurückkamen, um die Einwanderer zu interviewen, kamen Libyer mit Hämmern in der Hand und bedrohten die Schwarzen. Der Journalist musste den Rückzug antreten. Wir haben erfahren, dass die Polizei zu Beginn oder Ende des Fastenmonats Ramadan Wohnungen durchkämmen wird, um die Ausländer mitzunehmen. Es gab bereits Razzien in einem Viertel von Bengasi, in dem viele schwarze Einwanderer leben. Und in Zlentes, das zwischen Misourata und Tripolis liegt, wurden sie per Ultimatum aufgefordert, die Stadt zu verlassen. Wenn das so weitergeht, kommt es noch zu gewalttätigen Ausschreitungen, weil die Leute das Gesetz in die eigenen Hände nehmen wollen. Die Abschiebungen sind äußerst brutal. Die Libyer fahren mit diesen vergitterten Kleintransportern herum und treiben die Schwarzen auf den Straßen zusammen. Wir werden versuchen, mehr über das Internierungslager zu erfahren. Wir beten, dass sich die Libyer mäßigen. Joseph und James.

Am 7. Oktober, einem Donnerstag, landet der italienische Regierungschef erneut in Tripolis. Silvio Berlusconi wird im libyschen Mellitah am Mittelmeer erwartet, um die Gaspipeline nach Italien einzuweihen. Seine Rede beginnt mit einem Satz, der sofort um die Welt geht: »Muhammar Gaddafi ist ein guter Freund von mir und ein guter Freund Italiens. Er ist ein freiheitsliebender Regierungschef, ich bin glücklich, hier zu sein.« Er sagte tatsächlich: ein freiheitsliebender Regierungschef. Als der arabische Dolmetscher den Satz übersetzt, lächelt der Oberst. Noch nie wurde er von einem Staatschef so genannt. Berlusconi ist euphorisch. Und in dieser Stimmung nimmt er es nicht so genau mit dem, was er sagt, seine Berater wissen das. Aber was spielen Worte schon für eine Rolle in Anbetracht der Geschäfte, um die es hier geht. Die neue Gaspipeline hat eine große strategische Bedeutung für Europa. Sie wird zehn Prozent des italienischen Erdgasbedarfs decken. Ein weiterer Teil ist für Frankreich bestimmt. Somit sollten mindestens sechs Millionen Italiener und die Franzosen, die täglich mit Erdgas kochen und heizen, diesen Tag feiern. Den 7. Oktober. In Libyen ist dies der »Tag der Rache«, mit dem der Sieg über die faschistische Besatzung durch Benito Mussolini gefeiert wird.

Sonntag, 10. Oktober, 5.22 Uhr. Ciao, Bruder. Gestern wurden zahlreiche Einwanderer aus Liberia, Mali und Kamerun zu Fuß durch die tunesische Wüste geschickt. Sie waren entlang der Küste unterwegs und mussten vier, fünf Stunden lang durchs Wasser laufen, um über die libysch-tunesische Grenze zu kommen. Unter ihnen ist eine schwangere Frau, eine Liberianerin. In Libyen kursieren Nachrichten, dass die Terroristen mit Flüchtlingsbooten nach Europa übersetzen, um dort Anschläge zu verüben. Aber wir sind uns im Klaren darüber, dass die Mobilmachung gegen die illegale Einwanderung verschiedene Gründe hat. Die Opfer von Krieg und politischer Instabilität müssten eigentlich als Asylsuchende anerkannt werden. Stattdessen werden sie festgenommen und in Länder zurückgeschickt, wo sie Verfolgungen ausgesetzt sind. Ein Liberianer namens Kosha wurde verhaftet und zusammen mit Nigerianern nach Nigeria abgeschoben. Am Flughafen in Lagos wurde er verhaftet und des Umsturzversuchs beschuldigt, denn im nigerianischen Bundesstaat Delta herrschen derzeit schwere Unruhen. Weitere Liberianer wurden in Ghana, Mali und der Elfenbeinküste festgenommen, wohin man sie abgeschoben hatte. Aber die hiesige Polizei unterscheidet nicht zwischen Flüchtlingen, Asylsuchenden und Wirtschaftsmigranten. Für sie sind alle schwarzen Einwanderer Wirtschaftsflüchtlinge auf der Suche nach Arbeit. Letzte Nacht hatte ich einen Traum.

Ich traf meinen Sohn, der mir sagte, wie gern er zur Schule gehen würde. Aber ich hatte kein Geld und konnte ihm seinen Wunsch nicht erfüllen. Dann bin ich aufgewacht und habe angefangen zu beten. Hast du in letzter Zeit mit meiner Familie telefoniert? Ich hoffe, ich mache dir keine Umstände, wenn ich dich darum bitte, sie anzurufen. Wir schreiben bald wieder. Joseph (und James).

Montag, 11. Oktober, 10.01 Uhr. Wir haben gehört, dass dein Ministerpräsident vor ein paar Tagen hier war, um das Problem der illegalen Einwanderung zu erörtern. Die Lage ist explosiv, und in den Vierteln der schwarzen Einwanderer gab es bereits groß angelegte Razzien. Mehr als fünfundzwanzig Arbeiter wurden aus einer Gasfirma bei Zuwara mitgenommen, und heute wurde der Afrikanische Markt durchkämmt. Schwarze Einwanderer mit ein bisschen Geld, die den entsetzlichen Bedingungen der Abschiebelager entgehen wollten, haben für den Transport von Tripolis bis hinunter nach al-Gatrun und Agadez und dann weiter in ihre jeweiligen Heimatländer Geld bezahlt. Trotzdem wurden viele von ihnen von libyschen Sicherheitskräften an den Kontrollposten außerhalb von Tripolis festgenommen und in das Internierungslager gebracht. Die Polizei wirft ihnen vor, sich der Abschiebung entziehen und in anderen Ländern oder Städten untertauchen zu wollen. Viele sind durch die Wüste nach Algerien oder Marokko zurückgekehrt. Abraham, ein Diplomat und Freund von uns, den du vor ein paar Tagen angerufen hast, damit er uns kontaktiert, wurde von der Polizei festgenommen, seine Wohnung von den Asma Boys, einer gewalttätigen Jugendgang, geplündert. Abraham befindet sich jetzt im Internierungslager. Er kam mit einem Visum nach Libyen und besitzt eine Aufenthaltserlaubnis. Auch die Wohnung seines Nachbarn, der in der Visaabteilung einer westafrikanischen Botschaft arbeitet, wurde geplündert, seine Angehörigen festgenommen. Er selbst war gar nicht da, er war zur Beerdigung seines Vaters in seiner Heimat. Viele Polizisten machen sich die Situation zunutze, um Razzien durchzuführen. Von irgendwelchen Rechten auch für illegale Einwanderer, Asylsuchende und Flüchtlinge will die Polizei nichts wissen. Als Schwarzafrikaner bist du automatisch der illegalen Einwanderung verdächtig. Trotzdem werden weiterhin Einwanderer nach Europa geschleust. Einige sollten heute per Boot aufbrechen. Ich habe einem Ghanaer erklärt, dass er von Italien aus mit Sicherheit nach Libyen abgeschoben wird, genau wie andere erst vor ein paar Tagen. Ich habe ihm auch die Gefahren auf dem offenen Meer vor Augen geführt. Daraufhin hat er beschlossen, auf die Überfahrt zu verzichten und sein Geld zurückzuverlangen. Aber sein Kontaktmann behauptet, sie hätten mit dem Geld das *lampa-lampa,* das Boot nach Lampedusa, gekauft und könnten ihm deshalb nichts zurückgeben. Für seinen mutmaßlichen Tod auf hoher See hat er tausend US-Dollar bezahlt. Der libysche Außenminister soll gesagt haben, jeder Abgeschobene erhalte zweihundert Dollar. Aber das stimmt nicht. Ich schreibe morgen wieder. Es geht mir nicht gut. Ich habe eine furchtbare Erkältung und Kopfschmerzen. Ciao. Joseph (und James).

Mittwoch, 13. Oktober, 11.19 Uhr. Soeben war die Frau unseres Zimmerwirts bei uns und hat gefragt, warum wir immer noch hier wären, wo doch alle Schwarzen aufgefordert wurden, das Land zu verlassen. Dann wollte sie wissen, ob wir Kühlschrank, Fernseher oder Videorekorder zu verkaufen hätten, und wir haben ihr gesagt, dass wir nichts haben. Sie hatte sicher vor, uns bei den Einwanderungsbehörden anzuzeigen, um nach der Festnahme unsere Sachen an sich zu nehmen. Danke für alles. Ciao, Joseph und James.

Freitag, 15. Oktober, 16.54 Uhr. Der Ramadan hat gerade begonnen, und in diesem Monat ist mit den Libyern nichts anzufangen, denn sie sind sehr träge und matt. Sie gehen vor sechs Uhr abends nicht aus dem Haus. Wie dem auch sei, wir schaffen es irgendwie. Hier herrscht der reine Wahnsinn, denn offenbar werden die Libyer noch arroganter, wenn sie fasten. Mit herzlichem Gruß, Joseph und James.

Sonntag, 17. Oktober, 11.20 Uhr. Heute sind wir rausgegangen, um Neuigkeiten zu erfahren. Unser Eindruck ist, dass die Gemeinschaft der europäischen Länder ein Lügengebäude ist. Die Einwanderer hier sind wütend und besorgt wegen des Abkommens zwischen Italien und Libyen. In ihren Augen wird Libyen nur noch weiter zu Verstößen gegen die Menschenrechte ermutigt. Obwohl die Italiener genau wissen, was im Jahr 2000 hier passiert ist, gießen sie Öl ins Feuer, sagte ein Flüchtling, der sich verraten und verkauft fühlt. In einigen Abschiebelagern wird gefoltert. Ich glaube, dass die italienische Regierung in der Öffentlichkeit ganz gezielt ein negatives Bild der Kriegsflüchtlinge, Asylsuchenden und Wirtschaftsmigranten zeichnet und behauptet, sie seien von Terroristen infiltriert, die übers Meer nach Italien wollen. Was zum Teil sogar stimmen kann. Aber Gott allein weiß, was richtig ist. Auch ich bin der Ansicht, dass man Mittel und Wege finden muss, um zu verhindern, dass die Menschen auf dem offenen Meer sterben, aber mit diesem Abkommen leistet Italien gravierenden Menschenrechtsverletzungen Vorschub.

Nach seiner Festnahme wurde Abraham kurzerhand nach Mali abgeschoben, das gar nicht sein Herkunftsland ist. Wir haben aus Mali eine E-Mail von ihm erhalten und warten darauf, dass er sich wieder meldet. Ciao. Joseph und James.

Dienstag, 19. Oktober, 10.14 Uhr. Am meisten hat es uns überrascht zu erfahren, dass in Zuwara immer noch Leute in den Camps der *mudin* auf günstiges Wetter warten, um mit einem *lampa-lampa* in See zu stechen. Immer noch brechen Schlauchboote und Fischkutter nach Italien auf, und die libysche Polizei unternimmt nichts, um die Schleuser zu verhaften. Ich habe gehört, dass eine Liberianerin namens Felicia von den Kru in Liberia mit einem zwei Monate alten Baby unter kläglichen Bedingungen im Internierungslager eingesperrt ist, aber die Behörden unternehmen nichts, um ihre Lage zu verbessern. Die libyschen Behörden sind nicht bereit, die Schleuser zu stoppen, die den Bootsverkehr in Zuwara organisieren. Die Libyer stecken die Leute in Abschiebelager, ohne für deren grundlegende Bedürfnisse Sorge zu tragen, und sie haben gar kein Interesse daran, die Einwanderer so schnell wie möglich zurückzuschicken. Die Sicherheitskräfte machen Jagd auf Menschen. Diese Welle der Gewalt und der Illegalität ist ein humanitäres Desaster, eine wirkliche

Katastrophe. Aber ich weiß, dass wir mit Gott an unserer Seite überleben werden. Wir umarmen dich. Joseph (und James).

Mittwoch, 20. Oktober, 11.10 Uhr. Ciao, Bruder, dir geht es hoffentlich gut. Wir haben immer noch keine Nachricht von Abraham, aber ein Freund hat uns gesagt, dass er von Mali über Guinea in seine Heimat unterwegs ist. Sei herzlich umarmt von Joseph und James.

Freitag, 22. Oktober, 9.10 Uhr. Wir haben erfahren, dass die Geheimpolizei die Mobil- und Festnetzgespräche abhört. Die Geheimpolizei ist berüchtigt für ihre Aggressivität und Brutalität. Zwei Diplomaten aus Simbabwe und Gambia wurden von Polizisten zusammengeschlagen, weil sie Alkohol und Rohgold aus Tunesien und aus Gambia eingeführt haben. Sie wurden zu unerwünschten Personen erklärt und ausgewiesen. Tatsächlich machen viele Diplomaten aus armen Ländern illegale Geschäfte. Die meisten schmuggeln Alkohol und verbotene Substanzen aus Tunesien und den angrenzenden Ländern, die für die sogenannten Lokale für Funktionäre und Reiche bestimmt sind. Sie bereichern sich enorm an diesem Handel, manchmal unter Beihilfe der örtlichen Sicherheitskräfte. Der Mann, der mir das erzählt hat, riet mir, auf der Straße sehr vorsichtig zu sein, weil es nach dem Ende des Ramadan vermutlich zu gewalttätigen Ausschreitungen kommen werde. Heute Nacht um drei bekam ich starkes Sodbrennen, seit heute Morgen habe ich heftige Kopfschmerzen, und mein Urin ist wieder intensiv gelb. Aber heute Abend wird es mir bestimmt wieder besser gehen. Ciao für heute. Joseph (und James).

Donnerstag, 28. Oktober, 17.42 Uhr. Wir hoffen, du und deine Familie sind wohlauf. Wir bemühen uns wirklich sehr, um sagen zu können, es geht uns gut. Danke für alles, besonders dafür, dass du mit unseren Angehörigen Kontakt hältst. Wegen des Ramadan können wir keine Telefonzellen finden, die während der Öffnungszeiten der slowenischen Botschaft in Ägypten funktionieren. Die Öffnungszeiten sind Montag bis Donnerstag zwischen zehn und zwölf. Gott sei Dank ist es uns vor drei Tagen gelungen, dort mit jemandem zu sprechen. Er sagte, man habe unsere Pässe am 18. Oktober per Kurier geschickt, und hat uns die Auftragsnummer gegeben. Uns wurde ein neues Visum für Slowenien ausgestellt, aber die Pässe sind nie bei uns angekommen, und jetzt droht das Visum ein weiteres Mal zu verfallen. Und ohne Pass ist nicht einmal im Traum daran zu denken, dass wir zu unseren Angehörigen zurückkehren können. Wir haben versucht, den Sendungsverlauf der Pässe auf der Internetseite des Kurierdienstes nachzuvollziehen, ohne Erfolg. Im Büro in Tripolis hieß es, das Internetsystem des Kurierdienstes sei seit zwei Tagen gesperrt, sodass sie den Sendungsverlauf nicht kontrollieren können. Wir wären dir dankbar, wenn du die slowenische Botschaft in Ägypten anrufen und bitten könntest, den Kurierdienst in Kairo zu kontaktieren, um zu fragen, was mit unseren Pässen ist. Nochmals vielen Dank für alles. Herzlich, Joseph und James.

Samstag, 30. Oktober, 8.25 Uhr. Wir haben unsere Papiere immer noch nicht zurück. Wenn sie verloren gegangen sind, müssen wir uns mit dem liberianischen Außenministerium in Verbindung setzen, ihnen unsere Passnummer mitteilen, eine Kopie unserer Geburtsurkunde, unsere nationale Identifikationsnummer und drei Passbilder sowie hundertfünfzig Euro pro Kopf schicken, damit die Pässe im Ausland ausgestellt werden können. Anschließend müssen wir auch noch den Versand und Erhalt der Papiere bezahlen: eine Verschwendung von Zeit und Geld, aber wohl die einzige Möglichkeit, aus diesem Höllenloch herauszukommen. Die Libyer sagen, die jetzigen Vorfälle seien Rachemaßnahmen gegen ihre arabischen Nachbarn (Tunesien, Ägypten, Algerien und Marokko). Sie sagen, während der Zeit der UN-Sanktionen und der internationalen Isolation haben diese Länder die Preise für nach Libyen exportierte Waren verteuert und die Zölle libyscher Transportunternehmen in ihre Länder erhöht. Vor zwei Tagen wurden mehr als vierhundert Ägypter abgeschoben, und die hiesigen Behörden haben sich geweigert, ihnen die versprochenen hundert Dollar Entschädigung auszuzahlen. Zwei Einwanderer aus Westafrika, die sich zur freiwilligen Rückführung entschlossen haben, wurden geschlagen und weggeschickt. Sie müssten warten, bis sie von den Einwanderungsbeamten festgenommen werden, hieß es. Es umarmen dich herzlich Joseph und James.

Sonntag, 31. Oktober, 5.21 Uhr. Ciao, Bruder. Jetzt kommen noch mehr Ghanaer aus Bengasi und aus anderen Städten und Dörfern, um sich freiwillig abschieben zu lassen. In den vergangenen Tagen flogen zwei Maschinen mit Einwanderern nach Nigeria. Rund vierhundertfünfzig Ghanaer warten auf einen Flug in ihre Heimat. Soeben haben wir erfahren, dass es in Liberia zu religiösen Unruhen gekommen ist. Mehrere Kirchen und Moscheen wurden in Brand gesteckt, und die Übergangsregierung hat in der Hauptstadt den Ausnahmezustand verhängt. Ich mache mir große Sorgen, vor allem um meine Mutter und meine anderen Angehörigen, die noch in Liberia sind. Aber alles liegt in Gottes Hand. In herzlicher Verbundenheit Joseph (und James).

Dienstag, 2. November, 8.12 Uhr. Über Tripolis, vor allem in Küstennähe, ist ein riesiger Heuschreckenschwarm hereingebrochen. Es begann gestern Abend um halb sechs und dauert bis jetzt an. Alles deutet darauf hin, dass es heute Nachmittag regnet. Beste Grüße, Joseph und James.

Freitag, 12. November, 8.16 Uhr. Ciao, Bruder, wie geht es in Rom? Ich hoffe gut. Tausend Dank für die Nachricht von unseren Angehörigen zu Hause, wir sind erleichtert, dass sie alle noch am Leben sind und tapfer durchhalten. Danke für deine Hilfe und dafür, dass du ihnen unsere Situation erklärt und ihnen dargelegt hast, wie es um unseren Aufenthalt hier und unsere Rückkehr zu ihnen steht. Morgen endet der Ramadan, und die Muslime beten und feiern das Ende der Fastenzeit. Ciao für heute. Joseph und James.

Montag, 15. November, 13.59 Uhr. Danke für alles, gesundheitlich geht es uns entschieden besser. Nur wird es immer kälter, und wie angekündigt führen die libyschen Behörden jetzt, am Ende des Ramadan, Massenabschiebungen durch. Wir Einwanderer warten jeden

Moment darauf. Das Überraschendste jedoch ist, dass immer noch viele Ausländer im Gefängnis festgehalten werden unter dem Vorwand, sie könnten erst dann zurückgeschickt werden, wenn es eine genügend große Zahl von Passagieren gibt. Pass auf dich auf. Joseph und James.

Donnerstag, 18. November, 14.45 Uhr. Bruder, in Cremia, wo eine große schwarze Gemeinschaft lebt, ist etwas Schreckliches passiert. Viele Einwanderer wurden festgenommen und haben ihr Hab und Gut verloren. In Saradine kam es zu ähnlichen Übergriffen, und die Schwarzen wurden aufgefordert zu verschwinden. Wir geben dir in der nächsten E-Mail weitere Informationen. Ein schönes Wochenende wünschen Joseph und James.

Samstag, 20. November, 13.06 Uhr. Ciao, Bruder, wir müssen uns verstecken, weil die Razzien von Tag zu Tag verstärkt werden. Alles liegt jetzt in Gottes Hand. Überall werden Leute von der Polizei festgenommen. Cremia wurde geräumt, viele wurden in Abschiebelager gesteckt. Die Sicherheitskräfte haben damit gedroht, demnächst auch gegen das Viertel des Afrikanischen Marktes und die Bewohner des Lagers Aljezahra vorzugehen. Gaddafi soll gesagt haben, nur der Sudan werde wegen der Kämpfe in der Region Darfur verschont. Aber nach allem, was wir hier gesehen haben, schont die Polizei niemanden. Das Schlimmste ist, dass sie die Ausländer sechs, sieben Monate und länger in den Lagern festhalten und sammeln, bis sich ihre Abschiebung lohnt. Besonders Liberianer, Guineaner und Staatsangehörige aus anderen Ländern mit einer kleinen Einwanderergruppe hier in Libyen. Wir sind sehr müde, Bruder, und betrübt über diese Situation. Wir befinden uns im falschen Augenblick am falschen Ort. Wenn wir am richtigen Ort wären, würde sich unser Leben zum Besseren entwickeln, und es ginge irgendwie voran. Das Leben hier treibt einen in Verzweiflung und Ausweglosigkeit. Sie finden unsere Pässe nicht mehr und sagen, wir müssten für die Nachforschung bezahlen. Leider können wir ohne Papiere nicht einmal mehr das Geld abheben, das du uns geschickt hast.

Wir warten auf den Moment, an dem wir diesen erstickenden Ort der Angst endlich verlassen können. Wir haben unsere Unterkunft verloren, uns bleiben drei Tage, um auszuziehen, und wir bekommen nicht einmal das Geld zurück, das wir im Voraus bezahlt haben. Auch der Freund, der mit uns zusammengewohnt hat, musste gehen. Der Zimmerwirt drohte damit, die Polizei zu benachrichtigen, damit sie ihn jagen und in ein Abschiebelager stecken. Gott sei Dank ist es hier nicht allzu kalt, und man stirbt nicht, wenn man im Freien übernachtet. Durch die Kälte fanden viele, die von den Übergriffen der Sicherheitskräfte bereits geschwächt waren, in der Wüste den Tod. Eine Liberianerin namens Mamie wurde mit ihren beiden Kindern in ein Abschiebelager gesteckt, nachdem ihr Vermieter ihr die Polizei auf den Hals gehetzt hat. Er wollte die Wohnung zurückhaben, obwohl die Mietfrist der Frau noch gar nicht abgelaufen war.

Am 28. November ist der Geburtstag meiner Frau (Diana), und mir und James geht es hier immer schlechter. Ich wäre so gern bei meiner Familie. Es ist mehr als ein Jahr vergangen, seitdem wir das Flüchtlingslager in Ghana verlassen haben. Ein Jahr, ohne dass wir auch nur einen Schritt vorangekommen wären. Nur unser Leid ist größer geworden. Aber Gott wird unsere Situation bald ändern, denn noch länger in diesem Land zu leben ist wirklich eine Strafe. Gott hat gesagt, dass er für uns einen Ausweg finden wird. *He said He makes a way of escape for us.* Ciao für heute. Joseph und James.

9

Bilal im Meer
Lampedusa, Italien

Es kommen immer sieben Wellen hintereinander, aber nur jede siebte ist stark genug, um über den kritischen Punkt zu tragen. Steve McQueen und Dustin Hoffman stehen als winzige Schemen am Rand der Steilklippe. Fertig? Ich muss dir etwas gestehen. Nein, Louis, du brauchst mir gar nichts zu sagen. Ich hab's mir anders überlegt, tut mir leid. Ich weiß. Du springst in den Tod. Und wenn schon. Papillon, tu's nicht. Sie umarmen sich zum letzten Mal. Steve McQueen wirft den Sack voller Kokosnüsse und springt, so weit er kann, von der Klippe weg. Er schwimmt zwischen gewaltigen Wellen. Legt sich auf den Sack, der wie ein Floß auf dem Wasser schwimmt. Gelangt aufs offene Meer. Ist gerettet. Dustin Hoffman hat Tränen der Rührung in den Augen. Er nickt, lächelt. Steve McQueen, bäuchlings auf dem Floß, Arme und Beine gespreizt, überlässt sich der Strömung. Seine Stimme hallt übers Meer: Hey, ihr Mistkerle, ich lebe noch. Papillon fand den Weg in die Freiheit und lebte die restlichen Jahre seines Lebens als freier Mann. Das unmenschliche Strafsystem in Französisch-Guayana überlebte ihn nicht.

Dann der Abspann von Franklin J. Schaffners Film. Sie knipst das Licht an. »Was gibt's zu schmunzeln?« Sie schaut mich überrascht an. Meine Freude ist so groß, dass ich sie nicht verheimlichen kann. Manche Entdeckungen liegen ganz nah. Wie an jenem Tag im Niger angesichts der in eine Felswand gehauenen Giraffe von Dabous, wo die Sahara beginnt. Der Verstand kennt die Antworten, auch wenn die Augen sie noch nicht entziffern können. Es bedurfte Steve McQueen, um eine bis dahin undenkbare Möglichkeit ganz konkret ins Auge zu fassen. »Ich könnte es machen wie Papillon.« »Was machen?«, fragt sie. »Ich gehe nach Lampedusa und springe von der Klippe. Sie fischen mich raus, ich sage, ich sei ein Ausländer, und lasse mich einsperren. Papillon hat es getan, um von der Insel wegzukommen. Ich tue es, um mich festnehmen zu lassen.« Sie schweigt. Schaltet den Fernseher aus. »Gehen wir schlafen«, sagt sie.

»Guten Tag allerseits, das Meer ist schön heute.« Bei Treffen mit Unbekannten wird immer jede Menge Adrenalin ausgeschüttet. Man weiß nie, ob sie die Verabredung einhalten oder nicht. Auch ich bin für ihn ein Fremder. Er wiederholt die Parole, das Erkennungszeichen. »Guten Tag allerseits, das Meer ist schön heute.« »Das Meer ist immer schön, Abdel.« Er dreht sich um und lächelt. Wir setzen uns in eine Bar mit Blick auf den alten Hafen von Genua. Die im Sonnenuntergang ockerfarbenen Häuser verdecken die Berge, die den Golf umgeben. Der Winter ist vorbei. Abdel ist mager. Klein, braun gebrannt. Seine nervösen Hände umfassen das Glas. Ich muss ihm seine Bedenken nehmen. »Erst einmal vielen Dank, dass du bereit warst, dich mit mir zu treffen.« Er lächelt wieder. Aber nur ganz kurz, flüchtig wie für einen Schnappschuss. »Ich bin Journalist, aber es geht mir gar nicht um dich persönlich. Ich kenne deinen richtigen Namen nicht, und ich will ihn auch nicht wissen. Das ist für dich eine Sicherheit. Ich weiß nicht mal, ob du Marokkaner, Tunesier oder Algerier bist.« »Marokko«, sagt er. Aber irgendetwas an ihm erinnert mich an die tunesischen Berber.

»Ich muss mit jemandem sprechen, der im Lager Lampedusa eingesperrt war. Ich will wissen, was genau von dem Moment an passiert, in dem ein Ausländer in den Käfig kommt. Kannst du mir helfen?« Diesmal strahlt sein Lächeln wie die Sonne auf Feldern zwischen Gewitterwolken. »Warum willst du wissen, wie es auf Lampedusa ist?«, fragt Abdel. »Weil Italien seine städtischen Zoos geschlossen hat. Warst du schon mal in Mailand?« »Ja«, antwortet er mit leicht überraschtem Gesichtsausdruck. »Die Stadt Mailand hat ihren Zoo geschlossen, weil die empfindsamen und empörten Bewohner es nicht mehr ertragen konnten, dass die Affen, Löwen und Giraffen in Käfigen eingesperrt sind. Das war 1992, merk dir das Datum.« Abdel nickt, noch mehr verblüfft.

»1999, sieben Jahre später, haben Italien und die Mailänder dann einen riesigen Käfig gebaut und Männer und Frauen darin eingesperrt. Und kein Mailänder, kein Italiener schien sich darüber zu empören. Heute gibt es solche Käfige überall in Italien. Und der von Lampedusa ist eine Höllenmaschine. Das Hauptgetriebe im Räderwerk der Massendeportationen, die Italien unter Mitwisserschaft Deutschlands und der Europäischen Union durchführt. Die größte Deportation in Europa seit dem Ende des Zweiten Weltkriegs. Ein Verrat an den Idealen der Freiheit, Gleichheit und Brüderlichkeit. Zigtausende von Deportierten im Austausch für Verträge mit Libyen zur Lieferung von Gas und zur Modernisierung der libyschen Erdölindustrie. Ich sage dir, wie es ist. Der Käfig von Lampedusa ist eine Schande für unsere Demokratie. Die größte Lüge des vereinten Europa, das wir aufzubauen versuchen. Deshalb interessiert mich, was sich dort abspielt.«

Abdel bewegt langsam die Lippen, bevor er spricht. »Ich war im Käfig von Lampedusa, und es ist mir gelungen rauszukommen. Ich habe mich als palästinensischer Flüchtling ausgegeben, um nicht ausgewiesen zu werden. Ich habe mir den Akzent angeeignet und mich mit dem Leben der Palästinenser vertraut gemacht. Ich war von Libyen aus übergesetzt und konnte nicht zurück. Denn die Libyer werfen alle aus Italien ausgewiesenen Einwanderer ohne Gerichtsprozess ins Gefängnis.«

Eine Freundin und freiwillige Mitarbeiterin einer Flüchtlingsorganisation hat Wort gehalten. Sie hatte gesagt, sie könne mich über geheime Kanäle mit der richtigen Person zusammenbringen. Dann gab sie das Losungswort weiter, damit wir uns bei der Begegnung erkennen. Abdel ist genau der Richtige. Er erzählt seine Geschichte. Beschreibt bis ins kleinste Detail, was er von dem Augenblick an gemacht hat, da er den Käfig betreten hat. »Aber wie genau wird die Identifizierung durchgeführt? Die wissen doch bestimmt, wenn jemand bereits registriert ist oder eine Vorstrafe hat.« Abdel lächelt. »Du willst da rein, aber ich sage dir, das ist unmöglich. Raus kommst du vielleicht. Aber wenn du kein Ausländer bist, kommst du unmöglich rein. Es wird alles streng überwacht.« »Lassen wir das, ich habe nicht gesagt, dass ich da rein will. Versuch, dich auch an Vorkommnisse zu erinnern, von denen du nur gehört hast. Wie werden die Namen überprüft?« »Also, hör zu«, sagt Abdel. »Ein Tunesier, der mit mir zusammen war, sagte, sein Name sei Barra Naiek, das heißt so viel wie ›Leck mich am Arsch‹. Und die italienischen Polizisten haben ihn als Barra Naiek registriert. Aber für dich ist es gefährlich. Es gibt viel Korruption.« »Wie kannst du das beweisen?« Abdel seufzt.

»Ich erzähle dir eine Geschichte, die ich genau kenne, die Geschichte von Kapitän Hussein, einem tunesischen Bootsführer, der mit den Italienern zusammenarbeitet. Er bringt seine Passagiere von Mahdia in Tunesien zur sizilianischen Küste nicht weit entfernt vom Haus einer italienischen Freundin, die ihn aufnimmt. Dann fährt er nach Rom zur Botschaft, sagt, dass er seinen Pass verloren hat, und lässt sich einen Reiseausweis als Passersatz geben. Damit kehrt er nach Tunesien zurück und organisiert eine neue Überfahrt.« »Aber er geht nicht in Lampedusa an Land.« »Auf Lampedusa zu landen, ohne von der Küstenwache gesehen zu werden, ist schwierig. Außerdem ist Lampedusa eine Insel, wohin kannst du da fliehen? Aber die Küstenwache ist Teil dieses Systems.«

»Das versteh ich nicht, Abdel. Du sprichst von Korruption? Die Küstenwache erfüllt eine heldenhafte Aufgabe. Die Einsatzkräfte riskieren ihr Leben, um Menschen in Seenot zu retten.«

»Nein. Die Küstenwache ist in dem Sinn Teil des Systems, dass sie die auf See aufgegriffenen Passagiere nach Lampedusa bringt. Angenommen, ein Boot will nach Frankreich, ein anderes nach Sizilien. Wenn sie abgefangen werden, kommen beide nach Lampedusa. Die Schleuser in Libyen wissen das ganz genau. Also schicken sie kleinere Fischkutter los, mit weniger Treibstoff und mehr Menschen an Bord. Fast als würden sie sich darauf verlassen, dass die Küstenwache den Rest der Überfahrt übernimmt, verstehst du? Aber dadurch steigt das Risiko. Denn was wird aus den Passagieren, wenn das überfrachtete Boot mit zu knappem Treibstoff nicht abgefangen wird? Als ich an Bord ging, wusste ich, dass es ein Roulettespiel ist. Wenn wir nicht auf See umkommen würden, würde ein Teil von uns von Lampedusa aus nach Libyen abgeschoben, der andere Teil nach Italien gebracht und dann mit einem Ausweisungsbescheid freigelassen. Wenn du erst mal in Italien bist, zerreißt du den Bescheid und machst das, was ich mache: Schwarzarbeit. Alle, die den Sprung nach Europa wagen, hoffen, dass sie diese Chance bekommen. Ihr Italiener beschäftigt Schwarzarbeiter, um Steuern zu sparen. Maurer, Maler …« Abdel trinkt seinen letzten Schluck Bier. »… Pflegekräfte, Kellner, Hilfsarbeiter. Das ist der Motor der illegalen Einwanderung.«

»Man kann die Schuld nicht der Küstenwache geben. Die Patrouillen auf dem Meer haben Tausende Menschenleben gerettet. Sie können doch nichts dafür, dass Lampedusa näher an Afrika als an Italien liegt. Schlimm ist das, was vorher und nachher passiert.« »Sicher«, erwidert Abdel, »ich habe nur gesagt, wie es ist.« »Und dein Bootsführer war Kapitän Hussein?« Er grinst und streicht sich über das unrasierte Kinn. »Kann ich noch ein Bier haben?«, fragt er und antwortet: »Nein, sonst wäre ich nicht in Lampedusa gelandet. Mein Bootsführer war ein Ägypter. Kapitän Hussein ist zu teuer, denn er ist einer der wenigen, die sich nicht von der Küstenwache erwischen lassen und ihre Kunden direkt nach Sizilien bringen. Aber dafür verlangt er den doppelten Preis. Dass es Korruption gibt, weiß ich, weil sich mein Bootsführer per Satellitentelefon mit Crotone an der Südküste Kalabriens in Verbindung gesetzt hat. Dort ist ein weiteres Auffanglager, von dem aus die Leute nach Libyen abgeschoben werden.«

»Ich weiß. Aber wen hat er angerufen?« »Einen Freund. Einen Komplizen vermutlich. Sie haben Arabisch gesprochen. Der Ägypter hat ihm mitgeteilt, welchen Namen er bei der Polizei in Lampedusa angegeben hat, damit er, wie die anderen Male auch, auf die Liste derjenigen kommt, die nach Crotone verlegt werden.« »Um dann nach Libyen zurückgebracht zu werden?« »Nein, in Libyen würde er im Gefängnis landen wie alle, die aus Italien abgeschoben werden. In Crotone zahlt der Ägypter hundertfünfzig Euro an eine Organisation, dann lassen sie ihn laufen. Jetzt weißt du, wie es funktioniert. Genauso wie bei Kapitän Hussein: Der Bootsführer geht zur ägyptischen Botschaft in Rom, sagt, er habe seinen Pass verloren, lässt sich einen neuen ausstellen und kehrt nach Ägypten zurück. Ganz legal im Flugzeug, als Tourist. Seit einiger Zeit ist es strafbar, illegal von Ägypten und Tunesien auszuwandern, nicht zuletzt, weil die Europäer Druck machen. Aber es ist nicht strafbar, wenn ein Ägypter oder ein Tunesier legal nach Libyen einreist und von da illegal nach Italien weiterfährt. Weißt du, wie viel ein Bootsführer dabei verdient?« »Nein.« »Sechstausend Euro pro Überfahrt. Fast alle Bootsführer sind heute Ägypter, weil sich die ägyptische Mafia stark engagiert. Die Tunesier stellen alte Fischkutter zur Verfügung, die Libyer ihre Strände und die Ägypter die Bootsführer. Es gibt Fischer aus dem Nildelta, die ihren Beruf aufgegeben haben und jetzt Illegale nach Lampedusa fahren. Sie gelten als die tüchtigsten Seeleute des Mittelmeers.«

»Und die von der Organisation sind Italiener?«

»Es sind Italiener, die den Namen des Bootsführers auf die Liste für Crotone setzen. Aber die Korrupten sind sicher nicht sie, das wäre zu einfach. Die Schmutzarbeit in Crotone erledigen Leute aus Darfur und Bangladesch, die zum Übernachten ins Internierungslager kommen. Kontrollen gibt es nicht. Aber über ihnen steht die ägyptische Mafia. Manchmal kidnappen sie die Einwanderer, die als Fluchthelfer tätig sind, um von deren Angehörigen Geld zu erpressen. Ich weiß das, denn ich bin nicht zum ersten Mal in Italien. In Crotone haben sie mich zwei Monate lang festgehalten. Dort versuchen viele, an den Einwanderern zu verdienen. Einer verkaufte sogar Zigaretten. Zehn Zigaretten für zehn Euro. Laut Vorschrift sind zehn Zigaretten pro Tag gratis.« »Das ist schlimm.« Abdel lacht und kippt das kalte Bier hinunter. »So ist die Welt, mein Freund.«

»Hör zu, ich stelle dir eine Frage, die du sofort wieder vergessen musst. Siehst du für mich eine Möglichkeit, mich in Libyen auf einem Fischkutter einzuschiffen?« Er schüttelt den Kopf, noch bevor er antwortet. »Du bist hellhäutig. Du kannst dich unmöglich in diese Organisationen einschmuggeln. Sie würden dich umbringen. Diese Typen sind knallhart. In Libyen liegt die illegale Zuwanderung in den Händen von sechs großen Bossen. Und jeder von ihnen hat seine

Spitzel. Einer dieser Bosse heißt Ayman. Er ist dreißig, zweiunddreißig Jahre alt. Über ihn laufen die Geschäfte in Zuwara. Für jedes Boot, das in See sticht, kassieren die libyschen Polizisten bis zu zwanzigtausend Dollar. US-Dollar. Auf jedem Boot sind mindestens hundertsechzig Passagiere, von denen jeder tausendfünfhundert Dollar bezahlt. Oder tausendfünfhundert Euro, das macht in Libyen keinen Unterschied. Rechne selbst.« »Ein gigantischer Gewinn, ich weiß.«

»In der Regel erhält jeder Polizist fünftausend Dollar Schmiergeld dafür, dass er wegschaut, wenn ein Boot ablegt. Meistens sind sie zu zweit. Aber bei den großen Überfahrten kommen die Polizisten zu viert, und dann erhöht sich das Schmiergeld auf zwanzigtausend Dollar. Einmal haben die Bootsführer nicht gezahlt. Die Polizei hat das Boot beschossen. Sie haben auf die Einwanderer geschossen und ein paar Tote am Strand zurückgelassen. Ich war zwar nicht dabei, aber es geschah angeblich im Jahr 2004. Heute ist die Situation in Libyen wirklich schlimm. Die Polizei schiebt die Einwanderer zu Tausenden in die Wüste ab. Sogar die Ägypter. Einige in Lkws, ohne Wasser, eingesperrt in einen Container. Als sie in Ägypten ankamen, waren sie vor Hitze umgekommen. In Libyen weiß jeder, dass diese Operationen von Italien finanziert werden.« »Ich habe Freunde in Libyen, sie haben es mir erzählt.«

»Libyen treibt ein doppeltes Spiel. Offiziell erfüllt es die europäischen Forderungen. Aber es ist ein so lukratives Geschäft, dass die *mudin*, die Schleuser, immer weiter Boote losschicken. Und jetzt erzähl du. Du hast erwähnt, dass du vor eineinhalb Jahren die Sahara durchquert hast. Ist irgendjemand von denen, die dich begleitet haben, ans Ziel gekommen?« »Ich weiß nicht. Auf meine zahllosen E-Mails haben sich nur zwei meiner Reisegefährten gemeldet. Sie sitzen immer noch in Libyen fest. Von allen anderen habe ich nichts mehr gehört.«

»Ich weiß nicht, was du vorhast, mein Freund. Aber wenn du nach Lampedusa gehst, sei sehr vorsichtig. Als ich letztes Jahr dort eingesperrt war, gab es dort libysche Polizei.« »Libysche Polizei? Das verstößt gegen die internationalen Bestimmungen.« »Ja, aber die italienische Polizei hat es den Libyern erlaubt, uns auf italienischem Boden zu verhören. Ich weiß schon, es verstößt gegen die Genfer Konvention und den Grundsatz des *non-refoulement*, das Verbot der Massenabschiebung. Es verstößt gegen Artikel 13 der Europäischen Menschenrechtskonvention: das Recht, gegen die Ausweisung Beschwerde einzulegen. Es verstößt gegen Artikel 3 und das Verbot unmenschlicher und erniedrigender Behandlung. Und noch etwas ist wichtig: Traue auch den Italienern nicht. Wenn sie rauskriegen, wer du bist, schlagen sie dich tot, und sie haben das ganze Mittelmeer, um dich verschwinden zu lassen.«

Wir verabschieden uns mit einer Umarmung. Wie Reisegefährten, die am Ziel angekommen sind. Wir wissen beide, dass wir uns nicht wiedersehen werden.

Am Mittwoch, dem 16. März, ist eine neue Liste mit Männern und Frauen komplett, die zur Abschiebung vorgesehen sind. Um 14.10 Uhr melden die Presseagenturen bürokratisch gestelzt: »Zielland für die hundertachtzig Personen, die vom Erstaufnahmezentrum Lampedusa ausgeflogen werden, ist Libyen. Der Flugplan der vom Innenministerium eingerichteten Luftbrücke mit zwei C-130-Militärtransportern ist geheim. Zuverlässige Quellen bestätigten jedoch, dass das Zielland der beiden Flugzeuge Libyen ist.« Aus Scham sprechen sie von Aufnahmezentrum, aber es ist die wohlbekannte gewaltige Höllenmaschinerie. Um 19.03 dann eine neue Meldung: »Die lokalen Behörden haben heute Morgen Vertretern des Flüchtlingshilfswerks der Vereinten Nationen (UNHCR) den Zutritt zum Erstaufnahmezentrum Lampedusa verweigert.« Am selben Abend um 20.04 kritisiert der UN-Vertreter auf der Insel die Verletzung des Völkerrechts durch Italien. »Das Innenministerium hat noch immer keinen Zutritt zum Lager Lampedusa gewährt«, erklärt der Sprecher des UNHCR in Italien. Doch die Rückführungen werden auf den nächsten Tag verschoben.

Am Donnerstag, dem 17. März, um 20.14 Uhr, fassen die Nachrichtenagenturen die Ereignisse folgendermaßen zusammen: »Es wurden Flugzeuge einer privaten Fluggesellschaft angefordert, um die hundertachtzig Einwanderer auszufliegen, die bereits gestern mit zwei Militärtransportern vom Typ C-130 hätten abgeschoben werden sollen. Damit wurde die Luftbrücke von Lampedusa nach Tripolis mit einer Maschine der kroatischen Fluggesellschaft Air Adriatic eröffnet, die – Ironie des Schicksals – *My dream* heißt, mein Traum. Der von Beamten des Innenministeriums ausgearbeitete Plan sah die Ausweisung von insgesamt vierhundert Personen bis heute vor. Aber irgendetwas ist schiefgelaufen, und im Erstaufnahmezentrum sind nach wie vor sechshundertdreizehn Personen in einem Gebäude zusammengepfercht, das nur hundertneunzig Menschen beherbergen kann.« Was schiefgelaufen ist, liegt auf der Hand. Es hat zum einen mit Oberst Gaddafi zu tun, zum anderen mit seinen Soldaten. Die libyschen Streitkräfte wollten keine italienischen C-130-Militärflugzeuge in ihren Flughäfen. Als alles startklar war, verweigerten sie die Landeerlaubnis. Deshalb musste die Regierung in Rom das Flugzeug der kroatischen Fluggesellschaft chartern.

Am Donnerstag, dem 18. März, erfolgt dann der offizielle Protest der Vereinten Nationen. »Das UN-Flüchtlingskommissariat hat heute in Genf seine tiefe Besorgnis über die Deportation von hundertachtzig Personen von der Insel Lampedusa nach Libyen zum Ausdruck gebracht. Der UNHCR«, erklärt der Sprecher weiter, »hat keinen Zutritt zum Lager erhalten, und es scheint, als hätte Italien nicht die erforderlichen Maßnahmen ergriffen, um zu gewährleisten, dass keine wirklichen Flüchtlinge nach Libyen ausgewiesen werden. Libyen kann keinesfalls als sicheres Asylland betrachtet werden. Es gehört nicht zu den Unterzeichnern der Genfer Flüchtlingskonvention von 1951, und der UNHCR sieht die begründete Gefahr, dass Personen, die internationalen Schutzes bedürfen könnten, gewaltsam zurückgeführt werden.« Noch nie seit dem Ende des Zweiten Weltkriegs hat Italien eine so schwerwiegende Verletzung des Völkerrechts begangen. Weiter heißt es in dem Protest: »Die italienischen Behörden haben dem Vertreter des UNHCR auf der Insel den Zutritt zu dem Erstaufnahmezentrum verweigert, während nach Informationen des UNHCR Vertretern der libyschen Regierung der Zugang zu Personen gestattet wurde, die im Lager festgehalten werden. Sollten sich während des Besuchs der libyschen Vertreter Asylsuchende aus dem Land im Auffanglager befunden haben, so hätte Italien gegen Grundprinzipien des Flüchtlingsschutzes verstoßen. Ein ähnlicher Fall ereignete sich bereits im Oktober, als mehr als tausend Personen von der Insel Lampedusa nach Libyen zurückgeschickt wurden.«

Am selben Tag kritisieren die Vereinten Nationen das Vorgehen der Regierungen in Rom und Tripolis: »Der UNHCR bedauert die anhaltende mangelnde Transparenz seitens der italienischen und libyschen Behörden, wodurch der Verdacht möglicher Völkerrechtsverstöße nicht ausgeräumt wird.« Ein weiterer offizieller Protest aus Genf erfolgt am Freitag, dem 15. April: »Das UN-Flüchtlingskommissariat hat heute seine Besorgnis über die Zustände auf Lampedusa bekräftigt.« Am Donnerstag, dem 19. Juni, dann die US-amerikanische Kritik an der Situation auf der Insel. Das US Committee for Refugees and Immigrants (USCRI) macht Italien schwere Vorwürfe. In einem Bericht zur weltweiten Lage von Flüchtlingen, der bei den Vereinten Nationen in New York vorgestellt wurde, heißt es: »Vergangenen Oktober hat Italien mehr als tausend Personen kollektiv von der Insel Lampedusa nach Libyen ausgewiesen, ohne ihnen die Möglichkeit zu geben, einen Asylantrag zu stellen. Den Vertretern des Hohen Kommissariats für Flüchtlinge wurde darüber hinaus erst der Zutritt gestattet, nachdem die italienischen Behörden die tausend Personen ausgewiesen und fünfhundert weitere verlegt hatten.« In dem Bericht wird auch Libyen für die Ausweisung von hundertzehn Asyl suchenden Flüchtlingen nach Eritrea verurteilt.

Ein schwerer Schlag für den guten Ruf Italiens. Nur dass die Italiener es gar nicht merken. In den drei staatlichen Fernsehsendern wird nicht darüber berichtet, ebenso wenig in den drei landesweiten Kanälen, die sich im Besitz des Regierungschefs befinden. In den Fernsehnachrichten nur das gewohnte Eigenlob von Abgeordneten und Ministern. So wie heute, am Freitag, dem 16. September. Das Internierungslager Lampedusa wurde soeben von einer Delegation des Europaparlaments besichtigt. Eine solche Inspektion muss unangekündigt erfolgen, wenn sie einen Sinn haben soll. Die EU-Abgeordneten warteten bereits seit April. Als sie endlich Zutritt erhielten, trafen sie in dem großen Käfig neun Ausländer an. Der Delegation wurden leere, nach Desinfektionsmittel riechende Räume gezeigt. Wie in einem Werbespot. Und jetzt, nach diesem Besuch, fordert die derzeitige italienische Koalitionsregierung die Welt auf, sich Lampedusa zum Vorbild zu nehmen. »Ein Grund, stolz zu sein, ein Vorbild für Europa«, erklärt ein EU-Abgeordneter von der Partei der ehemaligen Faschisten in den Nachmittagsnachrichten im Fernsehen: »Ich habe keinen verwahrlosten Ort vorgefunden, an dem die Menschenrechte verletzt werden, sondern eine tadellose Verwaltung und einwandfreies Verhalten seitens der zivilen, militärischen und polizeilichen Kräfte, die mit äußerster Opferbereitschaft und größtem Engagement ihre Pflicht erfüllen.«

»Ciao, was heckst du im Moment wieder aus?« Ihre Stimme am Telefon klingt fröhlich wie immer. Obwohl sie mit den allerschlimmsten Fällen zu tun hat, lässt sie sich nie aus dem Gleichgewicht bringen und bewahrt stets ihre gute Laune. »Frau Anwältin, wie geht es dir? Warst du auch bei der Besichtigung von Lampedusa dabei?« »Diesmal nicht. Aber ich habe gehört, dass es eine Farce war. Vor der Ankunft der Delegation wurde das Lager geräumt. Es gab mehr EU-Abgeordnete als Einwanderer.« »Ich lese dir aus der Zeitung die Erklärung der französischen Abgeordneten vor, die die gestrige Delegation leitete. Sie spricht von einer bühnenreifen Inszenierung der italienischen Behörden. Andere sagten, das Lager sei leer gewesen und blitzblank wie ein Ballsaal. Wir lassen eben keine Gelegenheit aus, uns in der EU zu blamieren.«

»Da hast du leider recht. Aber mein Anruf hat einen anderen Grund. Aus gut informierten Kreisen habe ich gehört, dass du eine Menge Fragen über das Lager Lampedusa stellst. Kann ich dir irgendwie behilflich sein?« »Das ist nett von dir, aber im Augenblick nicht.« »Mir kannst du es sagen. Muss ich mir Sorgen machen?« »Nein, wieso?« »Du hast schon verstanden.« »Wenn man sich einen Anwalt nehmen will, muss man sich vorher festnehmen lassen.« »Eben.« »Ach, hör auf. Ich weiß, woran du denkst.« »Ja, und das beunruhigt mich.« »Nein, du denkst das Falsche.« »Vergiss nicht, man kann sich jederzeit einen Anwalt nehmen.« »Ja, aber dann lassen sie ihn nicht zur Unterredung zu. Ach, übrigens, weißt du, was aus den Ausländern geworden ist, die man aus Lampedusa weggebracht hat?« »Man hat beobachtet, dass sie zu Dutzenden ins Flugzeug verfrachtet wurden, mit Plastikhandschellen.« »Libyen?« »Vermutlich ja. Wir versuchen, die Namen der Ausgewiesenen in Erfahrung zu bringen, um uns erneut an den Europäischen Gerichtshof für Menschenrechte zu wenden. Aber der Innenminister verweigert jede Bestätigung.« »Hör mal, sollte ich eines Tages Hilfe brauchen, werde ich nicht frei reden können. Ich werde dich anrufen und dir sagen, dass ich ans Meer gefahren bin.« »Na prima, damit willst du mir dann wohl sagen, dass du in Urlaub bist, und ich renne wie eine Verrückte durch die Gegend und suche dich. Und der Kontakt ins Ausland ist nicht einfach, das weißt du.«

Sie hat recht. Es muss eine andere Lösung gefunden werden. »Dann machen wir's so: Jemand wird dich anrufen.« »Wer?« »Meine Frau. Ich werde ihr deine Nummer geben. Aber ihr dürft nicht am Telefon reden. Sie wird dich anrufen und dir sagen, dass ich zum Windsurfen ans Meer gefahren bin. Und dass du mich erreichen kannst, wenn du willst. Den Satz musst du dir merken.« »Wann?« »Wann was?« »Wann du windsurfen gehst?« »Es ist eine Schnapsidee.« »Mach bloß keine Dummheiten.« »Ich mache gar nichts.«

Schade, dass ich sie nicht einweihen kann. Nicht weil ich kein Vertrauen hätte. Aber jeder muss seine Entscheidungen selbst verantworten. Wenn man andere informiert, macht man sie zu Komplizen. Und außerdem ist Italien das Land in Europa, in dem am meisten abgehört wird. Wenn einem am Telefon etwas herausrutscht, setzt man leicht die ganze behördliche Befehlskette in Gang. Lampedusa ist für sie viel zu wichtig.

Sie sitzt an einem Tischchen in der Bar auf der Piazza und wartet. »Du bist schon da, entschuldige die Verspätung.« »Wie üblich«, sagt sie, »aber hier sitzt man gut. Schönes Licht.« »Ich war fast zwei Stunden schwimmen, heute war das Wasser eiskalt.« Jetzt, am Ende des Sommers, wird der See immer kälter, vor allem, weil in den

Bergen schon der erste Herbstregen gefallen ist. Sie schaut mir in die Augen.

»Dir fehlt beim Schwimmen die Ausdauer. Versprichst du mir, dass du eine Schwimmweste anziehst?« »Die habe ich mir schon im Supermarkt besorgt. Eine Schwimmweste für Kinder.« »Für Kinder? Aber bleibst du denn damit oben?« »Sie ist kleiner, leichter zu verstecken. Sie wird ausreichen.« Plötzlich holt sie ein Päckchen aus ihrer Tasche. Einen weißen Pappkarton mit einem weißen Schleifchen.

»Ein Geschenk für dich. Los, mach's auf.« Zwei weiße Babyschühchen. Vor Freude bringe ich kein Wort heraus. »Ich habe immer davon geträumt, es dir auf diese Weise zu sagen«, sagt sie schließlich. »Du warst schon bei der Untersuchung.« »Ich wollte dich überraschen.«

Nach meiner Rückkehr aus Afrika war mir diese Lücke besonders schmerzlich bewusst geworden. Ein Kind, um ihm die Geschichten von Joseph und James, Daniel und Stephen zu erzählen, die Geschichte der Männer und Frauen, die die von Piraten heimgesuchte Sahara mit bloßen Händen und Füßen durchqueren; die Geschichten von den Dschinn in den Bergen, von den Luftspiegelungen, die einem Wasser vorgaukeln, wo schon seit Jahrtausenden keines mehr fließt. Und jetzt ist dieses Kind da. »Hey, es ist noch nicht da«, bremst sie mich. »Warten wir den endgültigen Laborbericht ab, bevor wir es herumerzählen. Aber sieh dir die Werte an.« »Sie sind sehr hoch. Bestimmt werden es Zwillinge.« »Oh, oh«, lacht sie.

Zum ersten Mal seit Monaten heitere Stunden, ohne dass der Geist ständig in die Lampedusa-Falle tappt. Die Gedanken kehren erst am späten Abend wieder dorthin zurück. Es wird eine der schwierigsten und gefährlichsten Etappen dieser langen Reise werden. »Ich tu's nicht. Du müsstest für wer weiß wie lange allein bleiben. Und das in einer so heiklen Situation. Ich verschiebe es um ein Jahr.« Ihre Antwort kommt mit einer Gelassenheit, die nur ein sehr mutiger Mensch haben kann. Nur wenige Worte: »Es wäre unsinnig, jetzt aufzuhören. In einem Jahr brauche ich dich vielleicht dringender.« »Ich könnte es um ein paar Monate verschieben.« »Nein, denn wenn sie dich dann nicht rauslassen, verpasst du die Entbindung. Ich bitte dich nur darum, vorsichtig zu sein und nicht zu versuchen, von Libyen oder von Tunesien aus zu fahren. Jetzt warten wir zu zweit auf dich.« Sie weiß nichts von meinem gescheiterten Versuch einer Überfahrt von Chaffar aus. Aber einen zweiten wird es nicht geben.

Die Vorbereitungen laufen weiter wie geplant. Bei einem Abendessen mit Monsieur H. und seiner Frau geht es im Gespräch um die letzten Landungen von Bootsflüchtlingen. Monsieur H. kennt sich aus. Geboren im Maghreb, hat er sämtliche ans Mittelmeer grenzenden Wüsten zu Fuß durchwandert, um nach Europa zu gelangen. Vom Maghreb bis nach Griechenland und dann per Schiff nach Italien.

»Ich brauche einen Rat. Ich sehe ja nicht gerade aus, als käme ich aus dem Senegal oder aus Marokko. Aber wenn ich aus Nordafrika oder dem Nahen Osten käme, welche Nationalität könnte ich angeben?« Monsieur H. lächelt. »Was hast du vor?« »Besser, du weißt nichts, sonst erkennen sie dir noch die italienische Staatsbürgerschaft ab.« »Ja, für einen Senegalesen bist du tatsächlich ein bisschen hell«, sagt er. »Du könntest dich als Algerier ausgeben. Als Algerier, der von französischen Kolonisten abstammt. Oder als Iraner.« »Iraner nicht, das ist zu brisant. Ich dachte an Kurde. Irakischer Kurde. Die Kurden sind hellhäutig.« »Ja, Kurde ist gut, und im Irak herrscht Krieg. Du könntest sagen, dass du in Europa einen Asylantrag stellen willst«, meint Monsieur H.

»Darf ich mich also vorstellen: Bilal Ibrahim el Aziz.« »Lass dieses el Aziz lieber weg. Es erinnert zu sehr an den irakischen Außenminister Tariq Aziz. Es muss ein unauffälligerer Name sein. Wie wär's mit … mit el Habib. Ein schöner Name, er ist in der ganzen arabischen Welt verbreitet.« »Bilal Ibrahim el Habib, sehr erfreut.« »Und wie kommst du auf Bilal? In der Geschichte der arabischen Völker ist das ein sehr bedeutsamer Name.« »Ja, aber ich habe ihn nicht nur deshalb gewählt. Bilal ist kurz, leicht zu merken. Und vor allem wohlklingend.«

»Und woher stammt Bilal?«, fragt Monsieur H., angestachelt von jener Neugier, die ihn durchs ganze Mittelmeer geführt und gerettet hat. »Er ist in Assalah geboren, Distrikt Aqrah, Irakisch-Kurdistan. Als Kind christlicher Eltern.« »Christlicher Eltern?«, fragt Monsieur H. »Ja, du hast recht. Besser, du sagst, du bist Christ, denn dir als Italiener ist die christliche Kultur vertrauter als die islamische. Die Muslime werden dich sicher fragen, welcher Religion du angehörst, und wollen vielleicht, dass du den Koran auswendig rezitierst.« Monsieur H., ein entschiedener Verfechter des Laizismus, kennt den Glaubenseifer der Araber. »Vor allem die Ägypter«, sagt er. »Sie sind wie manche aus dem Veneto oder manche Italiener im Süden.«

»Und Assalah, gibt es das wirklich?«, will Monsieur H.s Frau wissen. »Es gibt den Distrikt Aqrah in den Bergen Nordiraks. Assalah habe ich gerade erfunden.«

Am Morgen meines Aufbruchs gehen wir noch einmal alles durch, damit sie mich notfalls aus dem Schlamassel holen kann. Sie überfliegt das Blatt mit den Anweisungen.

»Ich habe dir die Telefonnummer des Herausgebers und des Chefredakteurs des *Espresso* aufgeschrieben. Sie wissen, dass ich ausschließlich mit dir telefoniere. Ich werde dich auf dem Handy anrufen, das ich eigens für den Zweck gekauft habe, nicht auf deinem normalen Mobiltelefon. Und du hältst meine Redaktion auf dem Laufenden. Aber ruf nicht von diesem Handy aus an, sonst kommen sie mir auf die Spur. Das Kartentelefon im Lager von Lampedusa wird mit Sicherheit abgehört. Das andere ist die Nummer der Pressestelle des Innenministeriums. Die wissen nie etwas, deshalb ruft sie auch keiner an. Aber wenn du innerhalb von zehn Tagen nichts von mir hörst, auch nicht unter Einschaltung der Anwältin, musst du sie anrufen und fragen, wo sie mich hingesteckt haben.« Sie unterstreicht die Nummer mit rotem Filzstift.

»Sofern sie sich an die Vorschriften halten, müssten sie mich telefonieren lassen, sobald ich drin bin. Aber ich bezweifle, dass sie das tun. Am vierten Tag, an dem du nichts von mir hörst, rufst du die Anwältin an.« »Weiß sie Bescheid?« »Nein, sie weiß gar nichts. Wie im Scherz habe ich ihr den Satz gesagt, der sie aufhorchen lassen soll.

Ich habe ihn dir aufgeschrieben. Du sagst ihr, wer du bist. Sag ganz genau diesen Satz, und nenne ihr meinen Decknamen. Die Anwältin kann von Rechts wegen eine Unterredung mit mir verlangen, und wenn sie sie reinlassen, kann sie sich vergewissern, ob ich tatsächlich drin bin. Aber du darfst niemals meinen richtigen Namen erwähnen. Und auch nicht das Wort Lampedusa. Sie ist eine unbequeme, tüchtige Anwältin, gut möglich, dass sie abgehört wird.« »Und wenn sie dich in Lampedusa nicht findet?« »Kann sein, dass sie mich nach Crotone verlegen. Dann ist sie am Zug. Sie weiß, was sie zu tun hat.« »Aber bist du sicher, dass sie dich nicht nach Libyen abschieben? Sie können euch ohne Vorankündigung abschieben«, sagt sie besorgt. »Die Maschinen zur Rückführung starten immer tagsüber.« »Was hat das damit zu tun?« »Ich orientiere mich am Stand der Sonne. Libyen liegt im Südosten, Crotone im Nordosten. Ich kenne die Wettervorhersage. Zumindest in den nächsten zehn Tagen scheint die Sonne, im Flugzeug werde ich sie vom Fenster aus sehen. Wenn wir abheben und nach Südosten fliegen, gebe ich mich zu erkennen, erbitte vom Kapitän humanitären Schutz und lasse mich nach Italien zurückbringen. Wenn sie uns nach Crotone verlegen, mache ich keinen Mucks und setze meine Recherchen fort. Mist, wir haben noch nicht den Bootsnamen auf die Schwimmweste geschrieben.«

Sie konsultiert ihr Arabischlehrbuch. »Wie wär's mit ›Überfluss‹? Viele Fischkutter tragen diesen Namen.« »Nein, das erscheint mir für Libyen nicht glaubhaft.« Sie blättert im Wörterbuch. »Vielleicht ›Glück‹?« »Gut. Das ist es, was der ganzen Menschheit fehlt. Und es ist der Grund dafür, dass die Leute auswandern. Ja. Glück 3. Die Rettungsweste eines Boots mit dem Namen Glück 3.« Sie findet das Wort. »*As-soror. As-soror talata.* Aber was ist mit der Schwimmweste? Sie ist ja ganz mit Fett verschmiert.« »Ich habe sie in der Garage mit Motoröl eingerieben, damit sie abgetragen aussieht.« Sie sitzt am Küchentisch. Hebt den Blick von dem Blatt Papier, auf das sie mit schwarzem Filzstift den Schriftzug *As-soror talata* schreibt. Sie lacht. »Du bist völlig verrückt«, sagt sie, »und ich unterstütze dich auch noch dabei.«

Meine Sachen liegen in einer Sporttasche. Eine dicke Fleecejacke.

Ein bunt kariertes Hemd, ein Paar abgewetzte Plastiksandalen, die rote Schwimmweste. Ich trage eine schwarze Hose und ein schwarzes, langärmeliges T-Shirt. Auch die Sporttasche ist schwarz. Alle Etiketten wurden entfernt. Falls sie eine Leibesvisitation machen, dürfen sie keine italienischen Logos entdecken, nicht einmal den Aufnäher Made in Italy. Ich gehe alles noch einmal durch: das Geld, fünfhundert US-Dollar und dreihundert Euro. Sie sind zusammen mit der Notsignalpfeife in dem Täschchen der Rettungsweste. Die Dollars zusammengerollt und mit Klebeband hermetisch in Zellophan verpackt, versiegelt mit der Flamme eines Feuerzeugs. Die Euros nehme ich offen mit, sie werden nass werden. Ich brauche sie, um mir etwas zu essen zu kaufen. Außerdem hat der Test in einer Schüssel mit Salzwasser gezeigt, dass Euroscheine farbbeständiger sind als amerikanische Greenbacks.

Das Flugzeug am Nachmittag schwebt auf Wattewölkchen. Sie verdecken den Blick aufs Meer und auf Sizilien. Langsam und unaufhaltsam werde ich zu Bilal Ibrahim el Habib, geboren am 9. September 1970 in dem Fantasiedorf Assalah, Distrikt Aqrah, Irakisch-Kurdistan. Bis auf Führerschein und Personalausweis trage ich so gut wie nichts mehr am Leib, was mir gehört. Uhr, Geldbeutel, Handy und Pass liegen im Safe der Redaktion. Bilal darf nichts davon bei sich haben. Statt seine Familiengeschichte zu rekapitulieren, könnte ich ein bisschen schlafen. In Lampedusa wird zum Schlafen nicht viel Zeit bleiben. Aber bis zur Landung sind es nur noch wenige Minuten. Durch den Geist zieht die ergreifende Melodie von *River of Life*. Seit Wochen schon verspüre ich nicht mehr diese Sehnsucht nach der Wüste. Gleich nach der Musik Daniels Stimme, sein »Verweile doch«-Zitat angesichts der Schönheit der nächtlichen Ténéré. Es wäre fantastisch, ihn in Lampedusa wiederzusehen, endlich hier auf dieser Seite des Meeres. Sehnsucht und seelischer Schmerz sind genau das Richtige, um mich als einer der zahlreichen Bilals dieser Welt zu fühlen. Einer jener Tausenden, die gezwungen sind, geliebte Menschen zurückzulassen und sich auf den Weg zu machen, mitzutreiben auf dem Strom des Lebens.

Die rot glühenden Felsen von Punta Raisi. Bei der Landung auf dem Flughafen von Palermo steht die Sonne niedrig, und die Schatten sind lang. Der Mietwagen wartet auf dem Parkplatz. Es geht Richtung Süden, nach Agrigent, ans Meer. Auf der anderen Seite liegt Afrika. Der Concordia-Tempel leuchtet in der Dunkelheit wie ein Raumschiff, das nach jahrtausendelangem Flug soeben gelandet ist. Die letzte komfortable Nacht in einer Pension im Tal der Tempel. Die geeignete Kulisse, um die letzten Details von Bilals Leben zu erfinden.

»Sprichst du meine Sprache?«, fragt plötzlich eine etwa dreißigjährige Frau in amerikanischem Englisch am Nebentisch. Unsere Blicke begegnen sich. Die Frau lächelt. »Ich bin mit dem Essen fertig, wollen wir ein Gläschen Wein zusammen trinken?« »Klar, bitte.« Sie setzt sich so schnell, dass mir gar keine Zeit bleibt, ihr einen Stuhl hinzuschieben. Sie wirkt angetrunken. »Die Landschaft hier ist wunderschön, wirklich einzigartig«, sagt sie. Ihre Augen sind mit dünnem Kajal umrandet. Das eng anliegende Kleid umhüllt einen wohlgeformten, im Fitnessstudio gestrafften Körper. Ein schwarzes, knöchellanges Kleid, viel zu elegant für den Abend. Vielleicht ist ihre Verabredung geplatzt.

Ich muss ihr merkwürdig vorkommen. Kahl rasierter Schädel, der Bart seit Monaten nicht gestutzt. Ganz in Schwarz gekleidet. Das Outfit eines Räubers, der nachts sein Unwesen treibt. Ein Mittelding zwischen Diabolik und Phantomias. Vielleicht ist dies der Amerikanerin nicht entgangen. Sie begutachtet meine Aufmachung. »Meine Freunde sind auf Lampedusa geblieben«, erzählt sie. »Wir machen eine Mittelmeerkreuzfahrt. Aber da ich Agrigent noch nicht kenne, bin ich heute Morgen mit dem Tragflügelboot hierhergefahren. Es ist wunderschön hier, nicht?« »Ja, Agrigent ist …« »Und warum bist du hier, so ganz allein«, unterbricht sie mich, »machst du Urlaub?« »Nein ich bin beruflich hier.« »Und was ist dein Beruf?« Besser, gar nicht auf die Frage eingehen. Sie will rauchen, aber es dauert ein paar Sekunden, bis Feuerzeugflamme und Zigarette zusammenfinden. Sie ist wirklich betrunken. Sie stürzt ein halbes Glas Rotwein hinunter.

»Also, was machst du beruflich, und warum verbringst du den Abend ganz allein?« Sie lässt nicht locker. Bilal ist auf Fragen der Polizei vorbereitet. Name seines Vaters, seiner Mutter. Sein Leben. Die Flucht aus Kurdistan. Seine berufliche Tätigkeit in der Türkei. Die Schiffspassage. Die Landung auf Lampedusa. Sein endgültiges Ziel. Er hat nicht damit gerechnet, einer angetrunkenen amerikanischen Touristin Erklärungen abgeben zu müssen. Die Wahrheit kann er ihr nicht sagen, das würde sie nicht verstehen. Die Welt der Migranten ist vom Land der Reichen aus unerreichbar. Deshalb antwortet er, ohne lange nachzudenken. »Ich repariere Ventilatoren. Klimaanlagen.« »Oh, wie interessant.« Sie entlässt ein Rauchwölkchen. »Heute Abend war es in meinem Zimmer schrecklich heiß. Vielleicht ist ja die Klimaanlage kaputt.« »Schon möglich, hier ist ja noch Sommer. Und du, was machst du beruflich?« »Mode und Tourismus. Ich schreibe für englische und amerikanische Zeitschriften.« Eine Journalistin, das hat mir gerade noch gefehlt. »Du bist Journalistin?« »Ja, und du, kennst du Journalisten?« »Ich? Nein, nein, überhaupt nicht.« »Ich kenne ein paar italienische Journalisten. Aber sie leben in Rom und Mailand.« Gut. Aber was ist, wenn ich diese Frau in Lampedusa wiedertreffe, während ich von der Klippe springe? »Machen wir einen Spaziergang?«, fragt sie. »Danke, das ist nett von dir, aber ich muss morgen sehr früh raus. Ich muss schlafen gehen.« »Dann gehen wir also schlafen?«, sagt sie und schließt ihre dunklen, schmalen Augen noch etwas mehr. »Danke, aber das kann ich nicht akzeptieren.« Die Frau fängt an zu lachen. »Ich wollte dich nicht einladen, mit mir zu schlafen. Aber wenn du nicht spazieren gehen willst, geh ich eben auch schlafen. Das war ein reizendes *misunderstanding.*« Ja, sicher, ein reizendes Missverständnis.

Am Morgen klingelt der Wecker sehr früh. Der letzte Anruf, bevor ich das Hotel verlasse, gilt meinem Chefredakteur. »Hast du heute Morgen schon Nachrichten gehört?«, fragt er. »Letzte Nacht haben sie da, wo du hingehst, ein Boot mit hundertsechzig Menschen an Bord gesichtet.« »Mit denen werde ich mir dann also das Bett teilen. Ich wollte dir sagen, dass alles nach Plan verläuft. Von nun an halte ich also nur noch mit zu Hause Kontakt. Ich fahre nach Porto Empedocle, um mich einzuschiffen. Heute Nachmittag um halb drei geht ein Tragflügelboot. Gruß an alle.« »Viel Glück.«

Alles verläuft nach Plan? Ganz und gar nicht. »Tut mir leid«, sagt am Kai von Porto Empedocle der Mann am Ticketschalter, »heute ist das Tragflügelboot schon voll.« »Und morgen?« »Morgen auch. Heute, morgen und übermorgen Abend findet in Lampedusa dieses VIP-Konzert statt.« »Zum Teufel mit diesen VIPs.« »Wenn Sie wollen, setze ich Sie auf die Warteliste«, sagt der Ticketverkäufer, »aber ich empfehle Ihnen, einen Platz auf der Fähre zu reservieren, die heute Nacht ablegt, sonst könnte es passieren, dass Sie hier nicht wegkommen. Morgen früh wären sie dann in Lampedusa.«

Im Kommunikationszeitalter ist es ohne Handy wirklich unangenehm, denn die öffentlichen Telefonzellen werden nicht mehr so gut gewartet wie früher. Die erste ist kaputt, die zweite außer Betrieb, bei der dritten ist der Hörer herausgerissen. Das vierte Telefon, nach einem Kilometer Fußmarsch, funktioniert. Sie geht sofort ran. »Ich wollte ausprobieren, ob das Handy auch wirklich klingelt und vor allem, ob ich mir die richtige Nummer gemerkt habe. Ruf bitte in der Redaktion an und sag dem Chefredakteur, dass es eine Verzögerung gibt. Das Tragflügelboot ist voll. Ich nehme die Fähre heute Nacht und bin morgen früh da. Damit sind alle Aktivitäten und der Countdown für deinen Anruf bei der Anwältin um vierundzwanzig Stunden verschoben.« »Hattest du kein Ticket für das Tragflügelboot reserviert?« »Nein, damit hätte ich zu viele Spuren hinterlassen. Aber so ist es besser, alle sind durch dieses VIP-Konzert abgelenkt. Wie geht es unserem Böhnchen?« »Dem Böhnchen geht's gut. Nur seine Mama ist heute ein wenig besorgt. Sei vorsichtig.« »Bin ich.« Ein Kilometer Fußmarsch zurück zum Hafen.

Vor zwei Tagen war Herbstanfang, aber es ist immer noch sehr warm. Der Maresciallo der Finanzpolizei fächelt sich mit einer Aktenmappe Luft zu. Er und seine Kollegen stehen an der Anlegestelle des Tragflügelboots. Bestimmt kontrollieren sie die Ausweise der Passagiere. Also muss ich meinen noch behalten, beim Einsteigen könnte ich ihn brauchen. In den an die Redaktion adressierten Umschlag kommt also nur der Führerschein. »Das Postamt? Im Zentrum, an der Hauptstraße«, erklärt mir der Maresciallo.

Der Umschlag fällt mit einem dumpfen Schlag in den roten Bauch des Briefkastens. Ich habe mich eines weiteren Teils von mir entledigt. Jetzt muss ich einen Supermarkt suchen und Proviant einkaufen. Auch Wasser. Alle Plastikflaschen haben auf Flasche und Verschluss einen Aufdruck in italienischer Sprache. Nur eine nicht, die im untersten Regal. Der Verschluss ist nicht beschriftet, das Etikett nur aufgeklebt und lässt sich leicht abziehen. Noch nie ist ein Illegaler mit einer italienischen Wasserflasche in Lampedusa gelandet. Dasselbe gilt für die Telefonkarten. Und für das Brot. Für die apulischen Rundbrote ebenso wie für das sizilianische Brot mit Sesamkörnern. Ein Polizist könnte sofort Verdacht schöpfen, wenn er bei einem Einwanderer italienisches Brot entdecken würde. Ich finde etwas Passables, sechs abgepackte weiche Brötchen. So ähnliche habe ich in Khaleds Wohnung in Tunesien gesehen. Und jetzt noch ein nahrhafter Belag. Neben dem Fischregal stapeln sich Sardinenbüchsen. Wenn man die Kartonverpackung mit der Aufschrift in italienischer Sprache entfernt, hat man die nackte goldfarbene Dose. Die einzige Beschriftung ist der Stempel: Product of Morocco. Dieselben Dosen werden in Agadez verkauft. Genau das Richtige. Jetzt fehlt nur noch eine Tube Schnellkleber.

Mehr brauche ich nicht, um Bilal zu sein. Das Ticket für die Fähre. Drei Telefonkarten. Den Ausweis. Die paar Euros und die wasserdicht eingeschweißten Dollars. Den Kleber. Die schwarze Sporttasche. Die Schwimmweste. Das Hemd. Die Fleecejacke. Die alten Sandalen. Die Eineinhalb-Liter-Flasche Wasser. Sechs Brötchen. Drei Büchsen Sardinen.

Jetzt noch Schnellkleber auf die Fingerkuppen auftragen. Am besten wäre es, wenn ich mich in die Toilette einer Bar zurückziehen könnte. Mit dem Kleber in aller Öffentlichkeit zu hantieren ist auffällig. Man könnte mich für verrückt halten, oder ein Polizist könnte aufmerksam werden. Aber noch bevor ich eine Bar finde, ist der Corso von Porto Empedocle wie leergefegt. Als hätte jemand mit allgemeinem Einverständnis Frauen, Rentner und Händler zur selben

Uhrzeit nach Hause zurückbeordert. Rasselnd sausen die Metallgitter runter, unsichtbare Hände schließen die sonnenbeschienenen Fensterläden der Häuser. Jetzt brauche ich mich nicht mehr zu verstecken, ich kann mich in aller Ruhe auf eine der Bänke am Straßenrand setzen. Der Kleber trocknet blitzschnell. Ich muss die Finger gespreizt halten, damit sie nicht in bizarren Verrenkungen zusammenkleben. Auf die Weise wird meine Vergangenheit, mein Aufenthalt im Mailänder Internierungslager ausgelöscht. Denn womöglich sind ja die Polizeicomputer nicht auf dem neuesten Stand, und es wurde nicht festgehalten, dass Roman Ladu gar kein rumänischer, sondern ein typisch italienischer Name ist, halb sardisch, halb venetisch. Das Wichtigste ist, dass sie mich bei der Identifizierung in Lampedusa nicht sofort enttarnen. Zumindest in den ersten vierundzwanzig Stunden nicht. Wenn der Kleber hält, ergeben die Abdrücke ein verwirrendes impressionistisches Bild. Die Alternative wäre Schwefelsäure, um die Fingerkuppen zu verätzen. Aber man darf bei diesem Rollenspiel nicht übertreiben.

Da der ganze Ort am Mittagstisch sitzt oder Siesta macht, kann man es sich gleichfalls erlauben, dem Knurren des leeren Magens nachzugeben. Der Kellner der kleinen Trattoria bemerkt sofort die schuppigen weißen Verdickungen an Handinnenfläche und Fingern. Ein schmächtiger, freundlicher Typ, der seine Kunden mit einem festen Händedruck verabschiedet. Als die Reihe an mich kommt, hält er Abstand. Eine amüsante Szene. Die Tür zum Lokal bleibt offen. Während der Kellner meinen Tisch abdeckt, schützt er seine Hände mit einer Serviette. Danach wäscht er sich hinter der Theke die Hände.

Bis zur Abfahrt des Tragflügelboots ist es noch eine Viertelstunde. An der Mole drängen sich Frauen um die vierzig und jüngere Mädchen. Sie fahren nach Lampedusa zum spätsommerlichen Popkonzert. Die Warteliste ist nicht lang. Vor mir sind zwei Männer mit sonnenverbrannten Gesichtern in Trainingsanzug und Mokassins. Sie sprechen den einheimischen Dialekt. Bestimmt Fischer, die auf die Insel zurückkehren. Dann eine Mutter mit ihren beiden halbwüchsigen Töchtern. Auch für Bilal ist noch Platz. Jetzt gibt es kein

Zurück mehr. Der Kai vor dem Tragflügelboot ist abgesperrt. Der Maresciallo der Finanzpolizei prüft Ausweise und öffnet Taschen, aber nicht bei allen Passagieren. Hoffentlich schaut er nicht in die Sporttasche. Die Schwimmweste mit arabischer Aufschrift, der kahl rasierte Schädel und der lange Bart könnten die Paranoia der Terrorbekämpfung auslösen. Vielleicht gibt es eine Möglichkeit, der Inspektion zu entgehen. Normalerweise genügt es, sich abseits zu stellen und die Leute in der Schlange vorbeiziehen zu lassen. Sich umzudrehen und so zu tun, als warte man auf jemanden. Als alle an Bord sind, löst die Mannschaft die Vertäuung. Das ist der Augenblick, um schnell noch auf die Gangway zu springen. Das wäre geschafft. Wie erhofft, verzichtet der Maresciallo auf die Kontrolle.

Das Tragflügelboot legt langsam von Porto Empedocle ab. Entfernt sich von dieser Insel, die der Welt einen Literaturnobelpreisträger und ein paar Millionen Auswanderer geschenkt hat. Es beschleunigt und drosselt dann wieder das Tempo, weil sich aufgrund einer hohen Welle die Trimmlage ändert. Dann geht es wieder weiter. Plötzlich ein bekanntes Gesicht. Eine junge Frau in Shorts und ärmellosem T-Shirt sitzt rechts vorne am Bug. Die rückenlangen schwarzen Haare fallen ihr ins Gesicht, aber kein Zweifel, sie ist es. Die amerikanische Journalistin. Ich werde nicht hingehen und Hallo sagen, sondern versuchen, möglichst Abstand zu halten. Die Fahrt dauert vier Stunden. Zeit genug, um ein bisschen zu schlafen. Und nach dem Aufwachen notwendige Dinge zu erledigen. Alles, was sich an Italienischem noch in meiner Hosentasche befindet, muss spurlos beseitigt werden. Die Klospülung leistet dabei gute Dienste. Das Ticket für das Tragflügelboot verschwindet, in kleine Schnipsel zerrissen, im Abflussrohr. Ein Problem ist die Papphülle. Der Karton muss lange eingeweicht werden, bevor er zerrissen werden kann, sonst verstopft der Abfluss. Als Nächstes das Ticket für die Fähre: Ein Platz auf ihr wird heute Nacht leer bleiben. Beim Betätigen der Spülung werden die Schnipsel in die Tiefe gesaugt. Jetzt noch der Personalausweis. Schade, er ist nagelneu. Ein Ratsch teilt ihn in zwei gleich große Hälften. Links der Mann, der ich bis dahin war, Geburtstag und -ort, Wohnort, italienische Staatsangehörigkeit. Rechts das in Plastik eingeschweißte Foto mit dem Gesicht des bärtigen Bilal, das mich anblickt.

Das Foto ist erst wenige Tage alt, da ich mir im Einwohnermeldeamt einen neuen Ausweis habe ausstellen lassen. Der einzige offizielle Akt, der meine alten Personalien mit diesem neuen Gesicht verschmilzt. Aber nein, es ist besser, ihn jetzt noch nicht wegzuwerfen. Am Ticketschalter hieß es, beim Konzert heute Abend sind viele VIPs. Bei der Ankunft könnte die Polizei also die Ausweise kontrollieren. Meiner ist noch lesbar, auch wenn er jetzt in zwei Hälften zerrissen ist. Beim Verlassen der Toilette eine lange Schlange und vorwurfsvolle Blicke. Jemand bemerkt die schuppigen Verdickungen an meinen Fingern. Stimmt, es sieht ganz schön widerlich aus. Nach einer weiteren eintönigen, endlos scheinenden Stunde stehen die Passagiere auf und drängen sich am Bug. Lampedusa taucht am Horizont auf wie ein gekipptes Gemälde vor den mit Salzluft beschlagenen Fenstern. Plötzlich ist mir kalt. Mir zittern die Knie. Vor Aufregung, vielleicht aber auch aus Angst. Denn was da im Meer auftaucht, das ist nicht einfach nur eine Insel. Für Tausende und Abertausende Männer und Frauen ist es die Verkörperung ihres Lebenstraums. Es ist die trügerische Freiheitsstatue der Europäischen Union. Die furchterregende Göttin, die im Roulettespiel den Zufall über Leben und Tod entscheiden lässt. Lampedusa ist eine moderne Kirke. Und wie die Zauberin des Odysseus macht diese Kirke heute noch Gefangene unter den Helden, die ihr auf dem Meer zu trotzen wagen.

Der Wind trägt einen bekannten Song heran. Er erzählt von einer Reise und vom Paradies als Ziel. Das Konzert hat bereits begonnen, die Massen strömen zum Strand. Bilals Ziel an diesem Abend ist die genau entgegengesetzte Richtung. Unglaublich, dass das Glück der Ferien und das Leid des Internierungslagers so nah beieinanderliegen, auf wenigen Quadratkilometern Felsgestein. Doch sie existieren nebeneinander, schon seit Jahren, unter einem Himmel. Wie Brüder, die sich nach einem Streit nicht mehr in die Augen sehen. Und zwischen beiden die Bewohner Lampedusas, unfreiwillige Zuschauer eines Spiels auf internationaler Ebene. Sie klammern sich an den fragwürdigen Rettungsanker des Tourismus, um nicht auswandern zu müssen, wie die Schiffbrüchigen an die glitschigen Felsen der Insel.

Ich habe keine Zeit zu verlieren. Noch vor Einbruch der Dunkelheit muss entschieden sein, von welcher Stelle aus der Sprung erfolgen soll. Und vor allem muss ich sie anrufen. Das letzte Telefonat. »Ich bin jetzt doch schon auf der Insel. Heute Nacht geht's los. Der Countdown ist wieder um vierundzwanzig Stunden vorverlegt …« Dann ihre unerwartete Frage: »Wie geht es dir?« Die Straße vor mir führt direkt hinunter zur Klippe. Die Sonne ist untergegangen, das Meer verliert allmählich seine Farbe. Von außen betrachtet, mag eine solche Undercover-Aktion als ein romantisches Abenteuer erscheinen. Lässt man sich darauf ein, ist es eine verdammt nüchterne Sache. Die Romantik endet mit dem Entschluss, sich in die Angelegenheiten der Welt einzumischen. Dann bleibt nur noch die Recherche: Informationen sammeln, Landkarten studieren. Doch ihre Frage und der Klang ihrer Stimme erinnern dich daran, dass du trotz aller Vorkehrungen nur ein Mensch bist. Welche Anstrengungen auch immer Bilal in dieser Nacht auf der Suche nach der Wahrheit unternimmt, er bleibt doch wie eine Marionette an den Fäden seiner alten Existenz hängen.

»Wie geht es dir?«, fragt sie noch einmal. »Ich bin innerlich ruhig, und ich bin in Form. Und dir?« »Mir ist ein bisschen übel, aber das ist normal. Es wächst. Ich beneide dich für das, was du machst. Das Böhnchen wird auf seinen Vater stolz sein können.« »Es gibt keinen Grund, stolz zu sein. Ich bin auf dem allerbequemsten Weg nach Lampedusa gekommen. Das Guthaben auf der Telefonkarte ist gleich aus. Sag du noch was, bevor wir unterbrochen werden …«

Es bleibt noch etwa eine halbe Stunde hell. Weg mit den Telefonkarten. Den Personalausweis kann ich nicht einfach in einen Abfallkorb werfen. Wenn ihn jemand findet und den Carabinieri auf der Insel übergibt, könnten sie mir auf die Spur kommen. Er muss verbrannt werden. »Tut mir leid«, sagt der Zigarettenverkäufer am Kiosk, »ich habe kein einziges Feuerzeug mehr. Ich habe alle für das Konzert verkauft.« »Und Streichhölzer?« »Auch nicht mehr.«

An jenem Abend beim Essen erzählte Monsieur H.s Frau von ihrem Onkel. Um einer Kontrolle zu entgehen, habe er im Widerstand im Zweiten Weltkrieg seinen ganzen Pass aufgegessen. Der Personalausweis ist bekömmlicher, jedenfalls der Pappkarton. Für die andere Hälfte mit dem eingeschweißten Plastik wird sich früher oder später ein Feuerzeug finden.

Der Wind weht aus Nordost. Also ist die Nordseite von Wellen gepeitscht. Im Osten liegt der Ort Lampedusa. Die höchsten Klippen liegen im Westen. Und Bilal ist nicht Steve McQueen. Es bleibt keine andere Wahl, Bilal muss durch das Labyrinth aus Häusern und Trockenmauern nach Süden. Die letzten Schimmer des Abendrots weisen ihm den Weg. Aber in der hereinbrechenden Dunkelheit ist es nicht leicht, sich auf einer Insel zu orientieren, die man nie zuvor gesehen hat. Die aus dem Internet heruntergeladene Karte verzeichnet keine Details. Und hier gibt es jede Menge Gässchen und Wege. Die erste Bucht zu Füßen des Hügels wird verworfen, es ist Cala Guitgia, der Strand, wo das Konzert stattfindet. Der Kiosk eines Tabakhändlers taucht auf. Er hat Feuerzeuge. Sobald die Häuser spärlicher werden, öffnet sich mitten in der Landschaft ein Krater. Das ist die zweite Bucht, Cala Croce. Und auch die ist ungeeignet, denn der Strand am Ende des Abhangs und die Bucht werden von Flutlicht angestrahlt. Liegestühle und Sonnenschirme. Junge Männer mit Bierflaschen in der Hand. Ein Stück weiter oben leuchtet das Schild einer Pizzeria. Der Parkplatz ist voll. Pkws, Motorräder, jede Menge Geländewagen. Die Straße führt in einem Bogen hoch zu einer Landzunge. Von dort geht der Blick auf eine schmale Felsschlucht. Die Wellen rollen langsam an den kleinen weißen Sandstrand. Kein Mond steht am Himmel, aber die Augen gewöhnen sich an die Dunkelheit und erkennen den Verlauf der Küste. Die Landzunge von Punta Pagghiareddu, jedenfalls müsste sie es sein. Dann ist die Bucht Cala Madonna. Und auch hier gibt es Liegestühle, Sonnenschirme und Touristen, taghell angestrahlt von Scheinwerferlicht.

Es hat keinen Sinn weiterzugehen. Weiter vorn ist die Insel menschenleer. Laut Plan soll irgendjemand von hier oben die Schreie hören und die Küstenwache alarmieren. Es ist verrückt, ein solches

Theater machen zu müssen. Aber es ist die einzige Möglichkeit, in den großen Käfig von Lampedusa zu gelangen und zu sehen, was dort vor sich geht. Nicht einmal den UN-Beobachtern wurde das Privileg zuteil, das, inschallah, so Gott will, heute Nacht Bilal zuteil werden wird.

Die kleinen Strände der beiden Buchten sind überfüllt und grell beleuchtet. Unmöglich, dort hinunterzugehen und ins Meer zu steigen, ohne gesehen zu werden. Die letzte Hoffnung, gemächlich schwimmend vom Ufer aus das offene Meer zu erreichen, ist zerstoben. Weiter hinten sind lauter Felsen, da geht es schon gar nicht. Bilal hat keine andere Wahl: Er muss von der Klippe springen. Doch auf dem Platz vor der weißen Kirche von Cala Madonna findet eine Veranstaltung statt. Hunderte nehmen an einer Messe unter freiem Himmel teil. Demnach kommt auch dieser Küstenabschnitt nicht infrage.

Ein Spaziergang im Dunkeln, entlang der Trockenmauer, die das Gelände zerteilt, ist der beste Weg, um sich zu entspannen, sich die Zeit zu vertreiben und zu sehen, was dahinter kommt. Auch von Cala Greca oder sogar von Cala Galera, den beiden folgenden Buchten, wäre ein Sprung ins Wasser möglich. Dann müsste Bilal zurückschwimmen bis Punta Pagghiareddu, aber die Strömung könnte zum Problem werden. Auf den gewässerkundlichen Karten aus einer Universitätsbuchhandlung in Rom wiesen die Pfeile nach Südwesten. Auf anderen Karten nach Südosten. In jedem Fall geht die Strömung in Richtung Afrika, und es ist nicht ratsam, sich ihr zu überlassen. Vielleicht könnte man es doch wagen, aber wird die mit Wasser vollgesogene Fleecejacke nicht zu schwer werden? Wird sie ausreichend vor der Kälte schützen?

Da ist jemand auf der Straße. Die Scheinwerfer eines weit entfernten Autos lassen vier Augen aufleuchten. Zwei Hunde. Sie bewachen ein Anwesen. Oder es sind streunende Hunde. Einer ist weiß, der andere dunkel. Sie nähern sich knurrend, als wollten sie sich vorstellen. Der weiße ist ein Neufundländer, sein dunkler Kollege ein riesiger Rottweiler. Also kehrtgemacht. Von hier geht es bergauf. Es wird schon eine Möglichkeit geben, die Trockenmauer zu überwinden und näher an die Klippe heranzukommen. Der Neufundländer bleibt stehen. Der Rottweiler beschließt, den Abend in Gesellschaft zu verbringen. Vielleicht hat er Hunger. Er folgt dem in weitem Bogen geworfenen Stück Brot, beschnuppert es und kehrt zurück, ohne es zu fressen. Nur geht er jetzt mitten auf der Straße. Zwei entgegenkommende Motorräder landen bei ihrem Ausweichmanöver fast in den Feldern. Du machst einen Schritt. Der Hund macht einen Schritt. Du machst zwei Schritte. Der Hund macht zwei Schritte. Du bleibst stehen. Der Rottweiler auch. Immer noch mitten auf der Straße. Sogar durch Steine lässt er sich nicht wegjagen. Und schon beim Versuch, ihn zu verscheuchen, fletscht er die Zähne und bellt. »Was mache ich jetzt, soll ich mich reinstürzen und du hinterher? Dann wäre ich der erste Einwanderer, der mit seinem Hund kommt. Und wer wird mir das glauben?« Der Rottweiler spitzt die Ohren. Dann beschnüffelt er wieder den Straßenrand. Die Trockenmauer. Das ist die Lösung: Ich steige auf die Trockenmauer und gehe auf ihr weiter. Nach wenigen Schritten biegt die Mauer nach rechts. Der Rottweiler geht geradeaus. Und die Landschaft verschwindet in der Dunkelheit.

Man kann das Meer riechen, immer intensiver. Neben der Mauer taucht ein Weg auf, wohl ein Maultierpfad. Er führt zur Klippe. Der letzte Rest der alten Identität muss verbrannt werden, bevor die windumtoste Küste erreicht ist. Aber das Feuerzeug will einfach nicht angehen. Auch nicht, wenn man den Zündstein mit der hohlen Hand schützt. Endlich fängt das Foto Feuer, aber ein Windstoß weht das verschrumpelte Blatt fort. Wo es zu Boden fällt, entzündet es das trockene Gras. Von wegen Internierung in Lampedusa, als vorgetäuschter Illegaler! Hier bereits würde der Abend enden – in Handschellen, als Pyromane. Die Stiefel springen von einer Flamme zur nächsten. Man muss richtig fest aufstampfen, bis der schwache Lichtschein der kleinen Feuer erloschen ist. Das Feuerzeug bleibt auf der Trockenmauer zurück, gut sichtbar, damit es am nächsten Tag jemand mitnehmen kann. Die in Plastik eingeschweißte Ausweisseite ist jetzt nur noch ein dünnes verkohltes Blatt. Ein kräftiger Tritt mit dem Fuß, und es zerbröselt zu Staub. Jetzt bin ich wirklich Bilal Ibrahim el Habib.

Der Maultierpfad endet im Nirgendwo. Ein Rundweg, von den Geländefahrzeugen benutzt, die entlang der Küste patrouillieren. Bilal kehrt nicht um. Er steht zum ersten Mal am Rand der Klippe. Hier oben zu gehen ist schwierig. Lampedusa erhebt sich aus dem Mittelmeer wie eine Kathedrale aus schneidend scharfen Felsklippen. Mit jedem Schritt balanciert man über eine Felsrippe oder Felsspalte. Von hier oben sind keine Wellen zu sehen, man hört nur ihren bedächtigen Atem. Bilal wirft einen Stein hinunter. Ein dumpfer Aufschlag. Ein weiterer Versuch. Dasselbe Geräusch eines auf Felsen aufschlagenden Steins. Er versucht es erneut ein Stück weiter links. Jetzt das typische Geräusch eines in tiefes Wasser tauchenden Steins. Noch drei Würfe, ein paar Meter weiter. Einen Stein lässt er senkrecht die Felswand hinunterfallen. Auch hier ist das Geräusch ermutigend. Mit drei aufeinandergeschichteten Steinen markiert er die Stelle. Es ist so dunkel, dass jedes Mal, wenn ein Auto weit entfernt die Kurve nimmt, Bilal vom Scheinwerferkegel erfasst und sein Schatten über die gesamte Landzunge geworfen wird.

Hier stehen zu bleiben ist zu riskant, aber es gibt nirgendwo Deckung. Weder Bäume noch Sträucher. Das nächstliegende Versteck ist ein Spalt zwischen zwei Felsen wenige Meter unterhalb des Maultierpfads, auf halber Höhe des Abhangs, der steil ins Meer fällt. Dort kauert sich Bilal zusammen. Nicht gerade bequem. Er öffnet die Tasche, holt die Schwimmweste heraus und stopft sie sich in den Rücken. Hier ist es so steil, dass er, wenn er sich langmacht, fast aufrecht steht. Die Autoscheinwerfer reichen auch bis hierher. Besser, er verdeckt sein blasses Gesicht. In der Tasche seiner Fleecejacke ist das schwarze Bandana. Er hatte gar nicht mehr daran gedacht, jetzt bindet er sich das Tuch um den Kopf. Bilal blickt sich um. Es ist längst zu dunkel, um sich eine andere Stelle zum Springen zu suchen. Er muss Kraft sammeln für die Nacht. Er öffnet eine Dose und isst die Sardinen mit den Fingern, dazu etwas Brot. Trinkt ein paar Schluck Wasser. Als er fertig ist, kippt er das Öl in die hohle Hand und reibt sich damit übers Gesicht. Über den Hals. Streicht sich durchs Haar. Übers T-Shirt. Über die Hose. Bilal muss stinken, schließlich ist er in einem Schiffscontainer von der Türkei nach Italien gekommen. Er kippt noch mehr Öl in die Hand. Auf einmal merkt er, dass er beobachtet wird. Die Scheinwerfer eines Autos beleuchten zwei Augen. Nur ganz kurz. Dann ein Geräusch, schon ganz nah. Er ist wieder da. Dieser Rottweiler. Jetzt durchschneidet ein Lichtkegel die Dunkelheit weit hinten. Er strahlt in den Himmel, wandert wieder abwärts, macht eine Drehung, kommt zurück und taucht die Klippe in blaues blinkendes Licht. Bilal duckt sich zwischen die schützenden Felsen. Der Scheinwerfer bestrahlt den Abhang ein Stückchen höher, wo der Maultierpfad endet. Den Rottweiler scheint das nicht weiter zu stören. Erst als das Geländefahrzeug nicht mehr zu hören ist, bekommt er seine verdiente Ladung Steine. Er verschwindet hechelnd in der Dunkelheit. Eine lange Nacht steht Bilal bevor. Sein Verstand ist hellwach, doch sein Körper braucht Schlaf. Er schließt die Augen und zwingt die Muskeln, sich zu entspannen. Bilal fällt in einen tiefen Schlaf. Niemand auf der Insel kümmert sich um ihn.

Schweißgebadet wacht er auf, er ist aufgeregt. Vom Nacken bis hinunter zu den Hüften schmerzt sein Rücken. Er schätzt die Zeit auf drei Uhr früh. Bilal hat das Gefühl, lange geschlafen zu haben. Zu lange. Der Wind weht Melodiefetzen eines Liedes herüber. Kann es sein, dass dieses Konzert immer noch nicht zu Ende ist? Die Luft trägt das fröhliche Geschrei einer Menschenmenge bis zur Klippe. Das Konzert beginnt. Um drei Uhr früh? Bilal gähnt und schaut zu den Sternen hoch. Er hat sich geirrt. Nach der Position des Großen Wagens am schwarzen Himmel ist es noch nicht mal neun, der Zeitpunkt des Konzertbeginns. Also los, warum bis zur Nacht warten? Er kann den Abend doch nicht dermaßen vergeuden. Bilal macht sich Mut. Er ist regelrecht erleichtert jetzt, da er weiß, er hat alle Zeit der Welt. Er steckt die leere Sardinendose in die Tasche, öffnet eine zweite Dose. Nur so weit, dass er sich mit noch mehr Fischöl einschmieren kann. Er zieht die dicke Fleecejacke an. Stopft die Schwimmweste in die Sporttasche. Und kriecht wie eine Schlange bis an den Rand des Maultierpfads. Bevor er ins Wasser springt, muss er sich vergewissern, dass keine Patrouillen in der Nähe sind. Nichts, nur das Rauschen des Windes. Aber er bleibt weiter auf der Hut und bewegt sich vorsichtig Richtung Absprungstelle. Er findet die aufeinandergeschichteten Steine. Setzt sich. Zieht zügig die Stiefel aus, mit denen er die Sahara von Dakar bis zum Piratenstrand durchquert und viele andere Abenteuer bestanden hat. Zieht die Strümpfe aus. Die Schuhe beschwert er mit einem großen Stein und lässt sie ins Meer fallen. Er legt seine Schwimmweste an, zieht sie zu, so fest es geht, und nähert sich dem Abgrund. Er wird drei Meter weit springen können, wenn überhaupt. Diese mondlose Nacht ist so dunkel, als stünde man am Rand des Universums. Das Wasser ist nicht zu sehen. Etwas bewegt sich. Angst durchzuckt Bilals Körper. Der Rottweiler. Mit seiner roten, fluoreszierenden Schwimmweste ist Bilal weithin sichtbar, das weiß er. Er darf also keine Zeit verlieren. Er wirft die Sporttasche ins Wasser. Setzt zum Sprung an. Bilal Ibrahim el Habib war jahrelang Seemann auf türkischen Frachtschiffen. Er muss wissen, dass der Aufprall auf dem Wasser heftig sein wird, auch wenn er mit den Füßen aufkommt. Er muss die Arme vor der Brust verschränken. Mit den Händen die Schultern umklammern, um die Schwimmweste nicht zu verlieren. Das Kinn auf die Brust drücken.

Er muss versuchen, genau dann zu springen, wenn unter ihm ein Wellenberg angelaufen ist, dann den Rückstrom nutzen und sich schnellstmöglich von den Klippen entfernen. Monatelang, seit ich die Szene in *Papillon* gesehen habe, habe ich diesen Augenblick durchgespielt, immer wieder. Den Sturz ins Meer. Und jetzt, da es so weit ist, kann ich ihn nicht auskosten. Eins. Zwei. Adieu, Rottweiler. Bei drei umschließt die Kälte bereits den Körper. Und was für eine Kälte. Vielleicht hätte er diesen Teil der Operation besser vorbereiten sollen. Es ist kein Hochsommer mehr. Der Körper fängt schlagartig an zu zittern. Der Atem geht schneller. Ein einziges Aufbäumen, Schütteln, Zucken, völlig unkontrollierbar. Die Kälte ist lähmend und die Klippe ganz nah. An ihrem Rand der streunende Hund, der in diesem Moment vielleicht verdutzt in die Tiefe blickt. Seine gedrungene Gestalt reglos, nur in Umrissen erkennbar. Und plötzlich ist er verschwunden, an seiner Stelle eine Handvoll Sterne.

Bilal birgt die Sporttasche. Von der Strömung getrieben, driftet sie langsam Richtung Tunesien. Sie ist mit Luft gefüllt, das erleichtert es ihm, oben zu bleiben. Bilal legt sie sich auf die Brust, die Schlaufe des Griffs im Nacken. Er hat diese Rückenposition noch nie ausprobiert, aber er wusste, dass es funktioniert. Der Kopf wird von der Griffschlaufe hochgehalten, die Hände umklammern die Tasche, und mit der Schwimmweste bekleidet, ist es wie auf einem Sessel. Das Geräusch der Wellen und ein dünner weißer Schaum – hier das Mittelmeer, da das Festland, Europa. Das bedrohliche Gurgeln der Brandung. Bilal muss zusehen, dass er sich weiter von den Klippen entfernt. Mit jeder Bewegung bringen Hände und Unterarme einen neuen Planktonschwarm zum Leuchten. Aber es ist noch zu früh, um sich ablenken zu lassen.

Als er weit genug draußen ist, lässt er sich treiben, um die Strömungs- und Windrichtung zu erkunden. Den Schock des kalten Wassers hat er immer noch nicht ganz überwunden. Bilal klappert jetzt heftig mit den Zähnen. Himmel und Meer haben dieselbe Farbe. In der Dunkelheit erkennt er selbst hohe Wellen erst im letzten Moment. Als würden sie sich vom Himmel lösen, um sich in selbstmörderischer Absicht gegen die Felswand zu werfen. Wind und Strömung tragen ihn aufs offene Meer hinaus. Er muss so schnell wie möglich nach Punta Pagghiareddu gelangen. Während er weiter auf dem Rücken schwimmt, umsprühen Bilals Körper immer neue Funken. Im Wasser entsteht eine lange Spur wunderschöner grüner Perlen. Hier gibt es so viel Plankton, dass man nur das kristallklare Wasser bewegen muss, um es zum Leuchten zu bringen. Und das ist gefährlich. Vom Ufer aus könnte ihn jemand früher als geplant entdecken.

Laut Plan muss Bilal mindestens eine Stunde im Wasser bleiben. Damit die Kälte und das salzige Wasser die Haut runzlig machen und aufquellen lassen. Ein geschultes Auge erkennt sofort, ob ein Körper mehrere Stunden oder nur ein paar Minuten im Wasser war.

Die Wellen rollen sanft in die schmale Bucht von Cala Madonna. Das Flutlicht beleuchtet eine Gruppe Jugendlicher am Strand. Etwa hundert Meter von ihnen entfernt liegt ein kleines Holzboot vor Anker. Bilal dreht sich auf den Bauch. Er bewegt nur die Beine. Die Nase knapp über Wasser, um atmen zu können, die Hände umklammern die Sporttasche. Unbemerkt erreicht er das Heck des Bootes. Ein ideales Versteck. Er betrachtet seine Hände. Das Salzwasser hat bereits seine Wirkung getan und die Klebstoffschicht vollständig entfernt, die seine Fingerabdrücke unkenntlich machen sollte. Ganz ruhig. Wenigstens fröstelt ihn jetzt nicht mehr. Sein Körper ist warm geworden. Bilal hat das Gefühl, er könnte die ganze Nacht im Wasser bleiben. Ab und zu lugt er hinter dem Bootsheck hervor, um zu sehen, ob die Jugendlichen nicht auf die Idee verfallen, bis zum Boot zu schwimmen. Er bewegt weiter die Beine, um den Kreislauf in Schwung zu halten. Aber vor allem wegen des Schauspiels der funkelnden Planktonperlen um seine Füße. Wieder ein Blick auf die Jugendlichen. Sie sind weg. Und wer soll jetzt seine Hilferufe hören?

Auch die Landzunge ist menschenleer. Am Himmel über dem Ort geistern leuchtende Scheiben aus Laserlicht. Der Wind trägt Melodiefetzen heran. Das Konzert ist infernalisch laut. Damit etwas passieren kann, muss er von Cala Madonna weg, muss ins offene Meer hinausschwimmen, auch damit er nicht wieder gegen die Felsen getrieben wird. Ein paar Hundert Meter weit draußen liegt ein kleiner Frachter vor Anker. Wenn der Strand verlassen ist, kann sich Bilal wenigstens von der Besatzung herausfischen lassen. Sie werden die Hafenbehörde benachrichtigen, um den Illegalen herauszuholen. Dann wäre sein Ziel erreicht. Auf dem offenen Meer taucht ganz kurz der Gedanke an Haie auf. Keine Rückenflosse, nur der Gedanke daran. Und gleich darauf das Bild der Tausenden, die in diesem Meer ertrunken sind. Ihn beeindruckt die Vorstellung, dass er jetzt von Fluten umspült und von dunklen Wellen geschaukelt wird, die von da kommen, woher die Flüchtlinge aufgebrochen sind. Vielleicht fühlt sich Bilal deshalb nicht müde. Er weiß, er ist ein schlechter Schwimmer. Normalerweise schafft er nicht mehr als fünfzig Meter am Stück. Aber in dieser Nacht sind seine Arme warm und kräftig wie nie zuvor. Ihre Stöße tragen ihn noch weiter hinaus, bis er die dunklen Konturen fast der ganzen Insel vor Augen hat. Eine sehr hohe Welle erlaubt ihm, die Entfernung des Frachters genauer abzuschätzen. Etwa zwei Kilometer. Zu gefährlich, sich so weit hinauszuwagen.

Bilal ruht sich aus und lässt sich treiben. Eine heftige Windböe sagt ihm, dass sich der ablandige Wind verstärkt. Eine kräftige Brise, und um gegen sie anzukommen, muss er fest mit den Armen rudern. Auf Punta Pagghiareddu blinken die hell erleuchteten Fenster einer großen Villa. Dort ist einiges los. Jugendliche, Autos, Mopeds. Vielleicht ist das Konzert zu Ende. Bilal schreit. *Help!* Mit unendlich lang gezogenem »e«. Es überrascht ihn, dass er noch so viel Kraft hat. *Help!* Aber er ist nicht sicher, ob seine Stimme das Geräusch der anbrandenden Wellen übertönt. Er schwimmt bis auf hundert Meter an die Klippen heran. *Help!* Selbst von hier sind Autos und Mopeds zu hören, ja sogar die Stimmen der Leute, die in die Villa hineingehen. Vielleicht ist es ein Hotel. *Help!* Ein kleiner Pkw fährt in den Garten der Villa. Ein Mann steigt aus. Er horcht in die Nacht und ruft: »Hey, hey, was ist denn los?« Wieso ›Was ist denn los‹? Da schreit jemand aus dem Meer um Hilfe, und das Einzige, was man zur Antwort bekommt, ist: Was ist denn los? Bilal rafft seine ganze Energie zusammen und brüllt aus Leibeskräften. Die Stimme eines Tiers. *Heeelp!* Der Mann verschwindet im Garten der Villa. Alles umsonst.

Bilal kann es nicht fassen. Er ist empört. Wütend auf die ganze Welt. Da ruft einer um Hilfe und wird nur verarscht. Unglaublich. Aber wie kann es sein, dass dieser Mann es nicht kapiert hat? Vielleicht muss Bilal schon jetzt, noch im Wasser, seine Strategie ändern. Zu dumm, dass seine Haut so hell ist. Selbst wenn er sich triefend nass und stinkend bei der Polizei meldete, würden sie ihn für einen betrunkenen Touristen halten. Sie würden ihn sofort identifizieren. Nicht erst im Internierungslager. Und das wäre ein schlechter Witz. Weitere Stunden vergehen schreiend im Wasser. Die Strömung treibt Bilal langsam aufs offene Meer hinaus. Um nicht zu weit abgetrieben zu werden, muss er gegen die Strömung anschwimmen. Er sieht und hört alles, was sich im Umkreis der Villa abspielt. Ein Mann taucht an der offenen Tür auf und macht Anstalten, sie zu schließen. Der Plan ist also gescheitert. *Heeelp!* Der Mann bleibt stehen, nähert sich der Klippe. Aber gleich danach kehrt er in den Garten der Villa zurück. Dann fährt ein Pkw heraus, derselbe, der vorhin gekommen ist. Mit eingeschaltetem Fernlicht hält er am Rand der Klippe an, die Scheinwerfer aufs Meer gerichtet. Er steigt aus. Auch er schreit: »Ist da jemand? Ist da jemand im Wasser?« Weitere Leute kommen aus dem Garten. »Was ist denn los?«, ruft jemand. Bilal brüllt noch lauter. Wärme durchflutet seinen Körper von den nackten Füßen bis zum Kopf. »Los, los«, hört er Stimmen auf der Klippe. »Da ist jemand im Wasser.« *Help!* Bilal macht sich Mut. Bilal, es ist geschafft. Mehrere Leute sind jetzt da oben zu sehen. Bilal muss alle seine Kräfte mobilisieren, damit niemand runterzuklettern, sich ins Wasser zu stürzen und sein Leben aufs Spiel zu setzen braucht, um Bilal zu retten. Er hat diese Situation vorhergesehen und ist darauf vorbereitet. Er nimmt die Sporttasche von der Brust und schwimmt Freistil, so schnell wie noch nie. Sich an der Klippe festzuklammern ist vielleicht der gefährlichste Teil des ganzen Unternehmens: hochzuklettern, ganz aus eigener Kraft. Und er muss sich beeilen, wenn er seinen Rettern zuvorkommen will.

In der Dunkelheit entdeckt Bilal einen Felsvorsprung, der bestens geeignet scheint. Wenig Schaum, was bedeutet, dass die Wellen nicht so hart an die Klippe schlagen. Im Übrigen bleibt keine Zeit, eine bessere Stelle zu suchen. Endlich berührt er den Felsen, glitschig wie Eis, aber wie eine Treppe geformt. Bilal betastet die stufenartigen Vorsprünge, sie sind mit Muscheln bedeckt, deren Kanten messerscharf sind. Eine lange Welle erfasst seine Schultern. Schnell greift Bilal nach dem Vorsprung und klammert sich fest, bevor ihn die nachfolgende Welle ins Meer zurücktragen kann. Er klettert ein paar Meter hoch. Bis hinauf zu den Männern und Frauen, die ihm zu Hilfe eilen, ihn beim Gehen stützen und auf einen natürlichen Balkon am Boden betten. »Wo kommt der denn her?«, fragt ein Fünfzigjähriger mit Bauch in T-Shirt, Shorts und Strandschlappen. »Weiß der Himmel«, antwortet ein anderer und wendet den Blick zum schwarzen Horizont. »Er trägt eine Rettungsweste. Er wird aus einem Segelboot gefallen sein.«

Das fängt ja gar nicht gut an. Aber Bilal spricht kein Italienisch. Er darf nicht verstehen, was sie sagen. Der Wind ist kalt. Ihm ist eiskalt. Bilal will aufstehen. Zum ersten Mal betrachtet er seine Füße und Hände. Er ist beeindruckt. Sie sind schneeweiß. Er muss sofort aufstehen, um den Kreislauf wieder in Schwung zu bringen. Aber seine beiden Helfer zwingen ihn, liegen zu bleiben. »Wenn man bedenkt, dass der Ärmste fast fünf Stunden lang um Hilfe gerufen hat«, erzählt er dem Mann in Shorts. »Ich habe ihn schreien hören. Ich dachte, es wäre einer von diesen betrunkenen Touristen, die unten am Strand schlafen, und ich habe ihm sogar geantwortet: ›Was ist denn los?‹ Madonna mia, verzeih mir. Der ist ja eiskalt. Er bibbert vor Kälte.«

Die beiden reiben ihm abwechselnd Füße und Brust. Der in Shorts und Schlappen spricht den Dialekt von Lampedusa. Der andere ist offenbar aus Rom. Der Mann in Shorts zieht sein T-Shirt aus, breitet es über Bilals Oberkörper und legt sich bäuchlings auf ihn. Er ist verdammt schwer. Aber seine Körperwärme geht auf Bilal über. »Los«, ruft er zur Villa hoch, »jemand soll eine Decke bringen, sonst stirbt der noch vor Kälte.« Auch er braucht wohl schon eine Decke. »Gleich kriegst du eine Decke, dann wird dir warm«, sagt er und reibt Bilal die Füße. Bilals Körper bäumt sich immer noch in krampfhaften Zuckungen. »Sprichst du Italienisch?«, fragt der mit dem römischen Akzent, ein groß gewachsener Mann mit modischen Schuhen, Jeans und Baumwollpulli. Bilal antwortet nicht. Er kann nicht. »Ich Pietro, und du?« Bilal darf nichts verstehen. Pietro beugt sich über ihn. »Ich Pietro«, wiederholt er und schlägt sich mit der Hand auf die Brust. »Und du?« Bilal beobachtet ihn schweigend, bevor er heraussprudelt: »Bilal. Bilal Ibrahim.«

»Ibrahim? Aber das ist ein Illegaler«, ruft der Helfer in Shorts und Schlappen. »Wir müssen einen Krankenwagen holen. Einen Krankenwagen. Und sagt, dass wir einen Illegalen rausgefischt haben. Wir müssen den Carabinieri Bescheid geben, jemand soll die Carabinieri anrufen«, ruft Pietro den Schaulustigen oben auf der Klippe zu. »Los, werd endlich warm«, sagt der Mann in Shorts und reibt mit seinen großen Händen weiter Bilals Brust und Füße. »Der ist bestimmt nicht allein gekommen. Sicher sind noch andere arme Teufel im Meer.« Die beiden stehen auf und schauen in die Nacht. Jetzt bloß kein falscher Alarm. »No other people. Bilal, only Bilal«, wiederholt er und hebt den Zeigefinger der rechten Hand. »Was sagt er?«, fragt der Helfer in Shorts, »ich spreche kein Englisch.« »Ich auch nicht«, antwortet Pietro. »Bilal one. Only Bilal.« Nichts zu machen. »Er wird mit einem Flüchtlingsboot gekommen sein«, sagt Pietro. »Schaut mal, da schwimmt was im Wasser. Ein Toter. Das ist eine Leiche.« Schlagartig verstummt das Gemurmel. Alle schauen in dieselbe Richtung. Bilal hebt den Kopf, nur ein wenig, damit man ihm keinen Vorwurf machen kann. Und im Scheinwerferkegel des Pkw, der immer noch aufs Wasser strahlt, sieht er, dass die Wellen ein schwarzes Bündel Richtung Cala Madonna tragen: Sie bringen ihm die Sporttasche zurück.

Bilal versucht auf Englisch zu sagen: nein, kein Toter. Er sagt es auch mit den Fingern und dem Kopf. Aber keiner hört ihm zu. »Es ist eine Leiche«, konstatiert der Mann in Shorts. »Bringt mir eine Hacke, ich will sie ans Ufer ziehen.« Oben auf der Klippe verlangt ein Übereifriger wieder nach den Carabinieri. Der Mann mit der Hacke lässt das dunkle Ding nicht aus den Augen, das zum Glück an eine leicht zugängliche Stelle getrieben wird. Die Hacke taucht mit einem leisen Platsch ins Wasser und kriegt den Riemen zu fassen. »Es ist kein Toter«, ruft der Helfer in Shorts, »es ist eine Tasche.« Sie öffnen sie direkt neben Bilal. Wieder das Gemurmel der Schaulustigen, lauter jetzt. »Da ist ein Hemd drin. Konservenbüchsen. Irgendeine Pampe. Seine Sandalen. Der ist wirklich ein Illegaler«, meint der Mann in Shorts kopfschüttelnd. »Aber wie ist er bis hierher gekommen?« Pietro wendet sich wieder an die anderen. »Die Carabinieri, hat schon jemand die Carabinieri angerufen?« »Die sagen, sie haben mit dem Konzert alle Hände voll zu tun. Heute Abend sind die Politiker da«, kommt von oben die Antwort. »Aber sie versuchen, die Küstenwache zu benachrichtigen.«

Bilal liegt auf einem Strandbadetuch und ist mit einer dicken Wolldecke zugedeckt. Seine Augen beobachten die Gesichter der Helfer und Schaulustigen, die ihn umringen. Plötzlich tritt ein braun gebrannter Mann ganz in Weiß vor und inspiziert die Schwimmweste. Er legt sie neben die Sporttasche.

»Sprichst du Englisch?«, fragt er auf Englisch. Bilal nickt. »Woher kommst du?« »Kurdistan.« »Wo sind die anderen, die mit dir gekommen sind?« »Es gibt niemanden, nur mich.« »Und wie bist du bis hierher gekommen?« »Erst auf einem Schiff. Dann auf einem kleinen Boot, das gesunken ist. Und dann bin ich geschwommen.« »Allein. Bist du sicher?« »Ja, allein. Es war niemand sonst bei mir.« Der junge Mann in Weiß steht auf und spricht in sein Mobiltelefon.

»Er sagt, er ist allein. Ja, Kommandant, ich lasse die Küste kontrollieren. Ein Boot könnte sich leicht zwischen den Felsklippen verstecken. Oder der hier dient nur als Ablenkungsmanöver, damit die anderen in aller Ruhe an Land gehen können. Ja, Kommandant, ein Krankenwagen ist bereits unterwegs. Der Mann ist unterkühlt und wird in die Notaufnahme gebracht.« Bilal kann auf diese italienisch gesprochenen Sätze nichts antworten. Aber er versucht es auf Englisch, so gut er kann. Er beteuert, ihm sei nicht kalt, er fühle sich unter der Decke schon sehr viel besser. Und vor allem sagt er, dass sie nicht zu suchen brauchen, weil er ganz allein gekommen ist. Der Beamte der Küstenwache hört ihm nicht einmal zu. Er grüßt in die Runde und verschwindet.

Jemand in Bilals Rücken sagt, der Krankenwagen habe sich verfahren. Sie schicken zwei Jugendliche auf dem Moped zur Straße hoch. Bilal gibt zu verstehen, dass er gehen kann, aber sie lassen ihn nicht. Sie legen ihn auf eine Trage, und so kommt er in die Notaufnahme.

10

Internierungslager Lampedusa, Italien

Er ist unterkühlt«, sagt der Arzt zu einer Krankenschwester, nachdem er Bilals Hände und Füße untersucht hat. »Nehmen Sie eine Flasche Kochsalzlösung und halten sie sie unter warmes Wasser. Wenn sie lauwarm ist, injizieren wir sie ihm. Er war wohl nicht allzu lange im Wasser. Aber die Meerestemperatur ist auf neunzehn, zwanzig Grad gesunken.« Lampedusa ist seit Jahren ein internationaler Schnittpunkt, aber niemand hat diesen Helfern Englisch oder Französisch beigebracht, von Arabisch ganz zu schweigen. Eine Krankenschwester gibt mir zu verstehen, dass ich die nassen Sachen ausziehen soll. Also runter mit der schwarzen Stoffhose, der schweren Fleecejacke, an der das Plankton funkelte. Runter mit dem Sweatshirt, dem Baumwoll-T-Shirt. »Alles. Nein, nein«, ruft die Krankenschwester, »die Boxershorts nicht.« Bilal kehrt zur Pritsche zurück. Man setzt ihm die Injektionsnadel, legt ihm die Elektroden des EKG an. Eine liebreizende Krankenschwester kommt zu ihm und schaut ihn an.

»Have you pain?«, fragt sie ihn leise. »Pain?« »Yes, have you pain?«, wiederholt sie lächelnd. »No pain. No pain.« Bilal möchte nur zu gern wissen, ob die Carabinieri benachrichtigt worden sind. Ob er in den großen Käfig kommen wird. Er stellt ihr ein paar Fragen. Aber die Englischkenntnisse der Krankenschwester sind begrenzt. »Herz normal«, konstatiert der Arzt und entfernt die Elektroden. Sie messen seinen Blutdruck. Normal. Die liebreizende Krankenschwester kommt mit einem Glas warmer Milch. Ein älterer Kollege bringt Bilal ein mit Käse und Schinken belegtes Brötchen. Bilal weiß nicht, wer draußen auf ihn wartet. Wenn er keinen Verdacht erregen will, darf er keinen Schinken essen. Jemand könnte denken, er sei Muslim. Bilal beäugt das Brötchen, ohne hineinzubeißen. »Stimmt irgendwas nicht?«, fragt die Krankenschwester. Bilal schaut sie an. »Ah, ich verstehe«, sagt sie und nimmt kurzerhand den Schinken raus. »Was hat er denn?«, fragt ein Mann hinter ihr. »Ich versteh es ja auch nicht: Diese Leute essen kein Schweinefleisch. Aber wenn er es so gewohnt ist«, fährt die Frau fort, »dann müssen wir es eben respektieren.«

Ein Pfleger will Bilals Namen und Nationalität wissen. Die Krankenschwester, die etwas Englisch kann, übersetzt. Bilal antwortet. Und mit einem Trick versucht er zu erfahren, was ihm bevorsteht. »Station, please? Station?« Ein Mann ohne weißen Kittel tritt näher und kommentiert die Frage in stark sizilianischem Akzent. »Oho, dieser Sohn des Meeres hier möchte zum Bahnhof. Nein, mein Freund. Hier nix Bahnhof. Du bist hier auf Lampedusa. Hier nix Bahnhof. Nix Zug. Hier ist nur das Meer.« Die jüngere Krankenschwester kommt zurück. »Wohin willst du?«, fragt sie auf Englisch. »Germany.« Ein anderer Pfleger schreibt den Befund. »Wann wollten die Carabinieri da sein?«, fragt er seine Kollegen. »Du gehst jetzt mit den Carabinieri«, sagt der kittellose Pfleger. Bilal lauscht seinen Worten. Der andere ahnt, dass Bilal ihn nicht verstanden hat. »Du Carabinieri. Police.« »Police, no police«, fleht Bilal und schaut die Krankenschwester beschwörend an. »Ja, mein Schatz, was soll ich machen? Wir müssen dich den Carabinieri übergeben.« Bilal ist am Ziel. Nicht einmal sie bemüht sich jetzt mehr, Englisch zu sprechen. Gleich darauf hört er gemurmelte Gesprächsfetzen. »Er tut mir so leid. Mussten wir wirklich die Carabinieri rufen?« »Was sollen wir machen, ihn laufen lassen?«

Die Carabinieri kommen. Die Frauen verlassen den Raum. Jetzt muss Bilal auch seine Boxershorts ausziehen. »Alles nass«, sagt ein Pfleger. »Zieh dir das hier an.« Es ist ein blaues Outfit für den OP-Saal. Aber die Sachen müssen im kochend heißen Wasser eingegangen sein. Die Hose ist viel zu kurz und bedeckt kaum den Po, der Kittel so eng, dass Bilal nicht einmal den Arm heben kann. Die Krankenschwester kann sich das Lachen kaum verkneifen. »Entschuldige, mein Freund«, sagt sie, »aber wir haben nichts anderes zum Anziehen.« Bilal lächelt ihr dankbar zu. Die Carabinieri haben es eilig. Viel zu lange Schritte für diese enge Hose. Sie verfrachten Bilal in ihr schwarzes Auto. Die Scheinwerfer tasten sich durch die menschenleere Ortschaft bis zu einer Einbahnstraße neben dem Flughafen. Ganz hinten rechts ein grünes Tor, dicht mit Stacheldraht bewehrt. Ein Carabiniere in Einsatzanzug, Einsatzstiefeln und Pistole im Halfter öffnet.

Vor diesem Tor sind hehre mitmenschliche Gefühle fehl am Platz. Nichts mehr von der einigenden Kraft des Bewusstseins, das aus allen Erdenbürgern freie Menschen macht, nicht Mann und Frau, Freund und Feind, Einheimische und Fremde, Staatsbürger und Illegale. Nichts mehr von jenem großartigen Impuls, der in dieser Nacht einen wildfremden Bewohner Lampedusas dazu bewogen hat, mir sein T-Shirt zu leihen und mich mit seinem eigenen Körper zu wärmen. Der die Krankenschwester in der Notaufnahme lächeln und ihre Kollegin kurzerhand die Scheibe Schinken vom Brötchen nehmen ließ. Hinter diesem Tor gelten nur noch staatliche Abkommen. Die Lügen ihrer Regierungen. Der Verrat ihrer Parlamente. Hinter diesem grünen Tor sind wir keine Individuen mehr. Wir sind nur noch das, was wir sind.

Bilal bewegt sich unbeholfen zwischen den Carabinieri. »Den haben sie uns aus der Notaufnahme übergeben«, sagen sie zu ihrem Kollegen im Einsatzanzug. Bilal, den Kopf gesenkt, wird in einen kleinen Hof geführt, wo ihn andere Carabinieri erwarten sowie ein Mann in der gelben Uniform der privaten Lagerverwaltung. Der Mann gibt Bilal ein Glas Wasser und vier einzeln verpackte Croissants. Dann zieht er aus einem Wäschebeutel ein T-Shirt und einen Trainingsanzug, weiß mit vier seitlichen blauen Streifen. »Zieh das an, das ist wärmer«, sagt er. »Wie heißt du? Woher kommst du?«, will einer der Carabinieri wissen. »I don't understand«, murmelt Bilal. Die Frage wird in radebrechendem Englisch wiederholt: »What is ze contry you are from?« »Kurdistan.« »Kurdistan? Der will Kurde sein? Ist ja weißer als ich«, sagt er in sizilianischem Dialekt, und ein sehr braun gebrannter Carabiniere meint lachend: »So schwarz wie ich bin, könnte ich Kurde sein.« Bilal hält die Augen auf seine abgetragenen Sandalen gesenkt und hört zu. »Ein Kurde, der Englisch spricht. Wer weiß. Der wird schon kein Journalist von CNN sein, den sie hier eingeschleust haben.« »Vielleicht ist er ja ein italienischer Journalist.« »Ach wo, so was machen Italiener nicht«, antwortet der Erste. Gefahr gebannt. »Bilal, you must tell ze verity«, donnert ein Carabiniere, »du musst ze verity sagen.« »Ze verity, understand? Wenn nicht, bam bam«, und er mimt Ohrfeigen. Verity? Wahrheit heißt auf Englisch *truth*. Ist das ein Fehler oder eine Falle?

»Bilal, komm«, ruft der in der gelben Uniform. Er zieht eine Schaumstoffmatratze von einem Stapel und legt sie in den Korridor zwischen eine Reihe sauberer Toilettenschüsseln und gegenüber der Tür zu einem sehr schmutzigen Klo. Er breitet ein dünnes Papierlaken auf die Matratze. »Heute Nacht lassen wir ihn hier schlafen«, sagt er zu den Carabinieri. Ein anderer Einwanderer schnarcht, in eine Decke gewickelt wie eine Mumie. Durch eine halb offene Tür sieht man Dutzende Frauen am Boden liegen. Auch ein Kind. Von einem Carabiniere beschattet, geht Bilal zur Toilette. Als er zurückkommt, ist sein Platz besetzt. Mehr als zweihundert Fliegen haben gedacht, dieses frische weiße Papierlaken, dünn wie Toilettenpapier, sei für sie. Aber es sind wohlerzogene Fliegen. Sie erheben sich, als Bilal kommt, und lassen sich erst auf ihm nieder, nachdem er sich hingelegt hat. Der Versuch, sie zu verscheuchen, ist ein verlorener Kampf.

Vom Boden steigt beißender Uringestank hoch. Das Deckenlicht geht nicht aus. Die Carabinieri reden und lachen laut, die ganze Nacht. Bilal findet keinen Schlaf. Und dann sein Problem mit der Hautfarbe. Einem Carabiniere ist es sofort aufgefallen. Bis morgen früh muss Bilal eine glaubwürdige Erklärung finden. Vielleicht diese: Bilal ist so hell, weil sein Vater Kurde ist und seine Mutter Bosnierin.

Das Morgengrauen kündigt sich mit ohrenbetäubendem Lärm an. Im Halbschlaf klingt es wie das Geräusch eines Staubsaugers. Oder einer Bohnermaschine. Nein, dafür ist es zu laut. Außerdem ist weit und breit niemand zu sehen, der sauber macht. Der Geruch ist des Rätsels Lösung: Kerosin, der Treibstoff für Düsenjets vom Flughafen gleich nebenan. Internierungslager liegen immer in der Nähe von Flughäfen. Die Verbrennungsgase aus den Turbinen eines manövrierenden Airbus werden direkt in die Fenster des Raums geblasen, wo die Frauen und Kinder schlafen. Es ist noch dunkel, aber jetzt sind alle wach. Aus dem Zimmer nebenan kommen Eritreerinnen oder Äthiopierinnen, aus einer anderen Tür weitere Frauen, unter ihnen eine Hochschwangere. Sie sind schnell gezählt: rund fünfzig Teenager und Erwachsene. Hinzu kommen Bilal und dieser zweite Mann, der im Flur schläft. Für sie alle gibt es nur ein WC, vier Duschen und ein paar Waschbecken. Bilal hat sie gezählt. Heute Nacht musste er ständig auf die Toilette. Schuld daran ist die Flüssigkeit, die sie ihm injiziert haben. Die Carabinieri glaubten, er treibe ein Spiel mit ihnen. Sie wurden richtig wütend, vor allem, als Bilal die Toiletten verwechselte. Die Carabinieri wollen nämlich nicht, dass man ihre Stehtoiletten benutzt, die Einzigen, die angenehm nach Desinfektionsmittel riechen.

Bilal tut, als würde er schlafen, um Fragen und Unannehmlichkeiten aus dem Weg zu gehen, aber er hört und sieht alles. Carabinieri und auch einige Polizisten laufen hin und her. Sie fragen sich, ob er tatsächlich Kurde ist. Beim Schichtwechsel führen die Carabinieri ihre Kollegen zu dem Neuankömmling, der schwimmend zur Insel kam. Einige reden im Korridor laut miteinander. »Der will Kurde sein? Ist doch blass wie ein Mailänder.« Wenn das so weitergeht, wird es für Bilal schwer werden, an seiner Rolle festzuhalten. Falls sie Fingerabdrücke nehmen und sich mit der Mailänder Polizei in Verbindung setzen, kommt die Wahrheit ans Licht.

Die Afrikanerinnen vertreiben sich die Zeit mit Zöpfeflechten. Eine, kaum älter als zwanzig, hat ihre Fingernägel nur zur Hälfte lackiert. Der obere Teil ist mit einer dünnen Schicht Perlmuttfarbe verschönert, der nachgewachsene Teil der Nägel ungepflegt. Vielleicht hat ihre Reise da begonnen, wo der Nagellack aufhört. Draußen im kleinen Hof hängen die nassen Schuhe, Hosen und Hemden der Neuankömmlinge. Gestern Abend sind hunderteinundsechzig

Flüchtlinge hier an Land gegangen. Später noch einmal siebenunddreißig. Und dann Bilal. Ein Koran liegt zum Trocknen in der Sonne. »Bilal!«, brüllt eine Stimme. »Du«, sagt ein Polizist und macht Bilal ein Zeichen, ihm zu folgen.

Sofort wird klar, wie sie arbeiten. Der Militärpolizei, also den Carabinieri, obliegt die Überwachung und die Sicherheit im Lager, der Staatspolizei die Identifizierung und das Verhör der illegal Eingereisten. Hoffen wir, dass es so einfach ist wie in der Schweiz, wo Bilal Agron Ndreci war. Damals hatten sie einen Dolmetscher geholt. Die Tessiner Polizisten stellten ihre Fragen auf Italienisch, der Dolmetscher übersetzte ins Albanische. Und Agron Ndreci, der kein Albanisch sprach, wartete das Ende der Übersetzung ab und antwortete dann in einem lächerlichen, radebrechenden Italienisch. So ging es mehr als eine Stunde lang. Bis der Dolmetscher ihm eine Frage stellte. Natürlich auf Albanisch. Um nicht aufzufliegen, antwortete Agron Ndreci mit den einzigen Worten, die er auf Albanisch kannte: »Guten Tag, gute Nacht, eins, zwei, drei, vielen Dank, auf Wiedersehen. Wie geht es dir?« Das Ganze zwei Mal. Die Polizisten machten dem Dolmetscher Vorwürfe. Er dürfe nicht in einer Sprache sprechen, die sie nicht verstünden. Sie merkten nicht, dass nicht einmal wir beide uns verständigen konnten. Ein Blick genügte. Agron Ndreci warf dem Dolmetscher einen so bösen Blick zu, dass er, nur ein Medizinstudent und wegen illegaler Einreise festgenommen, Angst bekam und nichts mehr sagte. Aber die Polizisten in Lampedusa sind nicht so unaufmerksam wie die in der Schweiz. Es sind Sizilianer von Antimafia-Einheiten und gewohnt, nicht nur in den Worten, sondern auch in den Augen zu lesen.

Das Identifizierungsbüro ist ein großer Raum mit vier Schreibtischen. Bilal wird aufgefordert, hinten rechts Platz zu nehmen. Vor ihm zwei Polizisten in Zivil, ein Computer und ein junger Mann mit Gesichtszügen wie ein Berber. Der Dolmetscher. »Sprichst du Arabisch?«, fragt er auf Arabisch. »Ja«, antwortet Bilal auf Arabisch. »Woher kommst du?« »Ich komme aus Kurdistan«, sagt Bilal auf Arabisch, aber er fährt auf Englisch fort: »Ich möchte auf Englisch weitersprechen. Arabisch ist nicht meine Sprache. Die Araber haben mein Land besetzt.« Die freie Wahl der Sprache ist der erste Punkt auf der Liste mit den »Rechten der Zuwanderer«, die, auf dem Briefpapier der Präfektur gedruckt, im Flur aushängt. Am Verhör nimmt auch eine junge Frau teil. Sie trägt ein T-Shirt in den Tarnfarben der US-Armee. Sie wird mit »Dottoressa« angesprochen. Sie will alles wissen. Bilal sagt, dass er nach Deutschland möchte; er sei in der Türkei in den Container eines Frachtschiffs eingesperrt und ein paar Meilen vor der italienischen Küste auf ein Motorboot gebracht worden, das dann auseinandergebrochen und gesunken sei. Der Achterspiegel habe das Gewicht des Motors nicht mehr getragen. Und Bilal habe sich schwimmend retten können. Sie wollen wissen, was die arabischen Schriftzeichen auf der Schwimmweste bedeuten. »Da steht: Glück 3. Vielleicht ist es der Name eines Bootes«, sagt der Dolmetscher, ein Berber. »Weißt du, was da draufsteht?«, fragt die Dottoressa auf Englisch. Bilal antwortet auf Arabisch und schaut dabei den Dolmetscher an. »Ja, *As-soror talata.*« Und dann auf Englisch, mit Blick zur Dottoressa: »Glück. Wir alle sind nach Europa gekommen, um unser Glück zu finden.« »Gut. Und jetzt fangen wir noch mal von vorne an«, sagt die Dottoressa.

Bilal muss drei Mal die Geschichte seiner Reise erzählen. Sie versuchen, ihn in Widersprüche zu verwickeln. Ein Zivilpolizist stellt ihm eine Fangfrage: »Wenn du Kurde bist, sprichst du Urdu.« »Nein«, unterbricht ihn Bilal. »Urdu ist die Sprache Pakistans.« Sie fragen ihn, was er von der Regierung Erdoğan in der Türkei hält. »He is no good.« Sie wollen wissen, was er auf dem Frachtschiff gegessen hat. Wie viel Geld er bezahlt hat. In welcher Stadt er in den Container gesperrt wurde. »Zwei Wochen in dem Container. Und was hast du gemacht, wenn du aufs Klo musstest?«, platzt der Polizist heraus, der am Computer sitzt und protokolliert. Die Dottoressa übersetzt. Und Bilal wiederholt die Geschichte, die er von vielen echten Einwanderern gehört hat. »Gepinkelt habe ich durch ein Loch im Blech. Für das andere haben sie mich alle zwei Tage, wenn es dunkel war, rausgebracht. Aufs Klo. Aber ich habe den Namen des Schiffs nicht gesehen. Sie haben mir den Kopf nach unten gedrückt.« Sie werden wütend. »Bullshit, Quatsch«, schreit die Dottoressa, »du erzählst uns einen Haufen Lügen. Du kommst nicht aus der Türkei.« Bilal fühlt sich verloren. Vielleicht haben sie etwas gemerkt. Die Dottoressa holt Luft. »Du kommst aus Libyen. Das beweist dieser arabische Schriftzug«, erklärt sie im Brustton der Überzeugung. »Jetzt schicken wir dich zu Gaddafi zurück.« Ein anderer Zivilpolizist kommt hinzu, der dickste von allen. »Dottoressa, überlassen Sie ihn einen Augenblick uns. Wir bringen ihn in die Folterkammer.« Aber vielleicht wollen sie nur testen, ob Bilal Italienisch kann. Ihm Angst einjagen.

Dann wird das Verhör in einer humaneren Lautstärke fortgesetzt. Die Dottoressa ruft in der Carabinieri-Kaserne an und beschwert sich. Warum diejenigen, die Bilal in der Notaufnahme abgeholt haben, kein Protokoll geschrieben hätten. Und warum keiner wisse, wo man ihn aus dem Wasser gefischt und wer ihn ins Lager gebracht hat. Selbstverständlich unternimmt Bilal nichts, um das Problem zu lösen. Die Dottoressa ist am Telefon ziemlich ruppig. »Wie?« Sie hebt die Stimme. »Sperren wir jetzt die Leute ins Lager ein, ohne sie zu registrieren? Gut, wenn der Maresciallo das so entschieden hat, dann sag ihm, er ist ein Vollidiot.« Danach setzt sie sich wieder an den Schreibtisch und macht mit dem Verhör weiter. Noch mal von vorn. Sie stellt Fragen zur Überfahrt. Zu Bilals Beruf. »Was war sein Beruf?«, fragt der Polizist am Computer, der kein Englisch kann. »Er sagt, er war *worker* auf Schiffen, Arbeiter.« Bilal erzählt, und die Dottoressa übersetzt: »Er war allein auf dem Boot, und als es gesunken ist, ist er bis zur Küste geschwommen.«

Bilal fällt auf, dass der Polizist, der ihn fixiert, ganz helle, eisblaue Augen hat. Einen ernsten Blick. Aber ein sympathisches Gesicht. »Dottoressa, verzeihen Sie, lassen Sie mich die Fragen stellen«, unterbricht sie der Polizist am Computer. »Der da ist ein Hurensohn. Merken Sie nicht, dass er genau das sagt, was Sie hören wollen?« »Nein«, gibt die Dottoressa zurück, »ich werde weitermachen. Sie sprechen kein Englisch.« »Aber Sie sind zu gutmütig. Lassen Sie sich von dem da bloß nicht um den Finger wickeln.« Der Polizist mit den eisblauen Augen kommt ins Zimmer zurück. Er wendet sich an Bilal. »Erdoğan, you love Erdoğan?«, fragt er noch einmal. Bilal verzieht genervt das Gesicht. »Wir sind Kurden. Uns ist es nicht erlaubt, uns zur türkischen Politik zu äußern. Außerdem stamme ich aus einem kleinen Bergdorf. Dort spricht niemand über Erdoğan.« Plötzlich kommt der Polizist auf die Idee, Bilals Hände zu begutachten. Mit dem Zeigefinger, mit dem er den Abzug seines Gewehrs drückt, streicht er über Bilals Handinnenfläche und Finger. »Der will uns verarschen, Dottoressa«, ruft er und begutachtet Bilals Hand weiter. »Der hat keine Schwielen, das ist ein Studierter.« Bilal versteht sofort, worauf er hinauswill, und legt sich Antworten zurecht, um möglichen Einwänden entgegenzutreten. Aber wieder kommt er nicht zum Zug. »Er wird in der Moschee studiert haben«, konstatiert der Polizist. »Was hat er gesagt? Dass seine Mutter Bosnierin ist? Der ist gut.« Der Polizist mit den eisblauen Augen fängt an, wie ein Verrückter zu lachen: »You are terrorist. You Iraq, you terrorist. You allein auf dem Meer, you terrorist.« Sein Kollege am Computer bestärkt ihn: »Der ist bestimmt militärisch ausgebildet, sonst hätte er es in der Nacht schwimmend nicht bis hierher geschafft. Wir müssen aufpassen, denn der ist nach Europa gekommen, um ein Attentat zu verüben.«

Bilal schaut ihn verständnislos an. »You terrorist«, schreit der Polizist mit den eisblauen Augen. Okay, sie waren angespannt, jetzt haben sie sich Luft gemacht. Zeit, das Spiel wieder in die Hand zu nehmen. Bilal wirft einen Satz ein, der so viel wert ist wie eine Full Hand beim Pokern. »Me terrorist?« »Yes«, brüllen die beiden Polizisten. »No terrorist, my father is Christian.« »Was hat er gesagt, Dottoressa?« »Dass sein Vater Christ ist«, übersetzt sie. Sie beruhigen sich, wie erwartet. »Das hat er vorhin schon mal gesagt«, ruft der Polizist in Erinnerung, »was sollen wir machen, Dottoressa?« »Es überzeugt mich nicht«, erwidert sie, »stecken wir ihn in den Käfig. Dann sehen wir weiter.« Jetzt ist Bilal am Zug, mit einem schönen Konter. Er kommt noch mal mit der Geschichte vom Bahnhof. Sie dient der Sympathiewerbung und funktioniert immer. »*Station*? Von wegen *station*«, sagt der Polizist mit den eisblauen Augen. Er begibt sich zu der großen Landkarte des Mittelmeers. »Bilal, hey, Bilal, schau her. Du bist hier. Das ist Lampedusa. Das ist Sizilien. Sizilien station.

Lampedusa no station. Meer, Wasser, Ozean. Verstanden? Bilal ist hier.« Und er deutet auf einen gelben, blau umrandeten Punkt. »Der dachte, er fährt nach Sizilien, und dann haben sie ihn in Lampedusa ins Meer geworfen«, meint die Dottoressa abschließend. »Der Ärmste wurde auch noch angeschmiert.« Es ist nicht nett, jemanden anzulügen, der sich bemüht, seinen Job ordentlich zu machen. Bilal quittiert das Mitgefühl mit einem traurigen Lächeln. Ihm blieb keine andere Wahl.

Nach dem Verhör kommen die Fingerabdrücke. Finger und Handinnenfläche werden auf das rote Glas eines Scanners gedrückt. Damit ist man automatisch registriert. Draußen warten einundzwanzig Teenager darauf, an die Reihe zu kommen. Sie sind zwischen fünfzehn und zwanzig Jahre alt und sehen als Gruppe aus wie eine Klasse beim Schulausflug. Sie kommen alle aus dem tunesischen Kerouane und sind Nachbarn. Alle auf einem Boot. Und dann noch zwei Ägypter: Youssef, dreiundzwanzig, und sein Freund Tareq. Sie stellen sich vor. Aber Bilal kann sich nicht neben sie setzen, ein Polizist ruft ihn und händigt ihm einen Registrierungsschein mit der Nummer 001 aus. »Nicht verlieren.« Damit übergibt er Bilal den Carabinieri. Die bringen ihn zu einem großen grünen Tor, das ringsum mit Stacheldraht bewehrt ist. Ein Carabiniere öffnet das Vorhängeschloss und löst den Bügel. Hinter ihm schließt sich das Tor sofort wieder.

Ich und Bilal sind drin. Und es besteht absolut kein Grund zum Jubeln.

Hunderte Einwanderer sitzen zwischen zwei Fertigbaracken und vier Containern in Zehnerreihen auf dem Asphalt. »Heute sind wir bei 447 angelangt«, hatte im Identifizierungsbüro jemand gesagt. Die Carabinieri schreien und lachen. Auf ihren Uniformen tragen sie das rote Abzeichen ihrer Einheit: »1 Brigata Mobile«. »Nach hinten, Bewegung, Bewegung«, brüllt einer von ihnen. Bilal stellt sich ganz nach hinten, zwischen einen schmächtigen Fünfzigjährigen im Trikot des Arsenal-London-Spielers Bergkamp und zwei jungen Ägyptern.

Zwei Rinnsale einer violettfarbenen Brühe aus einer Tür zur Rechten breiten sich am Boden aus, mitten zwischen den Leuten. Es stinkt nach Fäkalien und Urin. »Hinsetzen«, brüllt ein Carabiniere. Er ist kaum älter als zwanzig, ein kräftiger, blasser Kerl mit Brille: »Sit down, my friends, sit down«, befiehlt er. »Aber dort hinten ist es eklig«, gibt sein bulliger Kollege in neapolitanischem Dialekt zu bedenken. Er erinnert ein wenig an Robert De Niro, dessen Gehabe er zum Spaß nachahmt. »Der Maresciallo hat gesagt, sie sollen sich hinsetzen«, gibt der andere zurück. »Sit down, my friends. Sit down.« Er fängt wieder an zu brüllen, tritt von hinten auf einen zu, der noch steht, und schlägt ihm mit seinen Lederhandschuhen auf die Ohren.

Bilal und die anderen haben sich auf die Fersen gekauert, um nicht mit der stinkenden Flüssigkeit in Berührung zu kommen. Aber das genügt den Carabinieri nicht. Um nicht geschlagen zu werden, müssen sie sich den Hintern nass machen. Vorn rufen der Berber-Dolmetscher und ein Zivilpolizist die Nächsten auf, die das Lager verlassen werden. Vorname, zweiter Vorname, Zuname. Dann wiederholen sie in der Reihenfolge Zuname, zweiter Vorname, Vorname. Sie werden in ein Flugzeug gepackt, vielleicht nach Libyen. Niemand sagt ihnen, was los ist. Der Carabiniere mit den Lederhandschuhen versucht, die Tür, unter der die stinkende Brühe durchsickert, mit einem Fußtritt zu schließen. Dann pflanzt er sich da auf, wo er mit seinen Handschuhen am bequemsten Ohrfeigen verteilen kann. Es trifft jeden, der vom Dolmetscher aufgerufen wird. Einer muss ein zweites Mal an ihm vorbei, um seine Habseligkeiten aus dem Schlafsaal zu holen, und fängt sich noch eine Ohrfeige ein. Der Carabiniere lacht. Und mit ihm alle seine Kollegen.

Der Robert-De-Niro-Typ hat es auf einen grauhaarigen Tunesier am Boden abgesehen. »Wie alt dieser Kerl ist. Was kann der in Italien für eine Arbeit machen? In deinem Alter geht man hier in Pension und nicht auf Arbeitssuche.« Der Tunesier schaut ihn verständnislos an. »Eh ciao«, meint der Carabiniere abschließend. Weiter vorn kriegt noch jemand eine Ohrfeige von dem Dicken mit Brille und Lederhandschuhen. Für die Carabinieri ist es nur ein Spiel. Dolmetscher und Polizisten tun so, als würden sie nichts sehen. Aber durch die Reihen am Boden geht ein wütendes Gemurmel. »Italiano, puttana, cornuto«, murmelt der Schmächtige mit dem Bergkamp-Trikot. Und dann bemerkt er vor seiner Nase die Beretta-Pistole am Oberschenkel des Robert-De-Niro-Typs. Er schaut hin, wir alle schauen hin, vor allem das Magazin im Griff erregt allgemeine Aufmerksamkeit. Die geladene Pistole wandert nur wenige Zentimeter vor den am Boden Sitzenden auf und ab. Der Schmächtige im Bergkamp-Trikot dreht sich zu Bilal und den beiden Ägyptern um. Mit einer leichten Kopfbewegung und einem Augenzwinkern deutet er auf die Waffe. Es ist nur ein Scherz. Aber mit Sicherheit denken alle dasselbe. Wie viele Sekunden benötigt ein bis zur Weißglut gereizter Einwanderer, um dem Carabiniere die Pistole aus dem Halfter zu reißen und gegen ihn zu richten? Diese schwarz Uniformierten sind ein Trupp Verantwortungsloser. In keinem anständigen Land der Welt betritt das Wachpersonal ein solches Lager mit geladenen Waffen.

Nichts erinnert hier an jenes Aufnahmezentrum, von dem wenige Tage zuvor italienische EU-Parlamentarier gesprochen haben. Worauf sollte hier ein Italiener stolz sein? Ein Vorbild für Europa? In diesem großen Käfig herrscht nicht einmal das bisschen Respekt, das die Polizisten im Identifizierungsbüro gerade noch gewahrt hatten. Bilal und die anderen müssen mehr als eine Stunde zusammengekauert sitzen bleiben, und nach dem Appell heißt es Schlange stehen fürs Mittagessen. Ein Plastikteller mit Nudeln und Thunfisch. Ein weiterer mit Häppchen, vielleicht aus gebratenem Fisch, und süßsaurem Gemüse. Ein Brötchen. Ein Apfel. Eine Zwei-Liter-Flasche Wasser, die man sich zu zweit teilen muss. Keine Trinkbecher. Eine Möglichkeit, miteinander ins Gespräch zu kommen, aber auch ein Risiko, wenn jemand eine ansteckende Krankheit hat.

Auch Bilal wurde nicht vom Lagerarzt untersucht. Man isst am Boden unter der sengenden Sonne, legt Brötchen und Apfel auf dem Asphalt oder Mäuerchen ab. Am Nachmittag gilt es einen schattigen Platz zu finden. Die doppelstöckigen Pritschen der Schlafsäle sind alle belegt. Zu Dutzenden schlafen sie sogar auf den Tischen der Kantine. Keine Hilfskraft und niemand vom Wachpersonal sagt

Bilal, was er machen soll. Hinter der jetzt zum Schlafsaal umfunktionierten Kantine liegen noch ein paar Matratzen herum, zurückgelassen von denen, die gerade abgeschoben wurden. Schaut man genauer hin, wimmelt es darauf von kleinen Insekten. Vielleicht Flöhe. Und es gibt nicht einmal mehr Papierlaken. Bilal hat seines draußen gelassen, weil ein Polizist ihm bedeutete, im Käfig gäbe es frische. Bilal entdeckt in einer Ecke den schwarzen Müllsack, in den man in der Notaufnahme seine nassen Kleider gestopft hatte. Er breitet sie zum Trocknen auf dem Stacheldraht aus. Dann sinkt er erschöpft in der Sonne nieder. Es ist das Ende eines Tages, der gestern früh begann. Bilal schläft ein. Der einzige Schutz für den Kopf ist ein Handtuch, das sie ihm als Decke gegeben haben.

Ein Ägypter weckt ihn. »Hey, *ashara-ashara*«, sagt er und verschwindet. *Ashara*? Auf Arabisch bedeutet das »zehn«. »*Ashara-ashara*«, brüllen die Carabinieri-Patrouillen, die mit Schlagstöcken das Lager betreten haben. Einige tragen den Stock am Gürtel, andere in der Hand. Bilal macht das, was die anderen machen. Wieder müssen sie sich in Zehnerreihen auf den Asphalt mit dem Kloakenrinnsal setzen. *Ashara-ashara!* »My friends, sit down«, brüllt ein Carabiniere. »Setzen, ihr Arschlöcher«, ergänzt sein Kollege, und die beiden lachen. Wieder werden welche verlegt. Diesmal ist durchgesickert, dass das Flugzeug der Alitalia nach Crotone fliegt. Auch einer der beiden Ägypter wird aufgerufen, die am Vormittag neben Bilal am Boden saßen. Er scheint hier im Käfig großen Respekt zu genießen. Beim Mittagessen hat der Tunesier, mit dem sich Bilal das Wasser teilen musste, gesagt, der Ägypter sei der Kapitän des Boots, das mit hunderteinundsechzig Illegalen an Bord am Abend angekommen war. Er stammt aus Rosetta am Nildelta. Hellhäutig, dickes schwarzes, zerzaustes Haar. Noch jung, weit unter dreißig. Er steht auf. Lachend steigt er über die auf dem Asphalt Kauernden hinweg. Er umarmt den anderen Ägypter, der am Vormittag neben Bilal gesessen hat. Ein groß gewachsener Typ mit blonden Haaren und Schnurrbart, der sich mit dem Namen Sherif vorstellte. Der Bootsführer geht in einen der Schlafsäle, kommt mit einem Rucksack wieder heraus und begibt sich zum Tor. »Der ist dieses Jahr schon zum dritten Mal hier«, ruft ein Carabinieri-Obergefreiter und deutet mit dem Finger auf ihn. Aber nicht darüber sollte sich das Wachpersonal wundern. Weitaus interessanter ist die Tatsache, dass der Bootsführer schon nach weniger als vierundzwanzig Stunden nach Crotone verlegt wird. Genau wie Abdel gesagt hatte, mein wertvoller Informant aus Genua.

Kurz vor Sonnenuntergang ruft die Polizei Bilal ein weiteres Mal zum Verhör. Am Schreibtisch vor dem Computer sitzt derselbe Zivilpolizist wie am Vormittag. Er deutet auf den leeren Stuhl. Bilal setzt sich, den Kopf gesenkt. »Du bist ein Arschloch«, explodiert der Polizist. »Du warst schon mal in Italien. Ja, du bist Rumäne und sprichst Italienisch. Hier steht es.« Der Polizist hält Bilal ein Blatt Papier hin, ohne dass er es lesen kann. »Du wurdest im Jahr 2000 in Mailand festgenommen. Polizeipräsidium Mailand. Du bist Roman Ladu, geboren in Bukarest am 29. Dezember 1970, Sohn von Lotar.« Sie haben es also herausbekommen. Es ist aus. Die Schreierei lockt einen Kollegen herbei. *»Ce face?«*, fragt er ganz nah an Bilals Ohr. »Was sagst du ihm da, der versteht doch kein Sizilianisch«, unterbricht ihn der Polizist am Computer. »*Ce face* heißt auf Rumänisch ›Wie geht's‹«, erklärt der andere. Dann murmelt er Bilal ins Ohr: *»Pizda, pizda, pizda, pizda, pizda.«* Eine ausgesprochen derbe Bezeichnung für die weiblichen Genitalien in Rumänien und auch anderswo. Diese Situation war nicht vorhersehbar. Bilal muss lachen. Aber er darf nicht zeigen, dass er das Wort kennt, denn sonst würde man ihn sofort nach Rumänien abschieben. Er muss etwas Neutrales zu lesen finden. Um den Geist zu beschäftigen und sich nicht auf diese plumpe Art des Verhörs einzulassen. Sein Blick geht ins Leere, während er still die Beschriftung des Telefonhörers liest, immer und immer wieder: »Polizia di Stato, polizia di Stato, polizia di Stato …« Der Polizist gibt zuerst auf. »Alle Rumänen lachen, wenn sie das Wort *pizda* hören. Aber der hier lacht überhaupt nicht. Meiner Meinung nach ist er kein Rumäne«, erklärt er seinem Kollegen am Computer. »Oder er ist bloß schwul«, konstatiert der andere. Keiner von beiden spricht Englisch. Ein weiterer Vorteil für Bilal, denn er versteht ja nichts. Und keiner wird wütend, wenn er einfach nur dasitzt und schweigt.

Es ist eine Menschenjagd. Eine psychologische Menschenjagd, denn die physische Festnahme ist ja längst erfolgt. Nur dass die Polizisten nicht wissen, wen sie vor sich haben. Und bei dieser psychologischen Verfolgung ist Vorsicht geboten. Ich muss alle Gespräche entschlüsseln, alle Zeichen der Welt um mich herum. Falls notwendig, muss ich mich mit einem Satz, einem Wort, einer Grimasse hinter dem Schutzraum der Logik verschanzen. Oder eine Frage mit einer ebenso wirkungsvollen Antwort kontern. Der physische Teil des Unternehmens liegt hinter mir. Aus dem großen Käfig komme ich nicht mehr raus, ja, ich muss alles tun, um drinzubleiben. Bilal ist da, wo er hinwollte. Jetzt muss ich nur noch dafür sorgen, dass er so lange wie möglich dort bleibt. Die Reise findet jetzt nur noch mental statt. Ich allein auf der Flucht, verfolgt von einem Trupp misstrauischer Polizisten, die entschlossen sind, alle Zweifel auszuräumen. Die Existenz eines Einwanderers reduziert sich auf ein Rollenspiel. Eine zermürbende, halsbrecherische Flucht in die Regularien der Sprache. Der Wörter. Des immensen Zeichenapparats, der einen Menschen als gut oder schlecht, gelassen oder aggressiv definiert, allein aufgrund des äußeren Eindrucks.

Später machen die Polizisten einen neuen Versuch. Am Himmel das herrliche Farbspektakel der untergehenden Sonne. Der Polizist mit den eisblauen Augen taucht mit seinem Kollegen auf, der sonst immer am Computer sitzt und mitschreibt. Sie bitten die Carabinieri, das Käfigtor zu öffnen. »Bilaaaal«, schreien sie. Der Polizist spricht Italienisch mit ihm: »Los, komm mit, wir wollen dich noch mal verhören.« Es ist Samstag. Der Tag ist fast zu Ende, und die beiden arbeiten immer noch. Bilal muss sich verhalten wie der Tormann kurz vor dem Abpfiff. Er muss dicht machen und den Ball des Verdachts möglichst weit weg schießen. Bilal antwortet auf Englisch, was der Polizist nicht versteht. Er ruft eine Dolmetscherin zu Hilfe, eine zierliche, anmutige Marokkanerin, die Bilal noch nicht kennt. Sie ist es, die über den Bestimmungsort Tausender Ausgewiesener entscheidet, denn sie befindet über den Herkunftsort der arabischen Einwanderer entsprechend ihrem jeweiligen Akzent. »Sprichst du Englisch?«, wird sie vom Polizisten gefragt. »Sehr wenig. Nur Italienisch und Arabisch«, antwortet sie. »Aber der hier will Englisch sprechen«, sagt der Polizist. »Klar, denn er ist Rumäne. Der verarscht uns, der ist gar kein Iraker«, echauffiert sich sein Kollege. »Also, versuch rauszufinden, ob er wirklich aus dem Irak kommt, wie er behauptet«, stöhnt der Polizist.

»Guten Abend, sprichst du Arabisch?«, fragt die Dolmetscherin auf Arabisch. »Ja.« Die Antwort auf Arabisch ist einfach. »Wie heißt du und woher kommst du?« Diese Frage wird ihm heute schon zum vierten oder fünften Mal gestellt. Bilal antwortet knapp, gleichfalls auf Arabisch. Sie schließt eine Frage an, die Bilal nicht versteht. Jetzt geht es darum, die Reaktionen der Dolmetscherin zu prüfen. »Inschallah«, so Gott will, sagt er vage und wartet ab. Eine weitere unverständliche Frage. »Inschallah«, wiederholt Bilal und breitet die Arme aus wie ein Prediger. Eine neue Frage. Bilal ahnt, was sie bedeuten könnte. Er wiederholt auf Arabisch, dass er aus Kurdistan kommt. Dass er an Bord eines *safina kebira*, eines großen Boots, gegangen und jetzt in Lampedusa ist. Wieder eine unverständliche Frage. »Gott sei Dank, ja«, improvisiert Bilal. Dann sagt er auf Englisch, dass Arabisch die Sprache der Besatzer Kurdistans sei und er sich weigere, Arabisch zu sprechen; und dass er Englisch sprechen könne, falls in Lampedusa niemand Kurdisch verstünde. Bilal kann kein Kurdisch.

Die Dolmetscherin ebenso wenig. In radebrechendem Englisch wiederholt sie immer wieder, dass die Polizisten das Verhör im Büro und nicht hier vor dem Tor fortsetzen wollen. Und da Bilal Arabisch spreche, könne das Verhör doch wohl auf Arabisch geführt werden. Auf Englisch sagt Bilal zu der Dolmetscherin, dass sie schöne Augen hat. Es ist ein Test, um herauszufinden, ob sie gleichfalls blufft. Am Ende versteht keiner mehr den anderen. »Tut mir leid, ich verstehe nicht, was du sagst«, entschuldigt sie sich, »wir können das Verhör nicht auf Englisch führen.« »Bukara«, sagt Bilal nach einer halben Stunde Flucht und Verfolgung durch das Dickicht sprachlicher Geheimnisse. »Bukara? Morgen? Er fragt, ob er morgen vernommen werden kann, auf Englisch«, erklärt sie den Polizisten. Sie werfen einen Blick auf ihre Uhr, breiten resigniert die Arme aus. »Also gut, dann machen wir morgen mit einem anderen Dolmetscher weiter«, sagt der Polizist mit den hellen Augen. »Aber konnten Sie wenigstens eruieren, ob er Kurde ist oder Rumäne?« »Er ist kein Rumäne«, antwortet die Dolmetscherin in aller Unschuld, »er spricht ausgezeichnet Arabisch.« Die Carabinieri verschließen das Tor. Bilal hat die Prüfung bestanden. Aber spricht man eine Sprache ausgezeichnet, wenn man nur ein paar Brocken kann? Bilal, das Gitter umklammernd wie der Affe im Zoo, blickt der Dolmetscherin nach. Wie viele Menschen, deren Herkunftsland sie falsch bestimmt hat, wurden von ihr schon nach Libyen geschickt?

Hunderte hinter ihm haben die Auseinandersetzung mitverfolgt. In einem Käfig ist alles interessant, was Abwechslung verspricht. Schließlich zerstreut sich die Menge wie nach einer Freilichtvorstellung. Bilal sieht die Ägypter Youssef und Tareq wieder, die er am Vormittag vor dem Polizeibüro getroffen hat. Er lernt den sechsundzwanzigjährigen Temer kennen, der in Ägypten Schwimmlehrer war. Und da ist auch Sherif, der Freund des Bootsführers, der nach Crotone verlegt wurde. Cherriere, der wie ein Türke aussieht, aber sagt, er sei Tunesier, spricht fünf Sprachen: Arabisch, Italienisch, Englisch, Deutsch und Französisch. Bei ihm muss Bilal aufpassen. Er stellt viele Fragen und will alles wissen, und zwar sofort. Und er pflegt mit den Carabinieri vertraulichen Umgang. Zwischen Bewachern und Gefangenen hat Cherriere seinen eigenen Weg gefunden. Jede Macht braucht solche wie ihn.

Bis spätnachts streift Bilal zwischen den Blechbaracken herum. Er schaut in die Gesichter derer, die plaudernd auf Mäuerchen und Gehwegen sitzen. Aber von den Freunden, die er zu finden hofft, den Gefährten der Sahara-Durchquerung – von Daniel, dessen Bruder Stephen und all den anderen –, keine Spur.

Die Nacht verbringt er im Freien. Es gibt kein Bett, also legt er sich unter dem Sternenhimmel zur Ruhe. Bilal hat keine Decke, nur das Handtuch, das mittlerweile feucht ist. Die Schaumstoffmatratze wimmelt von Insekten. Als Kopfkissen dient ihm die schwarze Mülltüte mit den immer noch nassen Kleidern, der Flasche Wasser, die er nach dem Essen gegen einen Apfel getauscht hat, und zwei von den Croissants, die er bei der Ankunft bekommen hatte. Er lässt den langen Tag Revue passieren und versucht, jedes Detail, jede Stimme in der Erinnerung zu speichern. Er stellt fest, dass er inzwischen bereits die Sprache des Käfigs beherrscht. Einen Slang aus Arabisch, Englisch und Italienisch. *Ashara-ashara* zum Beispiel. Oder *maifrend*, wie Carabinieri und Polizisten die Internierten anreden. Und *cornuti*, Arschlöcher, die Pluralform von *maifrend. Fisa-fisa* wird gebrüllt, wenn ein Befehl schnell ausgeführt werden soll. *Mangeria* oder *mangaria* ist die Essenszeit. *Kulu-kulu* die Verteilung von Mittag- und Abendessen. Und *asciugamano,* Handtuch, ist mehr als nur ein rechteckiges Stück Baumwollfrottee. Es bedeutet auch: Decke, Kissen, Sonnenschirm, Hose, Trennwand auf dem Klo, Turban, Taschentuch, Matte. Unter den kargen Lebensbedingungen des Käfigs von Lampedusa ersetzt das Handtuch alle diese Dinge. Es ist zwar spätnachts, aber Bilal muss sich auf das alles entscheidende Verhör vorbereiten, das in wenigen Stunden beginnt.

Er muss sich zwischen zwei Möglichkeiten entscheiden. Entweder er sagt, dass er Roman Ladu ist, hofft, dass sie nicht weiter nachforschen, und erfindet eine neue Geschichte. Oder aber er tut weiterhin so, als würde er nichts verstehen, und schweigt eisern. So oder so könnten sie allerdings im Polizeipräsidium Mailand anrufen, wo man sich gewiss erinnert, wer Roman Ladu wirklich ist. Die Folge all dieser Überlegungen ist eine weitere schlaflose Nacht. Bilal nutzt die Zeit der allgemeinen Ruhe, um sich zu waschen.

Die Toiletten im großen Käfig von Lampedusa sind eine unvergessliche Erfahrung. Der Fertigbau, in dem sie sich befinden, ist in zwei Bereiche unterteilt. In einem befinden sich acht Duschen mit verstopftem Abfluss, vierzig Waschbecken und acht Stehtoiletten, randvoll mit einer zähflüssigen Masse. Die Quelle der beiden violetten Rinnsale. Im anderen Bereich sind fünf WCs, zwei davon ohne Spülung, fünf Duschen, acht Waschbecken. Aus den Wasserhähnen kommt nur Salzwasser: kein angenehmes Gefühl, wenn man sich unterwegs Hautverletzungen zugezogen hat oder an Krätze leidet, wenn man einen Sonnenbrand oder Brandwunden vom Benzin hat wie fast alle, die auf Booten zusammengedrängt waren. Es gibt keine Türen. Keinen Strom. Keine Privatsphäre. Man erledigt alles vor aller Augen und bedeckt sich, so gut es geht, mit dem Handtuch. Auch Toilettenpapier gibt es nicht, man muss sich mit den Händen behelfen. Es ist ratsam, nachts hierherzukommen, da sich am Tag die Fäkalien am Boden höher türmen als die Sandalensohlen, sodass man mit den Füßen im Unrat steht. Aber auch ein Fußbad im Waschbecken ist ein Problem. Denn sobald man den Fuß hineinstellt, fängt die ausgezogene Sandale an, im Strom der Fäkalien wegzudriften. Bilal versucht, den Bewegungsablauf entsprechend zu koordinieren. Er lässt die Sandale in die am Boden treibende Flüssigkeit fallen, wäscht sich schnell den Fuß im Waschbecken und schlüpft wieder in seine Sandale, bevor sie sich zu weit entfernt hat. Das funktioniert. Im Übrigen hat er nicht einmal Seife. Es besteht also keine Gefahr, dass er zu viel Zeit mit Körperhygiene vertrödelt.

Und trotzdem erklärte am 15. September ein EU-Abgeordneter der fremdenfeindlichen Rechten, das Lager Lampedusa sei ein Fünf-Sterne-Hotel, in dem er sich selber einquartieren würde. Das war am selben Tag, an dem der Innenminister dafür gesorgt hat, dass die Delegation aus Brüssel nur neun Lagerinsassen vorfand. In derselben Woche, in der die Schleuser die Routen nach Sizilien umleiteten. Aber vielleicht sind ja heutzutage in den Häusern der rechten Politiker die Fußböden mit stinkenden Fäkalien überschwemmt. Die meisten Einwanderer hier kennen von zu Hause nur saubere Wohnungen. Wohnungen, die sie zudem ohne Schuhe betreten.

Das Frühstück besteht aus einem Glas kalter Milch, zwei Croissants und einer Flasche Wasser für zwei Personen. Beim morgendlichen *ashara-ashara* bemerken die Carabinieri beim Durchzählen, dass fünf Personen fehlen. Sie beratschlagen sich in aller Öffentlichkeit, weil sie glauben, von niemandem verstanden zu werden, und beschließen, es nicht zu melden. Man kann unmöglich feststellen, wer verschwunden ist, weil es keinen Namensappell gibt. Die Eingesperrten werden nur gezählt. Im Zaun, der das Lager vom Flughafen trennt, hinter einem der Pfosten mit den Überwachungskameras, ist der Stacheldraht durchtrennt. Am Pfeiler zwei weiße Stofffetzen, vielleicht um den Zaun leichter überklettern zu können. Ein Fluchtweg, der wohl schon öfter benutzt wurde. Bilal hat die Stelle bereits am Vorabend entdeckt, als er das Gelände abgeschritten hat, um die Größe des Käfigs abzumessen. Die Carabinieri zählen nochmals durch, dann müssen sich alle in die Sonne setzen und stundenlang so verharren, denn es findet ein weiteres *ashara-ashara* statt. Alle Eritreer und Äthiopier, die vor einer Woche angekommen waren, müssen abreisen, unter ihnen eine ganze Familie von Brüdern und Cousins, die Abrahams, mit denen Bilal gefrühstückt hat. Sie sind aus Eritrea geflüchtet, um nicht an die Front geschickt zu werden. Sie erzählen, sie wollen in Europa weiterstudieren. Einer von ihnen ist ein vielversprechender Leichtathlet. Bilal hat gesehen, wie er entlang des Käfigzauns trainiert hat. Er hat schon morgens um sechs seine Runden gedreht, als Bilal noch auf seiner schmuddeligen Schaumstoffmatratze lag.

Die vielen Minderjährigen sind seit Tagen mit den Erwachsenen zusammengesperrt, obwohl das gesetzlich nicht erlaubt ist. Ein vor der Gruppe stehender Carabiniere hält ein klobiges Handy hoch. Einige schlagen die Hände vor die Augen, aber es bleibt unverständlich, warum. Ahmed Ibrahim kauert hinter Bilal. Er klagt über eine Darminfektion und bittet, auf die Toilette gehen zu dürfen. Nach ein paar Minuten erteilen die Carabinieri ihm die Erlaubnis aufzustehen. Er bleibt ziemlich lange weg. »Ist der, der aufs Klo wollte, schon zurück?«, fragt einer der Carabinieri. »Nein, er ist noch nicht wieder da, ich geh mal nachschauen.« Auch andere bitten darum, auf die Toilette gehen zu dürfen, aber die Carabinieri geben Ahmed Ibrahim die Schuld daran, dass sie keinen mehr gehen lassen. Nach fast einer halben Stunde taucht Ahmed wieder auf, verschwitzt und völlig erschöpft. »Du«, brüllt ihn der Carabiniere mit dem Handy an, »du bist ein Arschloch.« Ahmed schaut ihn verängstigt an. »Du bist ein Arschloch. Setz dich und steh bloß nicht mehr auf.« Die Kollegen lachen.

Am Ende werden hundertfünfzig Illegale weggebracht, vielleicht ins Lager Caltanissetta, vielleicht woandershin. Nach Stunden in der prallen Sonne stehen alle auf, müssen sich aber sofort wieder hinsetzen, zum mittäglichen *ashara-ashara*. Bilal hockt sich in die dritte Reihe. Wieder gilt es, am Boden kauernd auszuharren. Der Carabiniere mit dem klobigen Handy, der Schmächtigste von allen, pflanzt sich vor uns auf. Er hat schwarzes gepflegtes Haar, einen unübersehbaren Leberfleck auf der rechten Wange, einen silbernen und einen ledernen Armreif mit Goldmedaillons am rechten und eine Uhr mit Lederarmband am linken Handgelenk. Nachdem er eine Weile Techno-Musik gespielt hat, tippt er auf eine andere Taste, und das Handy beginnt zu stöhnen. Er beugt sich hinunter und zeigt den Minderjährigen, die neben Bilal sitzen, das Display. Szenen aus einem Pornofilm, vielleicht aus dem Internet heruntergeladen. Der Carabiniere kommt wieder hoch und grinst: »Und nachher Shampoo«, kündigt er den Minderjährigen an und macht Masturbationsbewegungen. Die Jugendlichen lachen. Ein anderer Carabiniere beugt sich jetzt zur ersten Reihe hinunter, schreitet sie ab und verlangt, dass alle hinsehen. Ein Dreißigjähriger hält sich die Augen zu. Er hat zusammen mit anderen am Vorabend auf dem Gehweg, den die Muslime als Moschee benutzen, das Gebet geleitet. Der Carabiniere mit dem Leberfleck reißt ihm die Hand von den Augen. »Guck hin, damit du was lernst«, sagt er und hält ihm das Display vor die Nase. Der Dreißigjährige wendet den Kopf ab. Seine Augen funkeln vor Wut und Demütigung, als er Bilal anschaut. Ein anderer Carabiniere meint scherzend zu seinem Kollegen: »Ach, lass den, der ist doch schwul.«

Der Kommandant erscheint. Es ist der Obergefreite, der tags zuvor, als er dienstfrei hatte, mit rotem Bandana und wadenlanger Hose, das Hemd überm Gürtel, vor dem Tor vorbeiging. Und die Triezerei nimmt kein Ende. Der Obergefreite möchte sich vor den am Boden Sitzenden fotografieren lassen, natürlich stehend. Er ruft »Italia«, und alle müssen den rechten Daumen hochstrecken und antworten: »Uno«. »Vorwärts«, sagt ein anderer Carabiniere, »wer nicht ›uno‹ ruft, kriegt nichts zu essen.« Bilal ruft nicht und hebt auch nicht den

Arm. Der Carabiniere sieht es. Bilal fixiert ihn herausfordernd, und der andere senkt den Blick. Als das Foto geschossen ist, beordert der Obergefreite Cherriere zu sich. Es ist klar: Der geheimnisvolle Tunesier ist der einzige echte Kulturvermittler, der Einzige, der sich mit allen verständigen und die Wogen glätten kann, denn mit seinen vielen Fremdsprachen ist er gewissermaßen extraterritorial. Er steht über allen Spaltungen. Über der Religion, die auch in diesem Käfig die Menschen in Christen und Muslime einteilt. Cherriere steht über dem Gesetz, wie es auch immer lauten mag. Angefangen mit dem ungeschriebenen Gesetz, das den Respekt unter den Gefangenen regelt. Am Vorabend haben ihn die Carabinieri ganz offen eingeladen, in ihren Waschräumen eine warme Dusche zu nehmen. Welchen Preis muss er für eine solche Gastfreundschaft bezahlen? Bestimmt soll er herausfinden, wer dieser bärtige Kerl ist, der sich Bilal nennt.

Sie haben immer noch nicht das Mittagessen ausgegeben, da erscheinen schon die beiden Zivilpolizisten am Tor. Bilal tut, als sähe er sie nicht. Der Polizist mit den eisblauen Augen ruft ihn. Er muss sofort antreten. Ein Carabiniere öffnet das Vorhängeschloss. Wieder geht es ins Büro. Das entscheidende Verhör. Derselbe Schreibtisch, derselbe Stuhl. Und ein Polizist, den er noch nie gesehen hat. »Ciao, Roman, du bist also Rumäne?« Bilal hat sich entschieden, nicht zu antworten. Auf keine einzige Frage. Er wartet auf die Aufforderung, sich zu setzen, aber sie lassen ihn stehen. Die beiden Zivilpolizisten, die ihn zuvor verhört haben, lächeln ihn heute an. Aus einer Ecke holen sie die bei der Ankunft beschlagnahmte Schwimmweste und fordern Bilal auf, sie anzuziehen. Bilal dreht sich überrascht um. Der Polizist mit den hellen Augen zurrt sie ihm an der Hüfte fest. Wohin geht es jetzt?

Sie wollen nur ein Foto mit ihm machen. Ein Erinnerungsfoto. Der eine Polizist stellt sich rechts, der andere links neben ihn. Der dritte drückt auf den Auslöser der kleinen Digitalkamera. »Noch eins. Bilal, lächeln. Smile.« Bilal versteht nicht. Er wartet auf das entscheidende Verhör. Aber die Polizisten treiben ihr Spiel mit ihm. Dann muss er die Schwimmweste wieder ausziehen. Sie rufen einen Carabiniere, der ihn in den Käfig zurückbegleiten soll. »Viel Glück,

Bilal«, sagt der Polizist mit den eisblauen Augen noch. Und klopft ihm auf die Schulter.

Wir sind nur Marionetten in einem Spiel, das wir nicht durchschauen. Auch die Polizisten, die Aufseher und die Carabinieri. Und jeder sieht zu, dass er ein Plätzchen für sich findet. Auch Bilal. Er muss schmunzeln, als er jetzt darüber nachdenkt. Wer weiß, ob er nicht eines Tages den beiden Verhörbeamten wiederbegegnet. Dann könnten sie vielleicht gemeinsam über dieses Foto lachen.

Es wird Nachmittag. Niemand kümmert sich mehr um Bilal. Asphalt und Blechbaracken sind glühend heiß. Die Carabinieri hören die Ergebnisse der Fußballspiele, das Radio voll aufgedreht. Bilal weiß nicht, wie spät es ist. Er müsste nach der Uhrzeit fragen. Um drei muss er sich so positionieren, dass man ihn von außen sehen kann. Nur so kann seine Anwesenheit in dem großen Käfig dokumentiert werden. Der Chefredakteur hat einen Fotografen beauftragt, der die Hintergründe nicht kennt. Man hat ihm gesagt, dass er Sonntagnachmittag um drei das Internierungslager Lampedusa fotografieren soll, mehr nicht. Von außen, denn Zutritt zu beantragen ist zwecklos, sie lassen keine Fremden ins Lager. Nicht einmal Bilal weiß, wer dieser Fotograf ist. Er weiß nur, dass er ein rotes Hemd tragen wird.

Das erwartete Signal kommt knisternd über Funk, ein unverhofftes Geschenk. Um die Funkmeldungen trotz des Lärms der Sportberichterstattung zu hören, haben die Carabinieri voll aufgedreht.

»Zwei an eins.« »Zwei, ich höre.« »Da ist einer, der unser Objekt fotografiert. Was machen wir, sollen wir seine Kamera beschlagnahmen?« »Verstanden, wartet.« »Eins an zwei.« »Eins, ich höre.« »Lasst ihn ruhig. Aber lasst ihn nicht zu nah ran.« »Verstanden.«

Bilal erhebt sich von dem Mäuerchen, auf dem er kauert. Er schlendert gemächlich den Zaun entlang in die Richtung, wo der Ort Lampedusa liegt. Jenseits die Straße und das Flugfeld. Da ist er. Ein Mann auf dem Motorroller. Fünfzig Meter liegen zwischen ihm und dem Einsatzwagen der Carabinieri. Er trägt ein rotes Hemd. Er ist es.

Jetzt muss Bilal sich nur noch vorstellen, was für ein Foto er selbst von sich schießen würde. Vor allem dieses: wie der bärtige Bilal vor einer Blechbaracke steht und durch den Stacheldrahtzaun ins Freie blickt.

Er muss nur die Carabinieri im Wagen ablenken, die die Sportsendung im Radio hören. Bilal starrt zu ihnen rüber. Sie reagieren mit einer ganzen Serie obszöner Gesten. Der Fotograf kann sich jetzt alle Zeit der Welt lassen. Später fragt Bilal auf Englisch einen von der Lagerverwaltung, ob er sich eine Telefonkarte kaufen könne. Das müsse der Direktor entscheiden, lautet die Antwort, aber der sei nicht da. Bilal weist darauf hin, dass es ein Grundrecht ist, mit seinen Angehörigen zu telefonieren. Der Mann sagt, er könne nichts machen. »So sind die Vorschriften.« Das ist nicht wahr. Aber die Vorschriften, die hier gelten, entsprechen nicht denen auf dem offiziellen Aushang.

Auf einer mit scharfkantigen Steinen übersäten Fläche wird Fußball gespielt. An Schuhen herrscht Mangel, deshalb zieht die eine Hälfte der Mitspieler den rechten Schuh an, die andere Hälfte den linken. Die beiden Torhüter spielen barfuß. Bilal ist unter den Zuschauern. Neben ihm, auf dem Mäuerchen hockend, plaudert Cherriere mit einer Frau in der gelben Uniform der Lagerverwaltung. Sie spricht Italienisch mit ihm, weil sie davon ausgeht, dass Bilal nichts versteht. Sie vertraut ihm an, dass der Bootsführer aus Rosetta, der am Tag zuvor nach Crotone verlegt wurde, mit einem Rucksack voller Geld an Land gegangen ist. »Fünftausend Euro in bar, haben die Polizisten gesagt, die das Geld gezählt haben. Und mit diesem Rucksack voller Geld ist er wieder aufgebrochen.« Cherriere stellt eine Frage. »Aber wenn es sein Geld ist, können sie es doch nicht beschlagnahmen«, antwortet die Frau.

Kurz darauf wendet sich Cherriere an Bilal. »Du bist also Iraker?«, fragt er ihn auf Englisch. »Das hätten die Iraker und die Türken gern. Aber ich bin Kurde.« Cherrieres Grinsen unter seinem tiefschwarzen Haarschopf. Er hat schmale, europäische Gesichtszüge. Er sieht wirklich nicht wie ein Tunesier aus. »1993 habe ich zweihunderteinundvierzig wie dich von der Türkei nach Italien gebracht.« »Wie meinst du das: wie mich?«, gibt Bilal zurück, hellhörig geworden. »Kurden«, sagt Cherriere, »von Izmir nach Kalabrien, auf einem voll beladenen Boot.« »Und du bist gefahren?« »Ja, und zwar ohne Kompass. Nur mit Hilfe der Sterne«, erzählt Cherriere und schaut zum Himmel hoch. »Aber wie ist dein richtiger Name? Hier drin kannst du ihn doch verraten«, fragt er irgendwann. Er ist ganz bestimmt ein Spitzel. »Bilal.« Und er: »Cherriere.« Auch er ist also ein *harrak*, ein Bootsführer.

Nach einem Aufschrei wird das Fußballspiel unterbrochen. Genau aus diesem Grund hat Bilal nicht mitgespielt: Ein scharfkantiger Stein hat den nackten Fuß eines Spielers durchschnitten. Vom großen Zeh bis zur Ferse. Blut ist auf seine Mitspieler gespritzt. Er wird in die Krankenstation getragen und genäht. Das Spiel geht weiter, leidenschaftlicher als vorher. Lebend in Lampedusa anzukommen ist, als hätte man einen Flugzeugabsturz überlebt. Das sieht man vor allem bei den Halbwüchsigen. Sie wirken besonders aufgedreht und haben keine Angst, sich wehzutun. Denn was schließlich ist ein Spielfeld mit scharfkantigen Schottersteinen verglichen mit der Sahara, mit dem Meer?

Inmitten der Flugzeuge, die Touristen auf die Insel bringen und auf die Köpfe der Gefangenen einen Sprühregen aus Kerosin ablassen, heben am späten Nachmittag zwei Rettungshubschrauber ab. Sie drehen nach Süden. Schnell geht das Gerücht um, ein abgetriebenes Boot sei gesichtet worden. Kurz vor dem Abendessen ist es plötzlich sehr still. Ein Kleinbus und ein Rettungswagen bringen einundzwanzig schwarze Einwanderer. Sie sind erschöpft. Ausgehungert. Ausgetrocknet vom Salz, mit Hautverbrennungen von der Sonne und vom Benzin. Wir alle sind Zeugen ihres Leidens. Sie werden von der Polizei fotografiert und registriert, von den Carabinieri entkleidet und durchsucht. Sie bekommen heißen Tee, ein Croissant, ein Handtuch, und wer zerschlissene Kleider trägt, auch einen weißen oder blauen Trainingsanzug mit seitlichen Streifen. Sie können sich kaum mehr auf den Beinen halten. »Noch ein Tag auf See, dann wären sie tot gewesen«, sagen die Carabinieri jenseits des Gitters. Nach einer halben Stunde öffnet sich das Tor, und in Sechsergruppen werden sie in den Käfig gedrängt. Sie wissen nicht, wohin sie gehen sollen, sie taumeln. Zwei sind barfuß, und als sie den Zustand der Toiletten sehen, kehren sie ans Tor zurück und bitten um ein Paar Schuhe. Der von der Lagerverwaltung weist sie unfreundlich ab. Alle hätten Schuhe bekommen, und wenn sie ihre verloren hätten, seien sie selber schuld.

Cherriere drängt die Carabinieri, zuerst den Neuankömmlingen das Abendessen auszugeben. Der Arzt hat auch einen an Krätze leidenden Mann in den Käfig geschickt. Sein ganzer Körper ist vom Hautausschlag befallen, er kann nicht mal sitzen. Er versucht, sich verständlich zu machen. Wenn er seine Gliedmaßen beugt, platzen wunde Stellen auf der verschorften Haut auf und bluten. Die Carabinieri bestehen darauf, dass er sich hinsetzt wie alle anderen. Der Letzte, der ins Lager gekommen ist, muss einen Sonnenstich haben. Er taumelt und verdreht die Pupillen, man sieht das Weiße in den Augäpfeln. Die Carabinieri lassen ihn drei Mal auf und ab laufen. »Der ist ja stockbesoffen«, meint einer von ihnen lachend und fängt an zu singen: »*Guarda come dondolo, guarda come dondolo*«, dazu macht er torkelnde Bewegungen. Der Erste, der dagegen aufbegehrt, ist Bilal. Von seinem Platz am Boden macht er einen anderen Carabiniere aufmerksam. Jetzt schaltet sich auch Cherriere ein, und gemeinsam erreichen sie, dass sich der Mann mit dem Sonnenstich neben seine Reisegefährten in die erste Reihe setzen kann. Bilal und Cherriere danken einander per Augenkontakt für die Unterstützung. Überzeugt, dass Bilal ihn nicht versteht, sagt einer der beiden Carabinieri, die an diesem Spiel beteiligt waren, zu seinem Kollegen: »Dem da müssen wir beibringen, sich um seinen eigenen Kram zu kümmern.« Aber in Sachen Schuhe ist nichts zu machen. »Wir haben an alle Schuhe ausgegeben. Sagt den beiden da, sie sollen uns nicht auf den Sack gehen«, knurrt der von der Lagerverwaltung in gelber Uniform, ein barscher, übellauniger Grauhaariger. Ganz anders als Angelo, Andrea oder der Koch, die Einzigen von der Lagerverwaltung, die immer hilfsbereit sind, auch wenn sie den ganzen Tag hart arbeiten. Die beiden müssen sich also damit abfinden, barfuß in den Fäkalienbrei der Toiletten zu treten.

Nach dem Abendessen reden die Neuankömmlinge über die Route, die sie genommen haben. Auf das Blech der ersten Fertigbaracke gleich neben dem Tor hat jemand schon vor Monaten eine Karte aufgemalt. Libyen, Zuwara, die Wellen, Lampedusa, Sizilien, ein Boot voller Gesichter. Jetzt, da sie überlebt haben, reden sie darüber wie Freunde am Ende einer Autobahnfahrt. Mit dem Finger verfolgen sie den Verlauf der Passage übers Meer, zeigen auf die Stellen, wo es Probleme gab und Fehler gemacht wurden. »Ungefähr hier haben wir die Orientierung verloren, wir waren sieben Tage auf See«, erzählt Jonathan. »Meine Frau sagte: *We gonna die*, wir werden sterben. Aber ich sagte: Nein, Gott wird uns nach Europa bringen.« Sie kommen aus den Ländern der Atlantikküste. Schwarzafrikaner. Ihnen haben die libyschen Schleuser nicht einmal einen Bootsführer zur Verfügung gestellt, sondern Boot und Steuerruder Jonathan übergeben, einem der Passagiere. Die Flüchtlinge kennen Agadez, Dirkou, Madama, den Afrikanischen Markt in Tripolis, das Lager Terek Mata. Aber als sie die Namen von Daniel, Stephen, Joseph und James hören, schütteln sie den Kopf. Sie waren an denselben Orten, sind ihnen aber nicht begegnet. »Entschuldige bitte«, sagt Jonathan zu Bilal, »wir gehen schlafen. Wir sind total erschöpft.« Bevor er sich seinen Reisegefährten anschließt, tritt Jonathan an den Zaun, der den Käfig vom Hof trennt. Er ruft seine Frau, die in einer anderen Sektion untergebracht ist. Durch die engen Maschen hindurch berühren sich ihre Hände. Die anderen Männer sind im Schlafsaal gegenüber den Toiletten untergekommen. Nach dem heutigen Abtransport sind ein paar Betten frei geworden. Bevor sie sich hinlegen, bilden sie einen Kreis. Fast alle sind Pfingstchristen. Sie reichen sich die Hand und singen einen Gospel zum Dank für ihre Rettung. Die tiefen Stimmen lassen im Dunkeln das Blech der Baracken vibrieren. Unmöglich, die Tränen zurückzuhalten.

Bilal verlässt den Schlafsaal, um zu sehen, was draußen am Tor vor sich geht. Ein Küchenbediensteter reicht unter den Gitterstäben des Käfigs Teller mit übrig gebliebenen Nudeln durch. Wer noch Hunger hat, stellt sich in die Schlange. Eine freundschaftliche Geste. Aber bei

Bilal werden Kindheitserinnerungen wach, Erinnerungen an den Großvater, wie er dem im Gehege eingesperrten Hund Miki sein Fressen hinstellte. In dieser Nacht gibt es auch für Bilal eine Pritsche samt Schaumstoffmatratze und Decke, die schon Hunderte vor ihm benutzt haben. In derselben Baracke schläft Sherif mit seinen blonden Haaren und dem blonden Schnurrbart, weitere ägyptische Bootsführer und einige ihrer Passagiere, zum Beispiel Temer. Man begrüßt sich im Dunkeln. Vor dem Einschlafen macht man Spaß und redet über Gott und die Welt. Aber es ist eine kurze Nacht. Klagelaute wecken uns, und viele stehen auf, um nachzusehen, wem es derart schlecht geht. Die Geräusche scheinen aus dem ersten Schlafsaal zu kommen. Bilal geht näher heran, und langsam verwandelt sich das Wehklagen in einen misstönenden Gesang: *»Ma quanto tempo e ancora, ti fai sentire dentro, quanto tempo e ancora …«* Er kommt von jenseits des Tors. Carabinieri, die mitten in der Nacht Karaoke singen. Dazu benutzen sie den Laptop der Polizei, auf dem die Namen der Neuankömmlinge eingetragen wurden. Es ist halb fünf Uhr morgens. Die Carabinieri derselben Schicht, die tags zuvor Pornoszenen auf dem Handy vorgeführt haben. Auch der Kommandant ist mit von der Partie. Sie sitzen mit dem Rücken zum Schreibtisch, der mitten im Hof steht. Das Gelächter der Gefangenen hören sie nicht. Alle kehren in ihr Bett zurück, aber an Schlaf ist nicht mehr zu denken. Ein riesiger Airbus der Fluggesellschaft Windjet kreist in geringer Höhe über Lampedusa. Im Tower sind die Lichter aus, und die Piloten warten darauf, dass endlich irgendwer da unten seinen Dienst antritt und ihnen die Landeerlaubnis erteilt.

Als Bilal endlich wieder einschläft, ist es hell. Der Gospelgesang von Jonathans Pfingstchristen weckt ihn. Sie haben sich im Kreis aufgestellt, barfuß auf den scharfkantigen Schottersteinen, direkt vor dem Fenster des Schlafsaals. Sie klatschen rhythmisch in die Hände. Der Vorsänger und die Gemeinde singen im Wechsel. Offenbar geht es ihnen besser. Bis auf den mit der Hauterkrankung, der abseits stehend zuhört und sich unter seinem Trainingsanzug unablässig kratzt. Sherif springt von der oberen Pritsche und sagt etwas auf Arabisch. Es klingt wie ein Protest. Er schlüpft in seine Gummisandalen und legt sich das Handtuch über die Schultern. Bilal beobachtet ihn. Von seiner Pritsche kann er in alle Richtungen sehen: aus dem Fenster gegenüber und aus der Tür hinter ihm. Sherif geht zuerst in den Waschraum, danach zum Gebet. Die Muslime versammeln sich auf dem Gehweg, wo sie mit Kreide ein großes Quadrat gezeichnet haben, das niemand mit Schuhen oder Sandalen betreten darf.

Gleich nach dem Frühstück muss Bilal ein schwieriges Problem lösen. Er muss *sie* wissen lassen, dass alles in Ordnung ist. Nach seinem Sprung ins Meer beginnt heute der vierte Tag, und wenn er auch heute nichts von sich hören lässt, wäre das schon der dritte Tag Funkstille. Auch er ist besorgt und will wissen, wie die Schwangerschaft verläuft. Die Möglichkeit zur Kontaktaufnahme mit den eigenen Angehörigen ist laut Aushang der Präfektur das zweitwichtigste Recht der Einwanderer. Die Liste hängt in den Schlafsälen und Waschräumen aus. Aber auch den anderen ist diese Möglichkeit verwehrt. Wenn sie nach einer Telefonkarte fragen, sagen die Mitarbeiter der Lagerverwaltung: »Das kann nur der Direktor genehmigen.« Oder: »Bukara, morgen.« Oder: »Geht mir nicht auf den Sack.«

Bilal muss unbedingt telefonieren. Er probiert den uralten Trick, die Leitung mithilfe eines Drahts anzuzapfen. Aber bei den neuen Kartentelefonen funktioniert das nicht mehr. Er hat eine Idee: Die 118 ist ein Gratisnummer. Er wählt, und es hebt tatsächlich jemand ab. »Ich brauche Hilfe. Ich bin im Flüchtlingslager Lampedusa eingesperrt, aber man lässt uns nicht telefonieren«, sagt er auf Französisch. »Ich muss meine Angehörigen benachrichtigen. Ich gebe Ihnen eine italienische Telefonnummer, bitte, rufen Sie dort an und sagen Sie, dass Bilal am Leben ist. Es kostet Sie nicht mal einen Euro.« Hunderte Väter und Söhne hier drin haben denselben dringenden Wunsch zu telefonieren. Um die Leitung nicht zu blockieren, hat der Vermittler auf Bilals Bitte hin das Gespräch an eine interne Nummer weitergeleitet. »Brauchen Sie im Lager von Lampedusa einen Arzt?«, fragt eine Ärztin auf Englisch. »Keinen Arzt. Meine Familie muss wissen, dass ich am Leben bin. Ich wende mich an Sie als Mensch. Bitte, rufen Sie meine Familie an. Sie ist in Italien. Es kostet Sie …«

»Tut mir leid, dafür sind wir nicht zuständig«, antwortet die Ärztin und legt auf. Bilal probiert es noch mit ein paar anderen Gratisnummern. Unter 800-400-400 meldet sich die Vermittlung von *Madre segreta* in Mailand, eine ehrenamtliche Organisation für schwangere Frauen in Not. Dort wird man sicher mehr Verständnis haben. »Madre segreta, guten Tag«, meldet sich eine weibliche Stimme. »Do you speak English, please?« »Yes, I do.« Bilal versucht es auf jede erdenkliche Art und Weise. Die Frau sagt, er müsse sich an die Polizei wenden. Bilal wiederholt, dass er im Käfig von Lampedusa eingesperrt ist; dass die Polizei das Problem mit den Telefonkarten auf das Personal der Lagerverwaltung abwälzt, das wiederum auf den Direktor verweist, der nie da ist. Er erklärt ihr, dass die Telefonkarten vom Staat bezahlt werden und jeder Einwanderer bei seiner Ankunft wenigstens eine erhalten müsse; dass somit auch sie, die junge ehrenamtliche Helferin und italienische Staatsbürgerin, diese Telefonkarten mitfinanziert. Nur dass die Karten in Lampedusa nicht verteilt werden. »Meine Frau erwartet ein Kind. Wenn Sie diese italienische Telefonnummer anrufen, weiß sie, dass ich am Leben bin.« Bilal exponiert sich vor den anderen, die ihn hören können: »Tun Sie es für meine Frau, please. Um diesen Gefallen bitte ich Sie als Mensch. Eines Tages könnten auch Sie in diese Situation kommen. Sie arbeiten doch in einer Organisation, die sich für schwangere Frauen einsetzt.« »Aber Sie sind ein Illegaler«, gibt die Frau zurück. Nach endlosem Hin und Her erfindet sie sogar ein Gesetz: »Ich kann das unmöglich machen. Das Antiterrorgesetz verbietet mir einen solchen Anruf.« »Aber ein solches Gesetz gibt es gar nicht.« Auch sie legt auf.

Das ist die schlimmste Demütigung. Schmerzhafter als die Schläge in der Wüste. Verletzender als die Arroganz der Carabinieri. Ein brutales Experiment. Eine schockierende Entdeckung. Ich habe sie nicht darum gebeten, mich bei sich aufzunehmen, nicht einmal darum, in ihrem Auto mitfahren zu dürfen. Sie sollte nur ein Telefonat führen. Sich die Zeit nehmen, um einer Schwangeren zwei Worte zu sagen: Bilal lebt. Wie kann diese schlichte menschliche Geste auf derartige Vorbehalte stoßen? Bilal würde am liebsten das Tor demolieren, mit bloßen Händen die Stacheldrahtspiralen herunterreißen. Diesen Helfershelfern des Systems, deren einzige Macht ihre Unverschämtheit ist, die Uniform vom Leib reißen. Und doch trifft auch sie keine Schuld, denn auch sie leben nur in einer Menschenwelt. Aber was haben die Illegalen dieser Welt verbrochen, um das verdient zu haben?

Bilal merkt, dass er sich beherrschen muss. Alle starren ihn an, auch die Carabinieri. Jetzt wird er den anderen erklären müssen, wie er es geschafft hat, ohne Telefonkarte zu telefonieren. Alle scharen sich um ihn, und so entdeckt Bilal die Wahrheit, die ihm bisher entgangen war, vielleicht deshalb entgangen war, weil er kein Arabisch spricht. Hussein, der mit den Halbwüchsigen aus dem tunesischen Kerouane gleichzeitig mit Bilal hier eingetroffen ist, erklärt es ihm auf Französisch: »Die ägyptischen Bootsführer verkaufen die Telefonkarten. Für zwanzig Euro pro Stück. Wenn du Geld hast, kannst du eine kriegen.« »Zwanzig Euro für eine Telefonkarte, die drei Euro wert ist? Und wie sind sie hier im Lager da rangekommen?« Husseins Grinsen ist die angemessene Antwort auf eine so naive Frage. Er ist sechzehn, siebzehn Jahre alt. Sein T-Shirt und seine Jeans sind sauber geblieben, denn sein Boot hatte keine Probleme. Hussein setzt sich auf ein Mäuerchen und erzählt von seinen Reisegefährten.

»Wir sind Freunde, wir kommen alle aus demselben Viertel. Als wir mit der Schule fertig waren, haben wir unsere Eltern nur um eins gebeten: das Geld für die Überfahrt. Als Minderjähriger kannst du nämlich nicht abgeschoben werden, das ist der Trick. Ich möchte nach Frankreich, meine Großmutter lebt in der Nähe von Toulon. Aber sag, Bilal, bist du für bin Laden?« Er macht eine Faust und streckt den Daumen hoch. »Bin Laden, hm?«, wiederholt er leise. Bilal antwortet nicht. Der andere versteht es falsch. Aber eine solche Frage kann nicht unbeantwortet bleiben, deshalb kommt Bilal noch mal darauf zurück. »Du hast die Schule abgeschlossen und willst nach Frankreich. Du kleidest dich wie ein Europäer. Wenn dir bin Ladens Lebensstil gefällt, warum bist du dann nicht nach Afghanistan gegangen oder suchst dir in Saudi-Arabien eine Arbeit?« Hussein blickt sich um, bevor er antwortet: »Ich liebe Europa, und ich möchte dort leben. Und was mir an bin Laden gefällt, das sind nicht seine Pläne, die Welt zu verändern. Aber er ist der Einzige, der den Mut hatte, Amerika herauszufordern. Nur das gefällt mir an ihm.«

Das Gespräch endet, weil der Schmächtige mit dem Bergkamp-Trikot hinzukommt, aber auch weil Bilal nichts mehr zu sagen hat. Er versucht, sich sein eigenes Gesicht vorzustellen: die Falten um die Mundwinkel, die sich unter dem wild wuchernden Bart immer tiefer eingraben. Seit Tagen hat er sich nicht mehr im Spiegel betrachtet. Vielleicht sieht er jetzt schon ganz anders aus. Er hätte so gern einen Spiegel. Jetzt sofort. Um jemandem ins Gesicht zu blicken, der für einen Selbstmordattentäter gehalten wird.

»Bilal, komm, wir drehen eine Runde«, fordert ihn der Schmächtige auf. Auch er ist Tunesier. Er spricht ausgezeichnet Französisch. Sie laufen einmal die Grenzen des Käfigs ab. »Bilal, Bilal. Bewegung ist wichtig, weißt du? Das hilft, das Denken in Gang zu bringen. Sonst wird man verrückt hier drin.« Er bleibt stehen und schaut Bilal eindringlich an.

»Hast du Probleme, Bilal?« Sie gehen weiter. »Du bist immer allein, du sprichst mit keinem. Alle hier beobachten dich, alle reden über dich. Du bist der Einzige, der schwimmend nach Europa gekommen ist«. Bilal lacht. »Ganz so ist es nicht.« »Und dann haben wir gestern Abend miterlebt, wie du diesen Kranken gegenüber den Carabinieri in Schutz genommen hast. Das erfordert Mut.« »Ich wollte nur erreichen, dass er sich setzen darf.« »Hör zu, Bilal, ich habe gesehen, dass du nicht rauchst.« »Nein.« »Gibst du mir heute Abend deine Ration Zigaretten?« »Tut mir leid, ich habe die eine Hälfte Sherif und die andere Hälfte dem Jungen von vorhin versprochen.« »Aber er ist noch ein Kind, deshalb geben sie ihm keine Zigaretten.« »Hussein ein Kind? Er ist erwachsen. Er hat das Meer überquert, genau wie du.« »Trotzdem ist er ein Kind. Beim *ashara-ashara* vor dem Abendessen, wenn die Zigaretten ausgeteilt werden, setze ich mich zu dir.« Im Käfig werden sogar die normalsten Gewohnheiten unmöglich. Und selbst die, die der Welt mit bloßen Händen eingegengetreten sind, werden zu Bettlern.

Am späten Vormittag zerreißt ein Schrei das Gemurmel im Käfig. »Bilaaal!« Bilal kann sich nicht in irgendeinen Schlafsaal verziehen und sich schlafend stellen, dafür ist er nicht weit genug weg. »Bilal, wo zum Teufel steckst du?« Es ist der Polizist, der das Verhör mitprotokolliert hat. Er wirkt ziemlich aufgeregt. »Macht das Tor auf«, ruft er den Carabinieri zu. »Bilal, komm mit.« Bilal darf kein Italienisch verstehen und rührt sich nicht vom Fleck. Der Polizist dreht sich um und packt ihn am Arm. Im Hof vor dem Identifizierungsbüro muss er sich hinsetzen. »Hör zu«, sagt der Polizist zu einer Mulattin mit Rastalocken. »Es ist merkwürdig. Frag ihn, ob er einen Anwalt angerufen hat.« Bilal versteht die Frage, hat also ein paar Sekunden Zeit, sich eine Antwort zu überlegen. »Ich bin die Dolmetscherin«, sagt das Mädchen und übersetzt die Frage ins Englische. Jetzt eine falsche Antwort, und die ganze Operation wäre gefährdet. Bilal überlegt noch mal. Er nickt. »Wie heißt der Anwalt?«, fragt die Dolmetscherin lächelnd. »Ich weiß nicht.« Sie übersetzt, und der Polizist wird wütend. »Wie kann es sein, dass dieser Scheißkerl einen Anwalt anruft und nicht mal weiß, wie er heißt?« Sie übersetzt die völlig plausible Bemerkung in freundliche Worte. »Ich habe keinen Anwalt angerufen«, erklärt Bilal. »Ich habe einen Freund angerufen und ihn gebeten, mir einen Anwalt zu schicken. Ich bin Kurde, und die Familie Kurdistans in Europa ist groß.« Die Dolmetscherin nickt und übersetzt. »Bringt ihn wieder in den Käfig«, befiehlt der Polizist zwei Carabinieri.

Das Mittagessen ist schon ausgegeben. Der Tisch, die großen Töpfe und die Sixpacks mit den Wasserflaschen, die sonst stundenlang in der Sonne schmoren, werden bereits weggeräumt. Der diensthabende Brigadiere sieht Bilal kommen. Er öffnet das Tor und macht den Koch aufmerksam: »Da ist noch einer.« Bilal betritt den Käfig. Er nimmt den Plastikteller mit Nudeln, einen zweiten Teller mit irgendetwas Gebratenem und eingelegtem Gemüse als Beilage, dann den Apfel und dreht sich um. »Warte, du hast das Brot vergessen«, ruft ihm der Brigadiere nach. Bilal wendet sich um, dabei fällt ihm auf, dass er auf einen italienisch gesprochenen Satz reagiert hat. Ein unverzeihlicher Fehler, aber zu spät. Der Brigadiere kennt Bilals Geschichte nicht. Er lächelt ihn nur an, legt ihm das Brot auf den Teller. Bilal bedankt sich auf Arabisch. Und der Brigadiere führt ihn zu einem freien Plätzchen auf dem Gehweg, indem er ihm leicht die Hand auf den Rücken legt.

Während sich Bilal auf den Boden setzt, wird ihm klar, dass er sich nicht wegen des italienischen Satzes umgedreht hat. Nein, er hat sich umgedreht, weil freundlich, ja höflich mit ihm gesprochen wurde. Dieser Brigadiere und seine Mannschaft sind ihm schon am Vormittag aufgefallen. Es sind Carabinieri im Einsatzanzug, aber sie brüllen nicht. Sie beleidigen und demütigen niemanden. Im Käfig sind Feuerzeuge verboten, und so strecken diese Carabinieri die Hand durchs Gitter und zünden den Rauchern ihre Zigaretten an. Sie siezen die Internierten und behandeln sie als Menschen. Auch hier drin kann man also human bleiben. Diesen Brigadiere sollten sie zum General machen. Bilal ist sich sicher, dass das nie geschehen wird.

In der brütenden Nachmittagssonne sucht sich Bilal ein Plätzchen im Schatten. Er setzt sich direkt unter die große Landkarte des Mittelmeers auf dem Barackenblech. Die anderen machen ihm Platz. »Bilal, Bilal«, sagt Sherif und imitiert das Geschrei des Polizisten. Bilal grinst. »Woher kommst du?«, fragt Sherif auf Arabisch. Bilal antwortet auf Arabisch. Sie reden lange, und wenn Bilal sich nicht verständlich machen kann, übersetzt einer der tunesischen Jungs aus dem Französischen. Sherif sagt, er sei Syrer. Seine Familie sei nach Ägypten gegangen, als er noch klein war, und lebt dort bis heute. »Wann bist du angekommen?« »Am Freitag, Bilal, gleichzeitig mit dir.« »Und wohin willst du?« »Nach Ägypten«, antwortet Sherif. »Du bist nach Lampedusa gekommen, um nach Ägypten zurückzukehren? Bleibst du nicht in Europa?«

Sherif schüttelt nervös den Kopf und stößt mit halb geschlossenem Mund ein »ah« aus. Eine Weile schweigen sie. Plötzlich erinnert sich Bilal, dass Sherif am Samstag den Bootsführer aus Rosetta umarmt hat, den mit dem Rucksack voller Euros. Auch er war am Freitagabend angekommen. Bilal spielt immer und immer wieder die

Frage durch. Dann stellt er sie. »Sherif, *enta harrak*?« Sherif dreht ruckartig den Kopf und schaut sich um. Er schweigt. Er möchte nicht zugeben, dass auch er ein Bootsführer ist.

Vor dem Tor ist irgendetwas im Gang. Die Carabinieri eilen im Laufschritt hin und her. Sie holen jemanden ab. In ihrer Mitte eine groß gewachsene Frau, die blonden Haare zu einem langen Zopf geflochten. Begleitet wird sie von der Dottoressa, der Polizeikommissarin, die bei seinem Verhör das T-Shirt in den Tarnfarben der US-Armee getragen hat. Als die Frau an den Gitterstäben vorbeigeht, wendet sie kurz den Kopf. Bilal weiß nicht, ob sie ihn erkannt hat. Aber vor ihrem Blick hat er sich vollkommen nackt gefühlt. Gleich darauf öffnen zwei Carabinieri das Tor. Einer von ihnen ist der freundliche Brigadiere. »Wer ist Bilal? Bitte sehr.«

Die Anwältin sitzt in einem leeren Zimmer, das neben dem Identifizierungsbüro liegt. Zwei einander gegenüberstehende Stühle, sonst nichts. In diesem Raum haben Freitagnacht Dutzende von Frauen und ein paar Kinder auf dem Boden geschlafen. Ein Polizist lehnt die Tür an. Wir sind allein. Wir schauen einander an. Langes Schweigen. »Am besten, wir sprechen leise und nicht auf Italienisch. Der Raum wird womöglich abgehört.« Die Anwältin nickt. »Kannst du Englisch?« »Nein, macht es dir etwas aus, Französisch zu sprechen?«, antwortet sie auf Französisch. »Mein Französisch ist ein Witz, aber ich versuch's ... Es ist hier noch sehr viel schlimmer, als der Öffentlichkeit bekannt ist.« »Kann ich mir vorstellen.«

»Tagtäglich fliegen Maschinen ab, voll besetzt mit Einwanderern.« »Ich weiß ... Ich hatte einunddreißig Mandanten. Dreißig von ihnen wurden abgeschoben, ohne dass ich mit ihnen sprechen konnte. Und man weigert sich, mir zu sagen, wohin sie gebracht wurden. Du bist der Letzte.« »Dann hat der Plan also funktioniert. Hat sie dich heute angerufen?« »Ja, sie sagte, du bist windsurfen auf dem Meer und wenn ich will, könnte ich mich mit dir treffen. Schon allein der Gedanke daran ließ mir das Blut in den Adern gefrieren. Ich hatte bereits eine Unterredung mit den anderen dreißig beantragt, deinen Namen habe ich dann einfach noch dazugesetzt.«

»Und wie geht es ihr?« »Gut. Ich soll dir sagen, alles ist bestens.«

»Danke.« »Ich muss mich bei dir bedanken. Ohne dich hätten sie mich heute nicht hier reingelassen. Das passiert häufig. Du vereinbarst einen Termin, aber noch bevor du angekommen bist, bringen sie die Leute fort, mit denen du reden willst.«

»Hast du Telefonkarten bei dir?« »Ich habe ein paar mitgebracht, weil ich weiß, dass man die immer gebrauchen kann.« »Kannst du sie mir geben?« »Selbstverständlich. Du weißt, dass du hier drin ein freier Bürger bist. Und jetzt bin ich deine Anwältin. Wurdest du schon dem Richter vorgeführt?« »Hier gibt es keinen Richter.« »Aber die Frist für die Untersuchungshaft ist doch längst überschritten.« Bilal zuckt nur die Schultern.

»So ist es eben, Frau Anwältin. Du wirst Schwierigkeiten bekommen wegen dieses Besuchs.« »Nein. Du bist mein Mandant, ich bin deine Anwältin. Zwischen uns gibt es jetzt ein Berufsgeheimnis. Du kannst mich dazu verpflichten, über den Inhalt unserer Unterredung Stillschweigen zu wahren.« »Viele hier bräuchten einen Anwalt.« »Ich weiß. Aber ohne Auftrag kann ich nicht tätig werden.« Die Tür geht auf. »Frau Anwältin, möchten Sie ein Glas Wasser?«, fragt ein Polizist. Sie lehnt dankend ab. Dann besieht sie sich schweigend meinen weißen Trainingsanzug. Jede Falte, jeden Fleck.

»Ich muss in den Käfig zurück. Bitte, ruf sie gleich an und sag ihr, es ist hart, aber ich bin wohlauf.« »Du siehst richtig erschöpft aus.« »Aber nein, es ist ein Fünf-Sterne-Hotel.« »Darf ich ein Handyfoto von dir machen? Zur Erinnerung.« »Okay. Das legst du der Akte bei.« Sie drückt den Auslöser. Wir stehen gleichzeitig auf. »Nach einer Unterredung hier drin umarme ich meine Mandanten immer.« »Ich kann keine Frau umarmen. Einige halten mich für einen Fundamentalisten, lassen wir sie in diesem Glauben. Ich umarme dich mit dem Herzen.«

Wieder öffnet sich die Tür. »Frau Anwältin, alles in Ordnung? Können wir ihn wegbringen?«

Sie hat eine wunderschöne Stimme. Sie versteht auf Anhieb und antwortet sofort auf Arabisch. Bilal spricht sehr laut, damit alle im Umkreis des Kartentelefons es hören können. Dann fährt sie leise auf

Englisch fort: »Die Anwältin hat mich angerufen. Sie war wahnsinnig nett, und vor Kurzem hat auch dein Chefredakteur angerufen. Er hat gerade die Fotos von dir im Lager bekommen und meint, sie sind gut geworden.« »Und wie geht's *little bean*?« »Wem?« »Unserem Böhnchen.« Zwei Jungs sind Bilal allzu nah gekommen. Bilal erfindet schnell ein Wort, das wie Kurdisch klingt. Sie lacht. »Ich rufe dich später noch mal an, du musst ein paar Informationen an meinen Chefredakteur weitergeben. Aber im Moment sind zu viele Neugierige in der Nähe.«

Man spürt sofort, dass heute eine Anwältin da war. Am späten Nachmittag wird endlich jedem eine Telefonkarte ausgehändigt. Im Wert von drei Euro. Für alle, die nach Ägypten oder Ghana telefonieren müssen, reicht es nur für ein einziges Wort. Bilal schenkt seine Telefonkarte Hussein. Er fühlt sich erleichtert, als hätten ihre Worte all seine Müdigkeit von ihm genommen. Jetzt, da die Verbindung zur Außenwelt wiederhergestellt ist und die Verhörbeamten erst einmal Ruhe geben werden, kann er sich ganz auf die Geschehnisse im Käfig konzentrieren. Bilal setzt sich wieder neben Sherif, der signalisiert, dass er ein Feuerzeug braucht. Bilal verneint auf Arabisch, niemand hier hat Feuer. Sherif sagt etwas, das Bilal nicht versteht. »Er meint, du hättest ihm die zehn Zigaretten versprochen, die du heute Abend bekommst«, übersetzt ein Junge, der nicht von Sherifs Seite weicht, ins Englische. Auch er ist Ägypter. Sherif wiederholt den Satz in fast perfektem Englisch. Er spricht also nicht nur Arabisch. Als sie allein sind, nimmt Bilal den Gesprächsfaden wieder auf.

»*Enta harrak*?« Sherif grinst. Er zieht sein Portemonnaie aus der Hosentasche und reinigt es von den Sandkörnchen in den Falten. Ein Notizheft mit arabischen Schriftzeichen fällt heraus und ein Passfoto. Sherif hebt es auf und schenkt es Bilal. Auf dem Foto trägt Sherif ein sauberes hellblaues Hemd. Das Kinn ist frisch rasiert, seine Miene ernst. »Warum?« »Souvenir«, erwidert er. Bilal findet vier Zigaretten in seiner Hosentasche, eine eiserne Reserve. Er gibt sie ihm als Gegengeschenk.

Sherif stellt eine weitere Frage auf Arabisch und legt die Hand aufs Herz. Da ihm auf Englisch die Worte fehlen, wiederholt er sie auf Arabisch. Ich wende mich an Youssef, der eben vorbeigeht: »Du sprichst doch Englisch, Youssef. Bitte, hilf mir.« »Er will wissen, ob dein Herz bei den Muslimen oder bei den Christen ist«, übersetzt der Ägypter. Bilal fällt auf, dass Youssef am rechten Puls ein kleines Kreuz eintätowiert hat. Er ist koptischer Christ. Sherif ist Muslim. Egal, welche Antwort Bilal gibt, sie wird sich wie ein Lauffeuer verbreiten. Und damit würde er das Vertrauen aufs Spiel setzen, das er sich in beiden Lagern erworben hat.

»Sag ihm, dass ich Kurde bin.« »Das weiß er«, gibt Youssef zurück, »aber bist du muslimischer oder christlicher Kurde?« »Sag ihm, dass mein Vater Christ und meine Mutter eine bosnische Muslimin ist.« Sherif hat die Antwort verstanden und wendet sich direkt an Bilal. »Mama, baba, Bilal, ok? Bilal, Islami?« Bilal möchte niemanden kränken.

»Hör zu, Youssef. Erklär Sherif, dass ich zunächst einmal Kurde bin und auf der Seite meines Volkes stehe. Und dann respektiere ich alle Religionen und alle Menschen.« Sherif wird wütend. »Er will wissen«, übersetzt Youssef, »wie es sein kann, dass im Irak ein Christ eine Muslimin heiratet. Er sagt, das ist unmöglich.« Ein schönes Schlamassel. Sherif, der manches besser durchschaut als die Polizei, stellt die Fragen, die Bilal beim Verhör nicht gestellt wurden. Bilal findet eine Lösung, als er kurz das romantische Abendrot betrachtet.

»Meine Eltern haben sich in Deutschland kennengelernt, wo sie als Gastarbeiter lebten. Sie haben in Deutschland geheiratet. Weder in einer Moschee noch in einer Kirche, sondern im Rathaus. In Deutschland geht das. Später sind sie nach Kurdistan zurückgekehrt, wo ich geboren wurde.« Youssef übersetzt, und Bilal sieht, dass sich Dutzende Neugierige um sie geschart haben. Viele wollen Bilal eine Frage stellen.

»Alle wollen wissen, wie die beiden als Angehörige verschiedener Religionen heiraten konnten«, übersetzt Youssef. Das kommt dabei heraus, wenn man den Kampf der Kulturen predigt. Bilal muss die Lage wieder unter Kontrolle bringen. Er spielt den Beleidigten und macht eine kleine Szene.

»Sag ihnen, dass mein Vater und meine Mutter zuallererst Mann und Frau sind. Sie haben sich füreinander entschieden und lieben sich so, wie sie sind. Sie haben geheiratet, ohne irgendjemanden um Erlaubnis zu bitten. So ist es in Europa üblich. Und aus diesem Grund möchte auch ich nach Deutschland.« »Aber ist Bilal nun Muslim oder Christ?«, erhebt Sherif die Stimme. Jetzt fängt auch Youssef an, Fragen zu stellen. Er möchte wissen, ob Bilal Christ ist oder nicht. Warum muss man unbedingt einem Lager zugehören? Warum müssen sich diese in einem Käfig eingesperrten Männer als Sklaven fühlen? Bilal hat keine Lust, etwas vorzuspielen. Seine Antwort ist ehrlich, nur vielleicht seine Stimme etwas zu nachdrücklich. »Ich bin weder Christ noch Muslim. Meine Religion ist die Freiheit. Man kann sie nicht immer verteidigen«, fügt er hinzu, ohne dass die anderen verstehen, was er meint, »aber deshalb bin ich hier.«

Youssef übersetzt. Die Reaktion der Umstehenden ist ausgiebiges Gemurmel. Sherif grinst ironisch. Er macht eine weit ausholende Armbewegung zu dem Stacheldrahtzaun ringsherum. »Freiheit«, wiederholt er auf Englisch. Aber darüber zu sprechen steht ihm wirklich nicht zu. Schließlich tragen Leute wie er die Schuld daran, dass der Käfig von Lampedusa überhaupt gebaut wurde. Das erfährt man hier hautnah. Ein Ägypter, der in Lampedusa an Land geht, um wieder nach Ägypten zurückzukehren. Sherif hat viel zu erzählen. Und vielleicht ist das der Grund dafür, dass er wissen wollte, welcher Religion Bilal angehört. Denn aus seiner Sicht kann man manche Geheimnisse nur mit Muslimen teilen.

Eine weitere infernalische Nacht kündigt sich an. Ein abgetriebenes Boot mit fast dreihundertfünfzig Passagieren an Bord kommt nach Lampedusa. Die Polizisten im Identifizierungsbüro und die Mitarbeiter der Lagerverwaltung sind wieder zur Stelle. Auch die Carabinieri der Mobilen Brigade stehen für die Durchsuchungen und Leibesvisitationen bereit. In dieser Nacht hat wenigstens die freundliche Einheit unter dem Kommando des Brigadiere von heute Mittag Dienst. Als er vor dem Tor vorbeigeht, schaut Bilal ihn sich zum ersten Mal genauer an. Ein Mann um die fünfzig, mager, schütteres graues Haar, Bürstenschnitt. Als die ersten erschöpften Flüchtlinge eintreffen, versuchen seine Leute sich mit Gesten verständlich zu machen. Sie arbeiten die ganze Nacht. Respektvoll und ohne Gebrüll.

Am nächsten Tag ist die Luft feucht. Bei vielen sind Stirn und Hände zerstochen. Die größeren Stiche stammen von Mücken, die kleineren vielleicht von Flöhen. Jedes Mal, wenn Bilal versucht, heil aus der Toilette zu kommen, muss er an die Wohnungen der fremdenfeindlichen rechten Abgeordneten denken. Der Tag vergeht mit Warten. Die angekündigten Verlegungen wurden verschoben, weil die Polizei zuerst die Identität der Neuankömmlinge feststellen muss. Es ist der einzige Tag, an dem die Schlafsäle gereinigt werden. Doch einer der Mitarbeiter der Lagerverwaltung in gelber Dienstkleidung benutzt denselben Besen, mit dem er zuvor versucht hat, die Fäkalien in den Toiletten zu beseitigen. So werden die Urin- und Kotreste gleichmäßig unter den Pritschen verteilt. Am Nachmittag haben sie eine Pumpe zum Entleeren der Sickergruben gebracht, aber die Fäkalien wurden beim Absaugen lediglich in sämtliche Toiletten gesprüht. Auch mit dem Essen stimmt etwas nicht. Am Samstagabend und später noch mehrmals schmeckte das kleine Kotelett nicht wie Fleisch, sondern wie ein Gemisch aus Semmelbröseln, Mehl und Ei. Falls es Fleisch war, muss es von einem Tier stammen, das längst ausgestorben ist. Es ist viel zu bröckelig und lässt sich sogar mit dem dünnen Plastiklöffel schneiden, oft das einzige Besteck, das an die Letzten in der Schlange für das *ashara-ashara* verteilt wird. Folglich verkauft in Lampedusa irgendjemand Semmelbrösel, die er als Fleisch ausgibt. Bilal und die anderen werden damit nicht nur ihrer Freiheit, sondern auch der Proteine in ihrer Nahrung beraubt.

Nach Sonnenuntergang bricht unter den Passagieren des in der Nacht zuvor gelandeten Boots ein Streit aus. Die Carabinieri kommen mit Schlagstöcken bewaffnet in den Käfig gerannt. Die Gemüter beruhigen sich. »Cherriere, Cherriere«, schreien die Carabinieri. »Er schläft«, sagt der Schmächtige, immer noch im Bergkamp-Trikot. »Hol ihn her.« »Cherriere.« Der Chef des Überwachungskommandos nimmt ihn am Arm. »Erklär diesen Arschlöchern, dass sie sich ruhig verhalten müssen, wenn sie sich hier frei bewegen wollen. Sonst ziehen wir andere Saiten auf. Wir sperren euch in die Schlafsäle ein, von da kommt keiner mehr raus. Sag ihnen das, und zwar sofort.« Es ist nicht der freundliche Brigadiere. Cherriere sieht ihn spöttisch grinsend an. »Sie streiten wegen Geld«, erklärt er. »Es ist während der Überfahrt verschwunden. Aber heute kann nicht einmal mehr ich mit ihnen reden.«

Später sieht Bilal Cherriere im Dunkeln vor seiner Schlafbaracke am Boden sitzen und rauchen. »Cherriere, Cherriere, heute Abend geht es ganz schön hoch her.« »Es sind die neu angekommenen Ägypter. Wo Ägypter sind, gibt es Probleme«, sagt er. »Hör zu, Cherriere, wie komme ich hier raus?« Er nimmt einen neuen Zug von seiner Zigarette und schaut hoch. »Von hier ist es schwierig. Lampedusa ist eine Insel. Aber wenn sie dich nach Crotone überstellen, schaffst du es mit hundertfünfzig Euro. In Bari ist es gratis. Da springst du nachts einfach über den Zaun und folgst dem Weg. Wenn sie dich dagegen in Caltanissetta und Trapani einsperren, kommst du nur raus, wenn die Polizei es will.« »Und wer entscheidet darüber, wer nach Crotone, Bari oder in eines der anderen Lager kommt?« »Keine Ahnung«, sagt Cherriere und raucht, »das entscheidet die Polizei.«

Entgegen Cherrieres Vorhersage bleibt es in der Nacht ruhig. Als Sherif aufsteht, ist es noch dunkel. Er stößt irgendwo an, als er von seiner Pritsche herunterspringt, und flucht auf Arabisch. Bilal hat ihn gehört und schließt sich ihm nach einer Weile an. Sie gehen den Zaun entlang, der den Käfig von der Flughafenpiste trennt. »Warm«, sagt Sherif. Es ist wirklich eine schwüle Nacht. Man kann unmöglich schlafen. Bilal möchte nicht der Auslöser für religiöse Streitereien sein, er möchte Sherif nur zum Reden bringen. Er holt weit aus und benutzt nur englische Wörter, die Sherif verstehen kann. Er erzählt ihm von seiner Fahrt auf der Sklavenpiste per Lkw und von seinen Erlebnissen in Chaffar. Er, der Kurde, als Fahrer im Dienst tunesischer Menschenschmuggler. Freilich kann er ihm nicht alles sagen. Und Sherif mit seinen geringen geografischen Kenntnissen fragt sich nicht, wie ein Kurde nach Agadez kommt. Er setzt sich auf das

Mäuerchen, das den Platz mit den scharfkantigen Schottersteinen umgibt. Auch Bilal setzt sich.

Sherif gibt zu, dass er ein *harrak* ist. Manchmal steuert er die Fischerboote, manchmal ist er als Mechaniker mit an Bord, denn die Motoren sind alt, und es gibt immer etwas zu reparieren. Bilal will wissen, ob er niemals Angst hatte. »Angst?«, wiederholt Sherif auf Englisch und nimmt einen tiefen Zug von seiner Zigarette. »Ich muss Gott danken«, antwortet er auf Arabisch. Bilal bittet ihn, Gott aus dem Spiel zu lassen. Er fragt, ob von seinen Passagieren schon mal einer ums Leben gekommen ist. Sherif drückt seine Zigarette auf dem Beton aus und fährt sich mit beiden Händen durchs Haar. »*Harrak* ist eine schwierige Aufgabe.« Und dann erzählt er von einem Schiffbruch mit zahlreichen Toten. Wie viele starben, hat er nie erfahren. Sie waren von Libyen aufgebrochen und passierten gerade die tunesischen Kerkennah-Inseln, das glaubten sie jedenfalls. Die Wellen schlugen hoch, als sie den Bug Richtung Lampedusa und Sizilien ausgerichtet hatten. Sherif sucht lange nach den richtigen Worten. Ab und zu sagt er etwas auf Arabisch. Wenn er sich nicht verständlich machen kann, gestikuliert er oder zeichnet etwas in den Kies. Das Boot fuhr gegen die Wellen und war so überladen, dass es schließlich nicht mehr vorwärtskam und abtrieb. Wasser drang ein, aber es war ein sehr großer Fischkutter. Und er war mit Holzbalken verstärkt worden, bevor sie in See stachen. Das Boot hielt mehr als zehn Stunden stand, bis das Steuerruder brach. Das Boot stellte sich quer, noch mehr Wasser drang ein. Der Motor wurde nass und ging aus, und nach einer Weile kenterten sie. »Wie viele kamen ums Leben?« »Viele, viele«, sagt Sherif. »Kanntest du jemanden?« Sherif fährt sich erneut durchs Haar. »Den Mechaniker.« Er hieß Said oder Shaid, was dasselbe ist. Shaid habe sich dort eingeschlossen, wo der Motor war. Er wollte nicht mit den Passagieren zusammen sein, schließlich wisse man nie, wen man an Bord hat. Auf der improvisierten Bootszeichnung markiert Sherif die Stelle, wo sich der »Mechaniker« aufgehalten hatte. Als das Boot kenterte, konnte er die Luke nicht mehr öffnen. Sherif fiel ins Wasser und hielt sich oben, bis Hilfe kam. Am nächsten Tag.

»Und du warst am Steuerruder, Sherif?« Er schüttelt den Kopf, wie immer, wenn er signalisieren will, dass er nicht verstanden hat. »Warst du der Kapitän?« Sherif schüttelt erneut den Kopf. Er legt die Hände an die Ohren, ein Zeichen des Gebets. Er steht auf und schlurft in seinen Gummisandalen auf die andere Seite des Käfigs, um sich innerhalb der Kreidemarkierungen für die Moschee niederzuknien.

Bilals sechster Tag ist ein Mittwoch. Das mittägliche *ashara-ashara* gerät zu einer faschistischen Parade. Die Carabinieri vom Vorabend haben Dienst. Sie waren es, die am Samstag Bilal, Sherif und die anderen zwangen, sich in die Fäkalienbrühe zu setzen. Ein Carabiniere besteigt die drei Stufen, die zur ersten Baracke führen. Er stemmt die Hände in die Hüften wie Benito Mussolini und brüllt den am Boden Sitzenden zu: »Brüder!« »Brüder?«, fragt sein Kollege. »Warum willst du diese Arschlöcher als Italiener anreden?« Die Carabinieri fangen an zu lachen. Laut morgendlichem Zählappell befinden sich jetzt sechshundert Personen im Käfig. Nicht mitgerechnet die Frauen in dem separaten Bereich. Der kommandoführende Brigadiere hat tatsächlich eine gewisse Ähnlichkeit mit Mussolini. Er stemmt die Hände in die Hüften und wippt in den Knien. »Kameraden«, brüllt er. Dann salutiert er seinen Kollegen, indem er die Hacken zusammenschlägt und den gestreckten rechten Arm hebt. »Nein«, korrigiert ihn ein Kollege, »das ist der Hitlergruß. Der faschistische Gruß geht so: Italiener!« Ein anderer Carabiniere gesellt sich zu ihnen. »Nächstes Mal bringen wir ihnen bei, *Faccetta nera* zu singen.«

Bei der Nachtschicht zeigen die Carabinieri, aus welchem Holz sie geschnitzt sind. Die Häftlinge schlafen. Bilal duckt sich hinter einen Zaun, damit er alles ungestört beobachten kann. Wieder eine anstrengende Nacht. Die Polizisten waren bis spätabends mit den letzten Verhören der am Montag Angekommenen beschäftigt. Jetzt sind hundertachtzig Neue zu registrieren, zu durchsuchen und unterzubringen. Auf einem Mäuerchen sitzen Zwillinge, zweijährige Mädchen, mit Mutter und Vater. Im Hof fangen die Carabinieri in

Atemschutzmaske und Latexhandschuhen unverzüglich an, Taschen und Hosentaschen zu kontrollieren. Ein Kollege in Zivil, vielleicht außer Dienst, steht ihnen zur Seite. Akkurate Koteletten, schwarzes gegeltes Haar, modisches T-Shirt.

»Zieh dich nackt aus«, sagt der Carabiniere in Zivil. Der Junge im Unterhemd vor ihm schlottert vor Kälte und Angst. Er versteht nicht. Eine ganze Minute bleibt er regungslos. »What is the problem?«, brüllt ihn der Carabiniere an und verpasst ihm einen Schlag auf den Kopf. Der Junge, blass und klapperdürr, hört nicht auf zu zittern. Noch ein Schlag auf den Kopf. Alle, die jetzt zur Leibesvisitation nackt vor den Carabinieri stehen, bekommen einen Schlag auf den Kopf. Seit einer halben Stunde sprechen die Carabinieri davon, einen Korridor zu bilden, und was sie damit meinen, wird schon bald klar. Sechs Neuankömmlinge werden zwischen ihnen hindurch in den Käfig geführt, und jeder bekommt seine Ration Schläge auf den Kopf. Vier Carabinieri, zwei auf jeder Seite. Vier Schläge für jeden. Endlich taucht der Brigadiere auf, der Mussolini imitiert hat. Er könnte dieser Schikane ein Ende setzen, aber er schreitet nicht ein. »Macht dir der da Probleme?«, fragt er den Kollegen in Zivil mit den gegelten Haaren. Und ohne eine Antwort abzuwarten, schlägt er dem mageren Jungen mit der Faust aufs Brustbein. Dem Jungen ist unbegreiflich, was er falsch gemacht hat, er steht immer noch im Unterhemd da. Wieder werden Einwanderer vorbeigeführt. Wieder ein Korridor, wieder Schläge. Diesmal werden die Neuankömmlinge von einem Mitarbeiter der Lagerverwaltung begleitet: dem mit Spitzbärtchen und der kleinen Narbe neben der Nase, der an einem Abend anfing zu bellen, als er den Ruf *Allahu akbar* hörte, mit dem einer der Internierten die Muslime zum Gebet rief. Der Brigadiere schaut nur zu und lacht. Dann baut er sich vor einer neuen Reihe auf, verfällt in Stechschritt und bewegt den Arm, als hätte er eine Lanze in der Hand. »Vorwärts, Marsch!«, ruft er. Die Reihe der erschöpften Männer taumelt hinter ihm her. Bilal hätte nicht gedacht, dass der Brigadiere dazu fähig wäre. Am Tag zuvor hatte er beobachtet, wie derselbe Brigadiere einen Kranken auf den Armen von der Krankenstation zu seiner Pritsche trug.

Das Klatschen der Schläge ist eine halbe Stunde lang zu hören. Endlich bemerkt es eine Polizistin, eine eher kleine Blondine, die tagsüber ihr Haar unter einem Bandana trägt. »Maresciallo«, sagt sie nervös, »gehen Sie doch mal nachschauen, was Ihre Jungs dort machen. Ich höre zu viele Hände, die sich bewegen.« Der Maresciallo geht um die Ecke zu seinen Kollegen: »Hey, Jungs, ich muss schon bitten.« Und alle fangen an zu lachen. Als die letzten sechs Neuankömmlinge in den Käfig geführt werden, ist es bereits weit nach Mitternacht. Sie müssen draußen auf dem Boden schlafen, weil es keine freien Pritschen mehr gibt. Die Carabinieri feiern mit einem Grillfest im Hof vor dem Polizeibüro.

Nach kaum zwei Stunden Schlaf wacht Bilal auf, erfüllt von Wut und Abscheu über das, was er mit angesehen hat. Man mag über die Einwanderung denken, was man will, aber die Neuankömmlinge auf den Kopf zu schlagen ist die denkbar schlimmste Erniedrigung. Schon allein deshalb, weil die Carabinieri den Mut dieser Leute gar nicht ermessen können. Sie sind gleichgültig und unsensibel für die große Lektion des Lebens, die sie von ihnen erhalten haben. Denn genau das ist es, was die Armee mit Orden und Auszeichnungen belohnt: »Verachtung der Gefahr«. Mag sein, dass dieser Vergleich weit hergeholt ist, aber es ist, als würden die Mitarbeiter der US-Raumfahrtbehörde die vom Mond zurückgekehrten Astronauten mit Ohrfeigen empfangen. Bilal hält es nicht länger aus. Er besitzt keine Abwehrkräfte mehr. Er steht sehr früh auf und setzt sich in die Nähe des Zauns mit Blick auf den Hof, wo in der Nacht zuvor die Einwanderer geschlagen wurden. Auf dem Platz mit den scharfkantigen Steinen haben sich Jonathan und seine Leute versammelt und singen ihren morgendlichen Gospel. Bilal hört, wie ein Polizist mit dem Ministerium telefoniert. Vielleicht ist er ein Gewerkschafter. Die Überstunden seien schon seit Monaten nicht vergütet worden, beschwert er sich.

Zwei aus Bilals Schlafsaal setzen sich zu ihm, einer von ihnen ist Temer, unübersehbar, denn er ist der Größte im Käfig. Den Namen des anderen kennt Bilal nicht. Sie sind am Samstag gemeinsam in einem Schlauchboot gekommen. Von den ursprünglich dreißig Passagieren haben sie vier in einem nächtlichen Sturm verloren. Der Erste ist ins Meer gestürzt, der Zweite reingesprungen, um ihn zu retten, die anderen beiden wurden von einer Welle erfasst, aber da hatte schon keiner mehr Lust, als Held zu sterben. Temers Freund zieht einen kleinen Koran aus der Tasche seiner Trainingshose und fängt an zu rezitieren. Sie versuchen es schon seit gestern Abend, sie haben sich in den Kopf gesetzt, Bilal das Beten beizubringen. Aber Bilal möchte lieber den beiden Carabinieri zuhören, die stehen geblieben sind, wo zuvor der Polizist telefoniert hat. Direkt auf der anderen Seite des Zauns sprechen sie über die Schläge der vergangenen Nacht. »Bilal, sprich uns nach«, sagt Temer. Er denkt, man könne Arabisch lesen, auch wenn man die Sprache nie gelernt hat. Schließlich werden die Carabinieri aufmerksam und verjagen die drei mit Ausdrücken, die zeigen, dass sie mit allen möglichen Gebrauchsweisen der männlichen Genitalien vertraut sind.

Als die Sonne bereits hoch steht, bezieht Bilal erneut sein Versteck am Zaun. Temers Freund hat ihn entdeckt und setzt sich zu ihm, aber Bilal bedeutet ihm, still zu sein. Flüsternd erklärt er ihm, dass er die Carabinieri beobachten möchte. »Aber du bist immer allein«, erwidert der andere. »Wir schlafen mir dir unter demselben Dach, wir möchten dir helfen.« Er meint es aufrichtig, aber er stört Bilal nur bei seinen Recherchen. Die anderen sitzen da und warten darauf, dass in ihrem Leben etwas passiert. Bilal nicht. Er muss alles registrieren und sich möglichst viel davon einprägen. Er kann sich ja nicht einmal Notizen machen. Und wenn der hier es sich in den Kopf gesetzt hat, ihm binnen einer Woche Arabisch beizubringen, riskiert er, alles andere zu vergessen. Es passiert genau das, was Monsieur H. an jenem Abend prophezeit hatte, als sie Bilals Nachnamen erörterten. Vielleicht war es ein Fehler gewesen, sich die Geschichte mit der bosnischen Mutter einfallen zu lassen. Temers Freund lässt jedenfalls nicht locker. »Haut ab hier, ihr Arschlöcher. Weg hier, weg.« Die Carabinieri haben sie bemerkt. Eine unvorhergesehene Erschwernis. Wie ein nochmaliger steiler Anstieg, wenn es schon bergab zu gehen schien. Bilal muss sich von dieser erdrückenden Nähe befreien.

Er beschließt, mit Temer zu reden, bestimmt geht der Vorstoß auf ihn zurück. Ein religiös engagierter junger Mann, der sich berufen fühlt, Gutes zu tun. Immer und überall.

»Temer, ich muss etwas mit dir besprechen.« »Gehen wir in den Schlafsaal«, sagt er. »Nein, da sind die anderen. Setz dich hier auf das Mäuerchen.« Bilal ist betont schroff. Er weiß, er hat nur einen einzigen Versuch. Temer sagt, Bilal brauche vor der Polizei keine Angst zu haben. Alles liege in Gottes Hand, das gelte für Christen wie für Muslime.

»Ich bin nicht hier, um mit dir über Gott zu reden, Temer. Aber dir als gläubigem Menschen sage ich: Gott weiß, warum ich hier bin. Und jetzt hör mir genau zu: Wenn ihr mich hier am Zaun seht, du und deine Freunde, müsst ihr mich in Ruhe lassen.« Bilal spricht auf Englisch, mit Nachdruck, und wählt Worte, die ein frommer Muslim und ein frommer Christ verstehen können. Er übertreibt auch ein wenig.

»Ich habe hier eine wichtige Aufgabe zu erfüllen. Ich muss unbedingt nach Deutschland. Mehr kann ich dir nicht sagen. Aber wenn du und deine Freunde so weitermachen, wird die Polizei noch dahinterkommen. Und das ist dann deine Schuld.« Temer starrt auf Bilals langen Bart, den rasierten Schädel, die Hände. Er wirkt erschrocken. »Gut«, flüstert er, »dann werd ich den anderen sagen, sie sollen dich in Ruhe lassen, wenn das dein Wunsch ist.«

Bilal eilt ans Telefon. Er hat versprochen, sie anzurufen, er muss ihr ein paar Angaben zu den gelandeten Booten durchgeben. Doch als er ihre Stimme hört, treten ihm die Bilder der Misshandlungen vor Augen. Von Schmerz überwältigt, bekommt er kein Wort heraus. Er hat Tränen in den Augen. »Wie geht es dir? Alles in Ordnung?«, fragt sie ruhig und gefasst. »Nur Mut.« »Verzeih, es muss die Anspannung sein, die Müdigkeit. Hier werden die Leute geschlagen. Letzte Nacht kamen zwei kleine Mädchen an, Zwillinge, du hättest sie sehen sollen. Wie geht es unserem Böhnchen?«

Nach dem Telefonat beobachtet Bilal durch den Zaun die Flugzeuge voller Touristen. Drei junge Männer kommen auf ihn zu, die ihm bisher noch nicht aufgefallen waren. Sie stellen sich vor, es sind Ägypter. »Wir haben das mit Deutschland gehört.« »Was habt ihr gehört?« »Glückwunsch, Bilal. Wir stehen auf deiner Seite.« Sie umarmen ihn innig. Bestimmt haben sie es falsch verstanden. Aber was zum Teufel hat Temer ihnen erzählt?

Sechs Uhr, kurz vor dem abendlichen *ashara-ashara*. Eine weibliche Stimme ruft Bilal. »Bilal Ibrahim el Habib«, und gleich darauf der Name in umgekehrter Reihenfolge: »El Habib Ibrahim Bilal.« »Aiwa«, antwortet Bilal.

»Morgen früh um acht am Tor«, sagt die Dolmetscherin auf Arabisch, dieselbe, die in dem langen Verhör am Samstag kategorisch ausgeschlossen hat, dass Bilal Rumäne ist. Er ahnt den Sinn ihrer Worte, ohne alles zu verstehen. »Welche Stadt?«, fragt er aufs Geratewohl. »Agrigent«, antwortet die Dolmetscherin. »Du gehst, du wirst verlegt«, sagt Cherriere auf Französisch und wiederholt laut, sodass alle es hören können: »Bilal geht.« Vor Bilal formiert sich eine Schlange: Häftlinge, die sich von ihm verabschieden wollen. Raschid, einunddreißig, Marokkaner, erklärt ihm, wie es läuft: »Mein Cousin hat es mir gesagt. Sie geben dir einen Ausweisungsbescheid. Damit fährst du an dein Ziel. Und nach fünf Tagen wirfst du ihn weg. Das ist die einzige Möglichkeit, um in Italien zu bleiben. Ich werde es so machen. In Padua bei meinem Cousin wartet schon eine Arbeit auf mich.« »Aber was ist, wenn dich die Polizei erwischt?« »Das wird sie nicht«, erwidert er. »Wichtig ist, dass du es machst wie mein Cousin: nach der Arbeit sofort nach Hause gehen, nicht spätabends unterwegs sein und den Kontakt zu anderen Einwanderern meiden.«

Vielleicht weiß er es nicht, aber genau das haben Millionen Schwarze in Südafrika während der Apartheid getan. Sie opferten ihre Freiheit. Erst jetzt lächelt Raschid. Als er letzte Nacht ankam, erzählte er der Polizei, er sei Palästinenser, um nicht nach Libyen abgeschoben zu werden. Und heute Morgen war er verzweifelt, weil im Käfig niemand die Vorwahl von Gaza kannte. Er war überzeugt, dass man ihn im Verhör danach fragen würde. Er wirkte wie ein schlecht vorbereiteter Abiturient vor der Prüfung. Jetzt aber ist er überzeugt, dass alles gut gegangen ist. Die Polizisten haben ihm keine allzu schweren Fragen gestellt.

Am Abend landen noch mal dreihundertfünfzig Einwanderer. Wieder hat der freundliche Brigadiere Dienst. Niemand wird geschlagen. Sobald sie in den Käfig kommen, bitten der siebenundzwanzigjährige John aus Togo und seine Gefährten um etwas zu essen. Das Verwaltungspersonal in gelber Dienstkleidung sagt ihnen, dass es erst am nächsten Morgen wieder etwas gibt. »We are starving, wir haben Hunger. Wir haben seit sieben Tagen nichts gegessen«, ruft John zitternd. »Nach der Landung wollte ich in einem Laden etwas kaufen, aber die Polizei hat gesagt, das ginge nicht, wir würden hier drin etwas zu essen bekommen. Wir haben unser eigenes Geld. Wenn wir frei sind, warum können wir uns dann nichts zu essen kaufen? Wenn ich die Erlaubnis bekomme, mache ich hier drin einen Imbiss auf.«

Bilal sieht den Arzt im weißen Kittel vorbeigehen, spricht ihn an, erklärt ihm die Situation. »Ich bringe ein paar Croissants«, sagt der Arzt auf Französisch. Aber er kommt nicht wieder. John und die anderen müssen im Freien auf dem Boden schlafen, denn es gibt auch keine Matratzen mehr. Ein hysterischer Beamter in Zivil kippt eine Cola aus und wirft die leere Dose über den Zaun. »Was soll das?«, schreit Temer, »wir sind Illegale, aber keine Tiere!« Der Beamte entschuldigt sich. Die Schlafsäle sind überfüllt, sogar unter den Pritschen liegen Leute. Das Radio in der Küche ist auf volle Lautstärke gedreht und spielt einen uralten Song, der von dem handelt, was sich Hunderte von Kindern jeden Tag wünschen, wenn sie an ihre Väter hier im Käfig denken: »*How I wish, how I wish you were here*«, ich wünschte, du wärst hier.

Bilal legt sich auf seine Pritsche, aber er kann nicht einschlafen. Der Liedtext macht ihn beklommen. Sein Blick geht zu den kreuz und quer liegenden Körpern am Boden: dicht an dicht zusammengekauert, beleuchtet vom gelben Scheinwerferlicht, das durch die geöffneten Fenster fällt. Das Lied ist die Begleitmusik zu einer Szenerie des Weltuntergangs. *So*, heißt es darin, *du denkst also, du könntest das Paradies von der Hölle unterscheiden? Den blauen Himmel vom Schmerz?* Ist das die Angst, die ihn quält, seitdem man ihn in den Käfig gesteckt hat? Bilal murmelt den Liedtext nach wie ein Gebet. *Kannst du eine grüne Wiese von einem kalten Schienenstrang unterscheiden? Ein Lächeln von einem Schleier? Glaubst du, dass du das kannst? Haben sie dich dazu gebracht, deine Heroen gegen Gespenster einzutauschen? Heiße Asche gegen Bäume? Stickige Luft gegen eine kühle Brise? Kühlen Komfort gegen den Mut zur Veränderung? Hast du deine Statistenrolle im Krieg nicht eingetauscht gegen eine Hauptrolle in einem Käfig? Ich wünschte, du wärst hier. Wir sind doch nur zwei verlorene Seelen, die in einem Goldfischglas schwimmen, Jahr um Jahr, und auf demselben Stückchen Erde herumlaufen. Und was haben wir dabei gefunden? Nur die alten Ängste …*

Bilal erwacht schweißgebadet. Er setzt sich auf seiner Pritsche auf. Er hat in den Abgrund geblickt. Diese Spirale, die sich bei der Landung in Dakar langsam nach unten schraubte. Zum ersten Mal hat Bilal Angst, dass er zum Zyniker werden, sich an die Gewalt gewöhnen könnte. Dass er nicht mehr die Kraft finden könnte, zwischen Paradies und Hölle zu unterscheiden. Was, wenn ihm eines Tages all dies als ganz normal erscheint? Als ein Fünf-Sterne-Hotel, auf das man als Italiener auch noch stolz sein kann?

Auf dem Weg zu seiner nächtlichen Dusche muss Bilal aufpassen, dass er nicht stolpert und auf fremde Hände und Füße tritt. Auch auf dem Gehweg und den asphaltierten Gassen zwischen den Baracken überall Rücken, Arme, Beine und Köpfe, die etwas Ruhe suchen. Als er zurückkommt, ist sein Bett von zwei Männern belegt. Es sind seine letzten Stunden im Käfig, er kann also ruhig aufbleiben. Am Himmel zucken Blitze. Das Gewitter ist bald vorbei, aber der sturzbachartige Regen scheucht Hunderte auf, die im Freien geschlafen haben und jetzt klatschnass sind. Vor dem Tor werden die Passagiere eines soeben angekommenen Boots registriert. Die Carabinieri traktieren die Leute auch diesmal mit Schlägen bei der Durchsuchung. Es sind die von der neuen Schicht, die Mannschaft des Brigadiere, der Mussolini ähnlich sieht, und die des anderen mit dem Bandana. Zuerst trifft es zwei Männer mittleren Alters, die sich nicht auf Befehl hingesetzt haben. Sie bekommen schallende Ohrfeigen, und einer der beiden, den sie Maradona nennen, obendrein auch noch Fußtritte. Die Carabinieri hören erst auf, als ihr Vorgesetzter auftaucht, ein spitzbärtiger Oberleutnant in Zivil, der allerdings seine Untergebenen nicht im Griff hat. Als er gegangen ist, traktieren sie die Leute weiter. Sie ohrfeigen einen Zwanzigjährigen, der nicht versteht, was sie von ihm wollen; sie schlagen zwei andere, die dem Befehl *Sit down* nicht gefolgt waren, noch fester. Erst dann merken sie, dass die beiden nur Arabisch und Französisch verstehen. Dieses elende Spiel muss ein Ende haben.

Es geht um das letzte bisschen Würde. Falls Bilal tatsächlich noch zwischen Paradies und Hölle unterscheiden kann, muss er es jetzt unter Beweis stellen. »Ihr schlagt diese Leute, warum?«, brüllt er auf Englisch, so laut er kann. Er hat alles beobachtet, durch ein Loch in der grünen Plane des Zauns zwischen Käfig und Hof. Ein Carabiniere versucht, Bilal mit einem Karate-Fußtritt zu treffen. Bilal weicht vor dem Stiefel zurück und wiederholt den englischen Satz. Dann dreht er sich um und geht. Er wird in den Hof gerufen. Eine regelrechte Konfrontation. Bilal Auge in Auge mit einem grau melierten Carabiniere, der sich hinter einer weißen Schutzmaske versteckt. »What's the problem?«, schreit der ihn an. »You are beating that people. Why?« »Beating? Was zum Teufel will der eigentlich? Sperrt ihn wieder ein«, sagt er zu seinen Kollegen. Bilal wird wieder hinter das Tor zurückgestoßen. Aber wenigstens hören die Carabinieri auf, die Leute zu schlagen.

Der Carabiniere mit der weißen Schutzmaske hat etwas Unmenschliches, er wirkt wie ein Androide. Nicht wegen seiner Stimme, auch nicht wegen der stahlharten Unterarmmuskeln, die die hochgekrempelten Uniformärmel freilegen. Bilal dreht sich zu ihm um. Der Carabiniere fährt fort, die Überlebenden des mitten in der Nacht gelandeten Boots zu durchsuchen. Auch die anderen Carabinieri erinnern irgendwie an Androiden. Ein Detail ist Bilal schon am ersten Tag aufgefallen, aber er hat nicht weiter darüber nachgedacht. Die Carabinieri sind Technikfreaks. Sie haben das neueste Handymodell, das neueste Headset, kabellos. Ein molluskelgroßes Modul, das man sich ins Ohr steckt. Und das Merkwürdige ist: Während der Carabiniere mit der Schutzmaske Bilal seine ganze Verachtung förmlich ins Gesicht spie, blinkte es an seinem rechten Ohr. Eine kleine blaue LED-Anzeige, die signalisierte, dass das Modul eingeschaltet war. Und jetzt, bei genauerem Hinsehen, entdeckt Bilal, dass alle Carabinieri blau blinkende LED-Anzeigen haben. *Blink, blink, blink.* Wie ferngesteuerte Roboter. Vielleicht hätte Bilal gar nicht über den Zaun schreien müssen. Vielleicht hätte es genügt, lauthals darüber zu lachen. Was ist das für eine Autorität, die von gewaltbereiten Männern mit blinkenden Ohren vertreten wird?

Gegen Mittag befinden sich im Käfig dicht zusammengedrängt tausendzweihundertfünfzig Personen. Diese Zahl nennen die Carabinieri beim Appell. Ein *ashara-ashara,* das sich in Zehnerreihen über das ganze Areal erstreckt. Alle müssen sich auf den Boden setzen. Bilal hält sich möglichst nah am Zaun. »Da ist der Professor«, macht ein Carabiniere zwei seiner Kollegen auf Bilal aufmerksam. »Habt ihr das vorhin mitgekriegt? Den holen wir uns und verpassen ihm eine Abreibung.« Aber fünf Minuten später wird Bilal von der Polizei geholt. Er wirft einen letzten Blick zurück. Sie drängen ihn zur Eile, und so sieht er gerade noch, wie Cherriere den Polizisten hilft, die Reihen der Neuankömmlinge durchzuzählen. Bilals Augen suchen Temer, der in der Nacht Albträume hatte und auf Arabisch schrie und weinte. Er kauert mit Sherif und den anderen seines Schlafsaals am Boden. Aber sie sind zu weit weg, als dass er ihnen einen Abschiedsgruß zurufen könnte. Im Käfig ist nicht mal mehr Platz, um sich zu bewegen.

Der Polizist schiebt Bilal sanft auf den Hof, wo der Ausgang ist. Dort wartet schon die Gruppe, die verlegt wird: neun Erwachsene und fünfunddreißig Kinder und Jugendliche. Sie müssen sich auf den Asphalt setzen. Ein gelb Uniformierter verteilt weiße T-Shirts und Schuhe an die drei, die immer noch barfuß sind. Jeder bekommt eine Flasche Wasser und eine Plastiktüte mit zwei belegten Brötchen und einem Pfirsich, das Mittagessen. Die Jugendlichen bitten, dass sie ihr Geld zurückbekommen. Bilal hat seine eingeschweißten Dollars behalten dürfen, die Minderjährigen mussten ihr Geld in der Verwaltung abgeben. Die Carabinieri haben sie herausgeführt, ohne zu sagen, dass sie das Lager für immer verlassen werden.

»Heute ist zu, es ist keiner im Büro, der euch das Geld geben könnte«, erklärt der gelb Uniformierte. »Es sind Hunderte von Euros, sie brauchen das Geld«, sagt Bilal auf Englisch. Ein Carabiniere macht eine verneinende Geste mit dem Zeigefinger. Bilal insistiert. Der Carabiniere breitet die Arme aus und bedeutet ihm, die Sache auf sich beruhen zu lassen. Die Dottoressa kommt, die Polizistin, die bei Bilals erstem Verhör zugegen war. Sie erteilt den beiden Carabinieri der Eskorte letzte Anweisungen. »An der Mole warten die Zeitungsfotografen. Sie können fotografieren, was sie wollen«, sagt sie, »aber wenn sie zu nah rankommen, sagt ihnen, dass es in der Gruppe Minderjährige gibt. Sie wissen, dass Fotos von Minderjährigen nicht veröffentlicht werden dürfen.«

Mehr als das Recht auf ihre Privatsphäre interessiert die Jugendlichen jedoch ihr Geld. Sie müssen ohne es abreisen. Bevor wir in einen Kleinbus verladen werden, kommen zwei Carabinieri im Laufschritt auf uns zu. Sie gehören zu der Einheit, die am Mittwoch die faschistische Parade inszeniert hat. Sie erklären uns ihre Lebensphilosophie. »Vergesst nicht«, doziert einer der beiden und rezitiert wie ein Schauspieler: »Wir kommen aus einem Loch, leben durch ein Loch und enden in einem Loch.« Als wir an Bord der Fähre gehen, sind drei Fotografen zur Stelle, weiß der Himmel, von welcher Zeitung. Bilal macht sich an seinen Gummisandalen zu schaffen, reine Taktik: Er will Zeit gewinnen, um als Letzter aus dem Bus zu steigen. Wenn sich die Eskorte verhält wie jeder andere Begleitschutz dieser Welt, werden sich die beiden Carabinieri neben den letzten Gefangenen stellen. Und genauso geschieht es. Ein perfektes Foto. Bilal eingerahmt von den beiden Carabinieri, der eine in normaler Dienstuniform, der andere im Einsatzanzug. Im Hintergrund das blaue Meer und die Häuser von Lampedusa. Die Halteleinen. Die gelbe Absperrung. Im weißen Trainingsanzug mit den vier blauen Streifen Bilal, in seiner Linken der schwarze Müllbeutel mit den Kleidern, die er am Leib trug, als man ihn aus dem Wasser fischte, in der Rechten die Wasserflasche. Den spöttischen Blick direkt in die Kamera gerichtet. Bilal verlangsamt seinen Schritt. Die Blenden der großen Kameralinsen öffnen und schließen sich. Ein solches Foto hat ihm noch gefehlt. Jetzt muss er nur noch herausfinden, in welchem Blatt es erscheint.

Verfolgt von den neugierigen Blicken der letzten Touristen dieser Saison, verschwinden sie im Aufenthaltsraum der Fähre, bewacht von einem Brigadiere und zwei weiteren, gleichfalls freundlichen Carabinieri. Bei stürmischer See dauert die Fahrt bis zum Abend. Die Jugendlichen haben am meisten Angst, sie lesen während der gesamten Überfahrt im Koran. Ein Sechzehnjähriger ist sicher, dass sie alle nach Libyen abgeschoben werden. Zum Gebet wendet er sich Richtung Bug und hört nicht auf seine Freunde, die ihm sagen, dass Mekka in der entgegengesetzten Richtung liegt. Als am Nachmittag die Berge Siziliens am Horizont auftauchen, nehmen die anderen ihn auf den Arm. Sie drücken das Gesicht ans Fenster und rufen: »Dschebel Schischilia.« Sie lachen. In Porto Empedocle werden die fünfundvierzig in einen Bus verfrachtet, der inmitten von Polizeiwagen mit Blaulicht abfahrbereit steht. Die Karawane setzt sich Richtung Polizeipräsidium in Bewegung. Bilal hat einen Platz neben Youssef, dem koptischen Ägypter, der ihm in der Diskussion mit Sherif zur Seite gestanden hat. Wir fahren durch das Tal der Tempel, vorbei am Concordia-Tempel, der von Scheinwerfern angestrahlt ist. Youssef sagt zu Bilal: »Ein griechischer Tempel. Dies hier ist einer der schönsten Orte auf Erden.« »Du warst schon mal da?« »Nein«, antwortet er. »Aber du kennst Agrigent?« »Ich habe an der Universität Kairo Alte Geschichte studiert«, sagt Youssef. Bilal und die anderen acht Erwachsenen werden von den Kindern und Jugendlichen getrennt, die in eine Einrichtung gebracht und dann ihren bereits in Italien lebenden Verwandten übergeben werden. Die Erwachsenen erhalten den dreiseitigen Abschiebungsbescheid, eine Tüte mit zwei belegten Brötchen und eine Flasche Wasser. Dann werden sie in einen Kleinbus verladen, der sofort losbraust. »Bilal, ich habe Angst. Ich glaube, sie bringen uns nach Libyen«, sagt Abdrazak, ein achtzehnjähriger Marokkaner. Er ist mit dem Boot nach Lampedusa gekommen, an dessen Steuerruder Sherif und der Ägypter aus Rosetta saßen. Aber an diesem Abend muss keiner nach Libyen zurück. Die Fahrt endet am Bahnhof.

Ein Polizeiinspektor löst Fahrkarten für den Zug um 21 Uhr, dann rennen wir alle zusammen die Treppe hoch zum Bahnsteig. Aber der Zug ist schon weg. Der Inspektor lässt den Bahnhofsvorsteher seinen Ärger spüren. »Verdammt, der ist doch sonst nie pünktlich. Warum ausgerechnet heute?« Wieder ins Auto, dem Zug hinterher, mit Sirenengeheul, bis nach Aragona, dem nächsten Bahnhof. Diesmal ist der Zug noch gar nicht da. »Hört zu, Jungs«, erklärt ein Beamter auf Englisch. »Ihr fahrt jetzt nach Palermo. Ihr habt fünf Tage Zeit, Italien zu verlassen. Wenn wir euch nach fünf Tagen aufgreifen, werdet ihr festgenommen. Ist das klar? Und jetzt geht, ihr seid frei.«

Auch Bilal ist frei. Trotz seines rumänischen Alter Ego. Und trotz der Verurteilung zu zwanzig Tagen Haft, weil er die Verhältnisse im Internierungslager Mailand angeprangert hat: ein Detail, das den Polizeicomputern entgangen ist. Die anderen begreifen nicht, was los ist, und sind wie versteinert. »Ihr seid frei, ihr könnt gehen.« Jetzt haben sie verstanden. Sie jubeln. »Italia«, schreien sie, heben den Daumen und wiederholen im Chor: »Uno.« Genau wie es ihnen die Carabinieri gezeigt haben. Einer fällt dem Inspektor um den Hals, der lächelt, aber lieber nicht geküsst werden möchte. »Geh, geh, mein Junge. Und viel Glück.« Alle außer einem haben bereits eine Arbeit oder einen Verwandten, der auf sie wartet. In Mailand, Turin, Neapel, Catania. Im Zug diskutieren sie, wie lange die Fahrt dauert. »Bilal, zeig mal das Ticket«, sagt Youssef. »Da steht drauf, dass es hundertsechsunddreißig Kilometer sind. Wie lange dauert also die Fahrt?« »Vermutlich zwei Stunden.« »Unmöglich«, sagt Youssef, »für eine so lange Strecke brauchen wir mindestens fünf Stunden.« Bilal lacht. Die anderen acht schauen ihn an, ohne zu begreifen, warum er sich so amüsiert.

Der erste Anruf im Bahnhof gilt ihr. Die Nacht vergeht quälend langsam. Bilal spaziert hin und her, versucht, auf einer Marmorbank ein bisschen zu schlafen. Das letzte Hindernis ist der Mann am Fahrkartenschalter am nächsten Morgen. Er glaubt, Einwanderer vor sich zu haben, die kein Italienisch können, und beschimpft sie. Bilal möchte sich nicht mit ihm anlegen. Er sucht unter den Italienern in der Schlange hinter sich jemanden, der Englisch oder Französisch spricht. Ein älterer Herr mit einer Bohrmaschine in der Hand antwortet ihm auf Deutsch. Und Bilal bittet ihn auf Deutsch um Hilfe beim Fahrkartenkauf. Der Mann spielt den Dolmetscher. Jeder Satz geht vom Arabischen ins Französische, vom Französischen ins Deutsche, vom Deutschen ins Italienische und dann wieder zurück. Der Mann hinter dem Schalter beschimpft auch den älteren Herrn. Diesen Leuten brauche man nicht zu helfen, sagt er. Es sieht aus, als würden alle ihren Zug verpassen. »Was mischen Sie sich da ein? Gehen Sie«, sagt der Mann hinter dem Schalter. »Sie denken wohl, ich versteh die nicht?« Bilal kramt das bisschen Sizilianisch hervor, das er aus Büchern kennt. Er nimmt all seine Kraft zusammen und herrscht ihn an: »Ma se nun capisti mancu l'italiano, lo fate o no 'sta minchia di biglietto?« Überrascht beeilt sich der Fahrkartenverkäufer, seiner Pflicht Genüge zu tun. »Dieser Signore behauptet, kein Italienisch zu verstehen, dabei spricht er Sizilianisch«, murmelt er. Der ältere Herr sieht Bilal stumm und forschend an, wagt aber nicht, eine Erklärung von ihm zu verlangen. »Was war das für eine Sprache, Bilal?«, fragt Abdrazak. »War das Kurdisch?«

Der ältere Herr begleitet die Gruppe zum Bahnsteig. »Als Erstes müsst ihr die Sprache lernen«, sagt er auf Deutsch zu Bilal, »das ist das wichtigste Instrument, um sich Respekt zu verschaffen. Ich habe vierzig Jahre in Deutschland gelebt. Am Anfang lief ich mit einem kleinen Wörterbuch herum, weil ich nichts verstanden habe.« Im Zug verteilen sie sich auf verschiedene Wagen, denn sie haben bereits gelernt, dass sie als Ausländer besser nicht als Gruppe in Erscheinung treten. Bilal setzt sich neben Youssef und seinen Freund Tareq, der kein Wort sagt. Youssef erzählt, er habe einen Cousin in der Lombardei, der ihm bereits eine Arbeit als Maurer in Aussicht gestellt habe.

»Aber du hast doch studiert. Wäre es nicht besser, in Ägypten eine Stelle als Lehrer zu finden?« »Ein illegaler Maurer in Italien verdient mehr als ein Lehrer in Ägypten«, gibt Youssef trocken zurück. »Mit der Überfahrt von Libyen aus hast du dein Leben aufs Spiel gesetzt.« Youssef lächelt ihn hinter seiner großen Brille an. Er ist kurzsichtig und sieht aus, als wäre er immer noch ein Student, der seine

Zeit in der Bibliothek verbringt: etwas rundlich, mit weißen Händen und verschlafenem Blick wie jemand, der nachts hinter seinen Büchern sitzt und büffelt. Und doch ist er lebensklüger als Bilal. »Gefährlich ist es schon. Aber wer nach Europa will, hat keine andere Wahl.« Er erzählt von den Tagen in Libyen vor der Abfahrt des Bootes. »Ich habe zwei oder drei Wochen gewartet, keine Ahnung, das Gefühl für die Zeit ist mir abhandengekommen. Sie haben uns in ein umzäuntes Areal eingesperrt, wie in Lampedusa. Auch dort wurden die Leute geschlagen. Aber es war schlimmer. Die Wächter haben uns nicht ins Freie gelassen, wir durften keinen Laut von uns geben.«

Bilal erinnert sich an das Foto von Sherif in seiner Hosentasche. Er zeigt es Youssef: »Das ist der *harrak*, der dich nach Lampedusa gefahren hat.« Youssef nimmt das Foto, küsst es drei Mal und drückt es an seine Brust. »Ja, es war sein Boot«, bestätigt er. »Es stimmt, wir haben unser Leben riskiert. Aber wir sind im falschen Teil der Welt geboren. Wer nichts riskiert, kriegt nichts vom Leben.«

Italien zieht vor dem Zugfenster vorbei. An der nächsten Haltestelle helfen Bilal und Youssef einer Frau und ihrer alten Mutter, die Koffer ins Gepäckfach zu heben. »Danke, Jungs.« »Mama, die verstehen kein Italienisch ...«, sagt die Tochter. Bilal versucht's mit einem Gruß auf Deutsch. Die Frau lächelt breit. Kein Zweifel, sie ist in Deutschland aufgewachsen. In diesem Abteil sitzen drei Generationen von Einwanderern zusammen. »Meine Mutter hat Sizilien 1954 verlassen«, erzählt sie, »und ich bin in Deutschland geboren.«

Bei Sonnenuntergang erreicht der Zug Rom. Kuppeln, die im Dunst verschwinden, Häuser, die immer dichter zusammenwachsen. Bilal und Youssef genießen den Anblick durch das Zugfenster auf dem Gang. »Was wirst du machen, Bilal?«, fragt Youssef, als sie am Bahnhof Termini aussteigen. »Erst einmal helfe ich euch, den Bahnsteig für den Eurostar nach Mailand zu finden.« »Aber wenn du nach Deutschland willst, musst du doch auch über Mailand«, sagt Youssef. »Nein, ich bleibe vorerst in Rom, um jemanden zu besuchen.« Die Tafel mit den Abfahrtszeiten hängt gleich am Bahnsteig. »Hier. Gleis drei. Der Eurostar nach Mailand.« »Ja, Bilal, aber vorher begleiten wir dich. Wohin musst du?« »Nein, Youssef, wir müssen uns hier trennen. Wenn euch die Polizei mit mir erwischt, bekommt ihr Ärger.« »Macht nichts, wir lassen dich nicht allein.« »Youssef, Tareq, ich danke euch, aber ihr müsst jetzt gehen. Ihr habt noch einen langen Weg vor euch.« Wir umarmen uns herzlich zum Abschied. Dann tauchen die beiden in den Strom der Menschen ein, die immer noch aus dem Zug steigen. Bilal lädt sich den schwarzen Müllsack auf die Schulter, den er seit der Nacht seiner Landung in Lampedusa bei sich trägt. Jetzt kann er ihn wegwerfen. Er hebt ihn noch einmal hoch, betrachtet ihn und lässt ihn dann in den Container auf dem Bahnhofsvorplatz fallen. Es ist sieben Uhr abends. Samstag, der 1. Oktober.

Die Nacht zu Hause vergeht schlaflos. Sie endet um vier Uhr früh auf der Straße in Erwartung des Sonnenaufgangs. Bilal zu werden war nicht schwer. Es genügte, die Asche des verbrannten Ausweises mit der Schuhsohle zu zertreten. Aber seither ist Bilal nicht mehr von meiner Seite gewichen. In einem Sack auf dem Kleiderschrank liegt sein weißer Trainingsanzug mit den seitlichen blauen Streifen. Ich habe ihn nie gewaschen. Ab und zu beschnuppere ich ihn und atme den säuerlichen Geruch nach Salz und Schweiß ein, nur um mich daran zu erinnern, dass es nicht wichtig ist, immer Unterscheidungen zu treffen. Denn auf dem Lebensweg der einfachen Menschen ist die Hölle die Hölle. Und was aussieht wie das Paradies, ist fast immer eine Täuschung.

11

Rückkehr nach Agadez

»Sie wissen nichts von den fünftausend verschwundenen Ägyptern?« Der Staatssekretär sitzt hemdsärmelig zwischen der blauen Fahne der EU und der italienischen Trikolore. Er hat an den Verhandlungen mit Libyen über Einwanderung und die Rückführung illegaler Zuwanderer teilgenommen, jetzt ist er mit anderen Dingen befasst. »Ich habe mich gefragt, ob Sie von dieser Geschichte wirklich noch nie etwas gehört haben. Ich weiß, dass Sie die Wüste durchquert haben. Womöglich sind Sie unterwegs auch ägyptischen Staatsbürgern begegnet.« »Nein, die Ägypter kommen die Küste entlang. In der Wüste bin ich nur Flüchtlingen aus dem subsaharischen Afrika begegnet. Die Araber, die ich getroffen habe, waren Schleuser.«

Der Staatssekretär streicht sich übers Kinn. Sein Blick geht hoch zu dem antiken Kronleuchter. Vielleicht überlegt er, ob er fortfahren soll oder nicht. Vielleicht bereut er, dass ihm mit dieser Frage auch eine vertrauliche Information herausgerutscht ist. Dies aus seinem Mund zu hören ist eine Bestätigung. Er stützt die verschränkten Arme auf die Schreibtischkante. »Der ägyptische Innenminister hat in Libyen nachgefragt, wo seine fünftausend Landsleute hingekommen sind. Die Ägypter, auch wenn sie illegal nach Italien kommen, bleiben in Kontakt mit ihren Konsulaten, sei es, um ihren Pass zu verlängern, sei es aus anderen Gründen. Und damit verfügen die Kollegen in Kairo immer über die aktuellen Zahlen. Jetzt haben sie nachgerechnet: In den letzten Jahren entstand zwischen den nach Italien aufgebrochenen und den nach Wissen der Behörden dort angekommenen Ägyptern ein Defizit von fünftausend.« »Vielleicht haben sie vergessen, ihren Pass zu verlängern.«

Der Staatssekretär lehnt sich auf seinem Stuhl zurück. »Nein, das schließen sie aus. Ich glaube, sie haben auch über die Angehörigen Auskünfte eingeholt. Mehr weiß ich nicht. Ägypten hat vertraulich in Libyen angefragt, wo diese fünftausend geblieben sind. Die ägyptischen Kollegen hoffen, dass die Leute in libyschen Gefängnissen sitzen, nachdem im Zuge der Eindämmung der Zuwanderung nach Italien so viele festgenommen wurden. Sie befürchten jedoch, dass ihre Landsleute nach Süden in die Wüste geschickt wurden. Deshalb wollte ich wissen, ob Sie unterwegs Ägyptern begegnet sind.«

Mich überläuft es kalt. Fünftausend Männer, Frauen und Kinder können sich nicht einfach in Luft auflösen. Sie füllen zwanzig große Fischkutter oder zweihundert Holzboote. Oder einen Konvoi aus fünfundzwanzig Lkws in der Wüste. Unmöglich, den Radarkontrollen, den Patrouillen der Küstenwache, den Hubschraubern und Aufklärungsflugzeugen zu entgehen, die sämtliche Grenzen der Erde überwachen.

»Und was sagen die Libyer?« »Sie haben noch nicht geantwortet und ihrerseits Italien um Auskunft gebeten«, sagt der Staatssekretär. »Kann es sein, dass sie bluffen?« »Das glaube ich nicht«, antwortet er. »Auch die Libyer sind aufrichtig besorgt über diese Geschichte.« »Und die italienische Polizei weiß nichts darüber?« »Wir wussten gar nichts.« »Heißt das, Libyen hat die Ägypter in die Sahara getrieben und diese fünftausend sind nie zu Hause angekommen und haben in der Wüste den Tod gefunden?« »Nein«, gibt er zurück. »Das hätte die ägyptische Regierung wohl früher oder später erfahren. Ägypten und Libyen haben eine gemeinsame Grenze.« »Und jetzt?«

Das ist mir nur so herausgerutscht. Sinnloserweise. Der Staatssekretär fängt an, die Karte des Mittelmeers in die Luft zu zeichnen. Er macht weit ausgreifende Armbewegungen, die Handflächen offen, die Finger gespreizt, als suche er auf einer völlig durchsichtigen Glaswand nach einem Durchlass. Hier ist Lampedusa. Hier Sizilien. Hier ist Malta. Hier Kalabrien. Hier ist Kreta. Und dort Griechenland.

»In all den Jahren haben wir bei unseren Ermittlungen nicht gewusst, dass es eine zweite Route gibt«, sagt er. »Die Überfahrt von

Libyen in nordöstliche Richtung, nach Griechenland. Und wir können nicht ausschließen, dass es in diesen Jahren viele über diese Route versucht haben. Nicht zuletzt, um den Meerespatrouillen der EU in der Umgebung von Lampedusa und Malta zu entgehen.«
»Aber bis heute landen doch kaum Boote in Griechenland.«
»Eben«, sagt er.

Wir schauen einander an. Der Staatssekretär krempelt seine Hemdsärmel runter, macht die Ärmelknöpfe zu, rückt den Krawattenknoten zurecht und steht auf. Er nimmt sein blaues Jackett vom Kleiderständer und schlüpft mit einem eleganten Schwung hinein. Das Gespräch ist beendet. Er umrundet den Schreibtisch.

»Die Überfahrt von Libyen nach Griechenland dauert viel zu lang«, sagt er auf dem kurzen Weg zur Tür. Bevor er sich verabschiedet, hält er noch einen Moment inne. »Ich glaube, diese fünftausend Ägypter sind auf See ums Leben gekommen.«

Fünftausend Ertrunkene. Die interne Bilanz der Regierung in Kairo. Nur ägyptische Tote. Viele afrikanische Staaten haben nicht einmal ein Einwohnermeldeamt. Von den Staatsbürgern dieser Länder, die während der Überfahrt verschollen sind, wird kein Mensch je etwas erfahren. Kein Nationaldenkmal erinnert an sie. Jahr für Jahr legen unsere Staatsoberhäupter vor den Altären des Vaterlands Blumen nieder. In ergriffenem Schweigen lassen sie sich vor dem Grab des Unbekannten Soldaten fotografieren. Der Kriegsgefallenen zu gedenken ist eine ehrenvolle Pflicht. Aber unsere Verfassung ist auf die Arbeit gegründet, nicht auf Krieg. Und doch hat das Vaterland diesen Tausenden unbekannten Migranten, die auf der Suche nach Arbeit ihr Leben verloren haben, oder den Sklaven, die zu Tode kamen, weil sie Arbeit fanden, keinen einzigen Altar errichtet. Der Friedhof von Lampedusa ist voll mit anonymen Gräbern. Statt eines Namens und eines Fotos tragen die Grabsteine nur eine Nummer. Es würde genügen, symbolisch die Gebeine aus einem dieser Gräber nach Rom, Brüssel, Straßburg, Paris, Madrid, Berlin, London, Wien oder Bern zu bringen, den Zielen dieser Menschen, die das andere Gesicht Europas sind. Um niemals zu vergessen.

Auch heute beschließe ich den Tag vor dem Computer. Wieder keine E-Mail. Joseph und James haben nicht mehr geschrieben. Daniel und Stephen haben nie geantwortet. Und auch Billy, Bill, Adolphus, Aloshu, Dandy, Johnson, Catherine, Erasmus, Chuck und Peters nicht. Ebenso wenig die anderen Helden, die ich auf der Sklavenpiste oder im Käfig von Lampedusa kennengelernt habe. Vor Tagen habe ich eine Nachricht an alle Adressen geschickt, die ich gesammelt habe. Die einzige Antwort kam von Anthony, Veras Freund, der sich so sehr auf Italien freute, dass er sich Antonio nennen ließ. Er hat von Vera nichts mehr gehört, sie haben sich aus den Augen verloren. Anthony schreibt mir zum ersten Mal. Er hat in einem kleinen Ort im Norden Libyens als Automechaniker eine Arbeit gefunden. Sein Chef, schreibt er, sei ein anständiger Mensch, der ihn nicht bei der Polizei angezeigt hat. Die zweite Etappe seiner Reise nach der Lkw-Panne war eine Tragödie. Er fuhr in einem Geländewagen mit, um die verlorene Zeit aufzuholen, dem üblichen Toyota 45 der Schlepper. Als es eine Düne hinaufging, überschlug sich der Wagen, fünf Passagiere standen nicht wieder auf. Fünf von fünfundzwanzig wurden zerquetscht. Anthony meint, er könne sich nicht beklagen. Mit Gottes Hilfe sei er den Razzien, die die Regierung in Tripolis und ihre europäischen Verbündeten durchführen, bisher entgangen.

Es musste so enden: wieder in Agadez. Auf Lkws versteckt, mit denen die Einwanderer von Libyen in die Wüste geschickt werden. Von der verbotenen Grenze zu den Tamarisken von Madama. Von Madama zu den Dschinn von Mabrous. Dann der Brunnen von Dao Timmi. Die Verzweiflung der Sklaven von Dirkou. Der tückische Sand von Kufr. Der eine und einzige Baum. Zwei Krähen, die einen Wüstenfuchs verjagen. Die schattenlosen Tage der Ténéré Mellat in der von Luftspiegelungen flirrenden Luft. Die Inseln aus vertrocknetem Gras, der Zug der Schwalben, dicht über den Boden fliegend wie Schwimmer, die gegen die Strömung kämpfen. Die Fliegen, das Verkehrsschild mit dem Lkw und das frische Wasser von Achegour. Eine Reise zurück durch Raum, Zeit und Einsamkeit. Im grünen

Tagelmust, dem Gesichtsschleier der Tuareg-Männer. Demselben weiten Übergewand wie bei der Hinreise. Als Tuareg verkleidet.

Diesmal dauert der Aufenthalt ungewöhnlich lang. Schon seit Stunden kommen keine Lkws mehr vorbei. Bilal und ich sitzen im Sand der Ténéré in der sengenden Sonne. Wir warten darauf, dass uns noch vor Sonnenuntergang jemand mitnimmt. Per Anhalter durch die Wüste. Es ist ungefährlich. Die Wasserstelle Espoir 400 ganz in der Nähe flimmert in der glühenden, von keinem Windhauch bewegten Luft. Diesmal ist Bilal nur Zuschauer. Sein Name muss nicht weiter strapaziert werden. Die Passagiere, dicht an dicht wie Säcke auf die Ladefläche des Lkw gepfercht, freuen sich, einen Italiener zu treffen. Sicher warten sie schon seit Monaten auf die Gelegenheit, ihre Wut an einem Italiener auszulassen.

Ich muss meine Notizen zurate ziehen, das Tagebuch dieser letzten drei Reisewochen, um zu verstehen. Muss die Fotos der neun Monate alten Amina, so klein und noch haarlos, auf dem Display des Fotoapparats anschauen. Das Baby liegt reglos in eine Decke gewickelt. Zwischen den Stofffalten viel Staub und zwei schwarze Augen. Amina ist so fest eingewickelt, damit die Sonne sie nicht verbrennt. Seit zehn Tagen und neun Nächten hält ihre Mutter sie in den Armen. Ihre Mutter hat Angst, dass sie durch das Gerüttel des Wagens, vor Müdigkeit oder von Schlaf überwältigt, vom Lkw fällt. Der zehn Monate alte Abdulmadschid weint vor Hunger. Die Brust seiner physisch und psychisch erschöpften Mutter hat seit ein paar Tagen keine Milch mehr. Die achtjährige Mariana ist mit weiteren hundertfünfzig Abgeschobenen zusammengepfercht. Männer, Frauen, Kinder. Wenn es dunkel wird und irgendetwas ihr Angst macht, tastet Mariana nach den Händen ihres Schwesterchens und ihres Cousins, fünf und drei Jahre, und drückt sie fest.

Amadou, dreieinhalb, und Suleyman, zwei Jahre und ein paar Monate, haben ihre Eltern verloren. Mama und Papa sind nicht mehr bei ihnen. Sie waren auf einem anderen Lkw, der irgendwo unterwegs angehalten wurde. Sie waren gemeinsam aufgebrochen, dann, in der Nacht, haben sich die Lkws getrennt. Ob ihre Eltern vor oder hinter ihnen sind, werden sie bei der Ankunft erfahren. In einer Woche. Inschallah, so Gott will. Und wenn die Dschinn, die Geister der Wüste, wohlgesonnen sind.

Italien hatte sich gegenüber der Europäischen Union dafür verbürgt, dass niemand in die Sahara abgeschoben wird, dass in der Wüste keine Internierungslager errichtet und die Rückführungen ausnahmslos per Flugzeug erfolgen würden. In einem Fernsehinterview hatte der italienische Innenstaatssekretär von der Partei der ehemaligen Faschisten die Fakten wortreich verschleiert. Heute liest sich das Interview als ein Eingeständnis der Verantwortung.

»Von einem bestimmten Standpunkt aus betrachtet liegt Libyen innerhalb des Schengen-Raums«, hatte der Staatssekretär voller Genugtuung erklärt; er spielte an auf das Abkommen zwischen den EU-Staaten zur Abschaffung der Grenzkontrollen. »Die erste politische Konsequenz dieser Vereinbarungen ist, dass der libysche Staat die Illegalen in sein eigenes Territorium zurücknehmen muss, deren Überfahrt nach Europa er nicht verhindern konnte.«

Seit jener Zeit arbeitet der libysche Sicherheitsapparat auf Hochtouren. Sämtliche Ausländer, die auf Lkws verladen wurden, bestätigen Josephs und James' E-Mail. Sie erzählen von Razzien im Morgengrauen Haus für Haus, Straße für Straße oder vor den Betrieben, in denen sie arbeiteten. Sie sprechen von Zigtausenden, die binnen weniger Monate im Internierungslager al-Gatrun mitten in der Wüste eingesperrt und dann dem russischen Roulette der Sahara überantwortet wurden. Das ist die im Fernsehinterview angekündigte Abwehrmaßnahme, mit der Oberst Gaddafi, der freiheitsliebende Regierungschef, Italien zufriedenstellt. Die Gefälligkeit, versprochen im Austausch für internationale Verträge zur Modernisierung der Ölindustrie und zum Verkauf von Gas und Öl. Die fossilen Brennstoffe versprechen immensen Reichtum. Aber nur, wenn jemand sie kauft.

Es war nicht einfach, in diesen drei Wochen Informationen zusammenzutragen. Manche Nachrichten verbreiten sich in der Sahara noch genau wie vor tausend Jahren: von Mund zu Mund, über die Reisenden. Um etwas zu erfahren, muss man sich auf den Weg machen. Zwei Wochen zuvor überquerte ein Hilfskonvoi die libysch-nigrische Grenze: vierzehn große Geländewagen mit Medikamenten für die Region Agadez. Sie waren die Rettung für neunzehn ausgewiesene Einwanderer. Die Ärzte der französischen Hilfsorganisation Les enfants de l'Aïr erzählen, sie seien auf fünfzehn Frauen und vier Männer gestoßen, zu Skeletten abgemagert. Zuerst ein Zug von zwölf Personen, dann noch einmal fünf. Und in der Nacht, im Licht der Autoscheinwerfer, weitere zwei. Sie folgten den Spuren der Lkws, allerdings in die entgegengesetzte Richtung: entlang der Sandpiste zwischen der Oase Tajarhi und Tumu auf den letzten zweihundertzwanzig Kilometern der libyschen Wüste vor der Grenze. Sie hatten nichts mehr bei sich. Seit acht oder zehn Tagen aßen sie ihre eigenen Fäkalien und tranken ihren Urin, um zu überleben. Sie kamen aus Nigeria, Benin, Togo und Ghana und arbeiteten in Libyen. Als sie abgeschoben wurden und die Verhältnisse im Internierungslager al-Gatrun erlebten, so erzählten sie, bezahlten sie für ihren Rücktransport in einem Geländewagen, um im Lager nicht noch länger Hunger leiden zu müssen. Denn in dem vom Militär geführten Lager sei das Wasser knapp und das Essen reiche nicht für alle.

Nach einem Tag und einer Nacht Fahrt wurden die Frauen und Männer gezwungen auszusteigen. Die Fahrer, ein Libyer und ein Arabisch sprechender Mann mit sudanesischem Akzent, behaupteten, der Wagen hätte eine Panne. Aber dann stiegen die beiden wieder ein und fuhren davon. Samt dem Gepäck, dem Geld, den Kanistern mit Wasser – allem, was überlebensnotwendig ist. Sie waren zweiundzwanzig. Drei verdursteten schon nach wenigen Tagen. »Die Überlebenden haben wir mitgenommen und ärztlich versorgt«, erzählen die französischen Ärzte während einer Rast im roten Sand nach der Ankunft im Niger. »In der Nacht dankten die Frauen mit einem Gospel-Song Gott für ihre Rettung. Wir haben alle geweint.« Aber die Frauen sind nicht im Konvoi der Ärzte. Auch nicht die vier Männer.

»Wo habt ihr sie gelassen?« »Die libyschen Soldaten in Tumu haben sie in Gewahrsam genommen«, antwortet ein Arzt. »Sie sagten, sie würden sie in das Internierungslager al-Gatrun zurückschicken. Um sie ausweisen zu können, müssen sie ihnen Papiere ausstellen, die mit ihrem Gepäck verloren gegangen sind.« Der Arzt spürt meine Enttäuschung. »Das ist alles verrückt«, sagt er. »Aber wir konnten sie nicht verstecken.« Im Monopoly-Spiel um ihr Leben werden sie die dreihundertzehn Kilometer wieder zurückfahren. Zwei Tage und zwei Nächte dauert die Fahrt, wenn alles gut geht. Sobald von Tumu der erste Lkw Richtung Norden aufbricht. Zwei Tage und zwei Nächte durch die Wüste. Ohne das Geld, das sie brauchen, um erneut aufzubrechen. Diesmal werden sie tatsächlich als Gefangene im Militärlager al-Gatrun landen. Lediglich die Frauen werden die Chance erhalten, ihre Gefangenschaft abzukürzen, je nachdem, wie viel sie dafür zu geben bereit sind. Soldaten sind überall auf der Welt gleich.

Die Männer dagegen werden warten müssen. Die Warteliste für einen Platz in den Lkws, die die libysche Regierung bereitstellt, ist lang. Wenn sie an der Reihe sind, werden sie ohne Lebensmittel und Wasser aufbrechen und auf die Großzügigkeit der anderen Abgeschobenen angewiesen sein. Bleibt das Auto in der Sahara liegen, werden sie zu den Ersten gehören, die sterben.

Hassan, zweiundzwanzig, aus Benin, konnte als Einziger in Tumu bleiben und seine Heimreise fortsetzen. Gerettet hat ihn sein Pass, den er in der Hosentasche bei sich trug. Die Libyer haben ihn mit dem ersten Konvoi losgeschickt, der aus al-Gatrun kam. Wir begegnen uns im Gewühl von Körpern und Gepäck. Das überladene Fahrzeug schwankt bedrohlich. Hassan kauert am Boden. Es geht ihm schlecht. Die Augen auf seine nackten Füße gerichtet, die rissig sind von der Dehydrierung. Man braucht ihn nur anzusehen, um zu wissen, welchen Tod seine Gefährten gestorben sind. Seine verbrannte Haut, die mit offenen Wunden übersäten Wangen, die Augen trocken und entzündet. Alle drei, vier Stunden bittet Hassan jemanden um einen Schluck Wasser. Wenn er getrunken hat, presst er die Lippen fest aufeinander, um selbst den Geschmack dieses Lebenselixiers noch auf der Zunge zu bewahren.

Vor dem kleinen Fort von Madama warten neun riesige Mercedes-Lkws seit Stunden auf die Erlaubnis zur Weiterfahrt. Zusammengerollt im Schatten der Räder und der Tamarisken liegen die erschöpften Menschen auf dem roten Sand. Neun Lkws mit über tausendfünfhundert Passagieren an Bord. Die Soldaten verhalten sich ihnen gegenüber jetzt weniger unmenschlich und peitschen sie nicht mehr aus. Sie rauben sie nicht aus, sondern begnügen sich damit, tausend Francs pro Kopf zu verlangen, ein Euro fünfzig. Macht zusammen mehr als zweitausend Euro Trinkgeld, das sich Soldaten und Unteroffiziere teilen. Wer nicht bezahlen kann, wird jedoch nicht mehr seinem Schicksal überlassen. Obwohl es auf dasselbe hinausläuft.

Zweihundert Meter entfernt von den durchlöcherten Kanistern der Sperre von Madama haben sie einen Ghanaer begraben. Der zwanzigjährige Magobrì hat ihn sterben sehen. Magobrì arbeitet seit zwei Jahren als Wasserträger für die Soldaten. Sein Ziel war Libyen, aber seine Reise endete in Madama, wenn auch nur auf der Landkarte. Er legt viele Kilometer zurück. Monat für Monat Hunderte Kilometer, zu Fuß. Zwischen Brunnen und Kaserne, Wasserkanister auf den Schultern.

»Es war ein kalter Abend im Januar«, erzählt Magrobì. »Die wilden Hunde knurrten und bellten. Ich ging raus, um nachzuschauen. Der Mann war gerade erst aus Libyen angekommen. Vielleicht hatte er sich zum Pinkeln vom Lkw entfernt. Ich hörte ihn laut schreien. Im Mondlicht sah ich jemanden rennen und dann zu Boden stürzen. Die Hunde haben ihn zerfleischt, aber das sah ich nicht. Als wir ihn fanden, war er tot. Die Meute hatte ihm die Kehle durchgebissen und seine Beine zerfressen.«

In einer Zelle des alten Grenzforts stapelt sich das Gepäck von elf Abgeschobenen, die bei einem anderen Unfall ums Leben kamen. »Ein Lkw ist auf der libyschen Seite der Grenze umgekippt. Es gab viele Tote, aber man händigte uns lediglich das Gepäck der elf Passagiere aus dem Niger aus. Ihre Angehörigen könnten die Sachen abholen, aber es wird niemand kommen«, prophezeit der Sergeant, der heute in Madama das Kommando führt. Ein anderer überladener Lkw kippte beim Aufstieg zum Pass von Tumu um, und es gelang nicht allen, rechtzeitig abzuspringen. Fünfzig Passagiere wurden zerquetscht.

»In der Wüste sterben tagtäglich Menschen«, sagt der Sergeant. »Aber wir verfügen nicht über Rettungswagen, und oft entdecken wir die Verunglückten erst nach Monaten. Die Toten werden an Ort und Stelle begraben.« »Gibt es eine Liste?« Er lächelt nachsichtig. »Nein, niemand hat eine Liste der Toten und Vermissten zusammengestellt. Gott allein kennt sie.«

Mit einem anderen Lkw geht es weiter. Als eine junge Frau hört, dass ein Italiener an Bord ist, dreht sie sich um und stellt sich vor. Bessy, siebenundzwanzig, ist Nigerianerin und hat sich freiwillig abschieben lassen, das heißt, sie bezahlt ihren Rücktransport aus eigener Tasche. Mit ihr zusammen unterwegs ist ihr Bruder Jonathan, fünfundzwanzig, der ein Ingenieursstudium abgeschlossen hat. Sie hat ein Schminkköfferchen aus Plastik und eine Tüte mit einem elektrischen Mixer dabei, den sie im letzten Moment schnell noch einpacken konnte, als sie von ihrer Wohnung in Tripolis abgeholt wurde.

Sie stellt dieselbe Frage wie alle: »Warum hat Italien uns das angetan? Ich hatte eine Arbeit als Putzfrau, ich wollte gar nicht nach Europa. Vor einem Monat kam die Polizei und brachte mich in ein Konzentrationslager für Afrikaner in der Nähe von Tripolis. Die Verhältnisse in den Lagern von Tripolis und al-Gatrun sind entsetzlich. Vierzehnjährige Mädchen werden von den Soldaten zur Prostitution gezwungen. Dafür dürfen sie bleiben. Ihr müsst die Regierungen der EU und Nigerias um Hilfe bitten. Das alles ist eine Schande.«

Bessys Bruder war vier Monate in einem Konzentrationslager. »Ich habe drei Jahre lang als Schweißer in Bengasi gearbeitet«, erzählt Jonathan, »aber nach dem Abkommen mit Italien hat sich das Klima in Libyen für uns Einwanderer verschlechtert. Mein Chef war plötzlich unzufrieden mit meiner Arbeit und bezahlte mir keinen Lohn mehr, obwohl bis dahin alles in Ordnung war. Jeden Tag verschwand ein Wohnungsnachbar oder ein Arbeitskollege. Wir mussten uns verkriechen wie die Ratten.« Am Horizont vor uns leuchtet der weiße Kalk der Ebene von Mabrous. Jonathan versucht, die Beine auszustrecken. »Da beschloss ich, den Sprung nach Europa zu wagen. Ich kam bis Lampedusa«, erzählt er. »Auf einem Boot, einem *lampa-lampa*. Wie viele andere, die sich den polizeilichen Verfolgungen entziehen wollten. Unter ihnen sogar Leute, die in Libyen eine Arbeit und ordentliche Papiere hatten und eigentlich gar nicht nach Europa wollten. Ich habe siebenhundert Dollar bezahlt. Aber niemand hat mir gesagt, dass Lampedusa eine kleine Insel ist.« Jonathan lacht, als wäre alles nur ein schlechter Witz.

»Die italienische Polizei hat uns festgenommen und per Flugzeug nach Tripolis zurückgebracht. Ich war vier Monate interniert, aber ich habe Bessy wiedergefunden«, fährt er fort. »Es war ihr gelungen, einige Ersparnisse zu verstecken. Als man uns dann ins Lager al-Gatrun überstellte, blieben wir nicht lange.«

Der Besitzer des Lkw ist ein Libyer aus der Region Sebha: Mansour, fünfunddreißig, Schnurrbart, Spitzbärtchen, grauer Trainingsanzug und Ledersandalen. Er sitzt vorne neben Yussuf, seinem Fahrer aus dem Tschad. »Hey, Italiener«, ruft er und winkt mir durch den großen Rückspiegel zu. »Ein schönes Land«, sagt er während einer Pause. »Eigentlich wollte ich nächsten Monat in Italien Urlaub machen. Aber jetzt müssen alle diese Leute zurücktransportiert werden, da habe ich keine Zeit.« An Geld fehlt es ihm nicht.

Das italienisch-libysche Abkommen sieht den Kampf gegen die Menschenhändler vor, die aus der illegalen Einwanderung Profit schlagen. Aber auch die Abschiebungen sind für sie ein lukratives Geschäft. Sie verfügen als Einzige über geeignete Transportmittel, und sie spekulieren damit. Eine Fahrt mit dem Lkw von Agadez nach al-Gatrun kostete vierzigtausend Francs. Heute kostet die Reise von al-Gatrun zurück nach Agadez hunderttausend Francs, mehr als hundertfünfzig Euro. Das entspricht mehreren Monatslöhnen eines Hilfsarbeiters oder eines Maurers in Libyen.

Nach Sonnenuntergang kommt es in der Fahrerkabine zu Divergenzen. Mansour möchte anhalten, um Tee zu kochen und Nudeln aufzuwärmen, Yussuf, der Fahrer, möchte lieber weiterfahren. »Er sagt, es sei gefährlich hier«, übersetzt Jonathan. »In Mabrous gibt es Dschinn.« Vielleicht ist es nicht nur die Angst vor Geraschel, Geflüster, Stimmen und Trugbildern.

In dieser Ebene werden die Lastwagen besonders oft von Banditen überfallen. Die Freiwilligen unter den Abgeschobenen hatten ausreichend Zeit, ihre Sachen zu packen. Der Export libyscher Dinars ist verboten, ebenso der Kauf von Dollars oder anderen Devisen. Der einzige Ausweg, um nicht alles zu verlieren, besteht darin, seine geringen Ersparnisse in Waren anzulegen. Also kauft man vor der Abreise so viele Sachen wie möglich, um sie nach der Ankunft wieder zu verkaufen. Wir sitzen tatsächlich auf Tonnen von Waren: gut verschlossenen Säcken und Kisten mit Spielzeug, Kleidungsstücken, Stoffen, Stühlen, Tischen, zerlegten Schränken, einem Bett, Töpfen, einer Satellitenschüssel, Fahrrädern und anderen Gebrauchsgegenständen.

Im Westen führt das vom bleichen Licht des Vollmonds beschienene Tal zum Salvador-Pass. Hier haben sich zwei Lastwagen mit Abgeschobenen überschlagen. Nach Angaben der Soldaten von Madama starben dabei neunundzwanzig bzw. neun Menschen, aber das sind nur die offiziellen Daten, basierend auf der Zahl der Leichen, die man gefunden hat. Es wurden jedoch keineswegs alle Leichen identifiziert, und niemand weiß, wie viele Menschen tatsächlich ums Leben kamen und was aus den Dutzenden geworden ist, die aus Verzweiflung ihren Weg zu Fuß fortsetzten. Unter ihnen sollen auch Einwanderer gewesen sein, die aus Lampedusa zurückgeführt wurden.

Hier endete auch das Leben von drei jungen Männern aus Agadez. Hakim, dreiundzwanzig, sowie Abdramane und Mohamed, beide siebenundzwanzig Jahre alt. Sie arbeiteten seit fünf Monaten in dem Agrarprojekt von Loued mit, einer libyschen Oase an der Route in den Niger. Als sie nach Inkrafttreten des Abkommens mit Italien die ersten Lkws vorbeikommen sahen, kriegte Hakim Angst. »Für die Fahrt nach Libyen habe ich mich verschuldet. Sie können mich doch jetzt nicht ohne Geld zurückschicken«, sagte er eines Nachts im Schlafsaal zu seinen Freunden. Es war September. Hakim war Koch in der Kantine. Verglichen mit anderen ungelernten Arbeitern verdiente er gut. Zweihundert Dinar im Monat, fast achtzigtausend Francs oder hundertzwanzig Euro. Seine Arbeit verschaffte seinen beiden Schwestern, die noch zur Schule gehen, das einzig sichere Einkommen. Hakims Vater war alt und krank. Seine Mutter fristete ihr Leben schon seit Jahren von gekochten Hammelköpfen, die sie auf den Straßen von Agadez verkaufte.

In jener schlaflosen Nacht hatte Hakim eine Idee: »Wir hauen ab, bevor sie uns festnehmen«, sagte er zu seinen Freunden, »mit dem Geländewagen meines Chefs. Den verkaufen wir dann in Agadez und teilen uns das Geld.« Laouan, fünfundzwanzig, auch er in Agadez geboren und aufgewachsen, hielt das für eine verrückte Idee. »Diebstahl ist strafbar«, flüsterte er. »Und außerdem: Wie schaffen wir es durch die Wüste?« Hakim und Laouan kannten sich seit ihrer Kindheit. Ihr Traum war es, in Europa zu arbeiten und dann nach Hause zurückzukehren und eine Discobar zu eröffnen. Als Laouan eines Morgens Ende September aufwachte, war er allein. Die drei Freunde und der Geländewagen waren verschwunden. Monate vergingen. Laouan kehrte nach Agadez zurück, auch ihn hatte man ausgewiesen und abgeschoben. Von seinen drei Freunden, die inzwischen seit fünf Monaten in der Sahara unterwegs waren, erreichte ihn nur ein Gerücht: Als im Februar ein algerischer Militärhubschrauber das Grenzgebiet zwischen Algerien, Libyen und dem Niger überflog, sichteten die Piloten im Sand einen Toyota Hilux. Daneben drei intakte Skelette, noch bekleidet, wahrscheinlich die drei Freunde. Sie waren einem *mescebed* gefolgt, wie die Tuareg sagen, einer Piste, die ins Nirgendwo führt.

Ich lernte Laouan auf meiner Undercover-Reise zur libyschen Grenze kennen – die einzige Möglichkeit, die Abschiebungen zu beobachten, ohne selbst verhaftet zu werden. Von seinen drei Freunden besitzt Laouan sechs Fotos. Hakim, auf einem Traktor posierend. Hakim vor dem Schlafraum. Die beiden anderen grinsend hinter einem Bewässerungsstrahl. Hakim und die anderen zwischen Maispflanzen … Die Fotos schoss ein Libyer, der mit ihnen arbeitete, auf Drängen von Hakim. Laouan wusste damals noch nicht, dass sie das einzige Andenken sein sollten.

Nach dem Aufbruch von Mabrous am nächsten Morgen nimmt die Hitze zu. Der Kontrollposten Dao Timmi, den unser Lkw gegen Mittag erreicht, flimmert inmitten eines unsichtbaren Feuers. Der

Sand und die Tarnuniformen der Soldaten flirren in der glühenden Luft. Amadou und Suleyman wissen immer noch nicht, wo ihre Eltern sind. Sie essen und trinken, was ihnen ihre Mitreisenden geben. Jemand bittet die Soldaten um Auskunft, aber in Dao Timmi gibt es keine Passagierlisten. Zwei Soldaten begeben sich gemächlich zu ihrem Vorgesetzten, um ihm mitzuteilen, dass ein Weißer mit italienischem Pass an Bord des Lkw ist. Kurz darauf taucht der Offizier auf. Er möchte über seine Soldaten Auskunft geben. Die Reisenden werden nicht mehr ausgeraubt und geschlagen, so scheint es jedenfalls.

»Jeden Tag treffen Kranke aus Libyen hier ein«, erzählt er. »Sechzig Prozent der Abgeschobenen aus den libyschen Lagern sind krank. Sie leiden an Austrocknung, Durchfall und Fieber. Ihre Wasserkanister sind schmutzig, das Wasser ist verseucht, und wir haben kaum Medikamente.« Sie benötigten dringend Desinfektionsmittel, Antibiotika und entzündungshemmende Medikamente, sagt er.

Ein weiterer Tag mit Temperaturen um die fünfzig Grad. Unten im Tal leuchten die Palmen von Séguédine. Dort treffen wir auf zwei weitere überladene Lkws. Am Brunnen legen wir eine Rast ein. Ibrahim, fünfundzwanzig, klagt über hohes Fieber. Er steigt nicht einmal aus. Einer legt sich zum Schlafen unter den Wagen. Während der Fahrt muss man wach bleiben. Wer einschläft, kann leicht das Gleichgewicht verlieren und herunterfallen, das wissen alle. Mariana geht mit den anderen Kindern zum Spielen. Sie verschwinden im Gegenlicht der niedrig stehenden Sonne, die den klobigen Schatten der Gepäckladung auf dem Lkw ins Riesenhafte vergrößert. Marianas Eltern sind noch in Libyen. »Mein Bruder und seine Frau arbeiten in Tripolis. Sie versuchen durchzuhalten«, erzählt Mamadou, ihr Onkel. Er begleitet Mariana, ihre kleine Schwester und seinen dreijährigen Sohn. »Um die Kinder wegzubringen«, sagt er, »haben wir uns bei der Polizei zur freiwilligen Rückführung gemeldet. Libyen ist nicht mehr sicher.« Zwei Reifen müssen repariert werden. Der Lkw mit Mariana und den anderen Kindern bleibt die ganze Nacht hier.

Hinter Pic Zoumri öffnet sich eine Ebene aus gleißend weißem Sand. Das Licht sticht wie winzige Nadeln in die Augen, die man mit den Händen bedeckt, oft der einzige Schutz. Gegen Nachmittag taucht am Himmel Dirkou auf. Die Oase ist unverändert. Wer ohne Geld hier ankommt, bleibt ihr Gefangener. Aber etwas Neues gibt es doch: das Satellitentelefon. Einige Marktbuden haben eine kleine Satellitenschüssel auf dem Wellblechdach. Wer Geld hat, kann telefonieren. Und es sind weitere Häuser im Bau. Das ist die Arbeit der Sklaven. Sie mischen den Ton, legen die Ziegel zum Trocknen in die Sonne, ziehen Mauern und Wände hoch. Alles aus heimischen Materialien. Wasser und Sand gibt es in Dirkou genug.

Zakaria, zwanzig, sein Bruder Souleyman, einundzwanzig, Kanté, dreiundzwanzig, und Aboubacar, zwanzig, arbeiten von morgens bis abends auf einer Baustelle unweit des Polizeikommissariats. Sie schuften unentgeltlich, nur fürs Essen. Sie wollen nicht zu ihren Eltern nach Mali zurück. »Was sollen wir dort?«, sagt Zakaria. Sie waren unter den Ersten, die aus Libyen abgeschoben wurden. Jetzt warten sie nur auf eine Möglichkeit, nach Libyen zurückzukehren. »Wie soll das gehen, wenn ihr kein Geld verdient?« Zakaria sticht mit dem Spaten in den feuchten Ton, dann hält er kurz inne. »Ich weiß nicht«, sagt er. »Darüber denken wir nach, wenn es so weit ist.«

Patrio, siebenundzwanzig, aus Yaoundé, der Hauptstadt Kameruns, läuft jeden Morgen nach dem Aufstehen zum großen Platz vor der Militärkaserne von Dirkou. Sein Blick geht nach Westen, Richtung Agadez. Er bleibt eine gute halbe Stunde. Dann erkundigt er sich, wie viele Lkws an diesem Tag losfahren werden. Das tut er, um nicht den Mut zu verlieren, nicht weil er weggehen will. An dem Tag, an dem er in Sebha im Süden Libyens auf der Straße festgenommen wurde, hatte er kein bisschen Geld in der Tasche. Jetzt weiß er nicht, wie er von der Sklavenoase wieder wegkommen soll. Seine Geschichte ähnelt derjenigen der anderen: zwei Wochen im Internierungslager al-Gatrun in der Wüste. Dann wurde er gezwungen, sich einer Gruppe von freiwillig Abgeschobenen anzuschließen. Sie verfrachteten ihn auf einen Lkw, ohne Wasser und Lebensmittel. Er überlebte nur dank der Solidarität seiner Mitreisenden. Aber hier in Dirkou hilft ihm niemand. Er hat nicht einmal mehr Schuhe, die er verkaufen könnte. Im Internierungslager hat er sie gegen eine Militärjacke eingetauscht, weil es nachts so kalt war. Ausgerechnet die Schuhe. Dabei wollte er als Fußballspieler berühmt werden. In Kamerun spielte Patrio Fußball in der ersten Liga. Er träumte von einem Engagement in Europa.

»Meine Verlobte und ich haben vor eineinhalb Jahren ein Baby bekommen«, sagt er. »Ich war bei der Geburt dabei, dann bin ich aufgebrochen. Ich brauchte eine sicherere Arbeit. Vom Fußballspielen in Kamerun kann man keine Familie ernähren, deshalb ging ich nach Libyen.« Patrio bleibt neben einem großen Weidenbaum stehen. »In Sebha im Süden habe ich in einer Fabrik für Aluminiumfenster gearbeitet. Siehst du, was ich anhabe?«

Unter seiner Militärjacke trägt Patrio einen Overall. »Als ich vor drei Wochen festgenommen wurde, war ich auf dem Weg in die Fabrik. Ich durfte nicht einmal mehr mein Geld und meine Sachen holen. Die schnappen sich der Vermieter und die Polizisten, wenn sie mein Zimmer plündern. In al-Gatrun waren wir mehr als fünftausend. Alle Schwarzafrikaner.« Sein Blick geht zum Horizont der Ténéré. Er scheint keine Lust mehr zu haben, über sich zu sprechen. »Weißt du, wann der nächste Lkw losfährt?«, fragt er unvermittelt. »Nein, aber es hieß, vielleicht morgen.« »Vielleicht morgen, vielleicht auch erst übermorgen. So sagen sie immer.« In seinen Augen stehen Tränen. »Patrio, kannst du mir Genaueres über das Lager al-Gatrun sagen?« Er lächelt und wischt sich die Augen trocken. Ein schüchternes Lächeln.

»In den Nächten war es bitterkalt«, erzählt er. »Ich fror trotz der Jacke. In al-Gatrun ist es nicht so heiß wie hier.« »Und weiter?« Er benetzt sich die Lippen, bevor er fortfährt. »Wir mussten hungern, nur alle zwei Tage bekamen wir etwas zu essen. Wer die arabischen Befehle nicht verstand, wurde von den Soldaten geschlagen. Ich verstehe nur wenig Arabisch und bat sie, langsam zu sprechen. Auch dafür bekam ich Schläge. Die Soldaten haben ganze Familien weggebracht und sich ihre Sachen genommen. Tüten, Koffer, Kisten – alles musste man zurücklassen. Anfangs hieß es im Radio, dass Frauen und Kinder nicht in die Wüste geschickt würden. Aber ich habe gesehen, wie Frauen und Kinder auf Lkws verfrachtet wurden.

Sieh mich an, bin ich etwa ein Tier?« Patrio gibt selbst die Antwort. »Offensichtlich. Aber nicht einmal die Tiere werden in Libyen in die Wüste geschickt wie wir Schwarze.«

Oft merkt man es gar nicht, wenn etwas in der Welt anfängt falsch zu laufen. Die Banalität des Bösen. Man lässt sich so leicht für dumm verkaufen. Im Fernsehen heißt es, es handle sich um eine ganz normale Abschottungsmaßnahme.

Tagsüber ist die Landschaft von Dirkou am Fuß der Falaise eine Wolke aus Staub und Licht. Auf dem Gelände des Militärstützpunkts stehen neun weitere Lkws, es wimmelt von Menschen, den Passagieren dieser Lkws. Man raubt sie aus, indem man ihnen eine Gebühr abverlangt. Aber ausgepeitscht wird niemand mehr. Zehn Schritte jenseits des Stacheldrahts verkauft ein Mann aus der Elfenbeinküste frisches Wasser in Plastikbeuteln, die er in einer Picknicktasche über der Schulter trägt. Er hat sich eine Arbeit erfunden. Er trägt keine Schuhe, nur ein schmutziges, zerrissenes Übergewand. Nicht einmal einen Kühlschrank hat er.

»Das Wasser hole ich aus den Brunnen, und die Kälte erzeuge ich selbst.« Er erklärt mir, wie. Es ist dieselbe Methode wie bei den Ziegenhäuten, die man seit Jahrtausenden als Wasserschläuche benutzt. »Ich fülle das Wasser in einen Metallkanister«, beginnt er und hält mir, ohne es selbst zu wissen, einen Vortrag über Thermodynamik. »Ich umwickle den Kanister mit nassen Tüchern und stelle ihn in die Sonne, bis die Tücher trocken sind. Ich weiß auch nicht, warum, aber je feuchter die Tücher sind, desto kälter wird das Wasser im Kanister. Dann gieße ich es in die Plastikbeutel.« »Und damit kannst du Geld verdienen?« Er lacht. »Ich verdurste zumindest nicht. Aber vielleicht bekomme ich in drei, vier Monaten so viel zusammen, dass ich auf einem Lkw nach Agadez fahren kann. Es geht nicht darum, wie viele Beutel Wasser ich verkaufe. Es geht darum, dass ich einen Vorwand habe, hier auf diesem Platz zu stehen.« Er ist etwa zwanzig Jahre alt, gibt zu, dass er kaum die Schule besucht hat, und hat in Libyen auf dem Bau gearbeitet. Bei der Durchquerung der Wüste habe er gelernt, schlau zu sein. Und wenn er sie, so Gott will, ein zweites Mal durchquert, würde er doppelt schlau sein. »Wenn du ohne Grund hier rumstehst, schicken dich die Soldaten weg«, sagt er, »aber hier, wo die Lkws ankommen, ergibt sich vielleicht einmal eine Chance, von hier wegzukommen. Darauf hoffe ich.«

Muhammar, der Sergeant, begrüßt mich vor seinem Haus, herzlich und gastfreundlich wie immer. Aber diesmal hat er nicht so viel Zeit zum Plaudern. Er wurde an die Spitze der Landgemeinde Dirkou gewählt und hat eine Menge zu tun. Was er sagt, sind jetzt offizielle Verlautbarungen. Und er kommt sofort auf die Abgeschobenen zu sprechen.

»Mein Freund«, sagt er, »hast du gesehen, was hier vor sich geht?« »Ja.« »Dreitausend, viertausend Ausländer sitzen hier fest. Komm doch rein.« Muhammar lässt sich auf seiner Matte auf der Veranda des Gartens nieder.

»Nimm Platz«, sagt er. »Was ist mit Gereke?« »Den habe ich nach ein paar Monaten losgeschickt. Seither habe ich nichts mehr von ihm gehört. Das Problem ist«, fügt er hinzu und lenkt das Gespräch auf das Thema, das ihm am Herzen liegt. »Das Problem ist, dass sie uns zweitausend Personen auf einmal schicken, manchmal sogar zweitausend pro Tag.« Muhammar gießt den obligatorischen Tee ein. »Auch letztes Mal war Dirkou von Einwanderern überflutet.« »Jetzt ist es anders«, sagt der Sergeant. »Als die Lkws in Richtung Norden fuhren, haben sich die Ströme besser verteilt. Heute sind es manchmal zweitausend an einem einzigen Tag – und das in einer Gemeinde mit neuntausend Einwohnern, verteilt über sämtliche Oasen. Diesen Zustrom können wir kaum bewältigen. Soziale Spannungen gibt es nicht«, fährt er fort. »Die Ausländer bleiben unter sich, sie können Alkohol trinken und haben eigene Lokale. Aber viele kommen krank hier an. Sie erkranken in den libyschen Internierungslagern und werden dann hierhergeschickt. Dirkou liegt mitten in der Wüste, es fehlt an allem. Wir brauchen Ärzte und Medikamente, ja sogar Hefte und anderes Schulmaterial. Es gibt kein Krankenhaus, nur einen Arzt und eine Krankenstation. Aber das reicht kaum für unsere eigene Versorgung. Ein weiteres Problem sind die Toten.« »Kommen auch Tote hierher?« »Nein, nein«, antwortet Muhammar. »Wer unterwegs stirbt, wird am Rand der Piste begraben. Aber wer hier stirbt, der bleibt hier. Die Muslime werden auf dem muslimischen Friedhof bestattet, die Christen auf dem kleinen Friedhof mit den Gräbern der französischen Soldaten.« Muhammar schenkt noch einen Tee ein. Das dritte Glas. Sehr süß. »Süß wie der Tod«, sagt er.

»Gibt es eine Liste mit den Abgeschobenen? Ich bin auf der Suche nach meinen Reisegefährten.« Falls Joseph und James, Daniel und Stephen abgeschoben worden sind, müssen sie durch Dirkou gekommen sein. »Nein«, sagt Muhammar und lächelt, »es gibt weder eine Liste der Lebenden noch der Toten. Der Tod von Einwanderern ist etwas ganz Alltägliches. Es existiert keine Liste. Aber jetzt muss ich wirklich gehen, mein Freund. Wenn du willst, kannst du hier übernachten.«

Wir gehen gemeinsam zum Tor. Muhammar öffnet die Tür seines wuchtigen Geländewagens. »Wir haben die großen Hungersnöte überstanden und versuchen jetzt, mit seiner Hilfe weiterzumachen.« Er deutet nach oben und seufzt: »Und im Übrigen habt ihr Italiener es doch so gewollt, oder?« Der Sergeant von Dirkou schlägt die Autotür zu, legt den Rückwärtsgang ein und fährt los. Bevor es ganz dunkel ist, ziehen an Muhammars Tor junge Männer vorbei. Sie schlafen im Palmenhain auf dem Sand. Sie sind am schlechtesten dran. Patrio, einst Fußballspieler in der ersten Liga seines Landes, ist unter ihnen.

Die Sonne verschwindet hinter dem Horizont. Genau im Westen. Im selben Augenblick geht der Vollmond auf. Genau im Osten. Wie zwei symmetrische Gewichte an den Endpunkten einer überdimensionalen Waage. Wenn sich das eine Gewicht senkt, geht das andere nach oben. Dazwischen der feine Sand der Ténéré. Seit Stunden sind hier keine Lkws mehr vorbeigekommen. Aber vielleicht ist es jetzt so weit. Im Osten ein Lichtschein. Man muss warten, bis sich die weiße Scheibe des Mondes vor den klaren Umrissen der Wüste abzeichnet. Im Nu ist es dunkel. Der Himmel im Westen verblasst, diese Helligkeit im Osten bleibt. Es vergeht eine gute halbe Stunde, dann ist aus weiter Ferne ein Geräusch zu hören. Die vertraut klingende, wütende Tonfolge: erster Gang, zweiter. Erster. Erster. Zweiter. Erster. Der Lkw muss schwer beladen sein. Er taucht auf. Verschwindet hinter einer Düne. Taucht wieder auf. Kommt näher. Verschwindet. Als er wieder auftaucht, sind aus dem einen Lichtfleck zwei runde Scheinwerfer geworden. Die Gelegenheit für ein Foto mit dem Vollmond im Hintergrund und dem heranzockelnden alten Mercedes-Lkw im Vordergrund. Seine ganze Fracht wird jetzt vom Objektiv eingefangen. Die Passagiere, dicht gedrängt, auf den Waren schaukelnd. Bestimmt mehr als zweihundert Menschen. Jedes Mal, wenn die Linse ihr Ziel fokussiert, versuchen alle, sich zu ducken. Das ist merkwürdig. Sie halten schützend die Hände vor den Kopf, richten sich wieder auf. Der Lkw nähert sich. Wieder fokussiert die Linse ihr Ziel. Die Passagiere ducken sich. Mit einem Ruck kommt das Fahrzeug zum Stehen. Jemand springt von oben runter, landet im Sand, sich mit den Händen abstützend.

Er läuft auf mich zu, mit erhobenen Händen, und ruft etwas auf Haussa. Unverständliche Worte. Seine Hände sind immer noch oben. Auch ich hebe die Arme. Es ist ein junger Mann, kaum älter als zwanzig. Als er ganz nah ist und der letzte Schein der untergehenden Sonne unsere Gesichter erhellt, stellt er seine Frage auf Französisch. Immer noch mit erhobenen Händen.

»Wo ist das Gewehr?« Das Gewehr? »Welches Gewehr?« »Du«, sagt er, »du hast doch mit einem Gewehr auf uns gezielt.« Sein Blick fällt auf den Fotoapparat. »War das etwa ein Fotoapparat?« »Ja.« Zum Teufel mit der automatischen Scharfeinstellung. Die auf dem Lkw haben das rote Licht für den Laserpunkt eines Präzisionsgewehrs gehalten.

»Du hast uns vielleicht erschreckt«, sagt der Junge. »Wir dachten, es sei ein Raubüberfall. Man hat uns gesagt, hier in dieser Gegend gebe es Banditen, genau hier am Brunnen. Du hast Glück gehabt.« Endlich nehmen wir beide die Arme runter. »Du könntest tot sein«, fährt der Junge fort. »Du kannst von Glück reden, dass wir diesmal keinen bewaffneten Geleitschutz dabeihaben. Der hätte dich auf der Stelle erschossen.« Besser so tun, als hätte man nichts gehört. Man muss ruhig bleiben, einen kühlen Kopf bewahren. Denn noch ist unklar, wie die Sache ausgeht. »Seid ihr Soldaten?« »Nein, wir sind keine Soldaten.«

Der Junge dreht sich um. Ruft seinen Mitreisenden auf Haussa zu, dass es kein Gewehr war, sondern ein Fotoapparat. Die Passagiere klettern vom Lkw. Der Junge beantwortet eine Frage des Fahrers, auf Haussa. Er sagt ihm, dass ich ein *Nassarà* bin, ein Weißer. Daraufhin reißt der Fahrer die Tür auf, springt runter in den Sand und läuft auf mich zu, so schnell, dass seine weiße Dschallaba flattert. Er hört nicht auf zu brüllen. Ein Zwei-Meter-Kerl. Er greift nach dem Teleobjektiv. Wäre es eine Maschinenpistole, wäre er vielleicht weniger wütend.

Das Kräftemessen mit einem Zwei-Meter-Mann ist an sich schon keine einfache Sache. Wenn es aber nicht um ein Seil, sondern um ein Zoomobjektiv geht, ist es noch schwieriger. Er zerrt wie ein Verrückter und schreit dabei weiter auf Haussa. Ich muss aufpassen, nicht zu stürzen und den Fotoapparat nicht fallen zu lassen. »Er spricht kein Haussa«, sagt der Junge zu ihm. »Du hast mich fotografiert«, ruft der Fahrer, jetzt auf Französisch. »Nein, ich habe keine Fotos gemacht.« Das stimmt. Es war schon zu dunkel. »Doch«, beharrt der andere, »ich habe gesehen, wie du fotografiert hast. Gib mir den Apparat.« Wieder zerrt er am Objektiv, als hätte er vor, es auf den Boden zu werfen und darauf herumzutrampeln. Der Junge schaltet sich ein, es ist unklar, was er vorhat, denn am Ende zieht jeder am Objektiv. Aber wenigstens ist es nicht länger ein Zweikampf zwischen mir und dem hünenhaften Lkw-Fahrer.

»Hör zu, ich zeige dir die Fotos, die ich gemacht habe. Wenn du drauf bist, löschen wir es.« Der Hüne lässt so ruckartig los, dass der Junge fast nach hinten fällt. Er hat sich überzeugen lassen und betrachtet jetzt die Fotos auf dem Display. Auf dem einzigen Foto von dem Lkw sind nur die Scheinwerferlichter zu sehen. Der Fahrer rückt seine Dschallaba zurecht und bittet darum, noch einmal die Fotos von Amina, Mariana, Amadou und dem kleinen Suleyman anschauen zu dürfen, die er zuvor nur flüchtig gesehen hat. »Ich bin wütend geworden«, sagt er, »weil ich nicht fotografiert werden will.«

Sobald sich die Situation beruhigt hat, kommt ein korpulenter

Mann auf mich zu und lächelt. Er wirkt sympathisch, unter dem blauen Übergewand wölbt sich sein Bauch; er trägt einen Stoffgürtel um die Hüfte.

»Das ist Mohamed, ihm gehört der Lkw«, stellt der Junge ihn auf Französisch vor. »Ist das Problem gelöst?«, fragt Mohamed den Fahrer. »Gut, dann kommen Sie mit. Wir haben Nudeln und Pfefferminztee, seien Sie unser Gast.«

Der Fahrer parkt ganz nah am Brunnen und öffnet die Kühlerhaube, damit der Motor abkühlen kann. Jetzt kommen auch die anderen Reisenden. Man setzt sich in den Sand, gruppiert sich um viele kleine Feuerchen. Der Lkw-Besitzer ist ein Libyer aus Sebha, dreißig Jahre alt. Er transportiert nur Einwanderer und Abgeschobene, kaum Handelswaren. »Die Waren müssen verladen werden, Einwanderer und Abgeschobene klettern selbst rauf.« Der Fahrer wiederum ist vor dem Krieg in Darfur geflohen. Der Junge ist der *kamacho in tacha* der Fracht, ein Mittelsmann, geboren in einem Dorf bei Agadez. Er hat mir gesagt, woher die beiden anderen kommen, und mir den Hauptunterschied zwischen Waren und Menschen erklärt. »Entschuldige bitte«, sagt er, »wir sind nervös, weil der Lkw ein libysches Kennzeichen hat und wir im Niger sind und die Einwanderer illegal transportieren.«

Auch der Fahrer und der Lkw-Besitzer setzen sich zu uns ans Feuer. »Wir dachten wirklich, du wärest ein Bandit, mit diesem roten Lichtpunkt von diesem Ding da in deiner Hand«, frotzelt der Fahrer. Die anderen lachen. »Mein Helfer hat mir gesagt, Sie wollen nach Agadez, stimmt das?«, fragt der Lkw-Besitzer. »Ja, und ich möchte fragen, ob Sie mich mitnehmen können.« »Leider fahre ich nicht nach Agadez, sondern nach N'Djamena im Tschad. An der Falaise von Tiguidit geht es Richtung Süden. In Zinder setzen wir die Nigerianer ab und fahren dann weiter in den Tschad.« »Seit wann seid ihr unterwegs?« »Von Sebha bis N'Djamena dauert die einfache Fahrt einen Monat, so Gott will. Und einen Monat die Rückfahrt, inschallah.« »Dann kehrt ihr also aus dem Tschad leer zurück.« Mit dieser Bemerkung hatte der Lkw-Besitzer nicht gerechnet. Er grinst. Schaut zu seinem Fahrer und dem Jungen. Dann dreht er sich um, um zu sehen, wer neben ihm sitzt. Der Vollmond beleuchtet die Gesichter wie in der Morgendämmerung. Die ersten Sterne des Orion erscheinen am Horizont. Mohamed trinkt einen Schluck warmen Tee und grinst erneut.

»Sehen Sie, bevor diese ganzen Ausweisungen begannen, kam mein Lkw immer voll beladen in Libyen an. Und in den Tschad kehrten wir fast leer zurück. Jetzt fahren wir voll beladen nach N'Djamena, und nach einem Monat kehren wir voll beladen zurück. Die libysche Regierung mag die Ausweisung aller Ausländer beschließen. Aber wer putzt dann die Häuser der Libyer? Wer arbeitet in unseren Fabriken? In den Erdölraffinerien? Im Zuge dieser Ausweisungen hat sich die Zahl der Passagiere verdoppelt. Das kann ich für mich und für die anderen Transportunternehmen sagen, die ich kenne. Heute sind die Lkws in beiden Richtungen voll.« Mohamed taucht die Finger in die Schüssel und schiebt sich eine Handvoll Nudeln in den Mund. »Es ist jetzt nur etwas gefährlicher, die Illegalen nach Libyen zu bringen«, fährt er nach einem weiteren Glas Tee fort. »Denn auf dem Weg durch die Wüste müssen wir fast alle Brunnen umfahren.« »Dann kommt ihr auch nicht in Madama vorbei?« Die Frage ist allzu naiv. Der Lkw-Fahrer hat sie nicht gehört, er tut zumindest so. »Wir nehmen eine andere Route, in Madama sind die Soldaten«, antwortet der Junge an seiner Stelle.

Sie sind Schleuser. Das ist das Ergebnis der Abwehrstrategie: Mit dem italienisch-libyschen Abkommen hat sich das Geschäftsvolumen der Menschenschmuggler verdoppelt. Mohamed fordert seine Begleiter auf, die Geschichte von dem gelynchten Banditen zu erzählen.

»Es geschah eine Tagesreise von diesem Brunnen hier entfernt«, erzählt der Junge. »Drei Toyotas mit neunzig aus Libyen abgeschobenen Einwanderern waren unterwegs. Dreißig in jedem Pick-up. Während einer Rast wurden sie von drei Banditen überfallen, aber die Fahrer sind in die Autos gesprungen und geflohen. Die Banditen konnten ihnen nur noch nachschauen.« Mohamed gießt noch mehr Tee ein und stellt das Kännchen aufs Feuer zurück. »Und dann«, fährt der Junge fort, »geht der für den Transport Verantwortliche auf den Banditen zu, der als Einziger bewaffnet ist. Der Bandit erschießt ihn, aber die anderen neunzig stürzen sich auf den Mörder, nehmen ihm die Waffe ab und heben ihn über ihre Köpfe. Neunzig Personen, das ist eine ganze Menge. Vier Hände, vielleicht auch mehr, drücken ihm die Kehle zu und töten ihn, während er immer noch hoch über die Köpfe gehalten wird.« »Ein übles Ende«, meint der Fahrer, »aber er war ein Schurke. Gott hat es so gewollt.« »Und was ist aus den anderen geworden?« »Die beiden anderen Banditen sind zu Fuß geflohen«, sagt Mohamed, der Lkw-Besitzer, »niemand weiß, was aus ihnen geworden ist. Vielleicht hatten sie irgendwo ein Fahrzeug stehen. Die Passagiere haben die beiden Toten begraben und sich dann hingesetzt und gewartet. Ein paar Stunden später kamen die drei Fahrer mit ihren Pick-ups zurück.« »Wenn sie mit den Toyotas abgehauen wären, wären diese neunzig in der Wüste verdurstet«, sagt der Junge. »Auf jeden Fall«, meint Mohamed zustimmend.

»Du bist also Italiener?« Die Stimme kommt von einem der Männer, die stehen geblieben waren, um zuzuhören. Der Mond wirft ihre langen Schatten auf den vom Wind leicht gewellten Sand. Sie treten näher. »Dann bist du schuld, dass wir jetzt hier sind.« Es hat keinen Sinn, nach einer Rechtfertigung zu suchen und darauf hinzuweisen, dass in einer Demokratie nicht immer alle Staatsbürger mit ihrer Regierung einverstanden sind. Für einen Sklaven der neuen Welt ist die Demokratie nur eine ferne Lüge. Sie geht ihn nichts an. Vielleicht stellt sich auch Bilal dazwischen. Seiner Ansicht nach brauche ich nicht zu antworten. Seine Enttäuschung ist so groß, dass er lieber darauf verzichten möchte, sich zu verteidigen.

Es beginnt ein gefährlicher Gerichtsprozess. Mitten in der Nacht, mitten in der Wüste. Ich gegen zweihundert Einwanderer, die erst ausgebeutet und dann abgeschoben wurden. Ich werde für schuldig befunden, nur weil ich Europäer bin. So wie Italien und Libyen sie für schuldig befunden haben, nur weil sie keine Europäer sind. Es gibt keinen Ausweg, wenn die Freiheit des Einzelnen von seinem Pass bestimmt wird: zwei Pappdeckeln mit zweiunddreißig Seiten dazwischen.

»Italiener, hör zu«, sagt eine andere Stimme. »Meine Papiere sind in Ordnung. Siehst du, das ist meine Arbeitserlaubnis für Libyen. Warum sind eure Minister nach Libyen gekommen und haben verlangt, uns zurückzuschicken?« Während sie ihre karge Mahlzeit einnehmen, kommen weitere Passagiere hinzu. Sie sind keine Zuschauer. Jeder von ihnen ist ein Staatsanwalt, der Anklage erhebt. »Ich weiß Bescheid. Ich habe in Libyen BBC geschaut. Was hat Italien sich in unser Leben als Einwanderer einzumischen?«

»Liegt Nigeria etwa nicht in Afrika? Und liegt Libyen nicht auch in Afrika?«, fragt ein sehr magerer Junge. »Könnt ihr Europäer euch zwischen Italien, Frankreich und Deutschland nicht frei bewegen? Meine Familie ist noch in Libyen. Ich wurde ausgewiesen, weil Italien es so verlangt. Warum? Und warum hat Europa nichts getan, um die Italiener zu stoppen?«

In der Dunkelheit sind ihre Profile nicht zu erkennen, nur das Weiße Dutzender Augen, weit aufgerissen vor Wut und Erschöpfung. Wir stehen alle auf.

»Ich bin ein freier Mensch«, ruft ein Nigerianer, lauter als die anderen. »Ich habe siebzehn Jahre lang in Libyen als Dreher gearbeitet. In Tripolis leben meine Frau und zwei kleine Kinder. Hier, Italiener.« Er zieht zwei Fotos aus seiner Brieftasche. »Schau dir die Fotos an, damit du weißt, dass ich keine Lügen erzähle. Meine Papiere sind in Ordnung. Ich bin zurückgekehrt, weil es mein Recht ist. Und ich wurde wieder abgeschoben. Meine Familie habe ich seit zwei Monaten nicht gesehen.« Andere setzen sich in den Sand und hören ihm zu. »Ich bin gar nicht nach Italien gegangen. Und nun, Italiener, nun sag du mir, wann ich sie wiedersehen werde. Die Italiener sind schuld, dass du heute in Nigeria von den Taxifahrern gefragt wirst, ob du Christ oder Muslim bist. Ich antworte, dass es unwichtig ist, was ich bin, weil ich von einem Taxifahrer erwarte, dass er mich ans Ziel bringt, mehr nicht. Aber wisst ihr, dass die fanatischen Islamisten in meiner Stadt bereits Propaganda machen? Seht ihr, sagen sie, was die Christen unseren ausgewanderten Brüdern antun? Freie Menschen wie ich wollen frei bleiben«, ruft der Dreher. »Ich war ein freier Mensch, ich habe mich an die Gesetze gehalten. Über meine Freiheit bin ich niemandem Rechenschaft schuldig.«

Die Ténéré schluckt die Rufe und gibt dafür die Stille zurück. Niemand spricht jetzt mehr. »Komm mit, Italiener«, sagt der Fahrer. Er geht ein paar Schritte weiter, dreht sich um. »Los, komm«, beharrt er. Der Unterschied zu anderen gefährlichen Situationen besteht darin, dass es diesmal keinen Fluchtweg gibt. Zum ersten Mal seit meinem Aufbruch gibt es diesmal keine Rettung, was immer geschieht. Nicht weil ringsum nur die Wüste ist. Und auch nicht, weil zweihundert gegen einen stehen. Die Falle ist eine rein gedankliche. Sie liegt in den Worten, den Lügen, den Ereignissen dieser Jahre. Der Verstand findet kein einziges Gegenargument, keine Rechtfertigung, nichts, womit man sich herausreden könnte. Man kann niemandem mehr etwas vormachen. Es gibt keine Tricks, keine Täuschungsmanöver mehr. Als wäre Bilals Maske auf meinem Gesicht plötzlich gefallen. Als hätte er mich einfach im Stich gelassen. Es könnte schlimm ausgehen. Denn in ihren Augen repräsentiere ich die Patrons, die Vorarbeiter, die Sklavenhalter. Ich habe gesagt, dass ich Italiener bin. In meiner Hosentasche trage ich den Pass der Europäischen Union. Sie wissen nicht, warum ich hier bin. Egal, was sie jetzt beschließen, es ist nur die Antwort auf das, was wir ihnen angetan haben.

Einer hat es mir schon vorhin im Durcheinander der Stimmen zugerufen: »Italiener, du kannst das gar nicht verstehen. Ich möchte, dass du am eigenen Leib spürst, was man mir angetan hat.« Der Fahrer nimmt mich an der Hand, wie es Männer im Sahel oft tun, und zieht mich noch ein Stück weiter von den anderen weg. Er sagt, ich solle mich setzen, dann setzt er sich selber mit verschränkten Beinen in den Sand.

»Kennst du Darfur?«, fragt er. »Von dort komme ich. Ich habe niemanden mehr.« Er macht es sich auf dem Boden bequemer. »Ich bin vor sieben Jahren nach Libyen ausgewandert. Es hieß, der Krieg sei zu Ende, es habe kein Genozid stattgefunden. Aber das stimmt nicht, das sind Lügen. Sie greifen weiter die Dörfer an. Sie wollen uns aus Darfur vertreiben, weil wir Schwarzafrikaner und keine Araber sind.« Er greift an seine Fußgelenke und zieht die Beine noch weiter unter den Körper.

»Außer mir sind noch acht aus Darfur auf diesem Lkw«, fährt er fort. »Sie haben ein Recht auf Asyl. Aber wegen euch Italienern hat Libyen sie ausgewiesen. Sie wissen nicht, wohin, und haben das Gefühl, die Welt will sie nicht mehr. Aber man kann aus der Welt doch nicht einfach aussteigen. Jetzt kehren sie nach Darfur zurück, um zu sehen, was von ihrer Familie noch übrig ist.« Er taucht die Hand in den Sand. »Ich habe dich hierher gebracht, weil ich nicht wollte, dass die anderen es hören.« »Es ist nichts, dessen du dich schämen müsstest.« »Aber wir aus Darfur«, fährt er fort, »wir leben in Angst und Schrecken. Das war alles, was ich dir sagen wollte. Damit du, wenn du wieder in Europa bist, mit deinen Leuten reden kannst. Unsere einzige Chance auf Rettung besteht darin, dass ihr erfahrt, was hier geschieht. Gehen wir zurück zu den anderen.«

Es gibt immer nur zwei Möglichkeiten, einen Konflikt zu lösen: mit Worten oder mit Gewalt. Eine dritte haben wir nicht. Diese Abgeschobenen und ihr Fahrer haben jede erdenkliche Form der Gewalt erlitten. Ihre Wut in dieser Nacht war groß, sie hätten alles Mögliche beschließen können. Aber sie ließen sich nicht hinreißen. Sie entschieden sich für das Wort. Sie wollten einfach nur reden. Mir bleiben noch ein paar Stunden Schlaf. Noch vor Tagesanbruch geht es weiter. Der Mond ist untergegangen, am dunklen Himmel funkeln nur ein paar Sterne. Irgendwo in dem Gewirr aus Armen und Beinen erzählt eine Frau die Geschichte von dem Schakal und dem Hasen, die die Ziegen hüten. Auf Englisch. Vielleicht ist sie Nigerianerin und wurde abgeschoben.

»Die Sterne sind Ziegen«, sagt sie, und die anderen fangen an, sie auszulachen. Es gibt keine Kinder auf diesem Lkw. »Wenn der Schakal der Hirte ist«, sagt die Frau, »wagt es niemand, die Ziegen anzurühren. Ist aber der Hase der Hirte, frisst der Schakal die Ziegen, eine nach der anderen. Bop, bop, bop. Aua«, schreit sie auf, weil jemand sie gezwickt hat. »Und weiter?«, fragt ein Mann. »Heute Nacht ist der Hase der Hirte. Schaut hoch. Der Schakal hat schon fast alle Sterne gefressen.« Großes Gelächter im Hintergrund. Aber es ist kein gutes Omen. Die Geschichte wird von den alten Kel

Tamaschek erzählt: Ein sternenloser Himmel bedeutet Sand in der Luft. Von irgendwo weht ein starker Wind.

Am Nachmittag taucht plötzlich Yayas Geländewagen auf. Er wartet am Rand der Piste, wo sich tiefe Reifenspuren in den Sand gegraben haben. Der Lkw hält neben ihm an. Yaya und sein Helfer sprechen mit dem Fahrer und dem Lkw-Besitzer. Sie waren auf dem Rückweg nach Agadez, nachdem sie mich zur Grenze gebracht hatten. »Ich habe vier Löcher im Reifen«, erzählt Yaya und wendet den Blick nach oben. »Und alle Reserveschläuche sind kaputt. Ich kann nicht weiterfahren.« Man lässt einen Freund nicht in der Wüste zurück. »Der Fahrer hat mir gesagt, er fährt in den Tschad. Fahr du ruhig weiter«, sagt Yaya. »Du lässt dich am nächsten Brunnen absetzen und wartest auf einen Lkw nach Agadez. Oder vielleicht hole ich ja dich ein.« »Nein, Yaya, ich steige hier aus.« Mohamed, der Lkw-Besitzer, winkt zum Abschied mit gestrecktem Arm aus dem Fenster. Der Fahrer mimt das Klicken eines Fotoapparats, dann Schläge. Lachend gibt er Gas. Die Reifen sinken in den flüssigen Sand. Der Lkw entschwindet langsam in einer schwarzen Auspuffwolke.

Bei fünfzig Grad Celsius einen Reifen zu wechseln ist eine Geduldsprobe. Der Gummi schmilzt wie Eis. Überall dringt Sand ein. Yaya muss ihn unablässig wegwischen und von der Gummioberfläche des Schlauchs pusten. »Jetzt könnte es gehen«, sagt er. Bald geht die Sonne unter. Er pumpt den Reifen mit dem Kompressor auf. »Wir müssen von hier weg«, sagt er, »und uns einen sichereren Schlafplatz suchen.«

Es ist ein sehr heißer Abend. Die Luft reglos. Der Mond ist noch nicht aus der Ebene aufgestiegen. Auch an diesem Abend muss der Hase der Ziegenhirt sein. Kein einziger Stern, der Himmel so schwarz, dass man kaum die auf dem Sand ausgebreitete Matte sieht. Wir legen uns frühzeitig schlafen, um in aller Frühe aufzubrechen. Die Ténéré war noch nie so dunkel.

Die Ohrfeige kommt überraschend. Ein Schlag auf die linke Wange. Weit und breit niemand zu sehen. Die Uhr zeigt 3.30. Tiefe Nacht. Ein leichter Windhauch, danach reglose Luft. Yaya schnarcht. Die

Wüste ist immer noch schwarz. Mondlos. Die Matte, das Gesicht, die Haare – alles voller Sand. Als wäre er vom Himmel geregnet. Wieder dieser leichte Windhauch. Und dann sofort wieder Stille. Der richtige Moment, um zu versuchen, wieder einzuschlafen. Es ist wie bei einem Sturmangriff. Eine tausendstimmige Symphonie, bei der alle Instrumente denselben Ton spielen. Ein ohrenbetäubendes Pfeifen wie von Hunderten startender Flugzeuge. Sand dringt in die Augen, in den Mund. Je mehr man atmet, desto mehr Sand dringt in die Lungen. Man muss unwillkürlich husten. »Packen wir alles ins Auto«, schreit Yaya.

Aus der Wüste Tafassasset erhebt sich der Wind und braust heran wie die tosenden Fluten eines berstenden Staudamms. Es ist fünf Uhr morgens. »Sobald es hell ist, hauen wir von hier ab«, sagt Yaya. Der Übergang von der Dunkelheit zum Licht vollzieht sich abrupt, ohne die Zwischenstufe der Morgendämmerung, die die Ténéré bisher stets hervorgezaubert hat. Der Geländewagen taucht in den gleißenden Nebel ein, wird geschüttelt und überholt von den Staubwolken, die mit geschätzten hundert Stundenkilometern dahinjagen. »Yaya, parken wir gegen den Wind und warten, bis der Sturm vorüber ist.« »Das kann fünf Tage dauern«, sagt er. »Ich fahre näher an die Lkw-Piste ran, dann entscheiden wir, was wir machen.« Die Kompassnadel zeigt nach Norden. Nach wenigen Kilometern müssten wir die Spuren im Sand sehen. Der Geländewagen verlangsamt sich. Yaya schaltet den Motor aus und steigt aus. »Wir haben wieder ein Loch«, sagt sein Freund.

Es ist das fünfte. Die Schläuche halten die Luft nicht. Es ist immer derselbe hintere rechte Reifen. Wir müssen den Wagen aufbocken. Mit einer Schaufel und mit bloßen Händen graben wir eine Vertiefung unter dem Reifen. Yaya hebt den Reifen aus der Felge und tut dasselbe wie mit dem Ersatzreifen, der seit gestern Abend unbrauchbar ist. Er zieht den Schlauch heraus und verknotet ihn da, wo er kaputt ist. Wir fahren weiter, aber schon nach ein paar Hundert Metern entweicht die Luft mit einem lauten Knall, der vom Tosen des Windes gedämpft wird. Yaya lässt uns T-Shirts, Decken und Hosen aus den Reisetaschen holen, mit denen er den Reifen füllen will.

»Diese Methode habe ich im Krieg benutzt. Es funktioniert todsicher«, sagt er mit gewohntem Optimismus. Er zieht die Schrauben fest. Doch der Sand bietet zu wenig Widerstand, die Kleidungsstücke werden im Umkreis von zwanzig Metern verstreut. Einige T-Shirts werden vom Sturm mit fortgerissen.

Yaya kniet sich neben den Reifen, steht auf und schaut uns an. »Wir sind geliefert«, sagt er. Dann geht er wieder zu Boden und umarmt den Reifen, streichelt ihn zärtlich wie die Haut einer Frau und murmelt etwas vor sich hin. »Er vertreibt wohl die Dschinn?«

Sein Freund nickt. Wenn sich Yaya auf die alten Traditionen besinnt, hat er wirklich Angst. Er steht auf.

»Hast du ein Satellitentelefon?«, fragt er. »Diesmal ja.« »Und kann man damit unsere Koordinaten bestimmen?« »Ich glaube, ja.« »Dann ruf zu Hause in Europa an und gib unsere Position durch. Sonst kommen wir hier nie mehr weg.« Yayas Satellitentelefon ist ein älteres Modell, das Längen- und Breitengrade nicht anzeigt. Er nimmt es zur Hand, richtet die Antenne aus und telefoniert. »Ich habe in Agadez angerufen«, sagt er, als er fertig ist. »Sie werden mit dem ersten Lkw, der losfährt, Reifen und Ersatzschläuche schicken. Aber erst wenn dieser Sturm aufhört.«

Ihre Stimme klingt verschlafen. »Ein Anruf um diese Uhrzeit?« »Hol dir bitte was zum Schreiben.« »Hab ich schon.« »Dann notiere: 18 Grad Nord, 07 Minuten, 15 Sekunden, 49. Und: 10 Grad Ost, 05 Minuten, 01 Sekunden, 63.« »Alles in Ordnung?« »Wir haben eine Reifenpanne und stecken fest. Es gibt einen Sandsturm, der Tage dauern könnte. Diese Positionsdaten brauchst du nur, wenn der Akku des Satellitentelefons leer ist und du nichts mehr von mir hörst. Ich werde auch in der Redaktion anrufen. Wenn es nichts Neues gibt, melde ich mich nicht, um Batterien zu sparen. Und keine Sorge, wir haben genug zu essen und zu trinken.« Sie hört zu, notiert sich etwas. Wie immer ist sie ruhig und tapfer. Aber das Problem ist tatsächlich die Verpflegung.

Yaya hat am Brunnen Espoir 400 nicht angehalten und wollte seinen Wasservorrat erst auffüllen, wenn die Dünen hinter uns lägen. Dazwischen liegen 343 Kilometer Sand. Und deshalb verfügen wir jetzt zu dritt nur über zehn Liter Wasser. Rechnet man die Flüssigkeit von zwei Dosen Erbsen und einer Dose Pfirsiche sowie das Kühlwasser des Motors hinzu, kommen wir vermutlich fünf Tage über die Runden. »Wir haben libysche Mandarinen«, ruft Yaya, der soeben eine Bestandsaufnahme gemacht hat. Man muss brüllen, um sich verständlich zu machen.

Der Sand versucht sofort, den Körper in Besitz zu nehmen. Er bombardiert die Haut, vermischt sich mit den Tränen, verkrustet um die Augen, hinterlässt einen bitteren Geschmack in der Kehle und dringt in die Lungen ein, so dass man ständig husten muss. Am besten, man bewegt sich nicht. Versucht, nicht zu schwitzen, um die Austrocknung nicht zu beschleunigen. Wir legen uns unters Auto, das einzige schattige Plätzchen, den Gesichtsschleier um den Kopf gewickelt. Wir schlafen. Wachen auf. Denken nach. Versuchen, den Durst zu zügeln. Solange man noch Speichel im Mund hat, braucht man nichts zu trinken. Der Wind zerrt an unserem Fahrzeug. Staubwolken jagen einander mit rasender Geschwindigkeit. Sie drücken gegen die Karosserie, dringen in unseren Unterschlupf, werden erneut in die Luft gehoben, fortgerissen von den Windstößen, und werden eins mit einer Wand aus sandigem Nebel. Hinter dieser Wand bilden sie auf der Oberfläche der Ténéré wellige feine Muster.

Ein tosender Wind. Und es wird immer heißer. In das Wüten des Sturms mischt sich jetzt ein gleichmäßiges Geräusch. Fast sieben Stunden sind vergangen. Vielleicht haben wir geschlafen. »Ein Auto«, brüllt Yaya. Gleißendes Licht umspielt den rechteckigen Schatten unseres Wagens, aber der Staubnebel erschwert die Sicht. Es sind die Konturen eines Geländefahrzeugs. Wenige Meter entfernt kommt es zum Stehen, ein Fleck, kaum dunkler als der tosende Wirbel aus Sand. Mehrere Männer springen hinten raus. Sie haben etwas in der Hand. Gewehre. Banditen haben uns gerade noch gefehlt. Yaya erkennt seinen Freund Hassan. Es sind Soldaten auf dem Rückweg von Dirkou, sie sind vom Kurs abgekommen. Fast hätten sie uns gerammt. Yaya lacht. »Als ich den Motor hörte«, sagt er, »habe ich fest damit gerechnet, von einem Lkw überrollt zu werden.«

Die Soldaten geben uns ihren Ersatzreifen, aber Yaya entdeckt, dass Luft fehlt. Auch dieser Reifen hat ein Loch und muss erst einmal repariert werden. Dann das Problem mit dem Wagenheber. Ihrer ist kaputt, und um unseren abzumontieren, muss der Geländewagen per Hand angehoben werden. Endlich kann es weitergehen. Die Lkw-Piste liegt mehr als zehn Kilometer entfernt. Hassan ist bei uns eingestiegen – eine gute Gelegenheit zu erfahren, was mit Abderrazak »dem Fallschirmjäger« tatsächlich passiert ist, dem Ex-Legionär, der zum al-Qaida-Chef der Sahara werden wollte. Hassan bestätigt, dass Abderrazak vor etwa vier Jahren wenige Kilometer von Madama entfernt sein Lager aufgeschlagen hatte. Er blieb jedoch nicht lange dort. »Meine Kameraden und ich haben ihn einen Monat lang in der Wüste gejagt«, erklärt er voller Stolz. »Vielleicht«, fügt er hinzu, »haben ihn ja die Zigarettenschmuggler geschützt.« Er liegt richtig mit seiner Vermutung.

In Bargout, dem ersten Brunnen hinter den Sanddünen, schenkt Yaya Tee ein, der stärker, süßer und durststillender ist, als ich jemals einen getrunken habe. Am nächsten Tag gegen Mittag taucht am Horizont die Mesallaje auf, das berühmte Minarett der alten Moschee von Agadez. Yaya verlässt die Piste und parkt den Wagen unter einer Akazie, um aus der Ferne den spitz zulaufenden Turm aus rotem Lehm zu bewundern. Die Luft ist kochend heiß. »Seit Jahrhunderten dasselbe Bild.« Yaya und sein Freund lächeln, stolz auf ihre Stadt.

»Warst du bei deinem letzten Besuch auf dem Kamelmarkt?«, fragt Yaya. »Ich war nie dort.« »Morgen früh bring ich dich hin«, sagt er. »Aber ist euch aufgefallen, dass es keine Kontrollposten mehr gibt? Letztes Mal gab es hier zwei. Einen in Tourayatte und den anderen gleich hier vorn.« »Ah«, meint Yaya und lacht. »Die hatten sie errichtet, um den abreisenden Einwanderern ihr Geld wegzunehmen. Jetzt, wo sie zurückgeschickt werden, brauchen sie das nicht mehr.«

»Bist du traurig?«, fragt Yaya plötzlich. »Ich bin mutlos, niedergeschlagen.« »Deine Welt braucht Lügen«, sagt er. »Die größte Lüge ist, so zu tun, als könne man diese Situation mit Worten ändern. Ich habe gehofft, wenigstens von meinen Reisegefährten Nachricht zu bekommen. Deswegen bin ich hier. Aber es ist, als gäbe es sie nicht mehr.«

Abends, als das Handy wieder Empfang hat, kommt zigmal das Klingelzeichen. SMS-Nachrichten und die Anzeigen vergeblicher Anrufe. Die neue Welt sucht dich überall. Eine SMS-Nachricht stammt von einer Freundin, von der ich schon seit Jahren nichts mehr gehört hatte. »Wie geht es dir? Wo bist du?«, schreibt sie. »Habe gerade geträumt, du befindest dich in Gefahr. Ein schreckliches Gefühl. Lass mich wissen, dass alles okay ist.« Zumindest ihr muss ich sofort antworten: »Ciao! Alles ok. Ich bin im Ausland und ruf dich an, wenn ich zurück bin. Wann hast du von mir geträumt? Wo war ich?« Sie muss das Handy direkt neben sich haben. Die Antwort aus Europa lässt nicht lange auf sich warten. »Vor drei Nächten. Du warst an einem verlassenen Ort, ohne irgendwas. Da war ein weißer, gleißender Nebel. Man konnte kaum atmen. Ein entsetzliches Gefühl. Du warst zu Fuß unterwegs. Hast dich nicht umgedreht und warst dabei zu verschwinden. Fürchterlich. Frag mich nicht, wie es ausging, vor Angst bin ich aufgewacht. Aber wo bist du?« Die Nacht des Gerichtsprozesses mitten in der Wüste. Es ist genau drei Nächte her. Der weiße, gleißende Nebel der Ténéré während des Sandsturms. Keiner meiner Freunde zu Hause ist jemals dort gewesen. »Das nächste Mal halte ich Rücksprache mit dir, bevor ich losfahre. Es ist alles in Ordnung. Ciao, du Hexe.« Ich bin nicht abergläubisch. Ich konsultiere kein Horoskop oder Ähnliches. Wie immer sage ich mir, dass es nur Zufall sein kann.

Der Kamelmarkt ist eine richtige Messe. Hier wird alles verkauft, nicht nur Dromedare. Kaufwillige und Schaulustige drängen sich in großer Zahl zwischen den Tieren. Man umrundet die Pferche, steht Schlange an den Ständen mit Kolasamen, Zucker, Tabak und Salzkristallen zum Lutschen. Salz lutschen ist neben dem Tabakkauen für die Karawanenführer der Tuareg Laster und Notwendigkeit zugleich. »Ich warte hier auf dich«, sagt Yaya. »Hat da gerade jemand deinen Namen gerufen?«, fragt er. »Ich glaube nicht.« »Ich habe Fabrus verstanden«, sagt er. »So heißt doch niemand hier in Agadez.« »Stimmt. Aber ich sehe niemanden, den ich kenne.«

Auf einem solchen Markt begegnet man der lebendigen, pulsierenden Seele der roten Stadt. Aber die Fröhlichkeit täuscht. Unter den

Tuareg hat sich genügend Wut für eine neue Rebellion aufgestaut. Yaya sagt es nicht, aber die Zeit ist reif für einen Krieg gegen die Armee in Niamey. Das letzte Friedensabkommen wurde nur halbherzig umgesetzt. Die Zentralregierung verkauft Konzessionen zur Erdölförderung in der Wüste an China. Die Geschichte wiederholt sich wie damals, als mit der Ausbeutung der Uranminen nördlich von Agadez begonnen wurde. Es ist das Territorium der Kel Tamaschek, der Tuareg-Familien. Aber Vorteile und finanziellen Gewinn streichen die üblichen Clans ein. Der Sklavenhandel hat ihnen in den letzten Jahren genügend Geld für Waffen und Munition eingebracht. Sie warten nur noch auf die Gelegenheit, sie einzusetzen.

Es ist fast eine halbe Stunde vergangen. Yaya sitzt immer noch in seinem Geländewagen in der Sonne. Ein glühender Ofen mit offenen Türen. »Du hättest mitkommen können.« »Ich habe in meinem Leben schon viele Dromedare gesehen«, sagt er. »Aber man sucht dich tatsächlich. Ein junger Mann war hier.« Da ist er wieder.

»Fabrus? Das bist doch du, oder?«, vergewissert er sich. Sein Gesicht ist fülliger geworden, seine Figur rundlicher, seitdem wir uns zum letzten Mal gesehen haben. Auch wirkt er entspannter. Ist es nun Daniel oder sein Bruder Stephen? Das übliche Dilemma bei Zwillingen, auch wenn die Ähnlichkeit zwischen ihnen nicht besonders groß ist. »Ich bin Stephen, erinnerst du dich?« Yaya ist ausgestiegen und beobachtet die Szene. »Ich komme gleich, Yaya.« Er setzt sich wieder ins Auto.

Stephens Umarmung ist so fest wie der Klammergriff des Nichtschwimmers, dem ich vor Jahren im Wasser zu Hilfe geeilt bin. »Was machst du in Agadez?« Er dreht sich um und deutet auf die Polizeibaracke. »Bist du Polizist?« »Nein«, lacht er, »ich mache das Haus eines Polizeiinspektors sauber und verteile hier die Post.« »Hast du jetzt Papiere, eine feste Anstellung?« Stephen lächelt. »Nein, meinen Pass habe ich nicht wiederbekommen. Der Inspektor ist ein freundlicher Mensch, er hilft mir. Er gibt mir einen Schlafplatz und etwas zu essen.« »Aber sie haben dich aus Libyen ausgewiesen?« »Nein, Fabrus«, sagt er, immer noch grinsend, »ich habe selbst beschlossen zurückzukehren.« »Und Daniel, ist er in Libyen geblieben oder mit dir mitgekommen?« »Wie geht es dir, mein Freund?« »Mir geht es gut. Aber erzähl von Daniel.« »Und was machst du hier?«, fragt er. »Ich bin gestern aus der Wüste zurückgekommen. Aber sag doch, geht es Daniel gut?«

Etwas in seinem Blick verrät mir, dass er mir etwas verschweigt, dieser stille, beharrliche junge Mann, der die Sahara zu Fuß durchquert hat, weil er nach London wollte.

»Ich freue mich, dich zu sehen«, sagt Stephen. »Ich habe dir und Daniel Hunderte E-Mails geschrieben, an beide Adressen.« »Ich habe keinen Computer mehr«, sagt er. »Und Daniel, was macht er?« Er schüttelt den Kopf, schlägt die Augen nieder. »Stephen, was ist mit Daniel passiert?« »Daniel ist fort«, sagt er und benutzt eine Formulierung, die im Englischen unmissverständlich ist. »Daniel ist tot?« »Ja«, flüstert er.

Yaya sitzt noch immer da und wartet auf mich. »Entschuldige, ich muss bei meinem Freund bleiben. Geh nur, wir sehen uns dann am Nachmittag.« Stephen sagt seinen neuen Kollegen Bescheid. »Setzen wir uns doch irgendwohin.« »Nein.« Er greift nach meinem Arm. »Ich kann hier nicht weg. Vielleicht werde ich in irgendeinem Büro gebraucht.« Wir stützen uns auf den Pferch für die Dromedare. »Möchtest du mir erzählen, was passiert ist?«

Stephen beginnt mit dem Geld, das ihm der Pfarrer seiner Gemeinde geschickt hatte. »Außerdem hatten wir alles gespart, was du uns fürs Essen gegeben hast. In Dirkou mussten wir mit einem Lkw voller geschmuggelter Waren fahren, denn ohne Papiere konnten wir bei Madama nicht über die Grenze, nachdem uns in Zinder unsere Sachen abhandengekommen sind. Sie hätten uns nicht weitergelassen oder hätten Geld verlangt, das wir nicht mehr hatten.« So ist es immer in der Wüste. Wenn du mittendrin bist, wird dein Vorwärtskommen durch irgendetwas bestimmt, das zuvor passiert ist oder nicht passiert ist. »In Dirkou musste jeder von uns der Polizei achttausend Francs bezahlen«, erzählt Stephen, »sonst hätten sie uns nicht fahren lassen, und in Dao Timmi dann noch mal fünftausend Francs pro Kopf. In einer Nacht war es bitterkalt, und wir waren nur in T-Shirt, Jeans und Wollmütze. Wir wollten doch nach Libyen. Endlich war es so weit. Ja«, er wischt sich die Augen trocken, »endlich war es so weit.«

»Stephen, wenn du nicht weitererzählen willst ...« Aber er hört es gar nicht. »Wir hatten einen Beutel Gari dabei, Maniokmehl. Es ist sehr nahrhaft, wenn man es in Wasser aufgelöst trinkt. Wir hatten nur einen einzigen Zwanzig-Liter-Kanister Wasser, mussten also sparsam damit umgehen. Den anderen Kanister hatten wir verkauft. Man hatte uns gesagt, wir würden am Brunnen haltmachen. Aber der Lkw fuhr weiter.« »Ich habe euch überall in Dirkou gesucht, wann seid ihr von dort aufgebrochen?« »Am Tag nach unserer Ankunft. Drei Tage später hatten wir Madama hinter uns.

Wir haben den militärischen Kontrollposten nicht passiert«, fährt Stephen fort. »Wir haben ihn weiträumig umfahren und kamen in die Nähe eines Schmugglerlagers. Von Leuten, die diese Reise bereits gemacht hatten, wussten wir, dass es da einen Brunnen gibt. Aber auch dort haben wir nicht angehalten. Einige hatten überhaupt kein Wasser mehr, wir nur noch sehr wenig. Wir waren fünfzig Passagiere«, sagt Stephen. »Die Zigarettenschmuggler nehmen nicht viele Passagiere mit aus Angst, dass sie meutern und den Lastwagen samt den Waren rauben. Daniel hat gefroren. Es ging ihm schon schlecht. Er war in Dirkou krank geworden. Einmal sagte er: ›Hey brother, keep on moving, don't stop.‹ Das war seine Devise, weißt du noch? Und es waren seine letzten Worte. Drei Stunden lang hat er nichts mehr gesagt. Am Morgen, es war noch dunkel, hat er mich angesehen und ist gestorben. Er hatte Schaum vor dem Mund«, sagt Stephen.

»Ich habe den Fahrer gebeten anzuhalten, aber er fuhr weiter. Ich habe geschrien und damit gedroht, den Lkw zu zerstören. Erst dann hat er angehalten. Er hat mir geholfen, ein Grab auszuheben, mitten in der Sandwüste. Vier andere Passagiere waren verzweifelt, weil sie kein Wasser mehr hatten. Sie sagten, sie wüssten, wie man Wasser sucht, und sind zu Fuß los. Wenn man Durst hat, wird man verrückt. Ich habe einen gesehen, der aus einem Becher Sand getrunken hat. Was danach geschah, weiß ich nicht mehr so genau. Ich war ganz durcheinander. Wir haben Daniel mit Sand zugedeckt. Und dann weigerte sich der Fahrer, auf die anderen vier zu warten. Eine Frau, die zu der Gruppe gehörte, flehte ihn weinend an. Sie sind bestimmt tot. Wir waren abseits jeder Piste.«

Stephens Blick geht ins Leere. Die Sonne blendet ihn, aber das stört ihn nicht. »Nach sechs Tagen kamen wir in Ghat an, in Libyen. Der Fahrer verlangte fünftausend Francs pro Kopf als Bestechungsgeld für die Soldaten. Die Fahrer halten den Kontakt zu den libyschen Soldaten, weil die mit uns nichts zu tun haben wollen. In Sebha«, erzählt er weiter, »habe ich sofort Arbeit in einer Plantage gefunden. Ich bekam zwanzig Dinar pro Woche. Wie viel macht das in nigrischen Francs?« »Etwa achttausend, zwölf Euro pro Woche.« »Nicht schlecht, oder? Ich habe mit dem Gedanken gespielt, nach Algerien oder Marokko und von dort weiter nach Spanien und London zu gehen, um an der Universität zu studieren. Aber nach acht Monaten habe ich beschlossen, nach Agadez zurückzukehren. Ich habe es in Libyen einfach nicht mehr ausgehalten. Ohne Daniel wäre ich dort noch verrückt geworden. Manchmal haben mir deine Worte Kraft gegeben. Als du uns gesagt hast, wir seien Helden. Ich möchte so gern weiterstudieren, aber hier ist das unmöglich.«

Er schaut mich eindringlich an. Ich drücke seine Hände. »Wenn wir Afrikaner in Schwierigkeiten sind«, flüstert er, »reagieren wir sehr egoistisch. Keiner hat einem anderen etwas von seinem Wasservorrat abgegeben. Wenn jemand um einen Schluck bat, sagten sie, sie hätten keines mehr. Sie tranken es heimlich.« Stephen duckt den Kopf zwischen die Schultern und legt die Hände vor die Brust. »So trinkt man, während alle anderen ringsum verdursten.«

Ein Mensch, der weinend auf der Straße läuft, ist im Stadtbild von Agadez nichts Besonderes. In der Vergangenheit gab es zahlreiche Hungersnöte und Staatsstreiche. Menschen, die verhungerten. Jetzt kommen die Abgeschobenen hinzu, die die Wüste überlebt haben und nichts weiter besitzen als ihre Armut und ihre Würde. Lediglich die Kinder drehen sich um, aber auch sie nur mit dem altbekannten harmlosen Singsang: »Monsieur bonjour, monsieur cadeau.« Der vernebelte Verstand reagiert auf das Schild eines Internetcafés. Ein kleiner Laden, heiß und staubig, auf halbem Weg zum Château d'eau, der Zisterne des Aquädukts, die am ersten Abend in der Dunkelheit aussah wie das berühmte Minarett. Die zitternden Hände finden sich nur schwer zurecht und rutschen auf der klebrigen Tastatur. Ich muss *ihr* schreiben. Ich habe seit fast einem Monat keine E-Mails mehr abgefragt. Es dauert lange, bis die Verbindung hergestellt ist. Ich öffne das Postfach. Langsam erscheint eine Mail nach der anderen. Joseph und James haben geantwortet, endlich.

Ciao, Bruder, es tut uns leid, dass wir dir nicht früher schreiben konnten. Aber schuld daran ist die Situation hier. Wir haben endlich die Pässe bekommen und das Geld abgeholt, das du uns geschickt hast. Da im Flugzeug nur noch ein Platz frei ist, haben wir beschlossen, dass Joseph morgen abfliegt und dann hoffentlich am Samstag um 15.30 Uhr ghanaischer Zeit ankommt. Die Flugtickets haben wir schon. Nach Auskunft der Fluggesellschaft gibt es nächste Woche auch für James einen Platz. Wir wollen auch deshalb getrennt fliegen, damit wir nicht beide festgenommen und abgeschoben werden und damit wir einander helfen können, dieser Hölle zu entkommen. Ciao für heute. Wir wären froh, wenn du Joseph nach seiner Ankunft in Ghana anrufen könntest. Schreib, sobald du kannst. Es umarmen dich herzlich Joseph und James.

Ciao, Bruder, ich hoffe, es geht dir gut. Ich bin heute Morgen in Accra, Ghana, eingetroffen, und meine Familie ist überglücklich, dass ich wieder bei ihr bin. Mein Sohn ist sehr krank, er ist jetzt in der Klinik und wird hoffentlich schnell wieder gesund. Man hatte uns gesagt, dass der Flug nach Accra vier Stunden dauert. Aber wir sind in Kairo, in Senegal und in Togo zwischengelandet und erst heute Morgen um vier in Accra angekommen. Ich habe James soeben geschrieben. Bei der Ankunft wollte der Einwanderungsbeamte wissen, was ich in Libyen gemacht habe. Ich habe ihm erklärt, dass unsere Familie vor dem Krieg in Liberia geflohen ist, und er hat meine Frau angerufen, um sich meine Angaben bestätigen zu lassen. In meiner nächsten Mail erzähle ich dir mehr. Jetzt muss ich erst einmal richtig ausschlafen. Herzlich, Joseph.

Ciao, Bruder, dir geht es hoffentlich gut. James hat mir soeben geschrieben, dass er bald hier sein wird. Aber er sagt, Tripolis sei noch gefährlicher geworden. Die Polizei nimmt zahlreiche schwarze Einwanderer fest. Ich habe ihm geschrieben, dass er aufpassen und sich von der Straße fernhalten soll. Seine Familie ist in großer Sorge und kann es kaum erwarten, ihn endlich wieder bei sich zu haben. Ich spreche ihnen Mut zu und mache ihnen Hoffnung. Ich helfe ihnen in allem. Bruder, das Leben im Flüchtlingslager Buduburam ist entsetzlich. Es gibt so viel Leid, und die hygienischen Bedingungen – Toiletten, Essen, Medikamente, Waschgelegenheit und Wasser – sind katastrophal. Gott hat uns in seiner Barmherzigkeit überleben lassen. Aber das Leben geht weiter, und hier treffen immer neue Flüchtlinge aus Liberia und aus Sierra Leone ein. Sie hatten Schutz in der Elfenbeinküste gesucht, mussten dann aber wegen der Kämpfe gegen die Rebellen im Norden erneut fliehen. Unser Lager hier in Buduburam ist so überfüllt, dass Epidemien ausgebrochen sind. Schönen Gruß von meiner Frau. Schreib, sobald du kannst. Es umarmt dich herzlich Joseph.

Lieber Bruder, ich hoffe, es geht dir gut. Leider hat mich die Polizei mit meinem ganzen Geld festgenommen. Ich wurde in ein Internierungslager in Tripolis gesperrt und wartete stündlich darauf, in die Wüste abgeschoben zu werden. Aber bei Gott ist kein Ding unmöglich. Eine Gruppe von UN-Mitarbeitern war hier. Ich habe einen von ihnen angesprochen und ihm von meiner Flucht aus Liberia erzählt, und sie haben mich auf die Liste derjenigen gesetzt, die freigelassen werden sollen. Jetzt stehe ich ganz allein auf der Straße. Es ist wirklich nicht leicht für mich, aber mit Gottes Hilfe werde ich überleben. Ich danke Gott, dass er mich aus dem Lager befreit hat. Hoffe, bald von dir zu hören. James.

Ciao, Bruder, ich habe eine Nachricht von James erhalten. Es geht ihm gut. Sein Flug wurde wegen des schlechten Wetters verschoben. Aber gestern hat er mir geschrieben, dass er Pech hatte. Er wurde von der Polizei festgenommen, die ihm unter dem Vorwand, dass er die Quittungen vom Geldumwechseln nicht vorlegen konnte, seine Dollars wegnahm, die er zum Leben braucht. Danach wurde er ausgepeitscht, und nach drei Tagen ließen sie ihn gehen. Wenigstens ist sein Flugticket schon bezahlt. Wir warten auf ihn. Ich schreibe dir morgen. Ciao für heute, Joseph.

Ciao, Bruder, ich hoffe, du bist wohlauf. James' Flug wurde erneut verschoben. Uns geht es gut, wir versuchen, uns nicht unterkriegen zu lassen. Ciao für heute, Joseph.

Ciao, Bruder, so Gott will, wird James in wenigen Tagen hier sein. Er hat mir soeben geschrieben, um es mir zu bestätigen. Seine Frau ist in großer Angst. Ich habe mein Bestes getan, um sie zu beruhigen und ihr zu sagen, dass alles gut gehen und er bald hier sein wird. James hat von weiteren Massenverhaftungen berichtet. Die Polizei verlangt, dass er sich bis zu seiner Abreise jeden Tag meldet. Aber nach allem, was geschehen ist, habe ich ihm geraten, um jede Polizeistation einen großen Bogen zu machen und bis zu seinem Abflug für sich zu bleiben. Herzlich, Joseph.

Ciao, Bruder, ich hoffe, es geht dir gut. James ist heute Morgen endlich angekommen. Er ist abgemagert und sieht todkrank aus. Aber seine Familie ist überglücklich und feiert seine Rückkehr. Das Leben in Buduburam ist nach wie vor schwierig. Wir danken Gott, dass er uns gerettet hat. Es umarmen dich herzlich Joseph und James.

DANKSAGUNG

Mein Dank gilt Ettore Botti und Paolo Chiarelli, zwei Großmeistern des Journalismus: Diese Reise basiert auf dem, was ich von ihnen gelernt habe. Ich danke Alessandra Ballerini, Oreste Flamminii Minuto, Caterina Malavenda und Manuela Minojetti, die mich auch dann nicht im Stich ließen, als man mich auf die Anklagebank setzte. Ich danke auch den hilfsbereiten Bewohnern von Lampedusa und dem Brigadiere des Carabinieri-Bataillons Neapel, der uns im großen Käfig stets als Menschen behandelt hat. Ich danke dem Anwalt und ehemaligen Polizisten Nicola D'Altilia für alles, was er getan hat. Dank auch an Rocco De Benedictis und Domenico Tambasco; Ilias, Ahmed und Tchalud. Ich danke der großartigen Redaktion des *Espresso*, meinen Reisegefährten, Manuela und Simona und den Freundinnen und Freunden, die ich hier nicht alle namentlich anführen kann. Ich danke Premiata Forneria Marconi für *River of Life* und Pink Floyd für *Wish you were here*. Und ganz besonders danke ich Impi und *ihr*, Impis wunderbarer Mutter, für die unendliche Geduld in diesen langen Monaten der Abwesenheit.

INHALT

Die Übersetzung wurde mit der Unterstützung des Istituto Italiano di Cultura München und des italienischen Außenministeriums verwirklicht.

Titel der Originalausgabe: *Bilal. Viaggiare, lavorare, morire da clandestini*
Umschlaggestaltung: Michel Keller, München,
unter Verwendung von Fotos von Fabrizio Gatti
Typografie + Satz: www.frese-werkstatt.de
Druck + Bindung: Freiburger Grafische Betriebe
ISBN 978-3-88897-587-5
4 5 • 12 11 10